Thomas Rauschenbach, Karin Beher, Detlef Knauer

Die Erzieherin

Ausbildung und Arbeitsmarkt

Unter Mitarbeit von
Matthias Schilling, Monika Feldmann, Otto Filtzinger,
Gerald Prein und Gisa Römer

Juventa Verlag Weinheim und München

Die AutorInnen
Thomas Rauschenbach, Jg. 1952, Dr. rer. soc., Dipl. Päd., ist Professor für Sozialpädagogik am Institut für Sozialpädagogik, Erwachsenenbildung und Pädagogik der frühen Kindheit der Universtät Dortmund.

Karin Beher, Jg. 1959, Dipl.-Soz. Wiss., ist Wissenschaftliche Mitarbeiterin am Institut für Sozialpädagogik, Erwachsenenbildung und Pädagogik der frühen Kindheit der Universtät Dortmund.

Detlef Knauer, Jg. 1958, Dipl.-Soz., ist Wissenschaftlicher Mitarbeiter am Institut für Sozialpädagogik, Erwachsenenbildung und Pädagogik der frühen Kindheit der Universtät Dortmund.

Die Deutsche Bibliothek - CIP-Einheitsaufnahme

Die Erzieherin : Ausbildung und Arbeitsmarkt / Thomas Rauschenbach ... Unter Mitarb. von Matthias Schilling ... -
2. Aufl. - Weinheim ; München : Juventa Verlag, 1996
(Veröffentlichungen der Max-Traeger-Stiftung ; Bd. 22)
ISBN 3-7799-0874-3
NE: Rauschenbach, Thomas; Max-Traeger-Stiftung: Veröffentlichungen der Max-Traeger-Stiftung

2. Auflage 1996

© 1995 Juventa Verlag Weinheim und München
Umschlaggestaltung: Atelier Warminski, 63654 Büdingen
Umschlagfoto: STARK/present, Essen
Printed in Germany

ISBN 3-7799-0874-3

Vorwort des Herausgebers

Die sozialen Berufe waren im Deutschland der 20er Jahre eine kleine Gruppe. Heute haben sie dieselbe Größenordnung wie die Schulpädagogen. Die Berufsgruppe der Erzieherin ist innerhalb der sozialen Berufe die größte.

Die vorliegende Untersuchung von Thomas Rauschenbach macht auf den sozialen Wandel - das Entstehen eines großen, neuen beruflichen Feldes - innerhalb kurzer Zeit aufmerksam. Die Max-Traeger-Stiftung will diesen Tatbestand in das öffentliche Bewußtsein rücken.

Thomas Rauschenbach hat Grundlagenarbeit geleistet. Auf dem Boden seiner Arbeit können nun von Interessierten - Ministerien oder Verbänden, Gewerkschaften oder Wissenschaftlern - viele Fragen klarer als bisher bearbeitet werden. Wenn es sich bei den Erzieherinnen und eine wachsende und erfolgreiche Berufsgruppe handelt, können wir uns eigentlich damit zufrieden geben, daß die Ausübung des Berufes sich auf wenige Jahre beschränkt? Welche Folgen hat diese Tatsache eigentlich für Kontinuität und Diskontinuität in der Arbeit der erzieherischen Einrichtungen? Welche Investitionskosten für Ausbildung werden wie genutzt? Welches Berufsverständnis muß sich auf solchem Hintergrund entwickeln?

Thomas Rauschenbach hat dankenswerterweise Studien über andere Länder angefügt. Vielfach wird der Erzieherinnenberuf zusammen mit dem Lehrerberuf gesehen. Ausbildung und Bezahlung sind allerdings verschieden. Welche Vorteile, welche Nachteile hat diese andere Situation für den Beruf, die Berufsausübung, die Einrichtungen?

Die Max-Trager-Stiftung erhofft sich eine intensive öffentliche Diskussion.

Dieter Wunder
Vorsitzender der Max-Traeger-Stiftung

Vorwort der Arbeitsgruppe

Seit Jahren beschäftigt sich in der GEW eine Arbeitsgruppe von Vertretern aus Fach- und Fachhochschulen mit Fragen zur Aus-, Fort- und Weiterbildung sozialpädagogischer Berufe. In Kenntnis der Bedingungen in den einzelnen Bundesländern befürchtet die Arbeitsgruppe, daß die Fachschul- und Fachhochschulausbildung durch eine zunehmend restriktivere Schulaufsicht und -verwaltung zur planerischen Dispositionsmasse der jeweiligen Verwaltung wird und die eigentlich notwendige inhaltliche und fachliche Verbesserung der Ausbildungssituation nicht oder nur im Rahmen des Status Quo fortgeschrieben wird.

Aus dieser Sorge veranstaltete die GEW in den letzten Jahren mehrere Fachkonferenzen, die sich mit den Möglichkeiten einer Reform der Ausbildung sozialpädagogischer Berufe beschäftigten. Der GEW war und ist vor allem auch eine Perspektive wichtig, die sowohl die Fachschul- als auch die Fachhochschulebene im Blick hat und aufgrund der hohen Qualifikationsanforderungen der Praxisfelder eine Hochschulausbildung für alle Erzieher, Sozialarbeiter und Sozialpädagogen anstrebt. Deshalb fordert die GEW die Angleichung der Ausbildung für sozialpädagogische Berufe.

Das Gutachten der Dortmunder Projektgruppe Soziale Berufe unter der Leitung von Professor Thomas Rauschenbach im Auftrag der Max-Traeger-Stiftung bestätigt in eindrucksvoller Weise die bereits auf dem GEW-Seminar 1989 in Oberwesel herausgearbeitete Unübersichtlichkeit und Unzulänglichkeit der Erzieherausbildung in der Bundesrepublik Deutschland. Die Situation in den neuen Bundesländern - Transformationsprozeß, Übernahme westlicher Ausbildungsregelungen und -strukturen, Abbau von pädagogischem Fachpersonal, Rückgang der Geburtenzahlen etc. - pluralisiert noch weiter die Dilemmata der gegenwärtigen Erzieherinnenausbildung. Es wird deutlich, daß eine neue Diskussion um die Verbesserung der Ausbildung auf Länder- und Bundesebene geführt werden muß. Insbesondere auch deshalb, weil die aktuelle europäische Entwicklung, die die deutsche Erzieherausbildung in das mittlere europäische Niveau eingeordnet hat, keine Reformdiskussion erzwingt.

Das Gutachten macht aber deutlich, daß die Reformdiskussion um die Erzieherinnenausbildung nur dann sinnvoll zu führen ist, wenn das gesamte sozialpädagogische Ausbildungs- und Berufsspektrum mit diskutiert wird. Nur dann kann die Ausbildung zur/zum Erzieherin/Erzieher ihr eigenes Berufsprofil herausbilden, wenn sie ihr Verhältnis zu den benachbarten Ausbildungen im Hinblick auf Gemeinsamkeiten, Unterschiede, Durchlässigkeiten und Aufstiegsmöglichkeiten klärt.

Wir hoffen und wünschen, daß mit diesem Gutachten eine Reformdiskussion um den Stellenwert, die Zielsetzung und die Inhalte der sozialpädagogischen Ausbildung in Deutschland neu eröffnet wird.

Erhard Baison
Werner Bohl
Norbert Hocke
Lore Jetter-Lörcher
Sabina Kasiske-Krause
Georg Rocholl
Barbara Schmitt-Wenkebach
Dietmar Seeck
Irmgard Viertel
Johannes Wulk

Inhalt

Vorwort

Bücher mit einem Umfang wie dem hier vorgelegten, entfalten ab einem bestimmten Zeitpunkt ihre eigene Geschichte. Zumindest erzwingen Texte dieser Art ständige Aktualisierungen - vor allem dann, wenn der Gegenstand selbst sich noch im Wandel befindet. Diese Erfahrung mußten die Autorinnen und Autoren dieses Werkes nicht nur einmal machen. Der hier vorgelegte Band über die Berufsgruppe der ErzieherInnen ist somit das Ergebnis permanenter Umstellungen, Ergänzungen und Korrekturen.

Die Anfänge dieser Arbeit reichen bis in das Jahr 1991 zurück, als die Dortmunder Projektgruppe Soziale Berufe neben diversen Arbeitsmarktanalysen zu sozialen Berufen im Rahmen eines Forschungsprojektes eine bundesweite Befragung an den Fachschulen und Berufsfachschulen für Sozialpädagogik durchgeführt hat. In diesem Zusammenhang wurde sie zu Beginn des Jahres 1992 von der Max-Traeger-Stiftung gebeten, ein Gutachten zur Berufsgruppe der ErzieherInnen zu erstellen, das u.a. Auskunft geben sollte über die Entwicklungen und Veränderungen auf dem Arbeitsmarkt, über die Lage an den Fachschulen für Sozialpädagogik sowie über das Berufsbild der ErzieherIn in der europäischen Dimension.

Dieses Vorhaben hat sich im Laufe seiner Entwicklung als so vielschichtig und schwierig erwiesen, daß es stets zu neuen Verzögerungen führte und Aktualisierungen notwendig machte. So hing beispielsweise zu Beginn der Arbeit noch bedrohlich das Damoklesschwert der »Europatauglichkeit« über der Berufsgruppe der ErzieherInnen. Nicht absehbar war damals auch der in der Schlußphase der parlamentarischen Debatte über das neue Kinder- und Jugendhilfegesetz politisch nicht durchsetzbare Rechtsanspruch auf einen Kindergartenplatz, der dann über den Umweg des Schwangeren- und Familienhilfegesetzes vom 27. Juli 1992 doch noch in das Kinder- und Jugendhilfegesetz aufgenommen wurde und seither zu einem verwirrenden Dauerthema mit Blick auf Beginn und Modalitäten des Rechtsanspruchs geworden ist. Und ebenfalls noch nicht so klar überschaubar war anfänglich die Lage und Entwicklung in den neuen Bundesländern. Alle diese thematischen Aspekte haben während der Bearbeitung weitere Recherchen und Ergänzungen notwendig gemacht, was auch immer wieder zu erneuten zeitlichen Verzögerungen in der Fertigstellung des Gutachtens führte.

Wir möchten all jenen danken, die diese Verzögerungen mit Verständnis und Geduld toleriert haben, insbesondere der Max-Traeger-Stiftung und der Gewerkschaft für Erziehung und Wissenschaft. Am Ende eines derart langwie-

rigen und umfangreichen Projektes ist man doch einigermaßen erleichtert und
blickt dankbar zurück auf einen lange Wegstrecke, auf der uns viele Beteiligte
unterstützt und begleitet haben. Zu nennen sind hier zunächst als zusätzliche
Geldgeber die Deutsche Forschungsgemeinschaft, die Bundesanstalt für Arbeit
und die Universität Dortmund. Sie erst haben das Vorhaben ermöglicht. Zu
danken ist aber auch allen Schulen, Behörden, Fachverbänden und Organisationen, die uns bereitwillig Auskunft gegeben haben.

Eine Arbeit wie diese ist ohne Unterstützung von dritter Seite nicht mehr
zu machen. Auch hier sind wir vielen zu Dank verpflichtet: dem Rechenzen-
trum der Universität Dortmund für die Unterstützung bei unserer Schul-
befragung, Gisa Römer für die vielfältigen Hilfen in der ersten Phase des Projektes, den europabezogenen LänderexpertInnen Monika Feldmann, Otto Filtzinger, Gerald Prein und Matthias Schilling für ihre jeweiligen Landesberichte
und ihre unkomplizierte Kooperation, Bettina Christ und Ulrike Pfeiffer für
Korrekturen an den Schlußfassungen, sowie vor allem Frau M. Skroblin für
die nicht endende Geduld bei der Eingabe ständig neuer Fassungen und
Matthias Schilling, der nicht nur den Europa-Teil »betreut« und Teile davon
selbst verfaßt hat, sondern auch bei sämtlichen technischen Arbeiten, also in
Sachen Computer, Tabellenerstellung und Lay-Out stets mit Rat und Tat zur
Seite stand. Wir hoffen, daß das vorliegende Produkt die vielen investierten
Stunden wenigstens ansatzweise rechtfertigt.

Thomas Rauschenbach
Karin Beher
Detlef Knauer   Dortmund, im Mai 1995

Einleitung

Die Diskussion um Umfang und Qualität der familienergänzenden pädagogischen Leistungen und sozialen Dienste, insbesondere also um Kinderkrippe, Kindergarten sowie einer Ganztagesbetreuung im Grundschulalter, ist in der Bundesrepublik in den letzten Jahren unverkennbar in Bewegung geraten. Auch wenn sich in finanzieller Hinsicht so manche politische Absichtserklärung vorerst als »ungedeckter Scheck« erweist, läßt sich doch in inhaltlicher Hinsicht inzwischen ein in der Bundesrepublik bislang so nicht auszumachender breiter Konsens über eine anzustrebende bedarfsgerechte Versorgung feststellen - zumindest für die Altersgruppe der 3-6jährigen und zumindest für die weitverbreitete Form des Halbtagekindergartens. Mittelfristig scheinen die Unwägbarkeiten und Nebenfolgen einer modernen Familienpolitik *ohne* ein öffentlich sichergestelltes und ausreichendes Angebot an familienunterstützenden und familienergänzenden Diensten offenbar so gravierende politische Legitimationsrisiken in sich zu bergen, daß allenfalls noch der Umsetzungszeitpunkt, der rechtsverbindlich zu garantierende (Mindest)Umfang, das »Einstiegsalter« und die fachlich zu vertretende Qualität der Angebote, nicht mehr aber der dementsprechende Ausbau an sich zur Debatte stehen dürfte (vgl. etwa KNAUER 1991).[1]

So sehr jedoch auf der einen Seite der Ausbau des öffentlichen Versorgungsnetzes mit Kindertageseinrichtungen gefordert und als Bedarf auch zunehmend anerkannt worden ist, so ungeklärt und undiskutiert blieb in diesem

---

[1] Daran dürften auch die in der Öffentlichkeit immer wieder aufkeimenden Debatten über die Nicht-Finanzierbarkeit bzw. die kontraproduktiven Folgen eines gesetzlich garantierten Kindergartenplatzes seitens der Kommunen letzten Endes nichts ändern (vgl. hierzu für die Kommunen und den Städtetag KNAUER 1991). Hierbei geht es zuallererst um einen in der Tat in einem föderalistischen System heiklen Punkt: daß in den politischen Debatten um die Zukunft entsprechender sozialpolitischer Dienstleistungen besonders die politischen RepräsentantInnen auf Landes- und Bundesebene gefordert werden und öffentliche Versprechungen abgeben oder gar gesetzliche Vereinbarungen beschließen, während ein nicht unerheblicher Teil der infrastrukturellen Entscheidungen und finanziellen Folgekosten, kurz: der Umsetzung entsprechender politischer Programmatiken faktisch die kommunalen Träger tangiert. Und genau das ist der Punkt, an dem sich Städtetag und Landkreistag notgedrungen zu Wort melden müssen und eine Neuverteilung von Pflichten und Lasten zwischen Bund, Ländern und Gemeinden im Bereich der Kindertageseinrichtungen fordern (ähnlich auch die Forderungen im Rahmen eines Finanzierungsvorschlages seitens der GEW; vgl. GEWERKSCHAFT ERZIEHUNG UND WISSENSCHAFT 1992).

Zusammenhang auf der anderen Seite - zumindest in der politischen Öffentlichkeit - lange Zeit die Frage nach der bedarfsdeckenden Rekrutierbarkeit des hierfür benötigten (zusätzlichen) *Personals*. Soweit dieser Tagesordnungspunkt im Kontext der damit verbundenen Debatten nicht einfach beiseite geschoben oder gar »vergessen« wurde, hat man sich vielfach erst einmal damit beruhigt, daß das Reservoir arbeitslos gemeldeter Personen, zumeist Frauen, im Bereich der sozialen Berufe sich im Verlaufe der 80er Jahre so gefüllt und auf so hohem Niveau stabilisiert hatte, daß der Erörterung dieser Frage vorerst keine weitere Aufmerksamkeit geschenkt werden mußte.

Seit einigen Jahren hat sich allerdings die Erkenntnis durchzusetzen begonnen, daß die *Personalfrage,* nicht zuletzt als Folge des beabsichtigten Ausbaus von Kindertageseinrichtungen, möglicherweise sogar zu einem Kernproblem in der künftigen Gestaltung (sozial-)pädagogischer Dienste werden könnte (vgl. etwa KNAUER 1991; GEW 1992). Und dies in mehrfacher Hinsicht:

- in *quantitativer* Hinsicht mit Blick auf das benötigte Personal*volumen* (so geht die GEW von einem *zusätzlichen* Personalbedarf - allein für die Kindergärten in den alten Ländern - von rund 50.000 und bei einem entsprechenden Ausbau der gesamten Kindertageseinrichtungen von insgesamt mehr als 130.000 zusätzlichen Stellen aus);[2]
- in *qualitativer* Hinsicht mit Blick auf die *fachlich* notwendigen Fertigkeiten und Fähigkeiten des benötigten Personals (so warnt etwa der Städtetag vor der unvermeidlichen Folge einer Heranziehung unqualifizierter Hilfskräfte im Falle einer zu kurzfristig terminierten gesetzlich »verordneten« Sicherstellung von Kindergartenplätzen; vgl. KNAUER 1991);[3]
- in *finanzieller* Hinsicht mit Blick auf die dauerhaft enstehenden *Folgekosten* für das insgesamt benötigte Personal (die GEW geht von einem *jährlichen* Betriebskostenvolumen für Personal- und Sachkosten für alle Kindertageseinrichtungen nach dem Ausbau (West) bzw. Abbau (Ost) von rund 24 Milliarden aus; vgl. GEW 1992);
- in *familien- und sozialpolitischer* Hinsicht mit Blick auf die Akzeptanz der Kindertageseinrichtungen seitens der Eltern als pädagogisch vertrauenswür-

---

[2] Zur Frage des *Personalbedarfs* vgl. auch die Studie von PREISSING/PROTT (1988), die Berechnungen der Bund-Länder-Kommission vom 16. März 1992 mit Blick auf die neuen Länder (vgl. BUND-LÄNDER-KOMMISSION 1992), die groben Hochrechnungen von KNAUER (1991) aus der Sicht des Städtetags. Für die neuen Bundesländer vgl. GALUSKE/RAUSCHENBACH (1994, 1995).

[3] Daß zwischenzeitlich Fakten in dieser Richtung längst geschaffen wurden, zeigt das Beispiel der Personalvereinbarung zum Kindertagesstättengesetz in Nordrhein-Westfalen (GTK-NW); vgl. dazu ausführlich RAUSCHENBACH (1994a).

diges Angebot zur Betreuung der eigenen Kinder (so wird immer wieder die Befürchtung geäußert, daß bei einem zwar quantitativ bedarfsgerechten, qualitativ jedoch nicht hochwertigen Angebot an Einrichtungen diese zu neuen Verwahranstalten degradiert würden; vgl. KAISER/MOYSICH 1991). Aber nicht nur aus den hier genannten Gründen ist sowohl die Berufsgruppe der ErzieherInnen[4] als auch das Personal in den Einrichtungen der Jugendhilfe, besonders den Kindertageseinrichtungen, dabei, erneut zu einem Gegenstand öffentlich-kontroverser Erörterungen zu werden, die sich z.b. unter Stichwörtern wie »Kindergartennotstand« (vgl. ebd.) oder »drohender Erziehernotstand« (vgl. DERSCHAU 1993) ankündigen. Daneben lassen sich eine ganze Reihe weiterer Indikatoren festhalten, die dazu beitragen, daß das Thema »ErzieherInnen« wieder auf der Tagesordnung zu finden ist:

(1) Unter dem Leitbegriff *Europa 1993* ist in den letzten Jahren eine Verunsicherung und Aktivität hervorrufende Diskussion geführt worden mit dem inzwischen wieder etwas abgeklungenen Tenor, daß den »bundesdeutschen ErzieherInnen« ernsthaft drohe, im europäischen Vergleich statusmäßig weiter nach unten zu rutschen (vgl. etwa DITTRICH 1991a, 1991b).[5]

(2) Unter dem Blickwinkel des *Arbeitsmarktes* zeichnet sich seit Ende der 80er Jahre eine gleichermaßen erfreuliche wie beunruhigende Entwicklung dahingehend ab, daß die jahrelang ansteigenden und hohen Arbeitslosenziffern begonnen haben, ab der zweiten Häfte der 80er Jahre zurückzugehen, während zugleich die Zahl der erwerbstätigen ErzieherInnen anstieg, so daß tendenziell eher ein Mangel an *qualifizierten* Fachkräften - zumindest in Kindertageseinrichtungen - droht (vgl. DERSCHAU 1993; RAUSCHENBACH 1993).

(3) Verstärkt werden in jüngster Zeit die *Grenzen der Verwendbarkeit von ErzieherInnen*, vor allem in der »Heimerziehung« thematisiert (vgl. etwa RÖßLER 1989; AFET 1990). Aus den allgemein veränderten Erfordernissen einer

---

[4] Der Umstand, daß sich neben den vielen weiblichen Erzieherinnen in der pädagogisch-beruflichen Praxis kaum männliche Erzieher finden lassen, bestärkt uns in der Absicht, diesem auch semantisch Rechnung zu tragen. Wir sprechen daher nicht nur im Plural von den »ErzieherInnen«, sondern auch im Singular von »der« »ErzieherIn« - denken aber jeweils den bescheidenen männlichen Anteil mit. Analoges gilt auch für die anderen sozialen Berufe, soweit es sich ganz eindeutig und überwiegend um Frauenberufe handelt.

[5] In den Kontext dadurch ausgelöster Aktivitäten angesichts der zeitweilig unklaren Auswirkungen europäischer Regelungen auf die bundesdeutsche ErzieherInnenausbildung muß auch die zwischenzeitliche Aktivität im Rahmen der Kultusministerkonferenz eingereiht werden, in der der Unterausschuß »Berufliche Schulen« erneut über eine KMK-Inititive einer Länderangleichung der ErzieherInnen-Ausbildung nachgedacht hat, seine Aktivitäten und seine Handlungsbereitschaft jedoch wieder erlahmten als sich abzeichnete, daß die europäische Einigung vorerst keinen Entscheidungsbedarf nach sich zieht (vgl. dazu auch Teil III).

Fachlichkeits- und Professionalisierungsentwicklung in den pädagogischen und sozialen Diensten bzw. in den sozialen und sozialpädagogischen Berufen wird u.a. auch die Forderung nach einer *zeitlichen* Ausweitung und *statusmäßigen* Anhebung der ErzieherInnenausbildung zur Qualitäts- und Attraktivitätssteigerung dieses Berufes abgeleitet (vgl. AFET 1990; GEW 1989).

(4) Nicht zuletzt der Achte Jugendbericht (vgl. BUNDESMINISTER FÜR JUGEND, FAMILIE, FRAUEN UND GESUNDHEIT 1990) hat deutlich gemacht, daß die *fachlichen Anforderungen* an eine zeitgemäße und qualitativ hochwertige öffentliche Kleinkinderziehung deutlich gestiegen sind, sei es aufgrund der gewandelten Zusammensetzung der einzelnen Gruppen, der schwieriger, pluraler und »unkontrollierbarer« gewordenen sozialkulturellen und medialen Einflüsse von außen, sei es aufgrund des nachhaltigen Bedeutungszuwachses der »öffentlichen« gegenüber den »privaten« Erziehungsräumen und -zeiten oder sei es, ganz allgemein, aufgrund der Auswirkungen der gesellschaftlichen Modernisierung und des gesellschaftlichen Wandels auf die Möglichkeiten und Modalitäten des Aufwachsens von Kindern in der heutigen Zeit.

(5) Schließlich dürfte auch das personell überdurchschnittlich gut ausgebaute *Versorgungsnetz der DDR* in Sachen Krippe, Kindergarten und Hort eine der wenigen Errungenschaften sein, die in ihrer Rückwirkung für die ehemalige Bundesrepublik reale Legitimationsprobleme mit sich gebracht haben (zur Abwehr der damit verbundenen Erwartungen und Ansprüche sind dementsprechend auch verstärkt die Negativanteile dieser Form der »öffentlich-sozialistischen Einheitserziehung« in den Vordergrund gerückt worden; vgl. etwa NIERMANN 1991; GROßMANN 1992).

Insgesamt wird durch die hier vorerst nur angedeuteten Entwicklungen der jüngsten Zeit deutlich, daß sich die Anzeichen für den Bedarf nach einer erneuten, grundsätzlichen und differenzierten Auseinandersetzung um das Profil und die Zukunft von ErzieherInnen mehren. Nach den letzten großen Reformen innerhalb der ErzieherInnen-Ausbildung Ende der 60er Jahre und den dadurch mitausgelösten Entwicklungen auf dem entsprechenden Teilarbeitsmarkt (vgl. etwa DERSCHAU 1974), hat sich die gesamte Situation - auch und vor allem in ihren Rahmenbedingungen - so nachhaltig verändert, daß eine Bestandsaufnahme und eine neue qualitätsbezogene Debatte im Lichte der sich abzeichnenden Veränderungen als eine Bilanz für die Zukunft dieser Berufsgruppe und der entsprechenden pädagogischen und sozialen Dienste notwendig wird.

Diesem Ziel beabsichtigt sich die vorliegende Studie zu nähern. In ihrem Mittelpunkt steht die Berufsgruppe der ErzieherInnen, die unübersichtliche Vielfalt ihrer in der Zuständigkeit der einzelnen Bundesländer geregelten Ausbildungsformen, ihre Lage auf dem (Teil-)Arbeitsmarkt für soziale Berufe und ihr Verhältnis zu den dort konkurrierenden anderen sozialpädagogischen Berufen, aber auch ihre ungleiche Bedeutung für die einzelnen Arbeitsfelder der Jugendhilfe. Dabei wird die Differenzierung nach »innen« - mit Blick auf Bundesländer, Träger, Schulformen, Arbeitsfelder - ebenso eine Rolle spielen wie der Blick nach »außen«, in andere EU-Staaten, in die nicht mehr existierende DDR bzw. in die sich daraus transformierenden neuen Bundesländer.

Aus der Einsicht, daß eine begründete Bilanz für die Zukunft dieser Berufsgruppe nur aus den empirischen Entwicklungen und Veränderungen in Vergangenheit und Gegenwart entwickelt werden kann, ja, daß selbst anstehende Fragen wie die einer künftigen Gestaltung der ErzieherInnen-Ausbildung oder etwa einer bundesweiten Vereinheitlichung der Zugangsvoraussetzungen angesichts der zu bedenkenden Vielschichtigkeit angemessen nur im Wissen um die Wirkungen und Folgen dieser Ausbildung im Beruf entschieden werden können, ergibt sich der Aufbau der Studie.

Nach einem einleitenden, sich historisch vergewissernden Problemaufriß, der gewissermaßen die Ausgangspunkte und das »Erbe« der aktuellen Lage in Erinnerung rufen soll, werden in *Teil I* die wichtigsten Befunde und Veränderungen für die ausgebildeten ErzieherInnen aus der Sicht des *Beschäftigungssystems* zusammengetragen und ins Blickfeld gerückt, um die damit verbundenen Konsequenzen für eine Reform und Weiterentwicklung der ErzieherInnen-Ausbildung ebenso sichtbar wie gegenstandsangemessen, und das heißt eben auch von der Nachfrageseite her, diskutierbar zu machen. Erst jetzt, Mitte der 90er Jahre, sind wir einigermaßen zuverlässig in der Lage, die Entwicklungen und Veränderungen auf dem (alt-)bundesdeutschen Gesamtarbeitsmarkt - inklusive einiger Entwicklungen in der Transformation der ehemaligen DDR -, aber auch die sich abzeichnenden Disparitäten zwischen den Bundesländern empirisch nachzuzeichnen.

Auf dem Hintergrund der Erörterung der damit verbundenen grundlegenden Veränderungen der Rahmenbedingungen für die Berufsgruppe der ErzieherInnen aus der Sicht des Arbeitsmarktes wird dann in *Teil II* die *Ausbildung* zur ErzieherIn im Mittelpunkt stehen. In synoptischer Form werden dabei die nach wie vor bestehenden, z.T. erheblichen Unterschiede innerhalb der Ausbildung von ErzieherInnen im Vergleich der Bundesländer, der Träger, der Schulformen etc. zusammengestellt, sowie schul- und ausbildungsinterne Strukturprobleme - auf der Datenbasis einer erstmals hier vorgelegten bundesweiten Fachschulbefragung - aufgezeigt und beleuchtet. Dabei wird auch, der Vorläufigkeit der aktuellen Lage entsprechend, nach der Entwicklung in den neuen Bundesländern zu fragen sein.

In *Teil III* soll das Thema der *europäischen Einigung* in seinen Konsequenzen für die bundesdeutschen ErzieherInnen bzw. das dementsprechende bun-

desdeutsche Ausbildungs- und Beschäftigungssystem untersucht werden. Mit
Blick auf die vorliegenden, thematisch einschlägigen Richtlinien und Empfehlungen sowie einer Beschreibung und einem »vergleichenden Blick« auf die
Situation und Entwicklung in einigen ausgewählten EU-Staaten andererseits
soll die künftige »Wertigkeit« der bundesdeutschen ErzieherInnenausbildung
in einem Europa ohne Grenzen beleuchtet werden.

1. Zwischen Expansion und Diffusion - eine einführende Problemskizze

Obgleich die Anfänge und Wurzeln der heutigen ErzieherInnen-Ausbildung in die erste Hälfte des vorigen Jahrhunderts zurückreichen und damit zugleich die erste Form einer geregelten Ausbildung im Bereich der Sozialpädagogik/ Sozialarbeit darstellen (vgl. DERSCHAU 1987; RAUSCHENBACH 1990a), lassen sich die wesentlichen Gesichtspunkte, die für die aktuelle Lage der ErzieherInnen in Ausbildung und Beruf von Belang sind, an den Reformen und Veränderungen der letzten 25 Jahre festmachen.

1.1 Reform und Aufbruch. Zur Ausbildungsexpansion in sozialpädagogischen Berufen

Im März 1967, also vor mehr als 25 Jahren, hatte sich die Kultusministerkonferenz auf eine neue, arbeitsfeldübergreifende und verlängerte, kurz: eine modernisierte Form der ErzieherInnen-Ausbildung geeinigt. Hervorgegangen aus den ehemals getrennten Ausbildungsgängen zur »KindergärtnerIn« und »HortnerIn« einerseits sowie zur »HeimerzieherIn« andererseits, sollten mit einer verlängerten und verbesserten Ausbildung nunmehr unter dem neuen Etikett der »ErzieherIn« das Fachpersonal befähigt werden, »in *verschiedenen* sozialpädagogischen Bereichen tätig zu sein« (Beschluß der KULTUSMINISTERKONFERENZ vom 16./17.03.1967; Hervorhebung nicht im Original).

Mit dieser Entscheidung wurde das Startzeichen für eine Entwicklung gegeben, die in den darauffolgenden Jahren zu einer stürmischen Phase führen sollte:

(1) Neben einem sprunghaften Anstieg an einschlägigen Ausbildungsstätten und Ausbildungsgängen erhöhten sich gleichermaßen nachhaltig die SchülerInnen- und AbsolventInnenzahlen an den Fachschulen für Sozialpädagogik in der ersten Hälfte der 70er Jahre (vgl. exemplarisch DERSCHAU 1974 sowie Kapitel 24). Infolgedessen konnte nicht nur der in den 60er Jahren vielfach konstatierte Mangel an sozialpädagogischen Fachkräften behoben werden, sondern auch die aufkommende Nachfrage nach *zusätzlichem* Personal aufgrund einer anhaltenden Ausweitung des außerschulischen Sozial- und Bildungswesens seit Anfang der 70er Jahre befriedigt werden.

(2) Im Zuge eines gesteigerten öffentlichen Interesses und fachinterner Debatten im Anschluß an die Kinderladenbewegung, an das neue Credo der antiautoritäten Erziehung und an die Kritik traditionell-familienbezogener Erziehungsvorstellungen sowie im Kontext der wissenschaftsorientierten Reformbemühungen des Deutschen Bildungsrates (vgl. DEUTSCHER BILDUNGSRAT 1970) entwickelte sich ein Jahrzehnt intensiver Auseinandersetzungen um »Vorschulerziehung«, »Elementarerziehung«, »kompensatorische Erziehung« etc. (vgl. hierzu exemplarisch DOLLASE 1978; ZIMMER 1985). »Erziehung in früher Kindheit« wurde in diesem Zusammenhang erstmalig auch an Wissenschaftlichen Hochschulen und Forschungsinstitutionen zu einem eigenständigen Gegenstand intensiver Erörterung.[6]

Unzweifelhaft muß diese Phase der späten 60er und frühen 70er Jahre im nachhinein als die bislang wichtigste Periode in der Reform, Entwicklung und Modernisierung des frühkindlichen, öffentlichen Sozial- und Erziehungswesens sowie der verbesserten Qualifizierung des hierfür benötigten Personals in der Geschichte der Bundesrepublik bezeichnet werden.

(3) Nahezu zeitgleich - jedoch weder konzeptionell noch bildungsplanerisch aufeinander abgestimmt - wurden auch Ausbildungsreformen *oberhalb* der Fachschulen bzw. Fachakademien für Sozialpädagogik und des Berufsbildes der ErzieherIn eingeleitet, die anschließend zwar weitreichende Auswirkungen auf das Selbstverständnis, die Rekrutierung sowie den Status der ErzieherInnen haben sollten, jedoch bislang in ihrer Bedeutung für die ErzieherInnen in Ausbildung und Beruf eher vernachlässigt worden sind:

• Ebenfalls in den 60er Jahren wurden nach und nach die Ausbildungen an den *Höheren Fachschulen* zur »JugendleiterIn« und zur »SozialarbeiterIn/ FürsorgerIn« reformiert, geordnet und zu einer zweigleisigen, formal aufeinander abgestimmten Ausbildungsform verändert (vgl. HAEDRICH 1967; BOCK/RAUSCHENBACH 1993). Und Anfang der 70er Jahre wurden diese vereinheitlichten und einander angepaßten Ausbildungsgänge im Zuge der Gründung von *Fachhochschulen* in eigenständige Fachbereiche für Sozialwesen oder auch in eigene Fachhochschulen für Sozialwesen - in freier Trägerschaft - überführt (vgl. RAUSCHENBACH 1990a). Damit wurde erstmalig in Deutschland ein eigenständiger und grundständiger sozialpädagogischer Studiengang innerhalb des Hochschulwesens geschaffen, der erwartungsgemäß auch eine eigene Attraktivität und Rekrutierungspraxis nach sich zog.

---

[6] Die personelle Ausstattung dieses Teilgebietes im Rahmen der erziehungswissenschaftlichen Personalstruktur an den Wissenschaftlichen Hochschulen ist demgegenüber bis heute auffallend schwach geblieben (obgleich es in den Anfängen sogar eine größere Bedeutung zu haben schien).

• Zugleich lösten sich damit allerdings auch zwei bewährte Garanten einer einst engen und stabilen Verzahnung zwischen der Erstausbildung »KindergärtnerIn« und der Aufbauform »Jugendleiterin« auf: Die ursprünglich zumeist vorhandene räumliche, organisatorische und personelle Einheit von Fachschule und Höherer Fachschule wurde ebenso aufgegeben wie der unabdingbare Nachweis einer abgeschlossenen ErzieherInnen-Ausbildung mit anschließend einschlägiger Berufstätigkeit als Zulassungsvoraussetzung für eine Weiterqualifizierung an den Höheren Fachschulen bzw. Fachhochschulen (bei letzteren wurde die Zulassung ohne berufliche Vorkenntnisse, also bei einem bloßen Nachweis einer schulisch erlangten Fachhochschulreife, ggf. zuzüglich eines Vorpraktikums, für ein »grundständiges« Studium eingeführt). Damit waren die organisatorischen und konzeptionellen Weichen für Differenzierungen und je eigenständige Entwicklungen im Feld der sozialpädagogischen Ausbildungen und Berufe geschaffen. Fachschule und Fachhochschule hatten keinen gemeinsamen Ausgangspunkt mehr, waren nicht mehr aufeinander angewiesen und bauten nicht mehr zwangsläufig aufeinander auf. Das Prinzip der 'sozialpädagogischen Qualifizierung aus einer Hand' wurde aufgegeben, und im Laufe der Zeit entwickelten die verschiedenen Ausbildungsformen zunehmend eine je eigene Rationalität. Sozusagen als ungeplante Nebenwirkung führt dies darüber hinaus dazu, daß die *Fachschule* immer weniger das selbstverständliche »Zentrum« der sozialpädagogischen Erstausbildung bildete, immer weniger ein gefragter Ort sozialpädagogisch fachlicher Debatten war.

• Neben der »ausgelagerten«, angehobenen und damit vom Niveau her neuen sozialpädagogischen Fachhochschul-Ausbildung entwickelte sich - wiederum unabgestimmt - parallel hierzu eine ebenfalls lang geforderte und diskutierte *universitäre*, akademische Ausbildung (vgl. LANGENBACH/LEUBE/MÜNCHMEIER 1974; RAUSCHENBACH 1992a). Mit der Entscheidung im März 1969, an Wissenschaftlichen Hochschulen eigenständige erziehungswissenschaftliche Diplomstudiengänge einzurichten, wurde auch dort eine Entwicklung in Gang gesetzt, die nicht ohne Rückwirkung auf die anderen Ausbildungsformen im Bereich der Sozialpädagogik/Sozialarbeit bleiben konnte. Mit dem *Diplomstudiengang Erziehungswissenschaft* wurde - zunächst vor allem an den damals noch bundesweit existierenden Pädagogischen Hochschulen - erstmals ein »vollakademischer«, achtsemestriger Hauptfachstudiengang angeboten, der an rund der Hälfte der Hochschulstandorte mit einem erziehungswissenschaftlichen Diplom auch in der Studienrichtung »Sozialpädagogik« und an einigen Standorten auch im Schwerpunkt »Erziehung in früher Kindheit« abgeschlossen werden konnte. Somit wurde - unter dem Anspruch einer Einheit von Lehre und Forschung an den Universitäten - nicht nur in relevantem Umfang erstmalig die Möglichkeit geschaffen, laufbahnrechtlich auch für den Höheren Dienst eine eigenständige (sozial-)pädagogische Hauptfachausbildung anzubieten, sondern zugleich - rückgebunden an das sich entwickelnde Ausbildungsangebot - die personelle und institutionelle Verankerung von »Sozialpädagogik« bzw. »Erziehung in früher Kindheit/Vorschulerziehung« an den Wissenschaftlichen Hochschulen zu verbessern. Mit der Einführung des grundständigen Diplomstudiengangs Erziehungswissenschaft an den Pädagogischen Hochschulen und Universitäten wurde jedoch nicht nur auf breiter Ebene eine weitere Ausbildungsmöglichkeit für (sozial-)pädagogisch interessierte und zulassungsberechtigte junge Menschen geschaffen, sondern darüber hinaus - was vielfach übersehen worden ist - auch eine zusätzliche Ebene in der sozialpädagogischen Ausbildungshierarchie eingezogen (vgl. dazu RAUSCHEN-BACH 1990b).

Damit wurde die bundesdeutsche Fachschule für Sozialpädagogik und das Berufsbild der ErzieherIn - trotz Reform und Ausbau und ohne Eigenverschulden - gewissermaßen zu einem »dritten Niveau« sozialpädagogischer Ausbildung »abgestuft«. Lange Zeit war die »KindergärtnerIn« die mehr oder weniger einzig relevante sozialpädagogische Fachkraft in nennenswerter Zahl, da es nur verhältnismäßig wenige »JugendleiterInnen« gab, die zudem von den gleichen LehrerInnen an den gleichen (Fach-)Schulen in Form einer Höheren Fachschulausbildung qualifiziert wurden. Und in ihrer neuen, modernisierten Variante wurden die »ErzieherInnen« nunmehr mit zwei - auch quantitativ relevanten - zusätzlichen Qualifikationsprofilen konfrontiert, die von ihrem Anspruch und Zuschnitt her künftig zumindest in gleichem, wenn nicht sogar in höherem Maße in der Lage sein sollten, in den *verschiedenen* sozialpädagogischen Bereichen beruflich tätig zu sein.

Zugespitzt kann man formulieren: Spätestens ab Mitte der 70er Jahre existierten drei eigenständige Ausbildungsprofile auf drei formal *unterschiedlichen* Ausbildungsebenen, jedoch für *ein* gemeinsames sozialpädagogisches Berufsfeld. Oder mit anderen Worten: Ein formal unübersehbar hierarchisiertes Ausbildungsspektrum für sozialpädagogische Berufe - nach »unten« erweitert etwa um die »KinderpflegerInnen« und andere, ungeregelte Kurzausbildungen - steht einem, daran gemessen, nur schwach hierarchisierten Teilarbeitsmarkt für soziale Berufe gegenüber. Die sich daraus entwickelnden Strukturprobleme waren unweigerlich vorgezeichnet.

1.2 Stagnation und Resignation. Ausbleibende Reformen und Arbeitsmarktrisiken

Die ersten Risse in der quantitativen Expansion und der qualitativen Erfolgsbilanz der neuen ErzieherInnen-Ausbildung deuteten sich dementsprechend auch ab Mitte der 70er Jahre an. So war nicht nur die Kritik an den Bedingungen und Voraussetzungen der Ausbildung an den Fachschulen für Sozialpädagogik selbst nunmehr konkretisierbar (vgl. DERSCHAU 1974), vielmehr wurden auch zunehmend die ungelösten Schwierigkeiten im Kontext der Ausbildungslandschaft wie im Beschäftigungssystem erkennbar.

In einem durch permanente Ausweitungen, Neuerungen und Reformen unübersichtlich und nicht mehr handhabbar gewordenen Berufsschulwesen versuchte die Kultusministerkonferenz (KMK), Ordnung zu schaffen und legte 1975 zunächst einmal fest, wie die einzelnen Schulformen voneinander zu unterscheiden sind. Dementsprechend hieß es dort für die *Fachschulen*: »Fachschulen sind Schulen, die grundsätzlich den Abschluß einer einschlägigen Berufsausbildung oder eine entsprechende praktische Beruftätigkeit voraussetzen; als weitere Voraussetzung wird in der Regel eine zusätzliche Berufsausübung gefordert. Sie führen zu vertiefter beruflicher Fachbildung und fördern die Allgemeinbildung. Bildungsgänge an Fachschulen in Vollzeitform dauern in der Regel mindestens ein Jahr, Bildungsgänge an Fachschulen in Teilzeitform dauern entsprechend länger« (Beschluß der KULTUSMINISTERKONFERENZ vom 08.12.1975).

Gemessen an den hier formulierten Kriterien - Abschluß einer einschlägigen Berufsausbildung *und* entsprechende praktische Beruftätigkeit -, die notwendig sind, um eine vertiefende Ausbildung im Rahmen des beruflichen Schulwesens als *Fachschul*ausbildung bezeichnen zu können, war klar, daß die existierenden Fachschulen für Sozialpädagogik keine Fachschulen im Sinne dieser Vereinbarung, also keine »echten« Fachschulen sein konnten, da sie weder zwingend eine *berufliche Erstausbildung* noch eine entsprechende *Beruftätigkeit* voraussetzten (auch wenn das *Vorpraktikum* dieses ersatzweise erfüllen sollte). Damit wurde der Status der ErzieherInnen innerhalb des Bildungssystems und innerhalb der Gliederung des beruflichen Schulwesens nochmals zusätzlich geschwächt.

Allenfalls als eine Art »paradoxe Intervention«, als ein rhetorisch-symbolischer Versuch läßt sich von daher dann die vorerst letzte KMK-Vereinbarung von 1982 bezeichnen. Dort wurde der letztlich wirkungslose Versuch unternommen, für die ErzieherInnen einen verbesserten Status festzuschreiben, *ohne* in der Substanz etwas zu verändern: So wurde einerseits die Befähigung der ErzieherIn dahingehend definitorisch aufgewertet, daß sie nunmehr »*selbständig*« in allen sozialpädagogischen Bereichen tätig sein konnte und damit sowohl dem Anspruch einer eigenverantwortlichen Fachkraft in pädagogischen und sozialen Diensten als auch der Stellung einer Fachschulausbildung im Bildungssystem - etwa als Ort für die Meisterprüfung im Handwerk - indirekt besser gerecht werden sollte. Andererseits wurde jedoch die damals bereits unbefriedigende Variationsbreite und Unterschiedlichkeit der Zulassungsbedingungen zwischen den einzelnen Bundesländern nicht substantiell verändert, also etwa formal angeglichen, sondern lediglich gleichwertig nebeneinandergestellt und pauschal zwischen den Bundesländern die wechselseitige Anerkennung der Abschlüsse versichert, so daß unter dem Strich ein »echter« Fachschulstatus mit dieser Vereinbarung wieder nicht erreicht werden konnte.

So heißt es in Abschnitt 1 dieser KMK-Vereinbarung: »Ziel der Ausbildung ist die Befähigung, in sozialpädagogischen Bereichen als Erzieher/Erzieherin *selbständig* tätig zu sein«. Und zur Frage der Zulassungsvoraussetzungen wird in Abschnitt 3 vielsagend vereinbart: »Zur Ausbildung wird zugelassen, wer den Realschulabschluß *oder einen im Land als gleichwertig anerkannten Bildungsstand* erworben hat. Außerdem ist eine abgeschlossene Berufsausbildung von mindestens 2jähriger Dauer erforderlich *bzw. eine nach Landesrecht angemessene Berufstätigkeit oder ein einschlägiges Praktikum*, das durch den Abschluß einer einschlägigen beruflichen Vollzeitschule *ersetzt* werden kann« (Beschluß der KULTUSMINISTERKONFERENZ vom 24.09.1982; Hervorhebungen nicht im Original).

Diese »Pluralität« hat zur Folge, daß bis heute weder *bundeseinheitliche* Zulassungsvoraussetzungen zur Aufnahme einer Ausbildung an den Fachschulen für Sozialpädagogik vorliegen, noch, daß die real gegebenen Zulassungsbedingungen dem Anspruch einer regulären Fachschulausbildung gerecht werden (vgl. hierzu auch Teil II). Dies hat nicht nur bildungssystematische und schulische Akzeptanzprobleme mit sich gebracht, sondern auch - im Horizont eines veränderten Anspruchsniveaus - zu einer veränderten Zusammensetzung der SchülerInnenschaft an den Fachschulen für Sozialpädagogik geführt.

Die markantesten Veränderungen in der Lage und Entwicklung der ErzieherInnen haben sich allerdings in den 80er Jahren auf dem *Arbeitsmarkt* abgespielt. Nach einem Jahrzehnt des Aufbruchs und der Expansion bis zum Ende der 70er Jahre hat zu Beginn der 80er Jahre eine Phase des Stagnation und der schockartigen Lähmung eingesetzt, die dazu führte, daß sich auf allen Ebenen mit Blick auf anstehende innere Reformen und Modernisierungen eher Resignationserscheinungen statt perspektivische Aktivitäten breit gemacht haben. Die andauernden Schreckensmeldungen einer kontinuierlich steigenden Zahl arbeitslos gemeldeter ErzieherInnen bis Mitte der 80er Jahre bei einem offenbar gleichzeitig zum Stillstand gekommenen Teilarbeitsmarkt für ErzieherInnen - zuzüglich eines demographisch bedingten Rückgangs der Kinderzahlen - schienen keinerlei Aussicht auf gravierende Veränderungen zu verheißen. Die Berufsgruppe der ErzieherInnen war damals gewissermaßen nach »sieben fetten Jahren« auf der Talsohle von »sieben mageren Jahren« angelangt.

Zunahme der Arbeitslosenzahlen, Rückgang der SchülerInnenzahlen, Stagnation mit Blick auf die Stellen in den einschlägigen Arbeitsfeldern, eine nach wie vor hohe Fluktuation in den Stellen sowie eine sich breit machende individuelle Perspektivlosigkeit berufsinterner Aufstiegmöglichkeiten von ErzieherInnen in ihrem Beruf angesichts der immer stärker anwachsenden Zahl »diplomierter SozialpädagogInnen« waren die Folge. Diese zentralen Bestandteile des Bildes zur Lage der ErzieherInnen in den 80er Jahren führten vielfach dazu, diesem Qualifikationsprofil - und den davon betroffenen Personen - das Schicksal und den Weg einer beruflichen Sackgasse zu bescheinigen (vgl. zuletzt RABE-KLEBERG u.a. 1991).

Fast unmerklich ist gegen Ende der 80er Jahre dieser Abwärtstrend in der realen Lage wie in dessen Einschätzung zum Stillstand gekommen. Wiederum ansteigende AnfängerInnenzahlen in der Ausbildung, erstmals seit Mitte der 70er Jahre deutlich zurückgehende Quantitäten bei den arbeitslos gemeldeten ErzieherInnen sowie ein wieder spürbar in Bewegung gekommener Teilarbeitsmarkt für ErzieherInnen sind die empirischen Indikatoren dieser Trendwende. Eine zeitgleich einsetzende öffentliche Debatte auf breiter Ebene über einen künftig gesetzlich zu garantierenden Anspruch auf einen Kindergartenplatz sowie der drohende weitere Prestigeverlust des Berufsbildes der ErzieherIn in einem vereinten Europa waren zusätzlich dynamisierende Faktoren, die dem Thema ErzieherIn in Ausbildung und Beruf neuen Auftrieb verliehen. Eine neue Runde der Auseinandersetzung um die Zukunft der ErzieherInnen ist damit eingeläutet worden.

Teil I

Arbeitsmarkt

Wie bereits im vorigen Abschnitt angeklungen ist, sind die entscheidenden
Schritte zum Ausbau und zur Reform der ErzieherInnen-Ausbildung bereits
Ende der 60er, Anfang der 70er Jahre eingeleitet worden. Von ganz erheblicher Bedeutung für die aktuelle Lage und Zukunft dieses Qualifikationsprofils
ist infolgedessen die Frage, inwieweit sich der Arbeitsmarkt für ErzieherInnen
seit dieser Zeit verändert hat. Zumindest spricht auf den ersten Blick nichts
dafür, daß dieser Arbeitsmarkt zu Anfang der 70er Jahre mit dem Anfang der
90er Jahre vergleichbar ist. Eine Analyse der aktuellen Arbeitsmarktsituation
für ErzieherInnen soll von daher zuallererst Aufschluß darüber geben, inwieweit die Ausbildung den Veränderungen des passiven und aktiven Arbeits-
marktverhaltens der ErzieherInnen noch gerecht werden kann. Oder anders
gefragt: Kann das Qualifikationsprofil ErzieherIn aus der Sicht des Beschäftigungssystem den beruflichen Erfordernissen und Veränderungen auch in den
90er Jahren noch gerecht werden?

Diese Frage wurde bislang eher *qualitativ* diskutiert. Angesichts veränder-
ter Anforderungen etwa an eine zeitgemäße, bedarfsgerechte und qualitativ
hochwertige Kindertagesbetreuung werden immer wieder Stimmen laut, die
die ErzieherInnenausbildung in dieser Hinsicht für unzulänglich halten (vgl.
etwa KAISER/MOYSICH 1991). Der enorm erhöhte Anspruch an die
Kompetenz heutiger ErzieherInnen - Stichworte hierzu sind Einzel-,
Scheidungs- und Problemkinder, Integration behinderter Kinder, hohe
Ausländeranteile, geschlechtsspezifische Erziehung, sexueller Mißbrauch,
Gewalt, Medienkonsum usw. - erfordere auch eine Anpassung der Ausbildungsqualität in Umfang und Niveau. Bei aller Plausibilität dieser Argumente
besteht jedoch die Schwierigkeit, daß bislang keine umfassenden und
repräsentativen Daten existieren, die diese Position empirisch absichern.

Wir wollen deshalb nachfolgend zumindest die Möglichkeit der empirischen Information über die Lage der ErzieherInnen auf dem Arbeitsmarkt
unter *quantitativen* Gesichtspunkten nutzen. Es wird von daher nach dem
Wandel der Personalstruktur im Bereich der Jugendhilfe und Sozialen Arbeit
zu fragen sein, zum einen also nach dem gewandelten Verhältnis von ErzieherInnen zu *anderen* fachlich einschlägigen Berufen, zum anderen nach den Veränderungen bei den erwerbstätigen ErzieherInnen selbst. Dabei werden wir
zugleich auch die Entwicklung der Arbeitslosigkeit und - gewissermaßen als
Rahmenvorgabe - den Wandel der pädagogischen und sozialen Dienste, in
denen ErzieherInnen vor allem tätig sind, einschließlich der demographischen
Veränderungen begutachten.

Ein Thema mit besonderer Brisanz und Dynamik ist dabei die Lage auf
dem Arbeitsmarkt Jugendhilfe-Ost. Zwischen Neuaufbau, Umbau und Abbau
sind die aktuellen Rahmenbedingungen in den neuen Bundesländern doch so

deutlich anders als in der Alt-Bundesrepublik, daß sich eine *gemeinsame* Betrachtung allein schon deshalb verbietet, würden damit doch die Besonderheiten des Arbeitsmarktes Jugendhilfe-Ost unterschlagen und in ihren fatalen
jugendhilfe-, familien- und arbeitsmarktpolitischen Konsequenzen nicht mehr
sichtbar. Da jedoch zugleich die Datenlage über die Jugendhilfe in den neuen
Bundesländern notgedrungen noch nicht die Kontinuität und Differenziertheit
aufweisen kann, werden wir dieser Entwicklung in einem eigenen Kapitel
nachgehen (vgl. Kapitel 8).

2. Zur Expansion der sozialen Berufe

Die ErzieherInnen werden als Erwerbstätige auf dem Arbeitsmarkt und als arbeitslos gemeldete Personen in der Arbeitslosenstatistik den »sozialpflegerischen« bzw. »sozialen Berufen« zugerechnet.[7] Dabei sind sie in diesem Teilarbeitsmarkt nach wie vor die zahlenmäßig größte Berufsgruppe. Infolgedessen kann man davon ausgehen, daß Veränderungen im Segment der sozialen Berufe immer auch die ErzieherInnen tangieren bzw. von dieser Berufsgruppe mit ausgelöst werden. Auf diesem Hintergrund ist es für eine angemessene Lagebeschreibung der ErzieherInnen auf dem Arbeitsmarkt notwendig, sich zunächst die etwas allgemeinere Entwicklung der sozialen Berufe insgesamt vor Augen zu halten. Hierzu lassen sich vor allen Dingen auf der Basis der Volks- und Berufszählungen, der amtlichen Mikrozensusdaten, der Statistik der sozialversicherungspflichtig Beschäftigten sowie der Jugendhilfestatistik - allerdings bei dieser nicht auf der gleichen Klassifikationsgrundlage - Aussagen machen (vgl. Tab. 2.1).[8] Für den Teilarbeitsmarkt soziale und sozialpädagogische Berufe zeigen sich dabei folgende Befunde:

(a) Bei einem vergleichsweise geringen »Anfangsbestand« im Jahre 1925 von rund 30.000 erwerbstätigen »Kindergärtnerinnen und Sozialbeamten«, wie die sozialen Berufe damals noch hießen, hat sich dieser Bereich bis Mitte 1994 allein in den alten Bundesländern bis auf ca. 650.000 oder sogar noch mehr Erwerbstätige ausgeweitet.[9] Dies ist nicht nur in diesem Zeitraum für

---

[7] Die amtliche Statistik hat bis zuletzt die »sozialpädagogischen Berufe«, also vor allem KinderpflegerInnen, ErzieherInnen, HeilpädagogInnen, SozialpädagogInnen, SozialarbeiterInnen und z.T. auch Diplom-PädagogInnen, in der Berufsgruppe »86« unter den Oberbegriff der »sozialpflegerischen Berufe« subsumiert (zum Aufbau und zu den immanenten Schwächen dieser seit 1970 gültigen Systematik vgl. auch RAUSCHENBACH 1986). In dieser Kategorie sind allerdings auch noch andere Berufsgruppen (z.B. AltenpflegerInnen, DorfhelferInnen, Diakone, BerufsberaterInnen), aber auch nicht-ausgebildete Personen enthalten (vgl. auch RAUSCHENBACH 1990a). Dennoch wird dieses Arbeitsmarktsegment der »sozialpflegerischen Berufe«, das künftig - neu systematisiert und untergliedert - auf der Basis der revidierten »Klassifizierung der Berufe« von 1993 nur noch unter dem Oberbegriff der »sozialen Berufe« firmiert, im Kern und im wesentlichen durch die sozialpädagogischen Fachkräfte geprägt. Wir werden im folgenden ebenfalls abgekürzt von den »sozialen Berufen« sprechen, wenn wir diesen Teilarbeitsmarkt, wie er in der Berufsgruppe »86« repräsentiert wird, im Blick haben.

[8] Zu den Statistiken und den damit verbundenen Überlegungen zur Personalforschung in der Jugendhilfe bzw. der Sozialen Arbeit vgl. RAUSCHENBACH (1990a).

[9] Diese Gesamtzahl kommt dadurch zustande, daß die »Beschäftigten-Statistik« nur die

Deutschland außergewöhnlich hohe Zuwachsrate, sondern auch ein deutlicher Indikator dafür, daß erst in diesem Jahrhundert und in dieser Zeitspanne - vor allem seit Gründung der Bundesrepublik - ein nachhaltiger Ausbau eines Systems pädagogischer und sozialer Dienste stattgefunden hat (und hierbei sind die Zahlenwerte für die neuen Bundesländer noch überhaupt nicht eingerechnet). Deshalb ist in jüngerer Zeit auch im Kontext des Sozial- und Erziehungssystems verstärkt von einem »sozialpädagogischen Jahrhundert« die Rede (vgl. dazu RAUSCHENBACH 1992a; THIERSCH 1992).

(b) Auffallend ist, daß durchweg alle Statistiken über den gesamten Erfassungszeitraum für die »sozialen Berufe« *kontinuierliche Zuwachsraten* belegen. Dies kann als ein weiterer Indikator für einen grundlegenden Strukturwandel in der öffentlichen Erziehung betrachtet werden, der zumindest der Tendenz nach offenbar alle ökonomischen Krisen und politischen Veränderungen im Deutschland des 20. Jahrhunderts überdauert hat. Dies bedeutet nichts anderes, als daß diese Entwicklung als eine spezifische Form der gesellschaftlich-sozialstaatlichen Modernisierung anzusehen ist.

(c) Eine zusätzliche Beschleunigung dieser Entwicklung läßt sich offenkundig für die Zeit ab 1970 feststellen: So sind rechnerisch drei der vier zuletzt gezählten erwerbstätigen Personen in »sozialen Berufen« erst *nach 1970* hinzugekommen. Und dabei deuten die Zuwachsraten der letzten Jahre, genauer: ab 1989, in der Beschäftigtenstatistik von über 25.000, zuletzt sogar weit mehr als 35.000 Personen pro Jahr auf eine vorerst weitere *Beschleunigung* dieser Expansion hin. Und diese würde durch die zuletzt vorgelegten Daten aus der Mikrozensuserhebung für das Jahr 1993 sogar noch eine neue Stufe der Qualität erreichen: Dieser Mikrozensusbefragung zufolge haben die sozialen Berufe 1993 bereits einen Stand von 651.000 erwerbstätigen Personen in den alten Bundesländern erreicht, wobei die Zuwachsrate zwischen 1991 und 1993 mit 111.000 Erwerbstätigen eine neue Dimension erreicht hat (vgl. Tab. 2.1). Um das Ausmaß in einem Vergleich zu verdeutlichen: Ein Zuwachs in einer vergleichbaren Größenordnung läßt sich etwa für die gesamte erste Hälfte dieses Jahrhunderts und, später, vielleicht für einen Zeitraum von rund 10 Jahren

---

sozialversicherungspflichtig Erwerbstätigen erfaßt und ausweist. Rechnet man infolgedessen noch die verbeamteten Erwerbstätigen mit hinzu, ergibt dies für 1994 einen rechnerischen Wert von schätzungsweise 600.000 Erwerbstätigen in den sozialen Berufen - allein im früheren Bundesgebiet. Hierbei sind dann immer noch nicht die Gruppen der selbständig Erwerbstätigen, der geringfügig Beschäftigten (unterhalb der Versicherungsgrenze) und selbstverständlich auch nicht die freiwillig und ehrenamtlich Tätigen mit eingerechnet. Deshalb überrascht es auch nicht allzu sehr, daß die letzte Mikrozensuserhebung im Jahr 1993, also bereits ein Jahr zuvor, für die sozialen Berufe in den alten Bundesländern auf einen Gesamtwert von 651.000 Erwerbstätigen kommt.

konstatieren. In dieser Dynamik und Größenordnung von über 100.000 zusätzlichen Erwerbspersonen ist er jedenfalls ohne historisches Beispiel.

Tab. 2.1: Entwicklung der erwerbstätigen Personen in sozialen Berufen nach ausgewählten Datenquellen (1925-1994)

Jahr	Volks- und Berufszähl. »86«	Mikro-zensus »86«	Jugend-hilfe-statistik	sozverspfl. Beschäftigte »86«	Pers.-statistik Wohlfahrts-verbände
1925	30.000	-.-[1]	-.-	-.-	-.-
.	-.-	-.-	-.-	-.-	-.-
1950	67.000	-.-	-.-	-.-	-.-
.	-.-	-.-	-.-	-.-	-.-
1961	96.000	-.-	-.-	-.-	-.-
.	-.-	-.-	-.-	-.-	-.-
1964	-.-	90.000	-.-	-.-	-.-
.	-.-	-.-	-.-	-.-	-.-
1970	155.000	-.-	-.-	-.-	381.900
.	-.-	-.-	-.-	-.-	-.-
1973	-.-	168.000	-.-	-.-	464.100
1974	-.-	-.-	222.700	-.-	-.-
1975	-.-	-.-	-.-	-.-	512.900
1976	-.-	227.000	-.-	-.-	-.-
1977	-.-	-.-	-.-	232.100	524.200
1978	-.-	266.000	-.-	246.400	-.-
1979	-.-	-.-	-.-	263.100	-.-
1980	-.-	293.000	-.-	280.000	-.-
1981	-.-	-.-	-.-	291.800	592.900
1982	-.-	314.000	264.200	303.700	-.-
1983	-.-	-.-	-.-	312.000	-.-
1984	-.-	-.-	-.-	324.400	656.500
1985	-.-	361.000	-.-	339.300	-.-
1986	-.-	-.-	300.300	358.800	-.-
1987	410.000	405.000	-.-	379.400	758.200
1988	-.-	-.-	-.-	398.100	-.-
1989	-.-	473.000	-.-	417.000	-.-
1990	-.-	-.-	333.900	443.500	751.000
1991	-.-	540.000	-.-	479.000	-.-
1992	-.-	-.-	-.-	517.000	-.-
1993	-.-	651.000	-.-	551.300	858.000
1993[1]	-.-	866.000	-.-	-.-	937.500
1994	-.-	-.-	-.-	590.600	-.-

1 Alte und neue Bundesländer
Quellen: Volkszählung, Mikrozensus, Jugendhilfestatistik, Statistik der sozialversicherungspflichtig Beschäftigten, Personalstatistik der Wohlfahrtsverbände; eigene Berechnung

(d) Im Nebeneinander der unterschiedlichen Datenquellen wird schließlich sichtbar, daß die *Jugendhilfe* für den Teilarbeitsmarkt der sozialen Berufe den größten Bereich repräsentiert: Mehr als zwei Drittel der Erwerbstätigen in den »sozialpflegerischen Berufen« konnten 1990 diesem Bereich zugerechnet werden. Insofern sind die personellen Entwicklungen innerhalb dieses Segmentes typisch, gewissermaßen repräsentativ für die Wandlungen der Sozialen Arbeit insgesamt.

Betrachtet man diese zunächst eher allgemeinen Befunde zum Arbeitsmarkt für soziale bzw. sozialpädagogische Berufe, so wird deutlich, daß allein schon unter quantitativen Gesichtspunkten vor allem in den letzten 20 Jahren ganz erhebliche Veränderungen zu verzeichnen sind, die in ihren Auswirkungen auf die aktuelle und künftige Arbeitsmarktlage der ErzieherInnen gar nicht hoch genug eingeschätzt werden können.

Zugespitzt formuliert: Während Reform und Ausbau der ErzieherInnenausbildung bis Ende der 60er Jahre weitestgehend abgeschlossen waren und die Ausbildung seither im wesentlichen unverändert geblieben ist, hat der Arbeitsmarkt für sozialpädagogische und soziale Berufe seine eigentliche Dynamik *erst nach dieser Zeit* entfaltet - ohne daß die Ausbildung für ErzieherInnen bislang hierauf in irgendeiner Weise reagiert hätte. So haben sich Jugendhilfe und Soziale Arbeit aufgrund der raschen und starken Expansion der sozialen Berufe zu einem eigenen *Teilarbeitsmarkt* mit eigener Dynamik entwickelt, was zugleich auch völlig neue Fragen der fach-, träger- und arbeitsfeldspezifischen Personalplanung, -entwicklung und -pflege mit sich gebracht hat. Dies wirft bei allen einschlägigen Ausbildungen Fragen nach dem jeweiligen Verhältnis zu den sichtbaren Veränderungen des Arbeitsmarktes, zu den benachbarten Berufsgruppen sowie zu den individuellen beruflichen Perspektiven der einzelnen Qualifikationsgruppen aus. Insoweit muß eine dementsprechende Selbstvergewisserung auch für das Qualifikationsprofil »ErzieherIn« erfolgen.[10]

---

[10] Es soll an dieser Stelle nochmals ausdrücklich erwähnt werden, was der Sache nach naheliegend ist: daß der Blick auf die nachfolgenden empirischen Entwicklungen vielfach ein überwiegend alt-bundesrepublikanischer ist - und dies in vielen Teilen auch bleiben muß, solange für die neuen Bundesländer kein einigermaßen zuverlässiges Datenmaterial über die Entwicklung der sozialversicherungspflichtig Beschäftigten und der arbeitslos gemeldeten Personen in den »sozialen Berufen« vorliegt. Dennoch sollen auch hierzu, soweit möglich, einige Überlegungen angestellt werden. Etwas besser sieht die Datenlage zwischenzeitlich für den Bereich der Jugendhilfe aus (vgl. dazu ausführlich GALUSKE/RAUSCHENBACH 1994), die wir entsprechend einbeziehen werden (vgl. dazu Kapitel 8).

3. Arbeitslosigkeit in sozialen Berufen

Die Kehrseite zu dieser neu entstandenen Dynamik in punkto Erwerbstätigkeit ab den 70er Jahren ist die damit korrespondierende Entwicklung der Arbeitslosigkeit. Denn, das gleichzeitig auf allen Ebenen - SchülerInnenzahlen, Studiengänge, Arbeitsplätze - stark in Bewegung geratene Segment der Sozialpädagogik und Sozialarbeit konnte Anfang der 70er Jahre prognostisch gar nicht rational und quantitativ passend zwischen Ausbildungs*angebot* und Arbeitsmarkt*nachfrage* aufeinander abgestimmt, geschweige denn ohne Reibungsverluste geplant und weiterentwickelt werden. Arbeitslosigkeit oder Fachkraftmangel waren damals die beiden wahrscheinlichen Alternativen, quantitativ exakte Passung der unwahrscheinliche Glücksfall. Und nach einem vielfach beklagten Personalmangel bis weit in die 70er Jahre hinein, waren dann anschließend, vor allem in den 80er Jahren, die Befunde und Diagnosen zum Thema Arbeitslosigkeit in Sozial- und Erziehungsberufen z.T. mehr als düster (vgl. etwa DERSCHAU u.a. 1985). Deshalb ist der auch in dieser Hinsicht inzwischen dokumentierbare Wandel auf dem Arbeitsmarkt ein wichtiger Indikator für eine völlig veränderte Ausgangslage der ErzieherInnen Anfang der 90er Jahre.

Anhand der Daten der amtlichen Arbeitslosenstatistik lassen sich für die alten Bundesländer folgende Veränderungen - für die sozialen Berufe insgesamt, aber auch für die ErzieherInnen als einzelne Berufsgruppe - festhalten (vgl. Tab. 3.1):

(a) Unübersehbar hatte sich die Zahl der arbeitslos gemeldeten Personen in den sozialen Berufen insgesamt seit 1975 von damals rund 10.000 auf über 53.000 Personen bis zum Jahre 1988 nachhaltig erhöht (vgl. Tab. 3.1). Neben der bereits dargestellten Expansion der Erwerbstätigen in den sozialen Berufen war demnach in diesem Zeitraum auch ein Anstieg der arbeitslos gemeldeten Personen zu verzeichnen, so daß die Arbeitsmarktforscher die sozialen Berufe folgerichtig auch als »Risiko- *und* Zukunftsberufe« auszeichneten (vgl. STOOß 1984), um diese sich scheinbar widersprechende Entwicklung adäquat zu kennzeichnen.

(b) Seit 1984 deutet sich für die hiervon betroffenen Berufsgruppen eine Trendwende an. Während sich zwischen 1984 und 1988 durch eine Verlangsamung der zuvor deutlich ansteigenden Kurve ein erster Hoffnungsschimmer abzeichnete, beginnt 1988 ein kontinuierlicher Abstieg vom historisch bislang höchsten Gipfel erwerbslos gemeldeter Personen in sozialen Berufen: Waren im Herbst 1988 noch über 53.000 arbeitslose Personen amtlich registriert, so ist dieser Wert innerhalb von drei Jahren, also bis 1991, um über 13.000 Personen auf unter 40.000 gesunken; dies entspricht einem Rückgang um immerhin 25%. Seit 1991 ist diese günstige Entwicklung allerdings wieder gestoppt. So stieg die Zahl der arbeitslos gemeldeten Personen in sozialpflegerischen Berufen bis zum Herbst 1994 allein in den alten Bundesländern erneut - dieses Mal bis auf fast 52.500 Personen, dem zweithöchsten Stand, der in den sozialen Berufen jemals erreicht worden ist.

Tab. 3.1: Entwicklung von Erwerbstätigkeit, gemeldeter Arbeitslosigkeit und Arbeitsbeschaffungsmaßnahmen (soziale Dienste) in »sozialen Berufen« (»86«) im Vergleich

Jahr	Erwerbs-tätige »86«	Arbeits-lose »86«	ABM »soziale Dienste«	Gesamt-risikofaktor[1] *in %*	Fachkraft-risikofaktor[2] *in %*
1973	-.-	2.244	-.-	-,-	-,-
1974	-.-	4.617	-.-	-,-	-,-
1975	-.-	10.159	-.-	-,-	-,-
1976	-.-	16.439	-.-	-,-	-,-
1977	232.093	20.088	-.-	8,7	6,1
1978	246.434	20.762	-.-	8,4	6,5
1979	263.117	19.929	-.-	7,6	5,8
1980	280.005	21.241	-.-	7,6	5,9
1981	291.761	27.373	11.497	9,4	7,1
1982	303.745	37.112	8.574	12,2	9,3
1983	311.962	45.552	11.001	14,6	11,0
1984	324.392	49.074	19.768	15,1	11,3
1985	339.313	51.985	25.211	15,3	11,3
1986	358.777	51.216	29.886	14,3	10,3
1987	379.409	51.772	33.775	13,6	9,6
1988	398.119	53.312	34.531	13,4	9,1
1989	416.996	50.152	28.631	12,0	7,7
1990	443.538	45.082	23.433	10,2	6,0
1991	479.018	39.984	23.899	8,3	4,4
1992	517.318	41.309	22.197	8,0	4,0
1993	551.339	48.529	14.877	8,8	4,2
1994	590.557	52.439	14.292	8,9	4,0

1 Rechnerisches Verhältnis der sozialversicherungspflichtig Erwerbstätigen in sozialen Berufen zu *allen* arbeitslos gemeldeten Personen dieser Berufsgruppe.
2 Rechnerisches Verhältnis der sozialversicherungspflichtig Erwerbstätigen in sozialen Berufen zu den arbeitslos gemeldeten Personen dieser Berufsgruppe mit einer qualifizierten Ausbildung (ohne Personen mit geringer oder keiner Ausbildung).
Quellen: Arbeitslosenstatistik, Beschäftigtenstatistik; eigene Berechnung

Allerdings muß man in diesem Zusammenhang auch die Entwicklung des ABM-gestützten Arbeitsmarktes im Auge behalten. Und dieser hat sich in den 80er Jahren im großen und ganzen parallel zur Arbeitslosigkeit entwickelt.

Bei steigenden Arbeitslosenzahlen haben damit gewissermaßen die zugleich steigenden ABM-Zahlen einen noch stärkeren Anstieg der Arbeitslosigkeit aufgefangen. Und das heißt auf der anderen Seite dann aber auch, daß parallel abnehmende ABM- und Arbeitslosenzahlen einen im Grunde genommen noch stärkeren Rückgang der Arbeitslosigkeit verdecken. Oder anders formuliert: Während die Arbeitslosigkeit in den sozialen Berufen bis 1988 ohne die ABM-Stellen weit stärker angestiegen wäre, wäre sie danach auch deutlicher zurückgegangen, wenn nicht die ABM-Stellen zeitgleich so drastisch reduziert worden wären. Mit 1994 nur noch rund 14.000 ABM-Stellen in »sozialen Diensten« wurde dieser zweite Arbeitsmarkt in den alten Bundesländern in nur 5 bis 6 Jahren um mehr als 20.000 Stellen abgebaut. Die sich im Unterschied zu den 80er Jahren damit öffnende Schere von sinkenden ABM-Stellen trotz steigender Arbeitslosenzahlen macht die fatalen sozial- und arbeitsmarktpolitischen Folgen deutlich: Bei der zweithöchsten Arbeitslosenzahl, die jemals bei den sozialen Berufen gemessen wurde, sind im Jahr 1994 die ABM-Stellen in den sozialen Diensten mit rund 14.000 Personen dennoch auf den tiefsten Stand seit 10 Jahren gesunken. Das bislang für das Segment der sozialen Berufe und in dem sich ständig wandelnden und weiterentwickelnden Feld der Sozialen Arbeit ebenso umstrittene wie unverzichtbare Instrument der ABM-Stellen hat seine Funktion als dynamisierendes Korrektiv in den alten Bundesländern damit vorerst verloren.[11]

(c) Betrachtet man die Entwicklung der (sozialversicherungspflichtig) *Beschäftigten* im Vergleich zu den *arbeitslos gemeldeten Personen* in den sozialen Berufen - setzt man also die beiden Verlaufskurven zueinander ins Verhältnis -, so zeigt sich, daß in der ersten Hälfte der 80er Jahre die Zahl der Arbeitslosen stärker gestiegen ist als die Zahl der Erwerbstätigen und daß infolgedessen - trotz zeitgleich steigender Erwerbszahlen - auch das Risiko, arbeitslos zu werden, höher wurde, während sich seither der Trend umgekehrt hat (vgl. Tab. 3.1): In den letzten 10 Jahren, seit Mitte der 80er Jahre, ist der, wie wir ihn nennen, »Gesamt-Risikofaktor« in den sozialen Berufe von Werten oberhalb von 15,0 seit 1991 auf Werte unter 9,0 gesunken.[12] Allein diese

---

[11] Allerdings muß man in diesem Zusammenhang auch im Blick behalten, daß der Tendenz nach - genaue Daten über längere Zeiträume liegen uns noch nicht vor - ABM-Stellen im Bereich »soziale Dienste« in den neuen Ländern eine herausragende Bedeutung haben; zumindest weisen sie bei den Monatsauszügen die höchsten Einzelwerte auf. Insofern ist stark zu vermuten, daß der ABM-Pool für die sozialen Dienste gewissermaßen von West nach Ost verlagert wurde.

[12] Dieser Wert darf allerdings nicht mit einer fachspezifischen »Arbeitslosenquote« gleichgesetzt werden, da zum einen in der Gruppe der Erwerbstätigen die »Beamten« und »Selbständigen« nicht mit eingerechnet sind und zum anderen in den beiden Statistiken

deutlich verringerten Angaben, die zuletzt wieder bei Größenordnungen wie Ende der 70er Jahre lagen, deuten bereits unverkennbar die gewandelte Lage auf dem Arbeitsmarkt an, derzufolge - bei gleichbleibenden Rahmenbedingungen - nicht auszuschließen ist, daß sich in kürzester Zeit erneut ein mehr oder minder starker Personalmangel in den sozialen Berufen trotz steigender Arbeitslosigkeit auftut.

(d) Fragt man unterdessen gezielt nach der *Arbeitslosigkeit von ErzieherInnen*, so muß man zunächst feststellen, daß diese als eigenständige Gruppe in der Arbeitslosen- und Beschäftigtenstatistik nicht gesondert erfaßt werden und damit auch nicht isoliert betrachtet werden können. Wenn man allerdings hilfsweise die in der Arbeitslosenstatistik getrennt ausgewiesenen Daten für die verschiedenen Ausbildungsstufen heranzieht, so kann man davon ausgehen, daß sich die Untergruppe »Arbeitslose mit Fachschulausbildung« in der Berufsgruppe '86' im wesentlichen aus ErzieherInnen zusammensetzen dürfte, so daß diese Gruppe am ehesten als Informationsquelle zum Thema arbeitslose ErzieherInnen« herangezogen werden kann (vgl. Tab. 3.2). Auf dieser Basis werden dann doch einige aufschlußreiche Befunde erkennbar:

• Zwischen 1977 und 1985 haben unübersehbar die arbeitslos gemeldeten Personen mit Fachschulausbildung, also vermutlich vor allem ErzieherInnen, den Kern der Arbeitslosen in sozialen Berufen gebildet (mit Anteilen zwischen 35% und 41%). Hieraus läßt sich auch die »große Depression« zu Beginn der 80er Jahre bei den ErzieherInnen erklären.

• Bereits ab Mitte der 80er Jahre ist die Arbeitslosigkeit für diese Teilgruppe jedoch anteilsmäßig in auffälliger Weise zurückgegangen: Während der prozentuale Anteil sich zwischen 1984 und 1994 kontinuierlich von 39% auf zuletzt nur noch 18% verringert hat, ist der Absolutwert in dieser Zeit von rund 19.000 auf ca. 9.500 Personen und damit um genau die Hälfte gesunken. Auch diese Entwicklung stabilisiert den Befund, daß das in den 80er Jahren übervolle Reservoir der am Arbeitsmarkt orientierten, arbeitslos gemeldeten ErzieherInnen sich seit Mitte der 80er Jahre nachhaltig geleert hat, mit der unübersehbaren Gefahr, daß dies in der Berufsgruppe der ErzieherInnen zu einem neuen Fachkraftmangel führen könnte.

(e) Aufschlußreich ist schließlich ein zusätzlicher Blick auf die sich wandelnden Anteile der anderen Qualifikationsniveaus. Hierbei wird vor allem sichtbar, daß der Anteil der Personen *ohne Ausbildung* bzw. mit nur *geringer Ausbildung* (vgl. Tab. 3.2) von zusammen 22% im Jahre 1980 kontinuierlich auf

---

(Beschäftigten- und Arbeitslosenstatistik) die Teilmengen »soziale Berufe« nicht in jeder Hinsicht identisch sind. Infolgedessen gibt die Bundesanstalt für Arbeit selbst auch keine berufsgruppen- oder bereichsspezifischen Arbeitslosenquoten an.

den bemerkenswerten Anteil von zuletzt immerhin 55% im Jahre 1994 gestiegen ist. Mit anderen Worten: *Mehr als jede zweite arbeitslos gemeldete Person in sozialen Berufen verfügt derzeit über keine oder allenfalls eine geringfügige Qualifikation.* Daß dabei immerhin 29% aller arbeitslos Gemeldeten - das sind mehr als 15.000 Personen - gänzlich ohne geregelte Ausbildung sind, könnte ein Indiz dafür sein, daß die vergleichsweise hohen Umschulungsquoten auf der Ebene einfacher Ausbildungen im Rahmen der AFG-Förderung in die sozialen Berufe hinein (mit dem Zielberuf »soziale Berufe«) offenbar nicht den erwünschten Erfolg einer dauerhaften Erwerbstätigkeit in den Arbeitsfeldern für soziale Berufe bringen.[13]

Insgesamt werden anhand dieser Analyse der Arbeitslosigkeit in den sozialen Berufen bzw. für die ErzieherInnen die sich wandelnden Koordinaten des Beschäftigungssystems im Segment der pädagogischen und sozialen Dienste deutlich: Standen 1987 noch über 36.000 qualifizierte Fachkräfte vor den Toren des Arbeitsmarktes (dies entspricht der Anteilssumme der Spalten 4 bis 7 in Tab. 3.2), so waren dies 1994 zusammen nur mehr ca. 23.700 Personen. Daraus ergeben sich drei Folgerungen:

Erstens: Zum einen hat sich das Risiko Arbeitslosigkeit in sozialen Berufen seit 1988 wieder ganz deutlich zu Lasten der Gruppe der geringer Qualifizierten verschoben.

Zweitens: Zugleich hat sich das Reservoir arbeitsmarktorientierter *Fachkräfte* oberhalb dieser Personengruppen im Verhältnis zu dem deutlich vergrößerten Teilarbeitsmarkt für soziale Berufe nachhaltig geleert: Seit Mitte der 70er Jahre standen dem Arbeitsmarkt für soziale Berufe im Verhältnis zu seiner eigenen Größe nicht mehr so wenig qualifizierte Fachkräfte in der Kartei der Arbeitsämter zur Verfügung wie seit 1991 mit einem sog. »Fachkraftrisikofaktor« von etwa 4% (vgl. Tab. 3.1). Daß heißt, daß seit Anfang der 90er Jahre

---

[13] Dies wird auch durch die Entwicklung bei den Erwerbstätigen bestätigt: Bei den sozialversicherungspflichtig Beschäftigten (vgl. etwa Tab. 5.1) zeigt sich ein deutlicher anteilmäßiger Rückgang der Erwerbstätigen in sozialen Berufen ohne Ausbildung. Waren 1978 noch rund 48.000 Personen, das entspricht fast 20%, in den sozialen Berufen insgesamt ohne Ausbildung, so waren dies 1994 zwar rund 71.000, was jedoch nur noch einem Anteil von rund 12% entspricht. Der dabei sichtbar werdende leichte Anstieg dieser Personengruppe zeigt sich interessanterweise jedoch vorerst nicht für den Bereich der Kindertageseinrichtungen (Berufsordnung »864«); in diesem Arbeitsfeld beträgt der kontinuierlich abnehmende Anteil von Beschäftigten ohne Ausbildung zuletzt nur noch 11%. Allerdings ist auch noch eine andere Lesart denkbar: daß nämlich die Arbeitsvermittler unausgebildete, Beschäftigung suchende Frauen in »hausfrauennahe« Tätigkeitsbereiche (»erziehen, pflegen«) einordnen und deshalb - gewissermaßen »künstlich« erzeugte - hohe Arbeitslosenzahlen in den sozialen Berufen vorfindbar sind.

100 sozialversicherungspflichtig Beschäftigten in den sozialen Berufen nur noch 4 bis 5 arbeitslos gemeldete sozialpädagogische Fachkräfte gegenüberstehen.

Tab. 3.2: Entwicklung der arbeitslos gemeldeten Personen in sozialen Berufen (»86«) nach dem Qualifikationsniveau (1975-1994)

Jahr	Arbeits-lose »86« insg.	davon *(in %)*:					
		Ohne Ausbil-dung	Betriebl. Aus-bildung	Berufs-fach-schule	Fach-schule	Fach-hoch-schule	Uni-ver-sität
1975	10.159	22	20	25	21	9	2
1976	16.439	17	16	24	29	11	3
1977	20.088	15	15	21	35	11	3
1978	20.762	13	10	21	40	12	4
1979	19.929	12	11	17	41	15	5
1980	21.241	12	10	18	39	16	5
1981	27.373	14	10	16	39	17	4
1982	37.112	14	10	18	37	18	3
1983	45.552	15	10	16	38	17	3
1984	49.074	14	11	16	39	18	3
1985	51.985	15	11	15	36	19	3
1986	51.216	17	11	15	34	19	3
1987	51.772	19	11	16	31	19	3
1988	53.312	20	12	15	30	20	4
1989	50.152	21	15	15	27	19	4
1990	45.082	23	19	12	25	17	4
1991	39.984	25	22	10	24	16	4
1992	41.309	26	24	10	21	15	4
1993	48.529	28	25	10	18	14	5
1994	52.439	29	26	9	18	13	5

Quelle: Bundesanstalt für Arbeit, Tabelle C 2.1, verschiedene Jahrgänge; eigene Berechnung

Drittens: Infolgedessen müssen sich die Anstellungsträger und Arbeitgeber, Kommunen, Ministerien, Kirchen, Wohlfahrtsverbände und Vereine (inkl. der Jugendhilfe- bzw. Bildungsplanung) offenbar erneut auf völlig veränderte Vorzeichen im Kräftespiel von Angebot und Nachfrage einstellen: Das knapper werdende Gut »qualifizierte Fachkräfte« muß künftig entweder anderweitig, gewissermaßen von »außen«, d.h. von »nebenan« oder von »unten« ersetzt oder aber wieder neu umworben werden. Zum ersten Mal seit dem Beginn der großen Expansionswelle in den sozialen Berufen in Ausbildung und Arbeitsmarkt Anfang der 70er Jahre scheint der Bedarf an Fachkräften, speziell an ErzieherInnen, wieder höher zu sein als das Angebot. Ob dies ein regionales, arbeitsfeldspezifisches, berufsgruppenabhängiges und lediglich kurzfristig auftretendes Problem sein könnte, bleibt abzuwarten. Die »große Depression« scheint jedenfalls für die Gruppe der ErzieherInnen erst einmal überwunden.

4. Jugendhilfe als Arbeitsmarkt

Der Kernarbeitsmarkt für die sozialpädagogischen Fachkräfte, insbesondere für ErzieherInnen, ist - allein zahlenmäßig betrachtet - unstrittig das gesamte Arbeitsfeld der Jugendhilfe. Und für dieses Segment stellt sich die empirische Datenlage zum Personal vergleichsweise gut dar. So sind bundesweite amtliche Erhebungen zum Personal in der Jugendhilfe der Alt-Bundesrepublik bislang für die Jahre 1974, 1982, 1986 und 1990 sowie für die neuen Bundesländer als Sonderuntersuchung für 1991 durchgeführt worden.[14] Anhand dieser Daten ergeben sich ein ganze Reihe von Aufschlüssen über Entwicklungen und Veränderungen in der Personalstruktur der Jugendhilfe. Gleichwohl muß dabei im Auge behalten werden, daß der Datenbestand von 1990 keineswegs umstandslos mit dem von 1995 gleichgesetzt werden kann. Nicht nur wieder angestiegene Arbeitslosenzahlen und sinkende ABM-Stellen lassen es durchaus plausibel erscheinen, daß mit einem Trendbruch zu rechnen sein könnte. Darüber werden erst die Befunde der 94er-Erhebung Aufschluß geben können; vorerst sind wir für den Arbeitsmarkt Jugendhilfe auf das Datenmaterial bis 1990 angewiesen. Vor diesem Hintergrund werden wir nachfolgend zunächst die allgemeine Personalentwicklung in der Jugendhilfe skizzieren, um anschließend mit Hilfe der dadurch unterlegbaren Vergleichsfolie die Unterschiede und Besonderheiten für die Gruppe der ErzieherInnen besser bemessen und beurteilen zu können.

Wie bereits oben deutlich geworden ist (vgl. Tab. 2.1), hat sich die Zahl der in der Jugendhilfe Beschäftigten allein zwischen 1974 und 1990 von ca. 222.000 auf 330.000 tätige Personen und damit um 50% vermehrt. Stellt man im Horizont dieser Entwicklung zusätzlich in Rechnung, daß bei der Volkszählung im Jahre 1970, also nur vier Jahre vor der ersten Jugendhilfeerhebung, lediglich rund 155.000 erwerbstätige Personen in den *gesamten* sozialen

---

[14] Auch künftig werden diese Erhebungen - dann auf der gesetzlichen Basis des 1990/1991 in Kraft getretenen Kinder- und Jugendhilfegesetzes (vgl. §§ 98-103) - in einem 4jährigen Turnus in der Regie das Statistischen Bundesamtes durchgeführt (vgl. dazu BERTRAM/BEYER 1990; RAUSCHENBACH 1991; LINDER 1992). Die Ergebnisse der ersten gemeinsamen Erhebung zum Jugendhilfepersonal in den alten und neuen Bundesländern mit Stichtag 31.12.1994 wird nicht vor Ende 1995 zu erwarten sein. Die Sondererhebung für die neuen Bundesländer zum 31.12.1991 wird in den folgenden Abschnitten zunächst einmal nicht eigens berücksichtigt (vgl. dazu ausführlich GALUSKE/RAUSCHENBACH 1994); in Kapitel 8 werden wir hierauf näher eingehen.

Berufen gezählt worden sind, so muß man realistischerweise davon ausgehen, daß in den statistisch nicht erfaßten Jahren vor 1974 bereits ein nicht unwesentlicher Personalanstieg in Gang gesetzt worden ist. Zugespitzt könnte man vor diesem Hintergrund vermutlich formulieren, daß sich in den letzten 20 Jahren, zwischen 1970 und 1990, die Zahl der Beschäftigten in der Jugendhilfe mehr als verdoppelt hat. Infolgedessen dürften manche der nachfolgenden Befunde und Tendenzen bei Zugrundelegung eines früheren Vergleichszeitpunktes als 1974 noch deutlicher ausfallen (vgl. zum folgenden Tab. 4.1).

Obgleich die bereits beschriebene quantitative Expansion der sozialen und pädagogischen Dienste eine sehr markante und wichtige Komponente in der personellen Entwicklung der Jugendhilfe und der sozialen Berufe darstellt, muß dennoch der *qualitative*, gewissermaßen innere Umbau der Jugendhilfe unter dem Gesichtspunkt der Fachlichkeit als das zentrale Merkmal einer dementsprechenden Modernisierung angesehen werden. Und hierbei lassen sich mehrere Veränderungen identifizieren, die sich im Laufe der statistisch erfaßten 16 Jahre zwischen 1974 und 1990 kontinuierlich stabilisiert haben.

4.1 Verberuflichung und Verfachlichung

»Pflege und Erziehung der Kinder sind das natürliche Recht der Eltern und die zuvörderst ihnen obliegende Pflicht. Über ihre Betätigung wacht die staatliche Gemeinschaft«. Mit diesem verfassungsmäßig garantierten Grundrecht des Artikel 6, Absatz 2 des Grundgesetzes, das als Generalklausel wortgleich auch als § 1 Abs. 2 in das Kinder- und Jugendhilfegesetz (KJHG) aufgenommen worden ist, wird eine Tradition und ein Selbstverständnis zum Ausdruck gebracht, das nicht nur in seiner Geschichte in die Weimarer Republik und damit weit hinter die Verabschiedung des Grundgesetzes zurückreicht, sondern das auch die Aufgabe der Erziehung vorrangig als »Privatsache« und »Jedermanntätigkeit«, als natürliches Recht und als Pflicht von Eltern (und damit zumeist von Müttern) betrachtet.

Mit diesem verfassungsmäßig garantierten »natürlichen Recht« der Eltern, ihre Kinder erziehen zu *dürfen*, verknüpft sich allerdings zugleich die unausgesprochene Annahme, daß die Erziehungsberechtigten dieses auch *können*. Unterstellt wird also eine dafür auch vorhandene »natürliche Fähigkeit« seitens der Erziehenden. Diese, bis heute öffentlich ungeklärte bzw. folgenlos gebliebene Frage - was muß man können und ggf. lernen, um Kinder erziehen zu können? - hat die Sozial- und Erziehungsberufe (mit Ausnahme der LehrerInnen) bislang unausweichlich mit der Schlußfolgerung konfrontiert, daß es sich aufgrund der Annahme einer naturwüchsig vorhandenen »Erziehungsfähigkeit« der Eltern auch bei den *beruflichen* Varianten des Erziehens um einfache und diffuse, jedenfalls um vergleichsweise unspezifische und qualifikationsarme Tätigkeiten handeln muß.[15]

Tab. 4.1: In der Jugendhilfe tätige Personen nach Geschlecht, Alter, Arbeitsumfang, Ausbildungsstand, Trägergruppen, sozialpädagogischen Fachkräften und Akademikeranteilen

	1.11.1974		31.12.1982		31.12.1986		31.12.1990	
	insg.	%	insg.	%	insg.	%	insg.	%
Beschäftigte insg.	222.674	±100	264.156	+19,0	300.292	+35,0	333.888	+50,0
Frauen	186.804	83,9	217.332	82,3	245.464	81,7	277.529	83,1
Männer	35.870	16,1	46.824	17,7	54.828	18,3	56.359	16,9
< 25 Jahre	78.739	35,4	76.888	29,1	73.045	24,3	65.675	19,7
25 - 40 Jahre	79.838	35,9	115.204	43,6	145.378	48,4	171.057	51,2
40 - 60 Jahre	54.273	24,4	66.731	25,3	76.461	25,5	91.659	27,5
≥ 60 Jahre	9.824	4,4	5.333	2,0	5.408	1,8	5.497	1,6
Vollzeit	168.917	75,9	195.353	74,0	210.063	69,9	223.953	67,1
Teilzeit	41.007	18,4	57.462	21,8	77.211	25,7	94.903	28,4
Nebentätigkeit	12.750	5,7	11.341	4,3	13.018	4,3	15.032	4,5
Mit Ausbildung	159.876	71,8	202.494	76,6	241.317	80,4	277.872	83,2
Noch in Ausbil.	20.637	9,3	29.408	11,2	22.354	7,4	22.303	6,7
Ohne Ausbild.	42.161	18,9	32.164	12,2	36.621	12,2	33.713	10,1
Öffentl. Träger	75.232	33,8	95.199	36,0	105.310	35,1	113.550	34,0
Priv.-gew. Träger	5.432	2,4	5.785	2,2	5.612	1,9	5.484	1,6
Freie Träger	142.010	63,8	163.172	61,8	189.370	63,1	214.854	64,3
DCV, DW[1]	111.967	50,3	116.921	44,3	136.940	45,6	152.118	45,6
Sozpäd. Fachkr.[2]	103.105	46,3	144.527	54,7	174.984	58,3	206.312	61,8
ErzieherInnen[3]	54.913	24,7	91.516	34,6	112.521	37,5	132.094	39,6
AkademikerIn.	27.146	12,2	38.064	14,4	47.595	15,8	54.007	16,2
Sozpäd. Akad.[4]	16.775	61,8[5]	26.385	69,3	34.412	72,3	40.024	74,1
Weibl. Akad.	14.474	53,3[5]	20.458	53,7	26.006	54,6	30.963	57,3

1 Einschließlich der Katholischen und Evangelischen Kirchen.
2 Als sozialpädagogische Fachkräfte wurden addiert »Diplom-SozialpädagogInnen/-SozialarbeiterInnen (FH)«, »Diplom-PädagogInnen«, »ErzieherInnen«, »KinderpflegerInnen«, »Heilerziehungspflege(helfer)Innen«, »HeilpädagogInnen«, »PsychagogInnen«.
3 Hierbei wurden auch die »HeilpädagogInnen« eingerechnet (die lediglich 2% ausmachen).
4 Als sozialpädagogische AkademikerInnen wurden die beiden Kategorien Diplom-SozialpädagogInnen/-SozialarbeiterInnen und Diplom-PädagogInnen zusammengefaßt.
5 Diese Angaben beziehen sich auf die Gesamtzahl der AkademikerInnen zum jeweiligen Stichtag.
Quelle: Statistisches Bundesamt (1977, 1985, 1988, 1992b); eigene Berechnung

---

[15] Diese Annahme wird zusätzlich noch durch die lange und vor allem in den konfessionellen Milieus auch quantitativ ausgeprägte Tradition des sozialen Ehrenamtes - in jüngerer Zeit auch der Selbsthilfe - unterstützt (vgl. etwa MÜLLER/RAUSCHENBACH 1992).

Deshalb ist es für die Jugendhilfe, ihre Arbeitsfelder und die dafür ausgebildeten Berufsgruppen von besonderem Belang, zu beobachten, wie sich der Grad der *Verberuflichung* und *Verfachlichung* auf diesem Teilarbeitsmarkt entwickelt, haben doch auch Arbeitsmarktsoziologen diesem Segment stets eine eher diffuse und qualifikationsunspezifische Personalstruktur bescheinigt (vgl. etwa BOHLE/GRUNOW 1981; STOOß 1984).[16] Und in dieser Hinsicht zeigen sich im Laufe der letzten 20 Jahre doch sehr eindeutige Befunde:

- Betrachtet man die Entwicklung des Anteils der in der Jugendhilfe tätigen Personen *mit Ausbildung*, so fällt eine kontinuierliche Zunahme von ehemals knapp 72% (1974) auf zuletzt über 83% (1990) auf. Diese Tendenz einer zunehmenden *Verberuflichung* der Jugendhilfe kann als ein erster, wenngleich noch schwacher Indikator für eine gewisse Qualifizierung angesehen werden.[17]

- Schlüssiger wird diese Entwicklung, wenn man sich die Veränderungen des Anteils an *sozialpädagogisch* qualifizierten Fachkräften[18] anschaut, um sicherzustellen, daß es sich bei der Verberuflichung in der Jugendhilfe nicht nur um eine Zunahme diffus qualifizierter Berufsgruppen handelt.[19] Und dabei

---

[16] Mit »Verberuflichung« soll hierbei der Umstand gekennzeichnet werden, daß die betreffenden Personen zumindest in irgendeiner Weise über eine Berufsausbildung verfügen (gegenüber Personen ohne jegliche berufliche Ausbildung). Dies kann als eine erste Stufe der Konsolidierung eines neu entstehenden Arbeitsfeldes betrachtet werden. »Verfachlichung« sagt demgegenüber etwas über die Zahl der *fachlich einschlägig* Berufsqualifizierten aus, ein Indikator, der zugleich als Gradmesser für die Etablierung eines eigenständigen Teilarbeitsmarktes gelten kann.

[17] Diese Tendenz wird auch durch die Abnahme der Personen ohne Ausbildung bestätigt: Sowohl in der Jugendhilfestatistik (von 18,9% auf 10,1%) als auch der Beschäftigtenstatistik (von 19,6% im Jahre 1978 auf 12,4% im Jahre 1990) ist der Anteil dieser Personengruppe zurückgegangen. Gleichwohl scheint die Entwicklung in diesem Punkt in den letzten Jahren nicht mehr einheitlich zu sein: So ist in den sozialen Berufen insgesamt der Anteil an Erwerbspersonen ohne Ausbildung zwischen 1990 und 1994 zwar von 12,4% auf letztlich 12,1% im Jahre 1994 gesunken, hatte sich aber zwischenzeitlich auf 12,9% (1991) bzw. 12,7% (1992) erhöht (vgl. dazu auch Tab. 4.1).

[18] Als sozialpädagogische Fachkräfte wurden die in der Statistik getrennt ausgewiesenen Gruppen addiert: Diplom-SozialpädagogInnen/-SozialarbeiterInnen, Diplom-PädagogInnen, ErzieherInnen, KinderpflegerInnen, HeilerziehungspflegerInnen, HeilpädagogInnen und PsychagogInnen. Hiervon können in der Jugendhilfe fast 85% den ersten drei Berufsgruppen zugerechnet werden.

[19] Allerdings muß man in diesem Zusammenhang darauf hinweisen, daß die Jugendhilfe - und damit auch die Jugendhilfestatistik - durchaus auch Berufsgruppen enthält, die nicht sozialpädagogischer Art sind, aber dennoch - für ihren Bereich - als einschlägig qualifiziert anzusehen sind: seien es z.B. LehrerInnen für Unterrichtsaufgaben, seien es Verwaltungskräfte oder Personen in den Wirtschaftsbereichen innerhalb der größeren Einrichtungen etc. Genau genommem müßte infolgedessen im Zuge der Datener-

zeigt sich, daß der prozentuale Anteil an sozialpädagogischen Fachkräften von ca. 46% im Jahre 1974 auf immerhin fast 62% im Jahre 1990 und damit überproportional zum gesamten Personal in der Jugendhilfe angestiegen ist. Insofern kann man in der Jugendhilfe auch unstrittig den Prozeß einer zunehmenden *Verfachlichung* konstatieren. Die beiden dargestellten und in ihrer Tendenz bislang auch ungebrochenen Trends können als ebenso wichtige wie eindeutige Belege für einen seit 20 Jahren anhaltenden *qualitativen* Umbau der Personalstruktur in der Jugendhilfe angesehen werden. Die Jugendhilfe hat sich folglich im Zuge ihres Ausbaus zugleich personell umstrukturiert und fachlich konsolidiert.

4.2 Akademisierung und Professionalisierung

Dieser qualitative Umbau im Zuge der quantitativen Expansion zeigt sich noch deutlicher, wenn man der Frage nachgeht, wie sich die sogenannte »*Akademikerquote*« in dem traditionell akademikerschwachen Arbeitsmarktsegment der sozialen Berufe und der Jugendhilfe, entwickelt hat (vgl. Tab. 4.1).[20] Und auch hierbei zeigt sich ein stetiger Anstieg von ca. 12% auf rund 16%. Hinter diesem Trend verbirgt sich unterdessen zweierlei:

• Zum einen läßt dieser vergleichsweise geringe prozentuale Anstieg um 4% zunächst nicht deutlich werden, daß dies immerhin einer *Verdoppelung* der Gesamtzahl an AkademikerInnen in der Jugendhilfe und einer überdurchschnittlichen Zunahme dieser Personengruppe entspricht.

• Zum andern erweckt der vergleichsweise geringe Gesamtanteil von AkademikerInnen an der Jugendhilfe von zuletzt rund 16% den Eindruck einer gewissen Marginalität dieses Befundes und dieser Personengruppe (was etwa im Vergleich zur Schule auch unmittelbar einleuchtend ist). Diese geringe Bedeutung von AkademikerInnen stellt sich jedoch schlagartig anders dar, wenn man hier nach Arbeitsfeldern differenziert. So besteht zwischenzeitlich in der Heimerziehung eine AkademikerInnenquote von 24%, in der Jugendarbeit von 35%, im Jugendamt von immerhin 50% und in den Bera-

---

hebung die Übereinstimmung zwischen ausgeübter und erlernter Berufstätigkeit überprüft werden. Da dies jedoch anhand des Datenmaterials nicht möglich ist, unterstellen wir, daß am ehesten in der Zunahme sozialpädagogisch qualifizierten Personals auch der Zuwachs einer Verfachlichung der Jugendhilfe zum Ausdruck kommt.

[20] Unter der Rubrik AkademikerInnen werden hier sämtliche Berufsgruppen innerhalb der Jugendhilfe zusammengefaßt, die erfolgreich ein Fachhochschul- oder Universitätsstudium absolviert haben; der Grad der Akademisierung sagt etwas über die Zu- oder Abnahme dieser Personengruppe aus.

tungsstellen von sogar 68%; lediglich in den Kindertageseinrichtugen liegt
die Quote bei nur rund 3%. Der Prozeß der Akademisierung ist folglich
jenseits des Arbeitsfeldes »Elementarerziehung« mehr oder weniger weit
vorangeschritten. Zumindest in diesen anderen Feldern - und dies ist
zwangsläufig auch von erheblicher Bedeutung für die Frage nach der Zukunft der ErzieherInnen - ist die Jugendhilfe tendenziell dabei, sich personell zu akademisieren.[21]

Diesem allgemeinen Trend einer *Akademisierung* der Jugendhilfe muß allerdings wiederum mit dem gleichen Vorbehalt begegnet werden wie dem einer
bloßen Verberuflichung, solange nicht sichergestellt ist, daß es sich hierbei im
wesentlichen um einen sozialpädagogischen bzw. fachlich einschlägigen akademischen Qualifizierungsschub handelt. Wir haben deshalb auch diese Teilgruppe der akademisch qualifizierten SozialpädagogInnen (und SozialarbeiterInnen)
nochmals gesondert betrachtet.[22] Und dabei bestätigt sich für diese Gruppe
der sogenannten »diplomierten SozialpädagogInnen« ebenfalls eine Zunahme
in mehrfacher Hinsicht:

• Gegenüber den insgesamt in der Jugendhilfe tätigen Personen hat sich ihr
  Anteil von ehemals 7,5% im Jahre 1974 auf immerhin 12% bis 1990 erhöht.

• Innerhalb der Gesamtgruppe aller AkademikerInnen in der Jugendhilfe hat
  sich ihr Anteil konstant von knapp 62% (1974) auf zuletzt über 74% (1990)
  vermehrt.

• Gegenüber den ErzieherInnen und den anderen, nicht akademisch ausgebildeten sozialpädagogischen Fachkräften hat sich der Anteil der an Fachhochschulen und Universitäten diplomierten SozialpädagogInnen innerhalb

---

[21] Dieser Trend wird im wesentlichen auch in der Beschäftigtenstatistik bestätigt. Dort
ist der AkademikerInnenanteil in den sozialen Berufen (Berufsgruppe »86«) zwischen
1978 und 1994 von 10,7% auf knapp 15% gestiegen. Allerdings stagniert dieser Anteil
in den sozialen Berufen insgesamt seit 1987 zwischen knapp 15% und 16% - nicht zuletzt auch in dieser Statistik ein Effekt der »akademikerfreien Zone« Elementarerziehung (Berufsordnung »864«). Nimmt man unterdessen nur die Berufsordnung »Heim-
leiter/Sozialpädagogen« (»862«), so ist der Anteil dort konstant von 18,4% (1978) bis
auf 29,4% (1992) gestiegen, während er seitdem auch in diesem Bereich stagniert (1994
bei 29,2%).

[22] Addiert wurden hierbei sämtliche diplomierten SozialpädagogInnen und SozialarbeiterInnen einschließlich der Diplom-PädagogInnen, die an Universitäten, Gesamthochschu-
len und Fachhochschulen ausgebildet worden sind. Zusammengenommen repräsentieren sie die Gruppe an Fachkräften, die am ehesten - als hochqualifiziertes Personal -
die fachliche Weiterentwicklung der Sozialen Arbeit zum Ausdruck bringt; wir haben
die damit verbundenen Veränderungen deshalb mit dem Begriff der Professionalisierung unterlegt.

der Gesamtgruppe der sozialpädagogischen Fachkräfte von 16,3% (1974) auf 19,4% (1990) verschoben und damit ebenfalls leicht erhöht. Somit läßt sich in bezug auf alle drei Bezugsgrößen ein überproportionaler Anstieg der »diplomierten SozialpädagogInnen« verzeichnen und damit ein Trend festhalten, der am ehesten als eine *Professionalisierung* der Jugendhilfe bezeichnet werden kann - zumindest dann, wenn man von der Annahme ausgeht, daß eine längere, höherwertige und zugleich fachlich einschlägige Ausbildung in der Regel auch potentiell zu einem höheren Maß an fachlicher Kompetenz und damit an Professionalität führt. Zugleich heißt dies aber auch, daß - rein rechnerisch und im Schnitt - die *hochschulausgebildeten SozialpädagogInnen und SozialarbeiterInnen* die eigentlichen Gewinner dieses Wandels der Personalstruktur in der Jugendhilfe sind.

4.3 Personal, Einrichtungen und Plätze der Jugendhilfe im Wandel

Der qualitative Wandel der Personalstruktur ist allerdings nicht der einzige Indikator für den Umbau der Jugendhilfe. Denn die Verschiebungen in punkto Fachlichkeit gehen mit gleichzeitigen Veränderungen in der Zahl der Einrichtungen sowie der verfügbaren Plätze einher (vgl. Tab. 4.2).

Tab. 4.2: Entwicklung von Personal, Zahl der Einrichtungen und verfügbaren Plätzen in der Jugendhilfe (1974-1990)

Jahr	Personal	Einrichtungen	Plätze	Plätze pro Personal	Personal pro Einrichtung	Plätze pro Einrichtung
1974	222.674	60.008	1.787.304	8,0	3,7	30
1982	264.156	52.452	1.723.364	6,5	5,0	33
1986	300.292	50.717	1.894.675	6,3	5,9	37
1990	333.839	54.120	2.017.689	6,0	6,2	37

Quellen: Statistisches Bundesamt (1977, 1985, 1988, 1992b); eigene Berechnung

Allerdings muß man bei der Verwendung und Interpretation dieser Zahlenreihen zwei wichtige Einwände im Blick haben:
- Zum einen beschäftigen zwar alle Einrichtungen der Jugendhilfe Personal, sie verfügen aber nicht in jedem Fall über Plätze, die in die Statistik einfließen und dort gezählt werden können (weder die Jugendarbeit noch die Beratungsstellen haben so etwas wie Plätze), so daß die entsprechenden arbeitsfeld*übergreifenden* Gesamtwerte erste Anhaltspunkte nur im Sinne

eines groben Trends liefern können; genauere Analysen lassen sich nur in
den und für die einzelnen Arbeitsfelder durchführen.

• Zum andern ist bei der auffallend uneinheitlichen Entwicklung der Einrichtungszahlen zwischen 1974 und 1990 nicht auszuschließen, daß dies
zum Teil auch Folge eines veränderten Erhebungskataloges ist, so daß sich
weniger die Zahl der Einrichtungen als vielmehr die Kriterien ihrer Erfassung geändert haben; auch hier werden erst Einzelfeldanalysen genauere
Hinweise und Interpretationen zulassen.

Im Bewußtsein dieser relativierenden Einwände lassen sich vorsichtig einige
grobe Entwicklungen kennzeichnen. Während sich, wie gezeigt, die Zahl der
tätigen Personen kontinuierlich vermehrt hat, ist die quantitative Entwicklung
der *Einrichtungen* deutlich weniger einheitlich: Nach einem Rückgang zwischen 1974 und 1986 ist deren Zahl zuletzt wieder gestiegen, allerdings nicht
bis zu dem Wert von 1974. Analog dazu hat sich folgerichtig der rechnerische
Mittelwert von 3,7 auf 6,2 MitarbeiterInnen pro Einrichtung für die gesamte
Jugendhilfe erhöht. Gleichwohl läßt diese Entwicklung allein noch keine
Rückschlüsse auf einen qualitativen Wandel zu, da sie nichts unmittelbar aussagt über eine verbesserte personelle Ausstattung der Jugendhilfe, allenfalls
über eine personelle Vergrößerung der einzelnen Betriebseinheiten (aber auch
das nur im vergröbernden Schnitt aller Einrichtungen).

Was die personelle Ausstattung in Relation zu den *verfügbaren* Plätzen anbelangt, so hat sich das Verhältnis von MitarbeiterInnen zu diesen Plätzen -
trotz insgesamt gestiegener Platzzahlen (vgl. Tab. 4.2) - von durchschnittlich
8 Plätzen pro MitarbeiterIn[23] im Jahre 1974 bis 1990 auf 6 Plätze pro tätiger
Person kontinuierlich reduziert. Berechnet man schließlich das Verhältnis von
Plätzen zu Einrichtungen, so ergibt sich hier, daß sich die Einrichtungsgröße

---

[23] Dabei muß man allerdings berücksichtigen, daß es sich in dieser Pauschalität ausschließlich um eine Rechengröße handelt, die als Anhaltspunkt für eine Verdichtung
der Personaldecke in der Jugendhilfe genommen werden kann, nicht aber als eine reali-
tätsnahe Angabe einer tatsächlichen Personalquote in der Jugendhilfe. Dies hängt nicht
nur mit der - vom Anspruch wie von der Realität her - nicht vergleichbaren Personalin-
tensität in den unterschiedlichen Aufgaben und Arbeitsfeldern zusammen, sondern
auch mit dem Umstand, daß nur ein Teil der Arbeitsfelder und Einrichtungsarten sinnvoll nach Plätzen berechnet werden kann (z.B. Kindergärten oder Heime, jedoch nicht
Jugendfreizeitstätten oder Jugendämter). Und schließlich muß in diesem Zusammenhang auch noch einmal darauf hingewiesen werden, daß in der Statisitk nicht die tatsächliche Zahl der genutzten und belegten Plätze erfaßt, sondern nur die vorhandene
Kapazität ausgewiesen wird, d.h. die Zahl der verfügbaren Plätze. Kapazitäre Unteraus-
lastung oder Überversorgung sind infolgedessen auf dieser Datenbasis nicht erfaßbar.

mit einem Wert von 30 (verfügbaren) Plätzen pro Einrichtung im Jahre 1974 gegenüber 1990 auf 37 erhöht hat.

Damit kann man - jedoch lediglich sehr pauschal - als Trend festhalten (genauer werden wir dieser Frage noch in ausgewählten Arbeitsfeldern nachgehen), daß sich in der Jugendhilfe in der Zeit von 1974 bis 1990 zum einen die Betreuungsrelationen rechnerisch verbessert haben und daß zum anderen die einzelne Einrichtung und Betriebseinheit mit Blick auf die Platzzahl und die Zahl der beschäftigten MitarbeiterInnen im Schnitt größer geworden ist. Auch dies ist noch einmal ein Indikator für einen qualitativen Wandel der Personalstruktur und -ausstattung der Jugendhilfe. Allerdings werden erst die genaueren Analysen einzelner Felder und Berufsgruppen ein differenzierteres Bild über die Veränderungen in der Jugendhilfe zulassen (vgl. auch Kapitel 7).

5. Zur Erwerbstätigkeit von ErzieherInnen

Die Berufsgruppe der ErzieherInnen ist unter dem Blickwinkel des Beschäftigungssystems und ihrer Lage auf dem Arbeitsmarkt bis heute nur unzulänglich untersucht worden. Infolgedessen soll das inzwischen vorliegende (amtliche) Datenmaterial einer genaueren Betrachtung unterzogen werden, zumal die in den vorangegangenen Kapiteln bereits sichtbar gewordenen Veränderungen in den sozialen Berufen und der Jugendhilfe auch eine prinzipiell veränderte Lage für die ErzieherInnen erwarten lassen. Oder anders formuliert: Auch für die Berufsgruppe der ErzieherInnen hat sich in den letzten 20 Jahren der Umfang und die Lage auf dem Arbeitsmarkt, insbesondere in der Jugendhilfe, nachhaltig verändert.

5.1 ErzieherInnen in der Beschäftigtenstatistik

Eine gleichermaßen detaillierte wie vollständige Erfassung sämtlicher ErzieherInnen auf dem bundesdeutschen Arbeitsmarkt gibt es nicht. Dennoch lassen sich die wichtigsten Veränderungen dieser Berufsgruppe zumindest indirekt dokumentieren. Eine wichtige Quelle hierfür sind die jährlich erscheinenden Daten der sozialversicherungspflichtig Beschäftigten in den »sozialpflegerischen Berufen«, also in der Berufsgruppe »86« (vgl. Tab. 5.1).

Um den Aussagewert dieser Daten jedoch nicht unnötig zu verringern bzw. zu verfälschen, muß man drei Dinge vorab berücksichtigen:
- In der (bisherigen) Systematik dieser Statistik werden in einer eigenen Berufsordnung »864« die »Kindergärtnerinnen, Kinderpflegerinnen«, so die Bezeichnung der Berufssystematik, als Untergruppe innerhalb der »sozialpflegerischen Berufe (86)« ausgewiesen.[24] Hierbei muß man allerdings be-

---

[24] Seit Ende 1992 liegt allerdings eine neue Klassifizierung der Berufe vor, die künftig Zug um Zug angewendet werden dürfte (vgl. STATISTISCHES BUNDESAMT 1992a). Diese »löst die gleichnamige Fassung von 1975 ab. Die Ausgabe 1975 war als ergänzte und berichtigte Fassung der Ausgabe 1970 konzipiert, die systematische Struktur blieb unverändert. Die Revision hatte sich also mit einem Gliederungsschema zu befassen, das Ende der sechziger Jahre entwickelt wurde. Dieses System mußte an die technische und soziale Entwicklung, die geänderten beruflichen Anforderungs-, Tätigkeits- und Qualifikationsprofile, die verstärkten Professionalisierungstendenzen (z.B. im Bereich der sozialen Berufe) ... angepaßt werden« (ebd., S. 3).

denken - und hierin liegt eine häufig zu Mißinterpretationen Anlaß geben-
de Fehlerquelle -, daß diese Bezeichnung *nicht* unmittelbar identisch ist mit
dem entsprechenden Ausbildungsabschluß für die ErzieherIn oder KinderpflegerIn. D.h.: Die Berufsstatistik sortiert und mißt mit z.t. identischen
Begriffen etwas anderes als etwa die Ausbildungsstatistiken mit ihrer eng
an Ausbildungen und Prüfungsordnungen angelegten Terminologie. So befinden sich etwa in der Berufsordnung »864« auch erwerbstätige Personen
mit einem Hochschulabschluß - was schon rein formal keine Kinderpfleger-
rInnen bzw. ErzieherInnen sein können - oder auch Beschäftigte ohne jede
Ausbildung. In der Nutzung dieses Klassifikationsschemas muß infolgedessen davon ausgegangen werden, daß sich hinter dieser Rubrik weniger die
beiden im Titel genannten Berufsgruppen verbergen als vielmehr im Kern
das Arbeitsfeld »Kindertageseinrichtungen«.

- Versucht man entsprechend die Entwicklung der Berufsgruppe der ErzieherInnen im engeren Sinne zu identifizieren, so kann man zwar als einen
ersten Anhaltspunkt die Berufsordnung »864« heranziehen (vgl. Tab. 5.1,
Spalte 13), muß dann aber im Grunde genommen konsequenterweise zumindest die Personengruppen ohne Ausbildung und mit Hochschulabschluß herausrechnen. Allerdings hat man dann immer noch eine »Rest-
gruppe« (vgl. Tab. 5.1, Spalte 15), in der zum einen keineswegs nur ErzieherInnen enthalten sind und die andererseits von diesen wiederum nur
diejenigen erfaßt, die in den Kindertageseinrichtungen erwerbstätig sind.

Diese neue, revidierte Berufssystematik versucht demnach insbesondere auch im Bereich der sozialen Berufe den Entwicklungen im Ausbildungs- und Beschäftigungssystem seit Anfang der 70er Jahre Rechnung zu tragen und im Horizont der Ergebnisse
der Volkszählung von 1987 eine aktualisierte Fassung vorzulegen. So wurde die ehemalige Berufsgruppe 86 *Sozialpflegerische Berufe* nicht nur unter dem neuen Sammelbegriff »Soziale Berufe« zusammengefaßt, sondern sie hat auch in ihrer Binnengliede-
rung einen völlig neuen Aufbau erhalten. Künftig werden die »Sozialen Berufe« überwiegend nach verschiedenen Ausbildungsberufen sortiert, von den »SozialpädagogInnen und SozialarbeiterInnen« ('861') über »HeilpädagogInnen« ('862'), »ErzieherInnen«
('863') und »AltenpflegerInnen« ('864') bis etwa zu »FamilienpflegerInnen« ('865') oder
»KinderpflegerInnen« ('867').
Auch wenn diese Begriffe der neuen Klassifizierung auf den ersten Blick ein höheres
Maß an Systematik und empirischer Aussagekraft versprechen als sie vermutlich tatsächlich erfüllen können, da auch sie sich der grundsätzlichen Problematik einer belie-
bigen Vermengung von Ausbildungsabschlüssen und beruflichen Tätigkeiten nicht ent-
ziehen können, wird mit dieser Neuklassifizierung dennoch die Hoffnung verbunden,
daß sich damit das enorm angewachsene und ausdifferenzierte Feld der sozialen Berufe
empirisch besser untergliedern und abbilden läßt. Die erstmals auf der Basis dieser
Klassifizierung vorgelegten Mikrozensus-Daten geben zu diesem Optimismus allerdings
wenig Anlaß.

Tab. 5.1: Zur Entwicklung der sozialversicherungspflichtig Beschäftigten in sozialpflegerischen Berufen nach Berufsordnungen und Ausbildung im früheren Bundesgebiet *(Anteile in %)*

Jahr	86 Sozialpflegerische Berufe				861 Sozialarbeiter/Sozialpfleger				862 Heimleiter/Sozialpädagogen				864 Kindergärtnerin/Kinderpflegerin			
	Insg.	Akademiker- Innen	Berufl. Ausbildung	Ohne Ausbildung	Insg.	Akademiker- Innen	Berufl. Ausbildung	Ohne Ausbildung	Insg.	Akademiker- Innen	Berufl. Ausbildung	Ohne Ausbildung	Insg.	Akademiker- Innen	Berufl. Ausbildung	Ohne Ausbildung
1978	246.434	10,7	67,0	19,6	59.547	20,4	49,2	25,5	49.632	18,4	65,8	12,9	129.804	3,1	75,6	19,6
1979	263.117	11,5	66,6	19,1	66.285	20,9	48,5	25,6	55.189	19,7	65,2	12,2	133.970	3,1	76,3	18,9
1980	280.005	12,2	66,6	18,4	72.520	21,0	48,8	25,1	60.423	20,9	64,3	11,9	139.459	3,2	77,2	18,0
1981	291.761	12,5	66,7	18,1	77.563	20,7	49,2	24,9	64.022	21,8	63,7	11,7	142.571	3,2	77,7	17,5
1982	303.745	12,9	66,3	18,0	83.605	20,6	49,3	24,9	67.834	22,8	63,5	11,1	144.964	3,1	77,6	17,7
1983	311.962	13,3	66,0	18,2	88.655	20,4	49,3	25,4	70.568	23,6	63,9	10,5	145.582	3,2	77,5	17,9
1984	324.392	14,0	65,8	17,7	96.062	20,3	49,6	25,3	75.148	25,0	63,4	9,7	146.354	3,3	78,1	17,3
1985	339.313	14,5	65,8	17,3	103.292	20,2	50,1	25,0	79.848	26,1	62,8	9,2	149.488	3,4	78,6	16,6
1986	358.777	14,9	65,9	16,6	111.474	20,1	50,9	24,2	85.789	27,2	62,4	8,7	154.824	3,6	79,2	15,9
1987	379.409	15,5	66,4	15,5	119.773	20,3	52,0	22,8	92.216	28,5	61,8	8,0	160.725	3,6	80,4	14,6
1988	398.119	15,8	67,1	14,5	127.457	20,1	53,5	21,5	97.927	28,9	61,7	7,6	165.952	3,7	81,3	13,6
1989	416.996	15,8	67,7	13,8	135.214	19,9	55,1	19,9	103.644	29,1	61,7	7,3	171.946	3,8	81,7	13,1
1990	443.538	15,3	67,6	12,4	145.468	19,7	56,3	18,7	110.975	29,2	61,9	7,0	181.080	3,7	82,6	12,2
1991	479.018	15,6	68,5	12,9	158.592	18,9	56,6	19,0	119.533	29,3	61,7	6,9	194.690	3,8	83,0	11,7
1992	517.318	15,3	68,8	12,7	171.475	18,3	57,1	18,8	128.532	29,4	61,6	6,7	211.045	3,5	83,2	11,5
1993	551.339	15,0	69,4	12,2	182.090	18,0	58,2	18,0	136.357	29,1	61,8	6,8	226.700	3,6	83,5	11,1
1994	590.557	14,8	69,7	12,1	195.939	17,5	58,9	17,6	143.830	29,2	61,7	6,6	244.728	3,5	83,6	10,9

Quelle: Amtliche Nachrichten der Bundesanstalt für Arbeit (ANBA), verschiedene Jahrgänge; eigene Berechnung

- Hinzu kommt, daß die Statistik der sozialversicherungspflichtig Beschäftigten, wie der Name schon sagt, nur diese Gruppe umfaßt und damit verbe-
  amtete Erwerbstätige in dieser Statistik ebensowenig mitgezählt werden
  wie die Selbständigen und die Beschäftigten mit geringfügiger Beschäftigung.
- Will man unterdessen sämtliche ErzieherInnen in allen sozialpädagogischen
  Arbeitsfeldern erfassen, so verliert sich deren Spur in der diffusen Teilgruppe der erwerbstätigen Personen »mit beruflicher Ausbildung« in der gesamten Berufsgruppe »86« (vgl. Tab. 5.1). Diesbezüglich ist demnach kein genauerer Datenbestand zu erwarten. Zu dieser Frage können folglich nur
  die weitaus differenzierteren Daten der Jugendhilfe Auskunft geben (allerdings dann auch wiederum nur für den etwas enger geschnittenen Bereich
  der Sozialen Arbeit).

Vor dem Hintergrund der gemachten Einschränkungen zeigen sich folgende
Veränderungen in der Berufsordnung »864«:

- Die Zahl der Beschäftigten ist zwischen 1978 und 1994 in dieser Berufsgruppe mit fast 89% deutlich angestiegen. Allerdings ist der Zuwachs im Vergleich zu den Berufsordnungen »861« und »862« bedeutend geringer ausgefallen, so daß der Anteil dieser Berufsordnung 864« im gleichen Zeitraum
  an den sozialen Berufen insgesamt (»86«) von fast 53% auf knapp 41%
  gesunken ist.
- Analysiert man die jährlichen Zuwachsraten genauer, so fällt auf, daß diese
  - in direkter Parallele zur Entwicklung der oben dargestellten Arbeitslosigkeit - von 1978 bis zu den Jahren 1983/1984 ständig zurückgegangen und
  in dieser Phase gewissermaßen zum Stillstand gekommen sind. Seither haben sie jedoch wieder stärker in der Weise zugenommen, daß zwischen
  1989 und 1990 über 9.000, zwischen 1990 und 1991 mehr als 13.500, zwischen 1991 und 1992 über 16.300, zwischen 1992 und 1993 fast 15.700 sowie zwischen 1993 und 1994 schließlich sogar über 18.000 Erwerbstätige
  binnen eines Jahres zusätzlich gezählt worden sind, kurz: daß allein zwischen 1989 und 1994 die Zahl der Erwerbstätigen in diesem Bereich um
  fast 73.000 zugenommen hat. Demnach sind die Erwerbstätigenzahlen in
  diesem Teilarbeitsmarkt in den letzten Jahren nicht nur deutlich angestiegen, sondern haben innerhalb von fünf Jahren ein Brutto-Volumen erreicht, das weit höher liegt als die gesamte Zuwachsrate zwischen 1978 und
  1990. Allein dies ist ein Indiz für die derzeit sich abzeichnende neue Dynamik in dem zentralen Arbeitsfeld für ErzieherInnen.
- Stellt man die oben gemachten Einwände in Rechnung und betrachtet nur
  die engere Gruppe der erwerbstätigen Personen mit beruflicher Ausbildung
  in »864« (vgl. Tab. 5.1) - wobei darin zumindest noch die KinderpflegerIn-

nen enthalten sind -, so zeigt sich, daß auf der einen Seite diese Teilgruppe insgesamt zu Lasten der Beschäftigten *ohne* Ausbildung zugenommen hat (von knapp 76% auf fast 84%), daß jedoch andererseits die Zuwachsrate mit 93% deutlich unterhalb des Gesamtzuwachses in den sozialen Berufen liegt (mit 123% in »86« sowie 206% in »861« bzw. 175% in »862«).

Wir können damit zunächst festhalten, daß der wichtigste Teilarbeitsmarkt für ErzieherInnen, die Kindertageseinrichtungen, in dem erfaßten Zeitraum von 1978 bis 1994 mit Blick auf die Zahl der Erwerbstätigen zwar gestiegen ist, aber bei weitem nicht so stark wie die anderen Bereiche der Sozialen Arbeit. Dennoch zeigt sich, daß innerhalb dieses Feldes die Gruppe der ErzieherInnen vermutlich noch am deutlichsten zugenommen hat und daß darüber hinaus die Zahlen seit 1989 wieder deutlich nach oben weisen. Wenn man angesichts der Parallelität zwischen der Entwicklung dieses Teilarbeitsmarktes und der Zahl der arbeitslos gemeldeten ErzieherInnen in den 80er Jahren von einer engen Verknüpfung der beiden Verlaufskurven ausgeht, so muß man auch von hier aus zu dem Ergebnis kommen, daß eine deutliche Expansion des Arbeitsmarktes für ErzieherInnen zu beobachten ist.

5.2 Zur Bedeutung von Teilzeitarbeit

Wiederholt wurde in den letzten Jahren darauf hingewiesen, daß ein Großteil des Zuwachses an Beschäftigten im Endeffekt keinem realen Zuwachs an neuen, zusätzlichen Stellen entspricht, sondern lediglich Folge einer vermehrten *Teilzeitarbeit*, also einer bloßen Stellenteilung ist. Deshalb wollen wir die Entwicklung der Teilzeitarbeit gesondert untersuchen, um die Effekte dieser Variable für die Stellendynamik in den sozialen Berufen bzw. für die Berufsgruppe der ErzieherInnen genauer einschätzen zu können. Allerdings darf man dabei nicht übersehen, daß selbst im Falle einer bloßen Ausweitung des Beschäftigtenvolumens durch Stellenteilung dies dennoch zur Folge hat, daß es vom Personalbedarf her einer faktischen Personal*vermehrung* gleichkäme: Wo ursprünglich für *eine* Stelle nur *eine* Person benötigt wurde, werden bei einer Teilung der Stelle *zwei* Personen erforderlich. Dies muß auch in punkto Personalplanung bedacht werden.

Betrachtet man die Entwicklung der Teilzeitarbeit in der Berufsgruppe »86« bzw. der Berufsordnung »864«, so zeigen sich doch einige erhebliche Verschiebungen (vgl. Tab. 5.2):

• Wie nicht anders zu erwarten war, hat sich der Anteil der Teilzeitbeschäftigten in beiden Gruppen kontinuierlich erhöht: Mehr als jede fünfte erwerbstätige Person in »86« (von 9% auf 24%) sowie mehr als jede vierte in

der Berufsordnung »864« (von knapp 11% auf knapp 28%) ist zwischenzeitlich teilzeitbeschäftigt.

Tab. 5.2: Vergleich von sozialversicherungspflichtig Beschäftigten und teil-zeitbeschäftigten ArbeitnehmerInnen in »86« und »864« im früheren Bundesgebiet (1978-1994)						
Jahr	Beschäftigte »86«	davon: Teilzeitbeschäftigte		Beschäftigte »864«	davon: Teilzeitbeschäftigte	
		abs.	%		abs.	%
1978	246.434	22.426	9,1	129.804	13.968	10,8
1979	263.117	25.281	9,6	133.970	15.650	11,7
1980	280.005	28.941	10,3	139.459	17.571	12,6
1981	291.761	32.737	11,2	142.571	19.635	13,8
1982	303.745	36.458	12,0	144.964	21.466	14,8
1983	311.962	40.310	12,9	145.582	23.503	16,1
1984	324.392	45.855	14,1	146.354	25.984	17,8
1985	339.313	51.605	15,2	149.488	28.612	19,1
1986	358.777	58.888	16,4	154.824	31.624	20,4
1987	379.409	65.936	17,4	160.725	34.178	21,3
1988	398.119	73.278	18,4	165.952	37.082	22,3
1989	416.996	80.850	19,4	171.946	40.038	23,3
1990	443.538	90.596	20,4	181.080	43.866	24,2
1991	479.018	102.229	21,3	194.690	49.462	25,4
1992	517.318	114.048	22,0	211.045	55.226	26,2
1993	551.339	126.662	23,0	226.700	61.367	27,1
1994	590.557	140.766	23,8	244.728	68.053	27,8
Quelle: Amtliche Nachrichten der Bundesanstalt für Arbeit (ANBA), verschiedene Jahrgänge; eigene Berechnung						

- Dabei fällt auf, daß der Anteil an Teilzeitbeschäftigungen im Bereich »Kindertageseinrichtungen« im Vergleich zum gesamten Berufsfeld von Anfang
  an leicht höher war und in der Zwischenzeit noch größer geworden ist,
  die Teilzeitarbeit in diesem Bereich also deutlicher gestiegen ist.
- Auf der Basis dieser Rahmenentwicklungen überrascht es unterdessen vielleicht nicht mehr so sehr, daß in punkto Stellenexpansion - im Unterschied zu allen anderen kontinuierlichen deutlichen Zuwachsraten - in der
  Berufsordnung »864« durch den Zuwachs an Teilzeitarbeit in Wirklichkeit
  sogar ein *Stellenabbau* verdeckt worden ist. Betrachtet man nämlich nur die
  Entwicklung der Vollzeitbeschäftigten, also *ohne* die Teilzeitbeschäftigten,
  so wird deutlich, daß *erstens* deren Zahl zwischen 1978 und 1994 nur um
  etwa 90.000 bzw. 72% zugenommen hat (während die Veränderungen in

allen anderen Bereichen weitaus höher ausgefallen sind), daß *zweitens* in der ersten Hälfte der 80er Jahre nicht nur eine Stagnation bei dieser Form der Beschäftigung, sondern sogar ein leichter Rückgang feststellbar ist (so daß nur die Teilung der Stellen in dieser Phase noch zu einem leichten Personalzuwachs geführt hatte) und daß *drittens* mit Blick auf den Zeitraum von 1978 bis 1994 über 60% des Zuwachses bei den Vollzeit-Erwerbstätigen erst *nach* 1990 hinzugekommen ist, so daß in diesen letzten vier Jahren im Schnitt pro Jahr vier mal so viel Vollzeitbeschäftigte hinzugekommen sind wie in den 12 Jahren davor. Das ist nochmals ein anschaulicher Beleg für die deutlich erhöhte Beschleunigung in der Ausweitung der Vollzeit-Beschäftigungsverhältnisse im Bereich der Kindertageseinrichtungen (vgl. auch Abb. 5.1).

Abb. 5.1: Jährlicher Zuwachs der Beschäftigten in sozialen Berufen (»86«) und im Bereich KindergärtnerInnen (»864«) nach Personen und Vollzeitfällen (1979-1994)

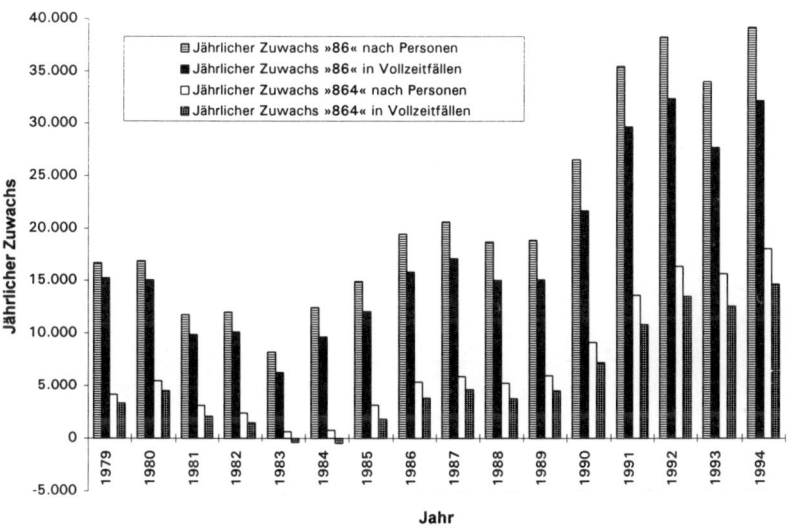

Quelle: Statistik der sozialversicherungspflichtig Beschäftigten, verschiedene Jahrgänge

Insgesamt macht die Entwicklung der Teilzeitarbeit auf zwei Punkte aufmerksam: Zum ersten muß mit Blick auf ein attraktives Angebot von arbeitnehmerfreundlichen Arbeitsplätzen in diesem Bereich mit einem Volumen von vorerst zumindest rund 25% Teilzeitarbeitsplätzen gerechnet werden, sofern auch künftig im Schnitt - bei gleichbleibenden Relationen von Voll- und Teilzeitarbeit - in diesem Teilarbeitsmarkt jede achte Vollzeitstelle in Teilzeitstel-

len umgewandelt wird. Demzufolge müßte dann zum zweiten vom Personalvolumen her in Rechnung gestellt werden, daß auch in Zukunft zur Bedarfs-
deckung frei werdender und neu zu besetzender Vollzeitstellen mehr Personen (als Stellen) benötigt werden. Auf eine Formel gebracht hieße das in
etwa: Für 100 neue (Vollzeit-)Stellen werden insgesamt rund 115 Personen benötigt, um damit zugleich einen Anteil von 25% Teilzeitarbeitsplätzen ab-
decken zu können. In Zeiten des Wachstums erhöht dieser zusätzliche Bedarf
somit noch die ohnehin vorhandenen Rekrutierungsschwierigkeiten.

6. ErzieherInnen in der Jugendhilfe

Erstmalig verfügen wir, wie bereits in Kapitel 4 gezeigt wurde, in der Bundes-republik durch die Jugendhilfestatistik mit nunmehr vier Erhebungszeitpunk-ten zwischen 1974 und 1990 über ein differenziertes Datenmaterial zur Lage der erwerbstätigen ErzieherInnen in der Jugendhilfe. Auch wenn damit letzt-lich nicht sämtliche beschäftigten ErzieherInnen auf dem bundesdeutschen Ar-beitsmarkt erfaßt werden, so doch zumindest der ganz überwiegende Teil, sind sie doch fast ausschließlich in den Arbeitsfeldern der Jugendhilfe beschäf-tigt. Mit diesem Datenmaterial und mit dieser Zeitspanne lassen sich erstmalig Entwicklungen und Veränderungen, Kontinuitäten und Diskontinuitäten in und zwischen den Arbeitsfeldern, in und zwischen den Berufsgruppen in un-terschiedlichen Dimensionen für einen Zeitraum von immerhin 16 Jahren nachzeichnen, allerdings vorerst noch nicht für die allerneueste Phase ab Be-ginn der 90er Jahre.

6.1 Beschäftigungsprofile von ErzieherInnen

Betrachtet man zunächst einmal die allgemeine Entwicklung der ErzieherIn-nen in der Jugendhilfe, so kann man eine ganze Reihe von Veränderungen festhalten (vgl. Tab. 6.1):

Zur quantitativen Gesamtentwicklung: Die Zahl der in der Jugendhilfe er-werbstätigen ErzieherInnen hat sich zwischen 1974 und 1990 von rund 55.000 auf 132.000 und damit um 140% erhöht.[25] Dies ist nicht nur als solches ein erheblicher Zuwachs, sondern er hat auch eine kontinuierliche Erhöhung des prozentualen ErzieherInnenanteils an den Gesamtbeschäftigten der Jugendhilfe

---

[25] Betrachtet man die Zuwachsraten zwischen den erfaßten Zeiträumen genauer, so über-rascht ein wenig der vergleichsweise starke Anstieg zwischen 1982 und 1986, vor allem auch unter dem Eindruck der oben angestellten Überlegungen zur Entwicklung der sozialen Berufe in der Beschäftigten-, aber auch der Arbeitslosenstatistik in dieser Zeit. Zum Teil erklärbar wäre dies mit dem Hinweis, daß das Statistische Bundesamt bei der Befragung von 1982 selbst von einer erheblichen Untererfassung der tätigen Personen in Nordrhein-Westfalen spricht (vgl. STATISTISCHES BUNDESAMT 1985, S. 7). In der Konsequenz würde das bedeuten, daß zwischen 1974 und 1982 ein faktisch höherer Zu-wachs stattgefunden hat als er in den statistischen Daten zum Ausdruck kommt, wäh-rend dies zwischen 1982 und 1986 genau umgekehrt wäre. Dies wäre zumindest von der Entwicklung der Arbeitslosenzahlen her plausibel.

von ehemals knapp 25% auf zuletzt fast 40% zur Folge. Die Berufsgruppe der ErzieherInnen ist in dieser Gesamtsicht mithin zahlenmäßig die unbestreitbar zentrale Personengruppe der Jugendhilfe.

Tab. 6.1: ErzieherInnen in der Jugendhilfe nach ausgewählten Merkmalen (1974-1990)[1]							
	1.11.1974		31.12.1982		31.12.1986		31.12.1990	
	insg.	%	insg.	%	insg.	%	insg.	%
ErzieherInnen insg.	54.913	24,7	91.516	34,6	112.521	37,5	132.094	39,6
Frauen	52.326	95,3	85.224	93,1	104.712	93,1	123.560	93,5
Männer	2.587	4,7	6.292	6,9	7.809	6,9	8.534	6,5
< 25 Jahre	21.983	40,0	28.569	31,2	29.323	26,1	24.542	18,6
25 - 40 Jahre	20.274	36,9	46.089	50,4	63.874	56,8	82.208	62,2
40 - 60 Jahre	10.457	19,0	15.735	17,2	18.248	16,2	23.745	18,0
≥ 60 Jahre	2.199	4,0	1.123	1,2	1.076	1,0	1.026	0,8
Vollzeit	48.352	88,0	76.863	84,0	88.564	78,7	99.721	75,5
Teilzeit	6.180	11,3	13.854	15,1	22.832	20,3	30.965	23,4
Nebentätigkeit	381	0,7	799	0,9	1.125	1,0	1.408	1,1
Öffentl. Träger	16.609	30,2	29.818	32,6	36.189	32,2	41.169	31,7
Gewerbl. Träger	1.248	2,3	1.701	1,9	1.665	1,5	1.671	1,3
Freie Träger	37.056	67,5	59.997	65,6	74.667	66,4	86.979	67,0
DCV DW Kirche	32.433	59,1	47.322	51,7	60.590	53,8	69.579	53,6
DPWV	978	1,8	1.874	2,0	3.563	3,2	4.140	3,2
Sonstige Vereinig.	2.054	3,7	7.797	8,5	6.503	5,8	9.261	7,1
Kindertageseinr.[2]	43.082	38,2	67.500	50,1	87.000	55,4	105.209	56,8
Heimerziehung	7.303	17,2	13.579	30,3	14.744	30,6	14.606	30,8
Sonderpäd. Einr.	2.647	15,8	5.727	26,4	5.622	28,3	6.759	30,8
Jugendarbeit	641	4,9	2.354	14,0	2.826	13,2	2.970	13,0
Jugendamt	280	1,5	717	3,1	467	1,9	572	2,2
Beratungsstellen	97	2,4	407	5,1	473	5,0	529	5,0
Sonstige Einricht.	863	11,2	1.232	8,0	1.389	7,0	1.449	7,2

1 In den Aufstellungen sind »HeilpädagogInnen« mit einberechnet (ihr Anteil liegt allerdings unter 2%).
2 Die Prozentangaben beziehen sich jeweils auf die Gesamtzahlen der Beschäftigten in diesen Feldern.
Quellen: Statistisches Bundesamt (1977, 1985, 1988, 1992b); eigene Berechnung

Zum Geschlecht: Seit jeher hat es sich beim Qualifikationsprofil ErzieherInnen um einen Frauenberuf gehandelt; und dies ist auch bis heute so geblieben. Obgleich nach 1974 kurzfristig ein geringfügiger Männerzuwachs zu verzeichnen war, ist dieser nie über die 7%-Marke gesprungen und auch seit 1982 nicht mehr angestiegen. Trotz der Diskussion um »Frauen in Männerberufen«, trotz des Jahrhundertthemas einer Neuverteilung der gesellschaftlichen Arbeit zwischen den Geschlechtern ist es zu keinem spürbaren Anstieg der Männer in diesem typischen Frauenberuf gekommen.[26]

---

[26] Obgleich die Männeranteile in den statushöheren Qualifikationsprofilen »Sozialpädago-

Zum Altersaufbau: Deutlich verändert hat sich die Altersstruktur der erwerbstätigen ErzieherInnen in der Jugendhilfe. Waren 1974 noch 40% jünger
als 25 Jahre, und bildete diese Alterskohorte damals die größte Gruppe der
ErzieherInnen, so waren 1990 nicht einmal mehr 20% jünger als 25 Jahre.
Demgegenüber ist die mittlere Alterskohorte der 25- bis 40jährigen zwischenzeitlich von 37% auf über 62% angestiegen, während bei den über 40jährigen
sich bei weitem keine so gravierenden Veränderungen abzeichnen. Unschwer
läßt sich aus den Veränderungen nicht nur ein deutlich erhöhtes Berufsein-
trittsalter ablesen, sondern auch eine auffällige personelle Verdichtung der erwerbstätigen ErzieherInnen in der Altersgruppe der 25-40jährigen. Da zugleich der Anteil der über 40jährigen stagniert, ist mit dieser *Altershomogeni-
sierung* nicht nur eine auffällige, eher untypische Konzentration in der Alters-
pyramide verbunden, sondern läßt diese auch gewisse Rückschlüsse mit Blick
auf die Personalfluktuation bzw. die Verweildauer im Beruf zu (vgl. dazu Kapitel 6.2).

Zum Beschäftigungsumfang: Ähnlich wie im Bereich der Kindertageseinrichtungen und der Berufsordnung »864« ist auch bei den ErzieherInnen in der
Jugendhilfe der Anteil der Vollzeitbeschäftigten seit 1974 deutlich, von 88%
auf 75%, zurückgegangen, während zugleich die Teilzeitarbeit kontinuierlich
von 11% auf 23% gestiegen ist. Auch auf dieser Basis ist mithin davon auszugehen, daß rund jeder 7. Arbeitsplatz für ErzieherInnen geteilt wird und
dementsprechend pro Gruppe bzw. pro Einrichtung zur Deckung des Volumens an Vollzeitstellen mehr qualifiziertes Personal benötigt.

Zu Arbeitgebern und Anstellungsträgern: ErzieherInnen sind seit jeher mehrheitlich bei den *freien* Trägern beschäftigt. Mit rund zwei Dritteln stellen sie
für die ErzieherInnen die Hauptgruppe der Arbeitgeber dar, mit deutlichem
Abstand vor den *öffentlichen* Trägern, die knapp ein Drittel umfassen.[27] Gleichermaßen stabil wie marginal sind demgegenüber bislang *gewerbliche* Arbeitgeber mit Anteilen zwischen 1% und 2% geblieben. Betrachtet man unterdessen die Trägerstruktur genauer, so wird sichtbar, daß erstens Caritas und Diakonie, einschließlich der beiden Kirchen, mit zuletzt immer noch fast 54% die

---

gIn/SozialarbeiterIn« bzw. »Diplom-PädagogIn« erkennbar höher liegen, hat sich auch
bei diesen Ausbildungsformen die Frauendomäne, bzw. wohl richtiger: die Männerab-
stinenz auffällig stabil gehalten. In den letzten 10 Jahren ist diesbezüglich sogar wieder
ein verstärkter Feminisierungsgrad zu beobachten.

[27] Erwähnenswert scheint uns in diesem Zusammenhang, daß die freien Träger als Arbeitgeber zwar rund zwei Drittel der ErzieherInnen beschäftigen, mit zuletzt etwas
mehr als 40% aber nur noch eine Minderheit der Ausbildungsstätten in ihrer Regie
steht (vgl. auch Kapitel 23). Mit anderen Worten: Das Engagement der freien Träger
ist in dieser Hinsicht im Beschäftigungssystem größer als im Ausbildungssystem.

Mehrheit aller ErzieherInnen beschäftigen (was allein schon unter personal-
und tarifrechtlichen Bedingungen von Belang sein dürfte). Zweitens haben
Deutsche Paritätische Wohlfahrtsverband und die sog.»sonstigen juristischen
Personen und Vereinigungen« zusammen die deutlichsten Zuwachsraten an
ErzieherInnen zu verzeichnen (Steigerung gegenüber 1974 um mehr als das
Vierfache), was auf eine überdurchschnittliche Zunahme von Kindertageseinrichtungen »außerhalb von Staat und Kirche« hinweisen könnte. Und drittens
repräsentieren die genannten nicht-staatlichen und nicht-gewerblichen Träger
zusammen (also Caritas, Diakonie, Kirchen, DPWV und die sonstigen Vereinigungen) über 95% sämtlicher ErzieherInnen in freier Trägerschaft.

Zu den Arbeitsfeldern: Bereits ein erster flüchtiger Blick - wir kommen auf
dieses Thema noch einmal ausführlicher zurück - macht deutlich, daß fast
80% und damit vier von fünf ErzieherInnen in den verschiedenen Formen der
Kindertageseinrichtungen beschäftigt sind. Dies muß bereits als ein erster wichtiger Hinweis für den Zusammenhang von Schwerpunktsetzungen in der Ausbildung und den tatsächlich gewählten Arbeitsfeldern der erwerbstätigen
ErzieherInnen - jenseits der Frage nach Ursache und Wirkung - angesehen
werden. Nimmt man dazu noch die »Heimerziehung« als zweitgrößtes Arbeitsfeld für ErzieherInnen, so sind insgesamt, also im Bundesdurchschnitt,
mehr als 90% sämtlicher ErzieherInnen allein in diesen beiden Feldern beschäftigt. Das heißt allerdings auf der anderen Seite auch, daß für ErzieherInnen aus der Sicht des Arbeitsmarktes *alle anderen Arbeitsfelder* und Einrichtungsarten vergleichsweise *bedeutungslos* (geworden) sind, sieht man einmal
von den sonderpädagogischen Einrichtungen ab.[28]

Dies zeigt sich auch, wenn man sich die jeweiligen prozentualen Anteile
der ErzieherInnen am Gesamtpersonal des jeweiligen Feldes vor Augen führt:
Während ihr Anteil am Personal in den Kindertageseinrichtungen von ehemals 38% auf zuletzt immerhin 57% gestiegen ist, liegt der Anteil in der
Heimerziehung seit 1982 fast konstant bei ca. 30% (nachdem er zwischen
1974 und 1982 deutlich angestiegen war). In der Jugendarbeit war zunächst
ebenfalls ein Anstieg bis 1982 festzustellen; aber auch dort stagniert der prozentuale Anteil (bei rund 13%). Da auch in den anderen Arbeitsfeldern »Jugendamt«, »Beratungsstellen« sowie den sonstigen Einrichtungsarten eine fast

---

[28] Allenfalls kommt den »sonderpädagogischen Einrichtungen« innerhalb der Jugendhilfe
noch eine gewisse Bedeutung zu, insofern in diesem Feld einerseits fließende Übergänge zur Heimerziehung bestehen und andererseits vor allem die - von uns in die Gruppe
der ErzieherInnen eingerechneten - HeilpädagogInnen hier ihren Arbeitsplatz haben.
Eine Überschneidung kommt auch darin zum Ausdruck, daß in diesen Einrichtungen
zuletzt rund 30% des Personals ErzieherInnen und HeilpädagogInnen waren.

nahezu analoge Entwicklung zu beobachten ist, könnte das bedeuten, daß sich die Zunahme der Berufsgruppe der ErzieherInnen sehr uneinheitlich entwickelt. Und in der Tat: Läßt man einmal den Zuwachs an ErzieherInnen in den Kindertageseinrichtungen außer Acht, so wird sichtbar, daß in den restlichen Feldern die Zahl der ErzieherInnen zwischen 1982 und 1990 zusammen nur um knapp 3.000 bzw. gut 10% zugenommen hat (während die Gesamtpersonalzahl in diesen Feldern und dieser Zeit um knapp 20.000 gestiegen ist). Damit läßt sich für die ErzieherInnen in der Jugendhilfe eine im Grunde genommen zwiespältige Bilanz ziehen: Obgleich die ErzieherInnen unübersehbar die größte Berufsgruppe in der Jugendhilfe sind und die Kindertageseinrichtungen als klassisches ErzieherInnenarbeitsfeld zugleich auch der wichtigste Dynamisierungsfaktor für die Entwicklung der Jugendhilfe in den letzten 20 Jahren war und auch noch in naher Zukunft sein wird, verdeckt die damit einhergehende erfolgreiche Plazierung der ErzieherInnen auf diesem (Teil-)Arbeitsmarkt gewissermaßen den relativen Bedeutungsverlust in den anderen Arbeitsfeldern der Jugendhilfe. Oder zugespitzt formuliert: Die Erzieherin ist dabei, im wahrsten Sinne des Wortes wieder zur »Kindergärtnerin« zu werden.

6.2 Verweildauer und Fluktuation

Für einen Beruf kann es mit Blick auf seine Akzeptanz und sein Image von entscheidender Bedeutung sein, wie lange die Berufstätigen innerhalb ihres Stammarbeitsmarktes verweilen. Dabei wird bei einem »normalen« Beschäftigungsverhältnis zumeist unterstellt, daß die beruflich-inhaltliche Tätigkeit, das Arbeitsfeld bzw. die Branche und unter Umständen auch der Arbeitgeber relativ stabil und dauerhaft bleiben. Das damit assoziierte »Normalarbeitsverhältnis« (vgl. MÜCKENBERGER 1985) entsprach allerdings vor allem dem männlichen, lohnabhängig beschäftigten Industriearbeiter in einer tariflich gut geschützten Branche (mit einer zugleich »starken« Gewerkschaft).

Diese Rahmenbedingungen haben indessen für traditionelle Frauenarbeitsfelder und Frauenarbeitsplätze so nie gegolten. Neben einer durch branchenbedingte Veränderungen ausgelösten »Deregulierung«, also z.B. der Erhöhung von Zeitverträgen oder der Entlassung von Beschäftigten, die zu einem aufgenötigten Wechsel und damit zu einer verkürzten Verweildauer beitragen können, lassen sich in Frauenberufen instabile Beschäftigungsformen vor allem insoweit beobachten, als Frauen das Beschäftigungsverhältnis unterbrechen, um aus dem Berufsleben ganz oder vorübergehend - etwa aufgrund eigener Kinder - auszuscheiden oder aber das Arbeitsfeld von sich aus zu wechseln. Alle diese Möglichkeiten zusammen tragen zu einer zum Teil deutlichen Verkürzung der Verweildauer in einem Arbeitsmarktsegment bzw. einer Branche bei. In diesem Fall besteht dann eine hohe Fluktuation.

Derartige Fluktuations-Effekte können für ein Arbeitsfeld erhebliche Konsequenzen nach sich ziehen. Und dies in dreifacher Hinsicht: Zum einen kann es auf Dauer volkswirtschaftlich und bildungsökonomisch nicht erstrebenswert sein, beispielsweise große Personengruppen aufwendig und lange auszubilden und anschließend nur einen Bruchteil davon für eine kurze Zeit als qualifizierte Fachkräfte zu beschäftigen. Zum zweiten benötigt ein Arbeitsfeld mit einer hohen Fluktuation eine weitaus höhere Zahl an potentiellen Erwerbspersonen als faktisch vorhandene Stellen. Und zum dritten erhöhen sich die einrichtungsinternen Organisationsprobleme durch häufigen MitarbeiterInnenwechsel ebenso wie die evtl. auftretenden inhaltlichen Schwierigkeiten aufgrund einer deutlich erhöhten personellen Diskontinuität. Eine hohe Fluktuation und eine dementsprechend kurze Verweildauer kann infolgedessen für ein Arbeitsfeld nicht von Interesse sein.

In den sozialen Berufen wird immer wieder über eine hohe Fluktuation geklagt. Nicht nur in den Pflegeberufen - etwa in der Altenhilfe -, sondern auch in der Jugendhilfe, vor allem in den Kindertageseinrichtungen und der Heimerziehung, wird regelmäßig eine zu kurze Verweildauer im Beruf moniert. So evident diese Klage angesichts der praktischen Erfahrungen auch sein mag, so ungeklärt ist bislang dennoch die Frage, inwieweit dies ein Spezifikum eines bestimmten Arbeitsfeldes oder einer bestimmten Berufsgruppe ist (zur Personalfluktuation in der Heimerziehung vgl. SCHOCH 1989). Hinzu kommt die Schwierigkeit, daß es bislang keine umfangreichen, geschweige denn kontinuierlichen und repräsentativen empirischen Erhebungen zu dieser Thematik für den Bereich der Jugendhilfe bzw. für die Berufsgruppe der ErzieherInnen gibt. »Die in den Personalstrukturerhebungen erfaßten Daten sind bezüglich der Frage der Verweildauer so undifferenziert, daß dazu genaue Aussagen nicht gemacht werden können und mögliche Entwicklungen kaum prognostizierbar sind. In der Erhebung sind nur über das Lebensalter ... vage Rückschlüsse möglich« (DERSCHAU 1993, S. 109).

Auf der Basis der Jugendhilfestatistik lassen sich annäherungsweise zwei Modellrechnungen anstellen.

(a) Mithilfe eines Vergleichs des Aufbaus der Altersstruktur der in der Jugendhilfe tätigen ErzieherInnen zwischen 1974 und 1990 könnte sich immerhin andeuten, ob beispielsweise die Zahl der älteren ErzieherInnen zunimmt oder stagniert. Und dabei wird deutlich, wie schon gezeigt (vgl. Tab. 6.1), daß 1974 noch 40% der beschäftigten ErzieherInnen jünger als 25 Jahre waren, und somit Anfang der 70er Jahre das Schwergewicht noch in dieser Altersgruppe lag, während 1990 nur noch rund 20% jünger als 25 Jahre waren.

Demgegenüber ist die mittlere Alterskohorte der 25- bis 40jährigen zwischenzeitlich von 37% auf über 61% angestiegen, während sich der Anteil der 40-60jährigen vergleichsweise konstant zwischen 16% und 19% gehalten hat. Da die Altersstruktur in der Jugendhilfestatistik allerdings nur in 5-Jahres-Intervallen ausgewiesen wird und zudem über einen Zeitraum von fast 20 Jahren kein festes Berufseinstiegsalter zugrundegelegt werden kann, können anhand der Entwicklung der altersentsprechenden Anteile keine zwingenden Rückschlüsse auf die Verweildauer gezogen werden. Berücksichtigt werden muß dabei zugleich, daß die Gesamtzahl der ErzieherInnen in dieser Zeit von rund 55.000 auf immerhin über 130.000 gestiegen ist.

Statt dessen können wir folgende pauschale Überlegung anstellen: Von den etwa 55.000 ErzieherInnen des Jahres 1974 könnten 16 Jahre später, Ende 1990, aufgrund des altersbedingten Ausscheidens - bei einer ansonst konstant unterstellten Verweildauer - schätzungsweise nur noch rund 45.000 beschäftigt sein (da damals bereits über 12.500 ErzieherInnen 40 Jahre oder älter waren). Das hieße, daß zwischenzeitlich aufgrund der Expansion und der Altersrekrutierung insgesamt zumindest 85.000 ErzieherInnen neu eingestellt worden sein müßten, um den Ende 1990 ausgewiesenen Bestand von rund 130.000 ErzieherInnen überhaupt erreichen zu können. Und auch dann würde noch unterstellt, daß es keinerlei sonstige Fluktuation gegeben hat, daß also alle ErzieherInnen bis zuletzt tätig geblieben sind.

Stellt man nun dieser rechnerischen Größe von zumindest 85.000 neu hinzugekommenen ErzieherInnen eine ungefähre Zahl der zwischen 1974 und 1990 examinierten ErzieherInnen entgegen - genaue Angaben liegen auch hierfür nicht vor -, so kommt man für diese Zeitspanne auf einen Wert von etwa 240.000 neu ausgebildeten ErzieherInnen. Schon die Diskrepanz zwischen diesen beiden Werten macht deutlich, daß eine Kontinuität bei den erwerbstätigen ErzieherInnen nicht unterstellt werden kann, hieße dies doch ansonsten, daß über 180.000 ErzieherInnen keine Stelle gesucht oder gefunden hätten. Demgegenüber waren im Herbst 1990 jedoch tatsächlich »nur« knapp 12.000 ErzieherInnen arbeitslos gemeldet. Geht man der Einfachheit halber einmal davon aus, daß zusätzlich rund 20% der ausgebildeten ErzieherInnen nie in ihrem Beruf tätig geworden sind (z.B. aufgrund beruflicher Weiterbildung, einem beruflichen Umstieg oder Gründung einer eigenen Familie), so hieße das, daß wir von einem bereinigten Wert von ca. 180.000 ErzieherInnen ausgehen können, die faktisch als ErzieherInnen in diesen 16 Jahren tätig geworden sind (240.000 abzüglich 12.000 arbeitslos gemeldeter ErzieherInnen sowie abzüglich 48.000 nicht einschlägig erwerbsorientierter ErzieherInnen = 180.000 ErzieherInnen).

Bei einer auch diesbezüglich hypothetischen Annahme, daß alle in etwa gleich lang tätig bleiben (was in Wirklichkeit allein schon deshalb nicht möglich ist, weil ein Teil bereits vor mehr als 10 Jahren examiniert wurde, andere hingegen erst vor wenigen Jahren), würde sich somit der Schluß ergeben, daß jedes seit 1974 neu hinzugekommene Beschäftigungsverhältnis im Laufe der Zeit von zwei ErzieherInnen durchlaufen worden ist. Oder anders formuliert: Bei einer Zeitspanne von insgesamt 16 Jahren würde die *durchschnittliche* Verweildauer der überhaupt jemals berufstätig gewordenen ErzieherInnen unserer Modellrechnung zufolge weniger als 8 Jahre betragen. Auch wenn dies nur ein Annäherungswert ist, so dokumentiert er doch eindrücklich, daß sich das »Normalarbeitsverhältnis« einer (weiblichen) Erzieherin bislang eher einem Durchgangsberuf als einer lebenslangen Tätigkeit annähert.

(b) Zu etwas anderen Näherungswerten kommt DERSCHAU (1993). Ebenfalls unter Bezugnahme auf Ausbildungzahlen und die Altersangaben in der Jugendhilfestatistik - jedoch ohne Darlegung seines Berechnungsverfahrens (und seiner dabei gemachten Modellannahmen) -, kommt er zu dem Schluß, daß *erstens* deutlich mehr als ein Drittel der examinierten ErzieherInnen innerhalb der ersten 5 Berufsjahre bereits wieder ausscheidet (ohne allerdings Angaben darüber zu machen, wieviele erst gar nicht berufstätig werden), daß *zweitens* die durchschnittliche Verweildauer (für alle oder nur für den Rest?) wohl zwischen 10 und 13 Jahren liegt und daß drittens die Schwundquote bei den über 40jährigen eher gering sein dürfte (vgl. DERSCHAU 1993, S. 109 f.).

Derartige modellhaft-hypothetischen Überlegungen machen deutlich, daß bislang keine wirklich zuverlässigen Angaben über das faktische Berufsverhalten in punkto Verweildauer und Fluktuation von ErzieherInnen zur Verfügung stehen. Aber selbst, wenn wir wüßten, wieviele ErzieherInnen nach wievielen Jahren aus einer ErzieherInnentätigkeit aussteigen, bzw. umgekehrt, wenn wir wüßten, wieviele letztlich kontinuierlich in diesem Berufsfeld (oder gar in einer Einrichtung oder bei einem Arbeitgeber verbleiben), so könnten wir immer noch keinerlei Angaben darüber machen, wie sich diese Gruppe der »Beständigen« zusammensetzt, was sie ggf. von den »Wechslern« unterscheidet und welche Faktoren hierfür ausschlaggebend waren, daß erstere im Unterschied zu den letzteren im Berufsfeld verblieben sind.[29]

---

[29] Erste, allerdings nicht repräsentative Anhaltspunkte über Gründe der Fluktuation bzw. der Berufsunzufriedenheit von Erzieherinnen liefert eine empirische Studie zur Lage der Erzieherinnen in katholischen Kindertageseinrichtungen in Nordrhein-Westfalen (vgl. GLEICH 1993). Hierbei wurden rund 300 aktuell berufstätige sowie knapp 350 ehemals erwerbstätige Erzieherinnen schriftlich befragt. Der Autor spricht dabei angesichts des Befunds, daß »rund zwei Drittel aller befragten Erzieherinnen mehr oder weniger

Insgesamt wird aber deutlich, daß gerade dem Thema des Berufsverlaufs, den vermeidbaren und unvermeidbaren Diskontinuitäten, den Gründen für eine erhöhte Fluktuation etc. in Anbetracht des drohenden Fachkraftmangels eine deutlich höhere Aufmerksamkeit geschenkt werden muß, daß eine berufliche Verlaufs- und Verbleibsforschung in diesem gleichermaßen expandierenden wie unübersichtlichen Teilarbeitsmarkt als einem typischen Frauenarbeitsfeld dringender denn je notwendig ist. Denn eines dürften selbst die vagen Modellrechnungen deutlich machen: daß die berufliche Verweildauer bei einem nicht unerheblichen Teil der ausgebildeten ErzieherInnen, der schätzungsweise in einer Spanne zwischen 30% und 50% liegen dürfte, kürzer oder allenfalls so lang ist wie die dafür notwendige Ausbildungsdauer (sofern man Praktika und Berufsanerkennungsjahr mit einrechnet). Diese durchaus plausiblen Schätzwerte verweisen sowohl auf einen dringenden Bedarf an genauerer Kenntnis über diese Problematik als auch auf strukturellen Handlungsbedarf zur Verbesserung der Verweildauer in diesem Beruf.

---

mit dem Gedanken spielen, ihren Beruf aufzugeben« (ebd., S. 12) von einem niederschmetternden Ergebnis. Mit Blick auf die berufliche Verweildauer der ehemaligen MitarbeiterInnen zeigt sich, daß weit mehr als die Hälfte dieser Personengruppe deutlich kürzer als 8 Jahre in ihrer Stelle verblieben sind (vgl. ebd., S. 41 ff.).

7. Die pädagogischen und sozialen Dienste als Arbeitsfeld für ErzieherInnen

Obgleich ErzieherInnen durch ihre Qualifikation prinzipiell befähigt werden sollen, in »verschiedenen sozialpädagogischen Bereichen« selbständig tätig zu sein, ist die tatsächliche Repräsentanz dieser Berufsgruppe in den diversen Arbeitsfeldern und Einrichtungsarten der Jugendhilfe auffallend ungleich. So liegt ihr berufliches Zentrum mit insgesamt rund 80% aller in der Jugendhilfe erwerbstätigen ErzieherInnen eindeutig im Bereich der Kindertageseinrichtungen, sodaß die aufgezeigten Entwicklungen des »Auf- und Abstiegs« von ErzieherInnen eng mit einem stagnierenden oder forcierten Ausbau dieses Arbeitsfeldes zusammenhängen. Infolgedessen geraten Verschiebungen zwischen Arbeitsfeldern genauso leicht aus dem Blickfeld wie die innere Dynamik in den einzelnen Arbeitsfeldern. Damit die Differenzen zwischen sowie die interne Entwicklung innerhalb der wichtigsten Arbeitsfelder unter dem Gesichtspunkt der Personalstruktur und -entwicklung deutlich werden (neben den Kindertageseinrichtungen sind dies die Heimerziehung und die Jugendarbeit[30]), sollen nachfolgend ausgewählte Felder der Jugendhilfe gesondert betrachtet werden.

Versucht man sich zunächst einen Gesamtüberblick über das Personal in den einzelnen Arbeitsfeldern der Jugendhilfe zu verschaffen, so zeigt schon ein erster Blick, daß diese sich in punkto Personal größenmäßig deutlich unterscheiden: Während die Kindertageseinrichtungen - und dort vor allem der Kindergarten - mit zusammen rund 185.000 Personen das mit Abstand personalintensivste Arbeitsfeld sind, arbeiten in der Heimerziehung immerhin noch über 47.000 tätigen Personen. Deutlich kleiner sind jedoch die übrigen Arbeitsfelder: das Jugendamt mit 26.000, die Jugendarbeit mit knapp 23.000 Personen, die sonderpädagogischen Einrichtungen mit 22.000, die Beratungsstel-

---

[30] Rein zahlenmäßig sind die von uns als »sonderpädagogische Einrichtungen« zusammengefaßten Bereiche zwar größer als die Jugendarbeit, dennoch werden wir sie hier nicht weiter gesondert betrachten. Zum einen existieren fließende Übergänge zu ErzieherInnen mit Zusatzausbildungen, die statistisch aber nicht darstellbar sind, zum zweiten sind die Übergänge zur Heimerziehung und zu Kindertageseinrichtungen ebenfalls nicht sehr klar erkennbar und zum dritten sind schließlich ganze Bereiche der sonderpädagogischen Einrichtungen gar nicht in der Jugendhilfe und in den sozialen Berufen resortiert (aufgrund der Finanzierung über das BSHG). So würde dieses Feld hier nur in einem nicht meßbaren Ausschnitt dargestellt. Demgegenüber stellt die Jugendarbeit doch ein deutlich anderes Arbeitsfeld dar.

len mit etwas mehr als 10.000 und die sonstigen Einrichtungen mit ca. 20.000 tätigen Personen. Rund 55% der Beschäftigten arbeiten demnach in den Tageseinrichtungen für Kinder, weitere 14% in der Heimerziehung, so daß zusammen rund 70% des Jugendhilfepersonals alleine in diesen beiden Feldern tätig sind. Alle anderen Arbeitsfelder liegen personell deutlich unter 10%.

7.1 Kindertageseinrichtungen

(1) Unstrittig sind jene Einrichtungen, die in § 22 des KJHG geregelt werden, also öffentliche Einrichtungen, »in denen sich die Kinder für einen Teil des Tages oder ganztags aufhalten«, der mit Abstand größte Bereich der Jugendhilfe. Sie bilden zusammen das Arbeitsfeld der Kindertageseinrichtungen, das bisweilen auch als »Elementarerziehung«, »Erziehung in früher Kindheit«, »Früherziehungssystem« oder »Vorschulpädagogik« bezeichnet wird. Vereinfacht lassen sich dem Arbeitsfeld Kindertageseinrichtungen die drei Teilbereiche (a) Kindergarten, (b) Hort und (c) Krippe zurechnen:
(a) Der »*Kindergarten*« umfaßt alle Einrichtungen für Kinder ab dem vollendeten 3. Lebensjahr bis zum Schuleintritt, unabhängig davon, ob es sich dabei um Halbtages- oder Ganztagesplätze handelt, ob diese mit oder ohne Über-Mittag-Betreuung angeboten, ob sie in öffentlicher oder freier Trägerschaft organisiert werden. Er dient also gewissermaßen als Sammelbegriff sämtlicher Angebotsformen für diese spezielle Alterskohorte von 3 bis 6 bzw. bis 6,5 Jahre, da dies das durchschnittliche Einschulungsalter ist.
(b) Dem »*Hortbereich*« werden alle institutionellen, nicht-schulischen Angebote zugerechnet, die die Aufgabe der Versorgung, Betreuung, Bildung und Erziehung für einen Teil des Tages für Kinder im Schulalter übernehmen.
(c) Der »*Krippenbereich*« schließlich umfaßt alle institutionell organisierten Betreuungsangebote für Kinder im Alter unter 3 Jahren.
Tageseinrichtungen, die über diese altersspezifischen Teilbereiche hinweg Kinder aufnehmen (also z.B. sowohl Kinder unter 3 als auch über 3 Jahren), werden als »altersgemischte Gruppen« bezeichnet.[31]

---

[31] In den nachfolgenden Tabellen werden die altersgemischten Gruppen, im Unterschied zur amtlichen Jugendhilfestatistik, nicht in einer eigenen Rubrik ausgewiesen. Vielmehr wurden sie nach einem Schlüssel des Statistischen Bundesamtes wieder in die drei Teilbereiche Krippe, Kindergarten, Hort rückgerechnet. Da dieses Verfahren notgedrungen nicht zu einem exakten Abbild der Wirklichkeit führen kann, muß mit einigen leichteren Verzerrungen insbesondere bei kleineren Zahlenwerten gerechnet werden. Ein Beispiel: Im Krippenbereich hat die Zahl der männlichen Erwerbstätigen nach dieser Methode zwischen 1986 und 1990 von 1,9% (n = 125) auf 3,4% (n = 291) zugenommen.

Versucht man sich nun, noch ohne Differenzierung nach Kindergarten, Krippe und Hort, einen Überblick über den Gesamtbereich der Kindertageseinrichtungen zu verschaffen, so läßt sich festhalten, daß in den alten Bundesländern Ende 1990 in zusammen 32.905 Einrichtungen mit einem Volumen von insgesamt 1.750.563 verfügbaren Plätzen alles in allem über 185.000 Personen beschäftigt waren (vgl. Tab. 7.1). Von der gesamten Jugendhilfe umfassen Tageseinrichtungen für Kinder damit zusammen einen Personalanteil von rund 55%, einen Einrichtungsanteil von 61% sowie einen Anteil an verfügbaren Plätzen von immerhin 87%. Kindertageseinrichtungen sind damit nicht nur - nach und neben der Schule - die wichtigste pädagogische öffentliche Einrichtung, sondern zugleich auch das einzige Arbeitsfeld der Jugendhilfe, das zwischenzeitlich tendenziell von *allen* Kindern, zumindest für eine kurze Zeit, durchlaufen wird (zur Entwicklung der Versorgungsquoten in diesem »Früherziehungssystem« vgl. TIETZE 1993; TIETZE/ROßBACH 1993b; DEUTSCHES JUGENDINSTITUT 1993a).

Tab. 7.1: Entwicklung von Personal, Zahl der Einrichtungen und verfügbaren Plätzen in den Kindertageseinrichtungen (1974-1990)

Jahr	Personal	Einrichtungen	Plätze	Plätze pro Personal	Personal pro Einrichtung	Plätze pro Einrichtung
1974	112.767	24.208	1.532.206	13,6 : 1	4,7 : 1	63,3 : 1
1982	134.649	26.013	1.448.073	10,8 : 1	5,2 : 1	55,7 : 1
1986	156.928	29.959	1.604.046	10,2 : 1	5,2 : 1	53,5 : 1
1990	185.065	32.905	1.750.563	9,5 : 1	5,6 : 1	53,2 : 1

Quellen: Statistisches Bundesamt (1977, 1985, 1988, 1992b); eigene Berechnung

Schaut man sich die institutionelle Entwicklung der Kindertageseinrichtungen - zunächst noch nicht nach Einrichtungsarten differenziert - zwischen 1974 und 1990 an, so fällt auf, daß

• sich das Personal von ehemals rund 113.000 auf zuletzt 185.000 Beschäftigte und damit um 64% vermehrt hat;

• die Anzahl der Einrichtungen ebenfalls kontinuierlich gestiegen ist (von ca. 24.000 auf fast 33.000);

• die Zahl der Plätze nach einem Zwischentief Anfang der 80er Jahre 1990 mit über 1,75 Mio. verfügbaren Plätzen in den alten Bundesländern ihren vorläufigen Höchststand erreicht hat.

Dies könnte auch durchaus ein künstliches Resultat der schematischen Rückrechnung auf die drei Bereiche sein.

In der Bilanz bedeutet das, daß Kindertageseinrichtungen in den 70er und 80er Jahren quantitativ durchweg gewachsen sind: *mehr Einrichtungen, ein größeres Platzangebot und mehr Personal.* In der Verknüpfung dieser drei Faktoren kann man sagen, daß mit Blick auf die Gesamtentwicklung der Kindertageseinrichtungen die Personal-Platz-Relation zunehmend günstiger und die durchschnittliche Platzkapazität der einzelnen Einrichtungen geringer geworden ist.

(2) Betrachtet man unterdessen die Verteilung zwischen den verschiedenen Teilbereichen und Angebotsformen der Kindertageseinrichtungen, so zeigt sich eine deutliche Dominanz des Kindergartens, also sämtlicher Tageseinrichtungen für Kinder ab dem vollendeten 3. Lebensjahr bis zum Schuleintritt: Immerhin 86% des Personals, 90% des Platzangebotes und 84% sämtlicher Kindertageseinrichtungen in den alten Bundesländern sind dem Kindergartenbereich zuzuordnen (vgl. Tab. 7.2). Insofern kann man Kindertageseinrichtungen in den alten Bundesländern - ganz im Unterschied zur DDR - tendenziell mit dem Einrichtungsangebot für das Kindergartenalter gleichsetzen.

Tab. 7.2: Kindertageseinrichtungen nach Einrichtungsarten im Vergleich (1990)					
	Personal	Einrichtungen	Plätze	Plätze pro Personal	Personal pro Einrichtung	Plätze pro Einrichtung
KiTa insg.	185.065	32.905	1.750.563	9,5 : 1	5,6 : 1	53,2 : 1
davon:						
• KiGa	159.507	27.805	1.583.621	9,9 : 1	5,7 : 1	57,0 : 1
• Krippe	8.591	1.371	38.152	4,4 : 1	6,3 : 1	27,8 : 1
• Hort	16.967	3.729	128.790	7,6 : 1	4,6 : 1	34,5 : 1
Quelle: Statistisches Bundesamt (1992b); eigene Berechnung						

Dies zeigt sich auch bei den Relationierungen zwischen den Faktoren Personal, Plätze und Einrichtungen: Während die Krippen erwartungsgemäß die günstigste Personal-Platz-Relation aufweisen (mit durchschnittlich 4,4 Plätzen auf eine erwerbstätige Person), wird der Gesamtdurchschnittswert (9,5) deutlich von den Kindergärten geprägt. Ähnliches gilt in punkto Größe der Einrichtungen: Diesbezüglich bilden Kindergärten im Schnitt die größten Betriebseinheiten mit Blick auf das Platzangebot, während der Hortbereich im Schnitt die kleinste Betriebsgröße aufweist. Insgesamt wird durch einen derartigen Vergleich dieser drei Teilgebiete der Kindertageseinrichtungen deutlich, daß sich diese in Umfang, Größe, Platzzahl etc. keineswegs gleichen. Aufschlußreicher sind daher die Datenprofile der einzelnen Teilbereiche.

(a) **Kindergarten:** Der Kindergarten bzw. die Tageseinrichtung für Kinder im Kindergartenalter ist in den alten Bundesländern unbestreitbar das zentrale Arbeitsfeld für ErzieherInnen; fast 70% aller ErzieherInnen in der Jugendhilfe arbeiten dort. Und es ist zugleich auch quantitativ das Zentrum der Jugendhilfe. Wir wollen zunächst diesen Einrichtungstypus in seiner personellen Zusammensetzung genauer betrachten. Dabei zeigen sich für die Zeit zwischen 1974 und 1990 folgende Befunde (vgl. Tab. 7.3):

Tab. 7.3: Ausgewählte Daten zu Personal, Einrichtungen und Plätzen im Kindergartenbereich (1974-1990)

	1.11.1974		31.12.1982		31.12.1986		31.12.1990	
	insg.	%	insg.	%	insg.	%	insg.	%
Einrichtungen[1]	21.297	0,0	22.724	6,7	25.890	21,6	27.805	30,4
Verfügbare Plätze[1]	1,42 Mio	0,0	1,33 Mio	-6,0	1,47 Mio	3,7	1,58 Mio	11,5
Personal insgesamt[1]	100.047	0,0	118.578	18,5	137.495	37,4	159.507	59,4
Frauen	99.012	99,0	116.224	98,0	134.482	97,8	155.711	97,6
Männer	1.035	1,0	2.334	2,0	3.013	2,2	3.797	2,4
Vollzeit	77.297	77,3	87.679	73,9	94.643	68,8	106.727	66,9
Teilzeit	21.833	21,8	29.482	24,9	40.196	29,2	49.733	31,2
Nebentätigkeit	917	0,9	1.417	1,2	2.656	1,9	3.047	1,9
ErzieherInnen[1]	39.050	0,0	60.484	54,9	76.973	97,1	91.725	135,0
Soz.päd./Soz.arb.[1]	1.164	0,0	1.797	54,4	2.492	114,0	2.889	148,0
Dipl.-PädagogInnen[1]	-.-	-,-	132	0,0	322	144,0	620	370,0
KinderpflegerInnen[1]	22.523	0,0	18.385	-18,4	20.382	-9,5	26.537	17,8
Verberuflichung	69.135	69,1	87.195	73,5	108.145	78,7	132.304	82,9
Verfachlichung	62.784	62,8	80.971	68,3	100.523	73,1	122.240	76,6
Akademisierung	1.805	1,8	2.276	1,9	3.516	2,6	4.163	2,6
Professionalisierung	1.164	1,2	1.929	1,6	2.814	2,0	3.509	2,2
Plätze : Personal	14,2 : 1		11,3 : 1		10,7 : 1		9,9 : 1	
Plätze : Fachpersonal	22,6 : 1		16,5 : 1		14,7 : 1		13,0 : 1	
Personal : Einricht.	4,7 : 1		5,2 : 1		5,3 : 1		5,7 : 1	
Plätze : Einrichtung	66,7 : 1		58,7 : 1		56,9 : 1		57,0 : 1	
Alterskoh. (3-6,5 J.)	2,71 Mio.		2,03 Mio.		2,13 Mio.		2,30 Mio.	
Versorgungsquote	52,4 %		65,6 %		69,3 %		69,0 %	

1 Die Angaben in der Prozentspalte beziehen sich jeweils auf den Ausgangswert von 1974.
Quellen: Statistisches Bundesamt (1977, 1985, 1988, 1992b); eigene Berechnung

• Während die Zahl der Einrichtungen und insbesondere die Zahl der erwerbstätigen Personen in diesem Zeitraum kontinuierlich gestiegen ist, hat sich das Platzangebot in bundesdeutschen Kindergärten im Grunde genommen erst ab 1986 erhöht. Allerdings sagt dies im Horizont demographischer Veränderungen noch nichts über die Entwicklung der realen Versorgungsquote für die alterspsrechende Bevölkerung der 3 bis 6,5jährigen Kinder aus, verläuft deren Kurve doch geradezu umgekehrt. Infolgedessen hat sich - allein durch die Abnahme der altersentsprechenden Bevölkerung - die *Versorgungsquote* zwischen 1974 und 1982 deutlich von 52% auf fast 66% verbessert, ist danach jedoch bis 1986 nur noch geringfügig auf 69% gestiegen, um dann auf diesem Niveau bis 1990 zu stagnieren. Die wieder ansteigende Alterskohorte der 3 bis 6,5jährigen hat demnach den tatsächlichen Expansionseffekt zusätzlich geschaffener Kindergartenplätze bis zum Ende der 80er Jahre gewissermaßen wieder geschluckt und neutralisiert. Die damalige, erste Rechtsanspruchsdebatte im Vorfeld des 1990 beschlossenen Kinder- und Jugendhilfegesetzes hatte diesbezüglich noch keine spürbaren Auswirkungen gezeigt (zu den Versorgungsquoten nach Bundesländern vgl. TIETZE/ROßBACH 1993b, S. 132 f.; DEUTSCHES JUGENDINSTITUT 1993a, S. 37 ff.).[32]

• Erhöht haben sich zudem die Anteile der *Teilzeitbeschäftigten* (von 22% auf 31%), so daß faktisch der Zuwachs an neuen (Vollzeit-)Stellen nur bei rund 50% liegt (und nicht bei 60%, wie Tab. 7.3 ohne Berücksichtigung des Teilzeitstelleneffektes ausweist), da Teile des Personalwachstums lediglich durch Stellenteilung zustande gekommen sind. Insofern bestätigt sich auch hier, daß in einem typischen Frauenberuf die Anteile an Teilzeitbeschäftigung deutlich höher sind als in geschlechtsneutralen Berufen. Oder anders formuliert: Teilzeitbeschäftigung ist nach wie vor »Frauensache«.

• Anteilsmäßig die eindeutigen Gewinner unter den sozialpädagogischen Fachkräften und *Berufsgruppen* sind die SozialarbeiterInnen und SozialpädagogInnen der Fachhochschulen sowie die universitären Diplom-PädagogInnen, während die KinderpflegerInnen mit einem unterdurchschnittlichen Wachstum die VerliererInnen sind. Da die ErzieherInnen jedoch ebenfalls starke Expansionsraten aufweisen und insgesamt rund zwei Drittel des Gesamtpersonals in den Kindergärten stellen, fallen die Zuwachsraten der hochschulausgebildeten SozialpädagogInnen vorerst nicht ins Gewicht. Mit anderen Worten: Der Kindergarten ist zu einer beeindruckenden Domäne der ErzieherInnen geworden und wird dies vorerst auch bleiben, obgleich gerade im Kindergarten unübersehbare Prozesse einer Dequalifizierung in Gang gesetzt worden sind (vgl. RAUSCHENBACH 1993, 1994a).

---

[32] Legt man, wie dies von offizieller Seite regelmäßig getan wird, für den Bereich des Kindergartenalters lediglich 3 Altersjahrgänge zugrunde, so erhöht sich zwar das Platzangebot im Bundesdurchschnitt rechnerisch auf rund 79% für diesen Personenkreis. Allerdings wäre auch in diesem Fall keine Steigerung der Versorgungsquote zwischen 1986 und 1990 zu verzeichnen (vgl. auch DEUTSCHES JUGENDINSTITUT 1993a, S. 41 f.). Und hinzu kommt, daß man dann auch deutlich sagen muß, daß dieser Rechnung zufolge ein Kind entweder erst im Alter von 3,5 Jahren einen Kindergartenplatz beanspruchen könnte oder aber nur ein halber Jahrgang »zugelassen« wird.

- Verwunderlich sind deshalb auch nicht die Befunde zur Personalstruktur in den Kindergärten: Der Anteil des ausgebildeten Personals, also der Prozeß der *Verberuflichung*, hat mit einem Anstieg von 69% auf 83% ebenso deutlich zugenommen wie der Anteil der sozialpädagogischen Fachkräfte von 63% auf 77% und damit die *Verfachlichung* der Personalstruktur des Kindergartens. Dies bedeutet zweierlei: Zum einen wird damit die (historisch stimmige) Vorstellung vom Kindergarten als einem qualifikationsschwachen Arbeitsfeld gründlich widerlegt; kein anderes Arbeitsfeld der Jugendhilfe wird so stark von einer einzigen Berufsgruppe beherrscht. Zum andern wird innerhalb der Gruppe des ausgebildeten Personals dieses Arbeitsfeld mit über 92% von den sozialpädagogisch ausgebildeten Personen dominiert (hierbei sind die KinderpflegerInnen eingerechnet). Diese zunehmende Verfachlichung, also die überdurchschnittlich erfolgreiche Plazierung der sozialpädagogischen Fachkräfte in den Kindergärten, kommt auch darin zum Ausdruck, daß sich das rechnerische Verhältnis zwischen Platzangebot und sozialpädagogischen Fachkräften in der Zeit von 1974 bis Ende 1990 von rund 23 Plätzen pro Fachkraft auf 13 reduziert hat.

- Ebenfalls zugenommen, aber in auffällig bescheidenerem Rahmen, hat schließlich der *Akademisierungs- und der Professionalisierungsgrad*. Auch wenn diese Werte von 1,8 auf 2,6 bzw. von 1,2 auf 2,2 gestiegen sind, so sind dies doch - auch gemessen an den Anteilen in den anderen zentralen Feldern der Jugendhilfe - zugleich Hinweise auf eine Abschottung von den Akademisierungs- und Professionalisierungsprozessen, wie sie sich in anderen Teilarbeitsmärkten beobachten lassen (und in der Schule längst realisiert worden sind). Oder anders formuliert: Ein zahlenmäßig spürbarer Professionalisierungsschub wird sich im Bereich des Kindergartens vermutlich nur über eine Anhebung der Höhenlage der ErzieherInnenausbildung im Bildungssystem auf das Niveau der Fachhochschule erreichen lassen.

(b) Hort: Das zweitgrößte Feld im Bereich der Kindertageseinrichtungen ist unübersehbar der Hort. Hierbei handelt es sich um ein pädagogisches Arbeitsfeld, bei dem

- zum einen bis heute keine bundesweite Einigkeit darüber besteht, ob es dem Bildungssektor oder der Jugendhilfe zuzurechnen ist (vgl. auch DEUTSCHES JUGENDINSTITUT 1993a, S. 47 f.);
- zum andern ungeklärt ist, wo die Altersgrenze der zu betreuenden Kinder im Schulalter nach oben zu ziehen ist. So differieren die Altersangaben, je nach Bundesland, mit einer Schwankungsbreite vom Ende des Grundschulalters (Berlin und neue Bundesländer, außer Sachsen-Anhalt) über 12 Jahre (Bremen, Saarland) bis zu 14 Jahren (Niedersachsen, Nordrhein-Westfalen,

Rheinland-Pfalz, Schleswig-Holstein, Sachsen-Anhalt), 15 Jahren (Baden-Württemberg, Bayern, Hamburg) oder gar 16 Jahren (Hessen) doch beträchtlich (vgl. auch DEUTSCHES JUGENDINSTITUT 1993a, S. 44 ff.). So wird denn daraus auch die Konsequenz gezogen - etwa vom STATISTISCHEN BUNDESAMT (1992b) -, die Versorgungsquote jeweils auf der Basis der unterschiedlichen Alterskohorten von 10, 12 und 14 Jahren zu berechnen.
Dennoch lassen sich auch für das Arbeitsfeld Hort einige Befunde mit Blick auf die Personalstruktur festhalten (vgl. Tab. 7.4):

Tab. 7.4: Ausgewählte Daten zu Personal, Einrichtungen und Plätzen im Hortbereich (1974-1990)

	1.11.1974		31.12.1982		31.12.1986		31.12.1990	
	insg.	%	insg.	%	insg.	%	insg.	%
Einrichtungen[1]	2.192	0,0	2.407	9,8	3.041	38,7	3.729	70,1
Verfügbare Plätze[1]	86.263	0,0	86.831	0,7	102.874	19,3	128.790	49,3
Personal insgesamt[1]	8.241	0,0	10.280	24,7	12.847	55,9	16.967	105,9
Frauen	7.778	94,4	9.416	91,6	11.756	91,5	15.164	89,4
Männer	463	5,6	864	8,4	1.091	8,5	1.803	10,6
Vollzeit	6.287	76,3	7.462	72,6	8.967	69,8	11.726	69,1
Teilzeit	1.789	21,7	2.528	24,6	3.557	27,7	4.655	27,4
Nebentätigkeit	165	2,0	290	2,8	323	2,5	585	3,4
ErzieherInnen[1]	3.487	0,0	5.466	56,7	7.501	115,1	9.585	174,9
Soz.päd./Soz.arb.[1]	308	0,0	443	43,8	674	118,8	1.085	252,3
Dipl.-PädagogInnen[1]	-.-	-,-	38	0,0	61	60,5	239	528,9
KinderpflegerInnen[1]	1.079	0,0	871	-19,3	1.009	-6,5	1.225	13,5
Verberuflichung	5.913	71,8	7.789	75,8	10.389	80,9	14.079	83,0
Verfachlichung	4.924	59,8	6.841	66,5	9.287	72,3	12.242	72,2
Akademisierung	523	6,3	759	7,4	1.016	7,9	1.822	10,7
Professionalisierung	308	3,7	481	4,7	735	5,7	1.325	7,8
Plätze : Personal	10,5 : 1		8,4 : 1		8,0 : 1		7,6 : 1	
Plätze : Fachpersonal	17,5 : 1		12,7 : 1		11,1 : 1		10,5 : 1	
Personal : Einricht.	3,8 : 1		4,3 : 1		4,2 : 1		4,6 : 1	
Plätze : Einrichtung	39,4 : 1		36,1 : 1		33,8 : 1		34,5 : 1	
Alterskoh. (6,5-12 J.)	5,52 Mio.		3,73 Mio.		3,18 Mio.		3,52 Mio.	
Versorgungsquote	1,6 %		2,3 %		3,2 %		3,7 %	

1 Die Angaben in der Prozentspalte beziehen sich jeweils auf den Ausgangswert von 1974.
Quellen: Statistisches Bundesamt (1977, 1985, 1988, 1992b); eigene Berechnung

• Analog zu den Kindergärten gestiegen ist - bei allerdings insgesamt deutlich höheren Zuwachsraten - seit 1974 die Zahl der beschäftigten Personen, die Zahl der Einrichtungen und das Angebot an Hortplätzen. Der deutlichste Anstieg ist dabei beim Personal mit einer Verdoppelung der Beschäftigtenzahlen zu verzeichnen, während das Platzangebot erst seit 1982 zugenommen hat. Insofern hat sich zwar die Platz-Personal-Relation von 10,5 auf 7,6 Plätze pro erwerbstätiger Person ständig verbessert, währenddessen die Platzkapazität und die Einrichtungsgröße sehr viel uneinheitlichere Tendenzen aufweisen. Mit Blick auf die Entwicklung der altersentsprechenden *Versorgungsquote* - und unter Zugrundelegung der mittleren Alterskohorte, also der 6,5-12jährigen Kinder - bedeutet das, daß diese seit 1974 von 1,6% bis zuletzt auf 3,7% beständig zugenommen hat, allerdings auf bundesweit sehr bescheidenem Niveau.[33]

- Etwas höher als in den Kindergärten - und damit der gesellschaftlichen »Regel« folgend, daß Männer sich eher mit älteren Kindern beschäftigen - und auf geringem Niveau ebenfalls leicht steigend liegen die Anteile des *männlichen Personals* mit zuletzt knapp 11%. Dennoch bleibt auch der Hort ein Ort der Frauenerwerbstätigkeit.
- Dem allgemeinen Trend folgend hat auch der Anteil der *Teilzeitbeschäftigten* zugenommen, allerdings nicht so stark wie im Bereich des Kindergartens. So waren zuletzt immer noch fast 70% der im Hort erwerbstätigen Personen in einem Vollzeitbeschäftigungsverhältnis.
- Völlig identisch mit rund 57% ist der Anteil der ErzieherInnen am Gesamtpersonal in Hort und Kindergarten. Deutlich geringer hingegen ist der Anteil der KinderpflegerInnen mit nur ca. 7%. Und vergleicht man die Entwicklungsverläufe der sozialpädagogischen Ausbildungen, so zeigt sich hier - auch dies ist analog zum Kindergarten - eine überdurchschnittliche Zunahme der hochschulausgebildeten SozialpädagogInnen und SozialarbeiterInnen. Prägend für die Zusammensetzung des Personals im Hortbereich bleibt jedoch vorerst das Qualifikationsprofil der ErzieherIn.
- Während schließlich im Hort der Anteil der Nicht-Ausgebildeten ebenfalls stetig zurückgegangen und damit eine weitere *Verberuflichung* zu verzeichnen ist, bewegt sich der Anteil der sozialpädagogisch ausgebildeten Fachkräfte, also der Grad der *Verfachlichung* nicht nur auf etwas geringerem Niveau als im Kindergarten, sondern stagniert auch seit 1986. Statt dessen bewegt sich aber der kontinuierlich zunehmende Akademisierungs- und Professionalisierungsgrad im Hort mit zuletzt fast 11% bzw. 8% auf einem deutlich höheren Plateau als im Kindergarten, jedoch wiederum unterhalb der Prozentwerte in den meisten anderen Arbeitsfeldern der Jugendhilfe.

---

[33] Konsequenterweise haben wir, im Unterschied zu einigen anderen Berechnungen, das Horteintrittsalter mit 6,5 Jahren zugrundegelegt, da die Kinder mit 6 Jahren im Übergang zur Schule nicht gleichzeitig im Kindergarten und im Hort sein können.

Unter dem Strich ist die personelle Lage im Hort etwas uneinheitlicher. Dennoch ist auch der Hort, gleichwohl auf einem wesentlich geringeren Ausgangsniveau, eine weitere Bastion für die Berufsgruppe der ErzieherInnen, wenngleich Prozesse der Akademisierung und Professionalisierung in diesem Arbeitsfeld schon etwas deutlicher zu beobachten sind als im Kindergarten. In Anbetracht einer steigenden latenten Nachfrage der Kinderbetreuung nach und neben der Schule zumindest im Grundschulalter wird der Ausbau der Kindertageseinrichtungen für Kinder im Schulalter - auch in offeneren und flexibleren Formen - eine Herausforderung sein, deren Bewältigung noch weit ins nächste Jahrhundert reichen wird.

(c) **Krippe:** Das zahlenmäßig kleinste und lange Zeit auch umstrittenste Arbeitsfeld innerhalb der Kindertageseinrichtungen ist das Betreuungs- und Versorgungsangebot für Kinder bis zum Alter von 3 Jahren, üblicherweise zusammengefaßt unter dem Begriff der »Krippe« (vgl. auch ANDRES/DIPPELHOFER-STIEM 1991). Hierin enthalten sind auch - neben den altersgemischten Gruppen in kindergartenähnlichen Einrichtungen, die auch schon Kinder unter 3 Jahren aufnehmen (vgl. ERATH 1992) - sogenannte Krabbelgruppen, Eltern-Kind-Gruppen oder »Kinderhäuser«, soweit es sich um erste Angebote einer (halb-)öffentlichen Organisation der Kinderbetreuung bis zum dritten Lebensjahr handelt (so sind nicht selten in diesen Einrichtungen auch Eltern aktiv beteiligt; vgl. REYER/MÜLLER 1992). Für diesen Bereich lassen sich mit Blick auf die alten Bundesländer folgende Entwicklungen festhalten (vgl. Tab. 7.5):
• Ebenfalls gestiegen, vor allem zwischen 1986 und 1990, sind die Einrichtungs-, Platz- und Personalkapazitäten im Bereich der Krippen. Dabei fällt besonders der Zuwachs bei den Einrichtungen, aber auch beim Personal auf, demzufolge sich diese Werte seit 1974 nahezu verdoppelt haben. Die markanteste Veränderung ergibt sich dadurch in der Relation von verfügbaren Plätzen zum erwerbstätigen Fachpersonal (von rund 15 auf 7 Plätze pro erwerbstätiger Fachkraft), während sich die Größe der Einrichtung nicht so sehr verändert hat. Mit Blick auf die Entwicklung der entsprechenden Altersgruppe der 0-3jährigen hat sich die *Versorgungsquote* auf einem auffällig geringen Niveau von unter 2% erst seit 1982 von 1,4% auf zuletzt 1,8% leicht erhöht. Von einem bedarfsdeckenden Angebot kann in dieser Hinsicht noch lange nicht die Rede sein, obgleich das KJHG in § 24, Abs. 1 davon spricht, daß Plätze in Tageseinrichtungen auch für Kinder im Alter unter drei Jahren nach Bedarf vorzuhalten sind.

Tab. 7.5: Ausgewählte Daten zu Personal, Einrichtungen und Plätzen im Krippenbereich (1974-1990)							
	1.11.1974		31.12.1982		31.12.1986		31.12.1990	
	insg.	%	insg.	%	insg.	%	insg.	%
Einrichtungen[1]	719	0,0	882	22,7	1.028	43,0	1.371	90,7
Verfügbare Plätze[1]	26.276	0,0	26.245	-0,1	28.353	7,9	38.152	45,2
Personal insgesamt[1]	4.479	0,0	5.791	29,3	6.586	47,0	8.591	91,8
Frauen	4.428	98,9	5.683	98,1	6.461	98,1	8.300	96,6
Männer	51	1,1	108	1,9	125	1,9	291	3,4
Vollzeit	3.776	84,3	4.469	77,2	4.870	73,9	6.006	69,9
Teilzeit	673	15,0	1.284	22,2	1.682	25,5	2.485	28,9
Nebentätigkeit	30	0,7	38	0,7	34	0,5	100	1,2
ErzieherInnen[1]	536	0,0	1.428	166,0	2.208	312,0	3.436	541,0
Soz.päd./Soz.arb.[1]	26	0,0	84	223,0	132	408,0	240	823,0
Dipl.-PädagogInnen[1]	-.-	-,-	7	0,0	18	157,0	46	557,0
KinderpflegerInnen[1]	1.151	0,0	1.501	30,4	1.586	38,0	1.875	63,0
Verberuflichung	3.300	73,7	4.683	80,9	5.475	83,1	7.260	84,5
Verfachlichung	1.718	38,4	3.032	52,4	3.950	60,0	5.632	65,6
Akademisierung	58	1,3	121	2,1	185	2,8	343	4,0
Professionalisierung	26	0,6	91	1,6	150	2,3	286	3,3
Plätze : Personal	5,9 : 1		4,5 : 1		4,3 : 1		4,4 : 1	
Plätze : Fachpersonal	15,3 : 1		8,7 : 1		7,2 : 1		6,8 : 1	
Personal : Einricht.	6,2 : 1		6,6 : 1		6,4 : 1		6,3 : 1	
Plätze : Einrichtung	36,5 : 1		29,8 : 1		27,6 : 1		27,8 : 1	
Alterskoh. (0-3 J.)	1,81 Mio.		1,85 Mio.		1,80 Mio.		2,14 Mio.	
Versorgungsquote	1,4 %		1,4 %		1,6%		1,8 %	

1 Die Angaben in der Prozentspalte beziehen sich jeweils auf den Ausgangswert von 1974.
Quellen: Statistisches Bundesamt (1977, 1985, 1988, 1992b); eigene Berechnung

- Bis Anfang der 80er Jahre war der Krippenbereich eine Domäne der KinderpflegerInnen. Immerhin jede vierte erwerbstätige Person wurde 1974 in diesem Arbeitsfeld als KinderpflegerIn bezeichnet. Demgegenüber waren zur damaligen Zeit nur 12% des Personals ErzieherInnen und diese damit deutlich in der Minderheit. Doch diese haben im Zuge des Expansion dieses Arbeitsfeldes und angesichts der hohen Arbeitslosigkeit in den 80er Jahren in den sozialen Berufen und speziell bei den ErzieherInnen auch dieses Feld »erobert«. Ende 1990 waren sie mit einem Anteil von rund 40% am gesamten Personal des Krippenbereichs auch hier federführend. Vernachlässigenswert ist in diesem Zusammenhang das Wachstum der hochschulausgebildeten SozialpädagogInnen auf niedrigstem Niveau, sodaß sich in der Gesamtperspektive der Kindertageseinrichtungen das wiederholt, was sich auch sonst zeigt: daß mit steigendem Alter der Kinder auch das durchschnittliche Ausbildungsniveau der Personals steigt. Oder umgekehrt: Je jünger die Adressaten der Jugendhilfe sind, desto formal anspruchsloser ist die Zugangsqualifikation zu dem entsprechenden Arbeitsfeld, desto näher rückt die »Qualifikation« in die Nähe einer vorrangig erfahrungsgebundenen, naturwüchsigen Mütterlichkeit, desto mehr gewinnen körperbetonte, pflegeorientierte und medizinnahe Qualifikationsprofile an Bedeutung, während bildungsbezogene, kommunikative und pädagogische Berufsausbildungen an Bedeutung verlieren - und dies erst recht, wenn sie in wissenschaftlicher Nähe plaziert sind.

• Diese Mechanismen dokumentieren sich auch in der Entwicklung der Personalstruktur. So läßt sich zwar interessanterweise im Bereich der Krippen 1990 mit fast 85% der höchste prozentuale Anteil an (irgendwie) ausgebildeten Personen finden (und damit ein geringer Grad an erwerbstätigen Frauen ohne jegliche Ausbildung), zugleich weist dieser Bereich aber mit »nur« knapp 66% einen vergleichsweise geringen Grad an *Verfachlichung* auf (der bei Abzug der KinderpflegerInnen sogar nur noch bei knapp 44% liegen würde). Und dementsprechend halten sich auch die Prozesse der Akademisierung und der Professionalisierung auf einem zwar steigenden, aber insgesamt doch recht bescheidenen Niveau.

(3) Mit Blick auf die personelle Zusammensetzung und die damit zusammenhängenden Prozesse der Verberuflichung, Verfachlichung, Akademisierung und Professionalisierung lassen sich somit, gewissermaßen als übergreifende *Bilanz für den gesamten Bereich der Kindertageseinrichtungen*, folgende Befunde festhalten:

• Der Grad der *Verberuflichung* - und damit zugleich die Abnahme der Zahl der Erwerbstätigen *ohne* Ausbildung - ist in den Kindertageseinrichtungen, analog zur Jugendhilfe insgesamt, von 70% im Jahre 1974 bis auf zuletzt 83% Ende 1990 kontinuierlich gestiegen.

• Ebenfalls deutlich erhöht hat sich der Grad der *Verfachlichung* und damit der Anteil der sozialpädagogisch Ausgebildeten: Waren dies 1974 noch ca. 62%, so erhöhte sich dieser Wert bis 1990 auf immerhin fast 76%. Oder in anderer Relation: Von allen ausgebildeten Personen (n = 153.643) in den Kindertageseinrichtungen hatten 1990 rund 140.000, das sind mehr als 91%, eine sozialpädagogische Qualifikation (gegenüber 89% im Jahre 1974), sofern man die KinderpflegerInnen mit einrechnet. Läßt man allerdings die KinderpflegerInnen in dieser Rechnung unberücksichtigt, so sinkt dieser Anteil zwar auf 72%, hat sich aber im Vergleich zu 1974 mit damals nur 57% in der Zwischenzeit doch deutlich erhöht Die Verfachlichung ist mithin der markanteste Ausdruck im Wandel der Personalstruktur in den Kindertageseinrichtungen. Oder anders formuliert: Die Kindertageseinrichtungen werden - als ein großes und wichtiges Arbeitsfeld der *Sozialpädagogik* - nunmehr auch zunehmend deutlich von *sozialpädagogischem* Personal versorgt. Von einem qualifikationsbezogenen Einbruch kann infolgedessen, zumindest bis Ende 1990, ebensowenig die Rede sein wie auch die historisch wohl richtige Annahme von einem Jedermann-, bzw. wohl richtiger, Jederfrau-Arbeitsfeld seit Mitte der 70er Jahre immer weniger gilt und vermutlich endgültig Geschichte sein dürfte.

- Im Unterschied dazu war der Anteil der *AkademikerInnen* in diesem Arbeitsfeld seit jeher gering. Lag die Akademisierungsquote 1974 noch bei 2,1%, so ist sie seitdem zwar durchgängig, aber nur unwesentlich bis auf 3,4% angestiegen. Die Domäne der ErzieherInnen, die immerhin 57% des gesamten und fast 75% des sozialpädagogischen Personals ausmachen, geht infolgedessen einher mit einer auffälligen »AkademikerInnenabstinenz« (etwa im Vergleich zu den anderen Feldern, wie wir noch sehen werden).

- Infolgedessen ist es auch nicht erstaunlich, daß der Grad der sogenannten *Professionalisierung*, d.h. des Anteils der sozialpädagogisch einschlägig qualifizierten Hochschulausgebildeten, im Arbeitsfeld Kindertageseinrichtungen lediglich von 1,3% auf 2,8% gestiegen ist. Eine zahlenmäßig relevante Veränderung in dieser Hinsicht wäre demnach erst und nur dann zu erwarten, wenn die Qualifikation der ErzieherInnen selbst auf ein »akademisches« Niveau angehoben würde.

Die Kindertageseinrichtungen erweisen sich unter Personalgesichtspunkten somit als ein insgesamt weiter expandierendes Arbeitsfeld mit einer, zumindest bis Ende 1990, immer stärkeren Domäne der sozialpädagogischen Berufsgruppen - und darin insbesondere dem Qualifikationsprofil »ErzieherIn«. Auch wenn in dieser Hinsicht Veränderungen dieses seit nunmehr mindestens 20 Jahren anhaltenden Trends keineswegs ausgeschlossen sind (vgl. dazu Kapitel 9), so dürften diese derzeit eher in Richtung »Dequalifizierung« und »Deregulierung« weisen und damit die, wie noch zu zeigen sein wird, vorhandene Kluft zu anderen artverwandten Arbeitsfeldern - Jugendamt, Jugendarbeit, Heimerziehung, aber auch etwa der Grundschule - in punkto Fachlichkeitsansprüche unter Umständen sogar noch vergrößern.

7.2 Heimerziehung

(1) Daß die »Heimerziehung« im Wandel ist, zeigt sich nicht zuletzt daran, daß sie sich immer weniger mit dem Etikett der »Heimerziehung« identifizieren kann und will. »Hilfen zur Erziehung« nach § 27 des KJHG, die jedoch weit über das klassische Feld der Heimerziehung hinausweisen (das besonders in § 34 geregelt ist), ist eine der Bezeichnungen, die zunehmend verwendet

werden. Unbestreitbar hat aber auch der innere Kern der Heimerziehung sein Profil seit Ende der 60er Jahre verändert, also seit jener Zeit, in der die ursprünglich eigenständige und lange Zeit ungeregelte HeimerzieherInnenausbildung in die modernisierte Form der ErzieherInnenausbildung integriert wurde (mit gewissen Ausnahmen in Baden-Württemberg; vgl. hierzu auch Kapitel 20.3): Innen- und Außenwohngruppen, Klein- und Kleinstheime, Tagesgruppen, betreutes Wohnen, eigene Mädchenwohngruppen, intensive sozialpädagogische Einzelbetreuung u.ä. haben zu einer breiten Diversifizierung der traditionellen Kinder- und Jugendheime ebenso geführt wie große Teile der ehemaligen Anstalts- und Fürsorgeerziehung in Großheimen mit z.t. geschlossener Unterbringung.

Daß sich in diesem Zusammenhang auch neue und andere Anforderungen an das Qualifikationsprofil und die Qualität der MitarbeiterInnen in den Einrichtungen entwickelt haben, ja, deren innovative Kompetenz vielfach erst der Motor und die Voraussetzung für eine Modernisierung des Heimalltags und des Wohngruppenlebens war, liegt nahe. Wie stellt sich vor diesem Hintergrund die Entwicklung der Personalstruktur in der Heimerziehung dar?[34] Auf der Basis der Jugendhilfedaten lassen sich folgende Befunde festhalten (vgl. Tab. 7.6):

- Das *beschäftigte Personal* in der Heimerziehung hat zwar der Zahl nach zwischen 1974 und 1986 zugenommen (von gut 42.000 auf über 48.000 Personen), ist jedoch danach wieder leicht zurückgegangen.[35] Analog dazu ist der Anteil des Heimerziehungspersonals am Gesamtpersonal der Jugendhilfe seit 1974 von ehemals 19% auf zuletzt ca. 14% kontinuierlich gesunken. In seiner Konsequenz bedeutet das, daß der personelle Zuwachs in der »Heimerziehung« auf jeden Fall langsamer vonstatten gegangen ist und somit, zumindest personell gesehen, die Heimerziehung innerhalb der expandierenden und sich ausdifferenzierenden Jugendhilfe an Bedeutung verloren hat.
- Der *Anteil der Männer* hat sich in der Heimerziehung ebenfalls bis 1986 auf rund ein Drittel erhöht und bislang auf diesem Niveau stabilisiert (von 25% über 33,5% auf zuletzt 32,7%); er liegt damit über dem Durchschnitt des Männeranteils in der gesamten Jugendhilfe (der allerdings stark durch die überaus geringen Männeranteile in den Kindertageseinrichtungen geprägt wird).

---

[34] Vgl. zum folgenden Abschnitt auch RAUSCHENBACH (1992c, S. 228 ff.).

[35] Hierzu muß man allerdings anmerken, daß bei anderer, engerer Schneidung der Kategorie »Heimerziehung«, konkret: ohne den Einrichtungsbereich »Jugendwohnheime, Schülerheime, Wohnheime für Auszubildende«, einer Schneidung, die ebenfalls plausibel wäre, die Zahl der Beschäftigten für dieses engere Segment auch zwischen 1986 und 1990 nochmals gestiegen ist (vgl. dazu auch Tab. 7.7).

Tab. 7.6: Ausgewählte Daten zum Personal in der Heimerziehung (1974-1990)[1]								
	1.11.1974		31.12.1982		31.12.1986		31.12.1990	
	insg.	%	insg.	%	insg.	%	insg.	%
Beschäftigte insges.[2]	42.405	19,0	44.843	17,0	48.183	16,0	47.438	14,2
Frauen	31.919	75,3	31.170	69,5	32.020	66,5	31.921	67,3
Männer	10.486	24,7	13.673	30,5	16.163	33,5	15.517	32,7
< 25 Jahre	11.569	27,3	9.514	21,2	7.564	15,7	6.400	13,5
25 - 40 Jahre	13.619	32,1	18.041	40,2	22.426	46,5	22.860	48,2
40 - 60 Jahre	13.527	31,9	15.293	34,1	16.294	33,8	16.476	34,7
≥ 60 Jahre	3.690	8,7	1.995	4,4	1.899	3,9	1.702	3,6
Vollzeit	33.983	80,1	34.877	77,8	36.716	76,2	34.729	73,2
Teilzeit	7.365	17,4	8.819	19,7	10.364	21,5	11.425	24,1
Nebentätigkeit	1.057	2,5	1.147	2,6	1.103	2,3	1.284	2,7
ErzieherInnen[3]	7.303	0,0	13.079	79,1	14.086	92,9	13.802	90,0
Sozpäd./Sozarb.[3]	2.296	0,0	3.912	70,4	5.248	129	6.209	170,4
Dipl.-PädagogInnen[3]	-,-	-,-	550	0,0	830	50,9	1.002	82,2
KinderpflegerInnen[3]	3.925	0,0	1.559	-60,3	1.123	-71,4	865	-78,0
Verberuflichung	28.035	66,1	34.037	75,9	38.299	79,5	38.426	81,0
Verfachlichung	13.915	32,8	19.848	44,3	22.408	46,5	23.078	48,6
Akademisierung	6.410	15,1	7.932	17,7	9.968	20,7	11.175	23,6
Professionalisierung	2.296	5,4	4.462	10,0	6.078	12,6	7.211	15,2
Nach ausgewählten Einrichtungsarten:								
Heime	32.057[4]	75,6	32.562	72,6	33.174	68,9	35.212	74,2
Wohngemeinschaften	251	0,6	654	1,5	982	2,0	1.045	2,2
Wohngruppen	-,-	-,-	505	1,1	959	2,0	1.563	3,3
Jugendwohnheime	7.523	17,7	9.166	20,4	11.322	23,5	7.692	16,2

1 Addiert wurden folgende, getrennt ausgewiesenen Einrichtungsarten: »Heime für Säuglinge und Kleinkinder«, »Heime für Kinder und Jugendliche«, »Aufnahme- und Übergangsheime«, »Beobachtungsheime und Diagnosezentren«, »Pädagogisch betreute selbständige Wohngemeinschaften«, »Pädagogisch betreute Wohngruppen«, »Heime für werdende Mütter und Heime für Mutter und Kind«, »Jugendwohnheime, Schülerheime, Wohnheime für Auszubildende«, »Großpflegestellen«.
2 Die Prozente in dieser Reihe beziehen sich auf die Beschäftigten in der Jugendhilfe insgesamt.
3 Die Angaben in der Prozentspalte beziehen sich jeweils auf den Ausgangswert von 1974.
4 Hierin enthalten sind 13.660 in »Erziehungsheimen« tätigen Personen, die ab 1982 nicht mehr gesondert ausgewiesen werden.
Quellen: Statistisches Bundesamt (1977, 1985, 1988, 1992b); eigene Berechnung

• Ähnlich wie in der Gesamtstruktur der Jugendhilfe zeichnet sich auch in der Heimerziehung eine *Homogenisierung der Altersstruktur* dahingehend ab, daß zuletzt fast die Hälfte aller Erwerbstätigen zwischen 25 und 40 Jahre alt war (48,2%), während die Anteile der unter 25jährigen (13,5%) und der über 60jährigen (3,6%) ständig abgenommen hat. Ob diese Entwicklung mit Fluktuation und Burn-Out-Symptomen zusammenhängt, läßt sich anhand dieser Daten allerdings nicht klären.

• Zurückgegangen ist ebenfalls der Anteil der *Vollzeitbeschäftigten* (1974: 80%, 1990: 73%), obgleich in diesem Punkt die Werte bis zuletzt über dem Schnitt lagen (was mit der Aufgabe zusammenhängen dürfte), während die Teilzeitbeschäftigung deutlich zugenommen hat.

- Die Heimerziehung ist und bleibt eine Domäne der *freien Träger* (fast 80%). In diesem Punkt weicht die Heimerziehung am deutlichsten von der Jugendhilfe insgesamt ab.

- Gewinner der Personalentwicklung in der Heimerziehung seit den 70er Jahren sind offenkundig die an Fachhochschulen und Universitäten ausgebildeten SozialpädagogInnen und SozialarbeiterInnen; sie haben die größten Zuwachsraten zu verzeichnen. Demgegenüber sind die KinderpflegerInnen eindeutig die VerliererInnen; ihr Anteil hat sich von ehemals 9,3% auf zuletzt nur noch 1,8% verringert. Es hat somit den Anschein, als würden sie sich mittelfristig aus der Heimerziehung verabschieden. Die größte Berufsgruppe in der Heimerziehung sind unterdessen die ErzieherInnen. Waren sie 1974 mit 17% noch vergleichsweise schwach vertreten, so hat sich ihre Zahl fast verdoppelt und ihr Anteil auf zuletzt immerhin fast 30% erhöht. Das sind zwar deutlich geringere Werte als in den Kindertageseinrichtungen, aber dennoch sind die ErzieherInnen auch in der Heimerziehung vergleichsweise stark vertreten. Allerdings fällt hierbei eine Entwicklung auf: Seit 1982 hat sich der Anteil der ErzieherInnen in der Heimerziehung nicht mehr erhöht, während der der »diplomierten SozialpädagogInnen« von 9,9% (1982) auf immerhin 15,2% weiter zugelegt hat. Hier könnte sich somit eine Trendwende für die Berufsgruppe der ErzieherIn in der Heimerziehung andeuten.

- Bedeutungsvoll sind vor diesem Hintergrund auch die Veränderungen in der Personalstruktur, also der Verberuflichung, Verfachlichung, Akademisierung und Professionalisierung. Aufgeholt hat die Heimerziehung in punkto *Verberuflichung*. Während sie 1974 beim *Personal mit Ausbildung* noch deutlich zurücklag (66% gegenüber fast 72% in der Jugendhilfe), lag sie 1990 fast im Schnitt (81% gegenüber 83%). Was die *Verfachlichung*, also den Grad der sozialpädagogischen Fachkräfte anbelangt, so hatte die Heimerziehung, zumindest rechnerisch, im Jahre 1974 mit einem Anteil von 33% gegenüber einem Anteil von damals 46% in der Jugendhilfe insgesamt ebenfalls einen deutlichen Nachholbedarf. Während sich dieser Wert bis 1990 auf immerhin 49% erhöhte, ist die gesamte Jugendhilfe allerdings in dieser Zeit bis auf 62% angestiegen. Ebenfalls kontinuierlich zugenommen hat der *Akademisierungsanteil* von 15% auf rund 24% und damit auf ein deutlich höheres Niveau als in den Kindertageseinrichtungen. Am stärksten jedoch sind die Zuwachsraten der sozialpädagogisch ausgebildeten AkademikerInnen und damit der Trend zur Professionalisierung; immerhin stieg dieser Wert von 5% auf 15%.

Versucht man im Lichte der hier referierten Befunde die Entwicklung der Personalstruktur in der Heimerziehung in ihrem Verhältnis zur gesamten Jugendhilfe zu bilanzieren, so könnte man vielleicht relativ pauschal formulieren, daß sie eher von den hinteren Rängen aus gestartet ist und, alles in allem, nunmehr doch in punkto Verberuflichung, Verfachlichung, Akademisierung und Professionalisierung erheblich aufgeholt hat. Im Vergleich zur allgemeinen personellen Wachstumsrate in der Jugendhilfe hat sie allerdings etwas an Boden verloren, während die Akademisierung und Professionalisierung gegenüber den Kindertageseinrichtungen weiter vorangeschritten ist. Infolgedessen hat es auch den Anschein, daß die ErzieherInnen als bisher größte Berufsgruppe sich im Bereich der Heimerziehung langsam auf dem Rückzug befindet.

(2) Reine Veränderungen der Beschäftigtenzahlen können in sich vielfach noch kein zuverlässiger Indikator für die Entwicklung eines Feldes sein, solange nicht klar ist, wie sich dazu im Verhältnis die Zahl der Einrichtungen und die Zahl der, wie es in der Statistik heißt, »zur Verfügung stehenden Plätze«, also die Zahl der potentiellen »Nutzer« entwickelt. Und im Hinblick auf die Verknüpfung dieser drei Ebenen lassen sich folgende Tendenzen festhalten (vgl. Tab. 7.7):[36]

- Da sich das Personal in den hier zugrundegelegten Einrichtungen der Heimerziehung[37] von knapp 35.000 auf knapp 40.000 kontinuierlich erhöht hat, während sich die Zahl der Einrichtungen zwischen 1974 und 1990 uneinheitlicher entwickelt hat, hat sich die Relation von *Personal zu Einrichtungen* wieder auf ein Verhältnis verschoben, wie es bereits Ende der 70er Jahre vorzufinden war (von 19 : 1 über 18 : 1 und 16 : 1 wieder auf 18 : 1). Allerdings muß hierbei auch in Rechnung gestellt werden, daß durch den Strukturwandel der Heimerziehung verstärkt statistische Veränderungen mit Blick auf die Einrichtungszahlen möglich sind.
- Allerdings hat sich derweil die Kapazität der verfügbaren Heimplätze sichtbar, nämlich um fast ein Drittel verringert (von fast 83.000 auf zuletzt rund 57.500). Dadurch hat sich erwartungsgemäß der Personalschlüssel, also die Relation von *verfügbaren Heimplätzen pro Person* ebenfalls spürbar verbessert: von 2,4 Plätzen pro MitarbeiterIn über 1,7 bzw. 1,6 auf zuletzt nur noch 1,4 Plätze pro MitarbeiterIn.
- Zugleich hat sich durch diese Verschiebungen auch die durchschnittliche *Größe der einzelnen Einrichtung* verringert: Hatte - dieser Rechenweise fol-

[36] Hierbei muß der Klarheit halber noch einmal festgehalten werden, daß es sich um kontextunabhängige, auf durchschnittliche Entwicklungen zielende Rechenoperationen handelt, Abweichungen und Streubreite also nicht vergessen werden dürfen.
[37] Wir haben in dieser Tabelle, im Unterschied zu Tab. 7.6, die »Jugendwohnheime, Schülerheime, Wohnheime für Auszubildende« nicht mit eingerechnet.

gend - eine »Betriebseinheit« im Jahre 1974 noch eine durchschnittliche Größe von 46 Plätzen, so reduzierte sich dieser Wert bis 1990 kontinuierlich auf nur noch 26 Plätze.

Tab. 7.7: Entwicklung der »Heimerziehung« nach Zahl der Einrichtungen, verfügbaren Plätzen und tätigen Personen (1974-1990)[1]				
	01.11.1974	31.12.1982	31.12.1986	31.12.1990
Zahl der Einrichtungen	1.810	2.002	2.239	2.195
Personal	34.882	35.677	36.861	39.746
Plätze	82.883	61.423	59.782	57.541
Plätze : Personal	2,4 : 1	1,7 : 1	1,6 : 1	1,4 : 1
Plätze : Fachpersonal	6,7 : 1	3,6 : 1	3,2 : 1	2,8 : 1
Personal : Einrichtungen	19 : 1	18 : 1	16 : 1	18 : 1
Plätze : Einrichtungen	46 : 1	31 : 1	27 : 1	26 : 1
Alterskohorte (0-18 Jahre)	15,9 Mio.	13,32 Mio.	11,53 Mio.	11,7 Mio.
»Heimquote«[2]	0,52 %	0,46 %	0,52 %	0,49 %

1 Im Unterschied zu Tab. 7.6 wurden bei dieser Berechnung die »Jugendwohnheime, Schülerheime, Wohnheime für Auszubildende« nicht mit eingerechnet, da sie nur bedingt der Heimerziehung zuzurechnen sind.
2 Die »Heimquote« stellt eine Relation der verfügbaren Heimplätze zur altersentsprechenden Bevölkerung (0-18 Jahre) dar.
Quellen: Statistisches Bundesamt (1977, 1985, 1988, 1992b); eigene Berechnung

Versucht man diese unterschiedlichen Befunde noch einmal zu bilanzieren, so kann man für die Heimerziehung - allerdings immer nur im rechnerischen Schnitt - folgendes festhalten:

1. Die Heimerziehung scheint in ihrem Gesamtvolumen kleiner geworden zu sein, zumindest ist die Kapazität an (Heim-)Plätzen zurückgegangen.
2. Die Heime selber, d.h. die einzelnen Betriebseinheiten, sind - im Schnitt - ebenfalls kleinformatiger und in ihrer Erscheinung damit offenbar differenzierter geworden (vgl. mit Blick auf die Kleinstheime auch MERCHEL 1987).
3. Die Personalausstattung insgesamt ist offenkundig besser geworden, d.h. die Heimerziehung ist personalintensiver und dabei unter dem Strich auch »qualifizierter« geworden: Ein immer größerer Anteil hochschulausgebildeter sozialpädagogischer Fachkräfte steht einer beständig schwindenden Zahl von Heimplätzen gegenüber.

Nun darf allerdings diese abnehmende Größe der Heimerziehung aufgrund der geringer werdenden Gesamtzahl an Plätzen nicht vorschnell als Ausdruck einer schrittweisen Erosion der Heimerziehung gewertet oder gar als ein Beweis für eine gelungene Prävention und »erfolgreiche« Strategie einer heimerziehungsverhindernden sozialpädagogisch-kompetenten Arbeit gefeiert werden. Setzt man nämlich diese Entwicklung ins Verhältnis zu der entsprechenden Alterskohorte der Kinder und Jugendlichen zwischen 0 und 18 Jahren, dann sieht die Relation wie folgt aus: Vergleichsweise konstant beträgt der prozentuale Anteil an verfügbaren Heimplätzen zur altersentsprechenden Bevölkerung rund 0,5%. Oder anders formuliert: Stand 1974 rechnerisch für 192 Kinder nur 1 Heimplatz zur Verfügung, so erhöhte sich dieser Wert bis 1982 auf etwa 217, um dann jedoch 1986 wieder auf 193 und 1990 schließlich auf 203 abzusinken. Das heißt, daß sich die Heimerziehung, gemessen an der deutlich gesunkenen Zahl der entsprechenden Altersgruppe, in der Gesellschaft *quantitativ* gar nicht so schrecklich verändert hat, mithin also etwa bedeutungsloser geworden wäre, sondern daß sie sich zwischenzeitlich, zumindest in Teilen, eher in *qualitativer* Hinsicht gewandelt hat, sprich: kleinformatiger, differenzierter, personalintensiver und fachlich-qualifizierter geworden sein dürfte (vgl. auch BLANDOW 1988).

7.3 Jugendarbeit

Die Jugendarbeit ist ihrer Größe und Tradition nach unübersehbar geprägt durch die ehrenamtliche Mitarbeit. Insbesondere in den Jugendverbänden überwiegt nach wie vor das unentgeltliche und freiwillige Engagement von zumeist jungen Männern und Frauen. Gleichwohl hat in den letzten 25 Jahren die Gruppe der ausgebildeten und bezahlten JugendarbeiterInnen im gesamten Feld der Jugendarbeit zweifelsohne an Bedeutung gewonnen. Versucht man sich zunächst einmal einen Überblick über diese Entwicklung zu verschaffen, so lassen sich folgende Tendenzen identifizieren (vgl. Tab. 7.8):

- Die Jugendarbeit ist in ihrer institutionellen Gestalt, also mit Blick auf die *Zahl der Einrichtungen*, unstrittig kleiner geworden. Ob es sich hierbei jedoch in vollem Umfang um einen Abbau ehemals vorhandener eigenständiger Betriebseinheiten handelt (z.B. von selbstgebauten und zur Selbstversorgung nutzbaren Jugendheime von Jugendverbänden mitten im Gelände, also ohne Dauernutzung), ob im Laufe der Zeit kleinere Ein- oder Zwei-Raum-Einrichtungen (z.B. in einer kleinen Kirchengemeinde) zentralisiert bzw. mehrere kleine durch den Bau einer neuen Einrichtung, die von mehreren Gruppen genutzt wird, ersetzt worden sind oder ob nicht auch schlicht und einfach Veränderungen in der Erhebungssystematik der Statistiker Grund für die starke Abnahme zwischen 1974 und 1986 sind, läßt sich anhand der Zeitreihen der Jugendhilfestatistik nicht beantworten.

Tab. 7.8: Ausgewählte Daten zu Personal, Einrichtungen und Plätzen in der Jugendarbeit (1974-1990)

	1.11.1974		31.12.1982		31.12.1986		31.12.1990	
	insg.	%	insg.	%	insg.	%	insg.	%
Einrichtungen[1]	27.523	0,0	17.164	-37,6	10.465	-62,0	11.475	-58,3
Verfügbare Plätze[1]	21.187	0,0	27.251	28,6	35.249	66,4	33.027	55,9
Personal insgesamt[1]	13.116	0,0	16.837	28,4	21.417	63,3	22.760	73,5
Frauen	5.779	44,1	8.701	51,7	11.296	52,7	12.368	54,3
Männer	7.337	55,9	8.136	48,3	10.121	47,3	10.392	45,7
Vollzeit	5.098	38,9	9.883	58,7	12.470	58,2	12.700	55,8
Teilzeit	1.842	14,0	3.277	19,5	5.025	23,5	5.931	26,1
Nebentätigkeit	6.176	47,1	3.677	21,8	3.922	18,3	4.129	18,1
ErzieherInnen[1]	641	0,0	2.344	266,0	2.805	338,0	2.948	360,0
Soz.päd./Soz.arb.[1]	1.321	0,0	3.022	129,0	4.651	252,0	5.360	306,0
Dipl.-PädagogInnen[1]	-.-	-,-	432	0,0	788	82,4	878	103,0
KinderpflegerInnen[1]	92	0,0	112	21,7	64	-30,4	78	-15,2
Verberuflichung	9.399	71,7	11.975	71,1	15.847	74,0	17.371	76,3
Verfachlichung	2.081	15,9	5.997	35,6	8.354	39,0	9.302	40,9
Akademisierung	3.771	28,8	4.997	29,7	7.064	33,0	8.068	35,4
Professionalisierung	1.321	10,1	3.454	20,5	5.439	25,4	6.238	27,4
Personal : Einrichtung	0,5 : 1		1,0 : 1		2,0 : 1		2,0 : 1	
Alterskoh. (6-18 J.)	11,83 Mio.		9,73 Mio.		7,91 Mio.		7,57 Mio.	
Personalquote[2]	1 : 902		1 : 578		1 : 369		1 : 333	

1 Die Angaben in der Prozentspalte beziehen sich jeweils auf den Ausgangswert von 1974.
2 Mit der Personalquote wird eine Relation zwischen erwerbstätigem Personal und der Altersgruppe der 6-18jährigen gebildet.
Quellen: Statistisches Bundesamt (1977, 1985, 1988, 1992b); eigene Berechnung

- Es fällt allerdings auf, daß die *Platzkapazität* in diesem Zeitraum des Abbaus an Einrichtungen, also zwischen 1974 und 1986 deutlich zugenommen hat. Gleichwohl muß auch dieser Wert relativiert werden, da er nur etwas darüber aussagt, daß die Bettenkapazität in den Jugendtagungs- und Jugendbildungsstätten gestiegen ist - was aber zugleich ein indirektes Indiz für eine erhöhte Nachfrage dieser Angebotsform der Jugendarbeit sein dürfte.[38]

---

[38] Zugleich, aber auch das ist nur eine Vermutung, könnte dies ein Hinweis auf eine Veränderung des Nutzungsverhalten der Jugendarbeit sein. So werden möglicherweise verstärkt konsumierbare Angebote in relativ gut ausgestatteten Tagungsstätten nachgefragt und genutzt, während die eigenen kleinen, eher schlichten Heime mit »Schlafsälen« und Selbstversorgung nicht mehr attraktiv genug sind und deshalb »aussterben«. Dies würde zumindest erklären, warum die Zahl der Jugendverbandsheime bis 1986 so stark zurückgegangen und zugleich das Platz- und Bettenangebot in den Jugendbildungs- und Jugendtagungsstätten kontinuierlich angestiegen ist.

- Und ebenfalls deutlich angestiegen sind die *Beschäftigtenzahlen* in der Jugendarbeit. Waren 1974 noch rund 13.000 Personen in der Jugendarbeit erwerbstätig, so erhöhte sich diese Zahl bis 1990 auf fast 23.000 und damit um ca. 75%. Aus diesem Personalzuwachs kann man zum einen den Schluß ziehen, daß in punkto Personal demnach die Jugendarbeit bislang ebenfalls ein wachsendes Arbeitsfeld war. Und zum anderen könnte dies zugleich auch ein deutlicher Hinweis sein auf einen grundlegenden Personalstrukturwandel in der Jugendarbeit: vom ehrenamtlichen Engagement zur hauptamtlichen Erwerbstätigkeit.

- Die Jugendarbeit ist das einzige Arbeitsfeld der Jugendhilfe, in dem der *Anteil von Männern und Frauen* an den erwerbstätigen Personen relativ ausgeglichen ist. Allerdings haben sich auch dort die Gewichte etwas verschoben: Waren 1974 mit 56% noch die Männer in der Mehrheit, so hat sich deren Anteil seitdem kontinuierlich auf 46% reduziert, so daß auch hier inzwischen die erwerbstätigen Frauen dominieren. Deren Zahl hat sich in den 16 Jahren weit mehr als verdoppelt.

- Auffällig abweichend von der sonstigen Beschäftigungsstruktur der Jugendhilfe und doch in gewisser Weise typisch für die Jugendarbeit ist das *Verhältnis von Voll-, Teilzeit und Nebentätigkeit*. Während die Vollzeiterwerbstätigkeit zunächst bis 1982 deutlich gestiegen ist (von 39% auf 59%), um anschließend bei gut 55% zu stagnieren, haben die Teilzeitbeschäftigten der sonstigen Entwicklung entsprechend von 14% auf 26% zugenommen. Auffällig ist hingegen der hohe Anteil an Nebentätigkeiten in der Jugendarbeit. War 1974 noch fast jede zweite Person in der Jugendarbeit nebenberuflich tätig, so reduzierte sich dieser Wert zwar seit 1986 auf rund 18%; dies ist jedoch für die Jugendhilfe immer noch ein außergewöhnlich hoher Anteil am Gesamtpersonal.

- Unübersehbar hat die Berufsgruppe der ErzieherInnen auch in der Jugendarbeit die höchsten Zuwachsraten seit 1974 zu verzeichnen. Zuletzt waren fast fünfmal soviel ErzieherInnen in der Jugendarbeit beschäftigt wie noch 1974. Aber diese Entwicklung täuscht eine einseitig günstige Entwicklung vor: Schaut man sich die Entwicklung der sozialpädagogischen Berufsgruppen genauer an, so fällt erstens auf, daß die tatsächliche Zahl der ErzieherInnen seit 1982 nur noch geringfügig von rund 2.350 auf 2.950 gewachsen ist. Zweitens ist der prozentuale Anteil im gleichen Zeitraum an sämtlichen Beschäftigten der Jugendarbeit von 14% auf 13% zurückgegangen, während drittens seit 1982 die absoluten und relativen Anteile der SozialpädagogInnen, SozialarbeiterInnen und Diplom-PädagogInnen weitaus stärker und deutlicher zugenommen haben. Schließlich waren viertens die SozialpädagogInnen und SozialarbeiterInnen der Fachhochschulen seit jeher quantitativ in der Überzahl. Ähnlich wie in der Heimerziehung scheinen die ErzieherInnen also auch in der Jugendarbeit in gewisser Weise auf dem Rückzug.

- Die bisherigen Befunde lassen es auch nicht als besonders verwunderlich erscheinen, daß die Veränderungen in der Personalstruktur sich in der Jugendarbeit etwas anders darstellen als etwa in der Heimerziehung oder in den Kindertageseinrichtungen. Obgleich die _Verberuflichung_ auch in der Jugendarbeit zwischen 1974 und 1990 zugenommen hat, so ist weder der Anteil (zuletzt 76%) noch die Zuwachsrate (ca. 4%) besonders augenfällig. Infolgedessen hat auch die _Verfachlichung_ mit 41% im Jahre 1990 nicht die Größenordnungen erreicht wie in anderen Arbeitsfeldern; allerdings wäre dies für das Aufgabenfeld der Jugendarbeit auch gar nicht so naheliegend, da eine ganze Reihe von fachspezifischen Aufgaben anstehen, die eine andere berufliche Qualifizierung verlangen als eine sozialpädagogische (z.B. in Tagungsstätten, Jugendkunstschulen oder im Werkstattbereich in Jugendfreizeitstätten).
- Weitaus höher liegen unterdessen die prozentualen Anteile der akademisch Ausgebildeten in der Jugendarbeit mit zuletzt 35% sowie der sozialpädagogisch Hochschulausgebildeten mit immerhin 27%. Insofern kann man davon ausgehen, daß in der Jugendarbeit durchaus von Prozessen der _Akademisierung und der Professionalisierung_ gesprochen werden kann.
- Da in der Jugendarbeit nur im Bereich der Jugendbildungs- und Jugendtagungsstätten sinnvollerweise mit der Kategorie »Plätze« operiert werden kann (wenngleich es sich dabei, genau genommen, um »Betten« handelt), verzichten wir auf eine Relationierung dieser Angaben mit Einrichtungen und Personal. So läßt sich lediglich mit Blick auf Personalausstattung der einzelnen Einrichtungen in der Jugendarbeit festhalten, daß noch 1974 im Durchschnitt pro Einrichtung eine halbe Person zur Verfügung stand, oder besser: daß allenfalls jede zweite Einrichtung überhaupt mit Personal ausgestattet war, der rechnerisch größere Teil der Einrichtungen der Kinder- und Jugendarbeit damals folglich über kein erwerbstätiges Personal verfügte. Zwischenzeitlich hat sich diese Situation dahingehend geändert, daß Ende 1990 im Schnitt immerhin pro Einrichtung der Jugendarbeit zwei erwerbstätige Personen gerechnet werden können. Das ist eine doch deutliche Verbesserung, wenngleich dies auch Indikator für einen Rückgang des ehrenamtlichen Engagements sowie der Selbstversorgung und der eigenständigen Nutzung von Einrichtungen der Jugendarbeit durch Jugendgruppen sein dürfte.

Das personelle Profil der Jugendarbeit, so kann man bilanzieren, hat sich deutlich gewandelt. Wo noch bis in die 50er und 60er Jahre hinein eine nahezu berufsfreie Zone des ehrenamtlichen Engagements in der Jugendarbeit zu finden war, existiert heute ein wachsendes Feld an hauptamtlicher Beschäftigung mit auffällig hohen Anteilen akademisch ausgebildeten Personals, einer nach wie vor starken Gruppe von nebenberuflich Tätigen. Dabei haben sich die ErzieherInnen in der Jugendarbeit auf deutlich geringerem Niveau und mit eher stagnierenden oder gar zurückgehenden Anteilen plaziert. Die nächsten Jahre werden zeigen, ob sich im Horizont einer zunehmenden Akademisierung und Professionalisierung die ErzieherInnen in diesem Arbeitsfeld als wichtige Berufsgruppe halten können.

8. Jugendhilfe-Ost: ErzieherInnen und Jugendhilfe in den neuen Bundesländern

In den bisherigen Kapiteln haben wir in der Regel die personelle Lage in der Jugendhilfe-Ost bzw. des Personals in den Kindertageseinrichtungen der neuen Bundesländer nicht ausdrücklich mitberücksichtigt. Dies soll in diesem Kapitel gesondert geschehen. Zu unterschiedlich sind die Ausgangsbedingungen zwischen Ost und West, zu uneinheitlich die Datenlage in der Aufbau- und Übergangsphase, zu verschieden sind die Prognosen für die Zukunft in diesen Arbeitsfeldern. Infolgedessen werden wir nachfolgend getrennt einen kurzen Überblick über die Lage auf dem Arbeitsmarkt der Jugendhilfe-Ost geben; dies allerdings zugleich in starker Zusammenfassung, da wir zur Lage des Personals in der Jugendhilfe-Ost ein gesondertes Gutachten im Rahmen des Neunten Jugendberichts angefertigt haben (vgl. GALUSKE/RAUSCHENBACH 1994; BUNDESMINISTERIUM FÜR FAMILIE, SENIOREN, FRAUEN UND JUGEND 1994).

8.1 Der Übergang: Von der DDR zur Jugendhilfe-Ost

Vermutlich auf keinem anderen Gebiet waren die legitimatorischen Folgen der politisch-ökonomischen Umgestaltung und der deutschen Einigung so groß wie im Bereich der Kindertageseinrichtungen. Dies hat auf der einen Seite damit zu tun, daß die DDR eine - selbst im internationalen Maßstab - quantitativ vorbildliche Versorgungsquote an Krippen-, Kindergarten- und Hortplätzen vorzuweisen hatte (vgl. etwa TIETZE/ROßBACH 1993a). So verfügte die DDR nach eigenen Angaben zuletzt über 7.700 Kinderkrippen mit insgesamt ca. 355.000 Plätzen und über 13.400 Kindergärten mit einem Angebot von etwa 764.000 Plätzen; darüber hinaus gab es in 35.600 Hortgruppen über 766.000 Plätze (vgl. GALUSKE/RAUSCHENBACH 1994, S. 25).

Dies hängt auf der anderen Seite aber auch damit zusammen, daß der gesellschaftliche Stellenwert des öffentlichen Versorgungssystems mit Krippen, Kindertagesstätten und Horten insgesamt wesentlich höher und demzufolge auch der Status des dort beschäftigten Fachpersonals ein anderer war als der im Westen. Wurden z.B. die HorterzieherInnen gemeinsam mit den UnterstufenlehrerInnen ausgebildet - und wären demzufolge im westlichen Sinne den »GrundschullehrerInnen« gleichzustellen -, so waren auch die Kindertagesstätten und die KindergärtnerInnen dem Bildungswesen - und nicht etwa der Fürsorge - zugeordnet und lagen damit im Verantwortungsbereich des Ministeriums für Volksbildung. Die Ausbildung zur KrippenerzieherIn, die Mitte der 70er Jahre die zur KinderpflegerIn ablöste, wurde hingegen an den medizinischen Fachschulen durchgeführt und war demnach formal ebenfalls auf Fachschulniveau - und nicht, wie die KinderpflegerInnenausbildung im Westen, auf *Berufsfach*schulniveau - angesiedelt.

Mit diesem anders strukturierten Aufbau der Elementarerziehung korrespondierten zumindest zwei weitere Unterschiede im Vergleich zum früheren Bundesgebiet:

• Die drei Teilbereiche der Tageseinrichtungen für Kinder, also Krippe, Kindergarten und Hort, verfügten über eine *jeweils eigenständige Fachkraftausbildung* und bildeten somit auch personell kein eng ineinander verwobenes Arbeitsfeld (wobei die interne Hierarchie des Personals - analog zu vermutlich allen anderen europäischen Ländern - mit dem Alter der zu betreuenden Kinder ebenfalls anstieg). »Die erreichte Tiefe im Qualifikationsniveau wurde erkauft mit einer fehlenden Breite« (MINISTERIUM FÜR BILDUNG, JUGEND UND SPORT DES LANDES BRANDENBURG 1994, S. 63). Mit der »Anpassung« an die westdeutschen Modalitäten der integrierten »Breitbandausbildung« für ErzieherInnen war damit für das in der DDR getrennt ausgebildete Personal der Tageseinrichtungen für Kinder nicht nur eine Nivellierung der formalen und inhaltlichen Unterschiede verbunden, sondern z.T auch ein Abstieg, in dem beispielsweise aus dem ehemals gemeinsamen Niveau von »Hort« und »Unterstufe« eine Gruppe zur GrundschullehrerIn »aufstieg«, während die HorterzieherInnen zur ErzieherIn »abstieg« (zur Übernahme der westdeutschen Hierarchie vgl. ebd., S. 64).

• In Anbetracht dieser vergleichsweise getrennten Institutionalisierung von Kindergarten, Krippe und Hort überrascht es auch nicht sonderlich, daß es in der DDR - mit Blick auf weitere Arbeitsfelder wie erzieherische Hilfen oder Jugendarbeit - ein einheitliches System der Jugendhilfe so nicht gab. »Die DDR kannte kein eigenständiges Jugendressort, keine Jugendämter, deren Aufgaben denen der alten Bundesländer vergleichbar wären« (MINISTERIUM FÜR BILDUNG, JUGEND UND SPORT DES LANDES BRANDENBURG 1994, S. 61). Das einigende Band in punkto Jugendhilfe, das in der Bundesrepublik zunächst durch das RJWG bzw. JWG gezogen worden war und dann ab 1990/91 durch das KJHG zu einem gesamtdeutschen roten Faden wurde, war für die neuen Länder gewissermaßen ein Zwangsinstrument zur Entdifferenzierung und Entspezialisierung vormals getrennter Aufgabenbereiche, Arbeitsfelder und Berufsprofile zum Zweck der Er-

zeugung eines neuen, eigenständigen Teilbereichs Jugendhilfe, den es in der DDR so nicht gab.[39]
Erst die gedankliche und faktische Neuschneidung eines föderalistisch geprägten, vom Bildungswesen abgekoppelten Jugendhilfesegmentes in einer eher außerschulisch-sozialpädagogischen Tradition im Selbstverständnis des früheren Bundesgebietes hat deutlich gemacht, daß die DDR mit dem spezifischen Profil ihres Bildungs-, Erziehungs- und Versorgungsangebotes für Kinder und Jugendliche jenseits der Schule im Grunde genommen »europäischer« war als die ehemalige Bundesrepublik (vgl. dazu auch Teil III). Darüber hinaus machte dieser erweiterte, zusammenführende Blick aber auch erst sichtbar, daß es trotz der fehlenden »Einheit der Jugendhilfe« ein nicht unerhebliches Angebot an Leistungen, Diensten und Personen gab, die der Sache nach der westdeutschen Jugendhilfe entsprachen.

Damit war das Gebot der »Stunde Null« ein doppeltes: nicht nur einen zwar schwierigen, aber immerhin unbelasteten Neuaufbau eines bislang so nicht existierenden Jugendhilfesystems in Gang zu setzen, sondern zugleich auch einen Umbau und eine weitaus kompliziertere Transformation eines andersartig aufgebauten und funktionierenden Versorgungssystems in das Koordinatensystem einer neuen, westdeutsch geprägten Jugendhilfe mit einem selbst noch unerprobten Kinder- und Jugendhilfegesetz zu realisieren. Daß dies nicht ohne Reibungsverluste und ohne Brüche umgesetzt werden konnte, war vorauszusehen. Die sichtbar gewordenen Probleme bei der Anerkennung von Berufsabschlüssen und in Fragen der Anpassungsqualifizierung, auf die wir hier nicht weiter eingehen werden (vgl. ausführlich GALUSKE/RAUSCHENBACH 1994, S. 55 ff.), sind nur ein Beispiel und untrügliches Indiz hierfür.

8.2 Die aktuelle Lage: Fünf Jahre Jugendhilfe-Ost

Fast 6 Jahre nach dem Zusammenbruch der DDR und knapp 5 Jahre nach dem Start in ein neues Jugendhilfezeitalter in den neuen Bundesländern kann von einem vorläufigen Abschluß der Aufbau-, Umbau- und Abbauphase vor-

---

[39] Die damit verbundene Umgestaltung der Personalstruktur in den Tageseinrichtungen für Kinder stellt sich z.B. in Brandenburg wie folgt dar: »Bis zum Herbst 1993 haben 10.342 Personen durch das Ausstellen einer Urkunde die staatliche Anerkennung als Erzieherin/Erzieher erhalten. Davon haben 9.712 Fachkräfte an der Anpassungsfortbildung teilgenommen. Von ihnen erhielten 4.588 die Anerkennung für den Teilbereich Kindergarten, 3.212 für die Krippe, 649 für den Hort, 420 für das Heim, 374 für Hort und Heim (469 Teilbereichsanerkennungen wurden nicht erfaßt)« (MINISTERIUM FÜR BILDUNG, JUGEND UND SPORT DES LANDES BRANDENBURG 1994, S. 67).

erst keine Rede sein. Dazu ist noch zuviel in Bewegung, sind noch zuviele Prozesse der Umgestaltung und der Transformation im Gang, dazu sind die Folgen des drastischen Geburtenrückgangs zu verheeren. Wie also läßt sich die aktuelle Lage für die Jugendhilfe in etwa beschreiben?[40]

Schaut man sich hierzu als bislang einzig vorliegendes amtliches Datenmaterial die Personal- und Einrichtungsstatistik der Jugendhilfe-Ost zum Jahreswechsel 1991/92 an, so läßt sich zunächst einmal folgende pauschale Bilanz festhalten: »Im Verhältnis zur Einwohnerzahl schneiden die neuen Länder und Berlin-Ost hinsichtlich der Versorgung mit Jugendhilfeeinrichtungen und dem zugehörigen Personal ... wesentlich besser ab als die alten«, so das Fazit des Statistischen Bundesamtes in seiner Auswertung der amtlichen Jugendhilfestatistik für die neuen Bundesländer (DEININGER 1993, S. 292). Dies ist ein ebenso zentraler wie nicht von vornherein zu erwartender Gesamtbefund in Sachen Personal und Einrichtungen der Jugendhilfe-Ost. Am Ende der DDR und zu Beginn der neu sortierten Jugendhilfelandschaft in den neuen Bundesländern gab es unter dem Strich auffällig viel Personal in der Jugendhilfe (vgl. Tab. 8.1).

Addiert man das im westdeutschen Sinne gesamte Jugendhilfepersonal, so waren Ende 1991 in den neuen Bundesländern weit über 200.000 Personen in der Jugendhilfe beschäftigt; im Westen waren es zur gleichen Zeit vermutlich 350.000 bis 360.000 Beschäftigte. Schon die sich damit andeutende Ost-West-Relation läßt erkennen, daß wir per saldo von einem deutlichen Überhang an Personal zu Beginn der neuen Jugendhilfeära in Ostdeutschland ausgehen können - immer gemessen an der Ausstattung des Westens. Wie hoch das aufaddierte Gesamtkontingent an Einrichtungen, Betten/Plätzen und Personal in der ostdeutschen Jugendhilfe in der Anfangsphase zwischen Aufbau, Abbau und Umbau im Vergleich zum Westen tatsächlich war, zeigen die Relationierungen: Mit einem Verhältnis von 2,5 : 1 bei den Einrichtungen sowie von jeweils 3 : 2 bei den Plätzen und beim Personal gegenüber einer Bevölkerungsrelation von 4 : 1 wird der »Überhang« unübersehbar.

Vergleicht man vor diesem Hintergrund die Jugendhilfe insgesamt zwischen den alten und neuen Bundesländern, so werden noch weitere, mehr oder weniger deutliche Differenzen in der Personalstruktur zwischen dem Westen im Jahr 1990 und dem Osten im Jahr 1991 sichtbar:

---

[40] Dabei ist zu berücksichtigen, daß eine empirische Fundierung dieser Lage, die sich an amtlichen, flächendeckenden Daten orientiert, immer dem Schicksal eines time lag ausgesetzt ist, weil die Zusammenstellung der Daten immer einen nicht beliebig zu unterschreitenden Zeitraum in Anspruch nimmt. Insofern dürfen die nachfolgenden Daten in der Regel nicht mit der Situation im Jahre 1995 gleichgesetzt werden.

Tab. 8.1: Personal in der Jugendhilfe nach Alter, Arbeitsumfang, Ausbildungsstand, Trägergruppen, sozialpädagogischen Fachkräften und Akademikeranteilen im West-Ost-Vergleich (1990/1991)

	31.12.1990 West insg.	%	31.12.1991 Ost[1] insg.	%
Zahl der Einrichtungen	54.120	+6,7[2]	20.843	-,-
Verfügbare Plätze	2.017.689	+6,5[2]	1.279.757	-,-
Beschäftigte insgesamt	333.888	+11,1[2]	203.081	-,-
davon:				
Frauen	277.529	83,1	190.495	93,8
Männer	56.359	16,9	12.586	6,2
< 25 Jahre	65.675	19,7	20.522	10,1
25 - 40 Jahre	171.057	51,2	102.263	50,4
40 - 60 Jahre	91.659	27,5	79.640	39,2
> 60 Jahre	5.497	1,6	656	0,3
Vollzeit	223.953	67,1	169.843	83,6
Teilzeit	94.903	28,4	33.112	16,3
Nebentätigkeit	15.032	4,5	126	0,1
Mit Ausbildung	277.872	83,2	179.671	88,5
Noch in Ausbildung	22.303	6,7	811	0,4
Ohne Ausbildung	33.713	10,1	22.599	11,1
Öffentliche Träger	113.550	34,0	192.949	95,0
Privatgewerbl. Träger	5.484	1,6	-.-	-,-
Freie Träger	214.854	64,3	10.132	5,0
DCV, DW, Kirchen	152.118	45,6	4.149	2,0
Sozialpäd. Fachkräfte[3]	206.312	61,8	124.868	61,5
ErzieherInnen	129.819	38,9	116.847	57,5
AkademikerInnen	54.007	16,2	6.807	3,4
Soz.päd. Akademiker.[4]	40.024	74,1	3.680	1,8
Weibliche Akademiker.	30.963	57,3	5.191	2,6

1 Ohne Personal in Horten in Sachsen-Anhalt, Thüringen und Berlin-Ost, die dort dem Bildungsbereich zugeordnet sind und nicht in der Jugendhilfestatistik erfaßt wurden.
2 Prozentuale Steigerung gegenüber 1986.
3 Als sozialpädagogische Fachkräfte wurden addiert: »Diplom-SozialpädagogInnen/SozialarbeiterInnen (FH)«, »Diplom-PädagogInnen«, »ErzieherInnen«, »KinderpflegerInnen«, »Heilerziehungspflege(helfer)Innen«, »HeilpädagogInnen«, »PsychagogInnen«. Die relevanten Ost-Ausbildungen wurden statistisch den West-Kategorien zugeordnet (vgl. Statistisches Bundesamt 1993).
4 Als sozialpädagogische AkademikerInnen wurden die Diplom-SozialpädagogInnen/SozialarbeiterInnen und Diplom-PädagogInnen addiert.
Quellen: Statistisches Bundesamt (1992b, 1993); eigene Berechnung

- Auffällig ist zunächst die *Geschlechterverteilung*. Noch ungleich stärker als in den alten Bundesländern war die Jugendhilfe-Ost am Ende des Jahres 1991 ein Frauenarbeitsfeld; fast 94% aller tätigen Personen in der Jugendhilfe waren weiblichen Geschlechts.

- Ungleich günstiger war der Aufbau der *Altersstruktur* der Beschäftigten in den neuen Ländern mit Blick darauf, daß immerhin fast 40% des Personals zwischen 40 und 60 Jahre alt waren (früheres Bundesgebiet: ca. 28%).
- Deutlich anders war auch der *Beschäftigungsumfang*. Während im Westen rund zwei Drittel des Personals Vollzeitstellen hatten, waren dies in Ostdeutschland mit fast 84% weit mehr. Kombiniert man daher die Befunde »Geschlecht«, »Altersstruktur« und »Beschäftigungsumfang«, dann zeigt sich, wie stark das Erwerbsverhalten in der neu aufzubauenden Jugendhilfe-Ost zumindest noch 1991 der DDR-Tradition entsprach: Nicht nur für Männer, sondern auch für Frauen galt dort mehrheitlich die *lebenslange berufliche Vollzeitbeschäftigung*. Infolgedessen werden in diesem Punkt etwa die im Hortbereich arbeitsmarktpolitisch »erzwungenen« Anpassungen einer kollektiven Arbeitszeitreduktion auf 30 oder weniger Stunden pro Woche - zur Vermeidung von Massenentlassungen - für Frauen aus der DDR zu völlig neuen Beschäftigungsverhältnissen und -erfahrungen führen.
- Auffällig andere Konturen hatte in den neuen Ländern 1991 in der Jugendhilfe auch die *Trägerlandschaft*. Während in den alten Bundesländern Anfang der 90er Jahre fast zwei Drittel der Beschäftigten der Jugendhilfe bei freien Trägern angestellt waren - und immerhin noch 46% aller Beschäftigten bei den beiden konfessionellen Wohlfahrtsverbänden Diakonie und Caritas bzw. der katholischen und evangelischen Kirche -, waren Ende 1991 noch 95% des gesamten Personals in der ostdeutschen Jugendhilfe bei öffentlichen, nur 5% bei freien Trägern bzw. lediglich 2% des gesamten Jugendhilfepersonals bei Caritas und Diakonie (inkl. den Kirchen) beschäftigt. Dies wird auf Dauer in den neuen Ländern sicherlich nicht so bleiben; gleichwohl müssen vor allem die anerkannten und etablierten freien Träger des Westens sich darauf einstellen, daß ihre Position im Kräftespiel der Jugendhilfe durch die neuen Bundesländer verändert wird, zumal in den neuen Ländern derzeit unter den freien Trägern vielfach auch noch kleine, lokal oder regional agierende Träger zu finden sind, die sich keinem etablierten Verband angeschlossen haben.[41]
- Schließlich bleibt noch auf einen letzten auffälligen Unterschied hinzuweisen, auf den Grad der *Akademisierung*. Mit einem Anteil von nur etwas mehr als 3% an Hochschulen ausgebildetem Personal im Osten gegenüber immerhin 16% im Westen war die ostdeutsche Jugendhilfe ein Jahr nach ihrem Neuaufbau noch auffällig »akademikerabstinent«. Dies hat sicherlich

---

[41] Während 1990 im Westen unter »Sonstigen freien Trägern« etwa 14% bis 16% des Personals der freien Träger in der Jugendhilfe zu finden waren, lag deren Anteil Ende 1991 in den neuen Bundesländern bei knapp 18%, also etwas höher.

mit dem Fehlen einer eigenen Fachhochschulebene in der DDR zu tun; dies hat aber auch mit einem defizitären Image und einer unzureichenden Finanzausstattung der Jugendhilfe zu tun. Sofern sich dieser Anfangszustand nicht deutlich ändert, ist die Gefahr einer Deprofessionalisierung und Dequalifizierung der *gesamten* Jugendhilfe, in Ost und West, und damit auch eines weiteren Image- und Bedeutungsverlustes gegenüber anderen Bereichen, etwa der Schule, nicht von der Hand zu weisen. Zunächst bleibt also der bemerkenswerte Befund festzuhalten, daß die Gesamtsumme des Ende 1991 gezählten Personals in der Jugendhilfe-Ost in Anbetracht der erst kurzen Auf- und Umbauphase damals erstaunlich hoch war. Löst man allerdings die Globalzahl von weit über 200.000 tätigen Personen in der Jugendhilfe-Ost in ihre Bestandteile auf und betrachtet die einzelnen Arbeitsfelder, so zeigen sich mit Blick auf das Personalvolumen doch deutliche Abweichungen, die zu Differenzierungen nötigen (vgl. Tab. 8.2).

Tab. 8.2: Personal in der Jugendhilfe im West-Ost-Vergleich nach Art der Einrichtung und ausgewählten Arbeitsbereichen (1990, 1991)

	31.12.1990 *West*		31.12.1991 *Ost*		*West-Ost-Relation*[1]
	insg.	%	*insg.*	%	%
Art der Einrichtung					
Kindertageseinrichtungen	185.065	55,4	176.591	86,9	95,4
Heimerziehung	47.438	14,2	12.350	6,1	26,0
Jugendamt	26.060	7,8	5.780	2,8	22,2
Jugendarbeit	22.760	6,8	1.854	0,9	8,1
Beratungsstellen	10.602	3,2	370	0,2	3,5
Sonderpädagog. Einrichtungen	21.907	6,6	4.802	2,4	21,9
Sonstige	20.056	6,0	1.334	0,7	6,6
Insgesamt	333.888	100,0	203.081	100,0	60,8
Ausgewählte Arbeitsbereiche					
Frühk. Erziehung (< 3 Jahre)	6.026	1,8	42.591	21,0	706,8
Kindergartenerziehung	141.800	42,5	61.394	30,2	43,3
Horterziehung	12.339	3,7	13.172	6,5	106,8
Allgemeiner Sozialdienst	6.915	2,1	1.016	0,5	14,7
Sozialpädagog. Familienhilfe	1.056	0,3	294	0,1	27,8
Präventiver Jugendschutz	266	0,1	80	0,0	30,1
Jugendgerichtshilfe	960	0,3	232	0,1	24,2
Jugendbildungsarbeit	2.831	0,8	299	0,1	10,6
Jugendsozialarbeit	3.647	1,1	491	0,2	13,5
Wirtschaftl.-technischer Bereich	38.449	11,5	47.651	23,5	123,9

1 Als Orientierung kann ein Verhältnis von 4 : 1 in der West-Ost-Relation zugrunde gelegt werden. Demnach wären 25% die rechnerische Vergleichsgrößenordnung für die neuen Bundesländer.
Quellen: Statistisches Bundesamt (1992b, 1993); eigene Berechnung

Während große Überhänge vor allem in den Bereichen Krippe und Hort zu finden sind - und ansonsten 1991 nur noch der Kindergarten personell überproportional gut ausgestattet war -, gilt dies für alle anderen Arbeitsfelder der Jugendhilfe nicht in gleicher Weise. Im Gegenteil: Haben Heimerziehung und Jugendamt quantitativ bis zum Beginn des Jahres 1992 zumindest noch annähernd die anteilsmäßigen Größenordnungen des Westens erreicht, so ist bis zu diesem Zeitpunkt ein deutliches Personaldefizit in den beiden Arbeitsfeldern »Jugendarbeit« und »Beratungsstellen« sowie in den Arbeitsbereichen »Allgemeiner Sozialer Dienst« (ASD), »Jugendbildungsarbeit« und »Jugendsozialarbeit« unübersehbar.

Und unbeachtet bleiben darf bei den Differenzen in der Personalstruktur zwischen Ost und West darüber hinaus auch nicht, daß in den Anfängen der Jugendhilfe-Ost ein deutlicher Überhang vor allem im *wirtschaftlich-technischen Bereich* zu verzeichnen war, in einem Personalsegment also, das nichts über die Fachkraftausstattung der Jugendhilfe im (sozial-)pädagogischen Bereich aussagt. Im Rahmen dieser Tätigkeiten dürfte am ehesten ein rascher Abbau zu erwarten sein, so daß eine gewisse Angleichung des Personalvolumens in der Jugendhilfe zwischen West- und Ostdeutschland auch dadurch zu erwarten ist.

Der gesamte Bereich der Tageseinrichtungen für Kinder - vor allem die Krippe, aber auch der Hort - ist demnach jenes Segment, mit dem sich das überproportional hohe personelle Ausgangsvolumen in der Jugendhilfe-Ost erklären läßt. Das ehemals gut ausgebaute öffentliche Versorgungssystem für Kinder in der DDR ist die unverkennbare Ursache hierfür. Zugespitzt kann man deshalb auch formulieren: Die Personalstruktur der Tageseinrichtungen für Kinder in den neuen Bundesländern gleicht Ende 1991 in seinen quantitativen Konturen noch weitaus stärker dem alten DDR-Profil als den aktuellen Größenordnungen der alten Bundesländer.

Betrachtet man insofern etwas genauer die Entwicklung im engeren Bereich der Tageseinrichtungen für Kinder, dann werden einerseits die internen Gewichtungen dieser Felder, andererseits aber auch die Verschiebungen gegenüber der Endphase der DDR sichtbar (vgl. Tab. 8.3).

Unabhängig davon, ob die Daten - auch in ihren prognostischen Teilen - im Detail, gewissermaßen hinter dem Komma zutreffend sind, wird hier zunächst einmal unübersehbar deutlich, wohin die Reise geht: *steil bergab.* Konnte die DDR am Ende ihrer Existenz noch stolze 185.000 pädagogische Fachkräfte in Kindergarten, Krippe und Hort zusammen ausweisen, so waren dies Ende 1991, Anfang 1992 bereits nur noch rund 145.000 Personen. Und auch die weitere Zukunft zeigt dabei noch deutlich nach unten.

Tab. 8.3: Entwicklung des Platzangebotes und des pädagogischen Personals in der Jugendhilfe-Ost (1988-2000; ab 1994 Prognose mittlere Variante)				
	DDR 1988	Ju-Ost 1991	Ju-Ost 1994 *Prognose*	Ju-Ost 2000 *Prognose*
Kindertageseinrichtungen (insgesamt)				
Platzangebot	1,89 Mio.	1,43 Mio.	0,82 Mio.	0,43 Mio.
Päd. Personal	185.000	146.221	78.166	44.608
Krippe (0-3 Jahre)				
Platzangebot	355.089	255.279	71.360	76.439
Päd. Personal	75.000	44.491	12.437	13.332
Kindergarten (3-6,5 Jahre)				
Platzangebot	764.423	713.193	472.575	233.339
Päd. Personal	72.733	73.616	48.779	24.085
Hort (6,5-10,5 Jahre)				
Platzangebot	766.621	460.520	277.646	117.730
Päd. Personal	37.803	28.114	16.950	7.191
Quelle: Galuske/Rauschenbach (1994, 1995; die Prognose wurde auf der Basis neuer demographischer Hochrechnungen aktualisiert)				

Insgesamt werden durch diese Zahlenreihen die unterschiedlichen Fluchtpunkte der Personalentwicklung zwischen Ost und West klar erkennbar. Während im Westen, wie wir gezeigt haben, eine kontinuierliche Personalexpansion in den letzten Jahren unübersehbar war und auch noch künftig - zumindest sektoral - zu erwarten sein wird, mußte in den neuen Bundesländern die Jugendhilfe mit der paradoxen Hypothek beginnen, auf der einen Seite die Jugendhilfe nach westlichen Standards *aufzubauen* und auf der anderen Seite zugleich den Personalüberhang im Bereich der Kindertageseinrichtungen *abzubauen*.

Die damit verbundenen unterschiedlichen Kurvenverläufe der Personalentwicklung lassen sich inzwischen auch anhand weiterer »amtlicher« Daten dokumentieren. So wurde im Rahmen der Mikrozensus-Befragungen von 1991 und 1993 erstmalig auch die Beschäftigungsentwicklung getrennt nach Ost und West - allerdings für die »sozialen Berufe« insgesamt und nicht nur für die Jugendhilfe - erfaßt (vgl. Tab. 8.4).

Tab. 8.4: Entwicklung der Beschäftigten in den »sozialen Berufen« (BKZ »86«) zwischen Ost und West

	Soziale Berufe West	Soziale Berufe Ost	Soziale Berufe Insgesamt
1991	540.000	241.000	781.000
1993	651.000	215.000	866.000

Quelle: Statistisches Bundesamt, Fachserie 1, Reihe 4.1.2, verschiedene Jahrgänge

Diese Zahlen unterstreichen noch einmal deutlich die beiden unterschiedlichen Verlaufskurven für das Personal in den sozialen Berufen: *starker Anstieg im Westen, spürbarer Abbau im Osten.* Während die Beschäftigten in den sozialen Berufen in den alten Bundesländern zwischen 1991 und 1993 um rund 110.000 Personen bzw. um über 20% gestiegen sind - was auch unter dem Strich für das gesamte Bundesgebiet zu einem Anstieg um mehr als 10% geführt hat -, ist die Zahl in den neuen Ländern in diesen zwei Jahren um 26.000 Personen und damit um fast 11% zurückgegangen.[42]

Wie stark der Stellenabbau derzeit vor allem im Krippen-, Hort- und Kindergartenbereich im Gang ist, zeigt sich auch auf Länderebene:

• Für das Land *Brandenburg* dokumentiert der 1994 erschienene Landesjugendbericht, daß es im Dezember 1989 dort noch 36.057 pädagogisch Beschäftigte im Kindertagesstättenbereich gab (vgl. MINISTERIUM FÜR BIL-

---

[42] Etwas verwirrend ist in diesem Zusammenhang ein Teilergebnis der Mikrozensuserhebung. Während es in den neuen Ländern im Jahr 1991 noch 44.000 bzw. 18,3% Teilzeiterwerbstätige bis 35 Stundenn gab, ging dieser Anteil bis zum Jahre 1993 auf rund 15% bzw. 32.000 teilzeitbeschäftigte Personen zurück. Dies ist aus unserer Sicht ein aktuell schwierig zu interpretierendes Ergebnis, da zum einen Teilzeitarbeit in der DDR für Frauen seltener war als im früheren Bundesgebiet und da zum anderen das Instrument der »kollektiven Arbeitszeitreduktion« als Instrument zur Verhinderung von Massenentlassungen im Bereich der Kindertageseinrichtungen unseres Wissens nach eher zu- als abgenommen hat. Ob hier das Instrument der 1%-Stichprobe bei der Mikrozensuserhebung ein verzerrtes Ergebnis widerspiegelt oder ob hier andere, uns nicht bekannte Entwicklungen eine Rolle spielen, läßt sich abschließend nicht sagen. Gleichwohl wird derzeit das Konzept der Arbeitszeitreduktion auf beispielsweise 80% zur Vermeidung weiterer Entlassungen und zur Verhinderung von Arbeitslosigkeit an einigen Stellen genutzt. Außer in Berlin und Sachsen-Anhalt werden beispielsweise unseres Wissens nach inzwischen die Arbeitsverträge in den Horten auf 30 Stunden und weniger zurückgefahren, um damit wenigstens 20% bis 30% der Entlassungen zu vermeiden. Diese »erzwungene« Teilzeitarbeit insbesondere für Frauen hat allerdings auch ihre Schattenseiten, wird dabei doch in vielen Fällen das notwendige Existenzminimum zur eigenständigen Reproduktion angesichts der schlechten tariflichen Eingruppierung und der geringeren Ost-Vergütung schon bedrohlich nahe erreicht oder gar bereits unterschritten.

DUNG, JUGEND UND SPORT DES LANDES BRANDENBURG 1994, S. 64 f.).
Zwei Jahre später, im Dezember 1991, waren es dann noch 27.414
Erwerbstätige; dies entspricht einem Abbau von fast 25%. Für die Jahre
1993 und 1994 konstatiert der Bericht: »In den einzelnen Bereichen der
Kinder- und Jugendhilfe bestehen große Diskrepanzen hinsichtlich Anzahl
der zur Verfügung stehenden und der benötigten Fachkräfte. Gegenwärtig
hat das Land Brandenburg, wie alle neuen Bundesländer, im größten
Beschäftigungsbereich, den Kindertagesstätten, einen erheblichen Personalüberhang zu verzeichnen. Trotz der zahlreichen Kündigungen in den
letzten Jahren wird der Geburtenrückgang für die nähere Zukunft einen
weiteren Personalabbau notwendig machen« (ebd., S. 66).

- In *Mecklenburg-Vorpommern* wurde nach einem jährlich erscheinenden »Bericht über Entwicklungen im Bereich der Kindertagesbetreuung in Mecklenburg-Vorpommern« zwischen 1992 und 1993 der Bestand von 1.991 auf
1.680 Einrichtungen verringert; das entspricht einem Abbau von über 15%
in nur einem Jahr. »Gründe für die Schließung von Einrichtungen sind
vorwiegend im Rückgang des Bedarfes und der damit verbundenen
Nichtauslastung der Kapazitäten bzw. im schlechten baulichen Zustand der
Gebäude zu suchen« (ebd., S. 7). Auffallend ist dabei, daß nicht nur viele,
vormals getrennte Einrichtungstypen zusammengelegt wurden, sondern
inzwischen auch weit über 50% der Einrichtungen mit altersgemischten
Gruppen arbeiten. Der aufgrund des Abbaus von Einrichtungen un-
vermeidliche Rückgang des Personals wird insofern ein wenig abzumildern
versucht, als bei »altersgemischten Gruppen« ein etwas günstigerer Personalschlüssel als bei Kindergärten angewendet werden kann. Nicht nur
für das Jahr 1994, so der Bericht, muß mit einem weiteren Rückgang gerechnet werden. Vielmehr wird sich dieser aufgrund der demographischen
Entwicklung auch in den Folgejahren fortsetzen, »so daß mittelfristig mit
einem weiteren Abbau von Plätzen in Kindertageseinrichtungen gerechnet
werden muß. In diesem Zusammenhang muß ausdrücklich darauf hingewiesen werden, daß mit dem Bedarf an Plätzen in Kindertageseinrichtungen auch der Bedarf an Mitarbeiterinnen in diesem Bereich weiter sinken
wird« (ebd., S. 45).

- In *Sachsen-Anhalt* waren in den Kindertageseinrichtungen zum 01.11.94
insgesamt 17.293 Personen im pädagogischen Bereich erwerbstätig; umge-
rechnet in Vollzeitstellen für pädagogische Fachkräfte entspricht dies einer
Quote von 16.037 Stellen. Demgegenüber wurden nach der Jugendhilfestatistik am 31.12.1991 in Krippe, Kindergarten und altersgemischten Gruppen zusammen, also ohne den Hort, 25.290 Beschäftigte gezählt. Dies entspräche allein für Krippe und Kindergarten einer Größenordnung von

16.184 Vollzeitstellen für pädagogische Fachkräfte. Rechnet man hier nur einen Anteil von schätzungsweise 3.000 bis 4.000 Vollzeitstellen im Hortbereich hinzu, so hieße das, daß auch in Sachsen-Anhalt von 1991 auf 1994 in etwa zwischen 16% und 20% der Stellen abgebaut worden wären.

• Und schließlich gab es in *Sachsen* laut Jugendhilfestatistik Ende 1991 in den Tageseinrichtungen für Kinder insgesamt noch 36.575 Vollzeitstellen für pädagogische Fachkräfte. Nach Auskunft des Sächsischen Staatsministeriums für Soziales, Gesundheit und Familie lag die Anzahl der besetzten Vollzeitstellen für pädagogische Fachkräfte zum 15.10.94 bei 24.163. Dies entspricht einem Rückgang von 12.142 pädagogischen Vollzeitstellen bzw. einem Stellenabbau von fast genau einem Drittel in knapp 3 Jahren. Und hierbei ist das Ende der Talsohle, so die mündliche Auskunft aus dem Ministerium, noch nicht erreicht.

Alle diese Beispiele belegen mehr oder minder deutlich den bereits vollzogenen bzw. noch zu vollziehenden Abbau des Personals in den Kindertageseinrichtungen. Soweit hierzu Äußerungen auf Landesebene vorliegen, wird dabei immer wieder betont, daß ein weiterer Abbau noch bevorsteht - ganz im Gegensatz zur Stellungnahme der Bundesregierung zum Neunten Jugendbericht, derzufolge die »festgestellte erhebliche personelle Überbesetzung ... inzwischen weitgehend überholt sein dürfte« (BUNDESMINISTERIUM FÜR FAMILIE, SENIOREN, FRAUEN UND JUGEND 1994, S. XXIII). Ein Beleg oder eine Plausibilisierung hierfür wird unterdessen allerdings nicht vorgelegt. Wie sich die Lage in den nächsten Jahren vermutlich entwickeln wird, soll abschließend dargestellt werden.

8.3 Die Zukunft: Was hat die Jugendhilfe-Ost zu erwarten?

Wir haben bereits zu Beginn dieses Kapitels darauf hingewiesen, daß die Jugendhilfe-Ost seit Beginn ihres Aufbaus mit einer Konstellation konfrontiert ist, die gleichzeitig Maßnahmen des Aufbaus, Umbaus und Abbaus erforderlich machen. Dies war nicht nur ein bislang schwieriges Unterfangen, sondern dies wird vorerst auch in naher Zukunft noch so bleiben.

Dabei werden insbesondere die Kindertageseinrichtungen vor der großen Herausforderung stehen, den Anforderungen eines personellen Abbaus, eines organisatorischen Umbaus (z.B. von altersgemischten Gruppen) und eines konzeptionellen »Aufbaus« (z.B. einer »Pädagogik vom Kinde aus«) in gleicher Weise gerecht zu werden (vgl. auch MINISTERIUM FÜR BILDUNG, JUGEND UND SPORT DES LANDES BRANDENBURG 1994). Was die zahlenmäßige

Entwicklung anbelangt, so weisen hier in aller erster Linie demographische Entwicklungen den Weg (vgl. Tab. 8.5).

Tab. 8.5: Entwicklung und Prognose der Lebendgeborenen und ausgewählter Alterskohorten in den neuen Bundesländern (1989-2000; ab 1996 Prognose; Index 1989 = 100)

Jahr	Lebendgeborene		Krippe 0 bis 3 Jahre		Kindergarten 3 bis 6,5 Jahre		Hort 6,5 bis 10,5 Jahre	
	abs.	in %	abs.	in %	abs.	in %	abs.	in %
1989	198.900	100,0	626.300	100,0	767.300	100,0	798.100	100,0
1990	178.500	89,7	578.900	92,4	748.150	97,5	770.400	96,5
1991	107.800	54,2	473.100	75,5	732.900	95,5	756.300	94,8
1992	88.300	44,4	367.600	58,7	709.100	92,4	745.000	93,3
1994	77.900	39,2	246.874	39,4	573.063	74,7	833.580	104,4
1996	82.300	41,4	238.789	38,1	364.525	47,5	777.335	97,4
1998	86.600	43,5	251.984	40,2	280.580	36,6	560.408	70,2
2000	91.000	45,8	264.633	42,3	282.956	36,9	353.642	44,3

Quelle: Bundesminister für Bildung und Wissenschaft, verschiedene Jahrgänge; Prognose: Datensatz von K. Klemm

Entgegen optimistischer Hoffnungen, die bereits früher einen Wiederanstieg erwarteten, ist die Zahl der Lebendgeborenen bis zuletzt weiter zurückgegangen. Im Vergleich zum letzten DDR-Geburtsjahr 1989 mit einer Geburtenzahl von knapp 199.000 Säuglingen ist die Zahl bis 1994 auf unter 40% bzw. auf weniger als 78.000 Geburten erdrutschartig abgesunken. Allein diese Entwicklung macht deutlich, daß infolgedessen mittelfristig ebenfalls nur noch ein Anteil von 40% sämtlicher Kapazitäten im Bereich der Tageseinrichtungen für Kinder aus dem Jahre 1989 gebraucht würde, selbst wenn sonst alle anderen Faktoren unverändert blieben; und dieser quantitative Absturz trifft, leicht verspätet, selbstverständlich prinzipiell auch sämtliche Schulstufen sowie die anderen Bereiche der Jugendhilfe. So wird die Zahl der Kinder im Krippen-alter bis 1996 auf etwa 38% des 89er-Niveaus absinken, die Zahl der Kinder im Kindergartenalter im gleichen Zeitraum auf rund 47% sowie die Alters-gruppe der Kinder im Hort- bzw. Grundschulalter (bis 10 Jahre) gegenüber 1989 zunächst lediglich auf ca. 97%, um dann allerdings vier Jahre später, im Jahre 2000, ebenfalls auf einen Stand von nur noch 44% gegenüber dem Ausgangsjahr 1989 abzurutschen.

Dabei ist gleichwohl noch nicht berücksichtigt, daß daneben ökonomische und politische Faktoren *zusätzliche Rückgangseffekte* zur Folge haben können (und vermutlich auch haben werden). So kann politisch nicht nur durch einen offensiven, direkten Abbau verfügbarer Plätze in Kindergarten, Krippe und Hort die Versorgungsquote gesenkt bzw. an die westdeutschen Standards angeglichen werden. Vielmehr ist ein Nachfragerückgang auch auf indirektem Wege denkbar: sei es durch die Erhöhung der Elternbeiträge für einen Krippen-, Kindergarten- oder Hortplatz, sei es durch den Ausbau der Tagespflege gemäß § 23 KJHG oder sei es auch dadurch, daß aufgrund anhaltend hoher Arbeitslosigkeit Mütter vemehrt zuhause bleiben und sich selbst um die Versorgung der Kinder kümmern.

Dies alles hat zur Folge, daß in den neuen Ländern nicht nur mit einem demographisch bedingten drastischen Rückgang der Nachfrage nach Krippen-, Hort- und Kindergartenplätzen gerechnet werden muß, sondern daß zusätzliche Faktoren politischer, ökonomischer und sozialer Art dazu beitragen, daß die hohen Versorgungsquoten, wie sie noch Ende 1991 existierten mit 97% Kindergartenplätzen, 61% Hortplätzen und 56% Krippenplätzen, aller Voraussicht nach nicht gehalten werden können. Dies heißt aber insgesamt nichts anderes, als daß die Kindertageseinrichtungen mit Blick auf das Personal nicht nur die verheerenden Folgen der Demographie, sondern auch des Rückgangs der Versorgungsquoten und der Nachfrage zu verkraften haben und somit der Personalabbau über die demographiebedingten Folgen hinausgehen dürfte.

Versucht man vor diesem Hintergrund prognostische Berechnungen anzustellen und rechnet dabei auf der Basis unterschiedlicher Versorgungsquoten mit verschiedenen Varianten, so fallen die Konsequenzen für den Abbau des künftig noch benötigten Personals in den Tageseinrichtungen für Kinder erwartungsgemäß unterschiedlich krass aus (vgl. Tab. 8.6).[43]

Obgleich Ende 1991 im Vergleich zur letzten DDR-Phase im Jahre 1988 bereits eine stattliche Zahl an Arbeitsplätzen in den Tageseinrichtungen für Kinder abgebaut worden war (vgl. Tab. 8.3), weisen sämtliche prognostischen Berechnungen auf einen z.T. erheblich reduzierten Personalbedarf in der zweiten Hälfte der 90er Jahre hin. Unter Vernachlässigung der Einzelprognosen für die Teilbereiche Kindergarten, Krippe und Hort zeigen sich für die Kindertageseinrichtungen insgesamt folgende modellhaft errechneten Personalbedarfsentwicklungen:

• Allein aufgrund des starken Geburtenrückgangs, dies zeigt die Variante A, werden bis zum Ende dieses Jahrzehnts nur noch 46% des Personals von 1991 in Kindergarten, Krippe und Hort gebraucht. Dabei würde noch kein einziger Platz aufgrund anderer Faktoren eingespart oder nicht benötigt. Dieser optimistischen Prognose zufolge würde also nur die unabweisbare Zahl an Plätzen und Personal abgebaut.

---

[43] Eine ausführliche Darlegung der in die Berechnung eingehenden Überlegungen und Parameter findet sich in GALSUKE/RAUSCHENBACH (1994, S. 178 ff.).

Tab. 8.6: Prognostische Entwicklung des pädagogischen Personalbedarfs in Krippe, Kindergarten und Hort in den neuen Bundesländern (1991-2000; Werte im Vergleich zu 1991)

Personal-bedarf		1991 Ist-Stand	1994 Prognose	1996 Prognose	1998 Prognose	2000 Prognose
Krippe	Variante A[1]	44.491 100%	24.108 54%	23.319 52%	24.607 55%	25.842 58%
	Variante B[2]	44.491 100%	12.437 28%	12.030 27%	12.694 29%	13.332 30%
	Variante C[3]	44.491 100%	766 2%	741 2%	781 2%	821 2%
Kinder-garten	Variante A[1]	73.616 100%	57.565 78%	36.617 50%	28.185 38%	28.423 39%
	Variante B[2]	73.616 100%	48.779 66%	31.028 42%	23.883 32%	24.085 33%
	Variante C[3]	73.616 100%	39.993 54%	25.440 35%	19.581 27%	19.747 27%
Hort	Variante A[1]	28.114 100%	30.998 110%	28.897 103%	20.833 74%	13.147 47%
	Variante B[2]	28.114 100%	16.950 60%	15.806 56%	11.395 41%	7.191 26%
	Variante C[3]	28.114 100%	2.911 10%	2.714 10%	1.957 7%	1.235 4%
Tagesein-richtungen für Kinder	Variante A[1]	146.221 100%	112.662 77%	88.833 61%	73.625 50%	67.412 46%
	Variante B[2]	146.221 100%	78.166 53%	58.864 40%	47.972 33%	44.608 31%
	Variante C[3]	146.221 100%	43.670 30%	28.895 20%	22.320 15%	21.803 15%

1 Bei der Variante A ist nur der demographische Abbau bei einer ansonsten konstanten Versorgungsquote-Ost zugrundegelegt (Krippe 56%, Kindergarten 97%, Hort 61%).
2 Variante B geht neben dem demographischen Abbau von einer mittleren Versorgungsquote aus (Krippe 29%, Kindergarten 82%, Hort 33%).
3 Variante C geht neben dem demographischen Abbau von einer pessimistischen Versorgungsquote aus, die mit dem West-Standard von 1990 übereinstimmt (Krippe 2%, Kindergarten 68%, Hort 6%).
Quelle: Galuske/Rauschenbach (1994, S. 188 ff.; aktualisierte Prognoseberechnung)

- Unter der Annahme, daß nicht nur ein demographiebedingter Personal- und Platzabbau zu erwarten ist, sondern daß die Versorgungsquoten auch aufgrund anderer Faktoren zurückgehen werden, würde bei der mittleren Variante der Personalbestand bis zum Jahre 2000 auf knapp ein Drittel des 91er-Niveaus zurückgehen. Diese Variante dürfte unter Berücksichtigung verschiedener Gesichtspunkte gar nicht so unrealistisch sein.
- Schließlich würde bei einer rigorosen Angleichung der Versorgung in den neuen Bundesländern mit Krippen-, Kindergarten- und Hortplätzen nach dem West-Maßstab von 1991 - einer insgesamt pessimistischen Variante -

das Personal bis Ende der 90er Jahre auf nur noch ungefähr 15% des Vergleichsjahres 1991 zurückgeschraubt. Dies käme gewissermaßen einer endgültigen Zerstörung eines ehemals quantitativ gut ausgebauten öffentlichen Versorgungssystems für Kinder gleich.

Welche Prognose man auch immer für wahrscheinlich halten mag: In jedem Fall ist gegenüber den Anfängen der Jugendhilfe-Ost - und erst recht im Vergleich zum Ende der DDR - per saldo mit einem erheblichen Personalabbau im Bereich der Kindertageseinrichtungen zu rechnen, der bis zum Jahr 2000 vermutlich irgendwo zwischen 50% und 75% liegen dürfte. Und dieser Abbau kann und wird in seiner Gesamtgrößenordnung auch nicht annähernd durch den Auf- und Ausbau anderer Arbeitsfelder der Jugendhilfe zu kompensieren sein (vgl. dazu GALUSKE/RAUSCHENBACH 1994, S. 206 ff.).

Aber dennoch gibt es einige flankierende Maßnahmen, die zu einer besseren Verträglichkeit der fast unvermeidlichen Folgen beitragen könnten, sei es das Konzept der flächendeckenden Teilzeitarbeit (auf z.B. 80% der vollen Arbeitszeit), die zumindest temporär einen Personalabbau für schätzungsweise 20% des Personals verhindern könnte (allerdings bei einem dann nur noch geringen Einkommen), sei es die »Umschulung« etwa in die Felder der Jugendarbeit, wo nach wie vor ein großer Mangel an Finanzen, Personal, Arbeitsplatzsicherheit und bedarfsdeckenden Angeboten zu verzeichnen ist, sei es durch begründete Ausnahmeregelungen mit Hinblick auf den Personalschlüssel etwa in Zwergkindergärten in kleinen Gemeinden auf dem Lande, die sonst ihre Einrichtung ganz schließen müßten oder sei es mit einem gezielten Förderungsprogramm für jüngere ErzieherInnen zur Aufnahme und Ermöglichung eines Fachhochschulstudiums, mit dem sich ihnen anschließend neue und andere berufliche Perspektiven im Feld der Jugendhilfe und der Sozialen Arbeit eröffnen.

In jedem Fall bleibt aber für die Jugendhilfe in den neuen Bundesländern, insbesondere für die Kindertageseinrichtungen festzuhalten, daß sich zum einen der Personalabbau in den nächsten Jahren noch fortsetzen wird, daß zum anderen mit Blick auf die dabei anstehenden Größenordnungen die politischen Vorgaben und Setzungen von entscheidender Bedeutung sein werden und daß schließlich auf Jahre von einer Spaltung der Jugendhilfe als Arbeitsmarkt zwischen Ost und West auszugehen sein wird.

9. ErzieherInnen und der Teilarbeitsmarkt Jugendhilfe - eine Bilanz

Eine Bilanz zur Lage der ErzieherInnen auf dem bundesdeutschen Teilarbeitsmarkt Jugendhilfe kann Mitte der 90er Jahre nicht gezogen werden, ohne noch einmal die widersprüchlichen, die positiven und negativen Befunde zusammenzufassen, ohne die Spaltungen dieses Arbeitsmarktes zwischen Ost und West zu berücksichtigen. Wir wollen deshalb abschließend einige uns wichtig erscheinende Befunde, Entwicklungen und Problemlagen noch einmal zuspitzend zusammentragen.

9.1 Die Expansion der sozialen Berufe

Kaum ein Befund der aktuellen Arbeitsmarktdynamik dürfte so gravierend und doch zugleich so unbeachtet geblieben sein wie das Wachstum der sozialen Berufe. Dies läßt sich anhand unterschiedlicher Zeitreihen auf der Basis unabhängiger Datenquellen eindrucksvoll dokumentieren (vgl. Abbildung 9.1).

Abb. 9.1: Erwerbstätige in sozialen Berufen *(alte Bundesländer)*

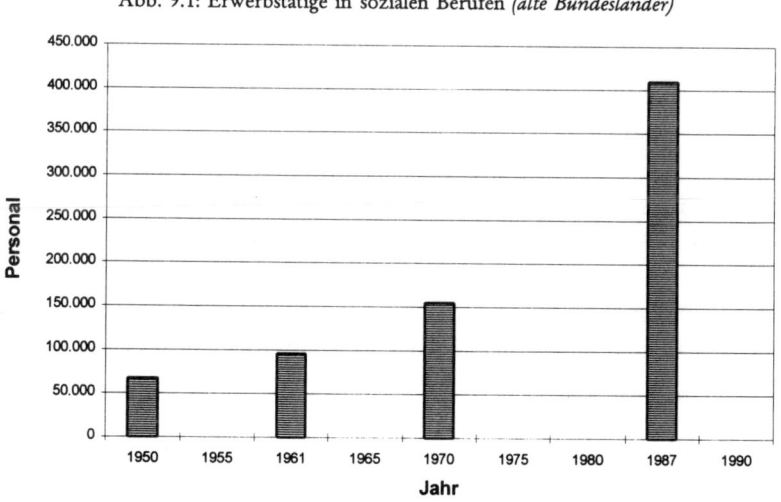

Quelle: Volks- und Berufszählungen

Gewissermaßen im Schatten des Gesundheits- und des Bildungswesens, also der Schule, ist das Feld der sozialen Berufe der Expansionsgewinner zumindest der 50jährigen deutschen Nachkriesgeschichte. Wurden 1950 noch 67.000 Erwerbstätige in den sozialen Berufen gezählt, so waren es bei der letzten Volks- und Berufszählung 1987 immerhin bereits 417.000, also mehr als das Sechsfache.

Daß dabei allerdings die eigentliche Dynamik und die beachtenswerten Wachstumsschübe erst nach 1970 eingetreten sind, zeigt ein Blick auf die Ergebnisse der Mikrozensus-Befragungen und der amtlichen Statistik der sozialversicherungspflichtig Beschäftigten (vgl. Abbildungen 9.2 und 9.3):

Abb. 9.2 Erwerbstätige in sozialen Berufen *(alte und neue Bundesländer)*

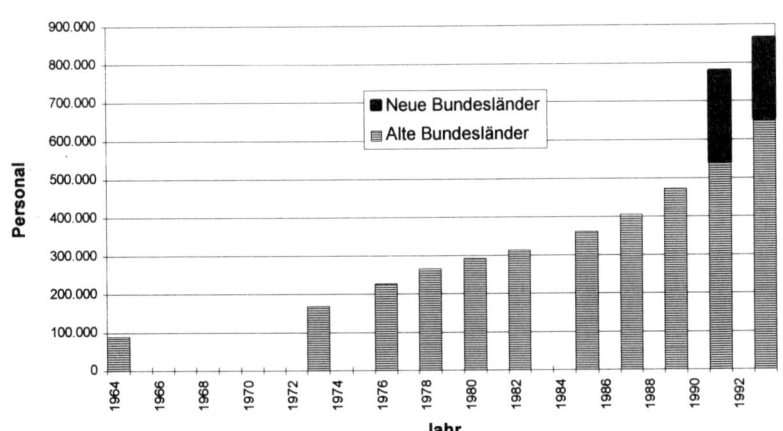

Quelle: Mikrozensus

- Demnach hat sich - nach den Ergebnissen des Mikrozensus - die Zahl der Erwerbstätigen in den sozialen Berufen seit 1964 von damals 90.000 bis zum Jahr 1993 auf zuletzt 651.000 Personen erhöht; das ist in einer deutlich kürzeren Zeit ein Anstieg um mehr als das Siebenfache. Rechnet man hier die neuen Bundesländer mit hinzu, so waren 1993 im gesamten Bundesgebiet insgesamt über 850.000 Personen im Feld der sozialen Berufe erwerbstätig.
- Und auch die seit 1977 geführte amtliche Statistik der sozialversicherungspflichtig Beschäftigten, zu denen noch die Beamten und die Selbständigen hinzu addiert werden müssen, zeigt, daß innerhalb der letzten 16 Jahre immer noch ein Anstieg um fast das Zweieinhalbfache zu verzeichnen war.

Abb. 9.3 Sozialversicherungspflichtig Beschäftigte in sozialen Berufen *(alte Bundesländer)*

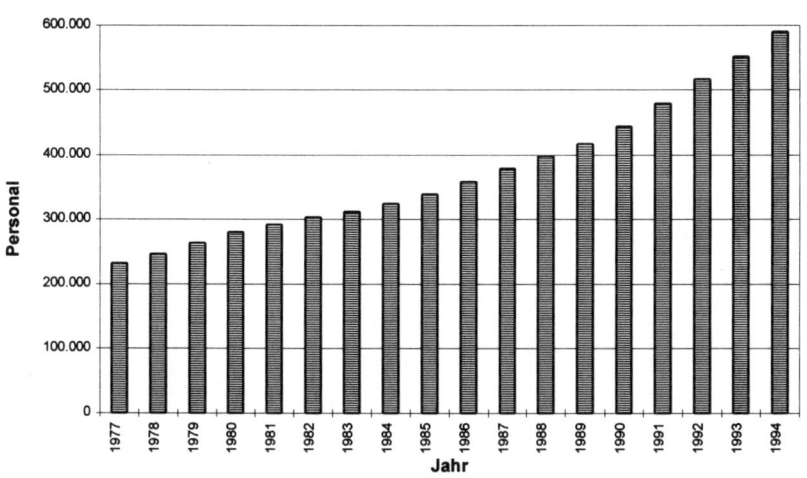

Quelle: Amtliche Nachrichten der Bundesanstalt für Arbeit (ANBA)

• Errechnet man die durchschnittlichen Jahresanstiegsquoten dieser drei Datenquellen für die unterschiedlichen Zeiträume, so zeigt sich, daß bei der
Volkszählung in 37 Jahren ein jahresdurchschnittlicher Zuwachs von rund
9.500 erwerbstätigen Personen, beim Mikrozensus in 29 Jahren eine jährliche Steigerung von immerhin gut 19.000 Personen und bei der Beschäftigtenstatistik in insgesamt 16 Jahren ein Wachstum von jährlich sogar fast
20.000 erwerbstätigen Personen in den sozialen Berufen zu verzeichnen
war. Und dabei liegen seit Anfang der 90er Jahre dieser Statistik zufolge
die Zuwachsraten pro Jahr überdies bei weit über 20.000, teilweise gar bei
über 30.000 zusätzlich Beschäftigten - und dies ohne die neuen Länder.
Derartig kontinuierliche und außergewöhnliche Wachstumsraten dokumentieren zunächst einmal einen nachhaltigen Wandel des Volumens und der Personalstruktur für die sozialen Berufe. Sie machen aber noch nicht deutlich, daß
damit zugleich auch eine Veränderung der internen Relationen zwischen den
Erwerbstätigen im Gesundheits-, Bildungs- und Sozialwesen verbunden ist. War
etwa das Verhältnis von LehrerInnen und Angehörigen sozialer Berufe 1950
noch ca. 10 : 3, 20 Jahre später rund 10 : 4 und 1987 schließlich dann 10 : 6,5 -
auf drei LehrerInnen kamen zu dieser Zeit immerhin schon zwei Erwerbstätige
in sozialen Berufen (vgl. RAUSCHENBACH 1992a, S. 389) -, so dürfte zwischenzeitlich das zahlenmäßige Verhältnis von LehrerInnen und erwerbstätigen
Personen in sozialen Berufen nahezu identisch sein. Dies ist ebenfalls ein Indiz
für das außergewöhnliche Wachstum dieses Teilarbeitsmarktes, das in einer

Zunahme des Anteils der sozialen Berufe an den Erwerbstätigen insgesamt, vor allem aber mit inzwischen über 20% an den Gesundheits-, Sozial- und Erziehungsberufen zum Ausdruck kommt (vgl. Tab. 9.1).

Tab. 9.1: Prozentualer Anstieg ausgewählter Berufsgruppen im früheren Bundesgebiet (Index 1950 = 100)

Jahr	Erwerbstätige insgesamt		Erwerbstätige in Gesundheits-, Sozial - und Erziehungsberufen »85-89«			Erwerbstätige in sozialpflegerischen Berufen »86«			
	Insg.	Index	Insg.	Index	in %	Insg.	Index	in %[1]	in %[2]
1950	22.074.000	100,0	867.264	100,0	3,9	67.000	100,0	0,3	7,7
1961	26.527.000	120,2	919.000	105,9	3,5	96.000	143,3	0,4	10,4
1970	24.607.000	111,5	1.300.500	149,9	5,3	155.000	231,3	0,6	11,9
1982	26.744.000	121,2	2.305.000	265,8	8,6	314.000	468,7	1,2	13,6
1991	29.684.000	134,5	3.067.000	353,6	10,3	540.000	806,0	1,8	17,6
1993	29.782.000	134,9	3.054.000	352,1	10,3	651.000	971,6	2,2	21,3
1993[3]	36.380.000	164,8	3.796.000	437,7	10,4	866.000	1.292,5	2,4	22,8

1 Prozentuale Anteile an den Erwerbstätigen insgesamt.
2 Prozentuale Anteile an den Erwerbstätige in Gesundheits-, Sozial - und Erziehungsberufen »85-89«.
3 Alte und neue Bundesländer.
Quellen: Volkszählung und Mikrozensus, verschiedene Jahrgänge; eigene Berechnung

Soziale Berufe haben in der Vergangenheit und vor allem derzeit einen erstaunlichen Wachstumsschub zu verzeichnen: In den letzten 70 Jahren von 30.000 auf schätzungsweise inzwischen knapp 900.000 Erwerbstätige im gesamten Bundesgebiet gestiegen, in den letzten 45 Jahren von 90.000 auf rund 650.000 allein in den alten Bundesländern angewachsen und in den letzten 5 Jahren mit Steigerungsraten von weit über 30.000 Erwerbstätigen pro Jahr im früheren Bundesgebiet. Das Feld der sozialen Berufe und der pädagogisch-sozialen Dienste hat sich somit zu einer der größten Wachstumsbranchen der Bundesrepublik entwickelt und ist dabei zu einem eigenständigen Arbeitsmarktsegment geworden. Infolgedessen kann die Lage der Berufsgruppe der ErzieherInnen auf dem Arbeitsmarkt nicht mehr isoliert ohne diese Rahmenbedingungen und Veränderungen betrachtet werden.

9.2 Die ErzieherInnen und die Jugendhilfe

Die Jugendhilfe ist mit zuletzt über 330.000 tätigen Personen der größte Teilarbeitsmarkt für die sozialen Berufe. Allein zwischen 1974 und 1990 ist die Zahl der Beschäftigten in diesem Arbeitsfeld von ca. 220.000 auf 330.000 Personen und damit um fast genau 50% gestiegen (vgl. Abbildung 9.4). Das entspricht einem durchschnittlichen Personalanstieg von fast 7.000 Personen pro Jahr allein in diesem Arbeitsfeld.

Abb. 9.4: Personal in der Jugendhilfe *(alte und neue Bundesländer)*

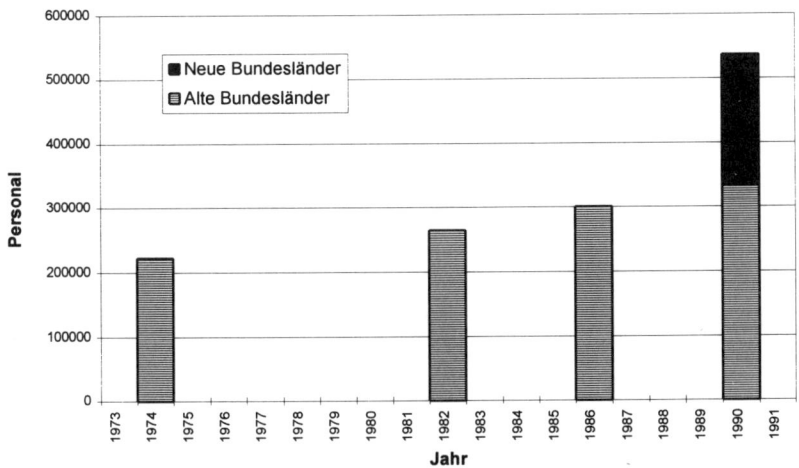

Quelle: Personal- und Einrichtungsstatistik der Jugendhilfe

Innerhalb der sozialen Berufe, vor allem aber innerhalb der Jugendhilfe, können die ErzieherInnen nach wie vor eine quantitative Vormachtstellung beanspruchen. Mit einem Anstieg von 55.000 auf 132.000 ErzieherInnen allein zwischen 1974 und 1990 in der Jugendhilfe der alten Bundesländer sind sie nicht nur in diesem Arbeitsfeld mit einem Anteil von rund 40% am Personal die größte Einzelberufsgruppe, sondern auch innerhalb des gesamten Teilarbeitsmarktes für soziale Berufe: Addiert man die fast 120.000 ErzieherInnen in den neuen Ländern hinzu, so dürfte innerhalb der sozialen Berufe in Ost und West zusammen zumindest knapp jede vierte erwerbstätige Person eine ausgebildete ErzieherIn sein.

Insoweit war die Berufsgruppe der ErzieherInnen in den letzten 25 Jahren ein wesentlicher Motor für die Prozesse der Verberuflichung und der Verfachlichung in den sozialen Berufen und der Jugendhilfe. Gleichwohl darf dabei nicht übersehen werden, daß durchschnittlich 8 von 10 ErzieherInnen in Kindertageseinrichtungen und weitere 10% in der Heimerziehung arbeiten, so daß eine tendenzielle Verengung auf diese Arbeitsfelder unübersehbar ist. Wenig überraschend ist infolgedessen auch, daß gerade die Tageseinrichtungen für Kinder jener Teilbereich der Jugendhilfe sind, der den mit Abstand geringsten Akademisierungsgrad aufzuweisen hat.

Die quantitative Vormachtstellung der ErzieherInnen innerhalb der sozialen Berufe und der Jugendhilfe steht allerdings im krassen Widerspruch zu ihrem nach wie vor niedrigen Image. So läßt sich denn die aktuelle Situation der ErzieherInnen im Hinblick auf Beschäftigung und Arbeitsmarkt als momentan ziemlich konträr kennzeichnen, befinden sich diese doch in einer vergleichsweise widersprüchlichen Lage mit ungewissem Ausgang:

(1) Auf der einen Seite belegt die Entwicklung auf dem Arbeitsmarkt in den alten Bundesländern - nach einer Phase der Stagnation vor allem in der ersten Hälfte der 80er Jahre - eine zuletzt erstaunliche Expansion der ErzieherInnen sowie des Arbeitsfeldes Kindertageseinrichtungen. Und in Anbetracht der noch nicht abgeschlossenen Umsetzung des Rechtsanspruchs auf einen Kindergartenplatz ist diesbezüglich mit einer weiteren Expansion zu rechnen.

Diese Entwicklung wird im Kern auch durch die Arbeitslosenstatistik bestätigt. So hat sich die Zahl der in den sozialen Berufen arbeitslos gemeldeten Personen mit einem Fachschulabschluß - mehrheitlich aller Voraussicht nach ErzieherInnen - nach dem Höchststand von über 19.000 Personen im Jahre 1984 seit 1991 auf Größenordnungen von unter 10.000 reduziert, was zugleich dazu führte, daß der Anteil dieser Personengruppe an allen arbeitslos gemeldeten Personen in sozialen Berufen von 39% im Jahre 1984 auf nur noch 18% im Jahre 1994 gesunken ist, ein Wert, der nie zuvor - seit 1975 - erreicht worden ist. Infolgedessen belegen also auch die Arbeitslosenzahlen eine vergleichsweise günstige aktuelle Lage. Oder anders formuliert: Im sozialen Arbeitsmarktsegment der letzten Jahre erwies sich die ErzieherInnenausbildung als solide Fachkraftausbildung mit einem sinkenden Arbeitslosigkeitsrisiko.

(2) Infolge der raschen Expansion des Arbeitsfeldes Kindertageseinrichtungen und der damit verbundenen finanziellen Folgekosten droht allerdings auf der anderen Seite eine verstärkte Deregulierung und Entfachlichung des Arbeitsmarktes für soziale Berufe und insbesondere der Kindertageseinrichtungen durch den Abbau personeller Standards. Indikator hierfür ist etwa die »Vereinbarung über die Voraussetzungen der Eignung der in Tageseinrichtungen für Kinder tätigen Kräfte« in Nordrhein-Westfalen, derzufolge als sog. »Ergänzungskräfte« auch Personen *ohne formale Qualifikation* angestellt werden dürfen (vgl. RAUSCHENBACH 1994a), Indikator ist aber auch die wieder wachsende Bedeutung der Kinderpflegeausbildung sowie die Einführung neuer Kurzzeitqualifizierungen im Bereich der Sozialpflege. Jenseits der unübersehbar gestiegenen Anforderungen an das Fachpersonal etwa in Kindertageseinrichtungen leisten derartige Entwicklungen mittelfristig einer Zwei-Klassen-Versorgung in öffentlichen Einrichtungen der Kinderversorgung Vorschub - zwischen kostengünstigen »Bewahranstalten« mit alltagserfahrenem Personal auf der einen Seite und einem gut ausgestatteten, qualitativ hochwertigen An-

gebot an Kindertageseinrichtungen mit qualifizierten Fachkräften und höheren Elternbeiträgen auf der anderen Seite.

(3) Das derzeit außergewöhnlich starke personelle Wachstum im Kindergartenbereich birgt darüber hinaus zwei weitere Gefahren in sich:

- Einerseits könnte diese kurzfristige Wachstumsphase dazu führen, daß die mit einem Anteil von 80% aller ErzieherInnen in der Jugendhilfe ohnehin schon starke Konzentration auf dieses Arbeitsfeld sich noch weiter zuspitzt. Damit verbunden wäre allerdings die Gefahr einer gedanklichen und realen Verengung der Berufsperspektive für ErzieherInnen mit Sackgassencharakter. Die ErzieherIn würde somit buchstäblich wieder zur »KindergärtnerIn«.

- Andererseits darf nicht übersehen werden, daß mit der Umsetzung des Rechtsanspruchs in den nächsten Jahren zunächst einmal ein Expansionsstillstand verbunden wäre, der gerade für die ErzieherInnen prekäre Arbeitsmarktfolgen nach sich ziehen könnte. Es ist mithin nicht auszuschließen, daß die Berufsgruppe der ErzieherInnen gegen Ende dieses Jahrzehnts erneut mit massiven Arbeitsmarktproblemen zu rechnen hat, sofern keine strukturellen Vorkehrungen angesichts der derzeit absehbaren Lage getroffen werden.

Die Analyse des Teilarbeitsmarktes soziale Berufe in den alten Bundesländern macht deutlich, daß auch für die Berufsgruppe der ErzieherInnen bei aktuell vergleichsweise günstigen Bedingungen die Dynamik der letzten Jahre vielfältige Ungewißheiten enthält. Die Beschäftigungsmöglichkeiten für ErzieherInnen können nicht länger isoliert für sich betrachtet werden; längst sind sie Bestandteil einer Wachstumsdynamik und eines Wandels der Personalstruktur, der auch vor den Toren einer Fachschulausbildung nicht halt macht.

ErzieherInnen als die größte Berufsgruppe einerseits und als ältestes Qualifikationsprofil andererseits können sich nicht länger vor zwei Tatsachen verschließen: daß es seit nunmehr 25 Jahren auch sozialpädagogische Ausbildungen auf Hochschulebene gibt, also oberhalb des Fachschulniveaus, und daß es zugleich auch lange Zeit unbeachtete und unterschätzte Entwicklungen unterhalb der Fachschule gibt. Beides zusammen kann dazu führen, daß ErzieherInnen von zwei Seiten substituiert werden können, d.h. gewissermaßen in ein Sandwich-Dilemma geraten: auf der Leitungs-, Gestaltungs- und Definitionsebene zunehmend »*von oben*«, also von den hochschulausgebildeten, diplomierten SozialpädagogInnen verdrängt zu werden - dies ist außerhalb der Tageseinrichtungen für Kinder schon seit längerem beobachtbar - und auf der Ebene durchschnittlicher Gruppendienste und routinisierbarer Tätigkeiten gleichsam »*von unten*«, also von KinderpflegerInnen und anderen, kurzzeitausgebildeten Zweit- und Ergänzungskräften ersetzt zu werden.

Mehr als alle anderen innerhalb der sozialen Berufe muß sich daher die »ErzieherIn« mit der Höhenlage ihrer Ausbildung und den damit verbundenen Folgen befassen. Eine Fortschreibung des status quo scheint nach allem, was man über die Dynamik dieses Teilarbeitsmarktes weiß, nicht empfehlenswert.

9.3 Der Osten - Abbau statt Ausbau

Eine völlig andere Entwicklung ist in den neuen Bundesländern zu beobachten. So befindet sich die Berufsgruppe der ErzieherInnen in den ostdeutschen Bundesländern in einer äußerst prekären Arbeitsmarkt- und Beschäftigungssituation. Einige Indizien:

- In den neuen Bundesländern war Anfang der 90er Jahre mit 176.000 Personen - davon 146.000 pädagogisches Personal - ein erstaunlich hoher Anfangsbestand an Personal in den Tageseinrichtungen für Kinder (Krippe, Kindergarten, Hort) festzustellen, der seit diesem Zeitpunkt jedoch drastisch reduziert worden ist. So ist in den neuen Bundesländern allein zwischen 1991 und 1993 die Zahl der Erwerbstätigen in sozialen Berufen von 241.000 auf 215.000 Personen zurückgegangen; und ein Stillstand ist noch nicht abzusehen.

- Der Beschäftigungsabbau zugunsten älterer Mitarbeiterinnen hat erhebliche Auswirkungen auf die Personalstruktur und die pädagogische Arbeit in Kindertageseinrichtungen. (Arbeitsplatz-)Unsicherheit und Unzufriedenheit von ErzieherInnen im Osten schlägt sich daher auch nicht, wie im Westen, etwa in einer erhöhten Personalfluktuation in den Kindertageseinrichtungen nieder, sondern äußert sich eher in Motivationsdefiziten mit Blick auf eine zukunftsorientierte Weiterentwicklung der Arbeit in Tageseinrichtungen für Kinder, also der konzeptionellen Umgestaltung und Modernisierung der pädagogischen Arbeit.

Zugleich waren mit der Deutschen Einheit im Vergleich zur DDR erhebliche Prestige- und Statusverluste für die ErzieherInnen in den neuen Bundesländern verbunden, da sie im Unterschied zu den Lehrkräften im Grundschulalter eine Abwertung erfahren haben, die - neben dem dramatischen Personalabbau und den zusätzlichen Nachqualifizierungserfordernissen - zu weiterer beruflicher Verunsicherung und Unzufriedenheit geführt haben dürften.

Dennoch führt dies aufgrund der hohen Arbeitsplatzunsicherheit und vor allem aufgrund fehlender Beschäftigungsalternativen nicht zu einem massenhaften freiwilligen Berufswechsel und damit zu einer Angleichung der Verweildauer bei ErzieherInnen im Osten auf das Westniveau, so daß insoweit nicht mit einem kurzfristig hohen Ersatzbedarf zu rechnen sein wird.

Auch in den neuen Bundesländern kann die Lage der ErzieherInnen und der Tageseinrichtungen für Kinder nicht mehr getrennt von den anderen Arbeitsfeldern der Jugendhilfe und der Angehörigen anderer sozialer Berufe gesehen werden. Während diese traditionellen Arbeitsfelder für ErzieherInnen von einem drastischen Personalabbau gekennzeichnet sind, besteht in anderen Bereichen der Jugendhilfe wie der Jugendarbeit, der Jugendberufshilfe oder dem Allgemeinen Sozialen Dienst nach wie vor - neben der dringend notwendigen Entfristung vieler ABM-Stellen - ein *zusätzlicher* Personalbedarf, der allerdings nicht annähernd den Umfang erreichen kann, der in den Tageseinrichtungen insgesamt an Personal abzubauen ist.[44]

Mit dem Aufbau einer neuen Ausbildungslandschaft für soziale Berufe, insbesondere an Fachhochschulen und Universitäten, aber auch durch Einführung neuer Abschlüsse wie dem »staatlich anerkannten Fachpädagogen« in Brandenburg oder der »Fachkraft für soziale Arbeit« in Sachsen, Sachsen-Anhalt und Thüringen wird einem weiteren Akzeptanzabbau und einer perspektivlosen Zukunft der ErzieherInnenausbildung indirekt Vorschub geleistet, eine Entwicklung, die künftig unter dem Strich auch Rückwirkungen auf die gesamtdeutsche Landschaft für diese Berufsgruppe haben könnte (zur Ausbildung in den neuen Ländern vgl. GALUSKE/RAUSCHENBACH 1994).

9.4 Die ungewisse Zukunft - ein Ausblick

Die Lage der ErzieherInnen auf dem bundesdeutschen Arbeitsmarkt wird, alles in allem, mittelfristig unübersichtlich bleiben. Dennoch lassen sich einige Eckpunkte formulieren:

* Ausbildung und berufliche Qualifikation lohnen sich im Feld der sozialpädagogischen Beschäftigungsverhältnisse noch immer, da inzwischen mehr als die Hälfte der arbeitslos gemeldeten Personen in sozialpflegerischen Berufen keine oder nur eine geringfügige Qualifikation vorweisen können. Die Zahl der dem Arbeitsmarkt zur Verfügung stehenden Fachkräfte stagniert hingegen auf vergleichsweise geringem Niveau (vgl. Abbildung 9.5).

---

[44] Obgleich bis heute keine Jahres-ABM-Zahlen für den Bereich der sozialen Dienste in den neuen Bundesländern vorliegen, zeigen Einzelauswertungen der regelmäßig veröffentlichten Monatstabellen, daß zum einen die ABM-Zahlen im Bereich der sozialen Dienste in den neuen Bundesländern die höchste Einzelnennung sind und daß zum anderen die Ost-Zahlen in diesem Bereich, gemessen an den entsprechenden West-Zahlen, auffällig hoch sind. Beides scheinen uns Indikatoren für die nicht zu unterschätzende fragile Absicherung vieler Stellen im sozialen Sektor.

Abb. 9.5: Vergleich arbeitslos gemeldeter Personen in sozialen Berufen nach dem Qualifikationsniveau *(alte Bundesländer)*

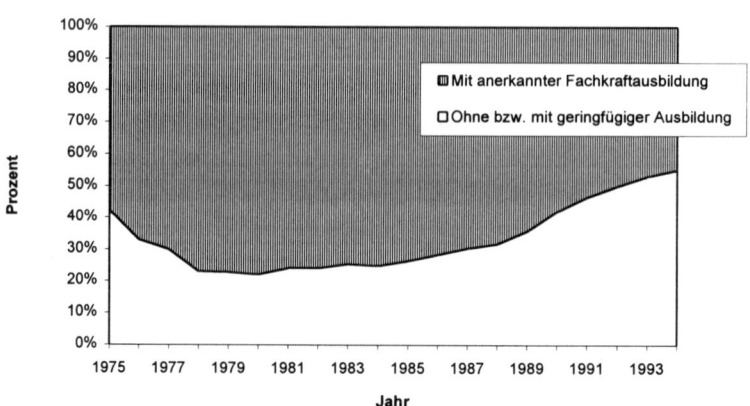

Quelle: Amtliche Nachrichten der Bundesanstalt für Arbeit (ANBA)

- Der Ausbau und die Förderung von Kursen, Lehrgängen, Kurz- und Helferinnenausbildungen unterhalb der geregelten Fachkraftausbildungen ist arbeitsmarkt-, frauen- und jugendhilfepolitisch fragwürdig und geht zu Lasten der Kinder, der Attraktivität des Arbeitsfeldes, den oft schwierigen Arbeitsverhältnissen und nicht zuletzt auch zu Lasten der betroffenen Frauen.

- Die nach wie vor geringe Verweildauer von ErzieherInnen im Beruf ist volkswirtschaftlich, berufspolitisch und fachlich kontraproduktiv. Zugespitzt formuliert: Bei einer nicht geringen Anzahl von ausgebildeten ErzieherInnen dauert die *Berufsphase* nicht oder zumindest nicht wesentlich länger als die gesamte *Ausbildungsphase* (also einschließlich Vorpraktikum und Anerkennungsjahr). Dies kann - nicht nur unter volkswirtschaftlichen Gesichtspunkten - niemand befriedigen; und dies kann auch unter fachlichen und berufspolitischen Überlegungen derzeit niemand wollen. Diesem Dilemma kann nur durch eine Steigerung der Attraktivität des ErzieherInnenberufs wirkungsvoll entgegengesteuert werden, sei es durch bessere Bezahlung, durch verbesserte Möglichkeiten der Weiterqualifizierung und des beruflichen Aufstiegs oder sei es durch eine bessere, aufgabengerechtere Ausbildung.

- Der Personalbedarf in den alten Bundesländern zeigt in Anbetracht des Rechtsanspruchs auf einen Kindergartenplatz ab 1996 (oder später) vorerst

nach wie vor nach oben. Zur vollständigen Umsetzung des Rechtsanspruchs auf einen Kindergartenplatz besteht - im Vergleich zu 1994 - eine
zusätzlicher Personalbedarf von insgesamt noch einmal rund 55.000 Personen; das sind fast immerhin 30% des derzeitigen Personalbestandes, der für
1994 mit ca. 190.000 Personen geschätzt werden kann (vgl. Tab. 9.2).[45]

---

[45] Hierzu läßt sich folgende Berechnung anstellen: Vergegenwärtigt man sich, daß nach
§ 24 des KJHG zum 01.01.1996 jedes Kind ab dem vollendeten dritten Lebensjahr bis
zum Schuleintritt einen Anspruch auf den Besuch eines Kindergartens haben wird (in
manchen Bundesländern sogar schon früher, in manchen möglicherweise etwas später),
so wird sehr schnell deutlich, daß hierdurch unvermeidlich noch ein *weiterer Bedarf
an ErzieherInnen* entsteht (wir beschränken uns hier auf die Entwicklung in den *alten
Bundesländern*). Dazu kann man folgende Rechnung in fünf Schritten aufmachen:
Ende 1990 waren - erstens - bei einer Gesamtzahl von ca. 2,3 Mio. Kindern im Alter
von 3 bis 6,5 Jahren im Bereich des *Kindergartens* bei 1,5 Mio. verfügbaren Plätzen
ca. 147.000 Personen beschäftigt (davon 86.000 ErzieherInnen). Legt man nun - zweitens - die *prognostischen Werte für 1996* zugrunde, so sieht die Lage wie folgt aus: Un-
ter der Annahme, daß bis zu diesem Zeitpunkt *für 90% aller Kinder* ab dem dritten
Lebensjahr bis zum Schuleintritt ein Platz zur Verfügung stehen sollte - von dieser
Größenordnung geht auch der Städtetag aus -, so wäre ein Gesamtbedarf von etwas
mehr als 2,4 Mio. verfügbaren Kindergartenplätzen notwendig. Dies entspricht einem
Mehrbedarf von fast 900.000 zusätzlich benötigten Kindergartenplätzen gegenüber dem
Vergleichswert des Jahres 1990.
Ganz unstrittig benötigt man - drittens - für diesen Ausbau auch zusätzliches Personal - auch wenn man dies lange Zeit politisch und fachlich ignoriert hat -, so daß bis
1996 hierfür ein personeller Mehrbedarf von fast 100.000 Personen entsteht, immer
gerechnet gegenüber dem Vergleichsjahr 1990. Da unterdessen - viertens - die Zahl der
Beschäftigten in diesem Bereich seit Anfang der 90er Jahre bereits deutlich gestiegen
ist - und zwar von 1990 auf 1994 um insgesamt rund 64.000 Personen -, hieße das, daß
in den restlichen verbleibenden zwei Jahren bis 1996 insgesamt noch ungefähr 32.000
Personen benötigt würden. Dies entspräche einem Schnitt von immerhin fast 16.000
zusätzlich benötigten Personen *pro Jahr* allein für den Kindergarten.
Nur für den Bereich des Kindergartens und dort nur für die Gruppe der *ErzieherInnen*
hieße das - fünftens -, daß in den letzten beiden Jahren noch etwa 9.500 ausgebildete
ErzieherInnen *zusätzlich* benötigt würden. Dem standen im Herbst 1994 in den alten
Bundesländern »nur« noch etwas mehr als 9.000 arbeitslos gemeldete ErzieherInnen
bei den Arbeitsämtern gegenüber, während derzeit schätzungsweise zwischen 12.000
und 13.000 bundesweit neuausgebildete ErzieherInnen - bei allerdings steigender Tendenz - pro Jahr dazukommen. Von diesen wollen jedoch (1) keineswegs alle sofort in
den Beruf gehen, (2) keineswegs alle in den Kindergarten und werden sich (3) keineswegs alle nur auf die neuen, zusätzlichen Stellen bewerben. Daraus folgt fast
zwangsläufig, daß der Beruf der ErzieherIn in den nächsten zwei oder drei Jahren zu
einem Mangelberuf werden müßte - immer vorausgesetzt natürlich, daß die Rahmenbedingungen etwa gleich bleiben, daß also der Rechtsanspruch auf Landes- und
kommunaler Ebene auch tatsächlich umgesetzt wird und daß die ErzieherIn in diesem
Zusammenhang auch weiterhin die Fachkraft Nr. 1 in diesem Arbeitsfeld bleibt.

Tab. 9.2: Zum Personalbedarf in den Kindergärten der alten Bundes-länder bis 1996 *(bei einer Versorgungsquote von 90%)*			
Jahr	Kinder 3 bis 6,5 Jahre	Verfügbare Plätze	Personal
1990 *(Ist)*	2.300.000	1.550.000	ca. 147.000
	Benötigte Pätze (bei 90%-Versorgung)		
1996 *(Soll)*	2.700.000	2.430.000	ca. 243.000
Differenz	+ 400.000	+ 880.000	+ 96.000
Noch ausstehender Bedarf für1995/96:			+ 32.000
Jahrespersonalbedarf:			+ 16.000
Zusätzlicher ErzieherInnenbedarf pro Jahr:			+ 9.500

- Dieser zusätzliche Fachkraftbedarf kann unter fachlichen Gesichtspunkten nur angemessen realisiert werden, wenn zahlenmäßig relevante Teile der großen Menge ausgebildeter, aber derzeit nicht einschlägig erwerbstätiger ErzieherInnen mit attraktiven Wiedereinstiegsangeboten zur Berufsrückkehr geworben werden.

- Wenn allerdings mit der Realisierung des Rechtsanspruchs auf einen Kindergartenplatz der unabweisbar hohe Personalbedarf in diesem Beschäftigungssegment zum Stillstand kommt, ist erneut mit strukturellen Arbeitsmarktproblemen von ErzieherInnen im Westen zu rechnen, die durch die Verengung des Berufsfeldes auf den Kindergarten und den momentan zu beobachtenden Rückzug aus der Heimerziehung noch verschärft werden könnten. Bei einem dann hohen Beschäftigungsstand und einer Vollversorgung für die 3-6jährigen ist nicht mehr ohne weiteres mit einer weiteren Expansion des Arbeitsmarktes zu rechnen, da sich auch hier die Frage nach den »Grenzen des Wachstums« stellt.

- In den neuen Bundesländern wird aufgrund der dramatisch gesunkenen und vorerst zumindest stagnierenden Geburtenentwicklung auch in den nächsten Jahren mit einem weiteren Stellenabbau im Bereich der Kindertageseinrichtungen zu rechnen sein, der auch nur bedingt mit flächendeckenden Teilzeitbeschäftigungsverhältnissen aufgefangen werden kann.

- Der Stellenabbau im Arbeitsfeld Kindertageseinrichtungen wird in Ostdeutschland auch zukünftig erheblich sein - aufgrund der demographischen Entwicklung zuerst im Krippen- und Kindergartenbereich, am Ende des Jahrhunderts dann massiv im Hortbereich. Kommen hierzu noch andere Faktoren, so muß gegenüber dem Ausgangsjahr 1991 bis zum Ende des Jahrzehnts mit einem Personalabbau zwischen 50% und 70% gerechnet werden. Und dabei muß auch bedacht werden, daß die anderen Bereiche der Sozial- und Erziehungsberufe, einschließlich der Schule, mittelfristig ebenfalls von dieser Entwicklung tangiert werden.

• Um der massiven Verunsicherung und zunehmenden sozialen Ausgrenzung der ErzieherInnen in den neuen Bundesländern entgegenzuwirken, ist eine gezielte Fort- und Weiterbildung des Fachpersonals in den Kindertageseinrichtungen dringend erforderlich, um damit auch eine Umorientierung in andere Bereiche der Jugendhilfe mit erkennbarem Fachkräftebedarf zu befördern.

Ein im Westen derzeit noch vielversprechender Arbeitsmarkt läßt allzu rasch übersehen, daß diese günstigen Perspektiven in einigen Jahren verbraucht sein können. Stellenkürzungen, neue Steuerungsmodelle, Budgetierung, schlanke Verwaltung und Personaleinsparungen durch kostengünstigeres Personal, durch Erhöhung der Gruppengrößen und der Elternbeiträge können das bisherige System der öffentlichen Kinderversorgung neu auf die Tagesordnung setzen. Und ob in diesem Fall die traditionell ausgebildete ErzieherIn als zentrale und konkurrenzlose Berufsgruppe für dieses mit Abstand größte Arbeitsfeld der Jugendhilfe überlebt, bleibt abzuwarten.

Teil II

Ausbildung

10. Neue Herausforderungen an Ausbildung und Beruf

Mit dem Beschluß der Kultusministerkonferenz von 1967 in der Fassung von 1969 wurden die Grundlagen für eine breitqualifizierende Fachkraftausbildung in der Jugendhilfe geschaffen und die bis dato bestehenden Teilausbildungen zur KindergärtnerIn/HortnerIn und zur HeimerzieherIn zum neuen Berufsbild »ErzieherIn« zusammengefaßt. Die Ausbildung sollte unter primär praktischen Aspekten für die erzieherische Tätigkeit mit Kindern und Jugendlichen qualifizieren und den AbsolventInnen den gleichberechtigten Zugang zu den Arbeitsfeldern Tageseinrichtungen für Kinder, Heimerziehung und Jugendarbeit eröffnen. Fast 30 Jahre später liegt das berufliche Zentrum von ErzieherInnen eindeutig im Sektor Tageseinrichtungen für Kinder, in denen ca. 80% der erwerbstätigen ErzieherInnen beschäftigt sind. Rund 10% haben einen Arbeitsplatz in der Heimerziehung, die übrigen verteilen sich auf andere Aufgabenbereiche der Jugendhilfe (vgl. hierzu Teil I).

In den Arbeitsfeldern Kindertageseinrichtungen und Heimerziehung haben sich seit den 70er Jahren Entwicklungen vollzogen, die die ErzieherInnenausbildung und den -beruf vor neue Probleme und wachsende Herausforderungen stellen. Dies soll exemplarisch für das größte Arbeitsfeld der Jugendhilfe, den Kindertageseinrichtungen, nachvollzogen werden, in dem staatlich anerkannte ErzieherInnen neben KinderpflegerInnen und - in begrenztem Umfang - SozialpädagogInnen mit Abstand die Hauptbeschäftigtengruppe bilden.

Unter den verschiedenen Formen von Kindertageseinrichtungen - Krippe, Kindergarten, Hort und der übergreifend organisierten altersgemischten Gruppe - hat vor allem der Kindergarten bei Familien mit Kindern einen Grad an gesellschaftlicher Akzeptanz erreicht - ENGELHARDT/ERNST sprechen von einer nahezu »informellen Kindergartenpflicht« (1992, S. 419) - »von dem andere Einrichtungen und Felder (...) in der Sozialpädagogik nur träumen können« (ebd., S. 420). Auch in der Fachöffentlichkeit hat der Kindergarten als Einrichtung der Jugendhilfe in den letzten Jahren durch ein wachsendes Interesse an den Lebensbedingungen von Familien in der modernen Industriegesellschaft mit sich wandelnden Familienstrukturen und -konstellationen einen enormen Bedeutungszuwachs erfahren und wird wieder verstärkt in seiner bildungs- und sozialpolitischen Tragweite wahrgenommen. Demzufolge werden ihm als wichtige Sozialisationsinstanz für alle Kinder ab dem vollendeten 3. Lebensjahr bis zum Schuleintritt neue familienergänzende und -entlastende Aufgaben zugeschrieben.[46]

Mit der Verankerung des Rechtsanspruchs auf einen Kindergartenplatz ab 1996 im Kinder- und Jugendhilfegesetz besteht darüber hinaus auch die rechtliche und politische Verpflichtung, eine ausreichende Anzahl von Plätzen für 3- bis 6jährige Kinder zur Verfügung zu stellen. Wie bei der jüngsten Diskussion um die Realisierung und die zeitliche Verschiebung des Rechtsanspruchs überdeutlich wurde, bestehen im Kindergartenbereich jedoch erhebliche regionale und soziale Versorgungsdefizite, deren Kompensation bis 1996 zur Zeit in einigen Ländern der Altbundesrepublik weder absehbar noch politisch intendiert ist. Im Gegensatz hierzu werden in den neuen Bundesländern - ausgehend vom Vollversorgungssystem der DDR - aufgrund der demographischen Entwicklung und der schwierigen finanziellen Lage in den Kommunen vorhandene Kapazitäten in Tageseinrichtungen abgebaut.

Das größere Versorgungsproblem existiert für die betroffenen Eltern, wiederum in den alten Bundesländern, jedoch bei den Kleinst- und Schulkindern, also im Krippen- und Hortbereich. Gerade Frauen, denn noch immer bricht sich die Frauen- an der Kinderfrage (vgl. METZ-GÖCKEL 1986), suchen hier nach neuen Balancen zwischen Familienleben und Arbeitswelt, da das Interesse an Erwerbstätigkeit bei zunehmendem Bildungsstand, mit qualifizierter Berufsausbildung und/oder aus ökonomischer Notwendigkeit gestiegen ist. Noch immer ideologisch als Notlösung besetzt und abgewertet, steht dem Wunsch vieler Eltern nach flexiblen außerfamilialen Betreuungsmöglichkeiten eine äußerst begrenzte, schwerpunktmäßig auf wenige Großstädte konzentrierte Anzahl von Angeboten für Kinder unter 3 Jahren in den alten Bundesländern gegenüber, während gleichzeitig in den neuen Bundesländern auch im Bereich der Krippenerziehung vorhandene Angebote reduziert werden.[47]

Ähnlich katastrophal sieht die Versorgungssituation für den Hortbereich aus, in dem die Nachfrage bei weitem die Anzahl der Plätze für Schulkinder übersteigt. Lösungen müssen deshalb entweder traditionell geschlechtsspezifisch durch den Rückzug der Frauen aus dem Erwerbsleben oder unter ungeheurem individuellen Energieaufwand auf dem grauen Markt familienübergreifender Betreuung über Leihomas, Au-Pair- und Kindermädchen oder Tagesmütter gesucht werden, zumal traditionelle Unterstützungssysteme aus dem eigenen Verwandtenkreis zunehmend ausfallen.[48]

---

[46] Vgl. BUNDESMINISTER FÜR JUGEND, FAMILIE, FRAUEN UND GESUNDHEIT (1990); DERSCHAU (1991); PREISSING (1991).
[47] Vgl. AMONEIT/NIESLONY(1993); GALUSKE/RAUSCHENBACH (1994).
[48] Vgl. COLBERG-SCHRADER (1991).

Doch über das Problem hinaus, überhaupt einen Platz in einer Kindertageseinrichtung mit arbeitszeitangepaßten und flexiblen Öffnungszeiten zu finden, erwarten die Eltern eine qualifizierte Betreuung ihrer Kinder in den Einrichtungen und eine pädagogische Arbeit von den MitarbeiterInnen, die über eine reine Beaufsichtigung und bloße Verwahrung hinausgeht. Der rasche Ausbau des Kindergartenbereichs im Westen, der hiermit verbundene Personalbedarf und die zu erwartenden finanziellen Verpflichtungen gefährden jedoch momentan pädagogische und vor allem personelle Standards in den Einrichtungen und könnten eine Deregulierung des Arbeitsmarktes für soziale Berufe zur Folge haben. Indikatoren für bereits zu beobachtende Entfachlichungstendenzen sind beispielsweise die Nordrhein-Westfälische Personalvereinbarung zum Gesetz über Tageseinrichtungen für Kinder (GTK) und die Einführung neuer Kurzzeitausbildungen im Bereich Sozialpflege (vgl. RAUSCHENBACH 1994a; Kapitel 11.3).

Auch bei den ErzieherInnen, die trotz personeller Engpässe in den Einrichtungen, überfüllten und zu großen Gruppen, mangelnden Vor- und Nachbereitungszeiten versuchen, qualifizierte Arbeit zu leisten, sind angesichts der immer komplexeren Anforderungen an ihre Tätigkeit Ermüdungs- und Überforderungssymptome festzustellen. Aufgrund der hohen psychischen und physischen Belastungen mehren sich Burning-Out-Symptome, und ist - zumindest im Westen - noch immer eine geringe Verweildauer im Beruf zu konstatieren.[49] Demgegenüber steht in den neuen Ländern, ausgehend von der Verbundenheit mit einem Beruf, der in der DDR ein hohes gesellschaftliches Image hatte, »die Auseinandersetzung mit beruflichen und privaten Erfahrungen des gesellschaftlichen Umbruchs« (DEUTSCHES JUGENDINSTITUT 1993b, S. 2), die einherging mit vielfältigen Veränderungen in den Einrichtungen und bei den Trägerstrukturen. Die hiermit verknüpfte berufliche Verunsicherung, aber auch die Angst vor dem Verlust des Arbeitsplatzes, kennzeichnen die Situation im Osten nach der Vereinigung in einem Umfang (vgl. EBERT 1994, S. 15 f.)[50], daß viele Beschäftigte »die Gesamtentwicklung in ihrem Berufsfeld als Verschlechterung erleben« (DEUTSCHES JUGENDINSTITUT 1993b, S. 2).

Dabei stehen die Verschlechterung der Arbeitsbedingungen und die zu beobachtenden Dequalifizierungsprozesse in Kindertageseinrichtungen im Widerspruch zu den komplexen Anforderungen und Aufgaben, deren Umsetzung

---

[49] Vgl. dazu Kapitel 6.2 sowie DER VERGESSENE BERUF (1990) und GLEICH (1993).

[50] Laut DEUTSCHEM JUGENDINSTITUT (1993b) wurden bis Juni 1992 im Krippenbereich 34% des pädagogischen Personals entlassen und weitere 10% im Rahmen von AB-Maßnahmen beschäftigt. Im Kindergartenbereich mußten 17% ihren Arbeitsplatz aufgeben, während 20% befristete ABM-Stellen hatten (vgl. ebd., S. 11).

in die Praxis von den MitarbeiterInnen in den Einrichtungen eine fundierte
Ausbildung und vielfältige Kompetenzen erfordert.[51] Um beispielsweise integrative und multikulturelle Erziehung zu praktizieren, Krisen und Konflikte
in Familien zu erkennen und ihnen entgegenzuwirken, sind Sachkompetenz
und zugleich methodische Fähigkeiten erforderlich. Beides ist zugleich gefragt,
wenn es gilt, »verhaltensauffälligen« Kindern »ohne vorschnelle Ettiketierun-
gen und aussondernde Normalitätserwartungen zu begegnen, andererseits aber
auch in hilfreicher Weise mit schwierigen und belasteten Kindern umzugehen
und ihnen gegebenenfalls fachliche Hilfen von Spezialdiensten zu vermitteln«
(BUNDESMINISTER FÜR JUGEND, FAMILIE, FRAUEN UND GESUNDHEIT 1990,
S. 100). Gleichzeitig »erfordert es eine reflexive Praxis, um bei der vorwiegend
weiblichen Besetzung des Arbeitsfeldes die Entwicklungsmöglichkeiten von
Mädchen und Jungen im täglichen Umgang zu fördern« (ebd.) und einer ein-
seitigen geschlechtsspezifischen Erziehung vorzubeugen. Wenn darüber hinaus
nicht nur Lernsequenzen gestaltet, sondern soziales Lernen - verstanden als
Lernen in Erfahrungs- und Lebenszusammenhängen auf der Grundlage eines
gemeinsamen Kommunikationsprozesses zwischen Kindern und ErzieherInnen - umgesetzt werden soll, sind damit Kompetenzen wie Phantasie, Kreativität und Innovationsfreudigkeit des Personals angesprochen (vgl. COLBERG-
SCHRADER/KRUG/PELZER 1991).

Es geht jedoch nicht nur um die Umsetzung einzelner Erziehungskonzepte
und um die Gestaltung des Lernprozesses zwischen ErzieherInnen und Kindern oder des gemeinsamen Lebens der Kinder in einer (verstärkt altersgemischten) Gruppe, sondern es wird mittlerweile ein Berufsverständnis von ErzieherInnen gefordert, das über die pädagogische Arbeit mit den Kindern
hinaus, weitergehende Qualifikationen verlangt, da sie »nämlich sehr viel um-
fassender verantwortlich für die sozialen Belange und Räume von und für
Kinder« (DERSCHAU 1991, S. 185) sind. Über die rein erzieherische Tätigkeit
hinaus wird die Fähigkeit zur konzeptionellen Arbeit verlangt, um mit Blick
auf die Lebensbedingungen von Familien angemessene und flexible Angebote
in Zusammenarbeit mit den Eltern und Trägern zu entwickeln. Hierbei erfordert das Konzept einer stadtteilorientierten Gemeinwesenarbeit nicht nur die
Öffnung der Institution zum Wohnumfeld und die Einbeziehung nachbar-
schaftlicher Kontakte, sondern auch eine Elternarbeit, in der die Kindertageseinrichtung begriffen wird als Begegnungsort und Anlaufstelle für die ganze
Familie, da auch nicht-erwerbstätige Elternteile zunehmend nach öffentlichen

---

[51] Vgl. BUNDESMINISTER FÜR JUGEND, FAMILIE, FRAUEN UND GESUNDHEIT (1990);
DERSCHAU (1991); FTHENAKIS (1994); PREISSING (1991).

Räumen und Kommunikationsorten suchen, wie etwa die Entwicklung der Mütterzentren gezeigt hat (vgl. COLBERG-SCHRADER 1991; DERSCHAU 1991). Selbstbewußtsein und professionelle Kompetenz der ErzieherInnen im Umgang mit den Eltern bis hin zu Kenntnissen im Bereich der Erwachsenenbildung sind hierbei Prämissen, »um ein partnerschaftliches Konzept der Elternmitwirkung zu realisieren und um die Gemeinwesenorientierung der Kindertageseinrichtungen voranzutreiben« (vgl. BUNDESMINISTER FÜR JUGEND, FAMILIE, FRAUEN UND GESUNDHEIT 1990, S. 100).

Gleichzeitig wird die Kooperation mit informellen Netzen bis hin zur Mitwirkung bei der regionalen und sozialen Infrastrukturplanung gefordert, um die Interessen der Kinder und Familien in der Öffentlichkeit zu vertreten. Gerade die anwaltliche Vertretung »der Belange von Kindern im lokalpolitischen Raum, die notwendige Interessenvertretung beim Tauziehen um knappe öffentliche Mittel, die Vernetzung von Jugendhilfeleistungen mit anderen regionalen Ressourcen und Potentialen sind Dimensionen, die von den in Kindertageseinrichtungen tätigen Personen bisher kaum als Teil ihrer Arbeit wahrgenommen werden können« (ebd., S. 101 f.), und neben den nötigen zeitlichen Spielräumen in den Einrichtungen Souveränität, Engagement und Durchsetzungsfähigkeit von den ErzieherInnen verlangen.

In weit stärkerem Umfang als das Arbeitsfeld Tageseinrichtungen für Kinder hat sich seit den 70er Jahren die Heimerziehung gewandelt, in der ein weitgehender Ausdifferenzierungsprozeß neben den traditionellen Kinder- und Jugendheimen oder Großheimen der ehemaligen Anstalts- und Fürsorgeerziehung zu einer Vielfalt von dezentralen Betreungsangeboten geführt hat (vgl. Teil I). Die hiermit einhergehende umfassende »Zuständigkeit der Pädagogen für die Lebensbedingungen und die Erziehung der Kinder, ohne hochformalisierte Handlungsvorschriften und mit wesentlichen Kompetenzen ausgestattet und ohne die Delegation wichtiger Funktionen an gruppenübergreifende Dienste« (WOLF 1993c, S. 41 f.) setzen mehr noch als in Kindertageseinrichtungen ein anderes Selbstverständnis der MitarbeiterInnen, der Arbeit und die entsprechenden Qualifikationen voraus (vgl. WOLF 1993b, S. 71).[52] So sind ein hohes »Maß an sozialer Phantasie, selbstkritische Reflexivität (Müller 1982) und theoretische Kenntnisse, etwa über die Zusammenhänge von sozioökonomischen Status, Lebenserfahrungen und Identität« (WOLF 1993c, S. 42) und kommunikative Kompetenzen wie Rollendistanz, Empathie und Ambi-

---

[52] Ein Indikator, daß sich diese Meinung auch bei den Trägern langsam durchzusetzen beginnt, besteht darin, daß der Anteil von ErzieherInnen in der Heimerziehung im Gegensatz zu den SozialarbeiterInnen/SozialpädagogInnen der Fachhochschulen und Universitäten seit 1982 nicht mehr gestiegen ist (vgl. Teil I).

guitätstoleranz gefordert (vgl. ebd, S. 42 f.). Ob ErzieherInnen, die auch innerhalb der Heimerziehung als größte Berufsgruppe (30%) noch vergleichsweise
stark vertreten sind, diese Kompetenzen im Rahmen ihrer Ausbildung erwerben können, wird in der Heimerziehung mittlerweile stark bezweifelt.[53]

Vorbehalte gegenüber der ErzieherInnenausbildung, inwieweit im Rahmen
der Fachschul-/Fachakademieausbildung noch kompetente ErzieherInnen ausgebildet werden, deren Qualifikation und Professionalität den Anforderungen
des Arbeitsmarktes genügt, sind jedoch über *alle* Arbeitsfelder hinweg nicht
mehr zu überhören. Oder anders herum gefragt: Inwieweit trägt die Ausbildung in ihrer gegenwärtigen Form eigentlich noch zur Entwicklung der ver-
langten beruflichen (sozialen, humanen und fachlichen) Handlungskompetenzen bei? Torpediert sie sogar nicht eher die Herausbildung eines erweiterten
Berufsverständnisses und die notwendige Weiterentwicklung des ErzieherInnenberufs, in dem durch den hochgradig schulförmig organisierten Bildungsgang Kompetenzen entwickelt werden, die für die Praxis nur begrenzt relevant sind? Die Skepsis an der Qualität des Bildungsgangs beschränkt sich
nicht nur auf die alten, sondern betrifft ebenso die neuen Bundesländer, in denen die Ausbildungen z.T. »spiegelbildlich genau nach den Ausbildungsstrukturen des jeweiligen 'alten' Partnerlandes geregelt« (EBERT 1994, S. 16) und
die hiermit verbundenen Probleme in die umgewandelten Fachschulen für Sozialpädagogik übertragen wurden.

Die Gründe für die vermuteten Ausbildungs- und Professionalisierungsdefizite lassen sich dabei auch auf ausbleibende Reformen zurückführen. Denn
während das sozialpädagogische Tätigkeitsfeld im Wandel ist, gilt dies nicht
im gleichen Maße für die Ausbildung in Theorie und Praxis. Seit der letzten
großen Reform der ErzieherInnenausbildung Ende der 60er Jahre, bei der -
nicht zuletzt durch die Diskussionen und Reformen im Elementarbereich -
eine Umstrukturierung und Höherbewertung der Ausbildung erfolgte, hat es
bis heute noch keine grundlegende Ausbildungsreform gegeben. Zwar wurde
mit der KMK-Vereinbarung von 1982 (vgl. KMK 1982) erneut der Versuch
unternommen, die Ausbildung zu reformieren, der sich jedoch weitgehend auf
die Angleichung der Ausbildungsunterschiede zwischen den Ländern beschränkte und rasch überholt war. Neue Horizonte und die Hoffnung auf
eine aktuelle KMK-Vereinbarung erschlossen sich erst Anfang der 90er Jahre.
Im Vorfeld der Errichtung des europäischen Binnenmarktes 1993 kreiste die

---

[53] An der Universität Marburg wird zur Zeit eine empirische Untersuchung über den
Stand der ErzieherInnenausbildung für den Bereich der Heimerziehung in Hessen
durchgeführt (vgl. ALMSTEDT 1995), in der sich nach ersten Zwischenergebnissen die
Zweifel an der Ausbildung zu bestätigen scheinen.

Ausbildungsdebatte nunmehr primär um formale Aspekte der Vergleichbarkeit und der Statussicherung des bundesrepublikanischen ErzieherInnenabschlusses im kommenden Europa. Weitergehende strukturelle und/oder inhaltliche Fragestellungen blieben überwiegend ausgeklammert. Mit der Anerkennung der Ausbildung auf mittlerem Niveau im europäischen Ausbildungsgefüge ist auch diese Diskussion bis auf weiteres überholt.[54] Eine neue KMK-Vereinbarung wurde bis zum gegenwärtigen Zeitpunkt nicht verabschiedet und ist vor der Jahrtausendwende auch nicht zu erwarten (vgl. Kap. 14).

Gleichzeitig ist über die bundesrepublikanische Ausbildungssituation wenig bekannt, bleiben wichtige Fragen offen: Ist die Ausbildung etwa derartig föderalistisch zerklüftet, daß sich über die bundesrepublikanische Gesamtsituation kaum noch allgemeingültige Aussagen treffen lassen? Wie stellt sich die Ausbildung zur staatlich anerkannten ErzieherIn zur Zeit rechtlich überhaupt dar und welchen Rahmenbedingungen sind die Ausbildungsstätten unterworfen? Wie attraktiv ist die Ausbildung für den Berufsnachwuchs in den alten und neuen Bundesländern? Welches Qualifikationsprofil haben die Lehrkräfte und wie sieht ihr Schulalltag aus? Verschleißen sich die PädagogInnen an der sogenannten »Bündelschule«, hetzen von Bildungsgang zu Bildungsgang, so daß für eine anspruchsvolle ErzieherInnenausbildung schlicht das bildungsgangspezifische Wissen und die zeitlichen Ressourcen fehlen?

Fragestellungen dieser Art sind Inhalt der folgenden Ausführungen, wobei es nicht darum geht, die Erwartungen der Praxis an ein erweitertes Berufsverständnis in ein didaktisches Konzept zu gießen, sondern die strukturellen Hindernisse auszuleuchten, die bereits auf formaler und organisatorischer Ebene die Entwicklung beruflicher Handlungsfähigkeit beeinflussen. Deshalb ist die Ausbildungssituation an Fachschulen für Sozialpädagogik zentraler Gegenstand des folgenden Teils. Hierbei soll der Bildungsgang zunächst im Lichte des sozialen Ausbildungsspektrums betrachtet und in das Gefüge des beruflichen Schulwesens eingeordnet werden, um wesentliche Strukturkomponenten der Ausbildung in der Bundesrepublik zu skizzieren. Nach einem Exkurs über die Ausbildung des Erziehungspersonals in der DDR, die grundsätzlich anders organisiert war als in der BRD, wird der formale Aufbau der ErzieherInnenausbildung aufgrund der Ausbildungs- und Prüfungsverordnungen der Länder im Bundesvergleich dargestellt. Hierdurch werden die inhaltlichen Voraussetzungen geschaffen, um die konkrete Ausbildungssituation in der vereinten Bundesrepublik zu betrachten. Bei der Darstellung der Ausbildungssitu-

---

[54] Vgl. dazu Teil III sowie DITTRICH (1991a, 1991b); SCHMITTHENNER (1991); SCHMITT-HENNER/WILDT (1992).

ation unter den Teilaspekten »Schule«, »SchülerInnen« und »LehrerInnenkollegium« wird deshalb die Entwicklung in den neuen Bundesländern - soweit dies in der noch immer andauernden Umbruchsituation aus westlicher Perspektive überhaupt möglich ist - in den einzelnen Abschnitten berücksichtigt.

11. Die ErzieherInnenausbildung im Ausbildungssystem der BRD

Wer zum gegenwärtigen Zeitpunkt eine Studie zur ErzieherInnenausbildung erstellt, kommt nicht umhin, den Bildungsgang im Kontext des gesamten sozialen Ausbildungssegments und Berufssystems zu betrachten, da sich im Feld sozialer Ausbildung und Berufe eine Reihe gemeinsamer Strukturmerkmale und Schwierigkeiten lokalisieren lassen. Diese Entwicklungen und Veränderungen im Bereich sozialer Ausbildung beeinflussen aufgrund der vielfältigen Verflechtungen auch die ErzieherInnenausbildung und die Fachschule für Sozialpädagogik (FSP)[55], so daß eine grundsätzliche Lösung der Ausbildungs- und Berufsprobleme letztendlich nur feldübergreifend in Angriff genommen werden kann.

Zum Verständnis und zur Verortung sozialer Qualifizierungswege ist zudem ein Blick auf die Organisation und die Struktur des beruflichen Bildungswesens aufschlußreich. Hier hat soziale Ausbildung noch immer einen eigenständigen Standort, wobei die strukturell angelegten Probleme des beruflichen Schulwesens und die Besonderheiten sozialer Ausbildung eine nicht unproblematische Allianz bilden, mit denen sich die jeweiligen Ausbildungen auseinandersetzen müssen.

Ob die derzeitig zu beobachtende Etablierung neuer sozialpflegerischer Bildungsgänge in einigen Bundesländern einen Beitrag zur Neuordnung sozialer Berufe leisten können, bleibt kritisch abzuwarten.

11.1 Unübersichtlichkeit und Uneinheitlichkeit - Ausgangsbedingungen der ErzieherInnenausbildung

Das soziale Ausbildungssegment stellt sich immer noch - ähnliches konstatierte ALICE SALOMON bereits 1927 (vgl. SALOMON 1927, S. V) - als ein Bildungsbereich dar, der durch eine Vielzahl von Ausbildungsabschlüssen und Schulformen gekennzeichnet und nur schwer zu überblicken ist. Hier reicht das

---

[55] Da sich die Schulbezeichnungen der Fachschule (in Bayern: Fachakademie; in Baden-Württemberg: Berufskolleg) für Sozialpädagogik (in Rheinland-Pfalz: für Sozialwesen) in den einzelnen Bundesländern unterscheiden, wird im folgenden vereinfachend von Fachschule für Sozialpädagogik (FSP) gesprochen.

Spektrum der Bildungsgänge von DorfhelferInnen, FamilienpflegerInnen, Altenpflegehelfer Innen, über die Kinder- und Heilerziehungs- bis hin zu Altenpfleger Innen, die als Erstausbildung oder Weiterbildung an Berufsfachschulen, Fachschulen oder -seminaren konzipiert sind und ein-, zwei- oder dreijährig für einen sozialen Beruf qualifizieren. Allein die Vielfalt der Berufsbezeichnungen vermittelt in diesem Zusammenhang einen Eindruck über die Mannigfaltigkeit der Bildungsgänge und möglichen Tätigkeitsfelder. So werden in der Berufssystematik für amtliche Statistiken über 200 Einzelnennungen bei den sozialpflegerischen Berufen aufgeführt (vgl. RAUSCHENBACH 1990a). Da es zudem auch noch zu Überschneidungen mit den Gesundheitsfachberufen kommt, verwundert es nicht, daß klar konturierte Berufsfelder und eine eindeutige Abgrenzung der einzelnen Teilausbildungssegmente nur schwer möglich sind und auch die Auffassungen darüber, was ein sozialer Beruf, eine soziale Ausbildung sind, je nach Standort und Erkenntnisinteresse auseinanderweichen. Dies spiegelt sich auch in der Begrifflichkeit wieder: So wird gleichzeitig von personenbezogenen sozialen Dienstleistungsberufen, abgekürzt sozialen Diensten, sozialer Arbeit, aber auch von familienbezogenen Dienstleistungsberufen gesprochen, wird zwischen Gesundheits-, Sozial- und Erziehungsberufen differenziert, werden sozialpflegerische, heil- und sozialpädagogische Ausbildungen und Berufe voneinander abgegrenzt.[56]

Mit der Unterschiedlichkeit der Bezeichnungen, der Vielfalt der Bildungsgänge und der späteren Einsatzfelder sind neben einer schon fast abenteuerlichen Intransparenz eine nahezu strukturelle Beliebigkeit der Berufsbilder und der erforderlichen Qualifikationen verbunden. Die Ursachen sind dabei vor allem in drei Zusammenhängen zu suchen:

(1) *In der geschlechtsspezifischen Segregation von Ausbildungen und Berufen*: Der Gesundheits-, Sozial- und Erziehungsbereich ist eine klassische Frauendomäne, die entsprechenden Berufe gelten als hausarbeitsnah und familienorientiert. Dabei scheint bei diesen traditionellen Frauenberufen der Zusammenhang zwischen Fachkräften und Fachlichkeit, von Qualifizierung und Qualifikation noch immer begründungsbedürftig zu sein, wobei sich geschlechtsspezifisch zugeschriebene, persönliche und beruflich definierte Kompetenzen vermischen und Erfahrungsqualifikationen an die Stelle von Ausbildung treten. So ist »nirgenwo im gesamten Berufssystem (...) der Anteil an Hilfsberufen so hoch wie im Frauenarbeitssektor« (BUNDESMINISTERIUM FÜR FAMILIE UND SENIOREN 1994, S. 237), werden Kurz- und Schmalspurausbildungen je nach

---

[56] Vgl. beispielsweise BALS (1993); BUNDESINSTITUT FÜR BERUFSBILDUNG (1993); Bundesministerium für Familie und Senioren (1994); RABE-KLEBERG u.a. (1991); RAUSCHENBACH (1990a).

konjunkturellem Bedarf eingeführt und abgeschafft. Da viele der voneinander abgeschotteten Ausbildungen noch immer auf dem Modell der vorübergehenden Erwerbstätigkeit von Frauen beruhen, führen sie ihre Absolventinnen in eine berufliche und biografische Sackgasse, die durch fehlende horizontale und vertikale Mobilität gekennzeichnet ist. Die Folgen sind bekannt: Individuelle Verweigerungsstrategien und eine hohe Fluktuation des Personals in den Einrichtungen bis hin zur Berufsaufgabe und damit auf der Ausbildungsebene gleichzeitig die Notwendigkeit, umfangreiche Ausbildungskapazitäten aufrechtzuerhalten, um durch hohe AbgängerInnenzahlen die geringe Verweildauer im Beruf aufzufangen.[57]

(2) *In der uneinheitlichen Verteilung der Regelungs- und Zuständigkeitskompetenzen*, die aufgrund der unterschiedlichen Rechtslage beim Bundesministerium für Bildung und Wissenschaft, den Kultusministerien der Länder bzw. den Arbeits-, Sozial- oder Gesundheitsministerien als zuständige Fachministerien liegen können und zu einer Zersplitterung des sozialen Qualifizierungssystems führen. So ist z.b. für die ärztlichen Helferberufe das Berufsbildungsgesetz maßgebend[58], bestehen für einzelne Berufe wie Krankenschwester/Hebamme eigenständige bundesgesetzliche Regelungen (z.B. Krankenpflegegesetz) oder gelten landesrechtliche Bestimmungen. Die Ausbildungen nach Landesrecht, bei denen aufgrund fehlender bundeseinheitlicher Rechtsgrundlagen eine verbindliche und zentrale Steuerung durch den Staat nicht möglich ist, sind überdies durch eine länderspezifische »Regionalisierung« (vgl. BUNDESMINISTERIUM FÜR FAMILIE UND SENIOREN 1994) der Bildungsgänge charakterisiert.[59]

(3) Und schließlich *in der Trägerstruktur*, da die Verantwortung für die Bildungsgänge und Ausbildungsstätten im sozialen Bereich in bemerkenswertem Umfang in den Zuständigkeitsbereich privater Träger fällt, die die Zersplitterung und länderspezifische Regionalisierung noch verschärfen. Damit wird das Ausbildungsfeld noch disparater und durch weitere Interessengruppen gebrochen. Die historisch gewachsene und bis heute tradierte Trägerpluralität wird

---

[57] Vgl. BUNDESMINISTERIUM FÜR FAMILIE UND SENIOREN (1994); RABE-KLEBERG u.a. (1991); RABE-KLEBERG (1993).

[58] Hierbei handelt es sich um die Bildungsgänge zur Arzt-, Zahnarzt- und TierarzthelferIn.

[59] BECKER/MEIFORT unterscheiden in diesem Zusammenhang im Bereich Gesundheits- und Sozialpflege 16 Berufe, von denen 10 in Berufsgesetzen des Bundes und 3 nach dem Berufsbildungsgesetz geregelt sind, 28 Berufe, die in 47 unterschiedlichen Ausbildungsregelungen nach Länderrecht geordnet sind, 42 sogenannte »Weiterbildungsberufe« in 22 Länderregelungen sowie eine unbestimmte Anzahl ungeregelter »Grauer Berufe« wie KosmetikerIn etc. (vgl. BECKER/MEIFORT 1993, S. 77 f.).

hierbei durch die sogenannte »Privatschulfreiheit« auf der Grundlage des in Artikel 7, Absatz 4 des Grundgesetzes verankerten Rechtes zur Errichtung von freien Schulen garantiert. Je nach Rechtsstellung der Schulen - Ersatz- oder Ergänzungsschulen - ist gleichzeitig eine unterschiedliche Reichweite der staatlichen Schulaufsicht verbunden, was sich auf die Ausbildungsorganisation und -qualität auswirken kann.

Innerhalb der sozialen Ausbildungs- und Berufslandschaft wird der Bildungsgang zur ErzieherIn der Sozialpädagogik bzw. der Jugendhilfe zugeordnet. Dabei stellen sich die sozialpädagogische Ausbildungslandschaft und die Lage der ErzieherInnen in Ausbildung und Beruf im Vergleich zu den gesundheits- und sozialpflegerischen Berufen, nicht jedoch zu Männerberufen auf ähnlichem Qualifikationsniveau, noch relativ günstig dar: Den Berufsabschluß mit der staatlichen Anerkennung erwerben sie an Fachschulen für Sozialpädagogik, die als Ersatzschulen der staatlichen Schulaufsicht unterliegen und gleichwertige Standards wie öffentliche Schulen aufweisen müssen. Sozialpädagogische Ausbildungen gibt es seit den 70er Jahren auf allen formalen Ebenen des Bildungssystems. In der sozialpädagogischen Ausbildungspyramide gilt der Bildungsgang zur »staatlich anerkannten ErzieherIn« gemeinhin als *das* sozialpädagogische Bildungsangebot unterhalb der akademischen Ausbildungsebene, also den Diplom-SozialpädagogInnen der Fachhochschule und den an Wissenschaftlichen Hochschulen ausgebildeten Diplom-PädagogInnen mit dem Schwerpunkt Sozialpädagogik.

Im Aufgabenbereich der Jugendhilfe konkurrieren ErzieherInnen in ihrem Haupttätigkeitsfeld »Tageseinrichtungen für Kinder« in begrenztem Umfang mit SozialpädagogInnen (FH) und den an den bildungshierarchisch untergeordneten Berufsfachschulen ausgebildeten staatlich anerkannten/geprüften KinderpflegerInnen. Hierbei ist die Einordnung und der Stellenwert der Kinderpflegeausbildung, die neben sozialpädagogischen, nahezu gleichgewichtig pflegerische und hauswirtschaftliche Anteile enthält, als fachlich fundierter, für die Arbeit in Kindertageseinrichtungen qualifizierender sozialpädagogischer Bildungsgang umstritten (vgl. Kapitel 11.2). Seit Beginn der 90er Jahre gibt es darüber hinaus das Ausbildungsprofil des/der SozialassistentIn an Berufsfachschulen für Sozialpflege/-wesen (vgl. Kapitel 11.3), dem in einigen Bundesländern auch Kindertageseinrichtungen offenstehen. Eine fast schon klassische Zusatzausbildung für ErzieherInnen stellt die Qualifikation zur HeilpädagogIn an den entsprechenden Fachschulen dar.

Obwohl die ErzieherInnenausbildung vergleichsweise etabliert ist, teilt sie die skizzierten Probleme sozialer Ausbildung und muß sich demzufolge den drei konstitutiven Strukturelementen stellen:

- der Tatsache, daß es sich um eine historisch geformte Bildungsgangkonzeption für Frauen handelt, die als eine der wenigen Frauenbildungsmöglichkeiten im letzten Jahrhundert entstanden ist, da sich nur vor diesem Hintergrund die tiefreichenden heutigen Ausbildungs- und Professionalisierungsdefizite erklären lassen;
- dem Bildungsföderalismus in der Bundesrepublik, der durch das Hinzukommen der neuen Bundesländer quantitativ und qualitativ sogar noch verschärft wird und zur Folge hat, daß sich gegenwärtig unter dem Etikett »staatlich anerkannte/r Erzieher/in« eine heterogene und intransparente Ausbildungslandschaft verbirgt;
- der grundgesetzlich geschützten Trägerpluralität, wodurch die durch das Geflecht der länderspezifischen Ausbildungsordnungen bereits unübersichtliche Ausbildungslandschaft noch intransparenter, Ausbildungsdisparitäten verschärft werden.

Unübersichtlichkeit und Uneinheitlichkeit sind damit auch bei der ErzieherInnenausbildung bestimmende Strukturmerkmale und tragen gleichzeitig dazu bei, daß bundesweite Reforminitiativen bereits an den spezifischen Länder-, Verbands- und Trägerinteressen scheitern und - wie einleitend skizziert - Reformen nur schwer voranzutreiben sind. Gleichzeitig erschweren diese Bedingungen die gemeinsame Interessenvertretung von Auszubildenden, LehrerInnen, Berufstätigen zur Umsetzung von Innovationen bei der ErzieherInnenausbildung und bei den anderen sozialen Bildungsgängen. Vor diesem Horizont ist eine bundesweite Vereinheitlichung sozialer Ausbildung und Berufe dringend erforderlich (vgl. Kapitel 11.3).

11.2 Das soziale Ausbildungsspektrum im beruflichen Schulwesen

Die Qualifizierung für einen nicht-akademischen Beruf erfolgt in der Regel innerhalb des beruflichen Schulwesens, das Bestandteil des öffentlichen Bildungswesens ist und in die Kulturhoheit der Länder fällt. Um angesichts einer »der wichtigsten und am sorgfältigsten gehüteten Bastionen des Föderalismus in der Bundesrepublik Deutschland« (KÖHLER 1990, S. 230) ein Mindestmaß an Übereinstimmung zu erzielen, hat die KMK bereits 1975 eine Übereinkunft zur Gliederung des beruflichen Schulwesens getroffen. Die Nomenklatur der Kultusministerkonferenz mit Bezeichnungen wie Berufs-, Berufsfach-, Berufsaufbau-, Fachober- und Fachschule täuscht allerdings eine Einheitlichkeit vor, von der die Bildungspolitik und die Schulrealität in den 16 Bundesländern weit entfernt sind, da die länderspezifischen Interessen, die mit formal gleichbenannten Schultypen verfolgt werden, fast zwangsläufig zu einer Variationsbreite bei den Schulformen und Ausbildungsgängen im Bundesvergleich führen.

Dennoch läßt sich das berufliche Ausbildungswesen grob in drei Bereiche systematisieren (vgl. DEUTSCHER BUNDESTAG 1990), wobei sich die verschiedenen Schulformen durch ihren speziellen Bildungsauftrag (Allgemeinbildung/Berufsorientierung, Erstaus- oder Weiterbildung), die jeweiligen Zugangsvoraussetzungen und ihre Höhenlage in der Ausbildungspyramide unterscheiden:

(1) *Allgemeinqualifizierende* und *berufsorientierende* Bildungsgänge an Berufsaufbau-, Fachober- und zum Teil Berufsfachschulen sowie dem Berufsvorbereitungs- und -grundschuljahr vermitteln neben allgemeinbildenden Schulabschlüssen wie dem Hauptschulabschluß, der Fachoberschulreife und teilweise der Fachhochschulreife eine berufsfeldorientierte berufliche Grundbildung, nicht jedoch einen Berufsabschluß. Sie können allerdings wie das Berufsgrundschuljahr auf die Ausbildungszeit in anerkannten Ausbildungsberufen angerechnet werden. Im sozialen Berufsfeld gilt die beispielsweise an Berufsfachschulen erworbene vertiefte Allgemeinbildung und berufliche Grundbildung zum Teil als Berechtigung zum Besuch einer der Berufsfeldorientierung entsprechenden Ausbildungsstätte. Anrechnungsmöglichkeiten auf die Ausbildungsdauer bestehen nicht. Zu diesem Typus gehören in Nordrhein-Westfalen die Berufsfachschule für Sozial- und Gesundheitswesen und in Brandenburg die Berufsfachschule für Soziale Berufe, die die Zugangsberechtigung zu den Fachschulen für Sozialpädagogik, Alten- sowie Heilerziehungspflege verleiht.[60] Der Unterricht an den Schulen wird mit Ausnahme der Berufsaufbauschule überwiegend in Vollzeitform erteilt.

Dem Sektor der allgemeinbildenden/berufsorientierenden Schulformen stehen Ausbildungsstätten gegenüber, die zu einem ersten beruflichen Abschluß führen, wobei wiederum zwischen dem Dualen System und dem Schulberufssystem unterschieden wird:

(2) Im Vordergrund des Erstausbildungswesens und der bildungspolitischen Diskussion steht das *Duale System* mit seinen Lernorten »Betrieb« und »Teilzeit-Berufsschule«[61], in dem Jugendliche nach dem Berufsbildungsgesetz (BBiG) für anerkannte Ausbildungsberufe qualifiziert werden. Die Ausbildung nach

---

[60] Vgl. DEUTSCHER BUNDESTAG (1990); AUSBILDUNGS- UND PRÜFUNGSORDNUNG FÜR DIE BERUFSFACHSCHULE FÜR SOZIALE BERUFE IM LAND BRANDENBURG (1993); KULTUSMINISTERIUM DES LANDES NRW (1991); MÜNCH (1990).

[61] Mittlerweile gelten die sogenannten »Überbetrieblichen Ausbildungsstätten« als »dritter« Lernort.

dem BBiG garantiert dabei festgelegte Ausbildungsberufsbilder, Ausbildungs-
rahmenpläne für den Lernort Betrieb, Qualifikationsmindeststandards für die
betrieblichen AusbilderInnen (gemäß Ausbildereignungsverordnungen), Berufs-
bildungsausschüsse, eine Ausbildungsvergütung und bundeseinheitliche Fort-
bildungsordnungen. Für diesen Bildungsweg entscheidet sich die Mehrzahl der
Jugendlichen (vgl. DIELMANN 1993, S. 124).

(3) Die sogenannten *Schulberufe* werden in der Regel an Berufsfachschulen
angeboten, die damit einen Ausbildungsauftrag wahrnehmen. Hier ist zu unterscheiden zwischen vollzeitschulischen Ausbildungen für anerkannte Ausbildungsberufe, die in direkter Konkurrenz zum Dualen System stehen und Berufsabschlüssen, die wie die Kinderpflege *nur* an Schulen erworben werden
können. Das Schulberufssystem ist durch die fehlenden bundesweit verbindlichen Ausbildungsregelungen und die stärkere Verzahnung mit dem öffentlichen Bildungswesen der Länder wesentlich zersplitterter als der dual organisierte Ausbildungsbereich. Die finanzielle Absicherung der SchülerInnen erfolgt
über BAFöG-Regelungen. Einige Ausbildungsstätten erheben allerdings noch
immer Schulgeld. Insbesondere bei den sozial- und gesundheitspflegerischen
Ausbildungen wird oft ein bestimmtes Mindestalter der Auszubildenden gefordert, so daß die Einstiegsqualifikation der SchülerInnen häufig einem Mittleren Bildungsabschluß entspricht, der an den allgemeinqualifizierenden - auch
als Warteschleife bezeichneten - Berufsfachschulen erworben werden kann.[62]

Von den bislang skizzierten Schulformen der Sekundarstufe II sind die sogenannten Fachschulen und Fachakademien abzugrenzen. Sie werden der beruflichen Fort- und Weiterbildung zugerechnet und fallen in den sogenannten
tertiären Ausbildungsbereich, dem auch Fachhochschulen, Berufsakademien
und Universitäten zugerechnet werden, obwohl diese strenggenommen auch
vielen Studierenden einen ersten beruflichen Abschluß vermitteln.

Die Stellung sozialer Ausbildung im beruflichen Schulwesen ist uneindeu-
tig, wobei die Schulen des Gesundheits-, Sozial- und Erziehungswesens jeweils
eine eigene bildungsstrukturelle Problemlage aufweisen.[63] Während die gesund-
heits- und sozialpflegerischen Ausbildungen hier nicht näher erörtert werden[64], soll dieser Zusammenhang am Beispiel der Fachschule für Sozialpädago-

---

[62] Vgl. DEUTSCHER BUNDESTAG (1990); DIELMANN (1993); MÜNCH (1990).

[63] So bezeichnet BALS (1993) die meisten Gesundheitsfachberufe als »'Outlaws der
Berufsbildung', da sie sich in rechtlicher, administrativer, institutioneller sowie
pädagogischer Hinsicht außerhalb des heute üblichen Rahmens der Berufsbildung
bewegen« (ebd., S. 91).

[64] Zur Problematik der Schulen des Gesundheitswesens bzw. der Krankenpflege haben
z.B. MÜNCH (1990) sowie BALS (1991 und 1993) Stellung bezogen.

gik verdeutlicht werden, wobei der Name »Fachschule« statt »Berufsfach-schule« bereits auf einen ersten Widerspruch hinweist:

Nach dem Beschluß der Kultusministerkonferenz vom 3.12.75 über die »Be-zeichnungen zur Gliederung des beruflichen Schulwesens« sind *Fachschulen* als Schulen definiert, »die grundsätzlich den Abschluß einer einschlägigen Berufs-ausbildung oder eine entsprechende praktische Berufstätigkeit voraussetzen; als weitere Voraussetzung wird in der Regel eine zusätzliche Berufsausübung gefordert. Sie führen zu vertiefter beruflicher Fachbildung und fördern die Allgemeinbildung. Bildungsgänge an Fachschulen in Vollzeitform dauern in der Regel mindestens ein Jahr, Bildungsgänge an Fachschulen in Teilzeitform dauern entsprechend länger« (vgl. KMK 1975).[65]

Berufsfachschulen sind dagegen »(...) Schulen mit Vollzeitunterricht von min-destens einjähriger Dauer, für deren Besuch keine Berufsausbildung oder berufliche Tätigkeit vorausgesetzt wird. Sie haben die Aufgabe, allgemeine und fachliche Lerninhalte zu vermitteln und den Schüler zu befähigen, den Abschluß in einem anerkannten Ausbildungsberuf oder einen Teil der Berufs-ausbildung in einem oder mehreren anerkannten Ausbildungsberufen zu er-langen oder ihn zu einem Berufsausbildungsabschluß zu führen, der nur in Schulen erworben werden kann« (ebd.).

Die rechtliche Absicherung des Fachschulstatus erfolgt nach dieser Verein-barung also »ausschließlich durch die Zugangsvoraussetzungen und den inhalt-lichen Auftrag der Schule« (METZINGER 1990, S. 31). Fachschulen setzen dem-entsprechend eine einschlägige Berufsausbildung - also eine berufliche Erstaus-bildung - in Verbindung mit entsprechender Berufserfahrung voraus, und gelten insofern »als ein Lernort der beruflichen Weiterbildung, der Abschlüsse im mittleren Funktionsbereich vermittelt« (STRATENWERTH 1990, S. 279), während Berufsfachschulen ohne weitere berufliche Bildungsvoraussetzungen direkt zu einem ersten Berufsabschluß führen. Da die Fachschulen für Sozial-pädagogik faktisch jedoch dem größten Teil der SchülerInnen eine berufliche Erstausbildung vermitteln, gelten sie bundesweit als »unechte« Fachschulen und haben somit eine »Zwitterposition« zwischen beruflicher Erstausbildung und Weiterbildung inne (vgl. Kapitel 14), obwohl sie - so das Bestreben auf Länder- und Kultusministerebene - weitgehend in das traditionelle Organisa-tionsmodell des beruflichen Schulwesens eingebunden werden sollten.

Die umstrittene bildungsstrukturelle Einordung der Fachschule für Sozial-pädagogik und vieler vollzeitschulisch organisierter sozialer Berufsausbildun-gen läßt sich dabei aus der spezifischen Entstehungsgeschichte im letzten Jahr-

---

[65] Die einschlägigen KMK-Vereinbarungen sind im Anhang aufgelistet.

hundert ableiten (vgl. DEUTSCHER BUNDESTAG 1990, S. 518). Soziale Berufe haben sich »(...) in der Auseinandersetzung um den Zugang von Mädchen zum dualen Ausbildungssystem heraus mit dem Ziel, ein der Frauenrolle angemessenes Ausbildungssystem aufzubauen« (KRÜGER 1989, S. 12), relativ eigenständig entwickelt. Resultat dieser Bildungsganggeschichte ist die Spaltung der Berufsausbildung in duale und spezifische vollzeitschulische Bildungswege mit eigenen gesetzlichen Bestimmungen, die heute innerhalb des gesamten, hauptsächlich dual organisierten Bildungssystems »systematisch nicht mehr so recht in die Landschaft der Einordnung von Abschlüssen« (ebd., S. III) passen.

Gleichzeitig bestehen noch immer deutliche geschlechtsspezifische Unterschiede zwischen beiden voneinander abgeschotteten Qualifizierungssystemen und den damit verbundenen Lebens- und Berufsperspektiven.[66] Während der Anteil der weiblichen Auszubildenden im Dualen System 1992 bei rund 42% lag[67], betrug er zum gleichen Zeitpunkt an Berufsfachschulen 63% in den alten und rund 87% in den neuen Bundesländern (vgl. BUNDESMINISTER FÜR BILDUNG UND WISSENSCHAFT 1993). Da in den Prozentangaben zur SchülerInnenschaft an Berufsfachschulen jedoch nicht die Schulen des Gesundheitswesens und die »unechten« Fachschulen enthalten sind, liegt der tatsächliche Frauenanteil an (Berufs-)Fachschulen auch im Westen weit höher. So sind an Fachschulen für Sozialpädagogik rund 90%, an Berufsfachschulen für Kinderpflege rund 95% Schüler*innen* zu verzeichnen.

Da die hauptsächlich für Frauen so relevanten vollzeitschulischen Ausbildungsgänge zugleich nahezu systematisch zu Gunsten des Dualen Systems aus der bildungspolitischen Diskussion ausgeblendet werden (vgl. DEUTSCHER BUNDESTAG 1990, S. 518), sind auch aus dieser Perspektive die fehlende Umsetzung der vorliegenden Konzepte aufgrund des mangelnden Interesses an den vollzeitschulisch organisierten sozialen Bildungsgängen nicht weiter erstaunlich. Vor diesem Hintergrund ist - wie auf der Fachtagung »Hochschulausbildung für Berufe im Bereich personenbezogener Dienstleistungen« 1991 gefordert wurde - die »Normalisierung der Ausbildungs- und Berufsstrukturen« (vgl. RABE-KLEBERG u.a. 1991) bei den sozialen Diensten ein dringliches Anliegen.

---

[66] Die Problematik der Zuweisung von Frauen in die berufliche Sackgasse der Bereiche »Krankenpflege«, »Altenpflege« und »Kindererziehung« ist z.B. in RABE-KLEBERG u.a. (1991) nachzulesen.

[67] Hierbei lag die Frauenquote bei der betrieblichen Berufsausbildung mit 37,9% in den östlichen Ländern 1992 deutlich niedriger als mit 42,4% in den alten Bundesländern (vgl. BUNDESMINISTER FÜR BILDUNG UND WISSENSCHAFT 1993, S. 51).

11.3 Neue Entwicklungen im sozialen Ausbildungssektor

Angesichts der beschriebenen disparaten Ausgangssituation wurden erste Versuche zur Vereinheitlichung des sozialen Ausbildungsbereichs eingeleitet. Derartige Diskussionsansätze in Verbindung mit gesetzgeberischen Initiativen sind zur Zeit vor allem bei den gesundheits- und sozialpflegerischen Berufen zu beobachten, werden aber auch übergreifend für die angrenzenden Handlungsfelder Hauswirtschaft und Erziehung diskutiert.[68] Damit hat die Auseinandersetzung um Entwicklungstendenzen und Perspektiven der beruflichen Bildung ansatzweise auch die sozialen Berufe erreicht. Sie hat ausgehend von politischen, gesellschaftlichen und wirtschaftlichen Veränderungen mit neuen Qualifikationsanforderungen an die Beschäftigten wie Kooperation, Flexibilität und Selbständigkeit zunächst zur Neuordnung der Metall- und Elektroberufe geführt, war gleichzeitig aber auch mit einer Umorientierung in den Berufsbildungszielen, nämlich Vermittlung beruflicher Handlungskompetenz im sogenannten handlungsorientierten Unterricht auf der Basis des entsprechenden Methoden-Settings verbunden. Im sozialen und gesundheitspflegerischen Sektor werden unter dem Aspekt der Neuordnung des Berufsfeldes mit vielfältigen Überschneidungen im Tätigkeitsbereich, aber nicht zuletzt auch aufgrund eines akuten Personalmangels im Pflegebereich und sich andeutender Engpässe im Erziehungs- bzw. Kindertagesstättenbereich neue Qualifizierungsstrategien diskutiert. Durch die Schaffung einer einheitlichen Grundstufe sollen sie zu vergleichbaren Basisqualifikationen für soziale Berufe beitragen und gleichzeitig den Beschäftigten einen horizontalen Wechsel zwischen den verschiedenen Tätigkeitsfeldern und vertikal den Zugang auf die nächsthöhere Ausbildungsstufe ermöglichen.

Diese Aktivitäten setzen zwar primär *außerhalb* der Fachschule für Sozialpädagogik an, berühren aber das Problem ihres berufsqualifizierenden Unterbaus und haben damit Auswirkungen auf die sozialpädagogische Ausbildungspyramide im engeren Sinne. Hier galt bisher trotz des ungeklärten Fachschulstatus die Berufsfachschule für Kinderpflege als - wenn auch ungeliebte und bisweilen tabuisierte - vorgeschaltete Ausbildungsinstanz der »unechten« Fachschule für Sozialpädagogik. Nun erlebt die Kinderpflege - sozusagen als bekennendes Modell - unter Bezeichnungen wie SozialassistenIn, SozialbetreuerIn oder Sozialpädagogische AssistentIn in fünf Ländern erneut eine Renaissance. Sozialpflegerische Bildungswege wurden 1989 in Bremen, 1991 jeweils in

---

[68] Vgl. u.a. Bundesinstitut für Berufsbildung (1993); Kupka (1991, 1993); Rosenau (1991).

Hessen und Bayern sowie 1993 in Niedersachsen und Schleswig-Holstein eingerichtet. Wie Abb. 11.1, in der ein Überblick über den Stand der Verrechtlichung und die Organisation der verschiedenen sozialpflegerischen Bildungsgänge
gegeben wird, vermittelt, unterscheiden sich die Ausbildungen - fast erwartungsgemäß - durch die Zielsetzung, den Aufbau, die Zugangsbedingungen
und die Berechtigungen je nach Bundesland voneinander:

So führt der *Bremer* Schulversuch HauptschulabsolventInnen[69] an der sogenannten Berufsfachschule für Sozialwesen innerhalb einer dreijährigen Erstausbildung zu den Berufsabschlüssen AltenbetreuerIn, BehindertenbetreuerIn *oder*
KinderpflegerIn. Hierbei müssen sich die SchülerInnen nach einer gemeinsamen einjährigen Grundausbildung für eine der drei Fachrichtungen entscheiden (vgl. KUPKA 1991, S. 242).

In *Bayern* werden aufbauend auf dem Hauptschulabschluß der Klasse 9 an
Berufsfachschulen für Sozialpflege innerhalb von 2 Jahren SozialbetreuerInnen
für die Tätigkeit in der Familien-, Behinderten- *und* Altenhilfe ausgebildet.

SchülerInnen mit qualifiziertem Sekundarstufen-I-Abschluß können dagegen in *Hessen* - ebenfalls zweijährig und an Berufsfachschulen für Sozialpflege -
den Abschluß »SozialassistentIn« mit dem Ziel erwerben, in den Arbeitsfeldern Familien-, Heilerziehungs- und Kinderpflege tätig zu werden. Sollte der
Modellversuch in Hessen erfolgreich verlaufen, wird in diesem Bundesland die
Kinderpflegeausbildung eingestellt.

In *Niedersachsen* gibt es seit dem Schuljahr 1993/94 eine auf dem Mittleren
Bildungsabschluß basierende Ausbildung zur SozialassistentIn. Zugang zur
Klasse II der Berufsfachschule der Fachrichtung SozialassistentIn haben SchülerInnen, die entweder die Klasse I der einjährigen Berufsfachschule Sozialpflege für RealschulabsolventInnen, eine zweijährige Berufsausbildung, oder die
ebenfalls zweijährige Pflegevorschule absolviert haben. Mit dem Berufsabschluß SozialassistentIn werden darüber hinaus die Zugangsvoraussetzungen
zur ebenfalls neugeordneten ErzieherInnenausbildung erfüllt.

Schließlich wurde auch in *Schleswig-Holstein* eine zweijährige Ausbildung
zur/zum staatlich geprüften sozialpädagogischen AssistentIn eingeführt. Ausbildungsziel der Berufsfachschule der Fachrichtung Sozialpädagogik ist die
Qualifizierung zur Zweitkraft in Einrichtungen der Jugendhilfe. Aufnahmevoraussetzungen sind in Schleswig-Holstein der Realschulabschluß oder der
Hauptschulabschluß in Verbindung mit der Versetzung in die Klassenstufe 2
der Berufsfachschule Gesundheit und Ernährung bzw. in die Fachstufe der Be-

---

[69] Hierbei handelt es sich um den Hauptschulabschluß nach Klasse 10.

rufsfachschule Sozialwesen.[70] Mit dem Abschluß der Berufsfachschule Sozialpädagogik haben die SchülerInnen einen zum Realschulabschluß gleichwerti-
gen Bildungsstand. Gleichzeitig wurde in Schleswig-Holstein die Kinderpflegeausbildung eingestellt. Hier wurden BewerberInnen letztmalig zum Schuljahr
1993/94 aufgenommen.

Werden die länderspezifischen Modelle miteinander verglichen, so weisen
sie zunächst einmal eine Reihe von Gemeinsamkeiten auf: Es handelt sich um
relativ junge Ausbildungsansätze, die in 3 Ländern sogar noch den Status von
Modellversuchen haben. In der Ausbildungspyramide sind die Bildungsgänge
einheitlich auf Berufsfachschulniveau verortet und sollen direkt im Anschluß
an eine schulische Ausbildung eine erste soziale Grundausbildung vermitteln.
In allen Modellen sind mehrwöchige Praxisphasen vorgesehen.

Gleichzeitig unterscheiden sich die Ausbildungen jedoch in wesentlichen
Punkten wie die Zugangsvoraussetzungen, die Einsatzfelder und die Ausbildungsdauer: So fordern Bayern und Bremen den Hauptschulabschluß als schulische Mindestvoraussetzung, um - wie es KUPKA (1991) für Bremen formuliert - auch HauptschulabsoventInnen als einem Drittel potentieller Nach-
wuchskräfte für die Arbeit mit alten und behinderten Menschen sowie Kindern einen direkten Berufsfeldzugang zu ermöglichen. Die Bundesländer Hessen, Niedersachsen und Schleswig-Holstein setzen dagegen einen Mittleren Bildungsabschluß voraus. Während in Schleswig-Holstein Tageseinrichtungen für
Kinder als einziges Tätigkeitsfeld aufgeführt werden, in Bremen das Arbeitsge-
biet von der jeweiligen Schwerpunktwahl abhängig gemacht wird, qualifizieren Bayern, Hessen und Niedersachsen relativ breit für verschiedene Einsatzfelder. Die Ausbildungsdauer schwankt bei unterschiedlich vorausgesetztem
schulischen Bildungsstand zwischen 2 und 3 Jahren. Wesentliche Unterschiede
zeigen sich auch bei den weiterführenden Berechtigungen bzw. im Verhältnis
zur Fachschule für Sozialpädagogik. Während in Hessen und Schleswig-Holstein mit dem Abschuß der Ausbildung die Zugangsberechtigung zur »echten«
Fachschule für Sozialpädagogik verbunden ist, dieser in Niedersachsen sogar
als einziger Weg in die Fachschule führt, müssen in Bayern noch zusätzliche
praktische Tätigkeiten nachgewiesen werden. In Bremen wird bei der Zulassung zur ErzieherInnenausbildung nur ein Mittlerer Bildungsabschluß verlangt, der u.a. an Berufsfachschulen für Sozialwesen erworben werden kann.

---

[70] Die Berufsfachschule »Gesundheit und Ernährung« nimmt BewerberInnen letztmalig
zum Schuljahr 1995/96 auf.

Abb. 11.1: Neu eingeführte Berufsausbildungen im Bereich Sozialpflege auf Berufsfachschulebene nach Bundesländern

Bundesland	Bayern	Bremen	Hessen	Niedersachsen	Schleswig-Holstein
Berufsabschluß	Staatl. geprüfte/r Sozialbetreuer/in	Staatl. anerkannte/r Kinderpfleger/in Altenbetreuer/in oder Behindertenbetreuer/in	Staatl. geprüfte/r Sozialassistent/in	Staatl. geprüfte/r Sozialassistent/in	Staatl. geprüfte/r Sozialpädagogische/r Assistent/in
Ausbildungsbeginn	1991 Modellversuch	1989 Modellversuch	1991 Modellversuch	1993	1993
Arbeitsfelder	Familien-, Alten- und Behindertenhilfe	Alten-, Behindertenbetreuung oder Kinderpflege in Familien, sozialpädagogischen und -pflegerischen Einrichtungen und Dienstleistungszentren	Sozialpädagogische und sozialpflegerische Institutionen in den Bereichen Familien-, Heilerziehungs- oder Kinderpflege	Einrichtungen des Gesundheitswesens, der Sozialpädagogik oder der Altenpflege	Tageseinrichtungen für Kinder im Alter von 0-14 Jahren
Dauer	2 Jahre an Berufsfachschulen für Sozialpflege	3 Jahre an Berufsfachschulen für Sozialwesen	2 Jahre an Berufsfachschulen für Sozialpflege	2 Jahre an Berufsfachschulen der Fachrichtung Sozialassistent/in	2 Jahre an Berufsfachschulen Fachrichtung Sozialpädagogik
Gliederung	Schwerpunktwahl ohne Festlegung auf ein Arbeitsfeld	2 Jahre fachtheoretische und 1 Jahr fachpraktische Ausbildung; 1. Schuljahr: Gemeinsame Grundbildung; 2. u. 3. Schuljahr: Fachbildung in jeweiliger Fachrichtung	1. Schuljahr: Grundbildung für Sozialberufe 2. Schuljahr: Schwerpunktwahl ohne Festlegung auf ein Arbeitsfeld	Klasse I: 1-jährige Berufsfachschule - Sozialpflege für RealschulabsolventInnen Klasse II: Berufsfachschule - SozialassistentIn	2 Klassenstufen
Praktika	1. Schuljahr: 5 Std./Woche und 1 Woche in Blockform 2. Schuljahr: 5 Std./Woche und 2 Wochen in Blockform	1.Schuljahr: 6 Wochen in Familie 2. Schuljahr: 6 Wochen in Einrichtung 3. Schuljahr: Berufspraktika	1. Schuljahr: Zwei 3-wöchige Praktika in sozialpflegerischen und -pädagogischen Einrichtungen 2. Schuljahr: 3 Tage pro Woche berufspraktische Ausbildung	Klasse I: 8 Wochen in Einrichtungen des Gesundheitswesens, der Sozialpädagogik oder der Altenpflege Klasse II: Wöchentl.16 Zeitst. in geeigneten sozialpäd. Einrichtungen	20-wöchige Praktika in 2 verschiedenen sozialpädagogischen Arbeitsfeldern
Zugangsvoraussetzungen	Hauptschulabschluß nach Klasse 9	Hauptschulabschluß nach Klasse 10	Mittlerer Bildungsabschluß	Mittlerer Bildungsabschluß	Mittlerer Bildungsabschluß
Zugangsberechtigungen	Mittlerer Bildungsabschluß (QuaBi mit Notenschnitt von 2,5) und Zugangsberechtigung zur FSP bei zusätzlichem 1-jährigen Vorpraktikum	Realschulabschluß bei mind. ausreichenden Leistungen in Englisch und Mathematik	Zugangsberechtigung zur FSP	Alleinige Zugangsberechtigung zur FSP	FH-Reife (nach Zusatzunterricht und -prüfung) und Zugangsberechtigung zur FSP bei zusätzlicher 1-jähriger praktischer Tätigkeit

Quelle: Bayern = Lt. Auskunft des Bayerischen Kultusministeriums v. 09.06.94; Rosenau (1991)/Bremen = Senator für Bildung, Wissenschaft und Kunst: Rahmenbestimmungen für den Schulversuch Berufsfachschule für Sozialwesen i.d. Fassung v. 30.3.93/Hessen = Hessisches Kultusministerium: Regelungen für die Durchführung des Schulversuches zur Ausbildung von Sozialassistentinnen/Sozialassistenten an zweijährigen Berufsfachschulen für Sozialpflege, Erl. v. 21.6.91 -JV B 2 - 231/311 - 10 - gänd. d. Erl. v. 30.9.92 - IV B 2 - 231/31/1 - 32 -/Niedersachsen = Verordnung über Berufsbildende Schulen (BFS-VO). Vom 26.7.1993. Ergänzende und abweichende Vorschriften für die einjährige Berufsfachschule, die den Sekundarabschluß I - Realschulabschluß voraussetzt. Ergänzende und abweichende Vorschriften für die zwei- oder mehrjährige Berufsfachschule, die zu einem beruflichen Abschluß führt, in: Niedersächsisches GVBl. Nr. 22/1993 vom 30.7.1993./Schleswig-Holstein = Landesverordnung über die Berufsfachschulordnung - BFSO) vom 22.04.1993; in: NBL. - MBWKS - Sch.-H. 1993, S. 158 ff; Stundentafel für die Berufsfachschule, Fachrichtung Sozialpädagogik, Runderlaß der Ministerin für Frauen, Bildung, Weiterbildung und Sport - III 512 - vom 1.6.1994, in: NBl.MWFK/MFBWS.Schl.-H. 1994, S. 222f.

In den sozialpflegerischen Aktivitäten auf Länderebene werden allerdings auch Fehlentwicklungen sichtbar:

- die Gefahr einer zunehmenden Verdrängung von ErzieherInnen aus Tageseinrichtungen für Kinder und damit die Verstärkung von bereits gegenwärtig zu beobachtenden Dequalifizierungstendenzen;
- die Schaffung von Kurzausbildungen zur Begegnung akuter Bedarfslagen z.b. in Einrichtungen der Altenhilfe oder in Tageseinrichtungen für Kinder. Die horizontale Mobilität der Beschäftigten könnte sich somit als kurzfristiges Krisenmanagement zum preisgünstigen Abbau von Ungleichgewichten auf den jeweiligen Teilarbeitsmärkten zu Lasten der betroffenen Frauen erweisen;
- die Etablierung neuer Frauenberufe auf Helferinnenniveau;
- die tarifrechtliche Einordnung, die eine eigenständige Existenzsicherung - beispielsweise in Ballungsräumen mit hohem Mietniveau (vgl. HOPPE 1993) - fast unmöglich macht, und eher mit dem klassischen Frauenerwerbsmuster des Dazuverdienens korrespondiert.

Neben den sozialpflegerischen Reformansätzen ist in den neuen Bundesländern die Einführung von Bildungsgängen zu beobachten, die in der Ausbildungshierarchie neben der Fachschule für Sozialpädagogik zu verorten sind. Gemeint sind die Bildungsgänge zum/zur *FachpädagogIn* sowie zur *Fachkraft für Soziale Arbeit*.[71] So sollen im Brandenburgerischen Aufbaulehrgang Fachpädagogik (in Voll- und Teilzeitform) an Fachschulen des Typs Sozialwesen innerhalb von 4 Semestern fachtheoretische und -praktische Kenntnisse vermittelt werden, um die AbsolventInnen nach einer Abschlußprüfung und einem Kolloquium zu befähigen, in einem der gewählten Schwerpunkte Freizeit und Jugendarbeit, Kinder- und Familienarbeit, Sozial- und Gesundheitsdienst fachpädagogische Arbeit zu leisten.[72] Zielgruppe sind ErzieherInnen und InteressentInnen, die eine mindestens 3jährige sozialpädagogische oder sozialpflegerische Tätigkeit nach DDR-Recht absolviert haben und nicht weniger als 3 Jahre hauptberuflich in einer entsprechenden Einrichtung tätig waren. Mit der Zusatzqualifikation zum/zur anerkannten FachpädagogIn wurde in Brandenburg eine fachschulische Zusatzausbildung neben den Fachschulen

---

[71] Die Regelungen zum Aufbaulehrgang FachpädagogIn sind in der Ausbildungs- und Prüfungsordnung über die Fachschulen im Lande Brandenburg zu finden (vgl. Anhang). Bei den Bestimmungen über die Fachkraft für Soziale Arbeit handelt es sich um eine interne Rahmenkonzeption, die uns zur Verfügung gestellt wurde.

[72] Neben dem Aufbaulehrgang Fachpädagogik sind entsprechende Zusatzausbildungen für die Fachrichtungen Sonderpädagogik (4 Semester) und Heilpädagogik (3 Semester) eingeführt worden.

für Sozialpädagogik und unterhalb der SozialarbeiterInnen-/SozialpädagogInnenausbildung an Fachhochschulen installiert (vgl. GVBL. FÜR DAS LAND BRANDENBURG 1993).

In den Bundesländern Sachsen, Sachsen-Anhalt und Thüringen haben sich die zuständigen Ministerien für Kultus und Soziales, Gesundheit und Familie auf eine gemeinsame Rahmenkonzeption für einen Bildungsgang »Staatlich anerkannte Fachkraft für Soziale Arbeit« verständigt. Die Ausbildung richtet sich an den Personenkreis in den neuen Bundesländern, der bereits in verschiedenen sozialen Arbeitsfeldern tätig ist und hierdurch entsprechende Kompetenzen erworben hat. Es handelt sich um eine Form der Nachqualifizierung von MitarbeiterInnen in Einrichtungen sozialer Arbeit, die über einen fachfremden oder fachangrenzenden Berufsabschluß verfügen, um ihnen - laut Rahmenkonzeption - eine fundierte Ausbildung auf dem Gebiet der sozialen Arbeit zu ermöglichen und ihre berufliche Existenz abzusichern. Als Zugangsvoraussetzungen werden neben einem Mittlerem Bildungsabschluß deshalb eine abgeschlossene Berufsausbildung von mindestens zweijähriger Dauer, eine i.d.R. zweijährige berufliche Tätigkeit in einem sozialpädagogischen oder fürsorgerischen Arbeitsfeld (ab 1990) sowie die Zustimmung des Arbeitgebers genannt. Die Ausbildung »Staatlich anerkannte Fachkraft für Soziale Arbeit« ist mit einem Gesamtumfang von 2400 Stunden 3jährig berufsbegleitend konzipiert, die sich aus einem theoretischen (4 Semester) und einem berufsspezifischen (2 Semester) Ausbildungsteil zusammensetzen. Die Vermittlung der Ausbildungsinhalte erfolgt in Form von Präsenzphasen in der Schule und - auf der Basis spezieller Lehrpläne - durch Selbststudium (vgl. RAHMENKONZEPTION »STAATLICH ANERKANNTE FACHKRAFT FÜR SOZIALE ARBEIT«). Die bildungsstrukturelle Höhen -lage dieses Ausbildungskonzeptes ist unklar, entspricht von der Ausbildungsebene her betrachtet eher der Fachschule für Sozialpädagogik als das Brandenburgerische Modell, nach dem ausgebildeten ErzieherInnen eine zusätzliche Qualifikation vermittelt wird.

Bei beiden Konzeptionen sind die spezifischen Bedingungen in den neuen Bundesländern zugrunde zu legen. Dennoch bestehen gegenüber beiden Ausbildungsentwürfen einige Vorbehalte: So sind bei der Fachkraft für Soziale Arbeit die theoretischen Anteile durch eingebaute Phasen des Selbststudiums derartig knapp bemessen, daß sie im Vergleich zu einer vollzeitschulischen Ausbildung innerhalb von 6 Monaten absolviert werden könnte (vgl. GALUSKE/RAUSCHENBACH 1994, S. 113). Dies ist umso problematischer, da den bereits berufstätigen MitarbeiterInnen mit z.T. fremdem Berufsabschluß gerade die fachlichen und inhaltlichen Voraussetzungen für die Arbeit in den Einrichtungen fehlen. Da mit der fachschulischen Zusatzqualifikation zum Fachpädagogen keine bildungssystematische Statusanhebung verbunden ist, ist die

Einrichtung dieses Bildungsgangs sowohl aus formaler als auch tarifrechtlicher Perspektive wenig zweckdienlich (vgl. ebd, S. 114). Mit der Etablierung beider Berufsbilder besteht darüber hinaus die Gefahr, daß aufgrund der finanziellen Probleme in den neuen Bundesländern mit einer SozialarbeiterInnen/SozialpädagogInnenausbildung auf Fachschulniveau die bisher konkurrenzlose Fachhochschulausbildung unterlaufen wird und bundesweit Dequalifizierungstendenzen nun auch im Bereich der sozialen Arbeit hoffähig gemacht werden. Angemessener wäre es statt dessen, berufsbegleitend Studiengänge an Fachhochschulen einzurichten und einen reibungslosen Übergang von der Fachschule für Sozialpädagogik zu ermöglichen (vgl. ebd., S. 115 ff. sowie Kapitel 19.3 und 20.4).

Zusammenfassend bleibt festzuhalten: Das soziale Ausbildungsspektrum ist seit Beginn der 90er Jahre noch komplexer und zerplitterter geworden. Eine bundesweite Neuordung sozialer Ausbildung auf Berufsfachschul- und Fachschulniveau erscheint vor diesem Hintergrund dringend erforderlich. Wie aber vor allem die fünf Beispiele zur Sozialpflege verdeutlicht haben, weisen sogar die länderspezifischen Vorstöße zur Vereinheitlichung Ansätze bundesweiter Vielfältigkeit in Bezeichnung, vorausgesetztem Bildungsstand und Arbeitsfeld auf und tragen somit eher zu einer weiteren Aufgliederung des Ausbildungsfeldes bei. Dies bedeutet aber auch: Wenn man sich heute mit der ErzieherInnenausbildung und ihrer Reform befaßt, reicht es nicht mehr aus, sich wie in der Vergangenheit auf die Fachschule für Sozialpädagogik zu beschränken, sondern muß aufgrund der vielfältigen Überschneidungen und Zusammenhänge zugleich das gesamte soziale Ausbildungsspektrum im Blick haben, um nicht durch die Entwicklungen - und hier haben, wie aufgezeigt, einige Bundesländer bereits Fakten geschaffen - überrollt zu werden. D.h.: Soll die Fachschule für Sozialpädagogik nicht im Koordinatennetz des sozialpädagogischen Ausbildungssystems untergehen, dann ist ein stimmiges und abgestimmtes Gesamtausbildungskonzept erforderlich, das über die Fachschule hinausreicht, und selbstbewußt von allen Beteiligten vorangetrieben wird. Hierbei muß die ErzieherInnenausbildung sowohl länderübergreifend ihr eigenes Profil klären als auch ihr Verhältnis zu den über- und untergeordneten sozialpädagogischen, aber auch ihren Standort zu den anderen benachbarten sozialen Ausbildungen mit Blick auf Gemeinsamkeiten, Unterschiede, Durchlässigkeit und Aufstiegsmöglichkeiten neu bestimmen (vgl. hierzu Kapitel 22).

12. Die Ausbildung und Beschäftigung der Fachkräfte in der DDR

Im Gegensatz zum föderalen System der BRD wurde in der DDR die Vorschulerziehung und die Ausbildung des pädagogischen Personals, also der LehrerInnen und ErzieherInnen, im Rahmen der gesamten Schul- und Bildungspolitik zentral gesteuert und durch Gesetze und Verordnungen einheitlich geregelt. Für das Bildungs- und Erziehungssystem insgesamt war es kennzeichnend, »daß in Schule und Berufsausbildung die Grenzen zwischen Ausbildung und Einsatz von Lehrern und Erziehern (z.b. Horterzieher, Freundschaftspionierleiter) fließend« waren (SCHMIDT 1990, S. 527). Die Einrichtungen wie Kindergärten und Kinderkrippen waren grundsätzlich in kommunaler bzw. staatlicher Trägerschaft, teilweise waren sie auch in (staatlichen) Betrieben angesiedelt. Die Zahl der konfessionellen Einrichtungen war sehr gering. So waren 1989 nur 383 Kindergärten in konfessioneller Trägerschaft, aber 11.592 in kommunaler und 1.477 Kindergärten in betrieblicher Trägerschaft.[73]

Jugendhilfe beschränkte sich in der DDR »faktisch auf das, was in der BRD als Jugendfürsorge benannt wird, unter besonderer Betonung der Heimerziehung« (MÜNDER 1990, S. 61). D.h., daß auch die gesamte außerfamiliale Kinderbetreuung und vor allem -erziehung nicht der Zuständigkeit der Jugendhilfe unterlag. Für den Krippenbereich war der Gesundheitssektor, für Kindergarten und Hort der Sektor schulische Bildung zuständig (vgl. ebd., S. 62). Trotz Kritik an der ideologischen Ausrichtung der Bildungs- und Erziehungsarbeit nach dem politischen Umbruch, scheiterte zunächst »der Versuch, die Kindergärten organisatorisch aus dem Bildungsministerium auszugliedern und dem Familienministerium zuzuordnen« (HÖRNER 1990, S. 12) an den Widerständen der KindergärtnerInnen, da diese die damit verbundenen Statusminderungen zu Recht befürchteten. Durch den Einigungsvertrag ist der Bereich vorschulische Erziehung aber inzwischen analog zum gesamtdeutschen Recht im Kinder- und Jugendhilfegesetz (KJHG) in den §§ 22 ff. geregelt.

Die Zulassung zum Fachschulstudium, und damit auch die Ausbildungen für Krippe, Kindergarten, Hort und Heim, unterlagen der staatlichen Bil-

---

[73] Die statistischen Zahlen stammen, soweit nicht anders angegeben, aus dem STATISTISCHEN JAHRBUCH DER DDR (1990) und beziehen sich auf das Jahr 1989. Wir haben dieses Jahr als Vergleichsjahr zugrundegelegt, weil es das letzte Jahr ist, in dem die DDR noch als eigenständiger Staat existierte.

dungsplanung, orientiert an deren Bedarfsermittlung und der demographischen Entwicklung. Die Betriebe bzw. Kombinate und Räte ermittelten hierbei ihren Bedarf an FachschulabsolventInnen im Planungszeitraum und leiteten die Zahlen über die Fachministerien weiter an das Ministerium für Hochund Fachschulwesen. Genauso leiteten die Fachschulen die voraussichtlichen Zahlen der AbsolventInnen an das Ministerium. Daraufhin wurde aus beiden Zahlengruppen die sogenannte AbsolventInnenbilanz gebildet, gegliedert nach Fachrichtungen (vgl. WATERKAMP 1987, S. 274). Durch diese Lenkungsregulative des Arbeitsmarktes bestand faktisch eine Arbeitsplatzgarantie für alle AbsolventInnen einer beruflichen Ausbildung und damit auch für die Erziehungs- und Sozialberufe.

12.1 Ausbildung der Fachkräfte

Die Ausbildung des Personals für die familienergänzende Erziehung, also der Bereich Elementar- bzw. Vorschulerziehung sowie die Heimerziehung und Jugendarbeit war in der DDR in mehrere eigenständige Berufsgruppen mit getrennten Ausbildungen organisiert (vgl. ausführlich GALUSKE/RAUSCHENBACH 1994). Eine »Breitbandausbildung« für alle Bereiche analog zur (westdeutschen) Jugendhilfe, wie dies - zumindest formal - die bundesrepublikanische ErzieherInnenausbildung darstellt, gab es nicht (vgl. BENES 1990, S. 104). Daher ist ein direkter Vergleich mit der bundesdeutschen ErzieherInnenausbildung wegen der unterschiedlichen Berufsklassifizierung und der teilweise anderen beruflichen Einsatzmöglichkeiten auch nur bedingt möglich. Die Ausbildung für die Arbeitsfelder Vorschulerziehung/Kindertageseinrichtungen, die in der Bundesrepublik durch die Ausbildung »staatlich anerkannte/r Erzieher/in« weitgehend abgedeckt wird, war in der DDR im wesentlichen in die drei getrennten Ausbildungen zur KrippenerzieherIn, KindergärtnerIn und HorterzieherIn/UnterstufenlehrerIn geteilt (vgl. WATERKAMP 1987, S. 97 ff.). Die Ausbildung der HeimerzieherInnen war hiervon wieder verschieden. Ihr Einsatzfeld entsprach am ehesten den SozialpädagogInnen im Bereich der Heimerziehung in der Bundesrepublik (vgl. BENES 1990, S. 103 ff.).[74]

---

[74] Es kann hier nicht das gesamte Bildungswesen der DDR und die besondere Rolle der Vorschulerziehung und des Fachschulwesens, in die die Ausbildung der KindergärtnerInnen, Hort- und KrippenerzieherInnen etc. eingebunden war, dargestellt werden. Vgl. hierzu ausführlich WATERKAMP (1987), BASKE (1990) und BUNDESMINISTER FÜR INNERDEUTSCHE BEZIEHUNGEN (1990). Auf andere DDR-spezifische Berufsfelder, wie die Ausbildung zum Freundschaftspionierleiter, werden wir nicht näher eingehen.

Die Ausbildung dauerte für KrippenerzieherInnen und KindergärtnerInnen drei Jahre, für HorterzieherInnen/LehrerInnen der unteren Klassen und HeimerzieherInnen dagegen vier Jahre. Alle o.g. Ausbildungen waren vollzeitschulische Berufsausbildungen an Fachschulen[75], für deren Besuch der Abschluß der Klasse 10 der Oberschule, also ein Mittlerer Bildungsabschluß Voraussetzung war. Berufserfahrung oder ein Praktikum wurden nicht verlangt.

HorterzieherIn: Bis 1978 war die Ausbildung von LehrerInnen für die unteren Klassen und die für HorterzieherInnen unterschiedlich, sowohl was die Inhalte, als auch die Länge betraf (1965 wurde das LehrerInnenstudium von drei auf vier Jahre verlängert). Die Ausbildung der HorterzieherInnen war bis dahin der der HeimerzieherInnen ähnlicher als der der LehrerInnen. 1978 wurden die Studienpläne für die Ausbildung der LehrerInnen für die unteren Klassen (Klassen 1 - 4) dann dahingehend erneuert, daß die Studierenden[76] sowohl zur Lehrtätigkeit im Unterricht als auch zur Erziehungsarbeit im Schulhort befähigt waren. Seit 1978 ist die eigenständige Ausbildung von HorterzieherInnen weitestgehend eingestellt worden zugunsten der integrierten Form LehrerInnen für die unteren Klassen/HorterzieherInnen.

HeimerzieherIn: Die HeimerzieherInnen erhielten für ein Wahlfach (Werken, Sport, Kunst, Musik) die Lehrbefähigung für den Unterricht in der Unterstufe. Im Laufe der vierjährigen Ausbildung mußten neun Praktikumsphasen in unterschiedlichen Heimformen, in Pionier- oder FDJ-Gruppen, in einem Sommerlager sowie in einem Wahlfach in der Schule absolviert werden (vgl. BENES 1990).

---

[75] »Das Fachschulwesen in der DDR entstand aus den Berufsfachschulen, die auch Berufsvollschulen genannt wurden und den Fachschulen, die nach 1945 in der SBZ wieder eröffnet wurden« (WATERKAMP 1987, S. 257). Die Entwicklung des Fachschulwesens führte in den 50er Jahren zu einer Aufteilung in niedere und höhere Fachschulen, brachte aber eine neue Zweiteilung hervor. Fachschulen der ersten Gruppe setzten eine abgeschlossene Berufsausbildung voraus und vermittelten die fachbezogene Hochschulreife. Fachschulen der zweiten Gruppe setzten nicht den Abschluß einer Berufsausbildung voraus und vermittelten keine Hochschulreife. Zu der zweiten Gruppe gehörten die Pädagogischen Schulen für KindergärtnerInnen, die aus den Berufsfachschulen für KindergärtnerInnen hervorgegangen waren und die seit 1951 errichteten Institute für Lehrerausbildung, die Unterstufenlehrer ausbildeten (vgl. ebd., S. 261 f.).

[76] Obwohl diese Ausbildung in unserem Verständnis eine nichtakademische war, wurde ihr doch durch die Bezeichnung der Auszubildenden als Studierende und die Einteilung der Ausbildungsabschnitte in Semester ein quasi wissenschaftlicher Status verliehen. Hier gilt es auch darauf hinzuweisen, daß es in der DDR keine Fachhochschulen gab.

KindergärtnerIn und KrippenerzieherIn: Im Gegensatz zu den beiden o.g. Berufen betrug die Ausbildungsdauer für KindergärtnerInnen und KrippenerzieherInnen drei Jahre. Ein wesentlicher Unterschied zwischen diesen beiden Ausbildungen machte sich an der Art der Fachschule fest. Während die erstgenannte an Pädagogischen Fachschulen stattfand, wurde letztere an Medizinischen Fachschulen, die dem Ministerium für Gesundheitswesen unterstanden, durchgeführt. Hierin spiegelt sich das DDR-spezifische, eher an pflegerischen und medizinischen Aspekten orientierte Verständnis von Kleinkindpädagogik wieder.[77]

Abb. 12.1: Stundentafel für KindergärtnerInnen in der DDR von 1980

Gruppe von Lehrgebieten	Gesamt-stunden	Lehrgebiet	Ges.-stunden	Lehrveranstaltungen (LV) in Wochenstunden je Semester					
				1.	2.	3.	4.	5.	6.
Allgemeine Grundlagen	480 (=16%)	Grundlagen des Marxismus-Leninismus	308	3	3	3	3	4	4
		Russisch	172	3	3	2	2	-	-
Spezielle Grundlagen	852 (=28%)	Pädagogik	318	4	4	3	3	3	3
		Psychologie	254	-	3	3	3	4	4
		Gesundheitserziehung, Anatomie und Physiologie	226	4	3	2	2	2	-
		Sprecherziehung	36	1	1	-	-	-	-
		Technik der Arbeit mit audiovisuellen Unterrichtsmitteln	18	1	-	-	-	-	-
Fachrichtungsspezifische Lehrgebiete	1.748 (=56%)	Deutsche Sprache u. Methodik	175	3	2	2	1	2	-
		Literatur und Methodik	173	2	3	1	2	2	-
		Musikerziehung und Methodik	196	2	2	2	2	2	3
		Instrumentalunterricht	86	1	1	1	1	1	-
		Kunsterziehung und Methodik	224	3	3	2	2	2	2
		Körpererziehung u. Methodik	308	3	3	3	3	4	4
		Methodiken des Bekanntmachens mit							
		- dem gesellschaftl. Leben	100	-	-	2	2	2	-
		- der Natur	136	2	2	2	2	-	-
		- ausgewählten math. Begriffen und Relationen	100	-	2	2	2	-	-
		Studientag in der päd. Praxis	250	-	-	5	5	5	-
Summe	100%		3.080	32	35	35	35	33	20

Quelle: Autorenkollektiv des Instituts für Fachschulwesen der DDR (1980, S. 186)

---

[77] Die Medizinischen Fachschulen stellten den größten Anteil sämtlicher DDR-Fachschulen und Fachschulstudierender, wobei die Ausbildung zur KrippenerzieherIn eine von 17 Fachrichtungen war (vgl. SCHÄFER 1990, S. 343; SCHÄFER 1991, S. 18).

Die Ausbildung der KindergärtnerInnen gliederte sich in: allgemeine und spezielle Grundlagenlehrgebiete sowie fachrichtungsspezifische Lehrgebiete (vgl. Abb. 12.1). Die Ausbildung der KrippenerzieherIn war dieser zwar formal ähnlich, Unterrichtsfächer waren aber auch Allgemeine Krankheitslehre, Ernährungslehre, Arzneimittellehre, Pädiatrie und medizinischer Schutz der Bevölkerung, da die ganze KrippenerzieherInnenausbildung hohe pflegerische und medizinische Anteile hatte (vgl. WATERKAMP 1987, S. 397).

Im Gegensatz zur überwiegenden Mehrheit der bundesrepublikanischen Ausbildungsordnungen war der praktische Anteil in die gesamte Ausbildungsdauer integriert und betrug ca. 1/3 der Gesamtausbildung (vgl. LIEGLE 1990, S. 13). Die Weiterbildung oblag dem Zentralinstitut für Weiterbildung der LehrerInnen und ErzieherInnen in Ludwigsfelde (vgl. WATERKAMP 1987). Nach Abschluß der dreijährigen Ausbildung erhielten KindergärtnerInnen und KrippenerzieherInnen die fachgebundene Hochschulreife und konnten, allerdings nur in Delegation, in einem zweijährigen Aufbaustudiengang Diplom-PädagogInnen werden, um dann an den Fachschulen selber wieder KindergärtnerInnen bzw. KrippenerzieherInnen auszubilden (vgl. ULSHOEFER 1991, S. 217; WATERKAMP 1987, S. 389 ff.).[78]

Kirchliche Ausbildungen: Anders als in der Bundesrepublik entwickelten sich die staatliche und kirchliche Ausbildung in der DDR stark auseinander. Für den kirchlichen Kindergarten entstand die Ausbildung zur KinderdiakonIn im kirchlichen Dienst auf evangelischer Seite bzw. zur ErzieherIn im kirchlichen Dienst auf katholischer. Neben dem Berufsfeld »Kirchlicher Kindergarten« konnten die evangelischen und katholischen ErzieherInnen auch in der Gemeindekatechetik bzw. Seelsorge tätig werden. Staatliche Kindergärten blieben ihnen jedoch verschlossen. Die Anzahl und Bedeutung der kirchlichen ErzieherInnenausbildung war allerdings mit fünf evangelischen und drei katholischen Fachschulen dementsprechend gering. Die Inhalte der kirchlichen Ausbildung waren sehr viel stärker theologisch/kirchengeschichtlich ausgerichtet als in der Bundesrepublik, mußten sich nach der Vereinigung aber strukturell und inhaltlich den bundesrepublikanischen Ausbildungsordnungen anpassen, damit sie als Ersatzschulen staatlich anerkannt wurden.

---

[78] Diese Art der Weiterbildung von KindergärtnerInnen zu AusbilderInnen von KindergärtnerInnen ähnelt in ihrer Struktur der Weiterbildung zur JugendleiterIn, wie sie in der Bundesrepublik bis Mitte der 60er üblich war. Allerdings mit dem Unterschied, daß dieses »Aufbaustudium« zur Diplom-PädagogIn an Wissenschaftlichen Hochschulen erfolgte (Humboldt Universität zu Berlin; Pädagogische Hochschule Halle).

12.2   Entwicklung der Ausbildungskapazitäten

Die 47 Pädagogischen Fachschulen waren in 17 Pädagogische Fachschulen für KindergärtnerInnen und 30 Institute für LehrerInnenbildung, an denen man die Doppelqualifikation HorterzieherIn und LehrerInnen für die unteren Klassen erwerben konnte, unterteilt. Die HeimerzieherInnenausbildung war an 7 Instituten für LehrerInnenbildung möglich. Ferner gab es 63 Medizinische Fachschulen, an denen als eine Fachrichtung KrippenerzieherInnen ausgebildet wurden (vgl. WATERKAMP 1987, S. 274).

Die Entwicklung der SchülerInnenzahlen zeigt bei allen strukturellen Unterschieden des Ausbildungssystems, vor allem bei der KindergärtnerIn, in ihren Grundzügen einen ähnlichen Verlauf wie in der Bundesrepublik mit einem stetigen Anstieg der SchülerInnenzahlen bis etwa Anfang der 70er Jahre und einem danach sinkendem Verlauf (vgl. Tab. 12.1). Im Unterschied dazu stieg ihre Zahl zunächst aber wieder bis 1982 leicht an, blieb dann auf relativ gleichem Niveau, um schließlich nochmals ab 1988 deutlich anzusteigen. Etwas anders, analog zur demographischen Entwicklung, entwickelt sich die SchülerInnenzahl bei den KrippenerzieherInnen: Nach der Implementation dieses eigenständigen Ausbildungsgangs 1974, wuchs die Zahl der SchülerInnen bis 1982 um mehr als das Doppelte auf gut 10.000 und erreichte zwei Jahre später mit fast 11.000 ihren Höhepunkt, um dann wieder bis 1989 deutlich unter 10.000 zu sinken.

Tab. 12.1: Entwicklung der SchülerInnen und AbsolventInnenzahlen an Fachschulen für KrippenerzieherInnen und KindergärtnerInnen in der DDR

Jahr	*KrippenerzieherInnen*[1]		*KindergärtnerInnen*	
	SchülerIn-nen	*Absolvent-Innen*	*SchülerIn-nen*	*Absolvent-Innen*
1960	-	-	4.726	2.493
1965	-	-	3.804	1.012
1970	-	-	8.948	3.461
1975	5.142	-	6.194	2.567
1980	8.724	2.354	6.642	1.835
1981	9.823	2.553	7.094	1.917
1982	10.498	2.993	7.284	2.234
1983	10.978	3.466	7.276	2.364
1984	10.996	3.694	7.268	2.366
1985	10.784	3.954	7.245	2.406
1986	10.597	3.702	7.208	2.377
1987	10.156	3.748	7.152	2.288
1988	9.835	3.586	7.727	2.305
1989	9.309	3.421	8.344	2.699

1 Die Ausbildung »Krippenerzieherin« wurde erst 1974 eingeführt.
Quelle: Statistisches Jahrbuch der DDR, verschiedene Jahrgänge

In den 60er und 70er Jahren erfolgte damit, ähnlich wie in der Bundesrepublik, ein Ausbau der öffentlichen Kinderbetreuung, allerdings in einem ganz anderen Ausmaß und auf allen Stufen von der Krippe bis zum Hort. Auffällig ist, daß die Zahl der SchülerInnen für den Krippenbereich seit 1980 deutlich über dem der KindergärtnerInnen liegt, offenbar ein Indiz für den politisch und gesellschaftlich gewünschten Ausbau gerade auch der Kinderkrippen.

Die Entwicklung der SchülerInnenzahlen für den Heim- und Hortbereich ist auch vor dem Hintergrund einer gemischten und wechselnden bildungssystematischen Zuordnung der HorterzieherInnen zu sehen. Die Interpretation wird zusätzlich dadurch erschwert, daß, wie oben bereits angemerkt, die HorterzieherInnenausbildung, zumindest ab 1978, sukzessive mit der Ausbildung der UnterstufenlehrerInnen zusammengelegt wurde. Charakteristisch für die HorterzieherInnen ist aber eine seit 1980 zu beobachtende relativ stabile SchülerInnenzahl um die 10.000 (vgl. Tab. 12.2). Die Bedeutung der HeimerzieherInnenausbildung ist dagegen seit Anfang der 80er Jahre kontinuierlich zurückgegangen.

Tab. 12.2: Entwicklung der SchülerInnen- und AbsolventInnenahlen an Fachschulen für HeimerzieherInnen und LehrerInnen für untere Klassen[1] in der DDR

Jahr	HeimerzieherInnen		LehrerInnen für untere Klassen/HorterzieherInnen	
	SchülerInnen	AbsolventInnen	SchülerInnen	AbsolventInnen
1960	-	52	22.543	3.923
1965	1.460	236	9.280	6.156
1970	6.276	622	9.277	2.048
1975	8.996	932	7.785	2.295
1980	3.272	845	10.630	2.384
1981	3.470	919	10.708	2.389
1982	3.528	718	10.717	2.415
1983[1]	3.338	1.019	10.633	2.483
1984	3.238	958	10.880	2.622
1985	3.216	866	10.847	2.529
1986	3.063	925	10.756	2.475
1987	2.861	912	10.684	2.433
1988	2.754	819	10.511	2.518
1989	2.671	789	10.360	2.481

1 Heimerzieher werden bis 1983 als Erzieher für Heime und Horte bezeichnet, ab 1983 wird nur noch der Begriff Erzieher gewählt. Der Einheitlichkeit halber und um Mißverständnisse zu vermeiden, verwenden wir durchgehend den Begriff »Heimerzieher«.
Quelle: Statistisches Jahrbuch der DDR, verschiedene Jahrgänge

12.3 Beschäftigte in Kindertageseinrichtungen und Heimen

Vergleicht man die Zahlen der beschäftigten ErzieherInnen in den letzten Jahren der DDR, so läßt sich unschwer feststellen, daß es nie zuvor so viele beschäftigte Personen im Kinderbetreuungsbereich gab wie 1989, nämlich allein in den Kindergärten 73.383 (im Vergleich zu 67.429 im Jahre 1984). Und das, obwohl die Zahl der zu betreuenden Kinder 788.730 im Jahre 1984 (höchster Stand) bis auf 747.140 im Jahre 1989 kontinuierlich abgenommen hatte (vgl. STATISTISCHES JAHRBUCH DER DDR 1990, S. 329).[79] Während also die Zahl der betreuten Kinder um mehr als 40.000 sank, hat die Zahl der beschäftigten ErzieherInnen im gleichen Zeitraum um fast 6.000 zugenommen. Schaut man sich ergänzend hierzu die »Gruppen in Kindergärten nach Größe der Gruppe« an (vgl. ebd.), so läßt sich erkennen, daß die Gruppen ebenfalls kleiner geworden sind, so daß die von WATERKAMP für das Jahr 1983 getroffene Feststellung, daß nur durch die Erhöhung der Gruppennorm ein Versorgungsgrad von über 90% erreicht werden konnte, für die letzte Phase der DDR nicht mehr zutrifft (vgl. WATERKAMP 1987, S. 85).

Bis zum Jahr 1989 wurde eine Versorgungsquote von 95% im Kindergartenalter erreicht. Dementsprechend ist auch die Zahl der Einrichtungen gewachsen, nämlich von 13.025 in 1984 auf 13.452 in 1989 (vgl. STATISTISCHES JAHRBUCH DER DDR 1990, S. 329). Ähnlich stark ist auch der Krippenbereich ausgebaut worden, für den 1989 insgesamt in 7.840 Einrichtungen 353.203 Plätze zur Verfügung standen (einschließlich Saisoneinrichtungen und Dauerheime für Säuglinge und Kleinkinder). Die Versorgungsquote betrug für diesen Bereich somit 80%. Genaue Zahlenangaben, wieviel ErzieherInnen in Krippen beschäftigt waren, fehlen im Statistischen Jahrbuch. Dort werden nur die Zahlen der »insgesamt in Krippen und Dauerheimen des Gesundheitswesens Beschäftigten« angegeben (1989: 94.800; vgl. ebd., S. 385). SEIDENSTÜCKER (vgl. 1990, S.54) geht demgegenüber für 1988 von ca. 75.000 ErzieherInnen in Krippen aus, allerdings ohne eine genaue Quellenangabe.

In Schulhorten wurden 1989 insgesamt 760.740 SchülerInnen von 37.660 HorterzieherInnen betreut (vgl. STATISTISCHES JAHRBUCH DER DDR 1990, S. 329). Insgesamt waren also 1989 mehr als 185.000 ErzieherInnen in den betreuten Tageseinrichtungen für Kinder beschäftigt.

---

[79] Hiervon wurden 15.963 Kinder in insgesamt 383 konfessionellen Kindergärten betreut, wovon der größte Teil in evangelischer Trägerschaft war (vgl. SCHMITTHENNER 1990, S. 124).

Ferner weist das Statistische Jahrbuch für das gleiche Jahr 8.832 ErzieherInnen in Heimen der DDR aus (vgl. ebd., S. 335), wohingegen SEIDENSTÜCKER nur 5.065 HeimerzieherInnen angibt (vgl. SEIDENSTÜCKER 1990, S. 44 und S. 56). Da sich beide Angaben auf das Jahr 1989 beziehen, ist der Unterschied nicht erklärbar, auch wenn SEIDENSTÜCKER seine Zahlen noch weiter aufschlüsselt.[80] Es scheint also so, als ob die Statistik der DDR ähnlich wie in der Bundesrepublik in den Bereichen »Jugendhilfe, Soziale Berufe« Ungenauigkeiten und Widersprüche enthält. Der Begriff »Erzieher« ist statistisch auch hier nicht eindeutig geklärt, denn mal werden hier alle Beschäftigten in einem Bereich erfaßt, mal HeimerzieherInnen extra ausgewiesen, dann wieder KindergärtnerInnen als »Erzieher« bezeichnet. Auffällig ist und bleibt auf jeden Fall, daß eine hohe Zahl an Beschäftigten in den Kindertageseinrichtungen der DDR beschäftigt war, während in der Heimerziehung und in anderen Bereichen der Jugendhilfe vergleichsweise weniger als in der BRD beschäftigt war.

Bei der Vergütung der LehrerInnen und ErzieherInnen war das Niveau des erreichten Studienabschlusses das wesentliche Differenzierungskriterium. So galt beispielsweise seit 1981 in der höchsten Steigerungsstufe (nach 25 Dienstjahren) der Satz von 1.235 M (vgl. Abb. 12.2)[81].

Die Arbeitsbedingungen der ErzieherInnen in den Heimen, Horten und Kindergärten unterschieden sich mit einer 43,75-Stundenwoche von denen in der Bundesrepublik (vgl. WATERKAMP 1987). Die direkte Arbeitszeit mit Kindern und Jugendlichen war allerdings kürzer und betrug für HorterzieherInnen 34 Stunden, für ErzieherInnen in Internaten und Heimen 36 Stunden und für KindergärtnerInnen 38 Stunden, die übrige Zeit konnte zur Vorbereitung und für Elterngespräche und -besuche genutzt werden.

Insgesamt gesehen hatten die Erziehungs- und Sozialberufe in der DDR einen gesellschaftlich und politisch ungleich höheren Stellenwert als in der Bundesrepublik. Es bestand in allen Berufen die direkte Möglichkeit eines Aufstiegs zur nächsthöheren Ebene (allerdings nur auf Empfehlung von »oben«), so daß die im Westen vielzitierte berufliche Sackgasse in der DDR nicht in gleicher Weise bestand, ja KindergärtnerIn, Krippen-, Hort und HeimerzieherIn ein mit relativ großem Sozialprestige verbundener Wunschberuf mit lebenslanger Perspektive war.

---

[80] Zu den HeimerzieherInnen zählt er noch 864 beschäftigte KindergärtnerInnen in Heimen. Dies ergibt zusammen 5.929. Die Gesamtzahl des pädagogischen Personals in Heimen der Jugendhilfe wird mit 7.613 angegeben (vgl. SEIDENSTÜCKER 1990, S. 56).

[81] Zum Vergleich: Der Durchschnittsverdienst der Arbeiter und Angestellten in den Betrieben und der Industrie betrug im gleichen Zeitraum 1.064,- Mark im Monat.

Abb. 12.2: Vergütung der LehrerInnen und ErzieherInnen in der DDR

Im Bereich der Vorschulerziehung	*M*	*Im Bereich der schulischen Bildung*	*M*
HelferInnen ohne pädagogische Ausbildung	555,--	ErzieherInnen ohne pädagogische Ausbildung	550,--
ErziehungshelferInnen mit pädagogischer Kurz- oder Teilausbildung	710,--	ErzieherInnen mit pädagogischer Kurzausbildung und LehrerInnen und FreundschaftspionierleiterInnen ohne abgeschlossene pädagogische Ausbildung	845,--
KindergärtnerInnen mit abgeschlossener pädagogischer Fachausbildung	910,--	LehrerInnen, ErzieherInnen und FreundschaftspionierleiterInnen mit abgeschlossener pädagogischer Fachschulausbildung	1.120,--
		LehrerInnen, ErzieherInnen und FreundschaftspionierleiterInnen mit abgeschlossener pädagogischer Hochschulausbildung	1.235,--

Quelle: Waterkamp (1987, S. 401 ff.)

12.4   Ausbildungsregelungen für die Umbruchszeit

Nach der deutschen Vereinigung bestand die Notwendigkeit, sozialpädagogische Berufsabschlüsse, die nach DDR-Recht erworben wurden, zu regeln. So wurden die nach den Rechtsvorschriften der DDR abgeschlossenen Ausbildungen in »ErzieherInnenberufen« gemäß Art. 37 Einigungsvertrag von der KMK 1991 anerkannt. D.h. BewerberInnen, die eine derartige Ausbildung bis 1995 abgeschlossen haben, können die bundesweite Anerkennung für den Teilbereich, für den sie sich qualifiziert haben, erhalten (vgl. Abb. 12.3).

Ausgenommen von diesen Regelungen wurden die Berufsgruppen »Freundschaftspionierleiter/innen« und »Unterstufenlehrer/innen« der AbsolventenInnenjahre 1977 und 1978 sowie »Unterstufenlehrer/innen mit der Befähigung zur Arbeit als Freundschaftspionierleiter/innen«, die keine Teilanerkennung erhielten. Unter bestimmten Voraussetzungen wird für die in Abb. 12.3 genannten Berufe die Anerkennung als staatlich anerkannte ErzieherIn ausgesprochen. Hierzu muß in der Regel eine einjährige Anpassungsfortbildung mit abschließendem Kolloquium absolviert werden. Je nach Landesregelung kann die Anerkennung aber auch aufgrund längerer Berufspraxis oder höherem Lebensalter ausgesprochen werden (vgl. KMK 1991).[82] Auch hier variieren die

---

[82] »Nach Landesregelungen können Bewerber/Bewerberinnen die Anerkennung als staat-

einzelnen Bestimmungen je nach Bundesland.[83] Derartige Regelungen sind aber nicht unproblematisch, denn generell trägt die »Nichtanerkennung von Berufsabschlüssen und die Notwendigkeit, an einer Maßnahme zur Anpassungsqualifizierung teilnehmen zu müssen, um der westdeutschen Erzieherin mit staatlicher Anerkennung gleichgestellt zu sein, (...) dazu bei, daß pädagogische Fachkräfte der neuen Bundesländer in ihrem beruflichen Selbstverständnis verunsichert sind« (EBERT 1994, S. 19).

Abb. 12.3: Zur Anerkennung und Gleichstellung sozialpädagogischer Berufsausbildung der DDR in der BRD

Im Gebiet der DDR erworbene Berufsbezeichnung	*Anerkennung für den Teilbereich*
Kindergärtner/in	Kindergarten[1]
Horterzieher/in	Hort
Heimerzieher/in	Heim
Erzieher/in in Heimen und Hort	Heim und Hort
Erzieher/in für Jugendheime	Heim
Erzieher/in im kirchlichen Dienst	Kindergarten[1]
Kinderdiakon/in	Kindergarten[1]
Gruppenerzieher/in	Kindergarten[1]
Erzieher/in in Jugendwerkhöfen	Heim
Krippenerzieher/in	Krippe
Unterstufenlehrer/in mit Befähigung zur Arbeit in Heimen und Horten	Heim und Hort
Unterstufenlehrer/in mit der Befähigung zur Arbeit im Schulhort	Hort

1 In Baden-Württemberg berechtigt die Teilanerkennung nicht zu Leitungsfunktionen
Quelle: KMK (1991)

lich anerkannter Erzieher/staatlich anerkannte Erzieherin auch erhalten, wenn sie mindestens das 25. Lebensjahr vollendet haben und eine mindestens zweijährige Berufspraxis in einer sozialpädagogischen Einrichtung nachweisen oder wenn sie nach einer erfolgreichen Ausbildung eine mindestens fünfjährige erfolgreiche Berufspraxis absolviert haben und jeweils an anerkannten Maßnahmen der Erzieherfortbildung im Umfang von mindestens 100 Stunden (insbesondere in den Bereichen Kinder- und Jugendhilferecht sowie Psychologie und Pädagogik des Kinder- und Jugendalters in einem Teilbereich, der nicht der bereits erworbenen Qualifikation entspricht) erfolgreich teilgenommen haben« (KMK 1991).

[83] Ausführlich nachzulesen ist die Problematik der Anpassungsqualifizierungen bei GALUSKE/RAUSCHENBACH (1994).

13. Quellen, Daten, Studien zur ErzieherInnen-ausbildung: Ein Lagebericht

Um Informationen über die Ausbildungssituation an Fachschulen für Sozial-pädagogik zu gewinnen, stehen die unterschiedlichsten Fundstellen zur Verfü-gung, die für jeweils andere Teilaspekte der Ausbildung abrufbar sind: (1) Rechtsquellen mit allgemeinen Bestimmungen zum Schulwesen und speziellen Verordnungen zu einzelnen Bildungsgängen wie der ErzieherInnenausbildung, (2) amtliche Veröffentlichungen z.b. auf Grundlage der Schulstatistik sowie (3) eine Reihe von Studien und empirischen Forschungsarbeiten. Schließlich bietet eine Anzahl von Fachzeitschriften[84] mit Beiträgen aus Wissenschaft und/oder Praxis, auf die an dieser Stelle nicht näher eingegangen werden soll, die Möglichkeit zur Information und zum Meinungsaustausch. Gemeinsam ist den verschiedenen Quellen, daß sie ein derartig spezielles Informationsbe-dürfnis »Ausbildung an Fachschulen für Sozialpädagogik« nur begrenzt oder mit erheblichem Aufwand für die NutzerInnen decken können. Während die amtliche Statistik mehr durch strukturell bedingte Lücken auffällt, ist vor al-lem der Rechtsbereich durch besondere Intransparenz gekennzeichnet.

13.1 Rechtsgrundlagen

Die Rechts- und Verwaltungsvorschriften für das Schulwesen sind so umfang-reich und unübersichtlich, daß »selbst Juristen sich hier schwer zurecht (fin-den) und oftmals ist nicht entscheidbar, ob eine Verwaltungsschrift noch gilt oder durch eine andere ersetzt worden ist« (ARBEITSGRUPPE BILDUNGS-BERICHT 1990, S. 72), so daß generell eine erhebliche Detektivarbeit erforder-lich ist, in 16 Bundesländern die relevanten Bestimmungen für den jeweiligen Bildungsgang sowie zu Schule, SchülerInnen und Lehrkräften aufzuspüren und aktuelle Entwicklungen mitzuverfolgen.

Unter den einzelnen Rechtsquellen sind die verschiedenen *Rahmenvereinba-rungen der Kultusministerkonferenz (KMK)* noch relativ einfach zu finden. Sie haben aufgrund der Kulturhoheit der Länder im Bildungswesen jedoch nur

---

[84] Hierzu gehören beispielsweise »Erziehung & Wissenschaft«, »Die Berufsbildende Schule (BbSch)«, »Theorie und Praxis der Sozialpädagogik (TPS)«, »Nachrichtendienst des Deutschen Vereins (NDV)«, »kindergarten Heute«, »klein & groß« etc.

Empfehlungscharakter, so daß ihre bundesweite Steuerungskraft zur Regulierung der Ausbildung eher begrenzt ist. Dennoch erfolgt eine Zusammenarbeit der Länder im Rahmen der KMK, um ein Mindestmaß an bundesweiter Kooperation zu erzielen. So wurden mit der Vereinbarung zur Gliederung des beruflichen Schulwesens der KMK von 1975 zumindestens einheitliche Begriffe für die verschiedenen Schulformen geschaffen. Im Zusammenhang mit der ErzieherInnenausbildung beschloß die KMK zwei kontrovers diskutierte Vereinbarungen (1967 und 1982), die das Bildungsgangprofil in den letzten 30 Jahren bundesweit mitbeeinflußt haben (vgl. Kapitel 14 ff.). Bedeutung für die Personalstruktur an Fachschulen für Sozialpädagogik erhielt vor allem die KMK-Vereinbarung von 1973, in der erstmalig eine einschlägige sozialpädagogische BerufsschullehrerInnenausbildung vorgesehen war (vgl. Kapitel 25.1).[85]

Um jedoch auf rechtlicher Ebene den Ausbildungsstand bundesweit zu reflektieren, ist der Rückgriff auf die Länderebene unumgänglich, da die Bundesländer von ihrer Gesetzgebungskompetenz im Schulwesen ausgiebig Gebrauch machen. Die entsprechenden Gesetze und Verordnungen sind in den schulrechtlichen Sammlungen der einzelnen Länder enthalten. So stellt in Nordrhein-Westfalen die jährlich erscheinende Bereinigte Amtliche Sammlung der Schulvorschriften (BASS) *das* maßgebliche Nachschlagewerk für das Nordrhein-Westfälische Schulwesen dar, in dem die jeweils gültigen Bestimmungen vom Schulordnungsrecht bis hin zu Einstellungserlassen für die Lehrkräfte enthalten sind. Aktuelle Erlasse, die noch nicht in die bereinigten Sammlungen aufgenommen worden sind, werden dagegen in den zumeist monatlich erscheinenden Gesetzes- und Verordnungsblättern der Länder bzw. der einschlägigen Ministerien verkündet. Zum Teil müssen auch die Veröffentlichungsorgane mehrerer Ministerien berücksichtigt werden, wenn wie bei der ErzieherInnenausbildung das Kultusministerium für den schulischen Ausbildungsteil und das Sozialministerium für das berufspraktische Ausbildungsjahr verantwortlich sind. Im günstigsten Fall sind, wie in Hessen, derartige Bestimmungen gemeinsamen Empfehlungen beider Ministerien zu entnehmen.[86]

Unter den Schulvorschriften der Bundesländer ist auch das Qualifikationsprofil der staatlich anerkannten ErzieherIn zu finden. Es wird rechtlich in den sogenannten Ausbildungsverordnungen der Bundesländer fixiert. Diese bilden

---

[85] Die einschlägigen KMK-Vereinbarungen finden sich im Anhang.

[86] Um bei 16 Bundesländern mit diversen Änderungserlassen nicht völlig den Überblick über die aktuelle Rechtslage zu verlieren, bietet der Dokumentationdienst Bildung und Kultur der Kultusministerkonferenz Hilfestellung, in dem regelmäßig auf gesetzliche Aktivitäten der Bundesländer im Schulbereich hingewiesen wird (vgl. SEKRETARIAT DER STÄNDIGEN KONFERENZ DER KULTUSMINISTER).

die Grundlage für die Organisation der Ausbildung an den Fachschulen für Sozialpädagogik. Bestandteil der Ausbildungsordnungen sind die sogenannten Stundentafeln. Durch dieses rechtliche Steuerungsinstrument wird der Bildungsgang formal nach Lernbereichen, Unterrichtsfächern und -stunden strukturiert. Hierdurch wird bereits eine erste Vorauswahl der Lerninhalte und deren quantitative Bedeutung innerhalb der Ausbildung getroffen. Prüfungsverordnungen regeln dagegen - sofern dies nicht in bildungsgang-/schulformübergreifenden Rechtsvorschriften geschieht - die Leistungsanforderungen, die erbracht werden müssen, um das jeweilige Bildungsgangziel zu erreichen bzw. den formalen Ablauf und die Modalitäten, die dabei von der Schule und den SchülerInnen einzuhalten sind (Anmeldeverfahren, Bildung eines Prüfungsausschusses etc). Lehrziele und Lerninhalte sind dagegen Gegenstand der sogenannten »Lehrpläne«, die z.b. für die Fachschule für Sozialpädagogik in den letzten 25 Jahren sukzessive weiterentwickelt worden sind. Sie sind nicht in den schulrechtlichen Sammlungen veröffentlicht, sondern können in der Regel über das jeweilige Kultusministerium bezogen werden (vgl. Kap. 21).

Abb. 13.1: Rechtlich-administrative Steuerungselemente

- Rahmenvereinbarungen der Kultusministerkonferenz zum Schulwesen, zur ErzieherInnen- und LehrerInnenausbildung
- Schulgesetze der Bundesländer
- Ausbildungs- und Prüfungsverordnungen in 16 Bundesländern
- Durchführungsbestimmungen und Gemeinsame Empfehlungen verschiedener beteiligter Ministerien
- Lehrpläne und Richtlinien

13.2 Die amtliche Schulstatistik - wie entstehen Statistiken?

Zur ersten Einschätzung der Ausbildungssituation ist ein quantitatives Gerüst über Schulen, Klassen, SchülerInnen und LehrerInnen erforderlich. Um derartige Informationen abzurufen, steht die amtliche Schulstatistik zur Verfügung.

Amtliche Daten zum beruflichen Schulwesen beruhen hierbei auf Schulbefragungen der Länder und sind über die Veröffentlichungen der Statistischen Landesämter zugänglich. Auf Bundesebene veröffentlicht das Statistische Bundesamt diese amtlichen Daten der Schulstatistik in der Fachserie 11 Reihe 2,

Berufliche Schulen, sowie in den ergänzenden Tabellen (vgl. STATISTISCHES BUNDESAMT). Daneben greifen weitere Nutzergruppen auf dasselbe Zahlenmaterial zurück und tragen zu dessen Veröffentlichung auf Bundesebene bei. So stellt das Sekretariat der Kultusministerkonferenz die Daten »laufend in Zeitreihenform« zusammen (Statistische Veröffentlichungen der KMK über Schüler, Klassen, Lehrer und Absolventen), publiziert »länderübergreifende Zusammenstellungen von koordinierten Schüler-, Absolventen- und Lehrerprognosen« und dokumentiert gleichfalls in regelmäßigen Abständen, Informationen zur Beschäftigungssituation von LehrerInnen im Dokumentationsdienst Bildung und Kultur (vgl. SEKRETARIAT DER STÄNDIGEN KONFERENZ DER KULTUSMINISTER). Daneben verwendet auch der Bundesminister für Bildung und Wissenschaft die Daten der amtlichen Schulstatistik, die jährlich in den sogenannten Grund- und Strukturdaten veröffentlicht werden (vgl. BUNDESMINISTER FÜR BILDUNG UND WISSENSCHAFT).[87]

Mit der amtlichen Schulstatistik sind jedoch grundsätzliche *Probleme* im Hinblick auf den Untersuchungsgegenstand »Fachschule« verbunden. Bereits DER-SCHAU kritisierte 1976 Aktualität, Präzision und Vollständigkeit der Verzeich-

---

[87] Die Daten des vom Bundesminister für Bildung und Wissenschaft veröffentlichten Berufsbildungsberichtes werden dagegen nicht im Rahmen der Bundesstatistik erhoben (vgl. BUNDESMINISTER FÜR BILDUNG UND WISSENSCHAFT 1993), sondern vom Bundesinstitut für Berufsbildung (BIBB) in einer eigenständigen Erhebung bei den Kammern erfragt (vgl. WERNER 1990, S. 252). Berufliche Vollzeitschulen bzw. Fachschulen für Sozialpädagogik werden hierin jedoch nur am Rande betrachtet. Deshalb fordert beispielsweise die Enquete-Kommission des Deutschen Bundestages in diesem Zusammenhang eine »für das Berufsbildungssystem grundsätzliche Dokumentation der systematischen Dreigliedrigkeit der Berufsbildungswege durch Neugliederung der Berufsbildungsberichte des Bundes mit geschlechtsspezifischen Daten a) zum dualen System (vorhanden), b) zu Berufsbildungsgängen ohne Berufsabschluß, c) zu Berufsbildungsgängen mit Berufsabschluß, hier eingeschlossen solche in privater Trägerschaft. Erweiterung regionaler Berufsbildungsberichte und auch hier: Gliederung nach dieser Struktur« (DEUTSCHER BUNDESTAG 1990, S. 528). Darüber hinaus veröffentlicht die BUNDESARBEITSGEMEINSCHAFT DER FREIEN WOHLFAHRTSPFLEGE als Zusammenschluß der sechs Wohlfahrtsverbände regelmäßig (1970, 1973, 1975, 1977, 1981, 1984, 1987, 1990, 1993) die »Gesamtstatistik der Einrichtungen der freien Wohlfahrtspflege« (vgl. ebd., 1987, S. 5 f.). Es handelt sich um eine Geschäftsstatistik mit dem Ziel, »einen differenzierten Überblick über die Einrichtungen und Dienste, die den einzelnen Wohlfahrtsverbänden angeschlossen sind, über ihr Platzangebot, über die Zahl der hauptamtlichen Mitarbeiter sowie über die Selbsthilfegruppen, Helfergruppen und Clubs (...) (zu bieten)« (ebd., S. 5). Erfaßt wird u.a. die Ebene der Aus- und Fortbildung für soziale und pflegerische Berufe. Die Statistik ist zur Analyse der Ausbildungssituation an Fachschulen allerdings nur begrenzt aussagefähig und von geringem Differenzierungsgrad. So werden die Daten z.B. nicht nach einzelnen Wohlfahrtsverbänden oder nach Bundesländern ausgewiesen.

nisse und Daten der Kultusbehörden und der statistischen Ämter sowie die
hieraus resultierenden Schwierigkeiten bei der Erfassung der Ausbildungskapazitäten (vgl. DERSCHAU 1976, S. 185). Die Defizite der vorhandenen Bildungs-
systematiken und die Mängel öffentlicher Datenpräsentation können bis heute
unverändert beklagt werden. Das vorliegende Datenmaterial auf Landes- und
Bundesebene bietet im Hinblick auf Ausbildungsstätten, SchülerInnenschaft und
Lehrkräfte allenfalls einen ersten Orientierungsrahmen zur quantitativen Einschätzung der Fachschulsituation (vgl. RAUSCHENBACH 1990a, S. 247).

Die *Ursachen* für die prekäre Datensituation liegen in der bereits genannten
schulischen Länderzuständigkeit mit den hiermit verbundenen Ausbildungsdisparitäten und Ausbildungssonderformen, sowie in den fehlenden, bundesweit
verbindlichen Regelungen für schulstatistische Erhebungen (vgl. ebd., S. 246),
da das System der Statistik ebenso föderalistisch organisiert ist wie das Schulwesen: Bildungsstatistiken entstehen durch regelmäßige, meist jährliche Meldungen
der Schulen und Hochschulen an die Statistischen Landesämter. Die Aufgabe
des Statistischen Bundesamtes beschränkt sich hierbei auf die Koordination und
methodische Vereinheitlichung der statistischen Programme auf Bundesebene.
Grundlage hierfür sind Vereinbarungen der Länder, da bundesgesetzliche Regelungen seit 1971 zwar für den Bereich der Hochschulstatistik bestehen, nicht
jedoch für die Schulstatistik, die weiterhin nur als »koordinierte Länderstatistik«
geführt wird (vgl. KÖHLER 1990, S. 230; KÖHLER/SCHREIER 1990, S. 113).

Koordinationsprobleme und Mängel im Berichtssystem sind damit strukturell angelegt. Eine umfassende Reform zur Neuorganisation des Berichtssy-
stems gab es bisher nicht, so daß die Koordinationsprobleme in der jüngeren
Vergangenheit eher gewachsen sind. »Die Länder hielten sich (...) immer weniger an das vereinbarte gemeinsame Erhebungsprogramm« (ebd. 1990, S.
114), so daß die einzelnen Programme immer weiter auseinanderdrifteten.
Umfang und Inhalt der statistischen Programme auf Landesebene und damit
deren Variationsbreite auf Bundesebene werden nämlich primär durch den
planerischen Bedarf der verschiedenen Verwaltungsressorts, die jeweilige bildungspolitische Schwerpunktsetzung und die Finanzlage bestimmt (vgl. KÖH-
LER 1990, S. 233)[88], mit dem Ergebnis, daß bundeseinheitliche Fragebögen für

---

[88] Da also »die meisten Statistiken primär Informationsbedürfnissen auf Länderebene dienen« (KÖHLER/SCHREIER 1990, S. 113), spielt die Bereitstellung von Daten an die
Bundesstatistik oder internationale Organisationen eine untergeordnete Rolle. Daneben
erfolgte die Umstellung auf maschinelle Datenverarbeitung in den Bundesländern
zeitversetzt und in unterschiedlicher Form (vgl. ebd., S. 233). Darüber hinaus wurden
durch »verschiedene Spar- und Rationalisierungmaßnahmen der Statistikbereinigung
in einzelnen Ländern, (...) teils gegen den Widerstand der Statistischen Ämter und der

die Stichtagsbefragung an Schulen nicht vorliegen. Es besteht somit keine Gewähr, daß die Daten von den Statistischen Landesämtern nach einem einheitlichen bundesweiten Muster erfaßt werden.

Die unterschiedlich erhobenen Daten werden von den Statistischen Landesämtern ausgewertet, die gewonnenen Informationen zur Veröffentlichung in den Schul- und Bildungsstatistiken der Statistischen Landesämter bzw. Kultusministerien aufbereitet sowie gleichzeitig an das Statistische Bundesamt weitergeleitet. Das Statistische Bundesamt reorganisiert und vereinheitlicht die Daten der Landesämter auf Bundesebene. Bei der Zusammenfassung der Länderdaten ist das Bundesamt jedoch mit erheblichen Problemen konfrontiert, da sich der Mangel an einheitlichen Konventionen der Länder vor allem auf das statistische Erhebungsprogramm auf Bundesebene auswirkt. Hierbei ist die Problematik der Systematisierung der Daten auf Bundesebene bei den beruflichen Schulen ungleich schärfer ausgeprägt als im allgemeinbildenden Schulwesen, da die Bundesländer vor allem im vollzeitschulischen Bereich »über eigene spezifische Formen und Typen von Schulen, die keine Entsprechung in anderen Ländern finden« (JOST 1986, S. 17), verfügen. Lücken durch fehlende Ländermeldungen werden allenfalls durch Schätzungen ausgeglichen und länderspezifische Einrichtungen wie die Kollegschule in Nordrhein-Westfalen oder die Berufsakademien in Baden-Württemberg gesondert ausgewiesen (vgl. KÖHLER 1990, S. 232).

Schulstatistik: Bei der Erfassung der Ausbildungsstätten ist vor allem die Abgrenzung der Berufsfach- und Fachschulen besonders schwierig, da unter diesen Kategorien sehr unterschiedliche Einrichtungen der Aus- und Fortbildung subsumiert werden. So reicht allein im sozialen Ausbildungssegment das Spektrum vorhandener und einzuordnender Bildungsgänge von der KinderpflegerIn über die DorfhelferIn zur ErzieherIn bis hin zur Diakonisse. Die Ein- und Zuordnung der vielfältigen Bildungsgänge wird dabei »nicht schlüssig geregelt, sondern nur dezionistisch getroffen« (JOST 1986, S. 17), wobei andererseits »die Statistik (...) sicherlich kein geeignetes Mittel zur Vereinheitlichung des Schulwesens (ist)« (KÖHLER 1990, S. 235). Daten über die »unechte« Fachschule für Sozialpädagogik, deren Status in den einzelnen Bundesländern unterschiedlich gehandhabt wird, sind in unterschiedlichen Abschnitten zu lokalisieren. Zahlen über die angehenden ErzieherInnen sind in der Fachserie 11 des Statistischen Bundesamtes sowohl unter Berufsfachschulen, Fachschulen, Kollegschulen und Fachakademien zu orten. Ihre Zusammenfassung

---

Kultusverwaltungen, Erhebungstatbestände und einzelne Merkmalsaufgliederungen, ohne Rücksicht auf ein einheitliches Programm der Länder gestrichen, Fragebögen gekürzt und Statistiken neu organisiert« (ebd., S. 233 f.).

bleibt den NutzerInnen überlassen. Aus den Zuordnungsschwierigkeiten resultieren in Bundes- und Länderstatistiken Unterschiede und Abweichungen in Zahlen und Angaben.

LehrerInnenstatistik: Problematisch ist auch die einheitliche Erfassung des Lehrkörpers an beruflichen Schulen: Eher quantitativ orientiert, werden strukturelle Aspekte der LehrerInnenversorgung vernachlässigt, da »ihre Ermittlung sich als zu aufwendig (erwies)« (JOST 1986, S. 17).[89] So wird in der Fachserie 11 »Bildung und Kultur« des STATISTISCHEN BUNDESAMTES oder den Statistischen Veröffentlichungen der Kultusministerkonferenz zu Schülern, Klassen, Lehrern (vgl. SEKRETARIAT DER STÄNDIGEN KONFERENZ DER KULTUSMINISTER 1989) zwar die Anzahl hauptberuflicher (voll- und teilzeitbeschäftigte) und nebenamtlicher Lehrkräfte nach Schulart, Rechtsstatus der Schulen (vgl. STATISTISCHES BUNDESAMT) sowie Bundesländern ausgewiesen. Innerhalb der Schularten wird jedoch lediglich zwischen Berufsfachschule und Fachschule gestaffelt. Differenziertere Informationen über die LehrerInnenversorgung in einzelnen Bereichen stehen somit nicht zur Verfügung. Die Anzahl der Lehrkräfte, die bundesweit mit der Ausbildung zur staatlich anerkannten ErzieherIn befaßt sind, sowie die sozialstatistische Zusammensetzung der LehrerInnenkollegien an Fachschulen können den amtlichen Statistiken deshalb nicht entnommen und aufgrund der skizzierten Zuordnungsprobleme der »unechten« Fachschule auch nicht einmal anteilig geschätzt werden.

Die Schwierigkeiten der statistischen Erfassung liegen dabei - über die grundsätzlich föderalistisch bedingten Probleme einer bundesweiten Statistikerstellung hinaus - in der abteilungs- und bildungsgangsübergreifenden Organisation des LehrerInneneinsatzes an beruflichen Schulen, da »die einzelnen Bildungsgänge (oft) organisatorisch in einer Weise verbunden (sind), die keine getrennte Angabe über Schulen, Klassen und Lehrer erlaubt« (KÖHLER/ SCHREIER 1990, S. 121 ff.). Daneben verhindern die unterschiedlichen Kategorien von LehrerInnen, die hohe Zahl nebenamtlich und -beruflich tätiger Lehrkräfte und die ungeklärte Zuordnung der Gruppe der WerkstattlehrerInnen, LehrerInnen für Fachpraxis, der Technischen LehrerInnen oder wie ihre jeweilige landesspezifische Bezeichnung auch lauten mag, sowie schließlich auch die unterschiedlichen Klassifikationen und kategorialen Änderungen eine exakte Beschreibung der LehrerInnenversorgung an beruflichen Schulen (vgl. JOST 1986, S. 17 ff.).[90]

---

[89] So wurde die letzte bundesweite Individualerhebung von LehrerInnen an allgemeinbildenden und beruflichen Schulen durch das Statistische Bundesamt unseres Wissens 1974 durchgeführt (vgl. JOST 1986, S. 17).

[90] So ergab »eine Zählung der KMK-Konferenz (...) im Jahre 1971 im Bereich beruflicher

SchülerInnenstatistik: Unstimmigkeiten bestehen auch bei der SchülerInnen-statistik: Manche Bundesländer rechnen bei der ErzieherInnenausbildung das 3. Ausbildungsjahr (Berufspraktikum) mit an, andere zählen nur die ersten beiden Jahre. Eine eigenständige bundesweite Erfassung der AbgängerInnen im Sinne einer differenzierten Prüfungsstatistik, wie sie im Bereich der Hoch-schulen existiert, fehlt bisher völlig bzw. ist als AbsolventInnenstatistik auf wenige Länder beschränkt. Aus diesen Gründen unterscheiden sich die Be-rechnungen der SchülerInnen- und AbgängerInnenzahlen der sozialpädagogi-schen Fachschulen, je nachdem, ob die Daten des Statistischen Bundesamtes zu Rate gezogen»oder aber unter Berücksichtigung der länderspezifischen Be-sonderheiten die Quersumme aus den Landesdaten gebildet wird« (vgl. RAU-SCHENBACH 1990a, S. 246 f.). Auch die Beantwortung der Frage, ob Sonder-ausbildungsgänge berücksichtigt wurden, bleibt ebenso offen wie das Problem, ob die SchülerInnen derjenigen Fachschulen, die in den Verzeichnissen der Kultusministerien fehlen, in die Veröffentlichungen der Statistischen Landes-ämter eingegangen sind (vgl. DERSCHAU 1976, S. 185). Eine exakte Gesamt-zahl der Auszubildenden an Fachschulen für Sozialpädagogik ist deshalb nicht zu ermitteln, sondern kann allenfalls annäherungsweise interpretiert werden.

Statistische Probleme in den neuen Ländern: Mit dem Beitritt der neuen Län-der verschärft sich das Problem einer bundeseinheitlichen Darstellung. Die unterschiedliche Gliederung des Schulwesens in der DDR und die eigene Erfas-sungsmethodik der DDR-Statistik ist nicht ohne weiteres mit der in den alten Bundesländern vergleichbar. Zuständig für die Erhebung der Bildungsdaten und Veröffentlichung der Statistiken in den Statistischen Jahrbüchern der DDR war die Staatliche Zentralverwaltung für Statistik. Durch die Kon-zentration der Berichterstattung bei der Zentralverwaltung wurde im Gegen-satz zur föderalen BRD ein höherer Grad an Vereinheitlichung und Stimmig-keit der Daten gewährleistet. Das Veröffentlichungsprogramm war jedoch be-grenzt, da viele Daten einer hohen Vertraulichkeitsstufe unterworfen waren (vgl. KÖHLER/SCHREIER 1990, S. 114). Die zu Fachschulen veröffentlichten Statistiken sind wenig aussagekräftig, da auch hier nicht zwischen den unter-schiedlichen Fachschularten unterstaffelt wird (vgl. ebd., S. 123). Auch die Anzahl der Lehrkräfte wurde nur für Fachschulen insgesamt erfaßt. Die Schü-

---

Schulen mindestens 34 verschiedene Amtsbezeichnungen und mindestens 80 verschiede-ne Laufbahnen, die sich außer in der Amtsbezeichnung durch den ihnen zugestandenen Tätigkeitsbereich, durch die Ausbildung und die Besoldung unterschieden. Seitdem sind gewisse Vereinheitlichungen durchgeführt worden, wenn auch die Länder zum Teil im-mer noch dieselben Lehrertypen unterschiedlich bezeichnen« (ARBEITSGRUPPE BIL-DUNGSBERICHT 1994, S. 600).

lerInnenstatistik vermittelt dagegen einen Überblick über Auszubildende, AnfängerInnen und AbsolventInnen der Ausbildungsgänge »Sozialpädagogik«, »Kindergärtnerinnen«, »Erzieher«, »Lehrer für untere Klassen« (vgl. STATISTISCHES JAHRBUCH DER DDR 1990, S. 343 ff.).

Erste gesamtdeutsche Statistik: Die ersten gesamtdeutschen Ergebnisse sind in der »Fachserie 11, Reihe 2, Berufliche Schulen« des Statistischen Bundesamtes von 1992 veröffentlicht. Die Daten für die DDR und das frühere Bundesgebiet sind, sofern für die neuen Bundesländer ähnliche Kategorien überhaupt vorhanden sind, getrennt ausgewiesen.[91] Daten über die Lehrkräfte, die z.B. an den für die KindergärtnerInnenausbildung zuständigen Pädagogischen Fachschulen unterrichtet haben, sind den vorliegenden Statistiken nicht zu entnehmen. Bei der SchülerInnenstatistik wurden die Kategorien der DDR-Statistik für 1989 übernommen.

Zusammenfassend ist festzustellen, daß die vorhandenen Bildungsstatistiken dem speziellen Informationsbedürfnis »ErzieherInnenausbildung an Fachschulen für Sozialpädagogik« wenig gerecht werden. Die Informationsdefizite sind auf verschiedenen Ebenen lokalisierbar. Sie betreffen die Ausbildungsstätten selbst, d.h. aktuelles und konsistentes Datenmaterial über Anzahl und Struktur der Fach- und Berufsfachschulen ist nicht verfügbar; Grundinformationen über die materiellen und organisatorischen Rahmenbedingungen fehlen. Auch über die 2. Ebene, die SchülerInnenschaft, liegen unter quantitativen und strukturellen Aspekten kaum differenzierte Kenntnisse vor. Nahezu unbeachtet in den Systematiken sind darüber hinaus die personellen Bedingungen in speziellen Ausbildungsgängen bzw. hier an der Fachschule für Sozialpädagogik. So sind der Bestand und insbesondere die Struktur des Personals an den Fach- und Berufsfachschulen den amtlichen Statistiken aufgrund der spezifischen Erfassungslogik bei den LehrerInnendaten nicht zu entnehmen.

13.3 Studien und empirische Forschungsarbeiten

Der Versuch, Informationen zur quantitativen Lage und zur qualitativen Einschätzung der gegenwärtigen Fachschulsituation in den alten und neuen Bundesländern zu gewinnen und Entwicklungen aufzuzeigen, ist auch deshalb

---

[91] Angaben über SchülerInnen an Fachschulen für Sozialpädagogik, die in den neuen Bundesländern bereits in Anlehnung an die KMK-Vereinbarung ausgebildet werden, enthält die Fachserie nicht, da sich die Daten auf das Schuljahr 1989/90 beziehen. Allerdings sind in den letzten Veröffentlichungen der Statistischen Landesämter hierzu Angaben aus den Jahren 1992/93 enthalten.

mühsam, da bisher relativ wenig empirische Forschungsarbeiten und sekundäranalytische Studien zur *aktuellen* Ausbildungssituation an Fachschulen für Sozialpädagogik vorliegen, wobei die Gründe für das geringe wissenschaftliche Interesse u.a. sicherlich auch in der skizzierten unzureichenden Qualität der öffentlichen Datenpräsentation auf Landes- und Bundesebene zu suchen sind, die eine wissenschaftliche Aufbereitung des Forschungsgegenstandes erschwert.

Innerhalb der zuständigen Wissenschaftsdisziplinen befaßt sich zudem die empirische Bildungs- und hier besonders die Schulentwicklungsforschung schwerpunktmäßig mit dem *allgemeinbildenden* Schulwesen. Und Gegenstand der Berufsbildungsforschung ist überwiegend das Duale System mit dem Lernort »Betrieb«. Von eher randständiger Bedeutung ist dagegen die Berufsschule als »vergessener Teil des dualen Systems« (KLEMM/PFEIFFER 1990, S. 81). Noch weniger im Blickfeld der Berufsbildungsforschung oder gar der aktuellen Bildungsdiskussion sind vollzeitschulische Ausbildungsgänge wie die ErzieherInnen- oder KinderpflegerInnenausbildung. Damit drohen diese zentralen Qualifizierungsmöglichkeiten für Frauen aus dem Raster der Bildungsforschung und Bildungspolitik herauszufallen, wie u.a. die Berufsbildungsberichte des Bundesministers für Bildung und Wissenschaft dokumentieren, in denen Schulberufe nur am Rande Beachtung finden (vgl. BUNDESMINISTER FÜR BILDUNG UND WISSENSCHAFT 1990, 1991, 1993).[92] Erst in jüngster Zeit werden die gesundheits- und sozialpflegerischen Berufe auch von BerufsbildungsexpertInnen diskutiert, nicht zuletzt aufgrund der gestiegenen Herausforderungen in der Pflege, wobei die benachbarten Erziehungsberufe auch aus dieser Debatte herauszufallen drohen (vgl. BECKER/MEIFORT 1993a, 1993b, 1994).

Seit den frühen 70er Jahren, als die ErzieherInnenausbildung im Mittelpunkt der sogenannten Marburger Forschungsprojekte stand, ist keine bundesweite empirische Erhebung mehr an Fachschulen für Sozialpädagogik durchgeführt worden (vgl. DERSCHAU 1976).[93] Gleichwohl haben sich aber

---

[92] So werden beispielsweise die 10 beliebtesten Ausbildungsberufe (des Dualen Systems) getrennt nach Geschlecht ausgewiesen. Hierbei nehmen mit jeweils gut 40.000 Schülerinnen die Berufsgruppen Friseuse und Einzelhandelskauffrau den 3. Rang ein. Die ErzieherInnenausbildung, da schulisch und nicht dual, die eine mindestens genauso große Kapazität aufweist, wird dagegen überhaupt nicht erwähnt, obwohl ihre Beliebtheit bei den Schulabgängerinnen den beiden o.g. nicht nachsteht.

[93] Im Rahmen der Marburger Forschungsprojekte haben sich verschiedene WissenschaftlerInnen mit Aspekten der ErzieherInnenausbildung auseinandergesetzt. Grundlegend ist die Untersuchung Derschaus zur Ausbildungssituation an Fachschulen für Sozialpädagogik, auf die im folgenden des öfteren Bezug genommen wird, um u.a. die sich seit den 70er Jahren vollzogenen Veränderungen zu verdeutlichen (vgl. DERSCHAU 1976). Seit 1976 hat Derschau in verschiedenen Aufsätzen zur Ausbildungs- und Ar-

in den letzten Jahren einzelne Untersuchungen sekundäranalytisch und empirisch mit isolierten Aspekten der Ausbildungssituation von ErzieherInnen beschäftigt. Hier ist die Dokumentation »Die beruflichen Vollzeitschulen hauswirtschaftlicher und sozialpädagogischer Fachrichtung in der Bundesrepublik Deutschland« von GRÜNER (1979) zu nennen, der im Sinne »einer naiven Deskription zeigen (will), welche Schulformen es auf diesem Gebiet gibt, wie sie organisiert sind, welche Inhalte gelehrt werden und welche Besucherzahlen sie aufweisen« (ebd., S. 2).

ZERN (1980a, 1980b) befragte im Rahmen einer empirischen Erkundungsstudie über »Berufswahlmotive von ErzieherInnen in der Ausbildung« SchülerInnen in Rheinland-Pfalz über negative Schulerfahrungen vor Ausbildungsbeginn und untersuchte u.a. Aspekte zum Selbst- und Fremdbild der zukünftigen ErzieherInnen. Mit Fragen der beruflichen Identität von angehenden ErzieherInnen setzte sich auch FISCHER (1980) auseinander. Um die Struktur des katholischen Schulwesens zu erfassen, hat der »Arbeitskreis katholischer Schulen in Freier Trägerschaft in der BRD« in den Jahren 1987/88 eine empirische Untersuchung durchführen lassen. Erfaßt wurden neben allgemeinbildenden katholischen Schulen rund 200 berufsbildende Ausbildungsstätten, darunter auch ca. 80 katholische Fachschulen für Sozialpädagogik (vgl. KATHOLISCHE SCHULEN IN FREIER TRÄGERSCHAFT 1990). Ebenfalls von katholischer Seite wurde von der Katholischen Erziehergemeinschaft (KEG) im Sommer 1989 eine Umfrage an Ausbildungsstätten für ErzieherInnen und KinderpflegerInnen durchgeführt, mit dem Ziel »Zahlenmaterial im Hinblick auf (den) befürchteten ErzieherInnenmangel« zu erhalten. Diese läßt sich jedoch nicht als wissenschaftlich-empirische Erhebung einordnen, sondern als nicht-repräsentative Tendenzeinschätzung eines Berufsverbandes (vgl. CHRIST und BILDUNG 1990, Heft 1).

Die Ausbildungssituation für ErzieherInnen im Vergleich zwischen 1983 und 1988 hat die BUNDESARBEITSGEMEINSCHAFT DER LANDESJUGENDÄMTER UND ÜBERÖRTLICHEN ERZIEHUNGSBEHÖRDEN (1990) im Rahmen einer umfassenden »Stellungnahme zur Entwicklung des Erzieherbedarfs bis zum Jahr 2000« erfaßt. Schließlich verfaßte KRÜGER (1989) ein Gutachten zur LehrerInnenarbeit an Fachschulen für Sozialpädagogik und Berufsfachschulen für Kinderpflege. Schwerpunktmäßig unter historischen Aspekten setzte sich METZINGER (1993) mit der ErzieherInnenausbildung auseinander. Darüber hinaus wird zur Zeit an der Philipps-Universität in Marburg eine empirische Unter-

---

beitsmarktsituation von ErzieherInnen und anderen Fachkräften der Jugendhilfe Stellung genommen.

suchung an Fachschulen für Sozialpädagogik in Hessen durchgeführt, um den Stand der ErzieherInnenausbildung für den Bereich der Heimerziehung zu erfassen. Erste Zwischenergebnisse der Befragung an den Hessischen Ausbildungsstätten liegen vor (vgl. ALMSTEDT 1995).

Mit Ausnahme der o.g. Studien ist das wissenschaftliche Interesse an Ausbildungsfragen jedoch insgesamt gering. Demgegenüber sind in jüngster Zeit eine Reihe aktueller Untersuchungen zur Berufssituation von ErzieherInnen im Arbeitsfeld Tageseinrichtungen für Kinder erschienen, in denen aus Sicht der Beschäftigten Berufsalltag und -zufriedenheit aufgegriffen werden. Dies ist nicht zuletzt vor dem Hintergrund einer immer noch großen Fluktuation in den Einrichtungen zu sehen, die bei einem hohen Personalbedarf infolge des Rechtsanspruchs von Arbeitgeberseite und Verbänden nicht länger ignoriert werden kann.[94] Darüber hinaus ist in diesem Zusammenhang die umfangreiche Platz- und Personalbedarfsanalyse in Kindertageseinrichtungen von PREISING/PROTT (1988) zu nennen.

13.4   Schriftliche SchulleiterInnenbefragung

Die unbefriedigende Datenlage und die wenigen vorliegenden Forschungsarbeiten bildeten den Anlaß, am Institut für Sozialpädagogik, Erwachsenenbildung und Pädagogik der Frühen Kindheit der Universität Dortmund eine empirische Untersuchung an Fachschulen für Sozialpädagogik und Berufsfachschulen für Kinderpflege durchzuführen, um bei der wachsenden Bedeutung von Kindertageseinrichtungen und den erhöhten Qualifikationsanforderungen an die Beschäftigten grundlegende Informationen zur Ausbildungssituation von ErzieherInnen und KinderpflegerInnen zu gewinnen. Da seit den frühen 70er Jahren darüber hinaus keine bundesweite empirische Erhebung mehr zum Forschungsgegenstand »Fachschule« durchgeführt worden ist (vgl. DERSCHAU 1976), und zu den Berufsfachschulen für Kinderpflege bis zum heutigen Zeitpunkt überhaupt noch keine empirische Untersuchung vorliegt, erschien die geplante Untersuchung um so dringlicher.[95]

Als Erhebungsinstrument wurde ein Fragebogen entwickelt, mit dem sämtliche SchulleiterInnen von Fachschulen für Sozialpädagogik und Berufsfachschulen für Kinderpflege bzw. die entsprechenden AbteilungsleiterInnen an Berufsschulzentren schriftlich befragt wurden. Für beide Schulformen wurden

---

[94] Vgl. GLEICH (1993); BAMBERG (1993); WELZEL (1994).

[95] Die Befragung wurde von der Deutschen Forschungsgesellschaft gefördert und unter der Leitung von Th. Rauschenbach im Schuljahr 1991/92 durchgeführt.

aus inhaltlichen und auswertungstechnischen Gründen separate, mit Ausnahme einiger weniger spezieller Fragen analoge Fragebögen zu den Themenbereichen »Ausbildungsstätten«, »Lehrkräfte« sowie »SchülerInnenschaft« erstellt. Detaillierte Informationen sollten vor allem zum Problemkomplex »LehrerInnenbestand, -struktur und -qualifikation« gewonnen werden (vgl. BEHER/KNAUER/RAUSCHENBACH 1995).

Die Erhebung erstreckte sich auf sämtliche öffentliche und private Fachschulen für Sozialpädagogik und Berufsfachschulen für Kinderpflege in den 10 Bundesländern der ehemaligen Bundesrepublik und in West-Berlin.[96] Obwohl in der Planungsphase des Projektes zunächst eine gesamtdeutsche Erfassung der Schulen, einschließlich der neuen Bundesländer beabsichtigt war, mußte von diesem Vorhaben relativ schnell wieder abgewichen werden. Erste Kontakte in die gerade beigetretenen Bundesländer waren telefonisch und schriftlich nur mühsam herstellbar. Verunsicherte GesprächspartnerInnen von einzelnen Schulen, überlastete und sich im Aufbau befindende Kultusministerien mit wechselnden AnsprechpartnerInnen, die sich von der dreigeteilten DDR-Ausbildung (KrippenerzieherIn, KindergärtnerIn und HortnerIn) im Umbruch befindende Schullandschaft, die noch nicht verabschiedeten einschlägigen Schulgesetze und der hiermit verbundenen Unsicherheit über die Zukunft und Neuorganisation der Bildungsgänge und einzelner Schulen, ließen eine Ausweitung der schriftlichen Befragung das Gebiet der neuen Bundesländer zum damaligen Zeitpunkt als wenig sinnvoll erscheinen.

Die Fragebögen für beide Schulformen wurden im Dezember 1991 versendet. Als Stichtag der Erhebung wurde das Schuljahr 1991/92 zugrundegelegt. Die relativ lange Rücklaufzeit der Fragebögen konnte im Mai 1992 abgeschlossen werden. Ungeachtet der hohen zeitlichen Belastung, die mit der Beantwortung der Fragebögen verbunden war, bei zusätzlichem Aufwand für SchulleiterInnen/AbteilungsleiterInnen an Schulzentren, die sowohl die Bildungsgänge ErzieherIn als auch KinderpflegerIn anbieten, konnte eine Rücklaufquote von 58,5% (n = 179) bei den Fachschulen und 55,4% (n = 123) bei den Berufsfachschulen erzielt werden. Darüber hinaus war es möglich, über die SchulleiterInnen Angaben über ca. 3.000 LehrerInnen an Fachschulen für Sozialpädagogik und ca. 2.000 Lehrkräfte an Berufsfachschulen für Kinderpflege zu erhalten.

---

[96] Angeschrieben wurden alle über die Kultusministerien und Trägerverbände 1991 ermittelbaren 306 Fachschulen für Sozialpädagogik und 225 Berufsfachschulen für Kinderpflege.

Mit Blick auf die Auswertung der Daten und Interpretation der Ergebnisse für den Schultyp »Fachschule für Sozialpädagogik« ist folgendes zu beachten: Überdurchschnittliche Rücklaufquoten wurden in den Bundesländern Bremen (100%), Hessen (84%), Niedersachsen (68%), Hamburg (67%) und Bayern (63%) erzielt. Die Rücklaufquoten der Bundesländer Rheinland-Pfalz (56%), Schleswig-Holstein (54%) und Baden-Württemberg (54%) liegen im Durchschnittsbereich. Unterrepräsentiert sind dagegen West-Berlin (43%), das Saarland (50%) und Nordrhein-Westfalen (50%). Für Nordrhein-Westfalen ist anzunehmen, daß der unterdurchschnittliche Rücklauf der Fragebögen in diesem dichtbesiedelten Bundesland auch dadurch bedingt ist, daß das Land verstärkt über große Berufsschulzentren verfügt und bei der Befragung eher kleine und mittlere Schulen geantwortet haben.

Der Rücklauf nach *Trägern* stellt sich wie folgt dar: Die höchste Rücklaufquote haben mit 65% katholische Schulen. Hierbei haben vor allem katholische SchulleiterInnen aus den Bundesländern Baden-Württemberg, Hessen, Niedersachsen und Nordrhein-Westfalen geantwortet. Durchschnittlich (58%) haben SchulleiterInnen öffentlicher Schulen ihre Fragebögen zurückgesendet. Evangelische Schulen haben knapp unterdurchschnittlich (53%) geantwortet. Unterrepräsentiert sind Schulen in sonstiger Trägerschaft. Sie haben mit 36% die niedrigste Rücklaufquote und werden in den folgenden Tabellen wegen der geringen Aussagekraft der Ergebnisse nicht kommentiert.[97]

Nachdem die verschiedenen Informationsquellen zur Ausbildungssituation an Fachschulen für Sozialpädagogik kurz vorgestellt und problematisiert worden sind, werden in den folgenden Kapiteln zunächst die Rechtsgrundlagen der ErzieherInnenausbildung im Vordergrund stehen, um im Anschluß hieran deren Umsetzung in die Fachschulrealität zu skizzieren.

---

[97] Das niedrige Ergebnis der »sonstigen Träger« mag u.a. auch daran liegen, daß sie keinen gemeinsamen Trägerverband haben, der vorab über Ziele und Zweck der Untersuchung informiert werden konnte. Die beiden konfessionellen Träger sind dagegen frühzeitig auf Verbandsebene von dem Befragungsprojekt in Kenntnis gesetzt worden und haben ihren Schulen die freiwillige Teilnahme empfohlen. Öffentliche Schulen waren durch die amtliche Kultusminister-Genehmigung wohl eher zur Teilnahme bereit.

14. Von der Zulassung bis zur Prüfung: Der formale Aufbau der Ausbildung im Ländervergleich

Die Ausbildung zur ErzieherIn in der heutigen Form basiert konzeptionell auf den »Rahmenvereinbarungen für die sozialpädagogischen Ausbildungsstätten« der Kultusministerkonferenz von 1967 in der Neufassung von 1969[98], mit der eine bundesweite Vereinheitlichung sozialpädagogischer Bildungsgänge angestrebt wurde.[99] Wesentliche Bestimmungen dieser Vereinbarung waren die Zusammenfassung der früheren Ausbildungen zur KindergärtnerIn/HortnerIn und zur HeimerzieherIn zu einer gemeinsamen, reformierten ErzieherInnenausbildung sowie »die Verlängerung der Ausbildung durch die Einführung eines Anerkennungsjahres« (DERSCHAU 1983, S. 166). Die damaligen Ausbildungsstätten - Kindergärtnerinnenseminare und Heimerzieherschulen - wurden größtenteils in Fachschulen für Sozialpädagogik, die ehemaligen JugendleiterInnenseminare zu Höheren Fachschulen für Sozialpädagogik umgewandelt.[100] Mit dieser Entscheidung der KMK wurde auf eine spezielle Ausbildung von Fachkräften für den Elementarbereich zu Gunsten eines an der Tätigkeit in verschiedenen sozialpädagogischen Bereichen orientierten, breit angelegten Qualifikationprofils verzichtet (vgl. DERSCHAU 1985, S. 174).

Die Umsetzung der Rahmenvereinbarung zur ErzieherInnenausbildung in die länderspezifischen Ausbildungsordnungen erfolgte sukzessive zwischen 1967 und 1972. Die angestrebte Vereinheitlichung gelang jedoch nur in Teilberei-

---

[98] Die für die ErzieherInnenausbildung einschlägigen KMK-Vereinbarungen sind in der Literaturliste zusammengestellt.

[99] Auf rechtlicher Ebene machte bereits 1962 die Neuordnung der ErzieherInnenausbildung in Hamburg Furore, die erhebliche Kontroversen bei den verschiedenen Fachverbänden auslöste, eine Reihe von Reformvorschlägen nach sich zog und so die KMK-Vereinbarung von 1967 mitbeeinflußte. Die Argumente, mit denen diese Diskussion geführt wurde, erinnern in wesentlichen Punkten frappierend an die heutige Auseinandersetzung. Die mangelnde Attraktivität der Ausbildung und des ErzieherInnenberufes aufgrund des zu niedrigen Einkommens, das fehlende männliche Interesse, der Stellenwert der Ausbildung im Vergleich zum Ausland wurden ebenso kritisch angemerkt wie die niedrige Verweildauer im Beruf und die gestiegenen Anforderungen im Arbeitsfeld (ausführlich nachzulesen ist die Debatte um die Neuregelung sozialpädagogischer Bildungsgänge bei DERSCHAU 1976).

[100] Vgl. DERSCHAU (1976); METZINGER (1990, S. 7).

chen, die Ausbildung entwickelte sich durch die unterschiedlichen länderspezifischen Regelungen wieder auseinander, so daß ein neuer Integrationsversuch
als notwendig erachtet wurde (vgl. GROSSMANN 1987, S. 163; DERSCHAU 1983,
S. 166 f.). Resultat dieser Verhandlungen war schließlich die »Rahmenvereinbarung über die Ausbildung und Prüfung von Erziehern/Erzieherinnen« der
Kultusministerkonferenz von 1982.

Neu im Vergleich zur 67er-Vereinbarung waren vor allem die Charakteri-
sierung der ErzieherInnenarbeit als selbständige Tätigkeit sowie detaillierte
Angaben über die Ausbildungsstruktur und die Prüfungsmodalitäten. Nouvel-
liert wurden auch die Zugangsvoraussetzungen: Während in der KMK-Vereinbarung von 1967 lediglich das vollendete 17. Lebensjahr, ein Mittlerer Bildungsabschluß und eine mindestens einjährige praktische Tätigkeit vorausgesetzt wurden, forderte die KMK 1982 ohne Altersbegrenzung zwar weiterhin
einen Mittleren Bildungsstand, verlangte als berufliche Aufnahmevoraussetzung jedoch primär eine abgeschlossene Berufsausbildung. Hierbei stand das
Ziel einer »echten« Fachschule im Vordergrund, das jedoch zugleich durch
eine Fülle weiterer beruflicher Zulassungsvoraussetzungen wieder verwässert
wurde (vgl. Kapitel 16). Gegenläufig zur damit intendierten Statusanhebung
wurde die Frage der weiterführenden Bildungsabschlüsse und Weiterbildungsmöglichkeiten geregelt. War nach dem Beschluß von 1967 noch ein 4semestri-
ges Aufbaustudium an Höheren Fachschulen (später Fachhochschulen) für Sozialpädagogik vorgesehen, berechtigte nunmehr die staatliche Anerkennung
als ErzieherIn ohne Zusatzunterricht nicht einmal mehr zur *Aufnahme* eines
Fachhochschulstudiums. Damit vergrößerte sich gleichzeitig der Abstand zur
nächsthöheren Ausbildungsinstanz. Zur Fortbildung für verschiedene erzieherische Aufgabenbereiche enthielt die Vereinbarung nur noch den allgemeinen
Hinweis auf einjährige Zusatzausbildungsgänge[101], ohne diese jedoch konkret
zu benennen.

Insgesamt stellte das formalrechtliche Instrumentarium der KMK-Vereinbarung von 1982 nach 5jähriger Verhandlung einen Kompromiß zwischen den
unterschiedlichen Länderinteressen dar. Trotz des langen Verhandlungszeitrau-
mes wurde sie von Fachorganisationen und VertreterInnen der Ausbildung
überwiegend als unbefriedigend empfunden (vgl. DERSCHAU 1983), reduzierte
sie sich doch »im wesentlichen auf eine Angleichung der seit der vorgehenden
Rahmenvereinbarung von 1967 in den Bundesländern vollzogenen Veränderungen. Damit stellt sie eine in vielem unzureichende Übereinkunft dar, die

---

[101] Vgl. DERSCHAU (1983); METZINGER (1990; 1993).

kaum richtungsweisende Gedanken und Innovationen zur Verbesserung der Erzieherausbildung enthält« (METZINGER 1990, S. 40).[102]

In Erwartung der kommenden und im Anschluß an die verabschiedete KMK-Rahmenvereinbarung von 1982 änderten eine Reihe von Bundesländern ihre Ausbildungs- und Prüfungsordnungen zur ErzieherInnenausbildung. Die Novellierungen erfolgten in den einzelnen Bundesländern bis Mitte der 80er Jahre. Um 1989 setzte ein weiterer Änderungsschub ein, mit dem die Ausbildungs- und Prüfungsordnungen zum Teil über Verwaltungsvorschriften redaktionell neu gefaßt und den bildungspolitischen und schulischen Gegebenheiten angepaßt wurden. Die weitestgehende Neuordnung vollzog in diesem Zeitraum Berlin, wo 1987 die alte Regelung eines zweijährigen Bildungsganges an Berufsfachschulen für Erzieher und eines einjährigen Ausbildungsabschnittes an der Fachschule zu Gunsten eines bundesweit angepaßteren Ausbildungsaufbaus abgeschafft wurde.[103]

Ab 1990 setzte ausgelöst durch die bevorstehende Öffnung des europäischen Binnenmarktes, mit der auch das Berufsausbildungssystem durch die Neuordnung bzw. gegenseitige formale Anerkennung der Berufe in Legitimationsschwierigkeiten geriet, erneut die Debatte um die ErzieherInnenausbildung ein. Ihr wurde erheblicher bildungspolitischer und struktureller Anpassungs- und Neuordnungsdruck bescheinigt. Der bundesrepublikanische Bildungsgang erwies sich im europäischen Vergleich als formal wenig kompatibel und drohte zeitweise auf das unterste Ebene der europäischen Ausbildungspyramide abzusinken.[104] Damit trat wiederum das Problem der »echten« Fachschule bzw. der Zugangsvoraussetzungen in den Vordergrund.[105]

---

[102] Bereits 1985 prognostizierte Derschau, daß »eine Vereinheitlichung der ErzieherInnenausbildung zwischen den verschiedenen Bundesländern in den nächsten Jahren nur in Teilbereichen gelingen wird« (DERSCHAU 1985, S. 174).

[103] Die in den Bundesländern zur Zeit rechtsgültigen Verordnungen sind im Anhang zusammengefaßt.

[104] Im Unterschied zur Bundesrepublik haben sich eine Reihe europäischer Länder die »Empfehlung des Europarates für eine bessere Integration von Vorschularbeit und Schularbeit« (vgl. DITTRICH 1991b, S. 36) zu eigen gemacht. In diesen Ländern ist »das gemeinsame Studium von 'Erziehern' und Grundschullehrern nach einer abgeschlossenen höheren Schulbildung durchweg üblich, die Berufsbezeichnung Erzieher dagegen meist nicht mehr gegeben« (ebd.). Auch bei den entsprechenden Ausbildungen der DDR waren die Übergänge zwischen LehrerInnen- und »ErzieherInnenausbildung« fließender als in der BRD, die Ausbildungen insofern unter strukturellen Aspekten europanäher. So war mit der allerdings ebenfalls auf Fachschulebene - und damit nichtakademischem Niveau - angesiedelten HortnerInnenausbildung gleichzeitig die Lehrbefähigung für die unteren Klassen der Grundschule verbunden (vgl. Kapitel 12).

[105] Vgl. SCHMITTHENNER (1990); DITTRICH (1991a, 1991b) sowie Teil III.

Diese Auseinandersetzung bildete neben bestehenden Diskrepanzen auf Länderebene mit den Anstoß dafür, daß Ende 1992 eine Arbeitsgruppe der Kultusministerkonferenz zur Erarbeitung einer neuen Rahmenvereinbarung eingesetzt wurde[106], deren Verabschiedung aber u.a. durch einen gesetzgeberischen Alleingang Niedersachsens scheiterte, so daß der sich abzeichnende Grundkonsens in der KMK-Arbeitsgruppe wieder in Frage gestellt wurde. Im Dezember 1993 erging jedoch eine Beschlußvorlage an die Amtschefkonferenz, nach der ergänzend zur 82er-Vereinbarung ein 6jähriges Moratorium vorgeschlagen wurde, währenddessen sich die Länder die jeweiligen Abschlüsse gegenseitig anerkennen. Dieser Übergangszeitraum sollte gleichzeitig von dem Unterausschuß Berufliche Bildung/Schulausschuß dazu genutzt werden, die Arbeiten zur Fortschreibung der KMK-Rahmenvereinbarung fortzusetzen und dabei wesentliche inhaltliche und strukturelle Fragen zu klären (vgl. KMK 1982, 1993).[107]

Neben Niedersachsen (Juli 1993) haben auch Schleswig-Holstein und Nordrhein-Westfalen neue Ausbildungs- und Prüfungsordnungen ratifiziert: Schleswig-Holstein hat 1993 mit Wirkung 1994 die ErzieherInnenausbildung novelliert, ohne die Ausbildungsgrundstruktur jedoch derartig in Frage zu stellen wie die Niedersächsische Ausbildungsordnung. Der Nordrhein-Westfälische Landtag hat im Juni 1994 eine neue Ausbildungs- und Prüfungsordnung im Rahmen einer Gesamtfachschulverordnung verabschiedet, die zum Schuljahr 94/95 in Kraft getreten ist. Sie beruht auf Vorschlägen der hierzu eigens eingerichteten Richtlinien- und Lehrplankommissionen. Das Bundesland Nordrhein-Westfalen weist darüber hinaus die Besonderheit auf, daß die ErzieherInnenausbildung nicht nur an einer »regulären« Fachschule, sondern auch an der sogenannten »Kollegschule« absolviert werden kann. Hierbei handelt es sich um einen 1972 eingerichteten Schulversuch, bei dem auf der Grundlage eines eigenständigen didaktischen Konzeptes den SchülerInnen innerhalb eines Bildungsganges gleichzeitig ein Berufs- und ein vertiefter Allgemeinbildungsabschluß vermittelt werden soll, um so »die traditionelle Trennung von Berufsbildung und Allgemeinbildung« (KULTUSMINISTERIUM DES LANDES NORDRHEIN-WESTFALEN 1991, S. 16) zu überwinden.

---

[106] Ebenso wie bei der 82er-Rahmenvereinbarung war hierbei das Problem der Zugangsvoraussetzungen und damit des Ausbildungsniveaus Bestandteil des Verhandlungsprozesses.

[107] Als klärungsbedürftig wurden u.a. aufgeführt: Struktur, Umfang und Zugangsvoraussetzungen der Ausbildung, die Frage einer einschlägigen beruflichen Erstausbildung, Vergabe der Fachhochschulreife, Berufswahlverhalten und Verweildauer im Beruf.

Darüber hinaus sind in den alten Bundesländern - auch aufgrund des beschlossenen, Ausbildungsexperimente fördernden Moratoriums - weitere Novellierungen der Ausbildungs- und Prüfungsordnungen zu erwarten, zumal in einigen Bundesländern wie in Bremen akuter Reformbedarf im sozialpädagogischen Ausbildungssektor signalisiert wird.

Entsprechende Gesetzgebungsverfahren in den neuen Bundesländern sind zur Zeit noch nicht überall abgeschlossen. Lediglich drei Bundesländer haben mittlerweile Ausbildungs- und Prüfungsordnungen zur ErzieherInnenausbildung verabschiedet: Brandenburg regelt die Ausbildung auf der Grundlage einer Ausbildungs- und Prüfungsordnung für Fachschulen vom 17.5.1994 (APO-FS). In Sachsen-Anhalt wurde die Ausbildung im Rahmen einer Verordnung über berufsbildende Schulen (BbS-VO) geordnet, die seit dem 11.6.92 in Kraft ist (vgl. GVBL. SACHSEN-ANHALT 1992, S. 441). Hierbei hat sich das Kultusministerium stark an der bis Juli 1993 gültigen Niedersächsischen Ausbildungs- und Prüfungsordnung orientiert. Sachsen hat im Mai 1993 eine Verordnung über die Abschlußprüfung an berufsbildenden Schulen erlassen, die auch Regelungen zur Fachschule für Sozialpädagogik beinhaltet, deren Reichweite über eine reine Prüfungsverordnung hinausgeht. In den übrigen Ländern wird die Ausbildung auf der Grundlage vorläufiger Richtlinien, orientiert an der 82er-KMK-Rahmenvereinbarung, organisiert. Die aktuelle Rechtslage stellt sich zur Zeit (Herbst 1993) wie folgt dar: Mecklenburg-Vorpommern hat laut Auskunft des Kultusministeriums im Mai 1993 eine Ausbildungs- und Prüfungsordnung erstellt, die jedoch noch nicht veröffentlicht ist. Laut Thüringischem Zeitplan sollte die Verabschiedung der Ausbildungsordnung bereits 1993 erfolgen, hat sich jedoch verzögert und wird voraussichtlich 1995 ratifiziert werden. Daneben werden bzw. wurden in allen Bundesländern die nach Tätigkeitsfeldern spezialisierten DDR-Ausbildungen auslaufend fortgeführt, die in Kapitel 12 in ihren Grundzügen kurz dargestellt wurden.

Grundsätzlich steht die ErzieherInnenausbildung in einem Spannungsverhältnis zwischen den Anforderungen des Berufsfeldes und ihrer Einbindung in die Institution »Schule«. So sind - wie skizziert - in allen Bundesländern die sozialpädagogischen Ausbildungsstätten ungeachtet ihrer jeweiligen bildungsstrukturellen Einordnung und ihrer im Vergleich zu den gewerblichen und kaufmännischen Bildungsgänge eigenwilligen Sonderstellung Bestandteil des beruflichen Bildungswesens (vgl. Kapitel 11.2). Die Intention der KMK, die Ausbildung in das berufliche Schulwesen zu integrieren, findet in diesem Zusammenhang auf Länderebene ihren deutlichsten *formalen* Ausdruck in den sogenannten Sammelverordnungen, in denen - wie in Brandenburg, Niedersachsen, Rheinland-Pfalz, Sachsen-Anhalt, Schleswig-Holstein und Nordrhein-Westfalen - eine Reihe von Bildungsgängen gleichzeitig geregelt werden, um so zur Vereinheitlichung von Ausbildungswegen beizutragen und damit Vergleichbarkeit und Transparenz zu erhöhen. Ob die hierdurch gewonnenen Vorteile den Anforderungen eines erweiterten Berufsverständnisses genügen (vgl. Kapitel 10), wird zu prüfen sein. Vorauszuschicken ist noch, daß für die Ausbildungs- und Prüfungsordnungen keine bundesweit einheitlichen Eckwerte zum Berufsbild - wie bei dual organisierten Ausbildungen nach dem Berufsbildungsgesetz üblich - existieren, so daß nach länderspezifischer Beliebigkeit, nur bestimmte Ausbildungsbestandteile geregelt sind und die Verordnungen deshalb in jeweils unterschiedlichen Bereichen Lücken aufweisen.

Im folgenden sollen nun die Ausbildungs- und Prüfungsordnungen der Bundesländer im Vergleich zur KMK-Vereinbarung dargestellt und analysiert werden.[108] Hierzu wurden überwiegend formale Kriterien wie Zulassungsvoraussetzungen, Leistungsanforderungen etc. herangezogen, um zunächst auf rechtlicher Ebene zu überprüfen, ob und in welchen Bereichen Ausbildungsunterschiede festzustellen sind bzw. welche rechtlichen Hindernisse der Herausbildung des eingangs geforderten erweiterten Berufsverständnisses entgegenstehen. Die im Vorfeld und nach Verabschiedung der 82er KMK-Vereinbarung geäußerte Kritik wird dabei in den entsprechenden Abschnitten aufgegriffen. Um den folgenden Text föderalistisch »verdaulicher« zu machen, wurde in einigen Abschnitten die Darstellung in Tabellenform bevorzugt und sich im begleitenden Text auf die Erläuterung der Grundstrukturen sowie beispielhafte Zitate aus einzelnen Verordnungen beschränkt.

---

[108] Im folgenden Vergleich wird aus Lesbarkeitsgründen auf die genaue Zitierweise verzichtet und nur auf die länderspezifischen Ausbildungs- und Prüfungsordnungen hingewiesen, die im Anhang separat aufgelistet sind.

15. Ziel, Form und Dauer der Ausbildung

Die vielfältigen und gestiegenen Veränderungen im Arbeitsfeld stellen - wie eingangs skizziert - erhöhte Anforderungen an die Qualifikation der Beschäftigten. Die Grundlagen zur Bewältigung der immer komplexer werdenden sozialpädagogischen Aufgabenstellungen müssen durch eine qualifizierte Ausbildung geschaffen werden. Fachschulen für Sozialpädagogik haben hierbei den speziellen Bildungsauftrag, kompetente und handlungsfähige ErzieherInnen für ihre spätere Berufstätigkeit in den verschiedenen familienergänzenden und -ersetzenden sozialpädagogischen Bereichen zu qualifizieren. Hierzu enthalten die Ausbildungs- und Prüfungsordnungen erste, wenn auch begrenzte Anhaltspunkte zum Berufsbild sowie Regelungen über den Aufbau des Bildungsgangs und den Ausbildungszeitraum, innerhalb dessen die für die ErzieherInnenarbeit notwendigen Kompetenzen herausgebildet werden sollen.

15.1 Ausbildungsziele

Die Forderung von Fachverbänden und -vertreterInnen nach einer bundeseinheitlich besser qualifizierenden, selbständiges und verantwortliches Handeln fördernden ErzieherInnenausbildung ist nicht neu und wurde in der Zielsetzung der KMK-Vereinbarung von 1982 explizit aufgegriffen. Mit der Formulierung »in sozialpädagogischen Bereichen als Erzieher/Erzieherin *selbständig* tätig zu sein« (KMK 1982, § 1, Abs. 1.1) wurde die ErzieherIn als Fachkraft anerkannt, das Berufsbild neu definiert und damit auch die Notwendigkeit kompetenz- und persönlichkeitsfördernder Elemente zur Entwicklung beruflicher Identität in der Ausbildung gesehen. Gleichzeitig hielt die KMK an dem für alle sozialpädagogischen Berufsfelder breit qualifizierenden Bildungsgang, wie er in der der 67er KMK-Vereinbarung fixiert und mit der Integration der zuvor getrennten Ausbildungsgänge Kindergarten/Hort und Heim vollzogen wurde, fest.

Die neue Fachlichkeit im sozialpädagogischen Bereich wurde sinngemäß in die Ausbildungsordnungen der meisten Bundesländer übernommen. Lediglich Hamburg und Rheinland-Pfalz hielten an der Ausbildungszielformulierung der KMK-Vereinbarung von 1967 fest, Bremen sowie die Bundesländer, die sogenannte Sammelverordnungen für mehrere Fachschulbildungsgänge gleichzeitig verabschiedet haben, verzichten überwiegend auf eine eigenständige Formulierung des Ausbildungsziels in den Passagen zur ErzieherInnenausbildung zu Gunsten des allgemeinen Fachschulauftrags der erweiterten Allgemein- und der vertieften beruflichen Bildung.

Eine weitere Operationalisierung des Ausbildungsziels erfolgt in den länderspezifischen Ausbildungs- und Prüfungsverordnungen mit Ausnahme Berlins nicht. So soll die Berliner Ausbildung »(...) Erzieher befähigen, im sozialpädagogischen Bereich die Entwicklung der körperlichen, geistigen und seelischen Kräfte von Kindern, Jugendlichen und jungen Erwachsenen zu fördern und sie auf ihre Aufgaben als mündige Bürger in der Gesellschaft vorzubereiten« und gleichzeitig »(...) den Studierenden ermöglichen, die für sozialpädagogisches Handeln grundlegenden Kenntnisse, Erfahrungen und Fähigkeiten zu erwerben; hierzu gehören auch die notwendigen Kenntnisse über die gesetzlichen und institutionellen Bedingungen der Berufsarbeit. Die künftigen Erzieher sollen auch befähigt werden, sich auf Veränderungen im sozialpädagogischen Bereich einzustellen und an der Entwicklung von Erziehungskonzeptionen mitzuarbeiten. Gleichermaßen soll auf die Arbeit im Erzieherteam und auf die Zusammenarbeit mit den Personensorgeberechtigten und allen an den Erziehungsprozessen beteiligten Personen, Gruppen, Institutionen, Trägern der freien Jugendhilfe und Verwaltungsstellen vorbereitet werden« (AUSBILDUNGSVERORDNUNG ERZIEHER/ERZIEHERIN BERLIN 1987). Während in den meisten Landesverordnungen also die geforderte Fachlichkeit nicht näher aufgeschlüsselt wird, enthält die Berliner Verordnung neben der Beschreibung pädagogischer Qualifikationen, konkrete Anhaltspunkte auf weitere wichtige, den Auszubildenden zu vermittelnde Kompetenzen: Flexibilität bei Veränderungen im Arbeitsfeld, die Fähigkeit zu konzeptioneller Arbeit, Kollegialität und Teamfähigkeit sowie zur Zusammenarbeit mit informellen und institutionellen Unterstützernetzen. Ansatzweise werden die Zielbestimmungen in den anderen Ländern jedoch zum Teil in den Lehrplänen deutlich (vgl. Kap. 21).[109]

---

[109] So wird im Nordrhein-Westfälischen Entwurf der Richtlinien für die Fachschule für Sozialpädagogik, die den Fachschulen vom Kultusministerium als Handreichung für ihre Arbeit für das Schuljahr 1994/95 zur Verfügung gestellt wurden, die »im Bildungsgang zu entwickelnde berufliche Kompetenz wie folgt definiert:
- Sachkompetenz als Einsicht in berufsbezogene Zusammenhänge und als Fähigkeit, fachgerecht damit umzugehen,
- Sozialkompetenz als Einsicht in soziale Zusammenhänge und als Fähigkeit zur Zusammenarbeit bzw. verantwortungsbewußten Auseinandersetzung mit anderen,
- Selbstkompetenz als kritische Selbstwahrnehmung und Selbstbehauptung und als Fähigkeit, gegenüber den anvertrauten Kindern und Jugendlichen verantwortlich und wertorientiert zu handeln. Zur beruflichen Kompetenz gehört auch, zeitgeschichtliche und gesellschaftliche Rahmenbedingungen und deren Veränderungen

Eine genaue Festlegung des späteren *Einsatzfeldes* wird außer in Bayern und im Saarland nicht weiter vorgenommen. So benennt die Bayerische Verordnung konkret die Arbeitsfelder Krippe, Kindergarten, Hort, Heim, Einrichtungen der Jugendpflege sowie andere sozialpädagogische Bereiche. Eine Besonderheit weist darüber hinaus das Bundesland Baden-Württemberg auf, in dem der inhaltliche Ausbildungsschwerpunkt auf die Tätigkeit im Kindergarten gelegt wird, ohne die anderen sozialpädagogischen Bereiche als potentielle Arbeitsfelder für ErzieherInnen jedoch ganz auszuschließen. Dies ist nicht weiter erstaunlich, da es in diesem Bundesland neben der breitqualifizierenden Ausbildung zum/r ErzieherIn zusätzlich eine gesonderte Ausbildung zum/r »Erzieher/in - Fachrichtung Jugend- und Heimerziehung« gibt, die im Kapitel 20 näher skizziert wird. Festzuhalten bleibt, daß Ausbildungsziel und Arbeitsfelder zumindestens in den Ausbildungs- und Prüfungsordnungen kaum operationalisiert sind. Damit erscheint auch auf dieser Ebene das Berufsbild der staatlich anerkannten ErzieherIn insgesamt eher diffus und profillos und bietet wenig Anhaltspunkte auf den speziellen und anspruchsvollen Bildungsauftrag der Fachschule für Sozialpädagogik, der zudem in den Sammelverordnungen einiger Bundesländer überwiegend untergeht. Es handelt sich hierbei jedoch nicht nur um ein rein formales Problem juristisch abgefaßter Ausbildungs- und Prüfungsordnungen. Die hiermit verbundene Beliebigkeit des Qualifikationsprofils zeigt sich auch in der Vermischung beruflicher und persönlicher Kompetenzen (vgl. RABE-KLEBERG 1993), die zu Schwierigkeiten beim Aufbau von beruflicher Identität beiträgt und sich im Selbst- und Fremdbild von ErzieherInnen wiederspiegelt (vgl. GLEICH 1993; LEHNER 1990).

15.2 Ausbildungsform und -dauer

Zur Umsetzung des allgemeinen Ausbildungsziels »Qualifizierung der selbständigen Fachkraft ErzieherIn« in einen formalen Rahmen, sollten laut KMK die länderspezifischen Bestimmungen für die letztendliche, rechtliche und organisatorische Gestaltung der Ausbildung maßgebend sein. Obwohl hier explizit auf die Länderzuständigkeit verwiesen wird - und dies in der Regel eine Vielfalt von Bestimmungen zur Folge hat - stellt sich die Ausbildung in punkto

---

zu beachten und sich über den einmal erreichten beruflichen Abschluß hinaus selbständig mit neuen gesellschaftlichen Situationen auseinanderzusetzen sowie sozialpädagogische Handlungskompetenz auch in Arbeitsfeldern zu erwerben, die nicht unmittelbar Gegenstand der Ausbildung waren« (KULTUSMINISTERIUM DES LANDES NRW, Stand 20.6.1994, S. 5).

Form und *Dauer* auf den ersten Blick noch relativ homogen dar. So wird die
ErzieherInnenausbildung in allen Ländern als vollzeitschulischer Bildungsgang
angeboten. Berufsbegleitende Teilzeitausbildungen sind dagegen quantitativ
von untergeordneter Bedeutung, werden mit wachsendem ErzieherInnenmangel aber zunehmend reaktiviert (vgl. Kapitel 20).

Die Ausbildungsdauer beträgt bei der regulären Vollzeitausbildung zur
staatlich anerkannten ErzieherIn in fast allen Bundesländern 3 Jahre, die sich
aus einer überwiegend fachtheoretischen, 2jährigen, nach Schulhalbjahren getrennten Ausbildung an einer Fachschule für Sozialpädagogik und einem sich
daran anschließenden, von der Fachschule betreuten, einjährigen Berufspraktikum in einer sozialpädagogischen Praxisstelle zusammensetzen (additive Ausbildungsform). Damit sind allerdings bereits die länderspezifischen Grenzen
bundesweiter Einheitlichkeit erreicht: Vom skizzierten additiven 3jährigen
Modell weichen die Stadtstaaten Bremen und Hamburg sowie die Bundesländer Brandenburg, Sachsen-Anhalt, Schleswig-Holstein, Nordrhein-Westfalen
und Niedersachsen in unterschiedlichem Umfang ab:

So dauert in *Bremen* die Ausbildung 4 Jahre, da hier das in anderen Bundesländern zum Teil als berufliche Zulassungsvoraussetzung verlangte *Vorpraktikum* in das erste und vierte Schulhalbjahr der Ausbildung integriert
wurde. Im 2., 3., 5. und 6. Schulhalbjahr werden die SchülerInnen in Vollzeitform unterrichtet. Daran anschließend müssen sie ein einjähriges Berufspraktikum absolvieren.

In *Hamburg* sind dagegen 2 Praxisphasen in die 3jährige Ausbildung integriert, die wie in Bremen im 1. und 4. Schulhalbjahr abgeleistet werden. Im
2., 3., 5. und 6. Schulhalbjahr erhalten die SchülerInnen Vollzeitunterricht.
Im Unterschied zum Bremer Aufbau ist die Ausbildung jedoch einphasig konzipiert, d.h. die Ausbildenden müssen im Anschluß an die schulische Ausbildung kein Berufspraktikum absolvieren. Hierbei war das sogenannte Hamburger Modell ursprünglich 4jährig angelegt. Das Berufspraktikum wurde jedoch aus besoldungsrechtlichen Gründen von der Landesregierung aus dem
Modell gestrichen (vgl. RICHTER-LANGBEHN 1983, S. 146).

Auch in *Brandenburg* ist die Ausbildung zumindestens formal einphasig
konstruiert. Im 5. und 6. Semester ist eine zweisemestrige Praxisphase in den
Bildungsgang integriert, die an die Stelle des Berufspraktikums tritt. Damit hat
das Brandenburgische Kultusministerium auf die Not vieler Auszubildender
reagiert, geeignete und bezahlte Praktikumsplätze zu finden, deren Bereitstellung und vor allem Finanzierung die Möglichkeiten vieler Träger übersteigt.
Mit der Einbeziehung des Berufspraktikum in die schulische Ausbildung greifen nunmehr die Regelungen des Bundesausbildungsförderungsgesetzes für die
PraktikantInnen des 5. und 6. Semesters.

Eine weitere Variante stellt das *Nordrhein-Westfälische* Organisationsmodell der integrierten Ausbildung dar, das allerdings der Genehmigung der oberen Schulaufsichtsbehörde bedarf, da die additative Ausbildungsform weiterhin der Regelfall ist: Wird die Vollzeitausbildung während eines einschlägigen Beschäftigungsverhältnisses durchgeführt, dann können sowohl der fachtheoretische als auch der fachpraktische Ausbildungsabschnitt eingegliedert werden.

Daneben besteht in *Sachsen-Anhalt* noch die Alternative, die Ausbildung so zu gestalten, »daß ein Teil des einjährigen Berufspraktikums in mehreren Teilabschnitten in die Ausbildung einbezogen wird. In diesem Fall dauert die Ausbildung 3 Jahre und endet mit einem 4monatigen Berufspraktikum«. Ab dem Schuljahr 1996/97 sollen auch in *Schleswig-Holstein* die praktischen Ausbildungsanteile in die Ausbildung integriert werden. Genauere Informationen über die Form der Eingliederung liegen zur Zeit noch nicht vor, zumal die neue Stundentafel erst 1996 erlassen werden soll.

Einen völlig anderen Weg ging dagegen *Niedersachsen*: Während sich die skizzierten Lösungsversuche in den anderen Bundesländern noch im Rahmen der KMK-Vereinbarung von 1982 bewegen, löste die Niedersächsische Verordnung vom Juli 1993 bundesweit Furore aus. Mit der Kappung des Berufspraktikums verringerte sich in diesem Bundesland die Ausbildungsdauer von 3 auf 2 Jahre. Niedersachsen verließ damit das Territorium der 82er Vereinbarung und nimmt unter den 16 bundesrepublikanischen Ausbildungsvarianten nunmehr eine absolute Sonderstellung im Hinblick auf die Ausbildungsdauer und -form ein.

Mit den aktuellen Entwicklungen in Sachsen-Anhalt, Nordrhein-Westfalen und Schleswig-Holstein deutet sich damit - neben den bereits länger bestehenden integrativen Modellen in Bremen und Hamburg - ein Trend hin zur teilweisen, bzw. vollständigen Eingliederung fachpraktischer Ausbildungselemente in den Bildungsgang bzw. zu flexibleren Organisationsversuchen bei der Ausbildungsform an, wogegen in Brandenburg wohl eher ökonomische Motive im Vordergrund stehen. Demgegenüber verzichtet Niedersachsen vollständig auf das in den meisten Bundesländern übliche Berufspraktikum.

Die Eingliederung der Prakika eröffnet eine Reihe von Vorteilen, zielt jedoch vor allem »auf eine möglichst enge und inhaltlich synchrone Verzahnung von theoretischen mit praktischen Ausbildungsanteilen ab« (RICHTER-LANGBEHN 1983, S. 147). So wird durch die unterbrochenen Praxisphasen eine bessere und direktere schulische Aufarbeitung der Praktikumserfahrungen ermöglicht. Deshalb sollte generell bei einer Ausbildungsreform eine weitgehende Integration praktischer Ausbildungsbestandteile in den Bildungsgang in Betracht gezogen werden.

Im Hinblick auf die *Ausbildungsdauer* bleibt festzuhalten, daß sie in den meisten Bundesländern relativ einheitlich 3 Jahre beträgt. Lediglich Bremen (4 Jahre) und Niedersachsen (2 Jahre) weichen grundlegend von dieser Norm ab. Für die SchülerInnen gibt es allerdings kaum Möglichkeiten, die reguläre Ausbildungszeit zu reduzieren.[110] Dies ist im Dualen System anders: Dort haben beispielsweise AbiturientInnen und SchülerInnen mit anderer beruflicher Vorbildung (z.B. Berufsgrundschuljahr) in fast allen Ausbildungsgängen die Gelegenheit, die Ausbildungsdauer zu verkürzen, woran sich wiederum die Benachteiligung von frauenspezifischen Schulberufen gegenüber Berufsausbildungen des Dualen Systems zeigt (vgl. Kapitel 11.2). Doch auch im Fachschulbereich keine Regel ohne Ausnahme. So können laut Bayerischer Ausbildungsverordnung die Fachschulen Aufnahmeprüfungen für das 2. »Studienjahr« durchführen, sofern die InteressentInnen die allgemeinen Aufnahmevoraussetzungen erfüllen. Gegenstand der Aufnahmeprüfung sind alle Pflichtfächer des 1. Ausbildungsjahres. In Berlin kann BewerberInnen, die von der Fachhochschule zur Fachschule wechseln, dieses Studium mit bis zu 2 Semestern auf die ErzieherInnenausbildung angerechnet werden.

Unabhängig vom Problem der auf die Ausbildungszeit anrechenbaren Vorbildung, wird jedoch zu klären sein, ob in dem überwiegend 3jährig konzipierten Bildungsgang die erforderlichen Qualifikationen überhaupt vermittelt werden können. So fordert z.B. die GEWERKSCHAFT ERZIEHUNG UND WISSENSCHAFT (1993a) eine Verlängerung der Ausbildungsdauer, die unter Einbeziehung der Praxisphasen mindestens 4 Jahre betragen und zur Anhebung des Qualifikationsniveaus führen soll. Besondere Relevanz gewinnt die Frage der Ausbildungsdauer von 2, 3 oder 4 Jahren aber im Zusammenhang mit der Betrachtung der Zugangsvoraussetzungen und dem damit verbundenen tatsächlichen Ausbildungszeitraum, die Gegenstand des folgenden Kapitels sind.

---

[110] Im Gegensatz zur regulären Ausbildung wurden seit den 70er Jahren immer wieder verkürzte Sonderausbildungswege zur ErzieherIn angeboten (vgl. DERSCHAU 1976).

16. Die Zulassung zur Ausbildung

»Kein anderes Berufsfeld hat derart spezielle und erschwerende Eingangsvoraussetzungen« wie das Gesamtfeld der personenbezogenen sozialen Dienstleistungen, formulierte KUPKA (1991, S. 237) auf einer Fachtagung an der Universität Bremen und hatte hierbei vor allem das Berufsfeld »Erziehung« vor Augen.[111] So müssen BewerberInnen an Fachschulen für Sozialpädagogik nicht nur bestimmte (1) schulische, sondern auch (2) berufliche Bildungsvoraussetzungen sowie (3) darüber hinaus eine Reihe weiterer Zulassungsbedingungen erfüllen, um sich an einer Fachschule für Sozialpädagogik erfolgreich bewerben zu können. Zu den zusätzlichen Aufnahmebedingungen zählen u.a. ein amtsärztliches Gesundheitszeugnis, ausreichende Sprachkenntnisse für ausländische BewerberInnen (Baden-Württemberg und Berlin), die Eignung der InteressentIn für den ErzieherInnenberuf sowie eine erfolgreich absolvierte Probezeit (Bayern, Berlin und Nordrhein-Westfalen). Da es sich jedoch eher um Anforderungen bewerbungstechnischer Art handelt, werden sie hier nicht im Einzelnen dargestellt.[112]

Die notwendigen schulischen und beruflichen Bildungsvoraussetzungen können die SchülerInnen je nach Bundesland und Bildungsstand über verschiedene Wege erlangen, so daß z.B. in Schleswig-Holstein, Nordrhein-Westfalen oder Berlin der Zugang zur Fachschule völlig unterschiedlich ausfallen kann. Sowohl die länderspezifische Vielfalt der Zugangsvoraussetzungen als auch die zweifelhafte bildungstrukturelle Einordnung des Bildungsganges als Erstausbildung oder Weiterbildung wurden in der KMK-Vereinbarung bereits angelegt und in den Zuständigkeitsbereich der Bundesländer verwiesen. Einen ersten Überblick über die Zugangsmöglichkeiten vermittelt in diesem Zusammenhang Abb. 16.1, in der für jedes Bundesland die geforderten schulischen, den beruflichen Voraussetzungen gegenübergestellt werden, die anschließend jeweils getrennt in den folgenden Unterkapiteln betrachtet werden.

---

[111] Hierbei handelt es sich um die Tagung »Hochschulausbildung für Berufe im Bereich personenbezogener Dienstleistungen« an der Universität Bremen vom 11. bis 12. Februar 1991 (vgl. RABE-KLEBERG u.a. 1991).

[112] In einigen Bundesländern z.B. Baden-Württemberg und Hessen kann außerdem bei ausgelasteter Kapazität der Ausbildungsstätten ein Auswahlverfahren durchgeführt werden.

Abb. 16.1: Schulische und berufliche Zulassungsvoraussetzungen für BewerberInnen mit Sekundarstufe I-Abschluß nach Bundesländern

Land	Schulische Voraussetzungen	Berufliche Voraussetzungen
BW	• Fachschulreife *oder* • Realschulabschluß *oder* • Versetzungszeugnis in die Klasse 11 eines Gymnasiums *oder* • gleichwertiger Bildungsstand	• mind. 1j. VP *oder* • geeignete Tätigkeit im Rahmen des FSJ *oder* • staatliche Anerkennung als KinderpflegerIn *oder* • Abschlußzeugnis der 2j. hauswirtschaftl.-sozialpädagogischen Berufsfachschule
BA	• Mittlerer Bildungsabschluß • Hochschulreife *oder* erfolgreicher Besuch der Klasse 11 einer FOS-Sozialwesen ⇒	• nicht-einschlägige BAB und 1j. VP *oder* • abgeschlossene Berufsausbildung in einem sozialpädagogischen, pädagogischen, pflegerischen oder rehabilitativen Beruf mit einer Regelausbildungsdauer von mindestens 2 Jahren • 2j. VP, auf das mit bis zu einem Jahr angerechnet werden können: FSJ, Wehr- und Ersatzdienst, 3 Jahre Haushalt und die Betreuung eines minderjährigen Kindes • mind. 4j.einschlägige BT • 1j. VP
BE	• Realschulabschluß *oder* • gleichwertiger Bildungsstand *oder* • allgemeine Hochschulreife ⇒ • FH-Reife im Fachbereich Sozialwesen an einer FOS ⇒	• mind. 2j. einschlägige BAB *oder* • Abschlußzeugnis einer mind. 2j. einschlägige Berufsfachschule *oder* • mind. 3j. nicht-einschlägige BAB *oder* • mind. 3j. einschlägige BT *oder* • mind. 2j. nicht-einschlägige BAB *und* mindest. 2j. nicht-einschlägige BT *oder* 1j. einschl. BT *oder* • mind. 4j. nicht-einschlägige BT *oder* • 1j. VP (nur bei AbiturientInnen) • keine beruflichen Zugangsvoraussetzungen
BB	• Fachoberschulreife oder • gleichwertiger Bildungsstand • Fachhochschulreife im Typ Sozialwesen ⇒ • Abitur *oder* nicht-einschlägige Fachhochschulreife ⇒	• mindest. 2j. einschlägige, anerk. Berufsausbil. *oder* • mindestens 2j. einschlägige, anerkannte Berufsfachschule *oder* • mindestens 2j. nicht-einschlägige, anerkannte Berufsausbildung *und* eine mindestens 1j. einschlägige Berufstätigkeit *oder* eine mindestens 2j. nicht-einschlägige Berufstätigkeit *oder* • eine mindestens 4j. einschlägige Berufstätigkeit. Als einschlägige Berufstätigkeiten gelten auch das FSJ in entsprechender schulischer Begleitung, Wehr- und Zivildienst, soweit sie im sozialen Bereich erfolgten. Auf die einschlägige Berufstätigkeit können bis zu einem Jahr das selbständige Führen eines mindestens 3-Personen-Haushaltes bzw. eines 2-Personen-Haushaltes mit einer erziehungs- *oder* pflegebedürftigen Person angerechnet werden. • keine weiteren Bedingungen • 1j. VP
HB	• Realschulabschluß	• keine berufliche Vorbildung erforderlich

(Fortsetzung nächste Seite)

(Noch Abb. 16.1)

Land	Schulische Voraussetzungen	Berufliche Voraussetzungen
HH	• Realschulabschluß *oder* • gleichwertige Vorbildung *oder* • allgemeine Hochschulreife • FH-Reife an einer FOS Sozialwesen ⇒	• mind. 2j. BAB in anerkanntem Ausbildungsberuf *oder* an einer Berufsfachschule *oder* • mind. 4j. nicht-einschlägige BT *oder* • mind. 3j. einschlägige BT *oder* • mind. 1j. VP • keine beruflichen Zugangsvoraussetzugen
HE	• Realschulabschluß *oder* • Fachschulreife *oder* • Abschlußzeugnis der 2j. Berufsfachschule *oder* • Versetzungszeugnis in die Klasse 11 der gymnasialen Oberstufe *oder* • gleichwertiger Bildungsstand	• mind. 2j. Berufsausbildung *oder* • staatl. Anerkennung als KinderpflegerIn und 1j. Berufstätigkeit *oder* • 3j. Berufstätigkeit *oder* • 1j. BT und geeignete Tätigkeit im Rahmen des FSJ, Wehr- oder Ersatzdienstes *oder* • 1j. BT und 1j. VP *oder* • 1j. BT und mind. 2j. Vollzeitschule, durch die der Mittlere Bildungsabschluß nachgewiesen wird
MV	• Realschulabschluß *oder* • gleichwertiger Bildungsstand	• 1j. VP *oder* • mindestens 2j. Berufsausbildung *oder* • ausreichende Erfahrungen im sozialpäd. Bereich
NI	• Sekundarabschluß I - Realschulabschluß *oder* • gleichwertiger Bildungsstand	• Berechtigung zum Führen der Berufsbezeichnung Staatlich geprüfte/r SozialassistentIn *oder* • andere gleichwertige Berufsausbildung • Übergangsvorschriften bis 1997[1]
NW	• Sekundarabschluß I - Fachoberschulreife • Abitur ⇒	abgeschlossene Berufsausbildung von mind. 2j. Dauer, die auch ersetzt werden kann durch: • einschlägiges Praktikum von mind. 1j. Dauer *oder* • Abschluß eines einschlägigen vollzeitschulischen Bildungsgangs *oder* • einschlägiges Praktikum im Rahmen der Klasse 11 der Fachoberschule • verkürztes Vorpraktikum von 6 Monaten
RP	• qualifizierter Sekundarabschluß I	• mind. 2j. schulische oder berufliche Ausbil. *oder* • mind. 3j. hauptberufl. nicht-einschlägige BT *oder* • mind. 1j. VP *oder* • einschlägige Tätigkeit im Rahmen des FSJ *oder* • mind. 3j. Führen eines Familienhaushaltes mit mind. einem minderjährigen Kind
SL	• Realschulabschluß *oder* • gleichwertiger Bildungsstand	• mind. 2j. BAB *oder* • mind. 3j. hauptberufliche Tätigkeit *oder* • mind. 1j. VP *oder* • eine als gleichwertig anerkannte schulische *oder* berufliche Ausbildung *oder* • staatl. Anerkennung als KinderpflegerIn mit Zusatzprüfung in math.nat. Fächern
SN	• Realschulabschluß *oder* • gleichwertiger Bildungsstand	• eine abgeschlossene Berufsausbildung von mindestens 2j. Dauer *oder* • nach Landesrecht angemessene Berufstätigkeit *oder* • ein einschlägiges Praktikum, das durch den Besuch einer berufl. Vollzeitschule ersetzt werden kann

(Fortsetzung nächste Seite)

(Noch Abb. 16.1)		
Land	Schulische Voraussetzungen	Berufliche Voraussetzungen
ST	• Realschulabschuß oder • gleichwertiger Bildungsstand	• mind. 2j. erfolgreich abgeschlossene einschlägige Berufsausbildung oder • mindestens 2j. erfolgreich abgeschlossene Berufsausbildung oder erfolgreicher Besuch einer mind. 1j. einschlägigen berufsbildenden Schule mit Vollzeitunterricht und danach 1j. VP und • Nachweis des Berufsschulabschlusses oder eines anderen, gleichwertigen Bildungsabschlusses
SH	• Realschulabschluß oder • gleichwertiger Bildungsstand • Hochschulzugangsberechtigung (Fachhochschulreife, Abitur) ⇒	• abgeschlossene Berufsausbildung zur/zum sozialpädagogischen AssistentIn und eine 1j. einschlägige Tätigkeit oder • eine für die Zielsetzung der Schwerpunkte förderliche Tätigkeit von 3 J., zu der insbes. die Erziehung eines eigenen oder die Betreuung mehrerer Kinder zu zählen sind oder • abgeschlossener Ausbildungsberuf nach §25 HWO oder eine nach Bundes- und Landesrecht vergleichbar geregelte Ausbildung • keine beruflichen Voraussetzungen • Übergangsvorschriften bis einschließlich des Schuljahres 1995/96[2]
TH	• Realschulabschluß oder • gleichwertiger Bildungsstand	• mindestens 2j. BAB in einem anerkannten Ausbildungsberuf oder • für eine Übergangszeit bis zum Schuljahresbeginn September 1994 ein 2j. Vorpraktikum Auf die Dauer der Berufsausbildung und des Vorpraktikums können mit 1 Jahr angerechnet werden: • die Klasse 11 der Fachoberschule Sozialwesen oder der Abschluß des allgemeinbildenden bzw. beruflichen Gymnasiums, • Freiwilliges Soziales Jahr • selbständige, mindestens 3j. Führung eines Haushaltes mit Kleinkind • Berufsabschluß im sozialpädagogischen oder sozialpflegerischen Bereich von weniger als 2jähriger Ausbildungsdauer oder • mindestens 3j. einschlägige berufliche Tätigkeit

1 Hiernach können bis 1997 in Niedersachsen auch BewerberInnen aufgenommen werden, die die ehemaligen beruflichen Zugangsvoraussetzungen erfüllten, d.h.
• mind. 2j. einschlägige BAB oder
• mind. 2j. nicht-einschlägige BAB und 1j. VP oder
• mind. 1j. einschlägige berufl. Schule mit Vollzeitunterricht, wodurch der Berufsschulabschluß oder ein gleichwertiger Bildungsstand erworben wurde und 1j. VP.
2 Außerdem gelten Übergangsvorschriften für KinderpflegerInnen und SpielkreisgruppenleiterInnen. In Schleswig-Holstein werden BewerberInnen letztmalig zum Schuljahr 1995/96 nach den bis dato geltenden Bestimmungen
• mind. 2j. BAB oder
• mind. 1j. BAB und 3j. BT oder
• mind. 1j. VP
aufgenommen.
Abkürzungen: VP = Vorpraktikum; BAB = Berufsausbildung; BT = Berufstätigkeit; FSJ = Freiwilliges Soziales Jahr; FOS = Fachoberschule, FH = Fachhochschule
Quelle: Ausbildungs- und Prüfungsordnungen der Bundesländer

16.1 Schulische Zulassungsvoraussetzungen

Mit der Formulierung »Zur Ausbildung wird zugelassen, wer den Realschulab-schluß oder einen im Land als gleichwertig anerkannten Bildungsstand erworben hat« (KMK 1982, 3.) wurde die Frage der schulischen Zugangsvoraussetzungen von der KMK nicht eindeutig beantwortet und alte (Mittlerer Bildungsabschluß) und neue Zugangsmöglichkeiten (abgeschlossene Erstausbildung) miteinander kombiniert. Damit wurde auch die Frage des Zugangs von HauptschulabsolventInnen offengelassen, und die Definition blieb den länderspezifischen Ausbildungs- und Prüfungsordnungen überlassen.[113]

In den Ausbildungsordnungen der Länder werden in Abhängigkeit vom jeweiligen Schulwesen neben dem Realschulabschluß als gleichwertige schulische Vorbildung folgende Abschlüsse explizit aufgeführt, die an allgemein- oder berufsbildenden Schulen erworben werden können: Die Fachschulreife, das Versetzungszeugnis in die Klasse 11 der gymnasialen Oberstufe, die Fachoberschulreife, das Zeugnis einer ein- oder 2jährigen Berufsfachschule, die Fachhochschulreife sowie der (qualifizierte) Sekundarabschluß I (vgl. Abb. 16.1). Als gleichwertiger Bildungsstand gilt in diesem Zusammenhang auch der Hauptschulabschluß nach Klasse 10, da in einigen Bundesländern aufgrund in den 70er Jahren eingeleiteter Reformen, die ursprünglich streng voneinander abgegrenzten Schultypen geöffnet wurden und »die einzelnen Schulformen inzwischen die jeweiligen Bildungsgänge und zum Teil auch Abschlüsse der anderen Schulformen mit anzubieten suchen« (ARBEITSGRUPPE BILDUNGS-BERICHT 1990, S. 218). Das »war in der Vergangenheit nur insofern der Fall, als die ranghöheren und anspruchsvolleren Schulformen - ohne formelles Aufheben und vor allem ohne entsprechende inhaltliche Vorbereitungen - die Abschlüsse der rangniederen Schultypen mit vergaben« (ebd., S. 218 f.). Nun »gilt dies (...) auch in umgekehrter Perspektive: Mit zusätzlichen Leistungsnachweisen entspricht der Abschluß einer 10. Klasse an der Hauptschule dem Realschulabschluß oder eröffnet sogar den Weg in die gymnasiale Oberstufe« (ebd., S. 219) bzw. zur ErzieherInnenausbildung.

Außerdem begannen Baden-Württemberg, Berlin und Nordrhein-Westfalen als erste Länder den Berufsschulabschluß in Verbindung mit der beruflichen Abschlußprüfung unter bestimmten Bedingungen als Mittleren Bildungsstand, äquivalent zu einer 10jährigen allgemeinbildenden Schule anzuerkennen. Damit wurde ein entscheidender Schritt für den Anschluß der beruflichen Bildung an das allgemeine Berechtigungssystem der öffentlichen Schulen und in

---

[113] Vgl. DERSCHAU (1983, S. 169 f.); KRÜGER (1989, S. 20); METZINGER (1990, S. 35).

Richtung der Gleichstellung beruflicher mit allgemeiner Schulbildung gemacht (vgl. ebd., S. 350). Mit der entsprechenden KMK-Vereinbarung zum QuaBi (Qualifizierender beruflicher Abschluß) wurde auch auf Kultusministerebene diese Entwicklung nachvollzogen (vgl. KMK 1993). Hieran anknüpfend hat mittlerweile auch Bayern ein neues Erziehungs- und Unterrichtsgesetz veröffentlicht, nach dem HauptschülerInnen mit qualifziertem Berufsbildungsabschluß den Mittleren Bildungsabschluß erlangen und damit die *schulischen* Voraussetzungen für den Beginn einer ErzieherInnenausbildung erfüllen.[114]

Über den Mittleren Bildungsabschluß hinaus müssen die BewerberInnen in allen Ländern außer in Bremen eine berufliche Vorbildung nachweisen, die im folgenden Unterabschnitt für die einzelnen Bundesländer skizziert wird. Die speziellen Regelungen für AbsolventInnen mit Hauptschulabschluß werden anschließend in einem eigenen Unterkapitel dargestellt.

16.2 Berufliche Zulassungsvorausetzungen

Ebenso wie bei den schulischen ließ die KMK bei den beruflichen Zugangsvoraussetzungen mit der Formulierung »außerdem ist eine abgeschlossene Berufsausbildung von mindestens 2jähriger Dauer erforderlich bzw. eine nach Landesrecht angemessene Berufstätigkeit oder ein einschlägiges Praktikum, das durch den Abschluß einer einschlägigen beruflichen Vollzeitschule ersetzt werden kann« (KMK 1982), entscheidende Fragen wie die bildungsstrukturelle Einordnung der Ausbildungsstätten als Fachschulen oder Berufsfachschulen letztendlich unbeantwortet und dies, obwohl die Intention, die Ausbildung »in das (Berufs-)Bildungssystem mit einer engen Orientierung am traditionellen Organisationsmodell der allgemein- und berufsbildenden Schulen« (DERSCHAU 1983, S. 173) zu integrieren, die Rahmenvereinbarung maßgeblich prägte (vgl. Kapitel 11.2 und 14). So beabsichtigte die KMK zwar tendenziell die Sicherung des Fachschulstatus, in dem an erster Stelle der beruflichen Zulassungsvoraussetzungen eine abgeschlossene Berufsausbildung gefordert wurde. Sie kann jedoch - wie zu zeigen sein wird - durch eine ganze Reihe von Maßnahmen, etwa durch einschlägige Praktika ersetzt werden (vgl. ebd., S. 171). Eine eindeutigere Absicherung des Fachschulstatus bei den sozialpädagogischen Ausbildungsstätten war bei der Verabschiedung der Rahmenvereinbarung nicht konsensfähig: Resultat war der zweifelhafte Kompromiß der KMK, die Bezeichnung »Fachschule« zu übernehmen, die Statuszuweisung jedoch den Ländern zu überlassen (vgl. METZINGER 1990, S. 33). Der Status der soge-

---

[114] Vgl. DITTRICH (1991, S. 245); METZINGER (1990, S. 42).

nannten »unechten« Fachschule ist damit vorprogrammiert, weil sie aufgrund der beruflichen Mindestvoraussetzungen in einigen Bundesländern einem Teil der SchülerInnen - analog zur Berufsfachschule - direkt nach dem Schulabschluß eine berufliche Erstqualifikation vermittelt, so daß die Höhenlage der Fachschule in der Ausbildungspyramide bundesweit variiert. Einen Überblick über die jeweilige Verfahrensweise auf Länderebene bei den beruflichen Zugangsvoraussetzungen und damit den Fachschulstatus erlaubt wiederum Abbildung 16.1.

Können die schulischen Voraussetzungen in den einzelnen Bundesländern insgesamt noch vereinfachend als Mittlerer Bildungsabschluß mit Ausnahmeregelungen charakterisiert werden, ergibt sich bei der erforderlichen beruflichen Vorbildung ein wirres Erscheinungsbild. Während in Bremen aufgrund des integrierten Vorpraktikums generell keine berufliche Vorbildung gefordert wird, in Schleswig-Holstein diese BewerberInnen mit Hochschulzugangsberechtigung erlassen wird, verzichten die Stadtstaaten Berlin und Hamburg sowie das Land Brandenburg nur für die Gruppe der FOS-AbsolventInnen des Fachbereiches Sozialwesen auf weitere berufliche Zugangsvoraussetzungen. Grundsätzlich ist festzustellen, daß die von der KMK vorgegebenen Zugangsmöglichkeiten über

(1) Berufsausbildung
(2) Berufstätigkeit
(3) berufliche Vollzeitschule
(4) und/oder Praktika

in den Ländern zwar vollständig oder vereinzelt aufgegriffen, dabei allerdings phantasievoll noch um Kombinationsmöglichkeiten der Punkte (1) bis (4) erweitert bzw. spezifiziert werden. Die geforderten beruflichen Voraussetzungen unterscheiden sich hierbei nicht nur durch die je nach Bundesland variierenden zeitlichen Anforderungen der beruflichen Vorbildung, sondern auch dadurch, ob es sich um eine einschlägige oder nicht-einschlägige berufliche Vorbildung handelt, deren geforderter Zeitumfang wiederum schwankt.

Bei den *nicht-einschlägigen Berufsausbildungen* reichen die Varianten von der einjährigen Berufsausbildung in Verbindung mit 3jähriger Berufstätigkeit, über 2- und 3jährigen Ausbildungen bis hin zu 3jährigen Zwischenlösungen, die sich beispielsweise zusammensetzen können aus: Berufsausbildung plus 1 Jahr Vorpraktikum oder plus einjähriger einschlägiger Berufstätigkeit oder plus 2jähriger nicht-einschlägiger Berufstätigkeit, womit eine insgesamt 4jährige Vorlaufphase erreicht wäre.

Welche der geforderten Berufsausbildungen als *einschlägig* gelten, wird - mit Ausnahme der Kinderpflege und des/der sozialpädagogischen AssistentIn - in den Ausbildungs- und Prüfungsordnungen überwiegend nicht definiert[115], wobei jedoch das ganze Spektrum sozialer und sozialpflegerischer Bildungsgänge zugrundezulegen ist. Bei der Kinderpflegeausbildung, deren Ausbildungsdauer in den einzelnen Bundesländern wiederum zwischen 2 und 3 Jahren schwankt (hierzu wäre eine eigene Systematik erforderlich), sind z.T. abermals besondere Bestimmungen für den Zugang zur Fachschule vorgesehen: So reicht in Hamburg die Kinderpflegeausbildung ohne Anerkennungsjahr aus, ist in Hessen und Bayern zusätzlich eine einjährige praktische Tätigkeit abzuleisten und wird in Schleswig-Holstein eine Zusatzprüfung in den mathematisch-naturwissenschaftlichen Unterrichtsfächern vorausgesetzt. In Niedersachsen gelten im Hinblick auf KinderpflegerInnen sowie die sogenannten SpielkreisgruppenleiterInnen Übergangsvorschriften, die ihnen aufgrund dieser Qualifikationen nur noch bis 1997 den Zugang zur Fachschule öffnen.[116] Einschlägige und alleinige berufliche Zugangsvoraussetzung ist in diesem Bundesland nun die Ausbildung zum/zur SozialassistentIn, obwohl mit der Formulierung »oder eine gleichwertige Berufsausbildung« auch hier zunächst alternative Zugangswege offengehalten werden. Auch in Schleswig-Holstein wurden 1993 durch eine neue Berufsfachschulordnung (BFSO) und Fachschulordnung (FSO) Fakten geschaffen, in dem als einschlägige Zugangsvoraussetzung die Ausbildung zum/zur sozialpädagogischen AssistentIn etabliert worden ist, wobei zusätzlich noch eine einjährige einschlägige, praktische Tätigkeit abgeleistet werden muß.

Bei den *beruflichen Vollzeitschulen*, die keinen Berufsabschluß vermitteln und aus systematischen Gründen eigentlich eher der schulischen Vorbildung zugerechnet werden müßten, werden in den Ausbildungs- und Prüfungsverordnungen folgende Alternativen aufgeführt: 2jährige einschlägige Berufsfachschule, einjährige einschlägige Berufsfachschule plus Vorpraktikum, nicht-einschlägige einjährige Berufsfachschule, 2jährige Pflegevorschule sowie 2jährige nicht-einschlägige Vollzeitschule plus einjähriger Berufstätigkeit.

Auch innerhalb der Kategorie »*Berufstätigkeit*« werden zwischen einschlägig und nicht-einschlägig feine Unterschiede gemacht. Der zeitliche Umfang bei den einschlägigen Tätigkeiten schwankt zwischen einem Jahr (Nordrhein-Westfalen) sowie 4 Jahren (Bayern), wobei die einjährige Lösung auch durch das Freiwillige Soziale Jahr erfüllt wird. Die nicht-einschlägigen Tätigkeiten umfassen 2 bis 4 Jahre, wobei die 2jährigen Tätigkeiten wie in Hessen wieder-

---

[115] Lediglich in der Bayerischen Ausbildungsordnung werden pädagogische, sozialpädagogische und -pflegerische sowie rehabilitative Berufe aufgeführt.

[116] Außerdem werden der Hauptschulabschluß und eine 5jährige einschlägige Berufstätigkeit sowie eine Prüfung vor der obersten Schulbehörde verlangt.

um auch einschlägige Anteile umfassen müssen. So kann sich die in Hessen geforderte 2jährige Berufstätigkeit aus einem Jahr nicht-einschlägiger Tätigkeit plus Freiwilligem Sozialem Jahr, Wehr-/Ersatzdienst oder einjährigem Vorpraktikum zusammensetzen. Unter den 3jährigen Varianten werden in Rheinland-Pfalz, Schleswig-Holstein und Thüringen explizit noch das Führen eines Familienhaushaltes mit mindestens einem minderjährigen Kind aufgeführt. Diese Zugangsmöglichkeit besteht in Bayern nach 4jähriger Haushaltsführung mit Kind. In Brandenburg kann die Organisation eines Drei- bzw. Zweipersonenhaushaltes (mit Erziehungs- oder Pflegebedürftigen) mit bis zu einem Jahr, in Berlin mit 2 Jahren auf die geforderte Berufstätigkeit angerechnet werden. Zeiten der gemeldeten Arbeitslosigkeit können in Berlin mit bis zu einem Jahr zu Buche schlagen.

Eine besondere Rolle unter den einschlägigen Berufstätigkeiten nimmt das sogenannte »*Vorpraktikum*« ein, da es insbesondere der BewerberInnengruppe mit Realschulabschluß, d.h. SchülerInnen ohne berufliche Erfahrungen, erste Einblicke in das Berufsfeld vermitteln soll, also der inhaltlichen Vorbereitung auf die ErzieherInnenausbildung dient, zugleich jedoch Zugangsvoraussetzung ist (Abbildung 16.2 erlaubt in diesem Zusammenhang einen schnellen Überblick über die Bundesländer, die diese Zugangsmöglichkeit in ihren Ausbildungs- und Prüfungsverordnungen verankert haben). Doch auch bei der Gestaltung des Vorpraktikums bestehen deutliche Unterschiede zwischen den Ländern. So wird es in Bayern und Thüringen 2jährig angeboten, in den anderen Bundesländern, sofern es als alleinige Zugangsvoraussetzung ausreichend ist (vgl. Hessen), einjährig, steht in Berlin nur AbiturientInnen offen, in Brandenburg darüber hinaus auch BewerberInnen mit nicht-fachrichtungsbezogener Fachhochschulreife[117], gilt in Nordrhein-Westfalen, wenn gleichzeitig die Berufsschulpflicht[118] erfüllt wird und ist in Bremen in die schulische Ausbildung integriert. Auf die Praktikumszeit bzw. Berufstätigkeit können in einigen Bundesländern Zivil- oder Wehrdienst, Freiwilliges Soziales Jahr und ähnliches unter bestimmten Bedingungen angerechnet werden, sofern die in diesem Rahmen geleistete Tätigkeit für die ErzieherInnenausbildung geeignet ist.

In den meisten der Bundesländer, die das Vorpraktikum als Zugangsvoraussetzung vorgesehen haben, handelt es um ein ungelenktes Praktikum. Schulisch begleitet wird das Vorpraktikum, außer in Nordrhein-Westfalen und zunehmend in Bayern, lediglich in Brandenburg und Mecklenburg-Vorpom-

---

[117] BewerberInnen mit Fachhochschulreife des Typs Sozialwesen werden dagegen direkt zur ErzieherInnenausbildung zugelassen.
[118] Sofern die SchülerInnen der Berufsschulpflicht unterliegen.

mern.[119] So umfaßt das detailliert geregelte Vorpraktikum in Mecklenburg-
Vorpommern neben den vorgesehenen 24 Wochen praktischer Tätigkeit, die -
auch das ist ungewöhnlich - in mindestens 2 verschiedenen sozialpädagogischen Einrichtungen absolviert werden muß, 16 Wochen Lehrveranstaltungen
in der Schule. Hierbei zielt der Begleitunterricht, für den eine eigene (vorläufige) Stundentafel erlassen wurde, darauf, den PraktikantInnen »vielfältige Möglichkeiten für die Arbeit mit Kindern und Jugendlichen anzubieten« und ihre
»Kenntnisse, Fähigkeiten und Fertigkeiten auf verschiedenen Gebieten weiterzuentwickeln« (VORLÄUFIGE AUSBILDUNGSORDNUNG DES LANDES MECK-
LENBURG-VORPOMMERN). Über den Begleitunterricht hinaus haben die FachschullehrerInnen die Aufgabe, die angehenden SchülerInnen in der Einrichtung zu beraten. Ergänzend sollen die PraktikantInnen Anleitung und Hilfestellung durch die MitarbeiterInnen in den verschiedenen Einrichtungen bekommen. Nach Beendigung des Vorpraktikums erhalten sie ein Abschlußzeugnis über Erfolg oder Mißerfolg ihrer praktischen Tätigkeit. In Brandenburg kann das Vorpraktikum in höchstens 3 verschiedenen Praxisstellen 4
Tage pro Woche abgeleistet werden. Ein Tag der Woche ist für den praxisbegleitenden Unterricht im Umfang von 8 Stunden reserviert, wovon 2 auf
die individuelle Praxisbetreuung und -begleitung entfallen. Darüber hinaus
werden den PraktikantInnen zur Vorbereitung auf ihre konkreten Aufgaben
im Vorpraktikum und zur Anfertigung von Berichten im praxisbegleitenden
Unterricht wöchentlich 3 Zeitstunden zur Verfügung gestellt.

Die verwirrende Vielfalt bei der beruflichen Vorbildung im Bundesvergleich dürfte deutlich geworden sein. Grundsätzlich stehen sich auf Bundesebene jedoch, gemessen an der Ausbildungsdauer, 4 Modelle gegenüber: Während in den Bundesländern Bayern, Berlin, Brandenburg, Hessen, Sachsen-Anhalt und Thüringen eine mindestens 2jährige berufliche Vorlaufphase erforderlich ist, an die sich die 3jährige Ausbildung anschließt (»2 + 3-Modell«), in Niedersachsen eine mindestens 2jährige Berufsausbildung plus 2jähriger ErzieherInnenausbildung verlangt wird (»2 + 2-Modell«), in Schleswig-Holstein 1993
eine 3jährige Vorbildung verankert wurde (»3 + 3-Modell«), genügt in den übrigen Bundesländern als Minimalanforderung das vorgeschaltete (in Bremen integrierte) einjährige Vorpraktikum (»1 + 3-Modell«). Die tatsächliche berufliche
Gesamtausbildungsdauer beträgt damit unter Berücksichtigung der Zugangsvoraussetzungen entweder mindestens 4, 5 oder 6 Jahre (vgl. Abb. 16.2).

---

[119] Dies schließt jedoch nicht aus, daß einige Fachschulen auch in anderen Ländern dazu
übergehen, das Vorpraktikum schulisch zu begleiten.

Abb. 16.2: Die »tatsächliche« Ausbildungsdauer (Ausbildung plus Vorpraktikum) nach Bundesländern

Land	Berufliche Mindestvoraussetzungen für BewerberInnen mit Mittlerem Bildungsabschluß	»Netto«-Ausbildungsdauer (in Jahren)	»Brutto«-Ausbildungsdauer[1] (in Jahren)
BW	1jähriges Vorpraktikum	3	4
BA	2jähriges Vorpraktikum oder 2jährige einschlägige Berufsausbildung	3	5
BE	2jährige Berufsausbildung o. 2jährige Berufsfachschule	3	5
BB	mindestens 2jährige, fachrichtungsbezogene Berufsausbildung oder Berufsfachschule	3	5
HB	entfallen aufgrund des integrierten Vorpraktikums	4	4
HH	1jähriges Vorpraktikum	3	4
HE	1jährige berufliche Tätigkeit und 1jähriges Vorpraktikum (oder FSJ oder Wehr- und Ersatzdienst)	3	5
MV	1jähriges Vorpraktikum	3	4
NI	2jährige einschlägige Berufsausbildung	2	4
NW	1jähriges Vorpraktikum o. einschläg. Berufsfachschule	3	4
RP	1jähriges Vorpraktikum	3	4
SL	1jähriges Vorpraktikum	3	4
SN	einschlägiges Praktikum oder Abschluß einer einschlägigen beruflichen Vollzeitschule	3	4
ST	2jährige einschlägige Berufsausbildung oder 1jährige berufsbildende Schule und einjähriges Vorpraktikum	3	5
SH	bis zum Schuljahr 1995/96 letztmalig 1jähriges Vorpraktikum, danach 2jährige Ausbildung zur/zum Sozialpädagogischen AssistentIn und einjährige, einschlägige Tätigkeit oder geeignete Tätigkeit von 3 Jahren	3	4 bzw. 6
TH	mindestens 2jährige Berufsausbildung oder übergangsweise bis September 1994 ein 2jähriges Vorpraktikum	3	5

1 Einschließlich beruflicher Zugangsvoraussetzungen
Quelle: Ausbildungs- und Prüfungsordnungen der Bundesländer

In diesem Zusammenhang ist ein Vergleich mit dem *Dualen System* aufschlußreich. Denn hier gilt: Berufliche oder praktische Zugangsvoraussetzungen existieren für Ausbildungen im Dualen System prinzipiell nicht, da es sich grundsätzlich um Erstausbildungen mit einer je nach Beruf einheitlich geregelten Ausbildungsdauer zwischen 2 und 3½ Jahren handelt, die ohne weitere Zugangshürden direkt im Anschluß an eine allgemeinbildende Schule absolviert werden können. Im Gegensatz hierzu benötigen ErzieherInnen nach dem Mittleren Bildungsabschluß je nach Bundesland 4 bzw. 6 Jahre, um als eigenständige Fachkraft ins Berufsleben zu treten, das sich dann nicht selten als berufliche Sackgasse erweist. Damit ist der ErzieherInnenberuf - als Erstausbildung - deutlich gegenüber dual organisierten Ausbildungen benachteiligt. Anders sieht es jedoch im Vergleich zu anderen Fachschulen aus: Die vollzeitschulisch organisierte 4semestrige Fachschule für Techniker kann beispielsweise auf der Basis eines anerkannten Ausbildungsabschlusses erst nach 2jähriger Berufspraxis absolviert werden (vgl. NISPEL 1987, S. 12), woraus eine tatsächliche »Ausbildungsdauer« von 7 Jahren (3jährige Erstausbildung + 2jährige Berufspraxis + 2jährige Fachschule) resultiert.

Über die im Vergleich zum Dualen System zu konstatierenden Besonderheiten hinaus resultieren aus den unterschiedlichen Ländermodellen neben den ungleichen Ausbildungsbedingungen für die SchülerInnen auch - wie bereits angedeutet - Konsequenzen für die Verortung der Fachschule für Sozialpädagogik in der bundesrepublikanischen und der europäischen Bildungshierarchie: Während mit den sogenannten »2 + 3-Modellen« den Kriterien des Fachschulrechts entsprochen wird, sofern es sich bei der Vorlaufphase um einschlägige Berufsausbildungen/-tätigkeiten handelt, vermittelt der Bildungsgang in den übrigen Bundesländern dem Teil der SchülerInnen, der über das Vorpraktikum zur Ausbildung zugelassen wird, faktisch eine berufliche Erstausbildung. Der unklare zwischen sekundären und tertiären Bildungssystem pendelnde Fachschulstatus ist nicht nur ein Problem verbissener SystematikerInnen und einer ungeklärten Statistik (vgl. Kapitel 13). Vielmehr sind neben der Verschärfung der länderspezifischen Disparitäten u.a. auch Lehrstundendeputate, Lehr- und Lernmittelsätze sowie Bafög-Sätze an den Fachschulstatus gekoppelt (vgl. METZINGER 1990, S. 31 sowie Kapitel 11.2).

16.3 Zulassungsvoraussetzungen für HauptschülerInnen

Über die skizzierten schulischen und beruflichen Voraussetzungen hinaus wird in einigen Bundesländern InteressentInnen mit »regulärem« Hauptschulabschluß der Weg in die Fachschule geebnet, sofern sie berufstätig waren und/oder eine Berufsausbildung absolviert haben. So wird in Baden-Württemberg die Zulassung von HauptschulabsolventInnen zur ErzieherInnenausbildung, explizit in der Ausbildungs- und Prüfungsordnung erwähnt und gefördert. Hier steht AbsolventInnen mit qualifiziertem (= gutem) Hauptschulabschluß und einer 3jährigen abgeschlossenen Berufsausbildung (»9 + 3«- Konzept) ausdrücklich die Fachschule für Sozialpädagogik offen, da dieser BewerberInnengruppe laut Ausbildungs- und Prüfungsordnung während des Aufnahmeverfahrens 50% der Ausbildungsplätze reserviert wird. Im Gegensatz zu Baden-Württemberg werden die Zugangsmöglichkeiten für HauptschülerInnen nicht in allen Ausbildungs- und Prüfungsregelungen gesondert berücksichtigt, sondern sind teilweise in Sonderregelungen und übergeordneten schulrechtlichen Bestimmungen fixiert und konnten daher nicht berücksichtigt werden.

Einen Einblick in die in den Bundesländern Bayern, Berlin, Hamburg, Nordrhein-Westfalen, Rheinland-Pfalz geltenden Bedingungen für BewerberInnen mit Hauptschulabschluß bietet in diesem Zusammenhang Abbildung 16.3 für die Länder, die derartige Bestimmungen in ihre ErzieherInnenverordnungen aufgenommen haben.

Abb. 16.3: Schulische und berufliche Zulassungsvoraussetzungen für BewerberInnen mit Hauptschulabschluß nach Bundesländern, soweit in den Ausbildungs- und Prüfungsverordnungen geregelt

Land	Berufliche Voraussetzungen
BA	Qualifizierter beruflicher Bildungsabschluß (Quabi) und ein Jahr Vorpraktikum in einer sozialpädagogischen Einrichtung bzw. ein Jahr Berufserfahrung in einer sozialpädagogischen Einrichtung für AbsolventInnen der Berufsfachschule für Kinderpflege, wenn der Mittlere Schul- gleichzeitig mit dem Berufsabschluß erworben wird
BE	• mindestens 2jährige einschlägige Berufsausbildung und mindestens 1jährige Berufstätigkeit oder • mindestens 3jährige nicht-einschlägige Berufsausbildung und mindestens 1jährige Berufstätigkeit oder • Nachweis einer mindestens 4jährigen einschlägigen Berufstätigkeit oder • Nachweis einer mindestens 5jährigen nicht-einschlägigen Berufstätigkeit
HH	• mindestens 2jährige Berufsausbildung in einem anerkannten Ausbildungsberuf oder in einer Berufsfachschule und mindestens 1jährige Berufstätigkeit oder • mindestens 4jährige Berufstätigkeit im sozialpädagogischen Bereich oder • Ausbildung zum/r KinderpflegerIn, bei der das Anerkennungsjahr als Berufstätigkeit gewertet wird
NW	Teilnahme an einem Feststellungsverfahren, um den Nachweis zu erbringen, daß ein erfolgreicher Abschluß des Bildungsganges zu erwarten ist. Die Entscheidung trifft die obere Schulaufsichtsbehörde.
RP	• abgeschlossene Berufsausbildung als ErziehungshelferIn, AltenpflegerIn, FamilienpflegerIn, KinderpflegerIn, Krankenschwester, -pfleger oder Kinderkrankenschwester oder • mindestens 3jährige Berufsausbildung nach Berufsbildungsgesetz und mindestens 1jährige einschlägige Berufstätigkeit oder • eine als gleichwertig anerkannte Berufsausbildung und mindestens 1jährige einschlägige Berufstätigkeit
SH	BewerberInnen mit Hauptschulabschluß werden zugelassen, wenn sie eine Berufsausbildung abgeschlossen haben und die Leistungsnoten im Abschlußzeugnis der Berufs- oder Berufsfachschule einen Notendurchschnitt von mindestens 2,4 ergeben. Die beruflichen Zugangsvoraussetzungen sind ansonsten mit denen für RealschulabsolventInnen identisch.

Quelle: Ausbildungs- und Prüfungsordnungen der Bundesländer; Ergänzende Bestimmungen

In Bayern wird über den qualifizierten Berufsabschluß hinaus ein Jahr Vorpraktikum in einer sozialpädagogischen Einrichtung verlangt. KinderpflegerInnen, die gleichzeitig mit dem Berufsabschluß den Mittleren Bildungsabschluß erworben haben, müssen ein Jahr Berufserfahrung in einer sozialpädagogischen Einrichtung nachweisen. Berlin fordert von BewerberInnen mit erweitertem Hauptschulabschluß im Vergleich zu InteressentInnen mit Mittlerem Bildungsabschluß bei allen Varianten (vgl. Abb. 16.1 und 16.3) *zusätzlich* ein

Jahr Berufstätigkeit. In Nordrhein-Westfalen müssen BewerberInnen mit Hauptschulabschluß mindestens 24 Jahre alt sein und eine Berufsausbildung und/oder -tätigkeit nachweisen, um dann in einem Feststellungsverfahren den Nachweis der zu erwartenden erfolgreichen Teilnahme an der ErzieherInnenausbildung zu erbringen. Rheinland-Pfalz setzt eine einschlägige Berufsausbildung oder eine nicht-einschlägige Ausbildung und Berufstätigkeit voraus. In Schleswig-Holstein sind die Zugangsvoraussetzungen für HauptschülerInnen, sofern sie einen Berufs- oder Berufsfachschulabschluß mit einem Notendurchschnitt von mindestens 2,4 erworben haben, mit denen von RealschulabsolventInnen identisch.

16.4 Bilanz

Bereits bei den schulischen und beruflichen Bildungsvoraussetzungen zeigen sich einige der eingangs skizzierten Besonderheiten der Ausbildung (vgl. Kapitel 11). Während bei den schulischen Bildungsvoraussetzungen bundesweit noch vereinfachend mit dem Begriff des Mittleren Bildungsabschlusses operiert werden kann, den alle Länder in Abhängigkeit zum jeweiligen länderspezifischen Schulsystem mit unterschiedlichen Definitionen der Gleichwertigkeit in ihren Ausbildungs- und Prüfungsverordnungen verankert haben, zeigt sich bei der erforderlichen beruflichen Vorbildung ein Regelungswirrwarr sondergleichen, so daß es fast schon einer juristischen Einzelfallprüfung bedarf, um zu entscheiden, mit welcher Bildungskarriere und Berufsbiographie, in welchem Bundesland einer BewerberIn der Zugang zur ErzieherInnenausbildung gestattet bzw. verwehrt wird.

Die Neuordnung und bundesweite Vereinheitlichung der Zugangsvoraussetzungen stellt deshalb eines der drängensten Probleme der ErzieherInnenausbildung dar, das ohne eine grundsätzliche Entscheidung über den inhaltlichen Auftrag der Fachschule für Sozialpädagogik als Erstaus- oder Weiterbildung und die Höhenlage der Ausbildungsstätte innerhalb der Ausbildungshierarchie nicht gelöst werden kann. Dabei wird die Reformdiskussion zur Zeit weniger unter inhaltlichen Kriterien geführt, also welche Qualifikationen sind auf dem Arbeitsmarkt bzw. in den Hauptbeschäftigungsfeldern Tageseinrichtungen für Kinder und Heimerziehung von Bedeutung und auf welcher Ausbildungsebene - Berufsfachschule, Fachschule oder Fachhochschule - können diese am adäquatesten vermittelt werden, sondern eher formal als sogenannte Modell-Diskussion, bei der zeitliche Umfang der Vorlaufphase im Vordergrund steht. Zur Gestaltung der schulischen und beruflichen Vorlaufphase stehen momentan folgende Ausbildungsmodelle mit jeweils entsprechenden Veränderungsvorschlägen zur Disposition: Das »1+3«- bzw. alternativ »0+4«-Modell, der Kollegschulversuch, das »2+3«-Modell des Fachschulkonzeptes mit Varianten sowie der Fachhochschulansatz. Hierbei lassen alle vorliegenden Reformansätze Fragen offen:

(a) Gegenstand der Kritik unter den verschiedenen Zugangsmöglichkeiten des »1+3«-Modells, in dem - wie skizziert - die InteressentInnen nach dem Mittleren Bildungsabschluß eine berufliche einjährige Vorlaufphase an Berufsfachschulen durchlaufen oder einschlägige praktische Erfahrungen auf anderen Wegen (Vorpraktikum, Freiwilliges Soziales Jahr, Wehr- oder Ersatzdienst etc.) erwerben, um im Anschluß hieran die ErzieherInnenausbildung zu absolvieren, ist vor allem das als Kompromißkonstrukt für SchülerInnen ohne berufliche Vorbildung entwickelte vorgeschaltete *Vorpraktikum*.[120] Es findet in der Regel einjährig in einer sozialpädagogischen Ausbildungsstätte statt, in Bayern und Thüringen 2jährig, ist überwiegend unbegleitet sowie zumeist curricular nicht eingebunden und gewährt den BewerberInnen lediglich einen ersten und willkürlichen Einblick in den Berufsalltag, ohne einen geregelten Bezug zum Ausbildungsstoff und ohne die Möglichkeit, einer einschlägig betreuten Reflexion. Pädagogisch unerwünschte Verhaltensweisen der VorpraktikantInnen werden nicht gezielt aufgegriffen, z.T. sogar verfestigt. Die rechtliche Lage (Dritt-, Viert-, oder Fünftkraft?) und die tarifliche Einordnung (»Das Ehrenamt ist weiblich«?) sind weitgehend ungeregelt. Wesentliche Forderungen sind deshalb, sofern an dieser Zugangsmöglichkeit überhaupt festgehalten werden soll (siehe unten):

- die kontinuierliche Begleitung und Beratung der PraktikantInnen durch die Fachschule und die Einbindung der Lerninhalte in die Lehrpläne,
- klare tarifvertragliche Regelungen zwischen VorpraktikantIn und Träger der Einrichtung,
- Erstellung von Ausbildungs-/Praktikumsplänen in Kooperation von Fachschule, Einrichtung und PraktikantIn mit eindeutiger Aufgabenstellung und zeitlicher Gliederung der verschiedenen Praktikumsphasen,
- keine Gruppenverantwortlichkeit der PraktikantIn sowie überplanmäßiger und gruppenübergreifender Einsatz in der Einrichtung, damit die PraktikantInnen die Möglichkeit haben, verschiedene Arbeitsbereiche und unterschiedliche Arbeitsstile der Fachkräfte kennenzulernen (vgl. OBERHUEMER 1993, S. 28 f.),

---

[120] Vgl. beispielsweise ARBEITSGRUPPE RAUENBERG (1992); RAJEWSKI-PFREUNDNER (1992).

• sowie wechselnde Praxisstätten, wie dies derzeitig nur wenigen Bundesländern möglich ist, damit die PraktikantInnen Erfahrungen in verschiedenen Handlungsfeldern der Jugendhilfe können.

(b) Eine Alternative zu diesem traditionellen Ausbildungskonstrukt stellt das Bremer »*0+4*«-*Modell* des integrierten und begleitenden Vorpraktikums dar: Der im 1. Schulhalbjahr der Bremer Ausbildung stattfindende Abschnitt des Vorpraktikums wird durch 8 Unterrichtsstunden in den Fächern Pädagogik (2), Psychologie (2) und Methodik mit Übungen (4) begleitet. Dadurch besteht zum einen die Chance, in der Schule über eventuell auftauchende Probleme des Praktikums zu diskutieren, zum anderen bilden die im Unterricht erworbenen theoretischen Kenntnisse den Anfang einer fachlich orientierten Berufspraxis. Die folgenden beiden Schulhalbjahre mit Vollzeitunterricht dienen der Erweiterung des theoretischen Wissens, so daß das im 4. Schulhalbjahr stattfindende Zwischenpraktikum, von den SchülerInnen zu einer intensiven Konfrontation von Theorie und Praxis genutzt werden kann. Auch diese Phase wird mit 8 Stunden pro Woche in den oben genannten Fächern begleitet. Die Aufsplittung des Praktikums erlaubt in diesem Modell eine bessere Nutzung der Ausbildungszeiten. Als Zugangsvoraussetzung wird folgerichtig der Realschulabschluß ohne weitere berufliche Voraussetzungen gefordert.[121]

Die Forderungen nach einem verbesserten bzw. integrierten Vorpraktikum tragen zwar zu einer höheren Effektivität der Praktika und zu einer verbesserten Vorbereitung auf die schulische Ausbildung bei, im wesentlichen handelt es sich bei den skizzierten Modellen (»1+3« sowie »1+4«) jedoch um die Beibehaltung des Status Quo, wie er zur Zeit in 7 Bundesländern praktiziert wird. Strukturell entsprechen diese Variante eher der Berufsfachschule, da primär die Zugangsgruppe der RealschulabsolventInnen erreicht wird, die nach dem einjährigen Vor- bzw. integrierten Praktikum eine berufliche Erstausbildung absolvieren möchte. Ungeklärt bleibt bei diesem Ausbildungskonstrukt das Verhältnis zur Berufsfachschule Kinderpflege, die in einigen Bundesländern wiederum 2- oder 3jährig, allerdings ohne Vorpraktikum konzipiert ist. Generell ist bei dieser Variante zu erwägen, ob durch die Abschaffung des Vorpraktikums und die Einbindung des hierdurch gewonnenen Jahres in die ErzieherInnenausbildung der verlängerte Ausbildungsumfang nicht für eine intensivere inhaltliche Auseinandersetzung in Richtung einer Höherqualifizierung genutzt werden könnte, wobei allerdings die rechtliche Lage und die Tarifierung in diesem Modell klärungsbedürftig sind.

---

[121] Kritisiert wird bei dem Modell auch das geringe Alter der SchülerInnen, denen in einer Phase der Ablösung vom Elternhaus die nötige Distanz und Reife für eine ErzieherInnenausbildung fehle (vgl. JUNG 1979).

(c) Etwas quer zur vorliegenden Systematik liegt der sogenannte *Kollegschulversuch* einer integrierten Sekundarstufe II, der auf das Land Nordrhein-Westfalen beschränkt ist. Im Gegensatz zum »1+3«-Modell setzt er bei den InteressentInnen keinerlei praktische Erfahrungen voraus, da außer der Fachoberschulreife an Kollegschulen keine berufliche Vorbildung verlangt wird. Innerhalb der 4jährigen Ausbildung kann neben dem Berufsabschluß gleichzeitig die Doppelqualifikation der Fachhochschulreife bzw. bei 5jähriger Ausbildung das Abitur erworben werden. Hierbei handelt es sich um eine eindeutige schulische Erstausbildung, die mit der Vermittlung der Doppelqualifikation den SchülerInnen weitere Perspektiven eröffnet, jedoch teilweise durch die eher additive statt integrative Vermittlung beider Abschlüsse zur Überforderung der Auszubildenen geführt hat.[122] Dennoch stellt die Kollegschule eine bedenkenswerte Alternative zu den oben skizzierten Ansätzen dar.

(d) Die in Kategorie der »2+3«-*Modelle* fallenden Reformvorschläge zielen auf Ausbildungskonzeptionen, bei denen nach dem Mittleren Bildungsabschluß eine 2- oder 3jährige Vorlaufphase erforderlich ist, die zur Aufnahme der Fachschulausbildung berechtigt.

Zwischen dem »1+3«- und dem »2+3«-Modell ist gegenwärtig das *2jährige Vorpraktikum* angesiedelt, das neben anderen Zugangsmöglichkeiten, noch in Bayern und Thüringen besteht. Hiermit ist in Bayern der Anspruch verbunden, den sogenannten Fachakademiestatus aufrechtzuerhalten. In Thüringen gilt diese Zugangsmöglichkeit nur für einen Übergangszeitraum. Obwohl mittlerweile die Bayerischen Fachakademien zunehmend dazu übergehen, die SchülerInnen während der 2jährigen Warteschleife zu betreuen, erscheint eine 2jährige praktische Vorlaufphase im Verhältnis zum zeitlichen Gesamtumfang der Ausbildung von 3 Jahren, von denen wiederum das einjährige Berufspraktikum sowie 3monatige Blockpraktika zu Lasten theoretischer Ausbildungsanteile gehen, weder unter inhaltlichen Aspekten noch aus SchülerInnenperspektive angemessen.

Alternativ werden aus dem evangelischen Fachschulspektrum zur Zeit Vorstellungen formuliert, nach denen auf den Mittleren Bildungsabschluß »eine *2jährige Schulstufe* folgen soll, die in ihren Inhalten bereits gezielt auf die Ausbildung hinführt, jedoch vorrangig allgemeinbildend orientiert ist und keinen Berufsabschluß als Helfer beinhaltet« (SCHMITTHENNER/WILDT 1992, S. 245). Mit dem Abschluß der allgemeinbildenden, sozialpädagogisch orientierten, praxisorientierten Vorstufe wird die Fachhochschulreife erworben. Die ErzieherInnenausbildung wird gleichzeitig als erste Studienphase eines Fachhoch-

---

[122] Vgl. BREMER/DAMMER/STÖVESAND (1993)

schulstudiums anerkannt (vgl. ebd., S. 244). Was diese Vorstufe allerdings von der Fachoberschule Sozialwesen unterscheidet, wie sie in einigen Bundesländern existiert, und warum die SchülerInnen anschließend nicht konsequenterweise direkt zur Fachhochschule gehen sollten, bleibt in diesem Modell offen.

Daneben liegen Reformvorschläge vor, die zur Gestaltung der Vorlaufphase eine abgeschlossene *Berufsausbildung* fordern, um analog zur Fachschule des Dualen Systems die sozialpädagogischen Ausbildungsstätten bundesweit zu echten Fachschulen und damit zu Einrichtungen der Weiterbildung zu transformieren. Abgesehen von Konzepten, die irgendeine, also auch nicht-einschlägige Berufsausbildungen favorisieren[123], ist damit die Frage des geeigneten berufsqualifizierenden Unterbaus angesprochen. Die unter fachlichen Aspekten heftig kritisierte KinderpflegerInnenausbildung genügt - so der allgemeine Konsens - den Anforderungen des Arbeitsfeldes nicht. An diesem Punkt setzen u.a. Ausbildungsmodelle in Richtung Sozialpflege an, die den SchülerInnen auf Berufsfachschulniveau eine erste Berufsausbildung für das soziale Arbeitsfeld vermitteln und gleichzeitig zu einer Vereinheitlichung des sozialen Berufsspektrums beitragen sollen.

Am dezidiertesten hat sich hierzu 1994 der DEUTSCHE VEREIN in seinen Empfehlungen »zur bundeseinheitlichen Neuordnung der Berufsfachschul- und Fachschulausbildung« (vgl. DV 1994), geäußert, in denen er die bundesweite Einführung abgestufter sozialberuflicher Ausbildungen fordert: Auf der Basis eines qualifizierten Hauptschulabschlusses soll ein sozialer Grundberuf (3jährige Berufsfachschulausbildung inclusive Berufspraktikum) absolviert werden, der eine Berufsqualifikation für angeleitete Tätigkeiten in *allen* Berufsfeldern der sozialen Arbeit (Alten-, Familien-, Heilerziehungs- sowie Kinderpflege) vermittelt, sowie gleichzeitig die Berechtigung beinhaltet, eine bestimmte 2jährige Fachschulausbildung aufzunehmen (»3 + 2«-Modell). Damit soll gleichzeitig die vertikale und horizontale Durchlässigkeit gewährleistet werden. Die Empfehlung trägt den zu beobachenden Entwicklungen im Bereich Sozialpflege auf Länderebene Rechnung, zu denen bereits ausführlich in Kapitel 11.3 Stellung bezogen wurde, wobei die neu etablierten Bildungsgänge bei unterschiedlich vorausgesetztem allgemeinbildenden Schulabschluß das Spektrum möglicher Modelle von »2 + 2« (Niedersachsen), über »2 + 3« (Hessen) bis hin

---

[123] So weist beispielsweise DERSCHAU (1993) darauf hin, wieviel »bunter, lebendiger und vielseitiger« die Kindergartenpraxis werden könnte, »wenn es gelänge, hierfür Persönlichkeiten mit unterschiedlichen beruflichen Vorerfahrungen zu gewinnen« (ebd., S. 183). Als Beispiele führt er die Mutter mit Banklehre, die Vorpraktikantin und den ehemaligen Schreiner auf (vgl. ebd., S. 183 f.).

zu »3 + 3« (Bayern und Schleswig-Holstein) erweitern. Allerdings handelt es sich lediglich in Niedersachsen um den einzigen Weg in die Fachschule.

(e) Ausgehend von den seit den 70er Jahren gestiegenen Anforderungen im Tätigkeitsfeld zielen die weitestgehenden Reformvorschläge auf eine *Akademisierung* der ErzieherInnenausbildung, also eine Anhebung auf Fachhochschulniveau (vgl. AFET 1990; GEWERKSCHAFT ERZIEHUNG UND WISSENSCHAFT 1993), da die Rahmenstruktur einer Fachhochschulausbildung der Ausbildung angemessener sei als »die bisherige Strukturierung an der Fachschule/Berufsfachschule und den daraus resultierenden curricularen Folgen« (AFET 1990). Damit entfiele auch die Frage der leidigen Zugangsvoraussetzungen. Ungeklärt bleibt allerdings das Problem, welche Folgen eine Akademisierung der Ausbildung auf den Personaleinsatz im Arbeitsfeld Kindertageseinrichtungen hat.

Welches der skizzierten Modelle zur Neugestaltung der Zulassungsvoraussetzungen den Anforderungen der Praxis am ehesten gerecht werden kann, wird, da dies über die Frage der Zulassung hinaus die Neuordnung der gesamten Ausbildung berührt, in der abschließenden Kritik nochmals aufgegriffen (vgl. Kapitel 22).

17. Die schulische Ausbildung

Haben die BewerberInnen die Hürde die Zulassungsvoraussetzungen überwunden, beginnt für sie der schulische Ausbildungsabschnitt an der Fachschule. Die ihnen hier vermittelten Ausbildungsinhalte sollen laut KMK-Vereinbarung den wesentlichen Anforderungen der sozialpädagogischen Bereiche
entsprechen (vgl. KMK 1982, Abs. 4.1). Hierzu zählen seit der 1967/69 von
der KMK getroffenen Entscheidung für eine breit qualifizierende ErzieherInnenausbildung vor allem die Tätigkeitsfelder Krippe, Kindergarten und Hort.
Als weitere Arbeitsfelder gelten aber auch die Heimerziehung, die außerschulische Kinder- und Jugendarbeit sowie Einrichtungen der Behindertenhilfe.
    Die Vermittlung der Ausbildungsinhalte soll laut 82er-Vereinbarung in
einer 2jährigen, überwiegend *theoretischen schulischen Ausbildungsphase* erfolgen, in die *Praktika* von insgesamt 12wöchiger Dauer eingebettet worden sind,
um die Inhalte der fachtheoretischen Ausbildung zu vertiefen und zu ergänzen (ebd., Abs. 4). Die Ausbildungsinhalte werden hierbei formal durch den
Fächerkanon der länderspezifischen Stundentafeln strukturiert und inhaltlich
durch Lehrpläne bestimmt.[124] Die schulische Ausbildung selbst ist also gekennzeichnet durch Lernphasen in der Ausbildungsstätte und in der Praxis. Damit
gilt auch für diesen Schulberuf die Dualität der Lernorte »Schule« und »Betrieb«, allerdings mit dem Unterschied, daß bei der ErzieherInnenausbildung
die schulischen Anteile umfangreicher sind als in der Berufsschule.

17.1 Die überwiegend theoretische Ausbildungsphase

Wesentliche Probleme der theoretischen Ausbildungsphase wurden durch die
von der KMK bereits 1967/69 getroffene und 1982 beibehaltene Grundentscheidung für eine breit qualifizierende ErzieherInnenausbildung, die alle Länder nachvollzogen haben, angelegt. Hiermit sollte einerseits die Tradition »der
bisherigen erzieherischen Teilausbildungen fort(ge)setzt, die in der Praxis be-
währten Handlungs- und Gestaltungselemente lehrend weiter(zu)geben und
weiter(zu)entwickeln, andererseits aber unter Einbeziehung aktueller sozialwissenschaftlicher Erkenntnisse, deren bildungspädagogischen Gehalt in der

---

[124] Ein Kurzüberblick über den Bestand an Lehrplänen sowie die entsprechenden
Bezugsadressen wird in Kapitel 21 gegeben.

erzieherischen Praxis« (ENGELHARDT/ERNST 1992, S. 423 f.) erhöht werden. Schulorganisatorisch resultierte hieraus die Trennung zwischen fachtheoretischen und fachpraktischen Fächern, ergänzt durch einen allgemeinbildenden Lernbereich, wie sie sich auch deutlich in der KMK-Vereinbarung von 1982 widerspiegelt. So enthält die KMK-Vereinbarung zur formalen Gestaltung der theoretischen Ausbildung relativ präzise formulierte Vorgaben, die die Einteilung in Lernbereiche (allgemeiner und berufsbezogener), die Bestimmung der wöchentlichen Unterrichtszeit sowie den Fächerkanon im berufsbezogenen Lernbereich betreffen (vgl. Abb. 17.1).

Abb. 17.1: Struktur der fachtheoretischen Ausbildung		
Allgemeiner Lernbereich	*Berufsbezogener Lernbereich*	
	Unterrichtsfächer im didaktisch-methodischen Anwendungsbereich	Unterrichtsfächer im übrigen Teil des berufsbezogenen Lernbereichs
Keine näheren Angaben	• Didaktik und Methodik der sozialpädagogischen Praxis • Kunsterziehung • Werkerziehung • Musikerziehung • Spielerziehung • Bewegungserziehung • Sporterziehung	• Pädagogik • Psychologie • Jugendliteratur • Sozialhygiene • Recht
6 Wochenstunden	Mind. 12 Wochenstunden	12 Wochenstunden
Quelle: KMK-Vereinbarung (1982)		

Während die KMK-Vereinbarung beim allgemeinen Lernbereich auf nähere Angaben über die Lerninhalte und Unterrichtsfächer verzichtet, ordnet sie dem sogenannten didaktisch-methodischen Anwendungsbereich die Unterrichtsfächer Didaktik und Methodik der sozialpädagogischen Praxis, Kunst-, Werk-, Musik-, Spiel-, Bewegungs- und Sporterziehung, das heißt die sogenannten fachpraktischen, eher handlungsorientierten Fächer, zu. Unterrichtsfächer des verbleibenden Teils des berufsbezogenen Lernbereichs sind laut KMK die mehr theoretisch geprägten Disziplinen Pädagogik, Psychologie, Jugendliteratur, Sozialhygiene und Recht. Als zeitlicher Mindestumfang der Ausbildung wird ein Stundenkontingent von 30 Wochenstunden fixiert, wobei im berufsbezogenen Bereich weitere Unterrichtsstunden hinzukommen können, um besondere sozialpädagogische Fragestellungen und Bereiche aufzugreifen und kennenzulernen (vgl. KMK 1982, Abs. 4.1-4.6).

Obwohl die Rahmenvereinbarung noch Einzelfächer aufführt, ist durch die Angabe von Stundenkontingenten ein erster zögender Ansatz zur »teilweisen Auflösung des Fachunterrichtes gegeben« (DERSCHAU 1991, S. 184). Gleichzeitig wurde jedoch mit einer Stundenzahl von mindestens 30 Wochenstunden bereits eine hohe zeitliche Intensität der Ausbildung vorherbestimmt. Durch die Einteilung in einen allgemeinen und einen berufsbezogenen Lernbereich wird indirekt der hohe allgemeinbildende Charakter der ErzieherInnenausbildung anerkannt, obwohl letztendlich auch die berufsbezogenen Fächer bildungsgangspezifisch unterrichtet werden sollten. Auf die Frage, ob sich die hohen allgemeinbildenden Anforderungen auch in den Berechtigungen nach Abschluß der Ausbildung widerspiegeln, wird in Kapitel 19.3 (weiterführende Bildungsabschlüsse) zurückzukommen sein.

Die Umsetzung der KMK-Vorgaben in die *länderspezifischen Ausbildungs- und Prüfungsverordnungen* erfolgte überwiegend in Form verbindlicher, detaillierter *Stundentafeln*, die im Anhang dieses Kapitels aufgenommen sind und bereits rein äußerlich einen ersten Eindruck über die deutlichen Unterschiede zwischen den Bundesländern vermitteln. Von der Möglichkeit eines weitgesteckten Rahmens wurde, obwohl im Vorfeld der zu ratifizierenden Rahmenvereinbarung Gegenstand der Auseinandersetzung, nur zögernd Gebrauch gemacht (vgl. METZINGER 1990, S. 39). Lediglich Bayern, Brandenburg, Hessen, Sachsen, Thüringen und das Saarland sowie neuerdings Nordrhein-Westfalen geben Gesamtjahresstunden vor. So gibt es beispielsweise in Bayern Gestaltungsmöglichkeiten, da hier die Verteilung der Gesamtwochenstunden auf die 2 Studienjahre dem/der SchulleiterIn obliegt. In Bremen ist eine andere Verteilung der Wochenstundenzahl für die einzelnen Fächer nach Genehmigung der Schulaufsicht möglich. Die Spielräume der einzelnen Fachschule bei der Stundentafel sind also meistens eher gering und beschränken sich auf Dispositionsmöglichkeiten bei den Wochenstunden.

Die von der KMK vorgegebene Systematik (allgemeiner und berufsbezogener Lernbereich, letzterer mit didaktisch-methodischem Anwendungsbereich) hat mit Ausnahme des Saarlandes kein Bundesland übernommen. So differenziert beispielsweise Bayern zwischen Pflicht-, Wahlpflicht- und Wahlfächern, unterscheidet Bremen zwischen fachrichtungsübergreifendem und -bezogenem Lernbereich und gliedert Nordrhein-Westfalen in der neuen Stundentafel in einen allgemeinen und einen Wahlbereich.

In den Stundentafeln überwiegt die Einteilung in Schul(halb)jahre mit festgelegten Ferienregelungen. Nur in Bayern wird der Begriff »Studienjahr«, in Berlin und Brandenburg »Semester« verwandt und von den Auszubildenden als »Studierende« gesprochen. Hessen greift dagegen neutral auf den Terminus Ausbildungsabschnitt zurück. In allen anderen Bundesländern handelt es sich dementsprechend um SchülerInnen, die im Klassenverband mit einem festgelegten Fächerkanon konfrontiert sind und Schul(halb)jahr nach Schul(halb)jahr zu überwinden haben. Auch in Bayern, Berlin und Hessen erfolgt der

Unterricht trotz anspruchsvollerer Terminologie im Klassenverband. Bereits an diesen Termina wird der *schulische Charakter* der ErzieherInnenausbildung überdeutlich. Die entsprechenden Forderungen beziehen sich demzufolge auf die Umgestaltung der schulischen in studienorientierte Strukturen und die Einführung eines Kurssystems (vgl. SCHMITTHENNER/WILDT 1992, S. 244).

Die Stundentafeln selbst sind gekennzeichnet durch eine Vielzahl von Einzelfächern. Wie aus Abb. 17.2 ersichtlich wird, schwankt der *Fächerkanon* je nach Bundesland zwischen 13 und 22 einzelnen Unterrichtsfächern. Die wöchentliche durchschnittliche Unterrichtszeit pendelt zwischen 29 und 35,5 Wochenstunden. Die zeitliche Belastung ist damit für die SchülerInnen relativ hoch und steigt teilweise noch für diejenigen Auszubildenden, die während der ErzieherInnenausbildung einen weiterführenden Bildungsabschluß erwerben möchten. Hierzu ist in einigen Bundesländern Zusatzunterricht obligatorisch (vgl. Kap. 19.3), so daß beispielsweise in Bayern unter Berücksichtigung des Zusatzangebotes 23, in Sachsen 24 Fächer in der Stundentafel aufgelistet werden. Im Saarland beträgt in diesem Fall die rechnerische Unterrichtsbelastung für die SchülerInnen 39 Stunden pro Woche und übertrifft damit die für viele Beschäftigten übliche, tariflich geregelte wöchentliche Arbeitszeit von 38,5 Stunden. Eine zeitliche Reduktion der wöchentlichen Unterrichtszeit erscheint aus dieser Perspektive unumgänglich, um den SchülerInnen überhaupt die Freiräume für einen selbstgesteuerten Lernprozeß zu verschaffen.

Gleichzeitig resultiert aus der hohen Fächeranzahl das Problem, daß in der Schule viel zuviel Stoff in kürzester Zeit aus unterschiedlichsten wissenschaftlichen Disziplinen an den Mann und die Frau gebracht werden muß. So sollen die angehenden ErzieherInnen in nur 2 Jahren theoretischer Ausbildung - abzüglich Praktika und Schulferien - für die verschiedenen sozialpädagogischen Bereiche berufliche Handlungskompetenz erwerben, mit der Folge, daß die Ausbildungsstätten oft inhaltlich verengt auf ein Praxisfeld vorbereiten (vgl. DERSCHAU 1991), so daß weiterhin nicht gewährleistet ist, daß die SchülerInnen »sozialpädagogische Handlungskompetenzen auch in denjenigen Arbeitsfeldern (...) erwerben, die nicht Schwerpunkt der Ausbildung waren, was einerseits eine Transferleistung einschließt, wie andererseits die Bereitschaft zur beruflichen Weiterbildung« voraussetzt (KRAHL-TÜMMLER 1993, S. 34). Darüber hinaus sind bei durchschnittlich 17 Fächern unter hohen Prüfungsanforderungen als zentrale Kompetenzen der SchülerInnen Kurzzeitlernen und Krisenmanagement während der schulischen Ausbildungsphase gefordert, das »häufig und allzu leicht zu beziehungslosem Faktenwissen ohne Handlungsrelevanz« (SÄGESSER 1980, S. 82) führt. Dabei können »keine kritischen Kompetenzen vermittelt werden, wie mit diesen theoretischen Konstrukten umgegangen werden kann« (HOPPE 1993, S. 114).

Abb. 17.2: Übersicht über die insgesamt zu unterrichtenden Unterrichtsfächer und Wochenstunden nach Bundesländern

Land	Fächer insgesamt[1]	Wochenstunden insgesamt[1]
KMK	keine exakteAngabe	mindestens 30 WST
BW	16 Fächer (-)	29 WST (-)
BA	20 Fächer (23)	32 WST (35)
BE	13 Fächer (15)	32 WST (36)
BB	13 Fächer (14)	30-36 WST (-)
HB	17 Fächer (17)	32,5 WST (32,5)
HH	16 Fächer (-)	33 WST (-)
HE	15 Fächer (17)	31 WST (35)
NI	16 Fächer (-)	32 WST (-)
NW	18 Fächer (-)	35,5 WST (-)
RP	13 Fächer (-)	35 WST (-)
SL	16 Fächer (20)	33 WST (39)
SH	15 Fächer (18)	30 WST (35)
SN	22 Fächer (24)	35,5 WST (38,5)
TH	20 Fächer (22)	37 WST (39)

1 Die Zahlen in Klammern geben die Fächer bzw. die Stunden unter Berücksichtigung des Zusatzunterrichts zum Erwerb der Fachhochschulreife an. Falls in den Schuljahren unterschiedliche Wochenstundenzahlen angegeben sind, ist der rechnerische Durchschnitt gebildet worden.
(-) Zur Gesamtwochenstundenzahl mit Zusatzunterricht liegen entweder keine genauen Zahlen vor oder der entsprechende Unterricht wird in diesem Bundesland nicht angeboten.
Quelle: Ausbildungs- und Prüfungsordnungen der Bundesländer; KMK-Vereinbarung (1982)

Aus den für bestimmte Fächer gewählten unterschiedlichen Begriffen, deren Zusammenfassung zu Gruppen oder aber auch Aufsplittung, resultiert außerdem bundesweit eine verwirrende Vielfalt von über 100 differenten Bezeichnungen. Die Umrechnung der Wochenstunden auf die (unterschiedlich gewählten Lernbereiche) ist demzufolge kaum möglich, zumal - wie die Lehrpläne verdeutlichen - gleiche Inhalte teilweise in unterschiedlichen Fächern behandelt werden. Dennoch lassen sich natürlich eine Reihe von Kernfächern identifizieren, die in allen Bundesländern (mit unterschiedlichen Bezeichnungen) Bestandteil der Stundentafeln sind: Hierzu gehören - analog zur KMK-Vereinbarung - in der Regel die Unterrichtsfächer Pädagogik, Psychologie, Deutsch/Kinder- und Jugendliteratur[125], Jugendhilfe oder -recht sowie Gesundheitserziehung mit und ohne Biologie, die wiederum als naturwissenschaftliche Sachbegegnung bezeichnet wird, wobei jedoch auch die Fächer Physik

---

[125] Das Fach »Kinder- und Jugendliteratur« wird teilweise als separates Unterrichtsfach, z.T. im Rahmen des Deutschunterrichtes angeboten.

und Chemie in den Studentafeln erwähnt werden, darüber hinaus aber gleichfalls der Begriff »Sozialhygiene« gebräuchlich ist. Als Unterrichtsfächer des
von der KMK als didaktisch-methodisch bezeichneten Anwendungsbereiches
werden in den Stundentafeln Didaktik und Methodik der sozialpädagogischen
Praxis mit Übungen und Spiel sowie die kreativ-bewegungsorientierten Unterrichtsfächer Kunst-, Werk-, Musik-, Bewegungs- und Sporterziehung aufgelistet. Zu den Fächern des allgemeinen Lernbereiches werden in der KMK-Vereinbarung keine näheren Angaben gemacht. Ein Blick in die landesspezifischen Stundentafeln verdeutlicht jedoch, daß Religion oder Philosophie fester
Bestandteil jeder Stundentafel ist, oft Sozial-/Gemeinschaftskunde, Soziologie,
Politik und Medienerziehung angeboten wird. Darüber hinaus kommen die
Fächer des Zusatzunterrichts Mathematik, Englisch oder Französisch hinzu
(vgl. Kap. 19). Daneben wird das Fächerangebot in einigen Ländern durch
Heil-/Sonderpädagogik, Informationsverarbeitung, Hauswirtschaft, Sprecher-
ziehung, Chor und ähnliches erweitert.

Wie aus dieser Aufzählung über die Bezeichnungsvielfahlt hinaus deutlich
wird, handelt es sich bei den Stundentafeln noch immer um eine loses Sammelsurium verschiedener Einzelfächer, wobei »der gemeinsame Bezugspunkt
des Fächerkanons (...) zwar die 'Erziehung' im weiten Sinne, nicht aber das
berufliche Handeln der künftigen Erzieher« ist (vgl. FISCHER 1980, S. 33). In
den Einzelfächern werden zudem, wie aus den Lehrplänen hervorgeht, unterschiedliche Inhalte und Zielsetzungen verfolgt (vgl. Kap. 21). Die Lehrpläne
wiederum enthalten nur vereinzelt Querverweise auf die Gesamtausbildung
und ähnliche Fragestellungen in anderen Unterrichtsfächern. Lediglich in der
Hessischen Ausbildungsverordnung wird darauf hingewiesen, daß »dem Ausbildungsziel entsprechend bei Wahrung der Eigenständigkeit der Fächer exem-
plarisches Arbeiten mit fächerübergreifender Thematik anzustreben ist«. In
Nordrhein-Westfalen wurde mit der neuen Fachschulordnung durch die Zusammenlegung der Fächer Pädagogik, Soziologie und Psychologie zu dem zentralen Fach Erziehungswissenschaft sowie den neuen Fächerschneidungen
Deutsch mit Kinder- und Jugendliteratur, Recht/Verwaltung ein erster An-
satzpunkt zur Verzahnung der Unterrichtsinhalte gegeben (vgl. GEWERK-
SCHAFT ERZIEHUNG UND WISSENSCHAFT 1994). In Brandenburg kann darüber hinaus der Unterricht in einzelnen Fächern zu Lerngebieten zusammengefaßt werden, wobei die Verantwortung für den Unterricht in den Einzelfächern, bei den jeweils zuständigen LehrerInnen bleibt.

Innerhalb des Fächerkanons führt vor allem die *Spaltung in fachpraktische
und -theoretische Ausbildungsanteile* zu einer inhaltlich »unverbundenen Vermittlung von praktischen und theoretischen Kenntnissen (...), deren Verbindung zu einer beruflichen Qualifikation den - damit überforderten - Schülern

überlassen bleibt« (KRÜGER 1983, S. 347) und deren Vernetzung auch nicht durch das überforderte Unterrichtsfach »Methodik und Didaktik« geleistet werden kann, das innerhalb des Fächerkanons - wie erneut den Lehrplänen zu entnehmen ist - in allen Bundesländern (außer in Berlin und Brandenburg, s.u.) eine Sonderstellung einnimmt. Hierbei sind in einigen Stundentafeln die sogenannten »Sozialpädagogischen Übungen« integraler Bestandteil von »Methodik und Didaktik«, in anderen handelt es sich wiederum um ein Einzelfach, wobei in diesen Ländern nicht automatisch sichgestellt ist, daß »Methodik und Didaktik« und »Übungen« auch von einer Lehrkraft betreut werden.

Inhaltlich soll das Fach *Praxis- und Methodenlehre* beispielsweise in Baden-Württemberg »Kenntnisse über Bedeutung und Arbeitsweise der verschiedenartigen sozialpädagogischen Einrichtungen (vermitteln) und das Kind als Mittelpunkt pädagogischen Handelns (sehen). Auf diesen Grundlagen lernen die angehenden ErzieherInnen verantwortungsvoll und engagiert mit Kindern, Jugendlichen, Eltern und allen an der Erziehung beteiligten umzugehen. Sie lernen Situationen zu beobachten, zu analysieren und pädagogisches Handeln zielbewußt zu planen, zu begründen und zu reflektieren« (BILDUNGSPLAN FÜR DAS BERUFSKOLLEG FACHSCHULE FÜR SOZIALPÄDAGOGIK DES LANDES BADEN-WÜRTTEMBERG, S. 122).

Über die Vermittlung von Fachwissen hinaus soll der besondere Stellenwert des Faches »Methodik der sozialpädagogischen Praxis mit Übungen« innerhalb des Fächerkanons vor allem in der Vernetzung der verschiedenen theoretischen und praktischen voneinander isolierten Einzelfächer liegen. Zu den Lehrzielen gehört es deshalb, »daß neben der Vermittlung des fachspezifischen Wissens die in anderen Fächern erworbenen Kenntnisse, Fähigkeiten und Fertigkeiten zur pädagogischen Arbeit in den verschiedenen sozialpädagogischen Tätigkeitsfeldern in Beziehung gesetzt, beurteilt und weiterentwickelt werden« (LEHRPLAN SCHLESWIG-HOLSTEIN). In Baden-Württemberg wird hierbei vor allem die Kooperation mit den Unterrichtsfächern Pädagogik und Psychologie als notwendig erachtet, da das Fach Praxis- und Methodenlehre »Fachwissen aus dem erziehungswissenschaftlichen und dem musisch-pädagogischen Lernbereich (überträgt), um dieses in der sozialpädagogischen Praxis anwenden zu können« (BILDUNGSPLAN FÜR DAS BERUFSKOLLEG FACHSCHULE FÜR SOZIALPÄDAGOGIK DES LANDES BADEN-WÜRTTEMBERG, S. 122).

Über die fächerintegrierende Klammerfunktion hinaus wird gleichzeitig in nahezu allen Bundesländern die Anwendungs- und Handlungsorientierung des Faches betont, die in den sogenannten Übungen zum Ausdruck kommt. So sollen in Schleswig-Holstein »dem Schüler Möglichkeiten zu Übungen in sozialpädagogischen Einrichtungen geboten werden, in denen er die Umsetzung theoretischer Kenntnisse in praktisches Handeln planen, ausführen und reflek-

tieren lernt sowie seine Kenntnisse, Fähigkeiten und Fertigkeiten weiterent-
wickeln kann« (LEHRPLAN SCHLESWIG-HOLSTEIN). Noch präziser wird die
Vermittlung von Handlungskompetenz im Rheinland-Pfälzischen Lehrplan
formuliert:»Da das Fach Didaktik/Methodik der sozialpädagogischen Praxis
in hohem Maße auf die Anleitung zum Handeln ausgerichtet ist, bedarf es neben der exemplarischen Vorstellung geplanter Angebote und Projekte (von
seiten der Lehrer und Schüler) erweiterter Möglichkeiten zur praktischen Einübung. Um dieser Möglichkeit auch unterrichtsorganisatorisch angemessen
Rechnung zu tragen, kann die Lerngruppe bei entsprechender Größe in 2
Teilgruppen unterrichtet werden. Auf diese Weise hat der Einzelschüler eher
die Gelegenheit, seine Aktivitäten einzubringen, Einzelaufgaben zu üben und
entsprechende Korrektur zu erhalten. (...) Besichtigungen in unterschiedlichen
sozialpädagogischen Einrichtungen sollen den Transfer von dem jeweils exemplarischen Übungsangebot auf andere Zielgruppen erleichtern« (LEHRPLAN
RHEINLAND-PFALZ).

Das Fach »Didaktik/Methodik« soll also - zusammenfassend formuliert -
»als eine Art gedanklicher Filter oder Raster der Sozialpädagogik dazu dienen,
für die Kindergartenerziehung sozialwissenschaftliche Erkenntnisse zu adaptie-
ren und zu verorten, die im musisch-sportlichen Fächerkanon erwerbbaren
Handlungselemente in eine sozialpädagogische Methodik des Handelns zu
transformieren, die einzelnen sozialpädagogischen Handlungsfelder Elementar-
pädagogik, Hortpädagogik, Heimerziehung und Jugendarbeit gedanklich zu
verklammern und die dem jeweiligen Feld spezifisch zuordbaren und in der
Praxis überprüften Handlungs- und Gestaltungselemente lehrend weiterzuge-
ben. Die Praxis- und Methodenlehre stellt also unter dem Anspruch der Theo-
rie-Praxis-Vermittlung den Bezug zum Arbeitsfeld Kindergarten her; in diesem
Fach soll nicht nur der Ausbildungsgegenstand greifbar werden, vielmehr
müssen die Inhalte der theoretischen Fächer auf dieses hin organisiert und integriert, somit auf das Arbeitsfeld Kindergarten übertragen werden« (ENGEL-
HARDT/ERNST 1992, S. 428). Die Umsetzung, wie dies geschehen soll, bleibt
allerdings offen. Damit fehlt dem Fach Praxis- und Methodenlehre der verbindliche Inhalt.

Die zentrale Funktion von »Didaktik und Methodik« wird in allen Bundesländern anerkannt und betont. Nur in Berlin und Brandenburg wird dieses
Unterrichtsfach nicht in der Stundentafel aufgeführt. Während in Brandenburg statt dessen die Fächer »Pädagogik« und »Psychologie« jeweils mit Übungen angeboten werden, wird in Berlin darüber hinaus noch das Unterrichtsfach »Soziologie« mit Übungen angeboten. Die Übungen haben - wie dem
Berliner Rahmenplan Pädagogik zu entnehmen ist - für das »Fach Pädagogik
(...) - in Verbindung mit anderen Unterrichtsfächern - den Zweck, die Studie-

renden bei der Entwicklung ihrer beruflichen Handlungskompetenz zu unterstützen. Ihre Themen ergeben sich aus den geplanten Unterrichtsinhalten« (RAHMENLEHRPLAN PÄDAGOGIK BERLIN).

Die *Wahlmöglichkeiten der SchülerInnen* innerhalb des Fächerangebotes sind - soweit dies aus den Stundentafeln hervorgeht - gering. In allen Bundesländern dominieren Pflichtfächer. Dispositionsmöglichkeiten haben die SchülerInnen in einigen Bundesländern in den sogenannten Wahlpflichtfächern (Bayern, Hessen, Niedersachsen, Saarland und Schleswig-Holstein) sowie in den Wahlfächern (Bayern, Hessen, Rheinland-Pfalz). Alternativ zu den Wahlfächern werden in Baden-Württemberg, Bremen, Hamburg und Nordrhein-Westfalen Arbeitsgemeinschaften angeboten. Wahlfächer können zwar - falls an der Schule angeboten - hinzugewählt werden, dürften allerdings bei den SchülerInnen angesichts des großen Umfangs des Pflichtbereichs wohl kaum auf Interesse stoßen, so daß, wie Zern feststellt, de facto eine Abschaffung der Wahlmöglichkeiten vorliegt (vgl. ZERN 1980a, S. 302 f.).

Informationen über Unterrichtsformen und -methoden fehlen, bis auf den *Projektunterricht*, überwiegend in den Ausbildungs- und Prüfungsordnungen. Projektunterricht wird - soweit aus den Stundentafeln ersichtlich - allerdings nur in den 5 Bundesländern Berlin, Brandenburg, Hessen, Niedersachsen und seit der neuen Fachschulverordnung in Nordrhein-Westfalen angeboten, obwohl die Forderung projektorientierten Lernens und fächerübergreifenden Unterrichts bereits seit Anfang der 80er Jahre erhoben wird (vgl. ZERN 1994, S. 72). In Berlin hat z.B. laut Erzieherverordnung »der Studierende Gelegenheit, sich durch anwendungsbezogenes Lernen auf die verschiedenen Tätigkeiten im sozialpädagogischen Bereich intensiv vorzubereiten. In Kursen werden aufbauend auf den Grundkenntnissen Spezialkenntnisse für die künftige Tätigkeit vermittelt. Projekte und Kurse werden in Anlehnung an die Unterrichtsfächer der Stundentafel und in Beziehung zu den künftigen Arbeitsbereichen (z.B. Kindertagesstätten, Heime, Jugendpflege) angeboten. Wünsche der Studierenden sind bei den Angeboten des Projektunterrichts nach Möglichkeit zu berücksichtigen. Die Studierenden sind verpflichtet, an einem Projekt aus den Fächern Kunst und Werkerziehung und Musikerziehung teilzunehmen« (AUSBILDUNGSORDNUNG ERZIEHER BERLIN). Auch die Niedersächsischen Richtlinien sehen Projekte vor, die mindestens einmal während der Ausbildung durchgeführt werden, die »ganzheitliche Behandlung eines Themas entsprechend den Interessen der Beteiligten« ermöglichen sowie die »Orientierung an Sachstrukturen und Praxisituationen« (ebd., S. 2) berücksichtigen sollen.

Zusammenfassend bezeichnet ZERN (1994) als Vorteile des in vielen Bundesländern so vernachlässigten projektorientierten Lernens:

- »Selbständigkeit der Schüler bei Planung, Durchführung und Beurteilung des Unterrichts,
- Abbau der Lehrerdominanz,
- Wissenserwerb und -überprüfung in der Anwendung,
- Aufhebung der Trennung von schulischem und außerschulischem Lernen und Leben,
- Ergebnis- bzw. Produktorientiertheit« (ebd., S. 73).[126]

Über den Projektunterricht hinaus enthält nur die Hessische Ausbildungsverordnung noch Hinweise auf *Unterrichtsmethoden*: »Bei der Unterrichtsgestaltung kommt den Arbeitsformen besondere Bedeutung zu, die den Studierenden Möglichkeiten zur Selbsterfahrung in Gruppenprozessen und zur Einübung in die Übernahme von Erziehungsverantwortung geben« (vgl. ebd., § 6). Dieser positive Ansatz für eine qualitativ anspruchsvollere Ausbildung wäre durchaus auf andere Ausbildungsordnungen zu übertragen und auszuweiten, da noch immer die überkommenen schulpädagogischen Prinzipien, Lehr- und Lernformen für die Ausbildung an Fachschulen für Sozialpädagogik bestimmend sind: D.h. isoliertes Selbststudium und getrennte Prüfungsvorbereitung, Frontalunterricht, Unterweisung, Aneignung von Unterrichtseinheiten im Klassenzimmer oder isolierte sozialpädagogische Beschäftigungsübungen unter Mißachtung erwachsenenpädagogischer Lernformen, so daß schulisches Lernen in der ErzieherInnenausbildung auch gerade deshalb so ineffektiv ist, weil es die Erfahrung der erwachsenen SchülerInnen ausblendet und nicht an ihre konkrete Lebens- und Schulsituation anknüpft.[127]

Abschließend bleibt festzuhalten, daß bereits die formale Beschreibung der schulischen Ausbildung die im Bundesvergleich enormen Ausbildungsdisparitäten bei der Gestaltung der theoretischen Ausbildung, aber auch die Fragwürdigkeit von unverbindlichen KMK-Vereinbarungen und die Notwendigkeit einer verbindlichen bundeseinheitlichen Ausbildungsregelung verdeutlicht hat. Abgesehen vom begrenzten zeitlichen Rahmen für die Vielzahl der zu vermittelnden Inhalte wurde der hohe Anspruch einer breit qualifizierenden ErzieherInnenausbildung in keinem Bundesland offensiv aufgegriffen, sondern überwiegend in herkömmliche Stundentafeln, integriert in Schule mit ihren Begrenzungen und formalen Regulativen, umgesetzt. Bereits unter rein formalen Aspekten erscheint es zweifelhaft, ob die ErzieherInnenausbildung wie sie derzeitig nach den Stundentafeln in den Bundesländern praktiziert wird, den

---

[126] Zur Projektarbeit in der ErzieherInnenausbildung liegt auch eine Veröffentlichung von Küppers mit ausführlichen Beispielen schulischer Projektarbeit vor (KÜPPERS 1993).

[127] Vgl. HOPPE (1993); HOPPE/SCHERPNER (1981); DERSCHAU (1991).

einleitend skizzierten Anforderungen des Berufsfeldes entspricht, oder ob sie nicht vielmehr die Herausbildung eines erweiterten Berufsverständnisses konterkariert (vgl. DERSCHAU 1991).

Obwohl die Ausbildung allgemein als reformbedürftig gilt, erschöpft sich ein Teil der *Reformvorschläge* noch immer in Forderungen nach neuen Inhalten, oft gleichgesetzt mit neuen Unterrichtsfächern wie Integrationspädagogik, Rhetorik etc. (vgl. beispielsweise ARBEITSGRUPPE RAUENBERG 1992, S. 5), ohne daß die Ausbildungsstruktur grundsätzlich infragegestellt würde. Um dem Ziel einer Neuorientierung der ErzieherInnenausbildung näherzukommen, »müßte die ErzieherInnenausbildung primär an den Erfordernissen des sozialpädagogischen Handelns orientiert werden und viel entschiedener vor den antizipierten Anforderungen einer zu verbessernden Berufspraxis her strukturiert und konzipiert werden« (DERSCHAU 1991, S. 187). Unter der Prämisse, daß die Ausbildung auf nicht-akademischen Ausbildungsniveau verbleibt, bedeutet dies im Einzelnen die Umsetzung folgender Eckwerte in Richtung *Demokratisierung* der Fachschule und *Entschulung* der ErzieherInnenausbildung:

- Entrümpelung und Flexibilisierung der Stundentafeln durch Zusammenlegung von Einzelfächern, allgemeine Rahmenangaben, inhaltliche und organisatorische Mitbestimmungsmöglichkeiten der Schule und der Studierenden;
- Reduktion der wöchentlichen Unterrichtszeit zur Schaffung von Freiräumen für einen selbstgesteuerten Lernprozeß;
- Studien- und Kursstruktur mit erweiterten Wahlmöglichkeiten für die Auszubildenden zur individuellen Schwerpunktsetzung; nach den jeweiligen persönlichen Voraussetzungen und Interessen;
- fächerübergreifender und projektorientierter Unterricht und eine ganzheitliche, interdisziplinäre Bewältigung von Praxisproblemen;
- eine flexiblere und vielfältige methodische Gestaltung der Ausbildung auf der Grundlage von Konzepten der Erwachsenenbildung;
- Gruppen- und Teamarbeit der Studierenden bei einer veränderten LehrerInnen-Rolle;
- aber auch »vielmehr sozialpädagogische, soziale und persönliche Grundbildung, exemplarisch vertieft und auf Praxis bezogen (...) und Vermittlung von dafür erforderlichen Kenntnissen und Fertigkeiten« (ebd., S. 187 f.).

Oder anders formuliert: Gerade die für ein erweitertes Berufsverständnis zentralen Kompetenzen wie »Reflexivität, Souveränität, Phantasie und Innovationsmut ergeben sich in einem Lernarrangement, das seinerseits Aufgaben eines selbstbestimmten Lernens stellt und Kreativität und Offenheit verlangt. Solche Möglichkeiten ergeben sich nicht nur in Projekten, sondern müssen die Struktur des Lernarrangements in den Ausbildungsstätten insgesamt prägen: die Ausbildungs- und Lernarrangements müssen so analysiert und so umstrukturiert werden, daß Lernziele, Lernkanon, Lernkultur und geheimer Lehrplan miteinander so vermittelt werden, daß sie sich nicht gegenseitig blockieren oder torpedieren« (BUNDESMINISTERIUM FÜR JUGEND, FAMILIE, FRAUEN UND GESUNDHEIT 1990, S. 165).

17.2 Praktika während der schulischen Ausbildungsphase

Während der schulischen Ausbildungsphase sind laut KMK-Vereinbarung Praktika in sozialpädagogischen Einrichtungen vorgesehen, die einen zeitlichen Rahmen »von insgesamt zwölfwöchiger Dauer« (vgl. KMK 1982, 4.6) umfassen sollen und - wenn auch nicht explizit erwähnt - auch in Teilabschnitten durchgeführt werden können. Ziel der Praktika ist es, den Auszubildenden die Möglichkeit zu bieten, die spätere Berufspraxis in sozialpädagogischen Arbeitsfeldern vertiefend kennenzulernen, das theoretisch erworbene Wissen in der Praxis anzuwenden und zunehmend »Selbständigkeit bei der Übernahme erzieherischer Aufgaben zu gewinnen, unter Anleitung Selbsterfahrung und Selbstkontrolle zu üben und auch längerfristig pädagogische Prozesse zu verfolgen und durchzustehen« (vgl. DERSCHAU/SCHERPNER 1989, S. 41).

Diese Praxisphasen haben alle Bundesländer in ihren Ausbildungs- und Prüfungsordnungen verankert. Die Umsetzung der Praktika in die schulische Ausbildung erfolgt hierbei entweder in Blockform, gesplittet in mehrere größere Teilabschnitte und/oder stundenweise (vgl. Abb. 17.3, in der die einzelnen Länderregelungen zusammengefaßt sind).

Von der KMK-Vereinbarung unterscheiden sich hierbei grundsätzlich nur die Stadtstaaten Bremen und Hamburg infolge ihres spezifischen Ausbildungsaufbaus. Darüber hinaus weicht Schleswig-Holstein (8 Wochen) durch seine geringe und Niedersachsen durch seine hohe (20 Wochen) Wochenzahl ab. In der neuen Nordrhein-Westfälischen Fachschulverordnung ist die fachpraktische Ausbildung auf 16 Wochen ausgeweitet worden, die in der Regel in Blockform angeboten werden sollen, da die Befürchtung besteht, daß Tagespraktika die SchülerInnen tendenziell eher in eine BesucherInnenrolle drängen. Die Erhöhung des Praktikumsanteils während der schulischen Ausbildungsphase in Niedersachsen erfolgte mit der letzten Ausbildungsnovellierung (vorher 12 Wochen), in der die Ausbildung um das Berufspraktikum gekürzt wurde. Gleichzeitig wurden mit der Ausweitung der Blockpraktikazeiten demzufolge auch die theoretischen Anteile der schulischen Ausbildungsphase reduziert. In einigen Bundesländern wie Rheinland-Pfalz muß/kann ein Teil des Praktikums in den

Ferien absolviert werden. Außerdem können SchülerInnen mit ausreichender und entsprechender Berufserfahrung von den Praktika befreit werden.

Abb. 17.3: Dauer und mögliche Organisationsformen der Praktika während der schulischen Ausbildung nach Bundesländern

Land	Dauer	Mögliche Organisationsformen
KMK	12 Wochen/ 480 Stunden	auch als Block zulässig
BW	12 Wochen/ 480 Stunden	in der Regel 6 Stunden pro Woche, auch als Block zulässig
BA	12 Wochen/ 480 Stunden	12 Gesamtjahreswochenst. »Sozialpädagogische Übungen«, deren Verteilung auf einzelne Ausbildungsabschnitte der Schule obliegt
BE	12 Wochen/ 480 Stunden	im 2. Semester 8 Stunden an 4 Tagen, 6 Stunden praxisbegleitender Unterricht an einem Tag der Woche
BB	16 Wochen/ 640 Stunden	im 2. und 3. Ausbildungssemester in Blockform an etwa 80 Praxistagen in 2 unterschiedlichen Arbeitsfeldern
HB	-.-	Integration des Vorpraktikums in das 1. und 4. Schulhalbjahr
HH	-.-	1jähr. fachprakt. Ausbildungsphase, verteilt auf 1. u. 4. Halbjahr
HE	12 Wochen/ 480 Stunden	Begleit- und/oder Blockpraktikum zulässig, als Blockpraktikum können bis zu 2 Wochen in die Sommerferien fallen
MV	-.-	es liegen keine näheren Informationen vor
NI	20 Wochen/ 800 Stunden	regulär 2 sechswöchige Blöcke im 1. und 2. Ausbildungsjahr, auch als Block zulässig
NW	16 Wochen/ 640 Stunden	i. d. R. in Blockform, 4 Wochen können jedoch nach Entscheidung der Lehrkräfte auch in anderen Praxisformen durchgeführt werden
RP	12 Wochen/ 480 Stunden	2x6 Wochen in den ersten 2 Schulhalbjahren. SchülerInnen mit entsprechender Berufserfahrung können von der Fachschule befreit werden; die Praktika sollen zur Hälfte in die Schulferien fallen
SL	12 Wochen/ 480 Stunden	auch als Block zulässig, dann können 3 Wochen vor und 3 Wochen nach den Sommerferien darauf verwendet werden
SN	-.-	es liegen keine näheren Informationen vor
ST	-.-	es liegen keine näheren Informationen vor
SH	8 Wochen/ 320 Stunden	auch als Block zulässig, dann müssen 2 Wochen in die Schulferien fallen
TH	12 Wochen/ 480 Stunden	es liegen keine näheren Informationen vor

Quelle: Ausbildungs- und Prüfungsordnungen der Bundesländer; KMK-Vereinbarung (1982)

Nähere Informationen zur inhaltlichen und organisatorischen Gestaltung der fachpraktischen Ausbildung fehlen mit wenigen Ausnahmen sowohl in den länderspezifischen Verordnungen und Erlassen als auch in den Lehrplänen. Lediglich in den Baden-Württembergischen gemeinsamen Grundsätzen des Kultus- und des Arbeitsministeriums werden Lehrziele formuliert und hieran anschließend ein entsprechendes Ausbildungsprogramm mit Aufgaben für das Unterrichtsfach Sozialpädagogische Praxis entwickelt. Die Hessische Ausbildungsverordnung enthält dagegen Hinweise auf die in Frage kommenden Einsatzfelder und die Qualifikation der betreuenden Lehrkräfte. So sind die geforderten 12 Wochen »sowohl in sozialpädagogischen Einrichtungen für noch nicht schulpflichtige Kinder als auch für schulpflichtige Kinder und Jugendliche abzuleisten. Die Praktika sind von den Lehrern für die Fächer Didaktik und Methodik der sozialpädagogischen Praxis, Pädagogik und Psychologie vorzubereiten, zu betreuen und auszuwerten. Der Schulleiter kann weitere fachkundige Lehrer zur Betreuung einsetzen« (AUSBILDUNGS- UND PRÜFUNGSORDNUNG HESSEN).

Die Praktika werden in der Regel von den betreuenden Lehrkräften zensiert. Der hierdurch entstehende Benotungszwang durch die LehrerInnen und der Druck für die SchülerInnen im Rahmen der Praktika, aber auch der didaktisch-methodischen Übungen verfälscht die reale Situation in den Einrichtungen und führt gleichzeitig dazu, daß praktische, vor allem die, mit erlebtem Versagen gekoppelten Erfahrungen der SchülerInnen nur unzureichend bearbeitet bzw. nicht in den Unterricht eingebracht werden (vgl. HOPPE/SCHERPNER 1981, S. 494).

Zusammenfassend läßt sich in bezug auf die Praktika festhalten, daß es notwendig ist, »Aufgaben, Möglichkeiten und Grenzen der praktischen Anteile der Erzieherausbildung in Ausbildungsordnungen hinreichend genau zu definieren« (JUNG 1979, S. 396), d.h. klare Aufgabenzuweisung durch die Schule und ein eindeutiges Rollenverständnis des PraktikantInnen in der Einrichtung, geregelte Absprache zwischen Fachschule und Praxisstätte, aber auch Praxisbesuche ohne Notendruck, aber mit ausgiebiger Reflexion, ausgeglichene LehrerInnen, die nicht durch ihre Unterrichtsbelastung in anderen Fächern überfordert sind, um so die Vorbereitung, Durchführung und Nachbereitung der Praktika zu verbessern und eine erfahrungsorientierte Aufarbeitung der individuellen Eindrücke zu ermöglichen (vgl. SÄGESSER 1980, S. 84).

Schließlich ist die »unbeschreibliche« Praxis (was ist Praxis in der ErzieherInnenausbildung und auf welche Praxis hin soll ausgebildet werden) die Archillesferse der Fachschule, da die Lebendigkeit der Fachschulausbildung geradezu abhängig ist von der Intensität, mit der sie ihr Verhältnis zur »Praxis« immer wieder reflektiert und gestaltet (vgl. JUNG 1979, S. 396) und sich Berufspraxis in der schulischen Ausbildung letztendlich nicht allein über methodische Modelle von Praxisvermittlung simulieren läßt (vgl. ebd.; Hoppe 1993, S. 114).

Ein grundsätzliches Problem bei der Gestaltung des Blockpraktikums und darüber hinaus sämtlicher Praktika vor, während und nach der schulischen Ausbildungsphase stellt zugleich die Kooperation zwischen Ausbildungsstätte und Praxisstelle dar. Dies soll im nächsten Abschnitt im Zusammenhang mit dem wohl umfangsreichsten und zeitintensivsten Praktikum - dem Berufspraktikum - verdeutlicht werden.

18. Das Berufspraktikum

Die 3jährige ErzieherInnenausbildung umfaßt in der Regel neben der 2jährigen, überwiegend theoretisch-schulischen Ausbildungsphase einen einjährigen, primär fachpraktischen Ausbildungsabschnitt, in dem die Schulen ihre Ausbildungsfunktionen den Einrichtungen überantworten. Das sogenannte »Berufspraktikum« soll der vertiefenden und ergänzenden Umsetzung der fachtheoretischen Ausbildung dienen (vgl. KMK 1982, 2.1-2.2). Ein derartig konzipiertes Berufspraktikum erfordert grundsätzlich die Zusammenarbeit von Fachschulen und sozialpädagogischen Einrichtungen (vgl. ebd., 2.2), bzw. - wie es im Nordrhein-Westfälischen Entwurf zur inzwischen verabschiedeten Fachschulverordnung formuliert wird - einen »kooperativen Verbund« der so unterschiedlichen Institutionen und Beteiligten mit ihren jeweiligen Interessen.

Das von der KMK vorgegebene Konstrukt der einjährigen fachpraktischen Ausbildung wurde in fast alle *länderspezifischen Ausbildungsordnungen* umgesetzt, in dem es von den SchülerInnen überwiegend im Anschluß an (additiv) bzw. in Hamburg während (integrativ) der schulischen Ausbildung abgeleistet wird. Die einzige grundlegende Ausnahme bildet das Bundesland Niedersachsen, in dem 1993 das Berufspraktikum abgeschafft und die Gesamtausbildungsdauer damit gleichzeitig von 3 auf 2 Jahre reduziert wurde. Alle anderen Ausbildungsverordnungen enthalten weiterhin Regelungen zum Berufspraktikum, die zum Teil in Anlagen, Empfehlungen sowie gesonderten Verordnungen und Durchführungsbestimmungen ausgeführt und präzisiert werden. Detaillierte Regelungen zur einjährigen fachpraktischen Ausbildung haben vor allem Baden-Württemberg, Bayern, Berlin, Brandenburg und Hessen erlassen.

Sonderregelungen erlauben in einigen Bundesländern eine flexiblere Handhabung des Berufspraktikums (vgl. Abb. 18.1): So kann die fachpraktische Ausbildung bei entsprechender zeitlicher Verlängerung in Bayern, Berlin, Brandenburg, Hessen und Nordrhein-Westfalen in Teilzeitform absolviert werden. Für Auszubildende mit einschlägiger beruflicher Vorbildung (KinderpflegerInnen und ErziehungshelferInnen) oder mehrjähriger Tätigkeit in sozialpädagogischen Arbeitsfeldern ist es darüber hinaus möglich, sich vom Berufspraktikum befreien zu lassen bzw. es verkürzt abzuleisten. In Brandenburg ist eine 2semestrige Praxisphase im 5. und 6. Semester in den Bildungsgang integriert, die an die Stelle des Berufspraktikums tritt. In Sachsen-Anhalt besteht über die einjährige Organisationsform hinaus die Möglichkeit, das Praktikum in Teilabschnitten in die schulische Ausbildung einzugliedern, die dann bei verlängerter

Ausbildungsdauer mit einem 4monatigen Berufspraktikum endet. Weitergehender ist dagegen die Hamburger Lösung, wo eine einjährige fachpraktische Ausbildung nicht im Anschluß an die schulische Ausbildung stattfindet, sondern in das 1. und 4. Schulhalbjahr integriert ist, um so die theoretische und die praktische Ausbildung enger miteinander zu verzahnen. Die Forderung nach einer generellen Integration des Berufspraktikums in die Ausbildung wird zur Zeit von den evangelischen Ausbildungsstätten erhoben (vgl. SCHMITTHENNER/WILDT 1992, S. 244), wobei allerdings das Problem der tarifrechtlichen Absicherung der Auszubildenden klärungsbedürftig ist, die dann unter die Regelungen des Bundesausbildungsförderungsgesetzes fallen (s.u.).

Abb. 18.1: Sonderregelungen zum Berufspraktikum nach Bundesländern

Land	Sonderformen des Berufspraktikums
BW	• KinderpflegerInnen können befreit werden; • Verkürzung bis zu 3 Monaten ist in Ausnahmefällen (z.B. Mutterschutz) möglich
BA	kann als 2jähriges Halbtagspraktikum absolviert werden
BE	kann auf Antrag als Teilzeitpraktikum absolviert werden
BB	in den Bildungsgang ist eine 2semestrige Praxisphase integriert (5. u. 6. Sem.), die an die Stelle des Berufspraktikums tritt, und auch in Teilzeitform durchgeführt werden kann
HB	• Verkürzung des Praktikums bis zu 6 Mon. ist für KinderpflegerInnen oder Absolvent. einer entsprechenden sozialpädagogisch orientierten Ausbildung möglich • auf Antrag können auf das Berufspraktikum sozialpädagogische Tätigkeiten angerechnet werden
HH	einjährige fachpraktische Ausbildung in die 3jährige Ausbildung integriert
HE	• Verkürzung bis zu 6 Mon. ist auf Antrag möglich, sofern der/die AntragstellerIn über die in den beruflichen Zugangsvoraussetzungen aufgeführten Mindestvoraussetzungen hinaus bereits mindestens 3 Jahre in Erziehungseinrichtungen beruflich tätig war • kann als 2jähriges Halbtagspraktikum absolviert werden
NI	kein Berufspraktikum (dafür Verlängerung des Blockpraktikums auf 20 Wochen)
NW	• kann mit Zustimmung des/der SchulleiterIn in Teilzeitform abgeleistet werden • kann auf Antrag um bis zu 6 Monaten verkürzt werden, wenn AntragstellerInnen über das Vorpraktikum hinaus mindestens 3 Jahre in sozialpädagogischen Einrichtungen tätig waren und während der fachtheoretischen Ausbildungsphase sowie bei der theoretischen Prüfung mindestens befriedigende Leistungen erbracht haben
RP	KinderpflegerInnen oder ErziehungshelferInnen können befreit werden, wenn sie die schulische Abschlußprüfung mit einem Notendurchschnitt von mindestens 2,49 abgeschlossen haben und eine mindestens 3jährige hauptberufliche Tätigkeit in einer sozialpädagogischen Einrichtung mit guter Beurteilung nachweisen können
SH	ab dem Schuljahr 1996/97 sollen die praktischen Ausbildungsanteile in den Bildungsgang integriert werden
ST	• eine Verkürzung bis zu 6 Monaten ist möglich, sofern eine in sozialpädagogischen Einrichtungen geleistete Tätigkeit, die in den Aufnahmevoraussetzungen geforderte Mindestzeit übersteigt • kann in mehreren Teilabschnitten in die schulische Ausbildung integriert werden. Die Ausbildung dauert dann 3 Jahre und endet mit einem 4monatigen Berufspraktikum

Quelle: Ausbildungs- und Prüfungsordnungen, Durchführungsbestimmungen u. -gesetze der Bundesländer

Organisatorisch findet das Berufspraktikum in der Regel in einer geeigneten *sozialpädagogischen Einrichtung* statt, in Bayern wahlweise, in Brandenburg in vom Auszubildenden zu begründenden Fällen in 2 Praxisstätten, die in allen Bundesländern den Arbeitsfeldern von ErzieherInnen entsprechen. Lediglich in Berlin und Hamburg sind unterschiedliche Praxisstätten in verschiedenen Handlungsfeldern vorgeschrieben. So gliedert sich die einjährige fachpraktische Ausbildung in Berlin in der Regel in eine 6monatige Phase in einer »Pflichtstation« (Kindertagesstätte) und weitere 6 Monate in einer »Wahlpflichtstation« (Institution der Behindertenhilfe, der Jugendförderung oder einer Einrichtung, in der Kinder und Jugendliche dauerhaft untergebracht sind).[128] Ein Wechsel der Praxisstätte erscheint hierbei pädagogisch sinnvoll, um den PraktikantInnen eine fachgerechte Einarbeitung in mindestens zwei Arbeitsfeldern zu ermöglichen.

Ergänzend zur fachpraktischen Ausbildung wird an der Fachschule *begleitender Unterricht* erteilt, der auch in Form von Veranstaltungen, Seminaren, Lehrgängen, Arbeitsgemeinschaften und/oder Kleingruppenarbeit angeboten wird. Im Rahmen des Unterrichtes sollen die praktischen Erfahrungen und Probleme der PraktikantInnen reflektiert und ihr theoretisches und didaktisch-methodisches Grundwissen erweitert werden.

Wie aus Abb. 18.2 ersichtlich wird, unterscheiden sich Umfang und Form des praxisbegleitenden Unterrichtes in den einzelnen Bundesländern zeitlich und organisatorisch, sind aber aufgrund der unterschiedlichen Angaben in den Verordnungen nur schwer vergleichbar. So bietet Baden-Württemberg Ausbildungsveranstaltungen an 6 bis 10 Schultagen an, die in Bremen nicht mehr als 38 Tage umfassen dürfen. In Bayern werden Seminare im Umfang von 100 bis 120 Stunden abgehalten, die in Berlin und Brandenburg 160 Stunden in Anspruch nehmen, im Saarland sind es dagegen Arbeitsgemeinschaften von mindestens 80 Unterrichtsstunden, die in Rheinland-Pfalz einmal pro Monat stattfinden. In den meisten Bundesländern kann der Unterricht auch verblockt als zusammenhängende Veranstaltung angeboten werden. Die Entscheidung hierüber obliegt in der Regel der einzelnen Fachschule. Beim »Sonderfall« Hamburg findet vor dem 1. Schulhalbjahrespraktikum in der Fachschule ein mehrtägiges Einführungsseminar statt. Während der Praktika wird einmal wöchentlich achtstündiger, praxisbegleitender Unterricht erteilt, der im 1. Schulhalbjahr wöchentlich jeweils 2 Stunden in den Fächern »Pädagogik«, »Psychologie«, »Methodenlehre« und »ein weiteres vom Schulleiter zu bestim-

---

[128] Allerdings besteht für die Berliner SchülerInnen unter bestimmten Voraussetzungen die Möglichkeit, das Berufspraktikum in einer einzigen Einrichtung durchzuführen.

mendes Fach« umfaßt bzw. im 4. Schulhalbjahr statt des variablen Faches
»Lehre der sozialpädagogischen Praxis« einschließt.

Land	Praxisbegleitender Unterricht
BW	Ausbildungsveranstaltungen im Umfang von 6 bis 10 Schultagen
BA	Seminarveranstaltungen im Umfang von 100 bis 120 Stunden
BE	Praxisbegleitendes Seminar in Kleingruppen (6-10 PraktikantInnen) mit 160 Unterrichtsstunden
BB	Praxisbegleitende Seminare im Umfang von mindestens 160 Unterrichtsstunden an 14tägigen Seminartagen von jeweils 6 Stunden; die verbleibende Zeit wird in Blockseminaren durchgeführt
HB	Praxisbegleitende Ausbildungsveranstaltungen (Kleingruppenarbeit, Seminare und Lehrgänge) im Umfang von höchstens 38 Tagen im Jahr. Zur Kleingruppenarbeit finden sich 10 bis 12 PraktikantInnen zusammen. Jede Gruppe erhält einen Kleingruppenberater.
HH	Praxisbegleitender Unterricht umfaßt einen Tag/Woche (8 Std.); dem 1. Praktikum geht ein mehrtägiges Einführungsseminar voraus
HE	160 Stunden Begleitunterricht, deren Verteilung die Fachschule in eigener Zuständigkeit regelt
NW	160 Stunden praxisbegleitender Unterricht, der in der Regel in Blöcken erteilt wird
RP	Mindestens einmal monatlich (mit Ausnahme der Ferien) Teilnahme an einer Arbeitsgemeinschaft; kann auch in Blockform durchgeführt werden
SL	Arbeitsgemeinschaften mit mindestens 80 Unterrichtsstunden, die in der Regel einmal monatlich ganztägig stattfinden und auch als mehrtägige Veranstaltungen durchgeführt werden können
SH	Unterricht im Umfang von 8 Std./Monat, die auch verblockt erteilt werden können

Abb. 18.2: Übersicht über die Organisation und den Umfang des praxisbegleitenden Unterrichts nach Bundesländern

Quelle: Ausbildungs- und Prüfungsordnungen; Durchführungsbestimmungen der Bundesländer zum Berufspraktikum

Neben dem praxisbegleitenden Unterricht ist die Schule auch für die Lenkung
und »Überwachung« (Rheinland-Pfalz) der fachpraktischen Ausbildung verantwortlich. Die Betreuung erfolgt überwiegend durch *FachschullehrerInnen* (PraxisberaterInnen) der Unterrichtsfächer Didaktik und Methodik der Sozialpädagogischen Praxis, Pädagogik oder Psychologie. Daneben können wie in Hessen weitere fachkundige LehrerInnen zur Betreuung eingesetzt werden: Der
Schulträger hat also die Option, PraxisberaterInnen auf der Grundlage von
Lehraufträgen *allein* für die PraktikantInnenbetreuung mit den hiermit verbundenen Status- und Kooperationsproblemen im Kollegium einzustellen (vgl.
KRAHL/KRAHL-TÜMMLER 1988, S. 66).

Die PraxisberaterInnen müssen in der Regel mindestens 2 vorangemeldete
Praxisbesuche durchführen, um die SchülerInnen bei einer sozialpädagogi-

schen Tätigkeit zu beobachten, Fachgespräche zu führen, eventuelle Schwierigkeiten zu klären und auf dieser Grundlage die Arbeit der PraktikantInnen zu bewerten. Da die Betreuung neben den sonstigen Unterrichtsverpflichtungen der FachschullehrerInnen stattfindet und gleichzeitig mit hohem organisatorischen Aufwand (Fahrtzeiten, Schriftverkehr) verbunden ist, ist es für die Lehrkraft in den meisten Bundesländern de facto kaum möglich, den Betreuungsaufwand über die rechtlich fixierten ein bis 2 Praxisbesuche hinaus auszudehnen, so daß es sich tendenziell eher um einen benoteten Besuch statt individueller Begleitung der Studierenden in der Praxis handelt. Hiermit sind zugleich mehrere Problembereiche angesprochen: Das hierarchische LehrerIn-SchülerIn-Verhältnis, bei dem die FachschuldozentInnen als Kontrolleure statt als BeraterInnen wahrgenommen werden; die Schaffung einer Situation, die von der tatsächlichen Berufspraxis und den Interessen der Kinder und Jugendlichen weit entfernt ist sowie die grundsätzliche Schwierigkeit, praktische Leistungen der SchülerInnen zu bewerten.[129] Diese Situation bewirkt bei den PraktikantInnen, daß Probleme - wenn überhaupt - nur vorsichtig mit den PraxisberaterInnen thematisiert werden und sie nahezu wie im Referendariat der Lehramtsausbildung eine künstliche Vorführstunde mit vorbereiteten und angeleiteten Beschäftigungen ähnlich einer Schulstunde planen, durchziehen und auswerten. Damit werden »schulische Strukturen (...) in unangemessener Weise zum Paradigma von Praxis« (HOPPE/ZERN 1988b, S. 12).

Gleichzeitig wird den Lehrkräften vorgeworfen, nicht über genügend Praxiserfahrung zu verfügen, um den SchülerInnen eine qualifizierte Betreuung in den Einrichtungen bieten zu können. Praktika für die Lehrkräfte - so die hieraus entwickelte Forderung - sollten deshalb zu den Einstellungsvoraussetzungen gehören. Daneben wird auch von den Lehrkräften die Bereitschaft und die Möglichkeit zu ständiger Fortbildung gefordert.

In den Einrichtungen selbst werden die Auszubildenden von einer *PraxisanleiterIn* betreut. Hierbei soll es sich - hierin stimmen nahezu alle Verordnungen überein - um eine geeignete sozialpädagogische Fachkraft handeln. Als geeignete Qualifikationen werden in der Regel die Berufsabschlüsse staatlich anerkannte ErzieherIn, SozialpädagogIn/-arbeiterIn sowie die vorgängigen Bildungsgänge zur KindergärtnerIn, HeimerzieherIn, JugendleiterIn, HortnerIn und andere gleichwertige Ausbildungen aufgeführt. Über die aufgeführten formalen Qualifikationen hinaus müssen die Fachkräfte über Berufserfahrung im Umfang von mindestens 2, in Bremen 3 Jahren verfügen.[130] Eine spezielle

---

[129] Vgl. hierzu GOLDER (1988); HOPPE (1988); HOPPE/ZERN (1988a, 1988b).

[130] Die neue Rechtsverordnung in Nordrhein-Westfalen spricht im Gegensatz zu den

Vorbereitung auf die AusbilderInnenfunktion erfolgt jedoch nur in Ausnahmefällen: In Bremen müssen die PraxisanleiterInnen alle 5 Jahre an einer vom Senator für Soziales, Jugend und Sport organisierten Weiterbildungsveranstaltung teilnehmen. In Hamburg führt das Referat Aus- und Fortbildung der Schulbehörde Seminare für PraxisanleiterInnen durch, die sich weiterbilden möchten.[131] Hessen weist lediglich darauf hin, daß die AnleiterInnen die Bereitschaft zur Fortbildung und zum fachlichen Austausch sowie zur Annahme von Fachberatung haben sollten.

Während im Dualen System Vorbereitungslehrgänge auf die AusbilderInnenfunktion üblich sind, die mit der sogenannten »Ausbilder-Eignungsprüfung« vor den Kammern abgeschlossen werden und erst eine hauptberufliche Tätigkeit als AusbilderIn ermöglichen (vgl. NISPEL 1987, S. 10 f.), stellt die fehlende Vorbereitung auf die AnleiterInnenfunktion eine der zentralen Schwachstellen der fachpraktischen Ausbildung dar. Damit hängt die individuelle Ausbildungssituation der PraktikantInnen nicht von übergeordneten Kriterien, sondern von willkürlich definierten Bewertungsmaßstäben und zufälligen Qualifikationen der einzelnen AusbilderInnen ab. Faktoren wie Größe und Arbeitsstil der jeweiligen Einrichtung kommen hinzu, so daß ein Mindestmaß an Vergleichbarkeit der Ausbildungs- und Arbeitsbedingungen für die BerufspraktikantInnen damit nicht gegeben ist. Hieraus resultiert gleichzeitig in der Fachschule die Schwierigkeit, die eher zufällig gewonnenen Erfahrungen gemeinsam und gezielt im begleitenden Unterricht aufzuarbeiten, zumal der Lehrkraft in der Schule die Besonderheiten der jeweiligen Einrichtung aufgrund der begrenzten Praxisbesuche nur begrenzt bzw. nach langjähriger Berufserfahrung vertraut sein können. Fortbildungskonzepte zur Betreuung der PraktikantInnen und zur Zusammenarbeit mit FachschullehrerInnen in ihrer Funktion als »Lehrkraft in der Praxis« gibt es bisher kaum und wurden in der Vergangenheit eher sporadisch und im begrenzten Umfang von den jeweiligen Trägerverbänden angeboten (vgl. DERSCHAU 1991, S. 12; OBERHUEMER 1993, S. 30). Eine planmäßige verbandsübergreifende Weiterqualifizierung zur AnleiterIn ist in diesem Zusammenhang dringend erforderlich und würde den ErzieherInnen in der Praxis über die fachliche Qualifikation hinaus gleichzeitig zu mehr Selbstbewußtsein im Umgang mit den Lehrkräften verhelfen. Damit könnten auch die beruflichen Entfaltungsmöglichkeiten im ErzieherIn-

---

alten Regelungen, die eine berufliche Tätigkeit von mindestens 2 Jahren voraussetzten, nur noch von Berufserfahrung ohne Zeitangabe.

[131] Die BEHÖRDE FÜR SCHULE, JUGEND UND BERUFSBILDUNG (1994) hat zur Qualifizierung von AnleiterInnen in Hamburg eine Seminarkonzeption entwickelt und veröffentlicht, die dort auch angefordert werden kann.

nenberuf erweitert und bei entsprechender Tarifierung die Attraktivität der
Praxisanleitung erhöht werden, zumal die Arbeit der PraxisanleiterInnen nach
WARGAU (1979) bisher wenig motivierend ist: der zusätzliche Zeitaufwand
wird nicht vergütet, so daß effektive PraktikantInnenbetreuung oft über-
durchschnittliches Engagement, Eigeninitiative, Organisationstalent und Über-
stundenbereitschaft der pädagogischen Fachkraft bedeutet (vgl. ebd., S 305 ff.).

Inhaltlich charakterisieren alle Länder die einjährige fachpraktische Ausbildungsphase letztendlich übereinstimmend als fachgerechte Einarbeitungsphase
in die sozialpädagogische Praxis zum Erwerb beruflicher Handlungskompetenz. Der Übergang vom Lernort »Fachschule« zum Lernort »Praxisstätte«
soll den PraktikantInnen ermöglichen, »die in der Fachschule erworbenen
Kenntnisse unter Anleitung von erfahrenen Fachkräften in der Praxis anzuwenden sowie zunehmend eigenverantwortlich in dem Beruf tätig zu werden«
(DERSCHAU/SCHERPNER 1989, S. 41).

So soll laut Bremer Erzieher-Anerkennungsordnung von 1980 während der
fachpraktischen Ausbildung dem/der BerufspraktikantIn »Gelegenheit gegeben
werden,
1. in der Fachschule erworbene theoretische und methodische Kenntnisse und
   Fähigkeiten in der beruflichen Praxis anzuwenden, zu ergänzen und zu
   vertiefen,
2. eigene Wirkungsmöglichkeiten zu erproben und sich in der Zusammenarbeit mit anderen Fachkräften zu üben, sowie
3. die Tätigkeitsbereiche und ihre besonderen Aufgaben, Möglichkeiten und
   Grenzen kennenzulernen und sich selbst als Beteiligter in Problemlösungs-
   prozessen zu erfahren« (ERZIEHER-ANERKENNUNGSORDNUNG BREMEN
   1980).
Eine Präzisierung der zu vermittelnden Lehrziele erfolgt u.a. in Baden-Württemberg. In diesem Bundesland soll der/die BerufspraktikantIn nach Beendigung der fachpraktischen Ausbildung in der Lage sein,
1. eine Gruppe allein oder in Zusammenarbeit mit anderen Fachkräften verantwortlich zu leiten;
2. Erziehungskonzeptionen zu erfassen, sich damit auseinanderzusetzen und
   in die Praxis umzusetzen;
3. mit KollegInnen in der Einrichtung, dem Träger, Eltern, Behörden und anderen Einrichtungen zusammenzuarbeiten;
4. besondere Situationen von Kindern und Jugendlichen zu erkennen und
   Ansätze zu deren Förderung wahrzunehmen;
5. anfallende Verwaltungsaufgaben zu erledigen;
6. Beziehungen zu Kindern und Jugendlichen auch unter Belastungen aufzunehmen, zu gestalten und durchzuhalten;

7. das eigene Erziehungsverhalten zu reflektieren sowie Konsequenzen daraus zu ziehen und

8. die erzieherische Arbeit im Bericht, Referat und Gespräch sprachlich darzustellen.

Allerdings sind die Lehrziele der Ausbildungsstätte in den Praktikumsstellen zum Teil unbekannt bzw. die Beteiligungsmöglichkeiten der Praxis an der Lernzielbestimmung gering (vgl. SÄGESSER 1980, S. 84), obwohl zur Umsetzung der mit dem Berufspraktikum verbundenen Zielsetzungen in den meisten Bundesländern[132] individuelle *Ausbildungspläne/Rahmenpläne* zwischen Fachschule und Praxisstelle - teilweise unter Beteiligung des/der PraktikantInerstellt werden, in denen Inhalte und Ablauf der praktischen Ausbildung sowie die jeweiligen Aufgaben und Pflichten des/der BerufspraktikantIn und der Einrichtung fixiert sind, um, wie in den Hessischen Empfehlungen formuliert wird, die Auszubildenden systematisch mit den »Bedingungen professionellen erzieherischen Handelns« bekannt zu machen.

So wird in Hessen den Fachschulen/Praxisstätten ein ausführlicher Musterausbildungsplan zur Verfügung gestellt, in dem die Ausbildung detailliert in einzelne inhaltlich und zeitlich umgrenzte Phasen unterteilt wird. Hierbei unterscheidet Hessen zwischen Orientierungsphase (ca. 2 Monate), in der das Kennenlernen der Ausbildungsstelle und eine erste eher beobachtende Teilnahme an der sozialpädagogischen Arbeit im Vordergrund stehen, einer Einarbeitungsphase (rund 4 Monate), in der die schrittweise Integration des/der PraktikantIn in die praktische Arbeit der Ausbildungsstelle in Verbindung mit selbständig zu leistenden Teilaufgaben erfolgen soll sowie einer Vertiefungs- und Verselbständigungsphase (ca. 6 Monate), in der vom Praktikanten größere Aufgaben und Projekte geplant und durchgeführt werden sollen. Den Abschluß dieser Phase bildet die Reflexion des Gesamtverlaufs des Berufspraktikums.[133] In den anderen Bundesländern sind die Ausbildungspläne im Vergleich zu Hessen im weitaus geringeren Maße präzisiert. Die fachpraktische Ausbildung verläuft somit vielfach unstrukturiert und bleibt dem Zufall überlassen.

Damit das Berufspraktikum seiner Zielsetzung - Vermittlung beruflicher Handlungskompetenz - überhaupt gerecht werden kann, ist die *Zusammenarbeit* der beteiligten Akteure erforderlich. Detaillierte Bestimmungen hat ledig-

---

[132] Es handelt sich um die Bundesländer Baden-Württemberg, Bayern, Berlin, Bremen, Hamburg, Hessen, Nordrhein-Westfalen und Rheinland-Pfalz.

[133] Vgl. GEMEINSAMER ERLAß DES KULTUSMINISTERS UND DES SOZIALMINISTERS HESSEN 1986 im Anhang.

lich Baden-Württemberg erlasssen, in denen die angestrebte Kooperation inhaltlich wie folgt fixiert wird:

- »Verständigung über die Erziehungsvorstellungen der sozialpädagogischen Einrichtung und über den Ausbildungsauftrag der Fachschule;
- Abstimmung über die inhaltliche und organisatorische Durchführung des Ausbildungsprogramms für den einzelnen Schüler bzw. Praktikanten;
- Erläuterung bzw. Abstimmung der Beurteilungskriterien;
- Austausch über Fähigkeiten, Schwierigkeiten, Fortschritte, Beurteilungskriterien und die im Zusammenhang mit dem Jahresbericht realisierte Angebote des einzelnen Schülers bzw. Praktikanten« (GEMEINSAME GRUNDSÄTZE BADEN-WÜRTTEMBERG 1987).

Wie diese Kooperation auszusehen hat, wird über allgemeine Hinweise hinaus in den anderen Länderregelungen überwiegend nicht hinreichend definiert. In der Praxis bestehen zwischen Fachschule und Einrichtung noch immer Barrieren: So bleibt den Lehrkräften für die Zusammenarbeit mit den AnleiterInnen in der Einrichtung wenig Zeit, obwohl beispielsweise in Nordrhein-Westfalen regelmäßige AnleiterInnengespräche (in Hessen unter Beteiligung der PraktikantInnen) geführt werden sollen. Gleichzeitig behindert »das Prestige- und/oder Kompetenzgefälle zwischen Praxisanleiter der Ausbildungsstätte und Praxisanleiter in der Praxis (...) die Anleitung des Praktikanten« (SÄGESSER 1980, S. 83), so daß »pädagogisch wünschenswertes partnerschaftliches Verhalten im Umgang miteinander (...) in Konflikt mit hierarchischen Strukturen und Organisationsformen von Ausbildungs- und Praxisstätte gerät. Diese Diskrepanz wird meist zugunsten der Hierarchie entschieden« (ebd., S. 84). Um derartigen Begrenzungen entgegenzuwirken, sind »gemeinsame Fortbildungsveranstaltungen für AnleiterInnen aus der Praxis und für die BegleiterInnen aus der fachschulischen Praxis« (KRAHL-TÜMMLER 1993, S. 35) von besonderer Bedeutung.

Die Zusammenarbeit zwischen FachschullehrerInnen und PraxisanleiterInnen könnte in vielfältigen Formen erfolgen, in die auch FachberaterInnen und Trägerverbände einzubeziehen sind: durch Einzel- und Gruppengespräche zum gegenseitigen Informationsaustausch und zur Abstimmung und Planung der Praktika, Fortbildungs- und Informationsveranstaltungen in der Fachschule oder in der sozialpädagogischen Einrichtung, Teilnahme der AnleiterIn am Fachschulunterricht bzw. Hospitation der Lehrkraft in der Einrichtung, regional abgegrenzte Zuständigkeit der Lehrkraft für Einrichtungen zum Aufbau langfristiger Kontakte sowie die Herausgabe von Rundschreiben etc. Eine verbesserte Kooperation zwischen Schule und Praxisstätte und damit eine intensivere PraktikantInnenbetreuung haben jedoch ihren Preis: ausreichende Freiräume im Stundendeputat der Lehrkräfte bzw. im Stellenkontingent der Einrichtung (vgl. ebd.).

Hinweise zur *arbeitsrechtlichen* Situation der BerufspraktikantInnen finden sich nicht in allen Verordnungen und Erlassen. Zwar muß nach dem Berufsbildungsgesetz u.a. ein schriftlicher Ausbildungsvertrag geschlossen werden (§ 3), auf dessen Niederschrift jedoch bei anderen Vertragsverhältnissen (§ 19) und hierunter fällt das Verhältnis PraktikantIn/Praxisstätte - verzichtet werden kann. Trotzdem wird in den Bayerischen, Brandenburgischen, Bremer, Hessischen, Nordrhein-Westfälischen und Rheinland-Pfälzischen Bestimmungen direkt auf die Notwendigkeit eines schriftlichen PraktikantInnenvertrages verwiesen. Hierbei haben Brandenburg, Hessen und Rheinland-Pfalz Musterverträge beigefügt, nach denen beispielsweise in Rheinland-Pfalz (Ausbildungsvereinbarung) Angaben über die fachpraktische Ausbildungszeit, Urlaub, Entgelt und Versicherungsschutz enthalten sein müssen. Die Vergütung, die Arbeitszeit und der Urlaub der BerufspraktikantInnen richten sich - unabhängig davon, ob dies in den Verordnungen erwähnt wird - nach tarifvertraglichen Regelungen und Richtlinien, die für den öffentlichen Dienst im Tarifvertrag über die Regelung der Arbeitsbedingungen der PraktikantInnen sowie in den Richtlinien der Tarifgemeinschaft deutscher Länder über die Gewährung von Praktikantenvergütungen festgelegt sind. Im Bereich freier Träger bestehen ähnliche Bestimmungen der Spitzenverbände der Freien Wohlfahrtspflege und der Kirchen (vgl. GEWERKSCHAFT ERZIEHUNG UND WISSENSCHAFT 1993b).

Wurde in der alten Nordrhein-Westfälischen Ausbildungsverordnung - allerdings als »Soll-Bestimmung« - noch besonders hervorgehoben, daß die BerufspraktikantInnen nicht als Ersatz für staatlich anerkannte ErzieherInnen eingestellt werden dürfen, so fehlt diese wichtige Bestimmung - ebenso wie in den anderen Bundesländern - in der neuen Ausbildungsregelung.[134] In den Baden-Württembergischen gemeinsamen Grundsätzen des Kultus- und des Arbeitsministeriums wird betont, daß der Einsatz von PraktikantInnen als Springkraft nicht mit den Lernzielen des Berufspraktikums zu vereinbaren ist. Die Überforderung der BerufspraktikantInnen in der Praxis als Ersatz- oder Springkraft ist allerdings empirisch nur schwer überprüfbar, zumal bei angespannter Personaldecke in der Einrichtung und allgemein knappen zeitlichen Reserven für die Vor- und Nachbereitung der alltäglichen Erziehungsarbeit

---

[134] In der Vereinbarung zum Nordrhein-Westfälischen Gesetz über Tageseinrichtungen für Kinder (GTK) wird der Einsatz der BerufspraktikantInnen als Ergänzungskräfte geregelt.

die ausgebildeten KollegInnen nur wenig Rücksicht auf die speziellen Bedürfnisse der PraktikantInnen nehmen können.[135]

Zusammenfassend ist festzuhalten, daß mit Ausnahme Niedersachsens in allen Bundesländern die einjährige fachpraktische Ausbildung überwiegend additiv, in Hamburg - und ab 1996/97 in Schleswig-Holstein - integrativ in den Ausbildungs- und Prüfungsordnungen verankert ist. Die teilweise bzw. vollständige Integration des Berufspraktikums in den Bildungsgang stellt dabei eine wichtige Forderung dar, um durch die unterbrochenen Praxisphasen eine bessere und direktere schulische Aufarbeitung der Praktikumserfahrungen zu ermöglichen. Um einen planvollen Ablauf der fachgerechten Einarbeitungsphase zu gewährleisten, wurden in einigen Bundesländern Rahmenpläne für das Berufspraktikum erlassen, die wie in Hessen eine strukturiertere fachpraktische Ausbildung ermöglichen, in anderen Bundesländern jedoch nur begrenzt aussagekräftig sind. Eine Durchdringung der Praxis von einem integrierten Ansatz erfolgt - wie u.a. Sägesser stellvertretend für andere Kritiker feststellt - jedoch nicht (vgl. SÄGESSER 1980, S. 84). Die Pläne bleiben zudem Makulatur, wenn nicht konkret die Rahmenbedingungen für die Lehrkräfte, PraxisanleiterInnen und SchülerInnen verbessert werden. Hierzu zählen als Mindestanforderungen:

- die Lösung des Qualifikationsproblems, da sowohl seitens der Ausbildungsstätte als auch der Praxis Kompetenzdefizite bei der Praxisanleitung zu konstatieren sind;
- die Schaffung der arbeitsrechtlichen, -organisatorischen und institutionellen Voraussetzungen zur Lösung des Zeitproblems bei der PraktikantInnenbetreuung durch Entlastungsstunden für die BeraterInnen und AnleiterInnen;
- eine solide personelle Grundausstattung der Einrichtungen zur Vermeidung des »bedarfsdeckenden« Einsatzes von PraktikantInnen (vgl. WERNER 1994) sowie
- die Förderung von informellen und institutionalisierten Kontakten zwischen beiden Lernorten im Sinne eines kooperativen Verbundes.

---

[135] Einen guten Einblick in die Arbeitsbedingungen von ErzieherInnen vermittelt der Aufsatz »DER VERGESSENE BERUF« (1990) in der Zeitschrift »kindergarten heute«.

19. Prüfungen und Berechtigungen

Deutlicher Ausdruck dafür, daß es sich bei dem Bildungsgang zum/zur ErzieherIn um eine *schulische* Ausbildung handelt, sind die vielfachen Leistungskontrollen und -nachweise, die die SchülerInnen kontinuierlich zu absolvieren
bzw. zu erbringen haben. Hierbei handelt es sich einerseits um Leistungsanforderungen während der 2jährigen schulischen Ausbildung sowie andererseits
um die Abschlußprüfung zur Erlangung der staatlichen Anerkennung (1. und
2. Teilprüfung). Mit dem Ausbildungsabschluß sind zum Teil weiterführende
Bildungsabschlüsse verbunden. Sie werden entweder automatisch durch die erfolgreiche Beendigung der Ausbildung oder durch zusätzliche Leistungsnachweise erworben.

19.1 Leistungskontrolle während der schulischen Ausbildungsphase

Hinweise, welche und wieviele *Leistungsnachweise* während der schulischen
Ausbildungsphase erforderlich sind oder wie die Zeugnisnoten ermittelt werden sollen, umfaßt die KMK-Vereinbarung nicht. Auch in den Ausbildungs-
und Prüfungsverordnungen fehlen teilweise die entsprechenden Angaben, da
die Frage der Leistungsnachweise z.T. in übergeordneten Verordnungen geregelt wird, die alle beruflichen Schulen betreffen. Informationen über Art und
Umfang der geforderten Leistungsnachweise enthalten lediglich die Bayerische, Berliner, Hessische und Saarländische Verordnung. Grundsätzlich ist
es jedoch in allen Bundesländern üblich, neben Einzel- und Gruppenleistungen, die der Studierende kontinuierlich im Unterricht zu erbringen hat, Klausuren, Kurzarbeiten, praktische Arbeiten, Praktikumsberichte und/oder projektspezifische Leistungsnachweise von den SchülerInnen zu fordern, die
vom/von der zuständigen FachlehrerIn mittels der üblichen Notenskala be-
wertet werden und die Grundlage der (Halb-)Jahreszeugnisse sowie der Versetzung sind.
   Die während der Schulzeit, der Oberstufe und/oder der Abschlußklassen
erbrachten Leistungen werden zu Vorzensuren zusammengefaßt und gelten
als Voraussetzung für die 1. Teilprüfung bzw. die Abschlußprüfung (vgl.
Kapitel 19.2), für die in einigen Bundesländern die *Zulassung* erteilt wird. So
hat Nordrhein-Westfalen ein geregeltes Zulassungsverfahren, für das ein spezi-

eller Antrag beim/bei der SchulleiterIn erforderlich ist. Im Saarland erfolgt die Teilnahme dagegen ohne förmliche Meldung und Zulassung. Gleichzeitig gehen die während der Schulzeit erworbenen Noten in das am Ende der gesamten Ausbildung zu erteilende Abschlußzeugnis ein.

Die folgenden *Beispiele* aus 4 Bundesländern sollen die Art und Menge der während der schulischen Ausbildung zu erbringenden Leistungsnachweise verdeutlichen:

(a) So werden laut Erzieherverordnung in *Berlin* »in den Fächern Soziologie/Sozialkunde, Jugendliteratur/Deutsch, Pädagogik mit Übungen, Psychologie mit Übungen, Jugendhilfe und -recht sowie Gesundheitslehre als Einzelleistungen mindestens 2 schriftliche Klassenarbeiten je Unterrichtsfach und Semester verlangt. Mit Zustimmung des Schulleiters, der sich mit dem Fachbereichsleiter ins Benehmen setzt, kann der zuständige Lehrer eine dieser Klassenarbeiten auch in Form einer schriftlichen Hausarbeit/oder als Leistung des einzelnen Studierenden mit besonderer Vorbereitung erbringen lassen. Im Projektunterricht werden 2 projektspezifische Leistungsnachweise je Semester verlangt, die entweder in schriftlicher oder in praktischer Form oder als Kombination beider Formen zu erbringen sind; die Art dieser Leistungsnachweise wird vor Beginn des berufsbezogenen Projektes im Einvernehmen mit dem Schulleiter festgelegt«. Hinzu kommen »in den Fächern Spiel- und Freizeiterziehung, Kunst- und Werkerziehung, Musikerziehung, Bewegungserziehung und Medienerziehung (...) mindestens 2 praktische Arbeiten je Unterrichtsfach und Semester (...). Dabei kann eine Kombination von praktischen und schriftlichen oder mündlichen Aufgaben vorgesehen werden«. Außerdem wird »in dem Semester, in dem das Fachschulpraktikum stattfindet, je Unterrichtsfach mindestens ein Leistungsnachweis, der in den Absätzen 1 und 2 geschildert wird« gefordert.

(b) In *Hessen* müssen »je Ausbildungsabschnitt jeweils mindestens 2 Klassenarbeiten in allen Pflichtfächern (außer Kunst-, Musik-, Spiel- und Bewegungserziehung) sowie in den jeweiligen Wahlpflichtfächern« geschrieben werden, wobei »eine Klassenarbeit (...) nach Ermessen des Lehrers auch durch schriftliche Hausarbeit oder andere Leistungen mit besonderer Vorarbeit (z.B. Referat, Protokoll) ersetzt werden (kann).« Außerdem sind »in den Fächern Kunst-, Spiel, Musik- und Bewegungserziehung (...) pro Ausbildungsabschnitt jeweils 2 praktische Arbeiten zu fordern und zu bewerten. Die Aufgabenstellung kann auch eine Kombination von praktischen, schriftlichen und mündlichen Teilaufgaben sein.

(c) In Bundesländern, in denen die Prüfungsordnungen Lücken über den Art und Umfang der zu erbringenden Leistungen aufweisen, finden sich zum Teil Richtwerte in den Lehrplänen. So sind in *Rheinland-Pfalz* laut Lehrplanentwurf 10% der Unterrichtszeit für Leistungskontrolle auszuklammern. In der Lehrplanübersicht *Baden-Württemberg* wird als zeitlicher Rahmen für »Klassenarbeiten und zur möglichen Vertiefung« pro Fach jeweils ein Viertel der Gesamtstundenzahl pro Unterrichtsfach angesetzt (vgl. Kap. 21).

Obwohl zwischen den einzelnen Bundesländern durchaus Unterschiede in den Anforderungen bestehen, gilt für alle Länder, daß die *Leistungskontrolle* in der schulischen Ausbildungsphase einen relevanten Stellenwert hat. Zentrales Instrument zur Überprüfung der schulischen Leistungen sind schriftliche Klausuren, die nach den einzelnen Unterrichtsfächern getrennt zu absolvieren sind. Flexiblere Formen der Leistungskontrolle sind dagegen von randständiger Bedeutung. Die oben dargestellten Prüfungsanforderungen, vermitteln hierbei nur einen ersten groben Eindruck über den diffizilen Noten- und Leistungsdruck, dem die SchülerInnen während ihrer gesamten Ausbildung ausgesetzt sind und der zu entsprechenden Frustrationen führt. Durch die Vielzahl der Leistungskontrollen in Verbindung mit der Fülle des zu bewältigenden Stoffes wird die Auseinandersetzung mit den Ausbildungsinhalten unterbunden. Statt dessen wird mechanisches und unreflektiertes Kurzzeitlernen bei den SchülerInnen unterstützt (vgl. ZERN 1980a, S. 303), da ihnen oft keine andere Wahl bleibt, »als für die vielen Klausuren auswendig zu lernen. Dabei taucht das Problem auf, daß dieses Partialwissen über eine zerstückelte Welt von den Studierenden später in ihrem Praktikum zusammengesetzt werden soll; indem dieses Wissen auf die oder in die Praxis angewendet werden muß« (HOPPE 1993, S. 114). Gleichzeitig verhindert das rivalitäts- und leistungsdruckerzeugende Bewertungssystem eine ganzheitliche Sicht des Erziehungsgeschehens (vgl. HOPPE/SCHERPNER 1981, S. 494). Außerdem werden die emotionalen Bedürfnisse und die individuelle Leistungsfähigkeit der SchülerInnen nur unzureichend berücksichtigt. Zentrale Kompetenzen wie Beziehungsfähigkeit, Kreativität, Wahrnehmungsfähigkeit, Bereitschaft zur Selbstreflektion der zukünftigen ErzieherInnen werden letztendlich nicht anerkannt, da sie sich nur schwer objektivieren und mit dem Bewertungssystem vereinbaren lassen (vgl. ebd., S. 495).

Zusammenfassend ist für alle Bundesländer zu konstatieren, daß es sich noch immer um eine hochgradig verschulte Ausbildung handelt, deren herausragendes »Grundmuster der Ausbildungsorganisation (...) die Leistungsorientierung« (FISCHER 1980, S. 40) ist. Dabei ist die These, ob die hohen Prüfungsanforderungen nicht eine besondere Form der Selbstlegitimation der Fachschule sind, um dem geringen öffentlichen Ansehen der ErzieherInnenausbildung und des ErzieherInnenberufes durch eine erhöhte formale Leistungsorientierung entgegenzuwirken, nicht von der Hand zu weisen (vgl. ebd., S. 38).

19.2 Erste und zweite Teilprüfung

Neben den schriftlichen und mündlichen Anforderungen, die die SchülerInnen während der theoretischen Ausbildung zu erbringen haben, müssen sie
zur Erlangung der Anerkennung als ErzieherIn noch eine *staatliche Abschlußprüfung* absolvieren. Hierzu sieht die KMK-Vereinbarung einen schriftlichen
und mündlichen Test sowie eine Prüfung im didaktisch-methodischen Anwendungsbereich vor.[136] Die schriftliche Prüfung soll mindestens 3 Arbeiten bei
einer Gesamtmindestprüfungszeit von 10 Zeitstunden umfassen. Die mündliche Prüfung kann sich laut KMK auf alle Fächer erstrecken. Gegenstand der
Leistungskontrolle im didaktisch-methodischen Anwendungsbereich ist die
Überprüfung, ob der/die SchülerIn in der Lage ist, »die in der Ausbildung erworbenen Kenntnisse in die praktische Erziehungsarbeit« umzusetzen (KMK
1982, 5.5). Die Abschlußprüfung kann in 2 Teilprüfungen (1. und 2. Teilprüfung) aufgesplittet werden[137], wobei die 1. frühestens am Ende des 2. Ausbildungsjahres abgelegt werden darf.

Von dieser Regelung machen fast alle Bundesländer Gebrauch. Lediglich
in Hamburg, wo die insgesamt einjährige fachpraktische Ausbildung gesplittet
im 1. und 4. Schulhalbjahr erfolgt und im Land Niedersachsen, in dem das
Berufspraktikum seit 1993 nicht mehr Bestandteil der Ausbildung ist, wird auf
die Möglichkeit zweier getrennter Teilprüfungen zugunsten einer Abschlußprüfung verzichtet.

Einen Überblick über die Verfahrensweise bei der *1. Teilprüfung* bzw. der
Abschlußprüfung in Hamburg und Niedersachsen vermittelt Abbildung 19.1,
in der die verschiedenen Prüfungsformen - Klausuren, mündliche und fachpraktische Prüfungen - für die einzelnen Bundesländer zusammenfassend dargestellt werden. Während die mündliche und die fachpraktische Prüfung nicht
in allen Ländern verbindlich vorgesehen ist, sind nach sämtlichen Ausbil-
dungs- und Prüfungsordnungen Klausuren obligatorisch. Anzahl und Bearbeitungszeit der Klausuren weichen in den einzelnen Bundesländern jedoch erheblich voneinander ab. Während in Bremen nur eine Klausur verlangt wird,
fordern 7 Bundesländer - der KMK-Vereinbarung entsprechend - 3 schriftliche

---

[136] Für das Bestehen der Abschlußprüfung müssen mindestens ausreichende Noten erbracht werden, die nichtbestandene Prüfung kann wiederholt werden. Der Notenaus-
gleich sowie die eventuelle Wiederholung sollen durch die Bestimmungen der Länder
geregelt werden (vgl. KMK 1982, Abs. 5.1. bis 5.7).

[137] Ungeregelt bleibt, welche Prüfungen (schriftlich, mündlich, didaktisch-methodischer
Anwendungsbereich) im Falle der Teilprüfungsregelung in der 1. oder 2. Teilprüfung
abgenommen werden sollen.

Nachweise. Die Länder Berlin, Brandenburg, Hessen, Rheinland-Pfalz und Schleswig-Holstein übertreffen dagegen mit 4 Klausuren die von der KMK vereinbarten 3 Klausuren. Entsprechend schwankt die Bearbeitungszeit der Klausuren im Bundesvergleich zwischen 300 und 960 Minuten und übersteigt außer in Bayern, Bremen und Sachsen den per Vereinbarungsbeschluß der KMK geforderten zeitlichen Umfang von 10 Stunden.

Abb. 19.1: Übersicht über die Anteile der 1. Teilprüfung nach Bundesländern

Land	Klausuren		Mündliche Prüfung	Fachpraktische Prüfung
	Anzahl	Gesamtzeit (Minuten)		
KMK	mind. 3	mind. 600	verbindlich	verbindlich
BW	3	630	verbindlich	verbindlich
BA	3	600	verbindlich	keine
BE	4	960	verbindlich	keine
BB	4	720	bei Bedarf	Praktische Prüfung
HB	1	300	bei Bedarf	bei Bedarf
HH	3	960	verbindlich[1]	verbindlich[1]
HE	4	960	bei Bedarf	keine
NI	3	720	bei Bedarf	verbindlich[1]
MV	(-)[3]	(-)	(-)	(-)
NW[2]	3	(-)	bei Bedarf	keine
RP	4	780	bei Bedarf	keine
SL	4	840	bei Bedarf	keine
SN	3	600	verbindlich	keine
ST	3	720	bei Bedarf	keine
SH	4	720	bei Bedarf	keine
SH	(-)	(-)	(-)	(-)

1 Vgl. hierzu die beiden folgenden Einzeltabellen.
2 Bei der integrierten Ausbildungsform finden die theoretische Abschluß-prüfung im 1. Halbjahr und das Kolloquium am Ende der Ausbildung statt.
3 Fehlende Angabe
Quelle: Ausbildungs- und Prüfungsordnungen der Bundesländer; KMK-Vereinbarung (1982)

Abb. 19.2 verdeutlicht genauer, in welchen Unterrichtsfächern *schriftliche Prüfungen* in den einzelnen Bundesländern verlangt werden, und welche Wahlmöglichkeiten die SchülerInnen bei der Auswahl ihrer Prüfungsfächer haben. Die geringsten Alternativen haben sie in Rheinland-Pfalz und im Saarland, wo die SchülerInnen unter 4 Klausuren nicht einmal ein Fach frei wählen können.

Die Prüfungsgebiete beziehen sich überwiegend auf den berufsbezogenen Bereich (vgl. Abb. 19.2). Hierbei werden die Prüfungsthemen in Bayern und im Saarland zentral vom zuständigen Kultusministerium vergeben. Im Gegensatz hierzu formulieren die Fachschulen in den anderen Bundesländern eigenständig die Prüfungsvorschläge, die allerdings von den verantwortlichen Organen der Schulaufsicht genehmigt werden müssen.

Abb. 19.2: Übersicht über die schriftlichen Abschlußprüfungen nach Bundesländern

Land	Klau-suren	Mögliche Prüfungsfächer	Dauer (Min.)
KMK	mind. 3	• 2 Klausuren aus dem berufsbezogenen Lernbereich • eine Klausur frei wählbar	insg. 600
BW	3	• 2 Klausuren aus: Pädagogik, Psychologie oder Praxis- und Methodenlehre • eine Klausur aus: Deutsch, Kinder- und Jugendliteratur oder Medienpädagogik	je 210
BA	3	• eine Klausur aus: Pädagogik oder Psychologie • eine Klausur aus: Heilpädagogik • eine Klausur aus: Jugendliteratur oder Theologie/Religionspädagogik	240 180 180
BE	4	• eine Klausur aus: Soziologie/Sozialkunde oder Jugendliteratur/Deutsch • eine Klausur aus: Pädagogik oder Psychologie • eine Klausur aus: Jugendhilfe/-recht oder Spiel und Freizeiterziehung • eine aus einem Thema des Projektunterrichts	je 240
BB	4	• eine Klausur aus: Pädagogik mit Übungen • eine Klausur aus: Psychologie mit Übungen • eine Klausur aus: Jugendhilfe und -recht • eine Klausur aus: Gesundheitslehre/Biologie	je 180
HB	1	Die Themen sollen hier schwerpunktmäßig aus Deutsch, Pädagogik, Psychologie oder Methodik mit Übungen gestellt werden. Es sind aber auch andere Fächer zulässig.	300
HH	3	• eine Klausur aus: Deutsch • eine Klausur aus: Methodenlehre • eine Klausur aus: einem der fachtheoretischen Fächer (Entweder muß in Methodenlehre oder in einem der fachtheoretischen Fächer ein Thema aus der sozialpädagogischen Praxis gestellt werden. Für diese Klausur stehen dann 360 Minuten zu Verfügung)	300 300 300 (60)
HE	4	• eine Klausur aus: Didaktik und Methodik der sozialpädagogischen Praxis • eine Klausur aus: Pädagogik oder Psychologie • eine Klausur aus: Recht oder den Unterrichtsfächern Jugendliteratur/AV-Medien, Kunst-/Werkerziehung, Musikerziehung, Bewegungserziehung, Spielerziehung • eine Klausur aus: Deutsch	je 240
NI	3	• eine Klausur aus: Deutsch, Politik, Religion oder Jugendhilfe • eine Klausur aus: Pädagogik, Psychologie oder Didaktik und Methodik mit Übungen • eine Klausur aus: Kinder- und Jugendliteratur, Kunsterziehung/Werken, Musik/Rhythmik, Spiel oder Sport	je 240

(Fortsetzung nächste Seite)

Land	Klau-suren	Mögliche Prüfungsfächer	Dauer (Min.)
		(Noch Abb. 19.2)	
NW	3	• eine Klausur aus: Erziehungswissenschaften • 2 Klausuren aus den berufsbezogenen Fächern, die vom Prüfungsausschuß ausgewählt werden	(-)
RP	4	• eine Klausur aus: Deutsch • eine Klausur aus: Pädagogik • eine Klausur aus: Psychologie • eine Klausur aus: Didaktik und Methodik der sozialpädagogischen Praxis	240 180 180 180
SL	4	• eine Klausur aus: Deutsch • eine Klausur aus: Pädagogik • eine Klausur aus: Psychologie • eine Klausur aus: Didaktik und Methodik der sozialpädagogischen Praxis	240 180 180 240
SN	3	• eine Klausur aus: Pädagogik oder Psychologie • eine Klausur aus: Rechtskunde oder Soziologie • eine Klausur aus: Biologie mit Gesundheitserziehung oder Kinder- und Jugendliteratur sowie an der Sorbischen Fachschule zusätzlich • eine Klausur im Fach Sorbisch	240 180 180 180
ST	3	• eine Klausur aus: Deutsch, Sozialkunde, Religion/Ethik oder Jugendhilfe • eine Klausur aus: Pädagogik, Psychologie oder Didaktik und Methodik mit Übungen • eine Klausur aus: Kinder- und Jugendliteratur, Kunsterziehung/ Werken, Musik, Rhythmik, Umwelterziehung, Sprecherziehung/Stimmbildung, Spiel oder Sport/Bewegungserziehung	 je 240
SH	4	• eine Klausur aus: Deutsch • eine Klausur aus: Pädagogik oder Psychologie • eine Klausur aus: sozialpädadogisches Handeln • eine Klausur aus: Gesundheits- und Umwelterziehung	je 180
(-) Keine Angabe Quelle: Ausbildungs- und Prüfungsordnungen der Bundesländer; KMK-Vereinbarung (1982)			

Im Hinblick auf die *mündlichen Prüfungen* dokumentiert wiederum Abb. 19.1 in Verbindung mit Abb. 19.3, daß mündliche Prüfungen in den Bundesländern Baden-Württemberg, Bayern, Berlin, Brandenburg, Hamburg und Sachsen verbindlich sind. Unter diesen Ländern stellen die Bundesländer Bayern, Berlin und Sachsen die höchsten mündlichen Prüfungsanforderungen. In den übrigen Bundesländern werden sie auf Wunsch des Studierenden und/oder - sofern Unstimmigkeiten bei der Notengebung vorliegen - bei Bedarf durchgeführt.

In Baden-Württemberg, Brandenburg, Bremen und Hamburg muß (kann) darüber hinaus eine *fachpraktische Prüfung* abgelegt werden (vgl. Abb. 19.4), bei der laut KMK überprüft werden soll, ob die SchülerInnen »die in der Ausbildung erworbenen Kenntnisse in die praktische Erziehungsarbeit umsetzen« (KMK 1982, 5.5) können. Die erziehungspraktische Prüfung unterscheidet sich in den betreffenden Ländern, besteht jedoch überwiegend aus einer schriftlichen Planungsaufgabe, der Durchführung der Aufgabe unter Aufsicht sowie einer Nachbesprechung bzw. schriftlichen Ausarbeitung des praktischen Prüfungsteils, aus denen eine Gesamtnote gebildet wird.

Abb. 19.3: Übersicht über die mündlichen Prüfungsanforderungen bei der 1. Teilprüfung nach Bundesländern

Land	Mündliche Prüfung
BW	Mündliche Prüfung in einem Fach verbindlich; kann aber auch alle Pflichtfächer umfassen, die Prüfungszeit beträgt 10 bis 15 Min./Fach
BA	Mündliche Prüfungen in den Fächern: • Praxis- und Methodenlehre (20 Min.) • Biologie mit Gesundheitserziehung *oder* Rechtskunde (15 Min.), soweit dieses Fach nicht Gegenstand der schriftlichen Prüfung war. Die mündliche Prüfung kann aber auch alle Pflicht- und Wahlpflichtfächer umfassen oder freiwillig auf Wunsch des Studierenden erfolgen
BE	Bei Bedarf 4 mündliche Prüfungen aus denselben Fächern der schriftlichen Prüfung von jeweils höchstens 20 Minuten.
BB	Bei Bedarf in allen Fächern, in der Regel aber in nicht mehr als 3 Fächern im Umfang von 20 Minuten
HB	Bei Bedarf
HH	Mündlich kann in allen Prüfungsfächern mit Ausnahme des Fachs Methodische Übungen geprüft werden
HE	Bei Bedarf
NI	Bei Bedarf
NW	Bei Bedarf in allen Fächern
RP	Bei Bedarf
SL	Bei Bedarf höchstens 20 Minuten/Fach
SN	Mündliche Prüfungen in: • Pädagogik und Psychologie; soweit das jeweilig Fach nicht Gegenstand der schriftlichen Prüfung war • Praxis- und Methodenlehre • weiteres Wahlpflichtfach, das nicht Gegenstand der Prüfung war • zusätzlich an der sorbischen Fachschule mündl. Prüf. in Sorbisch
ST	Bei Bedarf
SH	Bei Bedarf

Quelle: Ausbildungs- und Prüfungsordnungen der Bundesländer

Ob die didaktisch-methodischen Kenntnisse der Auszubildenden in einer derartig künstlichen Prüfungs- und Laborsituation getestet werden können, die zudem den Situationsansatz geradezu konterkariert, wenn bei einer vorbereiteteten »Beschäftigungsaufgabe« Kinder beispielsweise mit in Aussicht gestellten Süßigkeiten stimuliert werden und die SchülerInnen unter künstlichem Leistungsdruck ihre pädagogischen Kenntnisse beweisen müssen, wird mittlerweile in den meisten Bundesländern bezweifelt. Dieser Auffassung wurde auch in Nordrhein-Westfalen Rechnung getragen, wo die bislang sehr umfangreiche pädagogisch-praktische Prüfung nach der neuen Fachschulverordnung von 1994 nur noch für Nicht-SschülerInnen obligatorisch ist (vgl. Kap. 20).

Abb. 19.4: Übersicht über die fachpraktische Prüfung in den Bundesländern, die diese Form der Leistungskontrolle verankert haben	
Land	*Fachpraktische Prüfung*
BW	Erziehungspraktische Prüfung bestehend aus einer schriftlichen Ausarbeitung (3 Werktage, ohne Aufsicht) und einem praktischen Teil (20 bis 30 Min.), mit Schulpflichtigen etwa (30 bis 45 Min.); aus beiden Teilen wird eine Note gebildet, wobei die Note des praktischen Teils 3fach gewertet wird.
BB	Praktische Prüfung in den Fächern Kunst-/Werkerziehung, Spiel-/Freizeiterziehung oder Musikerziehungim Umfang von 4 Zeitstunden
HB	Bei Bedarf praktische Prüfung im Fach »Methodik mit Übungen«, bestehend aus einer schriftlichen Planungsaufgabe (3 unterrichtsfreie Tage), Durchführung der Aufgabe in einer Praxisstätte (20 bis 30 Min.) und einer Nachbesprechung; hieraus wird eine Gesamtnote gebildet.
HH	Die praktische Prüfung kann im Fach methodische Übungen (bis zu 60 Min.), im Vertiefungsfach (bis zu 20 Min.) und auf Antrag auch in einem anderen fachpraktischen Fach geprüft werden (bis zu 20 Min.).
NI	Praktische Prüfung in Angewandter Sozialpädagogik. Hierbei hat der Prüfling 3 Werktage vor der Prüfung die Aufgabe schriftlich auszuarbeiten und den Prüfern am Prüfungstag vorzulegen. Die Prüfungszeit beträgt mindestens 60 Minuten.
Quelle: Ausbildungs- und Prüfungsordnungen der Bundesländer	

Haben die SchülerInnen die 1. Teilprüfung bestanden, so erhalten sie Zeugnisse über den Abschluß der theoretischen Ausbildungsphase, die die AbsolventInnen in Hamburg und Niedersachsen berechtigen, die Berufsbezeichnung »Staatlich anerkante(r) Erzieher/in« zu tragen sowie in den übrigen Bundesländern die *Aufnahme des Berufspraktikums* ermöglichen. Auch während der einjährigen fachpraktischen Ausbildungsphase hat der/die PraktikantIn Leistungen zu erbringen, die in allen Bundesländern benotet werden. Hierzu werden Praxisbesuche der verantwortlichen LehrerInnen, Beurteilungen der Praxisstätte und/oder Leistungen der PraktikantInnen zugrunde gelegt. Zu den Anforderungen an den/die PraktikantIn zählen beispielsweise Praktikumsberichte (Erfahrungs-, Situations- und Reflexionsbericht) sowie in einigen Ländern zusätzlich Kurzberichte (Hessen) und Facharbeiten (Bayern, Sachsen, Schleswig-Holstein). Einen benoteten Eindruck über den Praktikanten verschaffen sich die zuständigen LehrerInnen bei jeweils 2 Praxisbesuchen in Bayern und Baden-Württemberg. In den anderen Verordnungen fehlen hierzu Angaben. Die Praxisstelle erstellt in der Regel eine, in Bremen und Bayern 2 schriftliche Beurteilungen über die fachlichen Leistungen und das dienstliche Verhalten des/der PraktikantIn.

An das erfolgreich absolvierte Berufspraktikum schließt sich die *2. Teilprüfung* an (vgl. Abb. 19.5). Sie findet vornehmlich in Form eines Kolloquiums statt, das in einigen Bundesländern auch als Gruppenprüfung durchgeführt werden kann, wobei die Einzelprüfung jedoch der Regelfall ist. Hierbei handelt es sich um ein Unterrichtsgespräch zu bestimmten ausgewählten Themenbereichen, das auf den Erfahrungen der SchülerInnen während des Berufspraktikums beruht und zwischen 15 und 30 Minuten dauert. In Sachsen-Anhalt können SchülerInnen aufgrund »guter« Leistungen im Berufspraktikum und im begleitenden Unterricht vom Kolloquium befreit werden. Lediglich die Bundesländer Schleswig-Holstein und Rheinland-Pfalz fallen bei der Organisation der 2. Teilprüfung aus dem Rahmen. So fordert Rheinland-Pfalz eine 3stündige Klausur und eine 20minütige mündliche Prüfung. Im Bundesland Schleswig-Holstein werden 2 schriftliche Hausarbeiten, die schon während des Berufspraktikums angefertigt werden müssen, sowie - bei Bedarf - eine mündliche Prüfung verlangt.

Abb. 19.5: Übersicht über die 2. Teilprüfung nach Bundesländern	
Land	*Prüfungsart*
BW	Kolloquium (20 Minuten)
BA	Kolloquium (30 Minuten)
BE	Kolloquium (mind. 20 Minuten) und schriftlicher Erfahrungsbericht von mindestens 15 Schreibmaschinenseiten
BB	Kolloquium in Form einer Einzel- oder Gruppenprüfung (20 Minuten pro Person)
HB	Kolloquium (15-30 Minuten)
HH	entfällt aufgrund des spezifischen Ausbildungsaufbaus mit integriertem Berufspraktikum
HE	Kolloquium/Methodische Prüfung (bis zu 30 Minuten)
NI	entfällt aufgrund des spezifischen Ausbildungsaufbaus ohne Berufspraktikum
NW	Kolloquium, auch als Gruppengespräch möglich (20 Minuten zur Vorbereitung in der Gruppe, 20 Minuten Prüfungszeit pro Prüfling während des Kolloquiums)
RP	eine Klausur (3 Zeitstunden) und eine mündliche Prüfung (20 Minuten)
SL	Kolloquium (20 Minuten)
SN	Kolloquium (30 Minuten)
ST	Kolloquium (20 Minuten)
SH	2 schriftliche Hausarbeiten aus den Fachgebieten Methodik der sozialpädagogischen Praxis sowie Pädagogik oder Psychologie und bei Bedarf eine mündliche Prüfung
Quelle: Ausbildungs- und Prüfungsordnungen der Bundesländer	

Nachdem die SchülerInnen die Hürde der 2. (in Hamburg und Niedersachsen der 1.) Teilprüfung überwunden haben, erhalten die Auszubildenden eine Abschlußurkunde, mit der ihnen die staatliche Anerkennung als ErzieherIn und die entsprechende Berufsbezeichnung verliehen wird.[138] Trotz der bereits in den vorangegangenen Kapiteln skizzierten zahlreichen Ausbildungsunterschiede »erkennen [die Länder] die nach dieser Rahmenvereinbarung erteilten Anschlußzeugnisse gegenseitig an« (KMK 1982). Dennoch wird wohl der Umzug einer/eines FachschülerIn in ein anderes Bundesland »nicht ohne Brüche in seiner beruflichen Sozialisation möglich sein« (DERSCHAU 1986, S. 180). Mit Problemen werden die FachschülerInnen jedoch spätestens bei Weiterbildungswünschen konfrontiert, da die mit dem Abschlußzeugnis in einigen Bundesländern verbundenen weitergehenden Berechtigungen, die überwiegend durch zusätzliche Leistungen während der ErzieherInnenausbildung erworben werden müssen, nicht unmittelbar vergleichbar sind. Sie sind Gegenstand des folgenden Abschnitts.

19.3 Weiterführende Bildungsabschlüsse

Anknüpfend an die KMK-Vereinbarung, die die Möglichkeit von *Zusatzunterricht* - allerdings ohne Angabe potentiell erwerbbarer Abschlüsse - einräumt (vgl. KMK 1982, Abs. 4.7), ist in den meisten Bundesländern der Erwerb der Fachhochschulreife möglich. Hierzu müssen die SchülerInnen überwiegend am allgemeinbildenden *Zusatzunterricht* teilnehmen und entsprechende Prüfungen absolvieren. Einen Überblick über die erwerbbaren Abschlüsse, die Fächer des Zusatzunterrichtes sowie die abzuleistenden Prüfungen im Bundesvergleich vermittelt Abb. 19.6. Der Zusatzunterricht besteht in der Regel aus den Fächern Englisch und Mathematik. Über diese beiden Unterrichtsfächer hinaus werden in Bayern, Niedersachsen, Schleswig-Holstein und Sachsen-Anhalt noch die Teilnahme am Biologie- oder Chemieunterricht verlangt, im Saarland an beiden Unterrichtsfächern. Der zeitliche Umfang des Zusatzunterrichts schwankt damit zwischen 4 und 6 Wochenstunden. Auch der Zusatzunterricht wird in der Regel benotet. So sind z.B. in Hessen neben den Einzel- und Gruppenleistungen, die der Studierende kontinuierlich im Unterricht zu erbringen hat, jeweils 5 Klassenarbeiten in den Fächern Englisch und Deutsch zu schreiben. Über die benotete Teilnahme hinaus müssen in einigen Ländern auch schriftliche und/oder mündliche Prüfungen absolviert werden, um den entsprechenden Bildungsabschluß zu erlangen.

---

[138] In Brandenburg muß die staatliche Anerkennung über das praxisbegleitende Seminar bei dem für Jugend zuständigen Ministerium beantragt werden.

Abb. 19.6: Das Angebot zusätzlicher Fächer zum Erwerb weiterführender Bildungsabschlüsse nach Bundesländern

Land	Abschlüsse	Fächer	Abschlußprüfungen
KMK	Die Möglichkeit wird ohne Angabe der potentiellen Abschlüsse, Fächer und Prüfungen eingeräumt.		
BW	ErzieherInnen mit mindestens 3jähriger Berufserfahrung können an einer Aufnahmeprüfung an einer Fachhochschule im Fachbereich Sozialpädagogik teilnehmen.		
BA	FH - Reife	• 2 WST Englisch und 3 WST Mathematik • 1 WST Biologie	• Englisch, Mathematik und Biologie (keine näheren Angaben)
BE	Realschulabschluß	• je 2 WST Englisch und Mathematik	• keine Prüfungen, mindestens ausreichende Noten in Englisch und Mathematik
	»Fachgebundene Hochschulberechtigung«, sofern § 11 BerlHg (1990) erfüllt wird		
BB	• Landesgebundene Fachhochschulreife • Bundesweite Fachhochschulreife erfordert schriftliche Zusatzprüfung in den Fächern Jugendliteratur/Deutsch und Fremdsprache sowie eine mündliche Prüfung im FachGesundheitslehre Biologie		
HB	FH - Reife	• je 2 WST Englisch und Mathematik	• Englisch und Mathematik (keine näheren Angaben)
HH	Landesgebundene Fachhochschulreife		
HE	FH - Reife	• je 2 WST Englisch und Mathematik	• Englisch u. Mathematik (jeweils schriftl. u. mündl. Prüfung; die Befreiung von der mündl. Prüfung ist nach Beschluß des Prüfungsausschusses in einem Fach möglich)
NI	FH - Reife	• je 2 WST Englisch und Mathematik • 1 WST Biologie	• Schriftl. Prüf. in Deutsch, Englisch, Mathematik *oder* einem naturwiss. Fach, soweit nicht Gegenstand der ErzieherInnenabschlußprüfung
NW	• Doppelqualifikation im Rahmen des Schulversuchs »Kollegschule« • Landesgebundene Fachhochschulreife an regulären Fachschulen für Sozialpädagogik bei vorherigem Berufsabschluß bzw. 7jähriger einschlägiger Tätigkeit		
RP	FH - Reife	• je 2 WST Englisch und Mathematik • 1 WST Chemie	• Englisch und Mathematik (schriftlich evtl. auch mündlich) • Chemie (mündlich)
SL	FH - Reife	• je 2 WST Englisch (wahlweise Französisch) und Mathematik • je 1 WST Biologie u. Chemie	• Fremdsprache und Mathematik (schriftlich und mündlich) • Biologie und Chemie (mündlich)
SN	FH - Reife	• Zusatzunterricht	• Deutsch, Mathematik und ein typenspezifisches Fach (schriftlich) • Biologie oder Sozialkunde (mündlich)
ST	FH - Reife	• Englisch und Mathematik • Biologie	• Englisch und Mathematik (schriftlich) • Deutsch (wenn nicht Gegenstand der ErzieherInnenabschlußprüf.)

(Fortsetzung nächste Seite)

(Noch Abb 19.6)			
Land		*Fächer*	*Abschlußprüfungen*
SH	FH - Reife	• je 2 WST Englisch und Mathematik • 1 WST Biologie	• Englisch und Mathematik (schriftlich) • die Prüfungsergebnisse der Fächer Deutsch, Pädagogik oder Psychologie und Gemeinschaftskunde werden übernommen • Biologie (mündlich)
Quelle: Ausbildungs- und Prüfungsordnungen der Bundesländer; KMK-Vereinbarung (1982); Berliner Hochschulgesetz (1990); Bundesanstalt für Arbeit (1993); Kultusministerium Baden-Württemberg (1987/88)			

Von der Regelung des Zusatzunterrichts weichen jedoch 5 Bundesländer ab:

(a) So wurde in *Bayern* eine eigene Prüfungsordnung für die Ergänzungsprüfung zum Erwerb der Fachhochschulreife durch AbsolventInnen von Fachakademien und von Technikerschulen mit staatlicher Abschlußprüfung erlassen. Hiernach ist der zusätzliche Erwerb weiterführender Bildungsabschlüsse unter folgenden Bedingungen möglich: Durch eine Ergänzungsprüfung kann die Fachhochschulreife für die Studiengänge Religionspädagogik und kirchliche Bildungsarbeit (sofern eine schriftliche Abschlußprüfung in Religionspädagogik abgelegt wurde) sowie Sozialwesen erworben werden. Bei einer zusätzlichen bestandenen Prüfung in Mathematik wird die uneingeschränkte Fachhochschulreife erteilt. Wird sowohl im Abschlußzeugnis der Fachakademie für Sozialpädagogik, als auch im Zeugnis der Fachhochschulreife (Ergänzungsprüfung) eine Gesamtprüfungsnote - sehr gut - erzielt, ist damit gleichzeitig die fachgebundene Hochschulreife verbunden. Sie erstreckt sich auf die an Wissenschaftlichen Hochschulen angebotenen Studiengänge Pädagogik, Psychologie und Schulpädagogik sowie das Lehramt an Beruflichen Schulen in einer Fächerverbindung mit der beruflichen Fachrichtung Sozialpädagogik (vgl. BUNDESANSTALT FÜR ARBEIT 1993, S. 150).

(b) In *Baden-Württemberg* kann die Fachhochschulreife nicht an Fachschulen für Sozialpädagogik erworben werden. Allerdings können ErzieherInnen mit 3jähriger einschlägiger Berufserfahrung eine Aufnahmeprüfung an einer Fachhochschule für Sozialpädagogik absolvieren und auf diese Weise die Studienberechtigung (nicht die Fachhochschulreife) erhalten (vgl. MINISTERIUM FÜR KULTUS UND SPORT DES LANDES BADEN-WÜRTTEMBERG 1987/88). Nicht die Teilnahme am Zusatzunterricht, der nicht angeboten wird, sondern Berufserfahrung ist hierfür entscheidend[139], die allerdings getestet wird. Hierzu muß eine schriftliche Prüfung in verschiedenen allgemeinbildenden Fächern

---

[139] Weitere Voraussetzung zur Eignungsprüfung für die Fachhochschule Sozialwesen ist der mindestens 3jährige ständige Aufenthalt in Baden-Württemberg.

sowie eine mündlicher Test in Medienerziehung, Pädagogik sowie Zeitge-
schichte/Sozialkunde bestanden werden. Die Fachhochschulreife kann darüber
hinaus an den einjährigen Berufskollegs mit sozialpädagogogischer Fachrichtung erworben werden (vgl. BUNDESANSTALT FÜR ARBEIT 1993, S. 59), die
den Fachoberschulen (FOS) anderer Länder entspricht.

(c) In *Nordrhein-Westfalen* muß zwischen Kollegschulen als Schulversuch
und regulären Fachschulen differenziert werden. An Kollegschulen können
sich die SchülerInnen je nach schulischer Vorbildung für den Bildungsgang
»Fachhochschulreife plus Berufsabschluß ErzieherIn«[140] (Ausbildungsdauer 4
Jahre inklusive eines einjährigen praktischen Ausbildungsjahres) oder den Bildungsgang »Allgemeine Hochschulreife plus Berufsabschluß ErzieherIn«[141]
(Ausbildungsdauer 5 Jahre inklusive eines einjährigen fachpraktischen Ausbildungsjahres) entscheiden (vgl. KULTUSMINISTERIUM NRW 1991, S. 16 f.).[142]
Mit dem Erwerb der staatlichen Anerkennung als ErzieherIn an einer regulären Fachschule für Sozialpädagogik war dagegen bislang nicht die Berechtigung zum Besuch der Fachhochschule verbunden. Nach der neuen Fachschulverordnung erhalten die AbsolventInnen nach Abschluß des Berufspraktikums
nunmehr automatisch die Fachhochschulreife für das Land Nordrhein-Westfalen, sofern sie bereits über eine Berufsausbildung verfügen bzw. eine 7jährige
praktische Tätigkeit nachweisen können.

(d) In *Hamburg* und *Brandenburg* wird durch das Abschlußzeugnis ohne
zusätzliche Leistungen oder Voraussetzungen die landesgebundene Fachhochschulreife verliehen. Für die bundesweit anerkannte Fachhochschulreife müssen dagegen in Brandenburg weitere mündliche und schrifliche Prüfungen abgelegt werden.

(e) In *Berlin* wird die Frage der weiterführenden Berechtigungen nur für den
Kreis der SchülerInnen, der aufgrund eines erweiterten Hauptschulabschlusses
in Verbindung mit einer Berufsausbildung oder -tätigkeit die Zugangsvoraussetzung zur Fachschule erworben hat, in der Ausbildungs- und Prüfungsordnung geregelt. Sie erhalten mit der Versetzung in das 3. Semester bei ausreichenden Leistungen im für sie verpflichtenden Zusatzunterricht den Mittleren Bildungsabschluß. SchülerInnen mit Mittlerem Bildungsabschluß können

---

[140] Aufnahmevoraussetzung ist die Fachoberschulreife.
[141] Aufnahmevoraussetzung ist die Fachoberschulreife mit Berechtigung zum Besuch der
gymnasialen Oberstufe.
[142] Ähnlich wie an den Nordrhein-Westfälischen Kollegschulen wird auch an anthroposo-
phischen Schulen ein doppelqualifizierender Abschluß angeboten: an der »Fachschule
für Sozialpädagogik am Waldorf-Erzieher-Seminar Kassel«, der »Fachschule für Sozialpädagogik an der Waldorf-Schule Bochum« und an der »Fachschule für Sozialpädagogik an der Hiberniaschule, Waldorfschule Herne«.

die Fachhochschulreife dagegen nur an der Fachoberschule für Sozialwesen erwerben (vgl. BUNDESANSTALT FÜR ARBEIT 1993). Darüber hinaus umfaßt das Berliner Hochschulgesetz eine zusätzliche Weiterbildungsalternative für staatlich anerkannte ErzieherInnen und andere Berufsgruppen, die sich unter bestimmten Bedingungen z.b. an der Technischen Universität Berlin für das Magisterstudium im Fach Erziehungswissenschaft einschreiben können. Grundlage hierfür ist der § 11 des GESETZES ÜBER DIE HOCHSCHULEN IM LANDE BERLIN (1990), nach dem eine »Fachgebundene Studienberechtigung« erteilt wird, sofern die InteressentInnen über einen Realschulabschluß (bzw. eine gleichwertige Schulbildung), eine für das beabsichtigte Studium geeignete Berufsausbildung und eine mindestens 4jährige Berufserfahrung verfügen. Sind die angeführten Voraussetzungen erfüllt, besteht für diese Gruppe die Möglichkeit, sich an Wissenschaftlichen Hochschulen im betreffenden Studiengang vorläufig zu immatrikulieren. Die einstweilige Immatrikulation beschränkt sich im Regelfall auf 2, im Höchstfall auf 4 Semester, nach denen die zuständigen Prüfungsausschüsse auf der Basis der Studienleistungen über die endgültige Immatrikulation entscheiden. Wer die Abschlußprüfung erfolgreich absolviert hat, erhält die allgemeine Hochschulreife. Für die vorläufige Immatrikulationsphase gilt eine separate Studienordnung, in der u.a. die Modalitäten des gegen Ende des 2. Semesters erforderlichen Prüfungsgespräches enthalten sind.[143]

Das Problem der weiterführenden schulischen Berechtigungen nach erfolgreichem Abschluß der Ausbildung und die Frage, ob bzw. welche Zusatzleistungen hierfür von den Auszubildenden erbracht werden müssen, gehören zu den zentralen Punkten der Ausbildungsdiskussion. Im Gegensatz zur KMK-Vereinbarung von 1967/69, die durch ein 4semestriges Aufbaustudium an einer Höheren Fachschule noch die Weiterbildung zur SozialpädagogIn vorsah (vgl. DERSCHAU 1983, S. 171), wird in der Vereinbarung von 1982 und im Anschluß hieran in der Mehrzahl der länderspezifischen Ausbildungsordnungen eine erfolgreich abgeschlossene ErzieherInnenausbildung ohne Zusatzunterricht nicht einmal als Zugangsvoraussetzung zur Fachhochschule anerkannt.

Die bereits vom Bildungsrat 1970 in seinem Strukturplan erhobene Forderung nach Gleichwertigkeit von schulischer Allgemeinbildung und beruflicher

---

[143] Seit der Einrichtung dieser Studienmöglichkeit an der TU Berlin 1991 ist die Anzahl der Immatrikulationen sprunghaft gestiegen. Im SS 1991 waren es 6, im WS 1991/92 20 und im SS 1992 32 Immatrikulationen. Ca. 90% dieser Studierenden sind ErzieherInnen, die übrigen 10% rekrutieren sich aus Berufen »wie Altenpflegerin, Krankenschwester [...] usw.« (vgl. unveröffentlichter »Bericht an die zentrale Kommission für Lehre und Studium an der TUB, vom 12.5.92; Betr.: Studium nach § 11, Berl HG [Magisterstudiengang Erziehungswissenschaft 1. HF]«).

Ausbildung - der im Nordrhein-Westfälischen Kollegschulversuch Rechnung getragen wurde - und das bildungspolitische Ziel der Durchlässigkeit des Bildungssystems werden hierdurch ad absurdum geführt. Ein derartiges Bildungsgangkonzept, das entgegen der langen Ausbildungszeit und trotz der hohen allgemeinbildenden Anteile ohne zusätzliche Leistungen nicht einmal den reibungslosen Übergang zur Fachhochschule gestattet, ist wenig attraktiv für die Auszubildenden und mindert die Reputation der Fachschulen.

Die begrenzten Verwertungsmöglichkeiten des ErzieherInnenabschlusses stehen auch nicht mit den strengen Zulassungsbedingungen zum Bildungsgang und den hohen Prüfungsanforderungen im Einklang. Potentiellen SchülerInnen müßte unter diesen Voraussetzungen - insbesondere wenn sie in Bundesländern mit 2jähriger Vorlaufphase beheimatet sind - bildungsökonomisch angeraten werden, direkt die Fachhochschulreife zu erwerben und ein entsprechendes Studium zu beginnen.

Dieser Problematik wird auch in der neueren Reformdebatte z.T. nicht überzeugend Rechnung getragen. So fordern beispielsweise SCHMITTHENNER/ WILDT (1992) als Zugangsvoraussetzung zur zukünftigen Fachakademie »eine 2jährige, allgemeinbildende und sozialpädagogische praxisintegrierende (sekundäre) Vorstufe« (ebd., S. 244), die mit der Fachhochschulreife abgeschlossen wird. Mit dem Abschluß der 3jährigen ErzieherInnenausbildung wäre nach diesem Modell die »Anerkennung (...) als erste Studienphase eines folgenden Fachhochschulstudiums« verbunden (ebd.). Doch auch hierbei bleiben Fragen offen: Warum sollte eine derartige Vorstufe geschaffen werden, da es doch - allerdings nicht in allen Bundesländern - bereits Fachoberschulen gibt, die praxisintegrierend auf die Fachhochschule vorbereiten? Oder anders herum: Warum sollten die SchülerInnen nach Abschluß der Vorlaufphase nicht direkt zur Fachhochschule gehen, um der beruflichen Sackgasse des ErzieherInnenberufs von vornherein zu entgehen? Und wie sind in diesem Zusammenhang Bestrebungen aus dem kaufmännischen Bereich zu bewerten, die Ausbildung und Studium miteinander verbinden wollen?

So sind zur Zeit bundesweit 6 Fachhochschulen Vorreiter für ein Verbundsystem zwischen Wirtschaft und Fachhochschule, das auf 2 Modellen basiert: Im 1. Modell können erfolgreiche Lehrlinge nach einjähriger Weiterbildung durch die Kammern direkt das Hauptstudium an der Fachhochschule aufnehmen. Die Abschlußprüfung der Kammmer gilt hierbei als Vordiplom. Im 2. Modell, daß gewisse Analogien zu den Baden-Württembergischen Berufsakademien aufweist (vgl. Kap. 20.3), bilden Fachhochschule und Wirtschaft im Verbund aus. Bereits nach dreieinhalb Jahren Lehre und Studium kann das Diplom erworben werden (vgl. WESTFÄLISCHE RUNDSCHAU, 30.9.93).

20. Ausbildungssonderformen und alternative Bildungsmöglichkeiten

Neben der skizzierten Regelausbildung zum/zur ErzieherIn sehen die Ausbildungs- und Prüfungsordnungen der meisten Bundesländer noch weitere Organisationsformen des Bildungsgangs vor. Hierzu gehören die berufsbegleitende Teilzeitausbildung sowie das Ablegen der 1. Teilprüfung für Schulfremde, auch Externen- oder Nicht-SchülerInnenprüfung genannt. Während die letztgenannte Möglichkeit ausdrücklich in der 82er KMK-Vereinbarung aufgeführt wird, ist die berufsbegleitende Ausbildungsform hier nicht explizit erwähnt. In einigen Bundesländern existieren darüber hinaus Alternativen, um die staatliche Anerkennung als ErzieherIn bzw. verwandte Berufsabschlüsse zu erwerben, die allerdings auf eigenständigen rechtlichen Grundlagen beruhen oder keine staatliche Anerkennung nachsichziehen. ErzieherInnen stehen schließlich verschiedene Fort- und Weiterbildungsmöglichkeiten auf unterschiedlichen Ebenen offen. In der KMK-Vereinbarung wird in diesem Zusammenhang nur auf die sogenannte »Zusatzausbildung« hingewiesen.

20.1 Die berufsbegleitende Teilzeitausbildung

Bestand bis Mitte der 70er Jahre angesichts des hohen Bedarfs an ausgebildeten ErzieherInnen noch in allen Bundesländern ein breites Angebot an berufsbegleitenden und zum Teil verkürzten Ausbildungsgängen (vgl. DERSCHAU 1976, S. 272 ff.), reduzierte sich dieses in den 80er Jahren drastisch, nicht zuletzt infolge sich verändernder Arbeitsmarktchancen für ErzieherInnen. In den aktuellen Ausbildungs- und Prüfungsordnungen finden sich lediglich in Berlin[144], Niedersachsen, Rheinland-Pfalz, Brandenburg, Nordrhein-Westfalen und Sachsen-Anhalt Hinweise auf bzw. Regelungen für eine Teilzeitausbildung. Darüber hinaus wird diese Ausbildungsform offenbar auch in Baden-Württemberg und Hamburg angeboten, auch wenn dieser Sonderweg nicht ausdrücklich in den vorliegenden Rechtsverordnungen geregelt wird. Angesichts des sich abzeichnenden ErzieherInnenmangels und des zusätzlich erhöhten Bedarfs an ausgebildeten Fachkräften durch den zum 1.1.1996 bestehenden

---

[144] In Berlin existiert sogar eine spezielle Fachschule für die berufsbegleitende ErzieherInnenausbildung.

Rechtsanspruch auf einen Kindergartenplatz ist damit zu rechnen, daß diese zusätzliche Rekrutierungsressource zukünftig auch wieder verstärkt in anderen Bundesländern reaktiviert wird.

Voraussetzung zur Teilnahme an einer berufsbegleitenden Teilzeitausbildung, die häufig in Form von speziell eingerichteten Fachklassen an den Fachschulen für Sozialpädagogik angeboten wird, ist in der Regel eine hauptberufliche Beschäftigung in einer sozialpädagogischen Einrichtung entweder als Angestellte in der Tätigkeit einer Erzieherin/eines Erziehers, oder als KinderpflegerIn seit mindestens einem Jahr. Die schulischen und beruflichen Zugangsvoraussetzungen entsprechen ansonsten denen der Vollzeitausbildung. Teilweise wird ein Mindestalter vorgeschrieben, so in Brandenburg beispielsweise von 23 und in Berlin von 25 Jahren.

Die jeweiligen Teilzeitausbildungen sind konzeptionell sehr unterschiedlich gestaltet. Die Ausbildungsdauer beträgt zwischen 2 Jahren in Hamburg bis zu maximal 5 Jahren in Rheinland-Pfalz. Unterschiede bestehen auch in der Pflicht, ein Berufspraktikum abzuleisten. In Rheinland-Pfalz können KinderpflegerInnen und ErziehungshelferInnen hiervon befreit werden, in Nordrhein-Westfalen besteht die Möglichkeit, das Anerkennungsjahr auf ein halbes Jahr zu verkürzen. Obwohl die berufsbegleitende Teilzeitausbildung die wichtige Funktion der Nachqualifizierung von Ergänzungskräften in den Einrichtungen hat, die bereits über Erfahrungen im Arbeitsfeld verfügen, und diesen gleichzeitig die Möglichkeit zur beruflichen Weiterbildung bietet, muß dennoch hinterfragt werden, ob der Anteil der fachtheoretischen Ausbildung bei der Teilzeitausbildung den hohen Anforderungen der sozialpädagogischen Praxis an die Fachkräfte angemessen ist, ist doch die Gesamtzahl der Unterrichtsstunden insgesamt gesehen bei der berufsbegleitenden Ausbildung viel kürzer als bei der Vollzeitausbildung.

Die Grenzen zwischen Teilzeitausbildung und der im folgenden Abschnitt skizzierten Externenprüfung vermischen sich teilweise, wobei die Unterschiede in den jeweiligen Prüfungsmodalitäten liegen, wenn z.B. ein »Berufsbegleitender Sozialpädagogischer Aufbaulehrgang zur Vorbereitung auf die staatliche Erzieherprüfung für Nichtschüler« angeboten wird wie in Paderborn. Hier wird von einem privaten Träger ein berufsbegleitender Lehrgang in einem Zeitraum von 19 Monaten durchgeführt, der 560 Unterrichtsstunden, zuzüglich Praxisberatung, umfaßt. Der Unterricht versteht sich »als Anstoß zum Lernen; die Vertiefung des Unterrichtsstoffes ist durch intensives häusliches Studium notwendig«, so die Formulierung in einer Selbstdarstellung des Meinwerk-Instituts.

20.2 Die Externenprüfung

Neben Ausbildungsmöglichkeiten in Teilzeitform können »QuereinsteigerInnen« laut KMK-Vereinbarung auch den Weg über eine Nicht-SchülerInnenprüfung wählen, sofern sie die allgemeinen Zugangsvoraussetzungen erfüllen und ihre bisherige Bildungs- und Berufskarriere erkennen läßt, daß sie Kenntnisse und Fähigkeiten besitzen, die sonst an der Fachschule erworben werden (vgl. KMK 1982, Abs. 6.2). Die Prüfung bezieht sich in der Regel auf den schulischen Ausbildungsabschnitt. Anschließend muß - sofern die Nicht-SchülerInnen die staatliche Anerkennung erwerben möchten - noch das Berufspraktikum abgeleistet werden.

Regelungen für Externe finden sich nahezu in allen länderspezifischen Ausbildungs- und Prüfungsverordnungen. Lediglich in Berlin und Hamburg ist die Nicht-SchülerInnenprüfung nicht in der Ausbildungs- und Prüfungsordnung geregelt, was aber nicht heißt, daß es hier diese Möglichkeit ausgeschlossen ist. InteressentInnen können sich mit Ausnahme des Saarlandes direkt an einer Fachschule für Sozialpädagogik bewerben.[145] Sie werden allerdings nicht eher zur Prüfung zugelassen als dies auch bei Bewältigung der regulären Vollzeitausbildung mit der Zulassung zur 1. Teilprüfung in Frage käme. Die Zugangsvoraussetzungen, die die Externen hierbei erfüllen müssen, stimmen auf Landesebene im wesentlichen mit den Anforderungen bei der regulären ErzieherInnenausbildung überein.

Dennoch bestehen im Vergleich zur Vollzeitausbildung einige Unterschiede. Im Gegensatz hierzu müssen die Nicht-SchülerInnen bei den beruflichen Zulassungsvoraussetzungen über die auch für die vollzeitschulisch ausgebildeten SchülerInnen geltenden Bedingungen hinaus in einigen Bundesländern *zusätzliche* praktische Tätigkeiten von unterschiedlicher Länge nachweisen, die zum Teil den Blockpraktikazeiten der regulären Ausbildung entsprechen sollen, wie vor allen in *Baden-Württemberg* und *Bayern* deutlich wird: So fordert die Baden-Württembergische Ausbildungs- und Prüfungsordnung zusätzlich eine mindestens 3monatige berufliche Tätigkeit. Laut Bayerischer Regelung ist eine mindestens 6monatige durch eine sozialpädagogische Fachkraft betreute Beschäftigung in einer sozialpädagogischen Einrichtung erforderlich. Alternativ haben die Nicht-SchülerInnen in Bayern die Möglichkeit, an den sozialpädagogischen Übungen in der Fachschule teilzunehmen. In *Bremen* beträgt der zeitliche Umfang der nachzuweisenden Tätigkeit 4 Jahre, wovon minde-

---

[145] Im Saarland ist das Ministerium für Kultus, Bildung und Wissenschaft die zuständige Adresse, über die die Verteilung der BewerberInnen an die Fachschulen erfolgt.

stens die Hälfte in einer sozialpädagogischen Einrichtung absolviert werden muß. Die *Hessischen* Anforderungen an die BewerberInnen für die Externenprüfung sind sogar noch höher, wird doch mindestens eine 7jährige Tätigkeit als KinderpflegerIn oder pädagogische Hilfskraft in sozialpädagogischen Einrichtungen vorausgesetzt.

Über die zusätzlichen Beschäftigungszeiten hinaus müssen die Nicht-SchülerInnen in allen Bundesländern beispielsweise in Form einer schriftlichen Erklärung und/oder durch eine Literaturliste nachweisen, wie sie sich den prüfungsrelevanten Lehrstoff angeeignet und auf die Prüfung vorbereitet haben. Bayern und Nordrhein-Westfalen fordern ferner als Mindestalter, um zur Externenprüfung zugelassen zu werden, das vollendete 21. Lebensjahr.[146]

Die Prüfung selbst enthält alle Elemente, die auch im Rahmen der vollzeitschulischen Ausbildung in den einzelnen Bundesländern erforderlich sind: mündliche, schriftliche und/oder fachpraktische Prüfungsanforderungen (vgl. Kapitel 19). Darüber hinaus müssen die Externen-Prüflinge zusätzliche schriftliche und mündliche Prüfungen ablegen (vgl. Abb. 20.1).Nach Abschluß der Prüfungen bekommen die Nicht-SchülerInnen ein Abschlußzeugnis. Auf dieser Grundlage können sie das Berufspraktikum aufnehmen, für das die gleichen Konditionen wie für die SchülerInnen gelten (vgl. Kapitel 18). Im Anschluß hieran muß die 2. Teilprüfung erfolgreich ablegt werden, um die Berufsbezeichnung »staatlich anerkannter Erzieher/staatlich anerkannte Erzieherin« zu erlangen.

In einigen Bundesländern wie in Hessen und Sachsen-Anhalt ist - wie ausdrücklich in den Verordnungen formuliert wird - die Teilnahme an der Externenprüfung kostenpflichtig. So haben beispielsweise in Hessen Nicht-SchülerInnen für die theoretische Prüfung DM 250,- und für die methodische Prüfung DM 150,- an Gebühren zu entrichten. Darüber hinaus können Externe auch an der Zusatzprüfung teilnehmen, um so gegebenenfalls die Fachhochschulreife zu erwerben. Für diesen Versuch entstehen ihnen Gebühren in Höhe von DM 150,- .

---

[146] Darüber hinaus muß den Bewerbungsunterlagen sowohl eine Erklärung, ob sie bereits an einer Abschlußprüfung für ErzieherInnen an einer Fachschule für Sozialpädagogik teilgenommen haben, als auch ein tabellarischer Lebenslauf sowie der Nachweis über die schulische und berufliche Vorbildung beigefügt werden. Den Bewerbungsunterlagen in Baden-Württemberg und Bayern kann eine Erklärung oder ein Antrag hinzugefügt werden, daß der/die BewerberIn im Fach Religion/Religionspädagogik keine Prüfung ablegen möchte. Die Antragsteller in Baden-Württemberg, Bremen und Hessen müssen darüber hinaus ihren ständigen Wohnsitz in dem entsprechenden Bundesland haben.

Abb. 20.1: Übersicht über die Prüfungsanforderungen für Nicht-SchülerInnen nach Bundesländern	
Land	*Prüfungsanforderungen*
BW	Es muß jeweils eine Klausur in den Fächern Deutsch, Pädagogik, Psychologie, Praxis- und Methodenlehre sowie Kinder- und Jugendliteratur/Medienpädagogik geschrieben werden. Die mündlichen Prüfungen erstrecken sich auf alle Pflichtfächer der Stundentafel mit Ausnahme der Fächer Werken, Rhythmik, Bewegungserziehung und Sozialpädagogische Praxis. Der Fachausschuß kann in den mündlich zu prüfenden Fächern auch vereinfachte, das heißt zeitlich kürzere Klausuren schreiben lassen. Auf Antrag können auch bereits schriftlich geprüfte Fächer zusätzlich mündlich geprüft werden. Im Fach Werken muß eine 3stündige, praktische Arbeit angefertigt werden.
BA	Es müssen Klausuren in den Fächern Pädagogik oder Psychologie und Heilpädagogik und Jugendliteratur oder Theologie und zusätzlich (je 120 Min.) Biologie mit Gesundheitserziehung, Soziologie und Rechtskunde geschrieben werden. Außer in den Fächern Pädagogik und Psychologie kann anstelle einer schriftlichen Prüfung eine ca. halbstündige mündliche Prüfung durchgeführt werden. Im Fach Praxis- und Methodenlehre ist dies Pflicht. Praktische und mündliche Prüfungen von je 30 bis 90 Minuten werden in den Fächern Kunst-, Werk-, Musik- und Sporterziehung sowie Rhythmik abgenommen. Durch den Nachweis einer staatlichen Prüfung können SchülerInnen in einzelnen Fächern durch den Prüfungsausschuß von diesen befreit werden.
BB	Eine Nicht-SchülerInnenprüfung ist möglich, nähere Informationen hierzu liegen jedoch nicht vor.
HB	Alle Fächer der Stundentafel sind Gegenstand der Abschlußprüfung. Auf mündliche Prüfungen kann nur in den bereits schriftlich geprüften Fächern verzichtet werden, außer wenn der Prüfling eine mündliche Prüfung in diesen Fächern beantragt.
HE	Für die Prüfung von Externen gelten die Bestimmungen der Abschlußprüfung für Studierende entsprechend. Als Externenprüfung kann nur die theoretische Prüfung, nicht auch die methodische Prüfung abgelegt werden.
NI	Fächer für die mündliche Prüfung sollen sämtliche Fächer sein. Fächer für die praktische Prüfung sollen sämtliche Fächer des praktischen Unterrichts sein. Auf die mündliche Prüfung kann in den Fächern verzichtet werden, in denen die Klausurarbeiten oder das Ergebnis der praktischen Prüfung mit mindestens »ausreichend« bewertet worden sind. Im übrigen gelten die Vorschriften für die Abschlußprüfung entsprechend.
NW	Praktisch-pädagogische Prüfung, die aus Planung, Durchführung und schriftlicher Reflexion einer umfassende Aufgabe aus der sozialpädagogischen Praxis besteht; wird diese Prüfung erfolgreich bestanden, werden die Prüflinge zur schriftlichen und mündlichen Prüfung in allen Pflichtfächern zugelassen; Prüflinge mit Abitur und Fachhochschulreife können in den Fächern Religionslehre und Politik/Geschichte von der jeweiligen Prüfung befreit werden. Ehemalige StudentInnen an Fachhoch- und Hochschulen können in den Fächern von der Prüfung befreit werden, die Gegenstand ihres Studiums waren und mit einer Prüfung abgeschlossen worden sind.
RP	Externe schreiben in den gleichen Fächern Klausuren wie die SchülerInnen und zusätzlich noch eine weitere Klausur im Fach Verwaltungskunde/Rechtslehre.
SL	Externe schreiben in den gleichen Fächern Klausuren wie die SchülerInnen; alle Fächer der Stundentafel können Gegenstand der mündlichen Prüfung sein.

(Fortsetzung nächste Seite)

(Noch Abb. 20.1)	
Land	*Prüfungsanforderungen*
SN	Schulfremde haben dieselben schriftlichen Prüfungsleistungen zu erbringen wie Schüler mit der Maßgabe, daß in den in § 67 Abs. 1 genannten Fächern die schriftlicher Bearbeitungsdauer 120 Minuten beträgt. Darüber hinaus haben sie 1. eine schriftliche Prüfungsleistung im Fach Praxis- und Methodenlehre mit einer Bearbeitungsdauer von 180 Minuten zu erbringen sowie 2. in den Fächern Musikerziehung, Rhythmik, Kunsterziehung, Werkerziehung und Sporterziehung sich einer Prüfung zu unterziehen, die mündliche und praktische Anteile enthält. Die Prüfung in Musikerziehung und Rhytmik kann zu einer gemeinsamen Prüfung zusammengefaßt werden. Die spezifischen Inhalte beider Fächer sind dabei zu berücksichtigen. Die Prüfungsdauer in den einzelnen Fächern legt der Prüfungsausschuß fest. Sie beträgt für jede Prüfung 30 bis 90 Minuten. Der Prüfungsausschuß kann von der Prüfung in den Fächern befreien, in denen die Bewerber entsprechende Kenntnisse durch ein Zeugnis über eine staatliche Prüfung nachweisen.
ST	Fächer der mündlichen Prüfung sind sämtliche Fächer, Fächer der fachpraktischen Prüfung sämtliche Fächer des fachpraktischen Unterrichts. Auf die mündliche Prüfung kann in den Fächern verzichtet werden, in denen die Klausurarbeiten oder das Ergebnis der fachpraktischen Prüfungen mit mindestens »ausreichend« bewertet worden sind. Im übrigen gelten die Vorschriften über die Abschlußprüfung entsprechend.
SH	Prüfungsfächer sind alle Fächer der Stundentafel. Auf eine mündliche Prüfung kann verzichtet werden, wenn die Note der schriftlichen Prüfung mindestens »gut« lautet.
Quelle: Ausbildungs- und Prüfungsverordnungen der Bundesländer	

Das Instrument der Externenprüfung scheint seit Anfang der 90er Jahre zunehmend an Bedeutung zu gewinnen. So werden zur Zeit, z.B. in Nordrhein-Westfalen und Rheinland-Pfalz, Sondermaßnahmen zur Qualifizierung von ErzieherInnen und KinderpflegerInnen als Vorbeitungskurse auf die Nicht-SchülerInnenprüfung angeboten. Sie werden *außerhalb* der regulären Fachschule von öffentlichen (hier vorwiegend von Volkshochschulen) und privaten Trägern durchgeführt und von der Bundesanstalt für Arbeit gefördert, um u.a. die Wiedereingliederung von Frauen in den Arbeitsmarkt zu unterstützen. Über das rechtliche Konstrukt der Externenprüfung erfolgt danach die Abschlußprüfung an den Fachschulen für Sozialpädagogik.

Über den Umfang und die Qualität dieser Maßnahmen liegen zur Zeit keine Informationen vor. Obwohl die hiermit verbundene Intention - Förderung von BerufsrückkehrerInnen nach der Familienpause - zu begrüßen ist, ist diese Form der ErzieherInnenausbildung zunächst einmal kritisch zu hinterfragen, handelt es sich hierbei doch um einen grauen Ausbildungsmarkt, der während der Vorbereitungsphase nicht der Schulaufsicht untersteht und so die Anerkennung als Privatschule umgeht. Standards, die nicht nur für öffentliche Fachschulen, sondern auch für private Fachschulen gelten - wie eine gleichwertige LehrerInnenqualifikation - können so umgangen werden. Durch die Zunahme der Externenprüfungen kann darüber hinaus die Qualität der Regelausbildung leiden, wenn - wie in Nordrhein-Westfalen - keine zusätzlichen Lehrerstunden zur Verfügung stehen.

Die Externenprüfung stellt jedoch nicht die einzige Möglichkeit dar, wesentliche Teilqualifikationen auf dem Weg zum ErzieherInnenberuf oder verwandter Abschlüsse auf eher ungewöhnliche Art und Weise zu erwerben. Deshalb sollen noch einige ausgewählte alternative Ausbildungsmöglichkeiten skizziert werden.

20.3 Alternative Ausbildungsmöglichkeiten

In einigen Bundesländern kann die ErzieherInnenausbildung auch außerhalb einer Fachschule für Sozialpädagogik absolviert bzw. entsprechende Teilqualifikationen für einzelne Arbeitsfelder erworben werden. Bei diesen Ausbildungsangeboten, die in der KMK-Vereinbarung nicht explizit erwähnt werden, handelt es sich um (1) die Baden-Württembergische Berufsakademie, (2) die »Badisch-Schwäbischen« HeimerzieherInnenschulen, (3) die ebenfalls in Baden-Württemberg angesiedelten Fachschulen für Arbeitserziehung und -therapie sowie (4) Ausbildungsangebote zur HeimerzieherIn einzelner Schulen in anderen Bundesländern. Hierfür wurden zum Teil eigenständige, rechtliche Grundlagen erlassen, teils fehlt die staatliche Anerkennung.

(1) In Baden-Württemberg gibt es die sogenannten »*Berufsakademien*«, die neben Fachhochschulen und Universitäten dem Tertiären Bildungsbereich zugerechnet werden. Sie führen seit 1974 (Fach-)AbiturientInnen dual, d.h. an den staatlichen Berufsakademien und an betrieblichen Ausbildungsstätten der Wirtschaft bzw. der öffentlichen und privaten Wohlfahrtspflege, innerhalb einer 3jährigen Ausbildung zu einem berufsqualifizierenden, mit einer Hochschulausbildung vergleichbaren Abschluß. Dabei kann an Berufsakademien des Ausbildungsbereiches Sozialwesens, an dem »Diplom-SozialpädagogInnen (BA)« qualifiziert werden, der Berufsabschluß »Erzieher/in (BA)« erworben werden, sofern nach 2jähriger Studiendauer eine erfolgreiche Zwischenprüfung abgelegt wird. Die staatliche Anerkennung als ErzieherIn wird allerdings nur erteilt, wenn die Studierenden danach am einjährigen Berufspraktikum teilnehmen sowie abschließend ein Kolloquium absolvieren. Das Ausbildungsangebot zur ErzieherIn besteht jedoch *nur* für StudienabbrecherInnen. BewerberInnen, die von vornherein eine ErzieherInnenausbildung beginnen möchten, werden von den Berufsakademien an die Fachschulen für Sozialpädagogik verwiesen. Die Zahl der StudienabbrecherInnen, die dieses Angebot in

Anspruch nehmen, ist allerdings verschwindend gering.[147] So hat 1992 lediglich eine AbgängerIn von dieser Möglichkeit Gebrauch gemacht. Dagegen verließen zum gleichen Zeitpunkt 248 Studierende die Berufsakademien nach 3 Ausbildungsjahren mit dem Berufsabschluß Diplom-SozialpädagogIn (vgl. BUNDESMINISTERIUM FÜR BILDUNG UND WISSENSCHAFT 1993).[148]

(2) Außerdem bestehen in Baden-Württemberg neben den arbeitsfeldübergreifend qualifizierenden Fachschulen für Sozialpädagogik nach wie vor spezialisiertere Bildungsgänge zur ErzieherIn der Fachrichtung Jugend- und Heimerziehung, die auf der Grundlage einer eigenen Verordnung durchgeführt werden und lediglich zu einer Berufstätigkeit in diesem eingegrenzten Berufsfeld berechtigen und befähigen. Die traditionelle HeimerzieherInnenausbildung kann in Vollzeit- und Teilzeitform besucht werden. Die Vollzeitausbildung dauert 3 Jahre, in die ein sich an die theoretische Ausbildung anschließendes einjähriges Anerkennungsjahr eingebettet ist. Bei den 3jährigen Teilzeitausbildungen gilt das Berufspraktikum »als abgeleistet, wenn während der Ausbildung eine berufliche Tätigkeit in einer geeigneten Einrichtung durchgeführt wurde« (BUNDESANSTALT FÜR ARBEIT 1993, S. 144). Die geforderte schulische und berufliche Vorbildung entspricht im wesentlichen den Zugangsvoraussetzungen der regulären ErzieherInnenausbildung. Aufnahmevoraussetzung ist demzufolge nach dem vollendeten 18. Lebensjahr ein Mittlerer Bildungsabschluß und eine mindestens einjährige geeignete praktische Tätigkeit.[149] Im Vergleich zu den 58 Fachschulen für Sozialpädagogik in Baden-Württemberg sind die 9 Ausbildungsstätten für HeimerzieherInnen quantitativ allerdings von wesentlich geringerer Bedeutung (vgl. DERSCHAU/SCHERPNER 1989).

(3) Auf derselben rechtlichen Grundlage wie die HeimerzieherInnen werden auch die sogenannten »ErzieherInnen am Arbeitsplatz« ausgebildet, deren erste Ausbildungsstätte 1958 in Baden-Württemberg gegründet wurde. Das Bildungsangebot blieb auch in der Folgezeit auf dieses Bundesland beschränkt. Die Ausbildung zielt auf »eine arbeitserzieherische oder arbeitstherapeutische Tätigkeit in sozialpädagogischen und sozialtherapeutischen Einrichtungen, die

---

[147] Vgl. GESETZ ÜBER DIE BERUFSAKADEMIEN IM LAND BADEN-WÜRTTEMBERG - BERUFSAKADEMIEGESETZ - BAG (1982); KMK (1975); WENDT (1987, S. 35 ff.)

[148] Insgesamt stieg die Zahl der Studierenden an den 3 Baden-Württembergischen Berufsakademien des Ausbildungsbereichs Sozialwesen von 543 im Jahre 1980 auf 1.035 im Jahre 1992 (vgl. BUNDESMINISTERIUM FÜR BILDUNG UND WISSENSCHAFT 1993; WENDT 1987).

[149] Vgl. DERSCHAU (1989, S. 19 f.); BUNDESANSTALT FÜR ARBEIT (1993, S. 144); VERORDNUNG ÜBER DIE SCHULEN FÜR ERZIEHER - FACHRICHTUNG JUGEND- UND HEIMERZIEHUNG -, HEILERZIEHUNGSPFLEGE, ARBEITSERZIEHUNG UND HEILERZIEHUNGSHILFE (1981).

der Erziehung, Pflege, Resozialisierung und Rehabilitation dienen« (MAYER 1987, S. 7 ff.), wobei der inhaltliche Schwerpunkt auf der Behindertenpädagogik liegt. Die Ausbildungsdauer beträgt bei der Vollzeitform 2 und der Teilzeitform 3 Jahre. An die theoretische Ausbildung schließt sich zur Erlangung der staatlichen Anerkennung ein einjähriges Berufspraktikum an. Die Ausbildung setzt einen Mittleren Bildungsabschluß und eine abgeschlossene Berufsausbildung in einem anerkannten Ausbildungsberuf voraus. Zusätzlich muß eine Aufnahmeprüfung an einer der zur Zeit bestehenden 4 Fachschulen für Arbeitserziehung und Arbeitstherapie absolviert werden (vgl. ebd. 1987).[150]

(4) In verschiedenen anderen Bundesländern gibt es über die bereits skizzierten Ausbildungsmöglichkeiten in Baden-Württemberg hinaus an einigen wenigen Ausbildungsstätten weitere Bildungsangebote zur HeimerzieherIn, denen jedoch zum Teil die staatliche Anerkennung fehlt. So können sich in Schleswig-Holstein langjährige MitarbeiterInnen der Erziehungshilfe ohne pädagogische Ausbildung am »Institut für berufsbegleitende Aus- und Fortbildung im Diakonischen Werk« zur/zum »Kirchlich anerkannte(r) HeimerzieherIn« ausbilden lassen. Die Ausbildung erfolgt im Rahmen eines 3jährigen, berufsbegleitenden Teilzeitangebotes und endet mit einer Abschlußprüfung. Für die Ausbildung werden Lehrgangsgebühren in Höhe von 8.900 DM erhoben (vgl. BUNDESANSTALT FÜR ARBEIT 1993, S. 144). Ähnliche berufsbegleitende Ausbildungsangebote werden vom Diakonischen Werk »Neues Ufer« in Mecklenburg-Vorpommern angeboten (vgl. ebd.).

Erwähnt werden soll an dieser Stelle noch das mittlerweile nicht mehr existierende Telekolleg für ErzieherInnen, das im Schuljahr 1972/73 in Bayern eingeführt wurde, weil es als lobenswertes Beispiel immer noch in der Literatur hervorgehoben wird: »In den Projekten des DJI haben wir z.B. immer wieder erfahren, welche hervorragende Arbeit gerade diejenigen ErzieherInnen leisten, die als Art »Seiteneinsteiger« in den 70er Jahren über das »Telekolleg Erzieher« in die Kindergärten kamen« (DERSCHAU 1991, S. 190). Im Telekolleg fand der 2jährige Unterricht über ein Medienverbundsystem »(Fernsehen - Hörfunk - Buch - Studienhilfen - Direktunterricht)« statt (vgl. DERSCHAU 1976, S. 280). Der Direktunterricht erfolgte in Form begleitender Kontaktphasen, die an Fachschulen für Sozialpädagogik und einzelnen Volkshochschulen angeboten wurden. Nach 2 Jahren konnte die theoretische Ausbildung durch eine Prüfung an einer Fachakademie für Sozialpädagogik beendet werden. Anschließend mußte, wie bei der regulären Ausbildung, das ein-

---

[150] BewerberInnen mit Hauptschulabschluß müssen neben der Berufsausbildung noch eine mindestens 2jährige Berufstätigkeit nachweisen.

jährige, von der Fachakademie begleitete Berufspraktikum durchgeführt werden. Die Teilnahme am Telekolleg setzte mit dem vollendeten 24. Lebensjahr ein relativ hohes Lebensalter voraus. Gleichzeitig wurden als weitere Zugangsbedingungen der Realschul- oder ein gleichwertiger Bildungsabschluß und eine abgeschlossene Berufsausbildung oder eine mindestens 3jährige Berufstätigkeit gefordert (vgl. DERSCHAU 1976, S. 280; MIEDECK 1988, S. 28).

20.4 Zusatzausbildung

Alle Veröffentlichungen, die sich mit der ErzieherInnenausbildung auseinandersetzen, verweisen auf den besonderen Stellenwert der beruflichen Fort- und Weiterbildung für die ErzieherInnen bzw. das Personal in den Einrichtungen.[151] Sie gehört gerade aufgrund der hohen, sich verändernden und wachsenden Anforderungen in den verschiedenen Arbeitsfeldern zu den Grundvoraussetzungen für den Erhalt und die Erweiterung der fachlichen Qualifikation im Bereich der Jugendhilfe, aber auch zur Bewältigung psychozialer Probleme in den Erziehungseinrichtungen.

Zur Fort- und Weiterbildung enthält die KMK-Vereinbarung von 1982 folgende Passage: Sofern sich ErzieherInnen »für besondere Aufgaben in sozialpädagogischen Bereichen qualifizieren wollen, ist hierzu eine zusätzliche, mindestens einjährige Ausbildung in Vollzeitform, oder in entsprechend längerer Dauer in Teilzeitform, erforderlich. Zugelassen werden kann, wer mindestens ein Jahr als Staatlich anerkannter Erzieher/Staatlich anerkannte Erzieherin tätig war« (KMK 1982). Die Regelungen der Kultusministerkonferenz zielen - obwohl in der KMK-Vereinbarung nicht weiter ausgeführt - hierbei wohl vor allem auf die Ausbildung zur *HeilpädagogIn*, die als klassische Zusatzausbildung für ErzieherInnen gilt, die sich für den Bereich der Behindertenhilfe qualifizieren möchten, und in allen Bundesländern vergleichsweise etabliert ist. So befanden sich 1992 laut STATISTISCHEM BUNDESAMT (1994) bundesweit rund 2.200 SchülerInnen an Fachschulen für Heilpädagogik.

Darüber hinaus sind in Brandenburg - neben der bereits erwähnten Heilpädagogik - sogenannte *Aufbaulehrgänge* in den Bereichen Sonder- und Fachpädagogik geschaffen worden. Sie sind wie die Heilpädagogik ebenfalls auf Fachschulebene verortet und führen zu den Berufsabschlüssen »staatlich anerkannte/r SonderpädagogIn« bzw. »FachpädagogIn«. Die Bildungsangebote richten sich vor allem an ErzieherInnen, FamilienpflegerInnen, HeilerziehungspflegerInnen oder AltenpflegerInnen mit mindestens 2jähriger Berufser-

---

[151] Vgl. z.B. BAG (1990); DER VERGESSENE BERUF (1990); GLEICH (1993); WELZEL (1994)

fahrung. Sie zielen aber auch auf InteressentInnen, die eine mindestens 3jährige sozialpädagogische und -pflegerische Fachschulausbildung nach DDR-Recht oder eine Ausbildung als (Kinder-)Krankenschwester/-pfleger absolviert haben und mindestens 3 Jahre einschlägig hauptberuflich tätig waren.

Neben diesen staatlich anerkannten, nicht jedoch tarifrechtlich gewürdigten Zusatzqualifikation existiert ein Sammelsurium von lokalen, einrichtungs- und trägerspezifischen Einzelangeboten zur Fort- und Weiterbildung für ErzieherInnen. Wie allein die einschlägige Veröffentlichungsreihe »Bildung und Beruf« der Bundesanstalt für Arbeit, in der für den Sozialbereich berufliche Weiterbildungsmöglichkeiten aufgeführt werden, dokumentiert, besteht in den Bildungsbereichen Erziehung, Elementarerziehung und Jugendhilfe ein relativ unkoordinierter Weiterbildungsmarkt, auf dem einzelne private oder öffentliche Träger mit unterschiedlichen Weiter- und Fortbildungskonzepten und verschiedenen Veranstaltungsformen (vom Wochenendseminar bis zur einjährigen Weiterbildung) um die Zielgruppe ErzieherIn konkurrieren (vgl. BUNDESANSTALT FÜR ARBEIT 1993). Das Themenspektrum reicht von der Einführung in spezifische pädagogische Schulen, über einzelne Erziehungskonzepte (integrative Erziehung, Sexualerziehung) bis hin zur Anpassungsqualifizierung.

Von offizieller Kultusministerseite werden, wie einem Merkblatt zur Weiterbildung von ErzieherInnen aus Baden-Württemberg zu entnehmen ist, neben dem Hinweis auf ein Fachhochschulstudium Sozialpädagogik, verschiedenen FachlehrerInnenausbildungen (z.B. für musisch-technische Fächer) und der bereits erwähnten Heilpädagogikausbildung, Fortbildungsangebote zur Waldorf- oder Montessori-Pädagogik, aber auch Qualifizierungsmöglichkeiten zur Arbeits- und BeschäftigungstherapeutIn sowie zur LogopädIn aufgeführt (vgl. MINISTERIUM FÜR KULTUS UND SPORT DES LANDES BADEN-WÜRTTEMBERG 1987/88).

Zusammenfassend ist zum bestehenden Fort- und Weiterbildungsangebot festzuhalten, daß es zwar eine Fülle von Einzelangeboten gibt, insgesamt mangelt es jedoch an »berufsfeldbezogenen Weiterbildungsangeboten, an geeigneten Kursen für Aufbauqualifikationen und an der aktiven Unterstützung von Weiterbildungswünschen durch längerfristige Beurlaubung« (EBERT 1994, S. 31), kurzfristige Freistellung von MitarbeiterInnen in den Einrichtungen, Kostenübernahme durch die Träger und eine entsprechende Tarifierung nach Abschluß der Maßnahmen. Dabei ist die Weiterbildungsbereitschaft und Teilnahmequote - trotz der ungünstigen Bedingungen - unter den MitarbeiterInnen beispielsweise im Arbeitsfeld Kindertageseinrichtungen durchaus hoch: So ermittelte die Zeitschrift »Kindergarten heute« 1990, daß 87% der Fachkräfte ein- bis zweimal im Jahr eine Fortbildung besuchen, während nur 8% der Befragten nie ein derartiges Angebot in Anspruch nehmen (vgl. DER VER-

GESSENE BERUF 1990). Auch GLEICH stellte für katholische Kindergärten in Nordrhein-Westfalen fest, daß Fort- und Weiterbildung von nahezu allen befragten Beschäftigten als wichtig erachtet wird. Vor allem dort, wo solche Möglichkeiten offensichtlich fehlen oder nicht genutzt werden, waren diejenigen zu finden, die ihren Arbeitsplatz oder ihren Beruf wechseln wollten. Rund 90% der befragten ErzieherInnen bewerteten darüber hinaus den Aspekt der Beförderung als wichtig oder sehr wichtig (vgl. GLEICH 1993).

Erforderlich ist deshalb ein systematisches und differenziertes Fort- und Weiterbildungssystem, durch das die in der ErzieherInnenausbildung nur begrenzt vermittelbare Grundqualifikation sozialpädagogischen Handelns vertieft und erweitert wird und den MitarbeiterInnen Möglichkeiten zu beruflichen Entfaltung bietet. Durch unterschiedliche praxisorientierte Weiterbildungsangebote nach mehrjähriger Berufstätigkeit, die in Form von Stufenausbildungen nach dem Baukastenprinzip konstruiert werden könnten, müssen zusätzliche Qualifikationsebenen geschaffen werden, wobei der entsprechende Zertifikatsabschluß dann die Voraussetzung für einen tariflich abgesicherten Aufstieg in eine höhere Vergütungsgruppe wäre (vgl. BAG 1990).

Solange diese Forderungen nicht umgesetzt werden, bietet der ErzieherInnenberuf keine langfristige Perspektive und beruht damit noch immer auf dem Modell der vorübergehenden Erwerbstätigkeit von Frauen statt auf der Konzeption als Lebensberuf mit Aufstiegs- und Karrieremöglichkeiten. Das Ziel derartiger Angebote besteht aber auch darin, die Berufszufriedenheit zu steigern und damit die Verweildauer im Beruf zu erhöhen. Hier liegen auch die Chancen für eine berufliche Umorientierung älterer MitarbeiterInnen, die sich den Belastungen der direkten Arbeit mit Kindern und Jugendlichen nicht mehr gewachsen fühlen und/oder ihre langjährigen Erfahrungen eher beratend, organisatorisch oder disponierend einsetzen möchten. Die Maßnahmen müssen jedoch, gerade weil es sich um einen Frauenberuf handelt, so konzipiert werden, daß auch MitarbeiterInnen mit Kindern die Gelegenheit haben, sich während der Familienpause weiterzuqualifizieren und den Wiedereinstieg in den Beruf vorzubereiten.

Zum Aufbau eines systematischen Qualifizierungssystems ist aber auch - unter organisatorischen Aspekten - eine engere »Verzahnung von Ausbildung, Fortbildung, Fachberatung, Weiterbildung« (DERSCHAU 1991, S. 189) notwendig. Zur stärkeren Vernetzung dieser Bereiche fordert EBERT die Einrichtung sozialpädagogischer Zentren auf regionaler Ebene, wodurch zugleich auch zwischen den verschiedenen Trägern Kooperationsformen entwickelt werden sollen. Ergänzend könnten institutionalisierte Beratungsformen auf unterschiedlichen Stufen eingerichtet werden (vgl. EBERT 1994, S. 35).

21. Richtlinien und Lehrpläne

Ergänzend zu den bisher analysierten rechtlichen Rahmenbedingungen wird im folgenden ein Überblick über den gegenwärtigen Bestand an Richtlinien/Lehrplänen für den Unterricht an Fachschulen/Fachakademien für Sozialpädagogik gegeben, wobei die Betrachtung primär unter formalen Aspekten erfolgt und sich ausschließlich auf die alten Bundesländer bezieht. Die Lehrpläne wurden zum Teil durch die Kultusministerien selbst, zum Teil über die hierzu autorisierten Verlage zur Verfügung gestellt (vgl. Abb. 21.1).[152]

DERSCHAU stellt in seiner Kurzcharakteristik der im Schuljahr 1974/75 vorliegenden Lehrpläne fest, daß es sich überwiegend um vorläufige Entwürfe handelt, die im Zeitraum von 1967 bis 1974 von unterschiedlich zusammengesetzten Gruppen erarbeitet und den Ausbildungsstätten mit entsprechend vagen Verbindlichkeitsgrad zur Erprobung ausgehändigt wurden (vgl. DERSCHAU 1976, S. 295 f.). Diese Entwürfe wurden bis auf die im Saarland mittlerweile alle überarbeitet und haben zum Teil ihren Entwurfs- und Vorläufigkeitscharakter überwunden bzw. sind zu aktuelleren Entwürfen geworden. Sie stammen größtenteils aus den 80er Jahren. In Berlin sind zwischen 1989 und 1992 alle Lehrpläne neu erarbeitet worden. Hierbei handelt es sich gegenwärtig - neben dem Entwurf in Nordrhein-Westfalen von 1994 - um die aktuellsten vorhandenen Lehrpläne. In Bremen (Pädagogik[153]), Berlin und Rheinland-Pfalz wird bereits aus dem Titel ersichtlich, daß es sich um vorläufige Pläne bzw. Entwürfe handelt. Diese Übergangsphase dauert in Bremen und Rheinland-Pfalz allerdings schon 15 bzw. 10 Jahre. Allerdings bilden auch die *vorläufigen* Lehrpläne eine verbindliche Grundlage für den Unterricht.

Vier Bundesländer überarbeiten zur Zeit ihre Lehrpläne: Für das Saarland und Rheinland-Pfalz liegen uns momentan keine Informationen über den Überarbeitungsstand vor. In Nordrhein-Westfalen sind im Schuljahr 1994 neue Richtlinien und Lehrpläne zur Erprobung an alle Schulen gegangen, eine endgültige Verabschiedung steht jedoch noch aus. In Bayern sind als Reaktion

---

[152] Die aus den 70er Jahren stammenden Richtlinien des Saarlandes sind offiziell nicht mehr zu beziehen und können daher nicht berücksichtigt werden. Die Bezugsquellen und genauen Titel der länderspezifischen Bestimmungen sind am Ende des Kapitels aufgelistet.

[153] Der Bremer Lehrplan für »Pädagogik« unterscheidet sich durch das Erscheinungsjahr (1980), die Gestaltung sowie durch den Entwurfscharakter von den übrigen Bremer Lehrplänen. Diese datieren von 1988 und haben den Status von Rahmenrichtlinien.

auf veränderte Anforderungen im Tätigkeitsfeld (z.B. das KJHG) 1991 für die Fächer Rechtskunde und Biologie mit Gesundheitserziehung neue Lehrpläne erlassen worden. Eine Überarbeitung für die anderen Unterrichtsfächer soll ebenfalls nach und nach erfolgen.

Die Bezeichung der verschiedenen Lehrpläne weicht in den einzelnen Bundesländern auffällig voneinander ab: So wird in Bayern und Schleswig-Holstein von »Lehrplänen«, in Bremen für das Fach Pädagogik und Rheinland-Pfalz von »Lehrplanentwürfen«, in Berlin vom »Vorläufigen Rahmenplan«, in Baden-Württemberg vom »Bildungsplan«, in Hamburg von einer »Lehrplansammlung«, in Bremen und Niedersachsen von »Rahmenrichtlinien« sowie in Nordrhein-Westfalen von »Richtlinien« und »Lehrplänen« gesprochen.[154] Hinter den verschiedenen Bezeichnungen stehen unterschiedliche Lehrplankonzepte. Die Unterschiede zeigen sich bereits in der Form der Veröffentlichung mit entsprechenden Auswirkungen auf Handhabung und NutzerInnenfreundlichkeit: So haben Baden-Württemberg, Hamburg, Hessen, Niedersachsen und Nordrhein-Westfalen ihre Lehrpläne als Lehrplansammlung veröffentlicht. Bayern hat die Fächer des sogenannten »Teil 1: Pflichtbereich«[155] gemeinsam herausgegeben. In den übrigen Bundesländern handelt es sich um separate Lehrpläne, die nicht in einer Gesamtbroschüre zusammengefaßt sind.

Ein weiteres Unterscheidungsmerkmal der Lehrpläne sind die Ansprüche, die mit ihnen verbunden sind. So wird in Bremen »mit den *'curricularen Rahmenrichtlinien'* (...) eine Form gewählt, bei der die Formulierung des *Zielrahmens* und des *inhaltlichen Lernzusammenhangs* im Vordergrund stehen. Auf die Angabe einzelner Lernziele für jedes einzelne Unterrichtsthema wird verzichtet« (S. I). Die Vorgaben sind demzufolge sehr allgemein, die pädagogische und didaktische Umsetzung wird explizit den Schulen überlassen.

Dagegen hat Baden-Württemberg einen *Bildungsplan* für die Fachschule für Sozialpädagogik erstellt, der auch eine Verzahnung mit dem allgemeinbildenden und dem übrigen berufsbildenden Schulwesen für sich beansprucht: »Die Bildungspläne der beruflichen Schularten (wurden) sowohl untereinander als auch mit den Bildungsplänen der allgemeinbildenden Schulen inhaltlich abgestimmt. Für die Schüler sind damit Übergänge zwischen den Schulbereichen problemlos möglich« (S. 3, BW).

---

[154] Aus Gründen der Vereinfachung verwenden wir im folgenden den Begriff »Lehrplan«.
[155] Dies sind Pädagogik, Psychologie, Soziologie, Deutsch, Sozialkunde, Biologie mit Gesundheitserziehung, Heilpädagogik, Jugendliteratur, Rechtskunde, Praxis- und Methodenlehre.

Bereits diese beiden Beispiele verdeutlichen, daß aufgrund der unterschiedlichen Zielsetzungen ein Vergleich der Lehrpläne nur begrenzt möglich ist.
Dennoch ist festzustellen: Der eigenständige Bildungsauftrag der Fachschule
für Sozialpädagogik wird in fast allen Lehrplänen gesehen und mehr oder
minder dezidiert formuliert. In Baden-Württemberg und Nordrhein-Westfalen
ist diesem Thema sogar ein eigener Abschnitt gewidmet; in Rheinland-Pfalz
werden die LehrerInnen aufgefordert, den »Lehrplanentwurf für diesen Bildungsgang (...) als Ganzheit zu sehen. Es wird vorausgesetzt, daß alle betroffenen Lehrkräfte sich einen Überblick über den »Gesamtlehrplanentwurf«
verschaffen« (LEHRPLANENTWURF RP, S. 4).

Es mangelt jedoch oft an der konkreten Umsetzung in ein stimmiges,
fächerübergreifendes Gesamtkonzept bzw. in die einzelnen Fachlehrpläne. So
wird in den vorhandenen Bestimmungen teilweise nicht das gesamte *fachschul-
spezifische* Fächerspektrum berücksichtigt: In Baden-Württemberg, Bayern,
Berlin, Hamburg und Rheinland-Pfalz werden Lehrpläne für alle Fächer der
Stundentafel der Fachschule/Fachakademie für Sozialpädagogik herausgegeben.[156] In den übrigen Bundesländern gibt es nicht für alle Fächer Lehrpläne
bzw. fachschulbezogene Lehrpläne, in Hessen werden beispielsweise die Fächer Deutsch und Politik auf der Grundlage der Rahmenlehrpläne der Fachoberschule geregelt, alle anderen Unterrichtsfächer sind dagegen Inhalt der
Rahmenlehrpläne der Fachschule für Sozialpädagogik.

Neben dem Problem der mangelnden Berücksichtigung aller Ausbildungsinhalte in einem Gesamtkonzept wird auf die Vernetzung und Überschneidung der einzelnen Fächer zwar oft im Vorwort oder in der Einleitung zum
Fachlehrplan hingewiesen, konkrete Querverweise bilden aber eher die Ausnahme (vgl. Bayerische und Baden-Württembergische Lehrpläne). Hinweise
zur Möglichkeit oder Form der Zusammenarbeit der betroffenen FachlehrerInnen erfolgen kaum, entsprechende Hilfestellung wird nicht gewährt.

Auch die künstliche Trennung zwischen schulischer und praktischer Ausbildung spiegelt sich in den Lehrplänen wider: Regelungen zum einjährigen
Berufspraktikum finden sich nur in den Lehrplänen von Baden-Württemberg,
Rheinland-Pfalz und Nordrhein-Westfalen. Im Baden-Württembergischen
Lehrplan sind im Anhang die Regelung für BerufspraktikantInnen einschließlich zweier Anlagen (»Hinweise für die Erstellung des Besuchsberichts«, »Kriterien für die Beurteilung des Praktikanten«) veröffentlicht (vgl. BW, S.

---

[156] Berlin und Hamburg haben das Fach Religion nicht in ihrer Stundentafel. In Rheinland-Pfalz und in Nordrhein-Westfalen ist das Fach Religionslehre extra geregelt,
wobei in Nordrhein-Westfalen hierfür spezielle Lehrpläne von den Kirchen erarbeitet
wurden, die aber noch nicht an die Schulen weitergeleitet worden sind.

209 ff.). Bestandteil des Rheinland-Pfälzischen Lehrplans ist ein Rahmenplan zur Durchführung des 2. Ausbildungsabschnittes.

Der Aufbau der einzelnen *Fachlehrpläne* ist relativ uneinheitlich. Es lassen sich jedoch in fast allen Lehrplänen Grobkategorien, die in Lernziele, Lerninhalte und Hinweise zur Umsetzung differenziert sind, identifizieren. Sie unterscheiden sich jedoch erheblich im Hinblick auf die verwendeten Begriffe, ihren Differenziertheitsgrad, die Stundenvorgaben für die einzelnen Unterrichtsfächer und ihre jeweilige Gliederung. So ist z.B. in Hamburg jeder Lehrplan in bis zu 7 Kapitel unterteilt, beispielsweise für das Fach Psychologie:

1. Lernvoraussetzungen
2. Zur Fachdidaktik
3. Hinweise zu den Unterrichtsverfahren
4. Fachlernziele
5. Übersicht über die Lehrgänge mit Richtzeiten
6. Lehrgänge 01 bis 06

In Bremen haben die PädagogInnen dagegen folgende Struktur vor sich:

1. Fachbezogene Vorbemerkungen (Stellung des Faches innerhalb des Fächerkanons und Hinweise auf entsprechende Verzahnung mit anderen Fächern)
2. Ziele des Unterrichts mit Richtzielen zu den Themenbereichen des Faches
3. Lernzusammenhang (Formulierung von Themenbereichen, manchmal mit Vorbemerkung Lernzusammenhang der Schüler, manchmal wird Richtung der Behandlung der Themenbereiche angesprochen)
4. Kursleisten (Darstellung und Differenzierung der Themenbereiche in Einzelthemen nach Klassenstufe)

Die VerfasserInnen der Bayerischen Lehrpläne erläutern zunächst in einer Einführung deren allgemeine Zielsetzung, ihre Struktur sowie den Sinn der Lernzielbeschreibungen.[157] Durch den Lehrplan sollen didaktische Schwerpunkte gesetzt werden, die dem/der LehrerIn freigestellten erzieherischen Handlungen dürfen allerdings keine »Verengung des Unterrichts auf intellektuelle oder instrumentelle Lernziele bewirken«. Der Lehrplan ist in vier didaktische Schwerpunkte gegliedert: »1. Lernziel«, »2. Lerninhalt«, »3. Unterrichtsverfahren« und »4. Lernzielkontrolle«. Allerdings erfolgen nicht zu jedem einzelnen Lernziel Angaben zum Unterrichtsverfahren und zur Lernzielkontrolle. Präzise formulierte Lernziele haben den Sinn, die SchülerInnen vor Überforderung zu schützen, die Leistungsbewertung vergleichbar zu machen sowie einheitliche Grundlagen für weiteres Lernen zu schaffen. Die einzelnen

---

[157] Der Lehrplan wurde vom Staatsinstituts für Schulpädagogik (ISP) - in Zusammenarbeit mit den Fachakademien für Sozialpädagogik - sowie der Arbeitsgemeinschaft der öffentlichen und freien Wohlfahrtspflege erstellt.

Unterrichtsfächer werden in »Richtziele« unterteilt, die sich wiederum in verschiedene Lernziele, Lerninhalte und Hinweise gliedern. Dabei müssen die vier sogenannten »Zielklassen« berücksichtigt werden, durch die zugleich didaktische Schwerpunkte festgelegt und maßgebliche Kriterien für die Lernzielkontrolle gebildet werden sollen.[158] Jedes Unterrichtsfach wird mit einer nach Richtzielen und AutorInnen geordneten Literaturliste abgeschlossen.

Der Kern der Lehrplanreform in Nordrhein-Westfalen ist eine entwicklungsorientierte Didaktik. Das heißt, vier Entwicklungsaufgaben gliedern die Ausbildung und bilden für die Unterrichtsinhalte aller Fächer eine didaktische Klammer (Was kann das Fach X dazu beitragen, den SchülerInnen die Lösung der Entwicklungsaufgabe zu ermöglichen?).

Die detaillierteste Einzellehrplanstruktur weist der Bremer Lehrplanentwurf für das Fach »Pädagogik« auf: Er beinhaltet - unterschieden nach Lernzielbereich und Lernorganisation - Inhalte, Ziele, wichtige Begriffe, Literaturangaben (wenn auch veraltet, da dieser Lehrplan aus dem Jahr 1980 stammt), Medienvorschläge, methodische und didaktische Hinweise.

Die gewählten Beispiele zeigen, daß die 1976 von Derschau formulierte Kritik an den damaligen Lehrplänen, es handele sich überwiegend um reine Stoffsammlungen (vgl. DERSCHAU 1976, S. 299), in dieser Form nicht mehr aufrechterhalten werden kann. Dennoch dominiert auch heute noch die Auflistung von Einzelinhalten in Verbindung mit einer Vielfalt von Einzelzielen, die von den Studierenden in nur zwei schulischen Ausbildungsjahren bewältigt werden sollen. Hieraus resultiert eine inhaltliche Überfrachtung der Unterrichtsfächer und des Bildungsganges.

Der Versuch, die Inhalte einzelner Fachlehrpläne beispielsweise für das Unterrichtsfach Methodik und Didaktik zu vergleichen, wird nicht nur durch den unterschiedlichen Aufbau der Lehrpläne, sondern auch durch die länderspezifisch voneinander abweichende Zuordnung von Inhalten auf verschiedene Fächer erschwert. Dies zeigt sich am deutlichsten im Berliner Lehrplan. Da in der Berliner Stundentafel das eigenständige Fach Methodik und Didaktik fehlt, dem in den Lehrplänen der anderen Bundesländer eine Schlüsselposition bei der Fächerintegration und der Herstellung des Theorie- und Praxisbezuges zugemessen wird, sind die Inhalte hierfür in Berlin überwiegend im »Vorläufigen Rahmenplan für das Fach Pädagogik mit Übungen« sowie zum Teil im Fach »Psychologie mit Übungen« enthalten.

---

[158] Die einzelnen Zielklassen sind: 1. Wissen (Information), 2. Können (Operation), 3. Erkennen (Probleme) und 4. Werten (Einstellungen). Im Anschluß an die Einführung werden die Zielklassen mittels einer tabellarischen Darstellung näher erläutert.

Auf Möglichkeiten exemplarischen Lernens wird nur vereinzelt hingewiesen. Das heißt jedoch nicht, daß die Lernziele - wie Derschau kritisierte - nur auf abstrakter Ebene formuliert sind und keine Ansätze zur Operationalisierung vorliegen (vgl. DERSCHAU 1976, S. 298). Beispiele zur Umsetzung der Ziele und Inhalte finden sich in fast allen Lehrplänen in den sogenannten »Hinweisen«. Tendenziell aufrechterhalten werden kann aber DERSCHAUs Aussage, daß Lehrpläne »(...) zwar Möglichkeiten (bieten), kognitive und praktische Fähigkeiten zu vermitteln, aber kaum Wege (aufzeigen), Lernprozesse im emotionalen und affektiven Bereich zu initiieren« (ebd., S. 299).

Hinweise, daß es sich bei den SchülerInnen um Erwachsene handelt und deshalb der Einsatz entsprechender Methoden erforderlich ist, fehlen in allen Lehrplänen. Lediglich in Berlin, Bayern und Hessen wird durch den Begriff »Studierende« die Stellung der SchülerInnen sprachlich aufgewertet. Freiräume für selbstorganisiertes und selbstbestimmtes Lernen sind aufgrund des dichtgedrängten Ausbildungsplanes kaum gegeben. Die Wünsche der »Studierenden« werden explizit nur im Bremer Lehrplanentwurf Pädagogik und in den Berliner Bestimmungen berücksichtigt. Hierfür wurde in Bremen ein eigenes Kurshalbjahr reserviert. In Berlin können die »Studierenden« eigene Vorschläge im Rahmen des Projektunterrichts einbringen.

Lernziele und -inhalte sind in fast allen Lehrplänen unabhängig vom Vorläufigkeitscharakter verbindlich. Der Verbindlichkeitsgrad und der Gestaltungsspielraum unterscheiden sich jedoch voneinander. So sind z.B. in Baden-Württemberg »Ziele und Inhalte (...) verbindlich. Die Zielformulierungen haben den Charakter von Richtungsangaben. Der Lehrer ist verpflichtet, die Ziele *energisch* anzustreben« (S. 4). Doch die Hinweise, so die Formulierung, »sind nicht verbindlich und stellen keine vollständige oder abgeschlossene Liste dar; der Lehrer kann auch andere Beispiele in den Unterricht einbringen« (S. 4). Die Reihenfolge der unterrichtlichen Behandlung der Lehrplaneinheiten (...) ist (...) in das pädagogische Ermessen des Lehrers gestellt« (S. 5).

Ähnliches gilt für den Bayerischen Lehrplan. Die Lernziele und Lerninhalte sind verbindlich, nicht jedoch die vorgeschlagene Reihenfolge. Die Verbindlichkeit ist gerade in diesem Bundesland von Bedeutung, da hier die schulische Ausbildungsphase mit landeseinheitlichen Abschlußprüfungen beendet wird. »Die Hinweise bzw. die Anregungen zu Unterrichtsverfahren, Lernzielkontrolle und Zeitplanung sind dagegen unverbindliche Empfehlungen«. In Bremen sind dagegen lediglich die Inhalte verbindlich: »Die Rahmenrichtlinien einschließlich der beigefügten Kursleisten, die den inhaltlichen Rahmen präzisieren, bilden die verbindliche Grundlage für die inhaltliche Gestaltung des Unterrichts. Die Schule verantwortet in ihren Festlegungen, wie sie den gesetzten Rahmen unter Berücksichtigung pädagogischer und didaktischer Maß-

stäbe im einzelnen ausfüllt« (S. I). Der Bremer Lehrplanentwurf Pädagogik
hat »verbindlichen Erprobungscharakter«, d.h. den Lehrkräften werden Ge-
staltungsräume bei den Themen und Möglichkeiten der inhaltlichen Akzentu-
ierung eingeräumt, außerdem werden sie explizit dazu aufgefordert, ihre Erfahrungen zu notieren und in die Überarbeitung einzubringen (vgl. S. III).

Abb. 21.1: Lehrplanübersicht der Fachschule für Sozialpädagogik

Land	Lehrpläne/Richtlinien (Jahr)	Herausgeber	Bezugsquelle
BW	Bildungsplan für das Berufskolleg, Bd. 6, Fachschule für Sozialpädagogik, Lehrplanheft 50 (1989)	Ministerium für Kultus und Sport, Postfach 10 34 42 70020 Stuttgart	Neckarverlag GmbH Postfach 1820 78008 VS-Villingen
BA	Lehrpläne für die Fachakademie für Sozialpädagogik (1981) (Rechtskunde und Biologie mit Gesundheitserziehung (1991 neu)	Staatsinstitut für Schulpädagogik und Bildungsforschung Arabellastraße 1 81925 München	Alfred Hintermaier Verlag Edlingerplatz 4 81543 München
BE	Vorläufiger Rahmenplan für Unterricht und Erziehung - staatliche Fachschulen für Sozialpädagogik - für die Fächer: Soziologie/Sozialkunde (1990) Jugendhilfe und Jugendrecht (1991) Spiel- und Freizeiterziehung (1990) Bewegungserziehung (1992) Jugendliteratur/Deutsch (1990) Psychologie mit Übungen (1989) Pädagogik mit Übungen (1989) Medienerziehung (1992) Gesundheitserziehung (1992) Musikerziehung (1991) Kunst und Werkerziehung (1990)	Senatsverwaltung für Schule, Berufsbildung und Sport Storkower Str. 133 10407 Berlin	s. Herausgeber
HB	Lehrplanentwurf für den fachrichtungsbezogenen Unterricht an der Fachschule für Sozialpädagogik im Fach »Pädagogik« (1980) Rahmenrichtlinien und Kursleisten; Jugendrecht (1988) Methodik mit Übungen (1988) Kunsterziehung (1988) Bewegungslehre (1988) Musik (1988) Spielkunde (1988) Psychologie (1988)	Der Senator für Bildung, Wissenschaft und Kunst Rembertiring 8-12 28195 Bremen	s. Herausgeber
HH	Lehrplansammlung für die Unterrichtsfächer in den Klassen der Fachschule für Sozialpädagogik (1985)	Behörde für Schule und Berufsbildung Amt für Schule Postfach 76 10 48 22060 Hamburg	s. Herausgeber

(Fortsetzung nächste Seite)

(Noch Abb. 21.1)

Land	Lehrpläne/Richtlinien (Jahr)	Herausgeber	Bezugsquelle
HE	Rahmenlehrpläne für die beruflichen Schulen des Landes Hessen Fachschule für Sozialpädagogik (1986)	Der Hessische Kultusminister Luisenplatz 10 65185 Wiesbaden	Verlag Moritz Diesterweg Hohestr. 31 60388 Frankfurt
NI	Rahmenrichtlinien für den berufsbezogenen Lernbereich der Fachschule - Sozialpädagogik (1989)	Niedersächsisches Kultusministerium Schiffgraben 12 30159 Hannover	Berenberg'sche Druckerei GmbH und Verlag Sedanstr. 35 30161 Hannover Best.-Nr. 0790
NW	Richtlinien Fachschule für Sozialpädagogik, Entwurf (1994) Evangelische Religionslehre, Heft 4461 Katholische Religionslehre, Heft 4901	Landesinstitut für Schule und Weiterbildung Paradieser Weg 64 59494 Soest Schriftenreihe des Kultusministeriums	s. Herausgeber Kultusministerium NRW 40190 Düsseldorf
RP	Lehrplanentwurf für die Fachschule für Sozialwesen - Bildungsgang für Erzieher(1985)	Ministerium für Bildung und Kultur Rheinland-Pfalz Postfach 3220 55022 Mainz	s. Herausgeber
SL	wird zur Zeit überarbeitet, liegt nicht vor		
SH	Lehrplan Fachschule für Sozialpädagogik Gesundheitserziehung (1978) Psychologie (1981) Religionspädagogik (1981) Musik mit Kindern/Jugendlichen (1979) Sport mit Kindern/Jugendlichen (1979) Didaktik des Spiels (1979) Methodik der soz.päd. Praxis mit Übungen (1984) Pädagogik (1981)	Der Kultusminister des Landes Schleswig-Holstein Postfach 1467 24013 Kiel	s. Herausgeber

Zusammenfassend ist festzustellen, daß bereits die formale Analyse der zur Zeit vorhandenen Lehrpläne noch einmal drastisch verdeutlicht, wie heterogen der Bildungsgang zur/zum staatlich anerkannten ErzieherIn im bundesweiten Vergleich ist. Ein aufeinander abgestimmteres, entwicklungsorientierteres Gesamtkonzept wäre insgesamt wünschenswert. Ansätze hierfür sind allerdings in den Lehrplänen der Bundesländer Baden-Württemberg und Bayern zu erkennen, sowie in den neuen Lehrplänen in Nordrhein-Westfalen.

Lehrpläne können per definitionem im Hinblick auf sich wandelnde Praxisanforderungen nur reaktiv sein, wobei anzumerken ist, daß die Reaktionszeiträume auf Veränderungen im Tätigkeitsfeld in nahezu allen Bundesländern allerdings relativ ausgeprägt sind. Die Lehrpläne von Berlin, Bayern und Nordrhein-Westfalen sind zur Zeit die aktuellsten.

Daß die ErzieherInnenausbildung als schulische Ausbildung organisiert ist, spiegelt sich auch in den Lehrplänen wieder. Generalisierend kann konstatiert werden, daß fast alle Lehrpläne den Fachunterricht im Klassenverband (mit Ausnahme des nur vereinzelt angebotenen Projektunterrichts) begünstigen. Der bereits bei der Analyse der Stundentafeln kritisierte breite Fächerkanon findet seine Entsprechung in den Lehrplänen mit einer Aufsplitterung von Lehrzielen und -inhalten auf die diversen Einzelfächer. Freiräume für die Lernbedürfnisse der »Studierenden« sind kaum vorgesehen, obwohl diese Möglichkeit zur Herausbildung einer beruflichen Handlungskompetenz, deren Ziel in der KMK-Rahmenvereinbarung als selbständige Tätigkeit in sozialpädagogischen Bereichen beschrieben wird (vgl. KMK 1982), von grundlegender Bedeutung sind. Vollends zur Farce wird die in den Lehrplänen sich widerspiegelnde Verschulung der Ausbildung, wenn die im 8. Jugendbericht geforderten Qualifikationen für die MitarbeiterInnen in der Jugendhilfe zugrundelegt werden. Hier wird u.a. als zentral erachtet: »die Ausbildung der Fähigkeit zur Reflexion, zur Selbst- und Gruppenreflexion, die selbständig-souveränes, situations- und personenspezifisches Handeln erlaubt. Sie muß einhergehen mit der Ermutigung und Zumutung zu unkonventionellem Handeln, zu Phantasie und Innovation. (...) Reflexivität, Souveränität, Phantasie und Innovationsmut ergeben sich in einem Lernarrangement, das seinerseits Aufgaben eines selbstbestimmten Lernens stellt und Kreativität und Offenheit verlangt. Solche Möglichkeiten ergeben sich nicht nur in Projekten, sondern müssen die Struktur der Lernarrangements in den Ausbildungsstätten insgesamt prägen« (BMJFG 1990, S. 164 f.). Grundsätzlich können Lehrpläne aber eine fundierte Fort- und Weiterbildung der AusbilderInnen nicht kompensieren. Sie können nur Anhaltspunkte geben, keine innovativen Impulse setzen.

22. Kritische Bilanz der ErzieherInnenausbildung

Der Vergleich der Ausbildungs- und Prüfungsordnungen zeigt, wie unterschiedlich und zerrissen sich die ErzieherInnenausbildung in all ihren verrechtlichten Ausprägungen im Bundesvergleich darstellt. Profil und Anspruch der Fachschulen für Sozialpädagogik werden weiterhin entscheidend von den spezifischen Rahmenbedingungen geprägt: Der Bildungsföderalismus, der sich im besonderen Maße auf vollzeitschulische Berufsausbildungen auswirkt, führt zu einer zersplitterten und unübersichtlichen Ausbildungslandschaft.

Erheblicher Anpassungs- und Neuordnungsdruck resultierte zwar in der jüngsten Vergangenheit aus der aktuellen europäischen Entwicklung, hatte aber - vor allem nachdem die Einordnung der deutschen ErzieherInnenausbildung in das mittlere europäische Niveau erfolgt ist - bislang keine unmittelbaren Auswirkungen (vgl. hierzu Teil III). So hat es seit der letzten Rahmenvereinbarung von 1982 bis heute keine bundesweite Abstimmung über Ausbildungsfragen gegeben. Der Versuch, zu einer neuen Rahmenvereinbarung zu gelangen ist zunächst einmal bis zum Jahr 2000 verschoben worden. In der Zwischenzeit sollen eine Reihe von Grundsatzfragen über Zugangsvoraussetzungen, Ausbildungsinhalte und Berufsbild geklärt werden. Selbst wenn die KMK sich also mittelfristig auf eine neue Vereinbarung einigt, ist nach heutiger Einschätzung nicht davon auszugehen, daß diese dann eine größere Vereinheitlichung zur Folge hat. Dies würde nur ein bundesweites Zulassungsgesetz, wie es beispielsweise schon heute in der Krankenpflege existiert, leisten.

22.1 Zugangsvoraussetzungen

Als kleinster gemeinsamer Nenner lassen sich die *schulischen* Zugangsvoraussetzungen, die in allen Bundesländern mindestens einem mittleren Bildungsabschluß entsprechen müssen nennen.[159] Die *beruflichen* Zugangsvoraussetzungen

---

[159] Die föderale Bildungsstruktur mit ihren unterschiedlich langen Pflichtschulzeiten und verschiedenen Schulsystemen macht es schwierig, diesen Begriff klar zu definieren. Wir fassen unter Mittlerem Bildungsabschluß die Mittlere Reife (Realschulabschluß), den erweiterten Hauptschulabschluß und den Sek.I Abschluß sowie die Fachoberschulreife und dem sogenannten qualifizierten Berufsbildungsabschluß (Quabi).

variieren dagegen erheblich (vgl. Kapitel 16): Der Hauptunterschied besteht
hier in der Länge der geforderten praktischen (beruflichen) Mindestvorbil-
dung, die entweder wie in Bayern, Berlin, Brandenburg, Hessen, Niedersachsen, Sachsen und Thüringen mindestens zwei Jahre oder wie in den anderen Bundesländern nur ein Jahr betragen. Zweifelhaft erscheint diese Art
»Warteschleife« besonders vor der Fülle der Alternativen, die anstelle einer
einschlägigen Erstausbildung als gleichwertig gelten: Da wird einmal das dreijährige Führen eines Haushaltes mit mindestens einem minderjährigem oder
Kleinkind genannt (Mutterschaft als »natürliche« Voraussetzung für einen sozialen Beruf), dann eine vierjährige nichteinschlägige Berufstätigkeit anerkannt, ein andermal gilt der gelungene Abschluß einer vollzeitschulischen Berufsfachschule als berufliche Vorleistung, so daß der eigentliche Zweck dieser
Vorlaufphase offensichtlich nichts mit einer *sozialpädagogischen* Qualifizierung
zu tun hat, sondern teilweise lediglich dazu dient, die Voraussetzungen für
den Fachschulstatus festzuschreiben. Mit der Einrichtung einer neuen Erstausbildung zum/zur »SozialassistentIn« in Niedersachsen, die soziale Basisqualifikationen vermitteln soll, scheint es auf den ersten Blick eine Alternative zu
dem »beruflichem Sozialisationssammelsurium« zu geben, wobei allerdings die
Dauer (2 Jahre) der beruflichen Vorlaufzeit in keinem Verhältnis zu der eigentlichen Ausbildung steht.[160] Diese vorgelagerte Ausbildung ist aber kein
wirklicher Fortschritt, sondern die Fortführung der bislang als unqualifiziert
abgelehnten »Kinderpflegeausbildung« sozusagen als bekennendes Modell, das
bei aller Kritik allerdings durchaus konsequent ist (vgl. auch Kap.11.3).

22.2 Das Theorie-Praxis-Verhältnis

Die Aufteilung der Ausbildung in einen überwiegend theoretischen Anteil
von zwei Jahren und einen überwiegend praktischen Anteil von einem Jahr
ist ein weiteres gemeinsames Kennzeichen der Ausbildung. Hamburg - und
zukünftig Schleswig-Holstein - integriert hierbei den Praxisanteil, während die
anderen Bundesländer die additive Form als einjähriges Berufspraktikum am
Ende der Ausbildung bevorzugen. Eine Ausnahme hiervon stellt Niedersachsen dar, das im Juli 1993 das Berufspraktikum ersatzlos und im Alleingang abgeschafft und damit die Gesamtausbildung um ein Jahr verkürzt hat.

---

[160] Da Niedersachsen das Berufspraktikum ersatzlos gestrichen hat, soll anscheinend
durch diese vorgeschaltete verbindliche Pflichtausbildung der Praxisbezug hergestellt
werden.

Sieht es also auf den ersten Blick so aus, als ob das Theorie-Praxis Verhältnis in der Regel 2 : 1 betragen würde, so verschieben sich diese Anteile erheblich, wenn man die praktischen Vorlaufzeiten, die verbindlich vorgeschrieben sind, mitberücksichtigt. Hinzu kommen schließlich in allen Bundesländern Praktika während der überwiegenden schulischen Ausbildungsphase, so daß das eigentliche Verhältnis zwischen dem Lernort »Fachschule« und dem Lernort »Praxisstätte«, je nach gesetzlich vorgeschriebener beruflichen Vorerfahrungszeit, 2 : 2 oder 2 : 3 beträgt (vgl. Abb. 16.2).

Unverständlich ist vor dem o.g. Hintergrund deshalb die immer wieder erhobene Forderung nach Erhöhung der praktischen Anteile, bleibt doch schon jetzt in einer derart verschulten, in zahlreiche Einzelstunden und Fächer zerrissenen Ausbildung viel zu wenig Platz für die Auseinandersetzung mit abstrakten Lernstoffen und intensive Reflexion der Ausbildungsinhalte und des eigenen pädagogischen Handelns. Vollends fragwürdig wird »Praxis« nämlich dann, wenn sie, wie in vielen Vorpraktika, unzureichend oder überhaupt nicht durch die Schule bzw. die LehrerInnen begleitet und reflektiert wird und die jährlichen (Vor)PraktikanntInnen eher als willkommene und - in Zeiten des Sozialabbaus und »knapper Kassen« - leider immer öfter benötigte »GratisarbeitnehmerInnen« betrachtet werden. Eine Veränderung der Praxisanteile kann daher nur heißen: intensive Betreuung der Praxisphasen, völliger Verzicht auf die »Warteschleife« Vorpraktikum, da dieses in der Regel nicht der Entwicklung beruflicher Kompetenz dient, zugunsten einer intensiveren theoretischen Ausbildung bei gleichzeitig verstärktem fächerübergreifendem Unterricht mit einer an die gewandelte Praxis angepaßten Inhalten. Um sozialberufliche Kompetenzen entwickeln zu können, muß darüber hinaus eine sinnvolle Theorie-Praxis Verbindung durch die Ausbildung geleistet werden. Lernen *in* der Praxis und Lernen *für* die Praxis muß durch Theorie begleitet und unterstützt werden. Wissenschaftliche Methoden und Theorien müssen deshalb als Hilfe begriffen und vermittelt werden, um Praxis zu verstehen und in ihr angemessen sozialpädagogisch handeln zu können. Letzlich kann dies nur über eine verbesserte Kooperation zwischen Schule und Praxisstätte erreicht werden.

22.3 Die Verschulung der Ausbildung

Die Struktur der Ausbildung und die Institution Schule entspricht zuwenig der persönlichen Situation der SchülerInnen und läßt erwachsenegerechtes, selbstbestimmtes Lernen nur schwer zu. Anwesenheitspflicht, ein unflexibler Stundenplan und eine Vielzahl von Einzelfächer etc. wirken der Stärkung von

Persönlichkeit und Selbstbewußtsein eher entgegen. Ansätze den starren Fächerkanon zu durchbrechen, bestehen allerdings in Nordrhein- Westfalen mit den neuen Richtlinien seit 1994.

Große Unterschiede werden auch bei der Art und Dauer der verschieden Prüfungen deutlich (vgl. Kapitel 19). Wenn man bedenkt, wie sehr die Form, Dauer und die Anzahl von Prüfungen und Leistungskontrollen die Ausbildung schon rein formal strukturieren (von dem persönlichem Druck und Streß der SchülerInnen einmal abgesehen) liegt hier ein nicht unwesentliches Potential zur Steuerung der ErzieherInnenausbildung. Nötig wäre in erster Linie eine Straffung und sinnvolle Zusammenfassung bzw. ein Verzicht auf einzelne Prüfungen, wie z.b. der praktisch-pädagogischen Prüfung. Eng mit der Frage der Prüfungsmodalitäten ist ein weiteres wichtiges Moment der Ausbildung verknüpft, nämlich das Problem, inwieweit die Aufteilung in viele verschiedene Einzelfächer, die wiederum isoliert voneinander geprüft und benotet werden, eine zeitgemäße sozialpädagogische Ausbildung und »Berufliche Kompetenz« eher verhindert als fördert.

Wie nötig eine neue Konzeption im Sinne eines fächerübergreifenden Unterrichts sowie einerseits die Komprimierung zentraler sozialpädagogischer und didaktischer Inhalte und andererseits möglichst weitgehende Gestaltungsmöglichkeiten der einzelnen Schule/LehrerIn/SchülerIn sind, verdeutlicht ein Blick auf die Stundentafeln, finden sich doch hier bundesweit weit über 100 verschiedene Bezeichnungen: Die Anzahl der Fächer variiert immerhin zwischen 13 (Berlin) und 20 (Bayern), wobei es relativ willkürlich erscheint, welche Fächer wie zusammengefaßt oder getrennt werden (vgl. Abb. 17.2).

Die Beispiele »Stundentafel« und »Prüfungsanforderungen« veranschaulichen besonders drastisch das Maß der Verschulung der Ausbildung, die sich »gegenwärtig (...) oft noch wie ein Musterbeispiel dafür dar(stellt), wie das was gelehrt wird, in der späteren Berufspraxis nicht umgesetzt werden sollte ...« (DERSCHAU 1991, S. 189). Eine den heutigen Anforderungen gerecht werdende ErzieherInnenausbildung »muß sich selbst als Anwendungsfeld für all das begreifen und gestalten, was sie lehrt bzw. vermittelt und von den Studierenden an innovativer Arbeit in ihrer späteren Tätikeit erwartet« (ebd., S. 189).

Die ErzieherInnenausbildung, wie sie derzeitig in den Bundesländern praktiziert wird, entspricht somit nicht den Anforderungen des Berufsfeldes, da sie die Herausbildung eines erweiterten Berufsverständnisses geradezu konterkariert. Um diesem Ziel »Rechnung zu tragen, müßte die Ausbildung primär an den Erfordernissen des sozialpädagogischen Handelns orientiert werden und viel entschiedener vor den antizipierten Anforderungen einer zu verbessernden Berufspraxis her strukturiert und konzipiert werden. Didaktische und methodische Ansätze der Erwachsenenbildung und nicht die tradierten schulpädagogischen Prinzipien und Lernformen müßten die Ausbildung dieser jungen Erwachsenen bestimmen« (ebd., S. 187). Daraus kann eigentlich nur die Konsequenz gezogen werden, die Ausbildung der ErzieherInnen nicht an der Schule zu belassen, sondern sie auf akademischen Niveau gemäß den von Derschau oben genannten Erfordernissen sich weiter entwickeln zu lassen.

22.4 Aktuelle Ansätze für eine Veränderung der ErzieherInnenausbildung

Zahlreiche Vorschläge zur Reform der ErzieherInnenausbildung sind seit den 70er Jahren in Aufsätzen, Fachbüchern und Stellungnahmen von WissenschaftlerInnen, Verbänden etc. formuliert und auf Fachtagungen diskutiert worden, bislang mangelt es allerdings an der Umsetzung und dem politischen Gestaltungswillen. Immer wiederkehrende Kritik und Forderungen betreffen Fragen der Zulassungsvoraussetzungen (ein oder zweijähriges Vorpraktikum, Erstausbildung oder »echte« Fachschulausbildung), die Ausbildungsdauer, das Verhältnis von Theorie und Praxis, die erworbenen Abschlüsse am Ende der Ausbildung und die hochformalisierten Ausbildungsstrukturen mit zahlreichen Einzelfächern. Damit stagniert die Reformdebatte bereits seit mehr als 10 Jahren, denn diese zentralen Punkte werden schon seit der letzten KMK-Rahmenvereinbarung diskutiert bzw. seit den 70er Jahren (vgl. RICHTER-LANGBEHN 1983, S. 136 ff.).

Und schließlich sind Anfang der 90er Jahre zwei große Chancen zur bundesweiten Neuordnung nicht genutzt worden, die sich durch die deutsche Wiedervereinigung und die dadurch ausgelösten Umstrukturierungsprozesse sowie die Europa-Diskussion bezüglich der Vergleichbarkeit der Berufsabschlüsse ergeben haben.

Obwohl eine Ausbildungsreform auch bei vielen SchulleiterInnen auf eine breite Resonanz stößt[161], zeichnet sich bislang keine wirkliche Strukturveränderung ab. Dennoch ist in einzelnen Bundesländern Bewegung in die Ausbildung der Erziehungsberufe gekommen:

• So hat Niedersachsen bereits seit 1993 das Anerkennungsjahr ersatzlos gestrichen und zugleich im Vorfeld die zweijährige SozialassistentInnenausbildung als verbindliche Erstausbildung geschaffen.

---

[161] So befürworten über 70% der von uns der befragten SchulleiterInnen eine inhaltliche und strukturelle Neukonzeption der Ausbildung.

- So werden in Schleswig-Holstein sozialpädagogische AssistentInnen beruflich erstausgebildet.
- So läuft in Hessen bereits seit 1990 der Modellversuch »SozialassistentIn«.
- So hat Nordrhein-Westfalen zum Sommer 1994 eine neue Ausbildungsordnung verabschiedet, die u.a. eine straffere und fächerübergreifende Stundentafel vorsieht. Hervorzuheben ist die veränderte Struktur von einer fach- zu einer entwicklungsorientierten Didaktik. Im wesentlichen zielen diese Veränderungen allerdings auf die Binnenelemente der Ausbildung wie erwachsenengerechte und ganzheitliche Unterrichtsmethoden, Berücksichtigung von persönlichkeitsfördernden Elementen, also auf die negativen Verschulungsmerkmale. Diese inhaltlich-didaktischen Neuerungen sind von einer Reihe anderer Bundesländer, wie z.b. Brandenburg aufgenommen worden und sind im Grunde genommen auch zu begrüßen. Sie stellen allerdings an der eigentlichen Struktur nichts in Frage. So soll die Einbindung in das berufliche Schulwesen mit einjährigem Vorlauf und das Theorie-Praxis-Verhältnis erhalten bleiben.

Bei allen Veränderungsvorschlägen sollte aber grundsätzlich geklärt werden, welchen Status die Fachschule zukünftig haben soll, d.h. welchem Ausbildungsniveau dieser Bildungsgang zugeordnet wird. Hierbei sind grundsätzlich 5 Alternativen mit je unterschiedlichen Ausdifferenzierungsformen möglich:

(1) Beibehaltung der ErzieherInnenausbildung auf nicht-akademischem Niveau mit Festschreibung als »Erstberuf« (Berufsfachschule).

(2) Beibehaltung der ErzieherInnenausbildung auf nicht-akademischem Niveau mit Festschreibung als »Weiterbildung« (Fachschule).

(3) Die Organisation der ErzieherInnenausbildung im Dualen System.

(4) Einbindung in die Kollegschule wie im Modellversuch in Nordrhein-Westfalen

(5) Anhebung der Ausbildung auf Fachhochschulniveau.

Bleibt die ErzieherInnenausbildung weiterhin eine vollzeitschulische Ausbildung in der Zuordnung der Sekundarstufe II, so muß ihr Status endgültig geklärt werden. Dies thematisiert z.B der Bundesverband Evangelischer Ausbildungsstätten: »Im Bereich der Bundesrepublik Deutschland und ihrer Länder ist in vergleichbarer Weise der Status der Fachschulen/Fachakademien für Sozialpädagogik als bisher unechte Fachschule (ohne berufliche Erstausbildung und ohne Aufstiegsmöglichkeit außerhalb eines Zusatzstudiums und ohne Qualifikation der abgeschlossenen Erzieherausbildung als fachgebundene FH- oder HS-Reife) zu klären und bildungssystematisch zu verbessern« (vgl. SCHMITTHENNER 1990, S. 4).

Wenn die Ausbildung weiterhin auf der Fachschulebene belassen wird, sollte mit Erreichen des Ausbildungszieles »Staatlich anerkannte/r ErzieherIn« *generell* eine (Fach)hochschulberechtigung verbunden sein. Diese ist, wenn man die Diskussion um Gleichstellung von allgemeiner und beruflicher Bildung im Dualen System verfolgt, nicht mehr länger zu verwehren.

(1) Die Ausbildung wird als »Erstberuf« organisiert, wie sie de facto z.b. in den Ländern Nordrhein-Westfalen, und dem Saarland existiert. Dann wäre das Vorpraktikum allerdings gänzlich in Frage zu stellen. Um den erhöhten Anforderungen der beruflichen Praxis gerecht zu werden, wäre eine Ausweitung der theoretischen Ausbildung um ein Jahr bei Beibehaltung der Gesamtausbildungdauer von vier Jahren eine fachliche - allerdings unter weiter gleichen tariflichen Bedingungen keine standespolitische - Alternative zur FH-Ausbildung, die den Vorteil hätte, daß die schulische Ausbildung entzerrt werden könnte, mehr Zeit für Vertiefung und Projekte zur Verfügung stünde . und insgesamt das sozialpädagogische Profil deutlich verbessert werden könnte. Allerdings würde dies dann bildungssystematisch erkauft um den Preis der Abstufung auf Berufsfachschulniveau.

(2) Die andere Alternative besteht darin, eine echte Fachschulausbildung als »Weiterbildung« zu schaffen. Hierbei gilt es allerdings, die Dauer und Form der dann notwendigen sozialen Erstausbildung genau zu definieren. Die momentane Praxis, eine (einschlägige) 2jährige Berufsausbildung durch eine Vielzahl anderer, beliebiger Berufstätigkeiten ersetzen zu können, ist keine fachlich wünschenswerte Lösung dieses Problems, sondern lediglich die Öffnung zur »echten« Fachschule durch die Hintertür.

Vor diesem Hintergrund hat Niedersachsen mit der Einführung der 2jährigen beruflichen Ausbildung zur SozialassistentIn, die ab dem Schuljahr 1997 verbindliche Zugangsvoraussetzung für die Aufnahme in die Fachschule für Sozialpädagogik ist, einen konsequenten, wenn auch umstrittenen, Weg zur »echten« Fachschulausbildung beschritten (um den Preis einer gleichzeitig um ein Jahr verkürzten ErzieherInnenausbildung). Durch die SozialassistentInnen besteht allerdings die Gefahr der Dequalifizierung des Arbeitsfeldes, da eventuell nur ein kleiner Teil die Aufbauausbildung zur ErzieherIn absolviert, während der größere Teil mit der niedrigeren Qualifikation in die Einrichtungen geht. Die gestiegenen Anforderungen im sozialpädagogischen Bereich müssen aber darauf hinzielen, daß es unterhalb der ErzieherIn keinen sozialen Berufsabschluß auf HelferInnenniveau gibt.

In eine ähnliche Richtung wie das AssistentInnenmodell geht der Vorschlag des Deutschen Vereins »zur bundeseinheitlichen Neuordnung der Berufsfachschul- und Fachschulausbildung« (vgl. DV 1994), allerdings mit dem zeitlichen Unterschied einer 3jährigen sozialberuflichen Erstausbildung (mit einem arbeitsfeldübergreifenden 1. Ausbildungsjahr), mit einer dann - wie in Niedersachsen - nur 2jährigen Fachschul(aufbau)ausbildung zur ErzieherIn, AltenpflegerIn etc.

(3) Die Organisation der ErzieherInnenausbildung im Dualen System und die Einrichtung einer Sozialkammer zur wirksameren Interessenvertretung ist als weiterer Alternativvorschlag zu nennen (vgl. RABE-KLEBERG 1990, S. 19). Die Annäherung an das Duale System befürworten auch BECKER/MEIFORT (1993) für das gesamte Spektrum aller gesundheits- und sozialpflegerischen Berufe. Dies hätte den Vorteil, daß eine bundeseinheitliche Kontrolle aller Ausbildungsabschnitte einschließlich des praktischen Teils erfolgen würde. Unklar ist bei diesem Modell allerdings die Frage: Wer soll die Sozialkammer besetzen und nach welchen Kriterien? Einer dualen Ausbildungsform kommen die Berufsakademien in Baden-Württemberg sehr nahe, obwohl diese primär einen Fachhochschulabschluß in Sozialpädagogik und nur in Ausnahmefällen einen Berufsabschluß als ErzieherIn zulassen (vgl. Kapitel 20.3).

(4) In Nordrhein-Westfalen werden bereits seit über zwanzig Jahren gute Erfahrungen mit der 4-jährigen Ausbildung in Kollegschulen gemacht. Die grundsätzliche Überführung der ErzieherInnenausbildung in Kollegschulen würde vor dem Hintergrund der allgemeinen Forderung nach Herstellung der Gleichwertigkeit von beruflicher und allgemeiner Bildung Sinn machen. Dies müßte dann aber in eine generelle Umgestaltung des berufsbildenden Schulwesens eingebunden sein.

(5) Die Anhebung des Ausbildungsniveaus der ErzieherInnenausbildung auf Fachhochschulebene fordert z.B. die GEW schon seit langem. Begründet wird dies u.a. mit höheren Qualifikationsanforderungen an das Personal und der unzureichenden Attraktivität des Berufs. Ebenso hat der AFET »schwerwiegende Zweifel daran, ob Inhalte, Struktur und Dauer der derzeit praktizierten ErzieherInnenausbildung in der Regel noch zur Entwicklung der notwendigen Fach-, Feld- und Personenkompetenz ausreichen, die einer Erzieherin und einem Erzieher heute im Bereich der Erziehungshilfe (und wie der Auschuß vermutet, auch im Bereich der Elementarerziehung) abverlangt werden müssen« (AFET 1990, S. 66). Deshalb regt der Ausschuß an, grundsätzlich zu überlegen, »ob die bisherige Erzieherausbildung nicht ganz aufgegeben werden müsse und das Berufsbild des Erziehers und der Erzieherin aufzugehen hätte in dem Berufsbild Sozialarbeiter/in oder Sozialpädagogin/Sozialpädagoge« (ebd.). Die Rahmenstruktur einer Fachhochschulausbildung und die bildungspolitische Einbindung erscheinen der GEW und dem AFET Ausschuß angemessener als »die bisherige Strukturierung an der Fachschule/Berufsfachschule und den daraus resultierenden curricularen Folgen« (ebd.). Das Berufsprofil müßte dann sehr viel breiter angelegt werden und auf dem dann hö-

heren Qualifikationsniveau weitergehende (sozialpädagogische) Kompetenzen vermitteln. Diese Forderung beruht auf der Einschätzung der wachsenden Bedeutung von Kindertageseinrichtungen über die Fixierung auf »die Kinder« hinaus zu einer sozialen und politischen Interessenvertretung von Kindern, Jugendlichen und Familien (vgl. Kapitel 10).

Eine Ausbildungsreform, die die fachlich dringend benötigte Ausweitung der Ausbildung zum Inhalt und die Anhebung auf Fachhochschulniveau zur Folge hätte, würde dem ErzieherInnenberuf zweifellos den nötigen Innovationsschub geben, um die Ausbildung und vor allem das Berufsbild »ErzieherIn« attraktiver zu machen. Die Integration in das Fachhochschulsystem birgt darüber hinaus die Chance eines Reformschubes für den gesamten sozialpädagogischen Sektor. Daß dies bildungssystematisch Probleme für die derzeitigen Fachschulen und ihr Personal hätte, die vorab zu klären sind - inwieweit etwa Sek. II-LehrerInnen ohne weiteres zu FH-DozentInnen werden könnten - muß ebenfalls bedacht werden. Hier gibt es allerdings gelungene verwirklichte Vorbilder, nämlich die Überführung der Höheren Fachschulen in die Fachhochschulen Anfang der 70er Jahre und die Umwandlung der Pädagogischen Hochschulen (PH) in den 80er Jahren. Auch die geplante Abschaffung des Mittleren Dienstes bei der Polizei ist in diesem Zusammenhang zu nennen. Eine Übernahme der Lehrkräfte müßte im Tarifgefüge erfolgen. Eine unüberlegte und unkritische Übernahme von bisherigen FH-Strukturen darf es dabei jedoch nicht geben, vielmehr muß eine sinnvolle Verzahnung von Theorie und Praxis geschaffen werden.

23. Die Fachschule für Sozialpädagogik - zur Topographie der Ausbildungslandschaft

Nachdem die Fachschule für Sozialpädagogik 30 Jahre lang fast eine Konstante innerhalb des sozialen Ausbildungssektors darstellte, steht sie seit Anfang der 90er Jahre strukturellen Veränderungsprozessen gegenüber, deren Tragweite in einigen Punkten an die Bildungsreform und -expansion der auslaufenden 60er und frühen 70er erinnert, in denen auf verschiedenen Ebenen bei gleichzeitigem Ausbau des Elementarbereichs eine Neuordnung sozialpädagogischer Ausbildungsgänge und -stätten erfolgte.

Die Rahmenvereinbarung von 1967/69 über die sozialpädagogischen Ausbildungsstätten war dabei der erste Schritt zu einer grundlegenden Ausbildungsstrukturreform in der Jugendhilfe (vgl. Kapitel 14).[162] Fast zeitgleich zur Reform der ErzieherInnenausbildung und ihrer Etablierung an Fachschulen für Sozialpädagogik wurden die sozialpädagogischen Ausbildungsmöglichkeiten auf alle Stufen des Bildungssystems ausgeweitet: So war mit der Umwandlung der Höheren Fachschulen für Sozialpädagogik und Sozialarbeit in Fachhochschulen für Sozialwesen bzw. in Fachbereiche für Sozialarbeit und Sozialpädagogik im Jahre 1971 die Überführung der SozialarbeiterInnen-/SozialpädagogInnen-Ausbildung in das Tertiäre Bildungssystem verbunden. Durch die Einführung eines Diplomstudiengangs Erziehungswissenschaft mit der Studienrichtung Sozialpädagogik zur gleichen Zeit wurde ein neues Qualifikationsprofil an den Universitäten geschaffen. Und mit der Anerkennung eines eigenständigen Lehramtsstudiengangs »Sozialwissenschaften mit dem Schwerpunkt Sozialpädagogik« als 13. berufliche Fachrichtung durch die KMK im Jahre 1973 und dessen Einrichtung an Wissenschaftlichen Hochschulen, die allerdings nur in drei Bundesländern gelang, sollte auch die Qualifikation der AusbilderInnen an den nichtakademischen sozialpädagogischen Ausbildungsstätten des beruflichen Schulwesens - den Fachschulen für Sozialpädagogik, Berufsfachschulen für Kinderpflege und den ebenfalls Ende der 60er Jahre eingeführten Fachoberschulen für Sozialpädagogik - angehoben werden (vgl. Kap. 25.1).

Mit diesen Reformen wurden folgenreiche Einschnitte in den Bereich der Jugendhilfe vorgenommen und gleichzeitig ein Trend zur Verfachlichung ein-

---

[162] Vgl. die KMK-Vereinbarungen im Anhang.

geleitet und vorangetrieben, der in seiner Folge auch zu einer Akademisierung und Professionalisierung führen sollte. Die im Zuge der Professionalisierungsdebatte in den 70er Jahren diskutierte Anhebung der Fachschulen für Sozialpädagogik zu Fachhochschulen wurde damals jedoch nicht realisiert.[163] Nun steht die Fachschule erneut vor gewandelten Ausgangsbedingungen:

- Durch die Deutsche Einheit hat die sozialpädagogische Ausbildungslandschaft ein anderes gesamtdeutsches Profil bekommen, das sich nicht nur rein quantitativ durch die erhöhte Anzahl der Ausbildungsstätten, sondern auch qualitativ durch Veränderungen der lange Zeit prägenden Strukturen vom altbekannten bundesrepublikanischen unterscheidet.

- Vier Jahre nach dem Beitritt der neuen Bundesländer existieren noch immer zwei deutlich voneinander getrennte sozialpädagogische Teilausbildungssysteme, obwohl die Strukturen des Ausbildungssektors in der DDR weitgehend aufgelöst wurden und trotz der enormen Transformationsleistungen in Ostdeutschland.

Um die neue Topographie der Fachschule aufzumalen, soll in den folgenden Abschnitten ein kurzer Blick auf Schulbestand, -struktur und -organisation geworfen werden. Dabei wurden wesentliche Kennzeichen der Fachschule, wie die spezifische Trägerstruktur und Charakteristika der Schulorganisation, bereits im letzten Jahrhundert angelegt. Sie tragen gleichzeitig auch heute noch dazu bei, daß diese Schulform innerhalb des beruflichen Schulwesens einen eigenen Standort einnimmt (vgl. Kap. 11.2). Damit Entwicklungen, Vergleiche und Trends deutlich werden, wird an einigen Stellen die Berufsfachschule für Kinderpflege mitberücksichtigt, die weit mehr ins öffentliche Schulwesen eingepaßt ist als die Fachschule für Sozialpädagogik.

23.1   Schulbestand: Entwicklung der Ausbildungsstätten seit 1970

Für die Herausbildung der gegenwärtigen Fachschullandschaft in der Bundesrepublik sind seit 1949 vor allem zwei Phasen von Bedeutung:

(1) die Zeitspanne Ende der 60er bis Mitte der 70er Jahre, in der eine imposante Ausweitung der Schulkapazitäten erfolgte, die sich bei einem veränderten bildungspolitischen und pädagogischen Bewußtsein hauptsächlich auf den boomartigen Ausbau des Kindergartens in Verbindung mit einem entsprechend hohen Personalbedarf in den Einrichtungen zurückführen läßt.

---

[163] Vgl. Bundesminister für Jugend, Familie, Frauen und Gesundheit (1990); Colberg-Schrader (1985); Derschau (1976); Rauschenbach (1990a).

Zahlreiche Schulneugründungen bei gleichzeitigem Ausbau bestehender Fachschulen führten insgesamt zu einer erheblichen Erweiterung der Fachschulkapazitäten in den einzelnen Bundesländern (vgl. DERSCHAU 1976, S. 184 ff.), deren institutionelle Dynamik folgende Zahlen verdeutlichen (vgl. Tab. 23.1): Während im Schuljahr 1966/67 lediglich 126 Fachschulen bestanden, existierten 1970/71 bereits 184 Schulen, deren Anzahl innerhalb von nur vier Jahren auf 292 Ausbildungsstätten des Schuljahres 1974/75 stieg (vgl. ebd., S. 186). Die Fachschulexpansion erreichte 1977/78 mit 306 Ausbildungsstätten ihren vorläufigen Abschluß (vgl. METZINGER 1993, S. 220). Auf diesem Niveau konsolidierte sich der Schulbestand, so daß die Anzahl der Fachschulen lange Zeit stagnierte und bis 1990 stets um die Zahl 300 schwankte. Seit diesem Zeitpunkt hat sich die Ausbildungslandschaft jedoch grundlegend verändert.

Tab. 23.1: Institutionelle Entwicklung der Fachschule für Sozialpädagogik (FSP) von 1966 bis 1994 (Index 1966 = 100)		
	FSP	
Jahr	*Abs.*	*Zuwachs*
1966	126	100,0
1970	184	146,0
1974	292	232,0
1977	306	243,0
1992[1]	354	281,0
1994[1]	367	291,0
1 Alte und neue Bundesländer Quelle: Derschau (1976); Metzinger (1993) sowie lt. Kultusministerien der Länder (1994)		

(2) Mit der Deutschen Einheit hat sich erstmalig seit der nachhaltigen Fachschulexpansion der 70er Jahre der Schulbestand wieder gravierend vergrößert. Gegenwärtig (1994) gibt es in der Bundesrepublik insgesamt 367 Fachschulen für Sozialpädagogik. Dies entspricht im Vergleich zur Konsolidierungs- und Stagnationsphase der späten 70er und der 80er Jahre einem Zuwachs von rund 22%.[164] Die erhöhte Anzahl der Ausbildungsstätten ist jedoch nicht nur auf den durch die Vereinigung bedingten Umbau des östlichen Bildungswesen zurückzuführen, sondern auch auf Steigerungsquoten in den *alten* Bundesländern, in denen allein in den letzten 2 Jahren die Anzahl der Fachschulen für Sozialpädagogik von 306 (1992) auf 320 (1994) zugenommen hat. Damit spiegelt sich auch auf der Fachschulebene der durch den Rechtsanspruch auf einen

---

[164] Bei der Berechnung des Zuwachses wurde die durchschnittliche Zahl von 300 Fachschulen zugrundegelegt.

Kindergartenplatz verstärkte Ausbau des Kindergartenbereichs und der hiermit verbundene wachsende Personal- und Beschäftigungsbedarf in Kindertageseinrichtungen im Westen wider (vgl. hierzu auch Kap. 24).

Diese Entwicklung ist noch deutlicher bei den Berufsfachschulen für Kinderpflege, die in einer nicht zu vernachlässigenden Größenordnung von bundesweit 283 Ausbildungsstätten ebenfalls für das Arbeitsfeld Tageseinrichtungen für Kinder qualifizieren, zu verfolgen (vgl. Tab. 23.2). Hier ist in der relativ kurzen Zeitspanne von 1992 bis 1994 ein Zuwachs von rund 13%, der allein auf die Altbundesrepublik beschränkt ist, zu verzeichnen. Damit hat sich gleichzeitig das Verhältnis zwischen Fachschule und Berufsfachschule tendenziell in Richtung der rangniedrigeren Ausbildungsstätten verschoben. Dieser Trend verstärkt sich noch, wenn die seit 1989 neugegründeten Berufsfachschulen für Sozialpflege, Sozialwesen und Sozialpädagogik in fünf (alten) Bundesländern berücksichtigt werden (vgl. Kap. 11). Institutionell droht hierdurch langfristig eine Verlagerung der Ausbildungskapazitäten zu Gunsten der Kinderpflege und anderer sozialpflegerischer Ausbildungsstätten im Westen, die mit den zu beobachtenden Dequalifizierungstendenzen bei den Ergänzungskräften im Arbeitsfeld korrespondiert. Zur Überprüfung dieser These muß jedoch als weiterer Indikator die Entwicklung der SchülerInnenzahl hinzugezogen werden (vgl. Kap. 24).

Bundesweit verteilt sich der Fachschulbestand zu rund 87% auf die alten und knapp 13% auf die neuen Bundesländer. Berufsfachschulen für Kinderpflege sind zu 89% im Westen und 11% im Osten zu finden (vgl. Tab. 23.2).

In den *alten Bundesländern (incl. West-Berlin)* befindet sich ein gutes Drittel der insgesamt 320 Ausbildungsstätten allein im bevölkerungsreichsten Bundesland Nordrhein-Westfalen, wo auch in den letzten 2 Jahren die höchsten Zuwachsraten an Fach- und vor allem Berufsfachschulen zu verzeichnen waren. Rein quantitativ folgen mit rund 18% Baden-Württemberg und mit jeweils gut 12% die Flächenstaaten Bayern und Niedersachsen. Die meisten Berufsfachschulen sind dagegen in Nordrhein-Westfalen, Bayern und Niedersachsen zu lokalisieren. Regionale Unterschiede zeigen sich auch in der jeweiligen Fach- bzw. Berufsfachschulpolitik bzw. dem Verhältnis der jeweiligen Ausbildungsstätten zueinander, wobei in Bayern und Hessen die Berufsfachschulen für Kinderpflege im Vergleich zu den Fachschulen für Sozialpädagogik sogar überwiegen (vgl. Tab. 23.2).

In den östlichen Bundesländern und Ost-Berlin bestehen gegenwärtig 47 Fachschulen für Sozialpädagogik (vgl. Tab. 23.2). Legt man zur Beurteilung der Fachschulsituation in den neuen Bundesländern - wie es GALUSKE/RAUSCHEN-BACH (1994) versuchen - eine Bevölkerungsrelation zwischen neuen und alten Bundesländern von 1 : 4 zugrunde und geht gleichzeitig von der Annahme aus,

daß auch die Relation der Schulen diesem Maßstab entsprechen sollte, so resultiert hieraus bei 320 Fachschulen im Westen ein Soll-Wert von 80 Schulen
im Osten. Mit 47 Schulen wäre also die Fachschulebene im Osten im Vergleich
zum Westen relativ ausgebaut, wobei jedoch »ein vergleichbar flächendeckendes
Angebot wie im Westen z.Zt. nicht vorhanden ist« (ebd., S. 103) und angesichts
der schlechten Beschäftigungsperspektiven von ErzieherInnen eine Erweiterung
des Schulbestandes auch nicht bedarfsgerecht wäre.

Tab. 23.2: Fachschulen für Sozialpädagogik (FSP) und
Berufsfachschulen für Kinderpflege (BFK) in den alten
und neuen Bundesländern (1994)

Land	FSP		BFK	
	Abs.	%	Abs.	%
BW	58	18,1	20	7,5
BA	39	12,2	65	25,7
BE (West)	7	2,2	1	0,4
HB	3	0,9	3	1,2
HH	4	1,3	3	1,2
HE	26	8,1	29	11,5
NI	39	12,2	35	13,8
NW	112	35,0	78	30,8
RP	16	5,0	9	3,6
SL	4	1,3	2	0,8
SH	12	3,8	8	3,2
Bundesgebiet (A)	320	100,0	253	100,0
BE (Ost)	4	8,5	-,-[1]	-,-[1]
BB	11	23,4	-,-[2]	-,-[2]
MV	9	19,1	6	20,0
SN	8	17,2	7	23,3
ST	6	12,8	10	33,3
TH	9	19,1	7	23,3
Bundesgebiet (B)	47	100,0	30	100,0
Bundesgebiet (C)	367	100,0	283	100,0

1 Keine Angabe
[2] In Brandenburg wird keine Kinderpflegeausbildung angeboten
Quelle: Lt. Kultusministerien der Länder (1994) u. Auskünften
der evangelischen u. katholischen Fachverbände (1994)

Fast 5 Jahre nach der Deutschen Einheit ist zudem davon auszugehen, daß der
Umstrukturierungsprozeß der sozialpädagogischen Schullandschaft in den fünf
neuen Ländern mittlerweile abgeschlossen ist. Die letzten Ausbildungsgänge
der ehemaligen DDR an Pädagogischen und Medizinischen Fachschulen, die
in der Übergangsphase fortgeführt wurden, werden 1995 enden. Auch bei den
Anpassungsfortbildungen zum Erwerb der staatlichen Anerkennung als Erzie-

herIn, die z.T. wildwuchsartig in Zuständigkeit von Institutionen in privater Trägerschaft mit oft fragwürdigen Bildungsangeboten durchgeführt worden sind, handelt es um ein zeitlich begrenztes Übergangsphänomen mit abnehmender Bedeutung (vgl. Kapitel 12).

Unter regionalen Gesichtspunkten liegen mit rund 23% die meisten Schulen in Brandenburg. Hier wurde die Fachschule in die neugegründeten Oberstufenzentren eingegliedert, unter deren Dach die verschiedenen Bildungswege der Sekundarstufe II (gymnasiale Oberstufe, berufsbildende Schulen) sowie die berufliche Weiterbildung zusammengefaßt wurden (vgl. MINISTERIUM FÜR BILDUNG, JUGEND UND SPORT DES LANDES BRANDENBURG 1993). Brandenburg bietet darüber hinaus als einziges Bundesland keine Kinderpflegeausbildung an, die in allen anderen Ländern etabliert worden ist. In Sachsen-Anhalt überwiegt wie in Bayern und Hessen die Anzahl der Berufsfachschulen für Kinderpflege. Sozialpflegerische Ausbildungsstätten, die zu einem Berufsabschluß führen, sind in keinem der neuen Bundesländer eingerichtet worden.

Während im Westen also erstmalig seit der Fachschulexpansion neue Impulse auf die Fachschullandschaft einwirken, wobei noch nicht abzusehen ist, inwieweit sich der Druck durch die Berufsfachschulen für Kinder- und Sozialpflege verstärken wird, hat sich die Fachschule im Osten zwar relativ schnell etabliert und konsolidiert. Als »Muster ohne Arbeitsmarktwert« (GALUSKE/ RAUSCHENBACH 1994, S. 109) droht ihr in Zukunft - bei gleichbleibenden Rahmenbedingungen - jedoch ein unbedeutendes Nischendasein.

23.2 Öffentliche und private Fachschulen

Wesentliches Kennzeichen des sozialpädagogischen Ausbildungssektors ist die plurale Trägerstruktur: Und hier sind es vor allem die *privaten* Träger, die der Fachschullandschaft - zumindestens in den alten Bundesländern - ihr eigenwilliges Gesicht verleihen. Die Entwicklung der heutigen Trägerstruktur läßt sich bis weit ins letzte Jahrhundert zurückverfolgen und ist auch weiterhin von Bedeutung, da sich zwischen öffentlichen und privaten Fachschulen deutliche Ausbildungsunterschiede festmachen lassen.

23.2.1 Zur Entwicklung der Trägerstruktur

Private Schulen können auf eine Traditionslinie zurückblicken, die weit ins letzte Jahrhundert hineinreicht. Mit zunehmender gesellschaftlicher Bedeutung der institutionalisierten Kleinkindererziehung wuchs auch die Einsicht in die Notwendigkeit ausgebildeter Kräfte. Die Gründung der ersten Ausbildungsstätten für Kleinkinder- und HeimerzieherInnen beruhte dabei im wesentlichen auf der Privatinitiative einzelner Persönlichkeiten, die wie Julius Fölsing, Johann Georg Wirth, Theodor Fliedner und Friedrich Fröbel caritativ und/oder pädagogisch motiviert, erste Ausbildungskonzepte entwickelten und Ausbildungsgänge für KleinkindlehrerInnen (Fliedner und Fölsing), Kindesmägde (Wirth) und KindergärtnerInnen (Fröbel) einrichteten (vgl. DERSCHAU 1976, S. 34 ff.). Hierbei erhielt vor allem die Fröbelsche Ausbildung ihre besondere Dynamik durch die Interessenkongruenz mit den politischen Zielen der bürgerlichen Frauenbewegung (vgl. RIEMANN 1985).

Während Fliedner die erste evangelische Ausbildungsstätte bereits 1836 errichtete, entstanden katholische Ausbildungsstätten vergleichsweise spät: 1906 wurde die erste Einrichtung in Aachen gegründet, weitere folgten aufgrund des hohen Nachholbedarfs relativ zügig. Die von Privatpersonen und Vereinen gegründeten Ausbildungsstätten schlossen sich überwiegend dem Deutschen Fröbelverband an und wurden sukzessive von der öffentlichen Hand übernommen. Nur zögernd wurden darüber hinaus einige Kommunen bei der Gründung von Ausbildungsstätten aktiv. Erst 1908 wurde aufgrund des weitgehenden staatlichen Desinteresses im Zusammenhang mit der Regelung des Mädchenschulwesens in Preußen die erste staatliche Regelung des Bildungsganges zur KindergärtnerIn erlassen, zu einem Zeitpunkt als »bereits etwa 70 Ausbildungsstätten für 'Kleinkindlehrerinnen' (unter kirchlicher Trägerschaft) und Kindergärtnerinnen (in Trägerschaft von Vereinen, Persönlichkeiten und einzelnen städtischen Behörden)« existierten (DERSCHAU 1985, S. 172).

Mit der Verankerung der Trägerpluralität in der Weimarer Verfassung auf der Grundlage des Subsidaritätsprinzips und der Zuordnung der Kindergärten zur Wohlfahrtspflege im Rahmen des RJWG (Reichsjugendwohlfahrtsgesetz) wurde die Verantwortung für die Einrichtungen und die Ausbildungsgänge für das Fachpersonal schwerpunktmäßig in den Bereich der weltanschaulich und pädagogisch gebundenen Verbände gelegt. Entsprechend blieb der Anteil öffentlicher Schulen lange Zeit gering.

Während des Nationalsozialismus gelangen die Gleichschaltung des dezentralisierten, quantitativ aber eher unbedeutenden Kindergartenwesens sowie die Zerschlagung der Ausbildungsstätten erst relativ spät: Bis 1942 wurden »überwiegend konfessionelle Seminare, die bis 1940 noch selbständig geblieben waren, geschlossen bzw. in dem dann beginnenden Eingliederungsprozeß von der NSV (Nationalsozialistische Volkswohlfahrt) übernommen« (METZINGER 1985, S. 118). Ersatzweise gründete die NSDAP sogenannte »Reichsseminare« (ebd., S. 198). 1942 erließ das Reichsministerium für Wissenschaft, Erziehung und Volksbildung Regelungen zur Ausbildung von KindergärtnerInnen und vereinheitlichte damit die unterschiedlichen Ausbildungsgänge der Länder im Sinne der nationalsozialistischen Erziehung und der Rassenlehre (vgl. GROSS-MANN 1987, S. 76).

Mit der Gründung der Bundesrepublik wurde die Privatschulfreiheit grundgesetzlich verankert und damit nicht nur bei den Ausbildungs- und Prüfungsordnungen, sondern auch bei der Trägerschaft wieder an die Weimarer Tradition angeknüpft. So heißt es in Artikel 7 des Grundgesetzes explizit, daß »das Recht zur Errichtung von privaten Schulen (...) gewährleistet (wird)« (GG, Art. 7, Abs. 4). Durch den Rückgriff auf Weimar war ein großer Teil der Ausbildungsstätten wiederum in privater Hand, vor allem der evangelischen und katholischen Kirche, so daß noch 1967 etwa 65% der Schulen in privater Hand waren (vgl. DERSCHAU 1976, S. 136).

Erst im Zuge der Fachschulexpansion wuchs ab Anfang der 70er Jahre mit den Neugründungen der Anteil von Fachschulen in öffentlicher Trägerschaft (vgl. Abb. 23.3): So betrug die Zuwachsquote bei den öffentlichen Schulen fast 73%, während der prozentuale Anteil an den Neugründungen bei den konfessionellen Schulen nur bei jeweils 12% lag. Hierdurch erhöhte sich der Gesamtanteil öffentlicher Schulen von 39% im Schuljahr 1971/72 auf 54% im Schuljahr 1974/75 (vgl. ebd., S. 433). D.h. nachdem die Fachschulen in einer weit über 100jährigen Geschichte vor allem ein Produkt privater bzw. behördlicher Initiative waren, bildete sich erst seit Mitte der 70er Jahre ein leichtes Übergewicht zugunsten der Fachschulen für Sozialpädagogik in öffentlicher Trägerschaft heraus. Von 1975 bis 1990 blieb das Verhältnis zwischen öffentlichen und privaten Trägern mit einem leichten Übergewicht der öffentlichen Schulen relativ konstant.

Mit dem Beitritt der neuen Länder hat sich erneut die Relation zugunsten der öffentlichen Träger verschoben. Nun befinden sich ca. 61% der Ausbildungsstätten in öffentlicher (vorwiegend kommunaler) und nur noch 39% in privater, vorwiegend konfessioneller Hand (vgl. Tab. 23.3). War der Staat also lange zögerlich in der Akzeptanz erzieherischer Ausbildungen am Ende des letzten, Anfang dieses Jahrhunderts, so scheint er nun im Zuge des bedarfsdeckenden Kindergartens am Ende dieses Jahrhunderts deutlich mehrheitlich für die Ausbildung von ErzieherInnen zuständig zu sein: Nicht unbedingt qualitativ, aber eindeutig quantitativ hat er die Führerschaft übernommen.

Im staatlichen Engagement bestehen zwischen West und Ost jedoch deutliche Unterschiede: Während in den alten Bundesländern rund 58% der Fachschulen einen öffentlichen Träger haben, sind es in den neuen Ländern 83% (vgl. Tab. 23.4). Damit weicht die Trägerlandschaft in beiden Teilausbildungssystemen signifikant voneinander ab.

Tab. 23.3: Fachschulen für Sozialpädagogik
(FSP) nach Trägerschaft von 1967 bis 1994

Jahr	Träger	
	Öffentliche	Freie
1967	35%	65%
1971	39%	61%
1974	54%	46%
1992	59%[1]	41%[1]
1994	61%[1]	39%[1]

1 Alte und neue Bundesländer
Quelle: Derschau (1976) und lt. Kultusministerien
der Länder (1992; 1994)

Im Westen bilden katholische Ausbildungsstätten mit 59% die größte Gruppe unter den freien Trägern. Dabei werden unter dem Etikett des »katholischen Trägers« so unterschiedliche Institutionen und Vereinigungen wie Orden, Kirchliche Stiftungen, Caritasverbände, Schulvereine und Schulwerke subsumiert (vgl. KATHOLISCHE SCHULEN 1990, S. 162). Evangelische Schulen nehmen innerhalb der privaten Träger mit 32% den 2. Rang ein. Sie »befinden sich je zur Hälfte in der Trägerschaft von Diakonissenanstalten bzw. von Diakonischen Werken, landeskirchlichen oder evangelischen Institutionen und Vereinen bzw. Diakonenanstalten« (SCHMITTHENNER 1990, S. 124). Fast 10% der Fachschulen für Sozialpädagogik fallen schließlich in die Kategorie »Sonstige Träger«, wobei hier die anthroposophisch orientierten Ausbildungsstätten die größte Gruppe bilden. Welche Bedeutung freie Träger der Fachschule für Sozialpädagogik innerhalb ihres Angebotsspektrums an Aus- und Weiterbildungsmöglichkeiten im Westen beimessen, zeigt die Statistik der Freien Wohlfahrtspflege: Demnach stellen Fachschulen für Sozialpädagogik einen Anteil von 13% an sämtlichen Ausbildungsstätten in Trägerschaft der Freien Wohlfahrtspflege und rund 22% des Gesamtausbildungsplatzangebotes dieser Trägergruppe. Damit ist die »Fachschule für Sozialpädagogik« unter den Ausbildungsstätten der Wohlfahrtsverbände nach den Krankenpflegeschulen (31%) am häufigsten vertreten (vgl. BUNDESARBEITSGEMEINSCHAFT DER FREIEN WOHLFAHRTSPFLEGE 1990).[165]

---

[165] Auch daran, daß nicht alle Wohlfahrtsverbände Fachschulen zu ihrer Angebotspalette zählen, sondern daß diese Ausbildungstätten überwiegend den kirchlichen Verbänden zuzuordnen sind, läßt sich der vergleichsweise hohe Stellenwert der ErzieherInnenausbildung für diese Träger ablesen. Hinzu kommt, daß ein Großteil der Fortbildungsaktivitäten der Wohlfahrtsverbände ebenfalls den ErzieherInnen zugute kommt.

Tab. 23.4: Fachschulen für Sozialpädago-gik (FSP) nach Trägerschaft in den alten und neuen Bundesländern (1994)	FSP	
Träger	*Abs.*	*%*
Öffentlich	185	57,8
Evangelisch	43	13,4
Katholisch	79	24,7
Sonstige	13	4,1
Bundesgebiet (A)	320	100,0
Öffentlich	39	83,0
Evangelisch	5	10,6
Katholisch	3	6,4
Bundesgebiet (B)	47	100,0
Öffentlich	224	61,0
Evangelisch	48	13,1
Katholisch	82	22,3
Sonstige	13	3,5
Bundesgebiet (C)	367	100,0
Quelle: Kultusministerien der Bundesländer		

Trotz des hohen Stellenwerts privater Ausbildungsstätten im Westen variiert das Verhältnis zwischen öffentlichen und freien Ausbildungsstätten und die Relation der privaten Trägergruppen untereinander je nach Bundesland (vgl. Tab. 23.5): Die nördlichen Bundesländer und Stadtstaaten haben, gemessen am jeweiligen Schulbestand, überdurchschnittlich mehr öffentliche als private Schulen, wobei Bremen und Schleswig-Holstein sogar nur öffentliche Schulen unterhalten. Berlin weicht von dieser geographischen Grenze ab, da mit rund 57% der Anteil privater Träger über dem Durchschnitt liegt.[166] Die drei südlichen Bundesländer Baden-Württemberg, Rheinland-Pfalz und vor allem Bayern haben dagegen unterdurchschnittlich wenig öffentliche und überdurchschnittlich viele Privatschulen. In Bayern sind sogar rund 74% der Fachschulen in privater Hand. Im Saarland halten sich öffentliche und katholische Schulen die Waage.

Im Gegensatz zur Alt-Bundesrepublik spielte die private Trägerschaft in der *DDR* nur eine untergeordnete Rolle, obgleich beide Konfessionen Ausbildungsstätten für KindergärtnerInnen bzw. KinderdiakonInnen unterhielten (vgl. Kapitel 4). Diesen Bildungsgängen fehlte jedoch die staatliche Anerkennung, so daß das Tätigkeitsfeld der KindergärtnerInnen auf die ca. 380 konfessionellen Kindergärten beschränkt blieb. Nach der Umgestaltung des Bil-

---

[166] Seit dem Mauerfall hat sich der Anteil der öffentlichen Schulen auf ca. 64% erhöht.

dungswesens wurden die ehemals staatlichen Pädagogischen Fachschulen in kommunale Trägerschaft überführt. Von den 47 Fachschulen für Sozialpädagogik in den fünf neuen Bundesländern und Ost-Berlin sind lediglich 5 in evangelischer und 3 in katholischer Trägerschaft (vgl. Tab. 23.5), wobei es sich größtenteils um diejenigen Ausbildungsstätten handelt, die bereits in der DDR bestanden.

Tab. 23.5: Fachschulen für Sozialpädagogik nach Bundesländern und Trägerschaft (1994)

| | *Fachschulen für Sozialpädagogik* | | | | | | | | |
| | *Öffentlich* | | *Evangelisch* | | *Katholisch* | | *Sonstige* | | *Insgesamt* | |
Land	*Abs.*	%	*Abs.*	%	*Abs.*	%	*Abs.*	%	*Abs.*	%
BW	28	48,3	11	19,0	15	25,9	4	6,9	58	100
BA	10	25,6	7	17,9	21	53,8	1	2,6	39	100
BE (W)	3	42,8	1	14,3	1	14,3	2	28,6	7	100
HB	3	100,0	-	-	-	-	-	-	3	100
HH	3	75,0	1	25,0	-	-	-	-	4	100
HE	16	61,5	5	19,2	4	15,4	1	3,8	26	100
NI	26	66,7	6	15,4	6	15,4	1	2,6	39	100
NW	75	67,0	9	8,0	24	21,4	4	3,6	112	100
RP	7	43,8	3	18,8	6	37,5	-	-	16	100
SL	2	50,0	-	-	2	50,0	-	-	4	100
SH	12	100,0	-	-	-	-	-	-	12	100
BG[1] (A)	185	57,8	43	14,7	79	24,7	13	4,1	320	100
BE (O)	4	100,0	-	-	-	-	-	-	4	100
BB	10	91,0	-	-	1	9,0	-	-	11	100
MV	8	88,9	1	11,1	-	-	-	-	9	100
SN	7	87,5	1	12,5	-	-	-	-	8	100
SN	5	83,3	1	16,7	-	-	-	-	6	100
TH	5	55,6	2	22,2	2	22,2	-	-	9	100
BG[1] (B)	39	83,0	5	10,6	3	6,4	-	-	47	100

1 Bundesgebiet
Quelle: Kultusministerien der Bundesländer (1994) und Auskünfte der Evangelischen und Katholischen Trägerverbände (1994)

Die Gründe für die zurückhaltende Fachschulpolitik der freien Träger bei den Neugründungen sind u.a. in den im Vergleich zur Alt-Bundesrepublik konträren Ausgangsbedingungen in der Anfangsphase des Einigungsprozesses und den unterschiedlichen Aufgabenstellungen in den neuen Bundesländern zu suchen[167]: Bestand die vorrangige Aufgabe zunächst in der Schaffung einer dezentralisierten Organisationsstruktur im Bereich der Jugendhilfe und dem hiermit verbundenen Aufbau der Wohlfahrtsverbände selbst, der erhebliches zeitliches, finanzielles und organisatorisches Engagement der Verbände erforderte, so lassen das Überangebot an Kindertageseinrichtungen, die zur Zeit nicht absehbaren Kürzungsdimensionen im Sozial- und Bildungswesen, der Personalabbau in Tageseinrichtungen für Kinder und die ungünstigen Beschäftigungsbedingungen auf dem Arbeitsmarkt Ost die Übernahme weiterer finanzieller Verpflichtungen, die mit der Ausweitung der Ausbildungskapazitäten verbunden wären, für die freien Träger zum gegenwärtigen Zeitpunkt als wenig sinnvoll erscheinen.[168]

23.2.2 Trägerstruktur und Ausbildung an Fachschulen für Sozialpädagogik

Durch die plurale Trägerstruktur wird die bereits bildungsföderalistisch zerklüftete Ausbildungslandschaft durch weitere Interessensgruppen auf der Träger- und der Schulebene gebrochen. Private Fachschulen verfügen im Vergleich zu öffentlichen Ausbildungsstätten über besondere Gestaltungs- und Freiräume bei der ErzieherInnenausbildung, die zu einer Vertiefung der Ausbildungsunterschiede beitragen. Neben den 16 Kultusministerien bemühen sich darüber hinaus verschiedene Trägerorganisationen, die Fachschulpolitik über den einzelnen Träger und dessen Verzahnung mit den Wohlfahrtsverbänden hinaus mitzubestimmen.

(1) Um über die bildungsföderalistischen Grenzen der Bundesländer - die auch für Fachschulen in privater Trägerschaft ansonsten maßgebend sind - ein Mindestmaß an verbandsspezifischer Abstimmung zu erzielen, ist der überwiegende Teil der Privatschulen je nach weltanschaulicher und pädagogischer Prä-

---

[167] ROTH (1994) benennt aufgrund seiner dreijährigen Beratungserfahrung im Modellprojekt »Aufbau der Jugendhilfe in freier Trägerschaft in den neuen Bundesländern« als Hauptprobleme der Träger: die Gebietsreform mit den hiermit verbundenen Unsicherheiten, die fehlende Jugendhilfeplanung, die unklare Rechtslage sowie die MitarbeiterInnensituation und Wirtschaftlichkeitsberechnungen (vgl. ebd., S. 235).

[168] Gleichzeitig gehören wesentlich weniger Bevölkerungsmitglieder in den neuen Bundesländern den beiden großen Kirchen an: Während in Westdeutschland nach der Volkszählung von 1987 rund 43% Mitglied der katholischen und 41% der evangelischen Kirche sind, werden den neuen Bundesländern 21% Protestanten und 3,6% Katholiken (für 1990) zugerechnet (vgl. HELWEG 1992, S. 424). Hierauf könnte auch der mit 67% zu 33% höhere Anteil evangelischer Fachschulen zurückzuführen sein.

gung in trägerspezifische Fachverbände zusammengefaßt. Die Trägerverbände sind darüber hinaus oftmals in übergeordnete Zusammenschlüsse eingebunden.

Die katholisch orientierten Ausbildungsstätten sind dabei in der »Bundesarbeitsgemeinschaft katholischer Ausbildungstätten für Erzieher« gebündelt. Und diese Bundesarbeitsgemeinschaft ist wiederum Mitglied des »Arbeitskreises katholischer Schulen in Freier Trägerschaft«. Zentrale Dienststelle für den katholischen Schulbereich ist die »Zentralstelle Bildung der Deutschen Bischofskonferenz« mit Sitz in Bonn (vgl. ARBEITSGEMEINSCHAFT FREIE SCHULEN 1988, S. 332 f.).

Die Mehrheit der *evangelischen* Fachschulen ist im »Bundesverband Evangelischer Ausbildungsstätten für Sozialpädagogik« organisiert, einem Fachverband des Diakonischen Werkes der Evangelischen Kirche in Deutschland. Der Bundesverband selbst ist der EBASKA (Arbeitsgemeinschaft für Sozialpädagogik im Kindesalter) angeschlossen. Diese ist eine Vereinigung von Trägerverbänden evangelischer Einrichtungen für Kinder und Jugendliche, evangelischer Berufsverbände, dem Kirchenamt der EKD und der Hauptgeschäftsstelle des Diakonischen Werkes der EKD (vgl. SCHMITTHENNER 1990, S. 121 ff.).

Mit dem Ziel, ein Gegengewicht zu den privaten Trägerverbänden zu bilden und einen konstruktiven Beitrag zur Lösung der Ausbildungsproblem zu leisten, hat sich erst relativ spät, nämlich 1991, die »Bundesarbeitsgemeinschaft der öffentlichen und freien, nicht konfessionell gebundenen Ausbildungsstätten für Erzieherinnen und Erzieher - BöfAE« gegründet. Zur Verwirklichung ihrer Vorstellungen strebt die Arbeitsgemeinschaft eine enge Zusammenarbeit mit den kirchlichen Trägerorganisationen an.

Neben der BöfAE besteht schließlich der »Bund der Waldorfschulen« für die anthroposophisch ausgerichteten Täger und der »Bundesverband deutscher Privatschulen«, dem unterschiedliche Privatschulträger angehören (vgl. ARBEITSGEMEINSCHAFT FREIE SCHULEN 1988, S. 334). Eine interkonfessionelle und überverbandliche Zusammenarbeit der Privatschulträger erfolgt in der »Arbeitsgemeinschaft Freier Schulen - Vereinigungen und Verbände gemeinnütziger Schulen in Freier Trägerschaft« mit Sitz in Berlin (vgl. ebd., S. 331), in der »Trägerverbände von Schulen mit sehr unterschiedlicher, religiöser, weltanschaulicher und anderer grundsätzlicher Position zusammenarbeiten« (ebd., S. 28), um gemeinsame Zielsetzungen zu erarbeiten.

(2) Trotz des Zusammenschlusses in bundesweite Fachverbände agiert jeder Träger - und im Extremfall jede Privatschule - autonom, da diese innerhalb des rechtlichen Rahmens der Bundesländer eigene Gestaltungsmöglichkeiten bei der Organisation der ErzieherInnenausbildung haben. Denn obwohl die juristisch zu den privaten Ersatzschulen gerechneten Fachschulen für Sozialpädagogik im Gegensatz zu Ergänzungsschulen in ihrer Struktur und Funktion

öffentlichen Schulen entsprechen bzw. diese inhaltlich ersetzen müssen und die Genehmigung durch das Kultusministerium zur Voraussetzung haben[169], schließt die zur staatlichen Anerkennung notwendige Bindung an die Ausbildungsordnungen der Bundesländer eine Reihe verbleibender Freiräume ein (vgl. ARBEITSGRUPPE BILDUNGSBERICHT 1990, S. 89)[170]: Bei privaten Ausbildungsstätten ist nur »eine (inhaltliche und zeitliche) Gleichwertigkeit der Ausbildung, nicht aber deren Gleichartigkeit erforderlich« (WOLF 1985, S. 255).

Einflußmöglichkeiten haben die privaten Träger über eine zusätzliche - die gesetzliche Verpflichtung übersteigende - finanzielle Förderung der Ausbildungsstätten für Projekte und besondere Aufgaben (vgl. ENGELHARDT/ERNST 1992, S. 425), für die sie auch Schulgeld bzw. Aufnahme- und Bearbeitungsgebühren erheben können, sowie bei den Aufnahmekriterien zum Beispiel durch Steuerungsversuche bei der BewerberInnnenauswahl.[171] So wird in einer auf Schulauskünften beruhenden Veröffentlichung der BUNDESANSTALT FÜR ARBEIT (1990) der Kreis der InteressentInnen durch Angabe der bevorzugten Konfession, des Geschlechts oder des Alters eingegrenzt: »Evangelische Bewerber bevorzugt, Katholische Bewerber bevorzugt, Geschlecht: weiblich, Mindestalter: 19 Jahre, Höchstalter: 25 Jahre« (vgl. ebd., S. 133 ff.).[172]

Spielräume gibt es aber auch bei der Auswahl der Lehrkräfte[173], der LehrerInnen-SchülerInnen-Relation sowie durch die Möglichkeit, die länderspezifischen Stundentafeln zu erweitern oder zu flexibilisieren (vgl. SCHMITT-HENNER 1990, S. 125 f.). Für *zusätzliche* Fächer der Stundentafel können die Ausbildungsstätten die Lehrpläne ihren Bedürfnissen entsprechend verändern

---

[169] Die Genehmigung wird nach Art. 7 Abs. 4 GG erteilt, wenn diese Schulen in ihren Lehrzielen und Einrichtungen nicht hinter öffentlichen Schulen zurückstehen (vgl. ARBEITSGRUPPE BILDUNGSBERICHT 1990, S. 89).

[170] Nach der staatlichen Anerkennung haben Ersatzschulen die Befugnis, nach den auch für öffentliche Schulen geltenden Vorschriften Prüfungen abzuhalten und gleichwertige und gleichbedeutende Zeugnisse zu erteilen. Durch den Besuch einer Ersatzschule wird im Gegensatz zur Ergänzungsschule die Schulpflicht erfüllt (vgl. ebd.)

[171] Die wirtschaftliche Absicherung des Ersatzschulwesens erfolgt über Subventionen durch den Staat. Die Prüfung und Festsetzung der Landeszuschüsse richtet sich nach den Ersatzschulfinanzierungsgesetzen. Sie ist bei staatlich anerkannten Ersatzschulen in den einzelnen Bundesländern nach unterschiedlichen Modellen unter Berücksichtigung der LehrerInnen- bzw. SchülerInnenzahlen geregelt und erfolgt in unterschiedlicher Höhe (vgl. SCHMITTHENNER 1990, S. 125).

[172] Eine Auswahl der SchülerInnen nach den Besitzverhältnissen der Eltern darf dagegen nicht gefördert werden (vgl. ARBEITSGRUPPE BILDUNGSBERICHT 1990, S. 89).

[173] Die wissenschaftliche Ausbildung der Lehrkräfte muß allerdings dem Qualifikationsstand der öffentlichen Schulen entsprechen sowie ihre rechtliche und wirtschaftliche Absicherung gewährleistet werden (vgl. KATHOLISCHE SCHULEN 1990, S. 162).

oder eigene Richtlinien entwickeln. Lehrplanänderungen für die *regulären* Fächer der Stundentafel müssen »allerdings vom Träger und von der staatlichen Aufsichtsbehörde zur Kenntnis genommen und/oder genehmigt werden« (ebd., S. 126). Nichtsdestotrotz bleibt den privaten insbesondere im Vergleich zu den stark durchreglementierten öffentlichen Fachschulen noch genügend Raum für eine alternative Gestaltung des Schulalltags, der Lehrinhalte und des Unterrichts, die tendenziell zu einer entbürokratisierteren Ausbildungsorganisation und anspruchsvolleren Ausbildung beitragen (vgl. WOLF 1985, S. 255). Damit würde die jüngste Zunahme öffentlicher Ausbildungsstätten gleichzeitig einen höheren Grad der Verschulung zur Folge haben.

Aufschlußreich ist in diesem Zusammenhang ein Vergleich der AbbrecherInnenquoten an öffentlichen und privaten Fachschulen (vgl. Tab. 23.6): Während öffentliche Schulen im Schuljahr 1991/92 bei AbbrecherInnenquoten unter 10% unterdurchschnittlich, bei höheren jedoch überdurchschnittlich vertreten sind, liegen Privatschulen bei AbbrecherInnenquoten von unter 10% dagegen über, bei höheren Raten jedoch unter dem Durchschnitt. D.h.: Private Schulen haben eher niedrige und öffentliche Schulen eher hohe AbbrecherInnenquoten.

Tab. 23.6: AbbrecherInnenquote nach Trägerschaft an Fachschulen für Sozialpädagogik (FSP) im Schuljahr 1991/92 in den alten Bundesländern

	AbbrecherInnenquote									
	Unter 10%		*10-19%*		*> 20%*		*K. A.*		*Insg.*	
Träger	*Abs.*	*%*	*Abs.*	*%*	*Abs.*	*%*	*Abs.*	*%*	*Abs.*	*%*
Öffentliche	44	44,4	33	33,3	19	19,2	3	3,0	99	100
Freie	58	72,5	15	18,8	3	3,8	4	5,0	80	100
Insg.	102	57,0	48	26,8	22	12,3	7	3,9	179	100

Ob dies das Resultat einer flexibleren und damit qualifizierteren ErzieherInnenausbildung ist oder mit weitereren Faktoren wie Schulgröße, persönlicher Einstellung der Auszubildenden, die bereits *vor* Ausbildungsbeginn bestand, oder mit den Aufnahmekriterien privater Ausbildungsstätten bei der Auswahl ihrer SchülerInnen zusammenhängt, lassen diese Daten allerdings vorerst offen.

Unterschiede zwischen öffentlichen und privaten Ausbildungsstätten zeigen sich auch in der Ausstattung mit sogenannten »schuleigenen Praxisstätten«, die in der Altbundesrepublik zu den Charakteristika der einzelnen privaten Fachschule mit langer Gründungstradition zählen, insgesamt jedoch an Bedeutung verloren haben. Sie gehören zu den historischen Relikten sozialer Ausbildung, in der sich die für sozialpädagogische Bildungsgänge typische enge Verbindung zwischen Theorie und Praxis dokumentiert. Ihr Wert wurde noch Mitte der 70er Jahre »in der längerfristigen Beobachtung einzelner Kinder, in der Erprobung von Beschäftigungsformen und Methoden, die im Unterricht der Fachschulen erarbeitet werden (engerer Theorie-Praxis-Bezug) und im häufigeren, kontrollierterem Experimentieren mit neuen didaktischen Materialien« gesehen (DERSCHAU 1976, S. 201 f.). Während Derschau im Schuljahr 1972/73 bei 220 befragten Fachschulen noch 104 Ausbildungsstätten mit einer oder mehreren schuleigenen Praxisstätten ermittelte, fast jede 2. der erfaßten Schulen also eine Praxisstätte unterhielt (vgl. Tab. 23.7), verfügten nur noch rund 20% der im Rahmen der Dortmunder Fach- und Berufsfachschulbefragung erfaßten 179 Fachschulen für Sozialpädagogik über eine derartige schuleigene Einrichtung. Die 34 Schulen jedoch, denen eine Praxisstätte angegliedert war, hatten zu rund 76% einen privaten Träger und sind alle vor 1974 gegründet worden.

Zusammenfassend bleibt festzuhalten, daß fast fünf Jahre nach der Vereinigung auch bei der Trägerstruktur noch immer ausgeprägte Unterschiede zwischen Ost und West bestehen: In der DDR wurde nach dem Zweiten Weltkrieg bis auf wenige Ausnahmen nicht wieder an die private Trägerschaft angeknüpft. Neue Privatschulen wurden auch in den neuen Bundesländern nicht gegründet, so daß der Anteil privater Träger vergleichsweise gering ist. Private Fachschulen für Sozialpädagogik im Westen können dagegen auf eine lange Tradition zurückblicken, die 1949 mit der Gründung der Bundesrepublik wiederbelebt wurde. Sie spielen bundesweit innerhalb der sozialpädagogischen Fachschullandschaft nach wie vor eine große, gleichwohl immer mehr zurückgehende Rolle.

Tab. 23.7: Ausstattung der Fachschulen für Sozialpädagogik (FSP) mit schuleigenen Praxisstätten im Schuljahr 1991/92 in den alten Bundesländern

Praxisstätte	Marburger Befragung[1] 1972/73 FSP		Dortmunder Befragung 1991/92 FSP	
	Abs.	%	Abs.	%
Keine schuleigene Praxisstätte	116	52,7	143	80,8
Schuleigene Praxisstätte	104	47,3	34	19,2
Insgesamt	220	100,0	177	100,0
1 Vgl. Derschau (1976)				

Die plurale Trägerstruktur verstärkt gleichzeitig die länderspezifischen Ausbildungsunterschiede, da jede private Fachschule ihr eigenes Ausbildungskonzept und im Vergleich zu öffentlichen Schulen erweiterte Gestaltungs- und Handlungsmöglichkeiten bei der Organisation und Umsetzung der ErzieherInnenausbildung hat. Dies trägt zu einer »Regionalisierung der Ausbildungsstätten« bei, die von ENGELHARDT/ERNST (1992) für die Region Franken eindrucksvoll beschrieben wird: Hier »(...) unterscheidet sich beispielsweise jede Fachakademie von der anderen bezüglich räumlicher, personeller und zeitlicher Ausstattung, sowie durch ihre eigene Strukturierung und Schwerpunktsetzung im Unterricht und in den Praxisfeldern. Zudem besitzt nahezu jede Ausbildungsstätte eine eigene Tradition, die zum Teil noch auf die historischen Wurzeln der Gründergeneration zurückgeht« (ebd., S. 425). Dies läßt sich bis heute an den traditions- und milieugebundenen Namen vieler privater Schulen erkennen, wie etwa »Fachakademie für Sozialpädagogik der Armen Schulschwestern von Unserer Lieben Frau«.

23.3 Schulstrukturelle und -organisatorische Voraussetzungen

Wie gut oder schlecht die Ausbildung an Fachschulen für Sozialpädagogik gestaltet wird, hängt nicht nur von der Trägerschaft ab, sondern ist auch eine Frage der Verwaltungs- und Schulorganisation, die genügend Raum lassen muß, damit die sozialpädagogischen Ausbildungsstätten ihrem Bildungsauftrag - Vermittlung beruflicher Handlungskompetenz - durch eine entschulte und selbstgesteuerte Ausbildung gerecht werden können. Selbstgesteuertes Lernen verlangt Entfaltungsräume mit Aufforderungscharakter, in denen Eigeninitiative, Kreativität und Entscheidungsfähigkeit erprobt werden können, die nicht bereits an der Schul- und Hausordnung, fehlenden Unterrichtsmaterialien oder versperrten Zugang zu Lernmitteln scheitern dürfen (vgl. GEW 1993; DERSCHAU 1976).

Als Organisations- und Strukturmerkmale, die die Ausbildungsqualität beeinflussen, gelten in diesem Zusammenhang die Eingliederung der Fachschule in das berufliche Schulwesen bzw. die Anpassung an die Organisation der übrigen Schulen (vor allem gewerblicher und hauswirtschaftlicher Art) und die Schulgröße. Dabei ist die Fachschule bis heute noch nicht vollends in das System der berufsfeldübergreifenden Berufsschulzentren integriert[174], in denen Ausbildungsgänge verschiedenster Bereiche abteilungsweise gebündelt sind. Neben diesen allgemeinen bestehen »soziale« Berufsschulzentren, in denen mit sozialpädagogischen, -pflegerischen und hauswirtschaftlichen Ausbildungen zumindestens verwandte Bildungsgänge zusammengefaßt sind. Und schließlich gibt es die sogenannten eigenständigen Fachschulen, deren Angebot sich auf die ErzieherInnenausbildung beschränkt.

---

[174] Allgemeine Berufsschulzentren werden auch als Bündelschulen bezeichnet.

In der Vergangenheit wurde hauptsächlich die Angliederung an große, insbesondere öffentliche Berufsschulzentren kritisiert, da sie aufgrund strenger
schulrechtlicher Bestimmungen und Perfektionierungen und durch die spezifische abteilungsübergreifende Form des (fachfremden) LehrerInneneinsatzes,
kontraproduktiv auf die Herausbildung zentraler Kompetenzen wie Selbstre-
flexion oder Souveränität bei den SchülerInnen wirken. Den auf der anderen
Seite den Fachschulen mit relativer Eigenständigkeit zugeschriebenen Vorteilen, wie das sehr eigene Selbstverständnis der Schulen, einer vergleichsweise
hohen Identifikation der Lehrkräfte mit den Bildungsgängen, stehen allerdings
Nachteile, wie die Abschottung gegenüber des übrigen Teils des beruflichen
Schulwesens gegenüber.[175]

23.3.1 Eigenständige Fachschule oder Bündelschule?

Die Forderung nach einer Einbindung der Fachschule in Berufsschulzentren
steht im engen Zusammenhang mit der Geschichte der Trägerschaft. Bereits
Fröbel befürwortete konzeptionell die Einbettung von Fachschulen in ein einheitliches Bildungssystem, das Kindergarten, Schule und Seminare für KindergärtnerInnen und LehrerInnen umfassen sollte. Gleichzeitig plädierte er für
eine regionale Zusammenlegung der Ausbildungsstätten für Frauen, galt es
doch neben der beruflichen Qualifizierung die allen Frauenbildungsgängen gemeinsame Zielsetzung der Vorbereitung der Mädchen auf ihre Rolle als Haus-
frau und Mutter zu gewährleisten (vgl. DERSCHAU 1976, S. 212 f.). Eine Angliederung an andere Ausbildungsstätten wurde vor allem von den dem Deut-
schen-Fröbel-Verband nahestehenden Schulen angestrebt, die im Zuge der
Ausbildungsgeschichte sukzessive von der öffentlichen Hand übernommen
wurden. Die kirchlichen Seminare tendierten eher zu selbständigen Ausbildungsstätten bzw. zur Angliederung an caritative oder diakonische Einrichtungen wie an Mütterhäuser oder Ordenshäuser (vgl. ebd., S. 51, 212 ff.).
    Waren im letzten Jahrhundert eher konzeptionelle Gründe für die Anglie-
derung verantwortlich, so standen in den 70er Jahren primär betriebswirtschaftliche Überlegungen wie »gemeinsame Administration und Organisation,
wirtschaftliche Nutzung der Räume und Lehrmittel, gezielterer Einsatz von
hauptamtlichen Lehrkräften in den Fächern, für die sie ausgebildet worden

---

[175] Dies zeigt sich u.a. auch an der vergleichsweise späten Etablierung des einschlägigen
     Lehramtstudiengangs Berufliche Fachrichtung Sozialpädagogik, den es beispielsweise
     in Nordrhein-Westfalen seit Ende der 60er Jahre zunächst in Bochum und seit 1981
     in Dortmund gibt (vgl. Kapitel 25.1).

sind, (...) Möglichkeiten gemeinsamer Unterrichtsveranstaltungen, eines differenzierteren Lehrangebots und einer gewissen inhaltlichen Abstimmung der Ausbildungsgänge« (DERSCHAU 1974, S. 34) im Vordergrund, die insbesondere bei den neugegründeten Fachschulen zur Angliederung an größere Betriebseinheiten führten: Während im Schuljahr 1970/71 noch 32% von 184 Fachschulen selbständig waren, sank ihr Anteil im Zuge der Fachschulexpansion auf 24% des Schuljahres 1974/75 (n = 292). Im gleichen Zeitraum erhöhte sich der Wert bei den angegliederten Ausbildungsstätten von 65% auf 73%. Rund 90% dieser angegliederten Fachschulen des Schuljahres 1974/75 hatten einen öffentlichen Träger, während bei den Schulen in privater Trägerschaft nur etwa 50% integriert waren. Die öffentlichen Berufsschulzentren erwiesen sich überwiegend als komplexer und differenzierter als die privaten Bündelschulen (vgl. DERSCHAU 1976, S. 215 f.).

Die Verteilung der Fachschulen auf die unterschiedlichen Schulorganisationsformen hat sich in den letzten 20 Jahren nicht gravierend verändert und entspricht im wesentlichen der Verteilung im Schuljahr 1974/75: Gegenwärtig ist mit rund 71% die Mehrzahl der Ausbildungsstätten in den alten Bundesländern in ein soziales und/oder allgemeines Berufsschulzentrum integriert (vgl. Tab. 23.8), wobei mit knapp 40% deutlich der Typ der allgemeinen Bündelschule im Vordergrund steht, die zu ca. 94% einen öffentlichen Träger hat. Der sich Anfang der 70er Jahre verstärkt abzeichnende Trend zur Integration in Berufsschulzentren hat sich demzufolge nicht fortgesetzt.

Tab. 23.8: Fachschulen für Sozialpädagogik (FSP) nach Schulorganisationstyp im Schuljahr 1991/92 in den alten Bundesländern		
	FSP	
Schulorganisationstyp	*Abs.*	%
Eigenständige Fachschule	49	27,4
Soziales Berufsschulzentrum[1]	56	31,3
Allgemeines Berufsschulzentrum	71	39,7
Sonstiger Organisationstyp	3	1,7
Insgesamt	179	100,0
1 Sozialpädagogisches, -pflegerisches, hauswirtschaftliches Berufsschulzentrum		

Eigenständige Fachschulen spielen mit einem Anteil von 27%, der sich seit dem Schuljahr 1974/75 sogar geringfügig erhöht hat, zwar eine untergeordnete, aber weiterhin wichtige Rolle (vgl. Tab. 23.8). Sie sind im Gegensatz zu allgemeinen Berufsschulzentren zu 88% in privater Trägerschaft. Unter den privaten Trägern dominieren mit 55% eindeutig katholische Ausbildungsstät-

ten. Öffentliche Träger stellen bei den eigenständigen Fachschulen lediglich
einen Anteil von 12% (vgl. Tab. 23.9).

Tab. 23.9: Fachschulen für Sozialpädagogik (FSP) nach Schulorganisationstyp und Trägerschaft im Schuljahr 1991/92 in den alten Bundesländern							
Träger	*Eigenständige FSP*		*Soziales Berufsschulzentrum[1]*		*Allgemeines Berufsschulzentrum*		*Sonstige*	
	Abs.	*%*	*Abs.*	*%*	*Abs.*	*%*	*Abs.*	*%*
Öffentlich	6	12,2	26	46,4	67	94,4	-	-
Evangelisch	12	24,5	10	17,9	1	1,4	1	33,3
Katholisch	27	55,1	20	35,7	3	4,2	2	66,7
Sonstige	4	8,2	-	-	-	-	-	-
Insgesamt	49	100,0	56	100,0	71	100,0	3	100,0
1 Sozialpädagogisches, -pflegerisches, hauswirtschaftliches Berufsschulzentrum								

Soziale Berufsschulzentren nehmen zwischen den beiden anderen Schulorganisationstypen mit 31% eine Mittelstellung ein (vgl. Tab. 23.8): Auch sie sind
wie eigenständige Fachschulen häufiger in privater Hand (54%). Die Unterschiede zwischen den Anteilen öffentlicher und privater Träger sind jedoch
nicht so ausgeprägt wie in den anderen Gruppen. Unter den Einzelträgern dominieren öffentliche (46%) und katholische (36%) Schulträger (vgl. Tab. 23.9).
    Wird bei der Frage der Schulorganisation nicht der Typ, sondern der
jeweilige *Träger* in den Vordergrund gestellt (vgl. Tab. 23.10), so resultiert
hieraus folgendes Ergebnis: Öffentliche Träger unterhalten mit 6,1% kaum
eigenständige Fachschulen, mit 26,3% noch nicht einmal zu einem Drittel
soziale Berufsschulzentren, aber zu rund 68% allgemeine Berufsschulzentren.
Evangelische Fachschulen sind zu 50% eigenständig, zu rund 42% sozialen
Bündelschulen und nur zu rund 4,2% allgemeinen Berufsschulzentren
angegliedert. Bei katholischen Schulen sind 52% der Ausbildungsstätten
eigenständige Fachschulen, 39% soziale Bündelschulen und 3,8% allgemeine
Berufsschulzentren. Zwischen öffentlichen und privaten Fachschulen zeigen
sich demzufolge deutliche Unterschiede, nicht jedoch zwischen den privaten
Trägern untereinander.
    Unter regionalen Aspekten betrachtet (Tab. 23.11), befinden sich die 49
eigenständigen Fachschulen für Sozialpädagogik hauptsächlich in BadenWürttemberg (12 Schulen), Bayern (14 Fachschulen) und Nordrhein-Westfalen (9
Ausbildungsstätten). Soziale Berufschulzentren gibt es mit jeweils 15 Fachschulen vor allem in Nordrhein-Westfalen und Baden-Württemberg. Allgemeine Berufsschulzentren sind schwerpunktmäßig in Nordrhein-Westfalen (29),
Niedersachsen (15) und Hessen (13) zu finden.

Tab. 23.10: Fachschulen für Sozialpädagogik (FSP) nach Trägerschaft und Schulorganisationstyp im Schuljahr 1991/92 in den alten Bundesländer

Träger	Schulorganisationstyp								
	Eigenständige FSP		*Soziales Berufs- schulzentrum[1]*		*Allgemeines Berufsschul- zentrum*		*Sonstiges*		*Insg.*	
	Abs.	*%*	*Abs.*	*%*	*Abs.*	*%*	*Abs.*	*%*	*Abs.*	*%*
Öffentlich	6	6,1	26	26,3	67	67,7	-	-	99	100
Evangelisch	12	50,0	10	41,7	1	4,2	1	4,2	24	100
Katholisch	27	51,9	20	38,5	3	5,8	2	3,8	52	100
Sonstige	4	100,0	-	-	-	-	-	-	4	100
Insgesamt	49	27,4	56	31,3	71	39,7	3	2,7	179	100

1 Sozialpädagogisches, -pflegerisches, hauswirtschaftliches Berufsschulzentrum

Aussagekräftiger als die absolute Verteilung ist das Verhältnis zwischen den einzelnen Schulorganisationstypen innerhalb der Bundesländer, da hierdurch zumindest in einigen Ländern klare Strukturprofile deutlich werden (vgl. Tab. 23.11).

Tab. 23.11: Fachschulen für Sozialpädagogik (FSP) nach Schulorganisationstyp und Bundesland im Schuljahr 1991/92 in den alten Bundesländern

Land	Schulorganisationstyp								
	Eigenständige FSP		*Soziales Berufs- schulzentrum[1]*		*Allgemeines Berufsschul- zentrum*		*Sonstiges*		*Insg.*	
	Abs.	*%*	*Abs.*	*%*	*Abs.*	*%*	*Abs.*	*%*	*Abs.*	*%*
BW	12	40,0	15	50,0	3	10,0	-	-	30	100
BA	14	58,3	7	29,2	2	8,3	1	4,2	24	100
BE (W)	1	33,3	2	66,7	-	-	-	-	3	100
HB	-	-	2	66,7	1	33,3	-	-	3	100
HH	2	100,0	-	-	-	-	-	-	2	100
HE	3	14,3	4	19,0	13	61,9	1	4,8	21	100
NI	4	16,0	6	24,0	15	60,0	-	-	25	100
NW	9	16,7	15	27,8	29	53,7	1	1,9	54	100
RP	3	33,3	4	44,4	2	22,2	-	-	9	100
SL	1	50,0	-	-	1	50,0	-	-	2	100
SH	-	-	1	16,7	5	83,3	-	-	6	100
Insg.	49	27,4	56	31,3	71	40,7	3	1,7	179	100

1 Hauswirtschaftliches, sozialpflegerisches, -pädagogisches Berufsschulzentrum

Hier zeigt sich, daß in Hamburg mit 100% und in Bayern mit rund 58% die eigenständige Fachschule im Vergleich zu den anderen Schulorganisationstypen die vorherrschende bzw. alleinige Organisationsform ist. Auch in Baden-Württemberg stellen nicht-angegliederte Fachschulen immerhin 40% der schwäbischen Schullandschaft, mit rund 50% dominiert hier jedoch das soziale Berufsschulzentrum, das in Berlin und Bremen sogar Anteile von 67% erreicht. Ähnlich sieht es in Rheinland-Pfalz aus, wo die Abweichungen zum Bundesschnitt jedoch nicht so hoch wie in den erstgenannten Bundesländern sind. Alle drei Länder schneiden gleichzeitig unterdurchschnittlich bei der Gruppe der allgemeinen Bündelschulen ab. Genau umgekehrt sieht das Verhältnis dagegen in Hessen, Niedersachsen, Nordrhein-Westfalen und Schleswig-Holstein aus: Sie sind im Vergleich zu den jeweils anderen Schulorganisationstypen durch die Dominanz der in allgemeine Berufsschulzentren integrierten Fachschulen geprägt.

Ergänzend wurde im Rahmen der Dortmunder Befragung erhoben, welche Ausbildungsgänge über die ErzieherInnenausbildung hinaus an integrierten Berufsschulzentren angeboten werden: Rund 56% der Nennnungen entfielen auf andere sozialpädagogische Ausbildungsgänge, 49% auf hauswirtschaftliche und immerhin noch 31% auf gewerbliche Bildungsgänge (vgl. Tab. 23.12).[176] Deutlich wurde durch die Anzahl der Nennungen u.a. auch die Nähe zur Hauswirtschaft. Immerhin war eine hauswirtschaftliche Vorbildung bis 1967 für die SchülerInnen verpflichtend (vgl. RIEMANN 1985, S. 170).

Tab. 23.12: Angliederung der Fachschule für Sozialpädagogik (FSP) an andere Ausbildungen im Schuljahr 1991/92 in den alten Bundesländern *(Merhfachnennungen möglich)*

FSP in Kombination mit anderen Ausbildungsgängen	Anzahl der Nennungen	
	Abs.	%
Andere sozialpädagogische Ausbildungsgänge	101	56,4
Hauswirtschaftliche Ausbildungsgänge	87	48,6
Kaufmännische Ausbildungsgänge	28	15,6
Gewerbliche Ausbildungsgänge	55	30,7
Technische Ausbildungsgänge	29	16,2
Sonstige Ausbildungsgänge	32	17,9
Insg. (n = 179)	332	185,4

Als Zwischenergebnis bleibt festzuhalten, daß sich seit den 70er Jahren die Relation zwischen eigenständigen und angegliederten Fachschulen kaum ver-

---

[176] Die differenziertere Zusatzfrage nach weiteren sozialpädagogischen, -pflegerischen, heilpädagogischen und/oder hauswirtschaftlichen Ausbildungsgängen beantworteten 52 % (= 93 von 175 Angaben zu dieser Frage) der befragten SchulleiterInnen. Danach waren 49 Fachschulen für Sozialpädagogik mit Fachoberschulen für Sozialwesen/-Sozialpädagogik, 45 mit Berufsfachschulen für Kinderpflege, 28 mit Fachschulen für Heilpädagogik und/oder 13 mit Fachseminaren für Altenpflege gekoppelt.

ändert hat. Hierbei dominiert unter den Einzelgruppen zwar das allgemeine Berufsschulzentrum (40%), mit rund 27% prägt die selbständige Fachschule jedoch die sozialpädagogische Ausbildungslandschaft in bemerkenswertem Umfang. Dabei hat die Variable »Trägerschaft« erheblichen Einfluß auf die jeweiligen Schulorganisationstypen, wobei die Unterschiede vor allem zwischen öffentlichen und privaten Trägern zu lokalisieren sind. Während öffentliche Träger kaum autonome Fachschulen unterhalten, charakterisieren sie zu 50% die evangelische und zu 52% die katholische Schulstruktur. Gleichzeitig weisen beide Träger noch hohe Anteile bei den sozialen Bündelschulen auf. Allgemeine Berufsschulzentren sind dagegen von untergeordneter Bedeutung. Dies hängt sicherlich auch mit dem Selbstverständnis der konfessionellen Träger zusammen, deren gesellschaftliches Engagement eher im sozialen, denn im gewerblich-kaufmännischen Bereich zu verorten ist.

Bei der Auswertung nach Bundesländern konnten Analogien bei der Schulstruktur in den Ländern Bayern, Baden-Württemberg und Rheinland-Pfalz nachgewiesen werden, in denen eigenständige Fachschulen für Sozialpädagogik bzw. soziale Bündelschulen hohe Anteile aufwiesen. Hessen, Niedersachsen, Nordrhein-Westfalen und Schleswig-Holstein bevorzugten dagegen im erhöhten Maße allgemeine Berufsschulzentren.

In der Diskussion um die geeigneten schulorganisatorischen Rahmenbedingungen war bislang vor allem das allgemeine Berufsschulzentrum umstritten, in dem - so die These - Bürokratisierung und Verrechtlichung sowie die spezifische Form des abteilungs- und bildungsgangübergreifenden LehrerInneneinsatzes zu einer Ausbildungssituation führen, in der durch fehlende Freiräume für Lernende und Lehrende und mangelnde Identifikation der Lehrkräfte mit dem Bildungsgang die spezifischen Anforderungen an eine qualifizierte ErzieherInnenausbildung nicht adäquat berücksichtigt werden können. In großen (insbesondere staatlichen) Schulzentren begrenzen verhältnismäßig enge schulrechtliche Rahmenbedingungen und formale Regulative im Ausbildungsgang wie Stundenplanzwänge, Haus- und Schulordnung, Verfügungen und Konferenzbeschlüsse, ein großes LehrerInnenkollegium, Antragsfluten die Handlungsmöglichkeiten (vgl. DERSCHAU 1976; WOLF 1985) und lassen »methodische interdiziplinäre Absprachen und moderne Formen des Lehrens und Lernens - wie z.B. Teamteaching - kaum zu« (JUNG 1979, S. 395).

Ein Indikator dafür, daß Unterschiede in der Ausbildungsqualität tatsächlich durch die schulorganisatorischen Rahmenbedingungen beeinflußt werden, ist die AbbrecherInnenquote (vgl. Tab. 23.13).

Hier verdeutlicht die Differenzierung nach Schulorganisationstyp, daß eigenständige Fachschulen eher geringe AbbrecherInnenquoten haben, bei rund 82% dieser Schulen lag die Quote unter 10%, während Berufsschulzentren in dieser Gruppe unterrepräsentiert sind. Sie sind dagegen mit steigender Tendenz in der Gruppe von Schulen mit einer AbbrecherInnenquote zwischen 10% und 19% zu verorten. Während gleichzeitig eigenständige Fachschulen in der letzten Kategorie »20% und mehr« nicht mehr zu finden sind, weisen bei der sozialen Bündelschule immerhin noch 12,5% und bei dem allgemeinen Berufsschulzentrum noch rund 21% der Schulen eine AbbrecherInnenquote von 20 und mehr Prozent auf. Kurz: Berufsschulzentren haben höhere AbbrecherInnenquoten als eigenständige Fachschulen. Bündelschulen sind wiederum verstärkt in öffentlicher und eigenständige Fachschulen in privater Trägerschaft (vgl. Tab. 23.6 und 23.10.).

Tab. 23.13: AbbrecherInnenquote nach Schulorganisationstyp an Fachschulen für Sozialpädagogik (FSP) im Schuljahr 1991/92 in den alten Bundesländern

Schulorganisa-tionstyp	*AbbrecherInnenquote*									
	Unter 10%		*10-19%*		*≥ 20%*		*K.A.*		*Gesamt*	
	Abs.	*%*	*Abs.*	*%*	*Abs.*	*%*	*Abs.*	*%*	*Abs.*	*%*
Eigenständige FSP	40	81,6	8	16,3	-	-	1	2,0	49	100
Soziales Berufs-schulzentrum[1]	29	51,8	17	30,4	7	12,5	3	5,4	56	100
Allgemeines Be-rufsschulzentrum	32	45,1	22	31,0	15	21,1	2	2,8	71	100
Sonstiges	1	33,3	1	33,3	-	-	1	33,3	3	100
Insgesamt	102	57,0	48	26,8	22	12,3	7	3,9	179	100

1 Sozialpädagogisches, -pflegerisches und hauswirtschaftliches Berufsschulzentrum

Welche der beiden Variablen - Schulorganisation oder Trägerschaft - sich stärker auf die AbbrecherInnenquote auswirken, läßt sich aufgrund des vorliegenden Datenmaterials nicht ohne weiteres entscheiden, wobei jedoch anzunehmen ist, daß gerade in der Kombination beider Faktoren eine sich gegenseitig verstärkende Wirkung auf die Ausbildungsqualität liegt.

23.3.2 Schulgröße

Auch die Variable Schulgröße, die unabhängig davon ist, ob es sich um eine angegliederte oder eigenständige Fachschule für Sozialpädagogik handelt, wurde mit der Ausbildungsqualität in Verbindung gebracht. Im Rahmen der Dortmunder Befragung wurde deshalb versucht, das Angebot an Ausbildungsplätzen pro Schuljahr und Schule zu erfassen. Wie Tab. 23.14 verdeutlicht, bot rund jede 10. Fachschule (= 11%) im Schuljahr 1991/92 bis maximal 25 Ausbildungsplätze pro Schuljahr an. Der überwiegende Anteil der befragten

Schulen fiel mit rund 39% in die Kategorie 26 bis 50 Ausbildungsplätze. Insgesamt stellte damit die Hälfte der erfaßten Ausbildungsstätten nicht mehr als 50 Ausbildungsplätze pro Schuljahr, so daß der Anteil sehr kleiner und kleiner Fachschulen mit nur ein bis zwei Klassen pro Jahrgang relativ ausgeprägt ist.

Tab. 23.14: Ausbildungsplatzangebot an Fachschulen für Sozialpädagogik (FSP) im Schuljahr 1991/92 in den alten Bundesländern

Ausbildungs-platzangebot	FSP		
	Abs.	%	*Cum.%*
≤ 25	19	10,6	10,6
> 25 bis 50	70	39,1	49,7
> 50 bis 75	52	29,1	78,8
> 75 bis 100	21	11,7	90,9
> 100	15	8,4	98,9
Keine Angabe	2	1,1	100,0
Insgesamt	179	100,0	100,0

In die Kategorie von über 50 bis unter 100 Ausbildungsplätze fielen rund 41% der Fachschulen. Hiervon hatte mit 29% die Mehrheit der Ausbildungsstätten noch 51 bis 75 Ausbildungsplätze pro Schuljahr. Die Zahl der sehr großen Fachschulen (über 100 Ausbildungsplätze) war dagegen mit rund 8% gering, wobei jedoch zu vermuten ist, daß große Fachschulen wegen des hohen Fragebogenaufwands eine eher unterdurchschnittliche Rücklaufquote hatte. Wird die Grenze bei 75 Ausbildungsplätze pro Schuljahr gesetzt, so lagen noch 20% der befragten Schulen über dieser Hürde.

Zwischen den einzelnen Bundesländern bestehen deutliche regionale Unterschiede (vgl. Tab. 23.16): Die 19 Schulen mit wenig Ausbildungsplätzen (25 und weniger pro Schuljahr) liegen - absolut betrachtet - vor allem in Bayern (26%), Hessen (21%) und Baden-Württemberg (16%). In der Gruppe 26 bis 50 Ausbildungsplätze pro Schuljahr, in die meisten der 179 Fachschulen fallen, zeigt sich, daß diese Kategorie im Vergleich zu den sonstigen Größengruppen innerhalb der Bundesländer unterdurchschnittlich in den Ländern/Stadtstaaten Berlin und Hamburg, Nordrhein-Westfalen und Schleswig-Holstein sowie überdurchschnittlich in Bremen, Hessen, Niedersachen und dem Saarland besetzt ist. Diese Tendenz verstärkt sich noch in der Klasse 76 bis 100 Ausbildungsplätze pro Schuljahr, in der 43% der erfaßten Schulen in Nordrhein-Westfalen und nur 5% in Hessen liegen. Auch sehr große Schulen mit über 100 Ausbildungsplätzen pro Schuljahr kommen überproportional oft in Nord-

rhein-Westfalen vor. Sie sind dagegen unterdurchschnittlich in Bayern und
Baden-Württemberg anzutreffen.

Tab. 23.15: Ausbildungsplatzangebot nach Bundesland an Fachschulen für Sozialpädagogik
(FSP) im Schuljahr 1991/92 in den alten Bundesländern

Land	\leq25		> 25- 50		> 50-75		> 75- 100		> 100		K.A.		Insg.	
	Abs.	%	Abs.	%	Abs.	%	Abs.	%	Abs.	%	Abs.	%	Abs.	%
BW	3	10,0	13	43,3	9	30,0	4	13,3	1	3,3	-	-	30	100
BA	5	20,8	9	37,5	7	29,2	2	8,3	1	4,2	-	-	24	100
BE (W)	1	33,3	1	33,3	-	-	-	-	1	33,3	-	-	3	100
HB	-	-	2	66,6	-	-	1	33,3	-	-	-	-	3	100
HH	-	-	-	-	-	-	-	-	1	50,0	1	50,0	2	100
HE	4	19,0	10	47,6	4	19,0	1	4,8	2	9,5	-	-	21	100
NI	2	8,0	11	44,0	7	28,0	2	8,0	2	8,0	1	4,0	25	100
NW	2	3,7	18	33,3	20	37,0	9	16,7	5	9,3	-	-	54	100
RP	-	-	4	44,4	3	33,3	-	-	2	22,2	-	-	9	100
SL	-	-	1	50,0	-	-	1	50,0	-	-	-	-	2	100
SH	2	33,3	1	16,7	2	33,3	1	16,7	-	-	-	-	6	100
Insg.	19	10,6	70	39,1	52	29,1	21	11,7	15	8,4	2	1,1	179	100

Im Vergleich des Ausbildungsplatzangebotes innerhalb der Bundesländer ist
der Anteil von »Zwergschulen« mit 21% in Bayern, 33% in Berlin, 19% in
Hessen und 33% in Schleswig-Holstein überdurchschnittlich hoch (vgl. Tab.
23.15). In den Stadtstaaten Hamburg und Bremen gibt es dagegen keine Schulen, die in diese Kategorie fallen. In Nordrhein-Westfalen haben lediglich 3,7%
der Fachschulen diese Größe.

Werden, um ein Fazit im Hinblick auf kleine Schulen zu ziehen, beide Kategorien kumuliert, d.h., zur Großgruppe bis 50 Ausbildungsplätze zusammengefaßt, so läßt sich feststellen, daß in Schleswig-Holstein und im Saarland
kleine Schulen die Hälfte des jeweiligen Angebotes stellen. Sie bewegen sich
damit genau im Durchschnittsbereich der Gesamtverteilung.

In Berlin, Bremen und Hessen (jeweils 67%), aber auch in Bayern (58%),
Baden-Württemberg (53%) und Niedersachsen (52%) fallen mit sinkender Tendenz noch überdurchschnittlich viele Schulen in diese Kategorie. Dagegen gibt
es in Hamburg keine kleinen Schulen. Nordrhein-Westfalen (37%) und Niedersachsen sind stark unterrepräsentiert. Schulen mit 51 bis 75 Ausbildungsplätzen sind im Vergleich zu den anderen Größengruppen in Hessen (19%)
unterdurchschnittlich zu finden. In den Stadtstaaten und im Saarland gibt es
keine Schulen, die in diese Gruppe fallen. Dagegen sind die Kategorien in

Nordrhein-Westfalen (37%), in Rheinland-Pfalz (33%) und in Schleswig-Holstein (33%) im Vergleich zur Gesamtverteilung überrepräsentiert.

Die Kombination der Variablen Schulgröße in Verbindung mit Trägerschaft zeigt, daß in der Gruppe der sehr kleinen Schulen mit einem Ausbildungsplatzangebot von bis zu 25 Plätzen pro Schuljahr überproportional Schulen in katholischer Trägerschaft vertreten sind. Öffentliche und evangelische Schulen sind gemessen an ihrem Gesamtanteil in dieser Klasse unterrepräsentiert (vgl. Tab. 23.16).

Tab. 23.16: Ausbildungsplatzangebot nach Trägerschaft an Fachschulen für Sozialpädagogik (FSP) im Schuljahr 1991/92 in den alten Bundesländern

Träger	Ausbildungsplatzangebot													
	≤ 25		> 25-50		> 50-75		> 75-100		> 100		K.A.		Insg.	
	Abs.	%	Abs.	%	Abs.	%	Abs.	%	Abs.	%	Abs.	%	Abs.	%
Öffent.	9	9,1	40	40,4	29	29,3	12	12,1	8	8,1	1	1,0	99	100
Evang.	2	8,3	10	41,7	6	25,0	2	8,3	4	16,7	-	-	24	100
Kath.	8	14,5	18	34,6	16	30,8	7	13,5	2	3,8	1	1,9	52	100
Sonst.	-	-	2	50,0	1	25,0	-	-	1	25,0	-	-	4	100
Insg.	19	10,6	70	39,1	52	29,1	21	11,7	15	8,4	2	1,1	179	100

Auch die Auseinandersetzung um die geeignete Schulgröße ist nicht neu und wird bereits seit den 70er Jahren geführt. Günstig für die Vermittlung beruflicher Handlungskompetenz erschien »eine selbständige und von der Größe her relativ überschaubare Fachschule« (JUNG 1979, S. 395), da an diesen Schulen durch eine weniger anonyme Atmosphäre die Voraussetzungen für eine flexiblere Ausbildungs- und Unterrichtsorganisation mit besseren Kooperations- und Kommunikationsmöglichkeiten, alternativen Unterrichtsmethoden und schnelleren Reaktionmöglichkeiten auf Veränderungen im Berufsfeld eher gegeben seien als an großen Ausbildungsstätten.[177] Als Nachteile kleinerer Schulen wurden der höhere Anteil nebenamtlicher Lehrkräfte, das häufigere Erteilen fachfremden Unterrichts durch hauptamtliche Lehrkräfte, die damit verbundene stärkere Belastung der LehrerInnen bei gleichzeitig höherer Inanspruchnahme durch organisatorische und verwaltungstechnische Aufgaben, die ungünstigere materielle Ausstattung der kleinen Fachschulen und die erschwerte Differenzierung der Ausbildung und des Lehrangebots gesehen. So sind große Schulen aufgrund ihrer Ressourcen eher in der Lage, ihren Auszubildenden erweiterte Wahlmöglichkeiten und ein breites Spektrum an Projekten anzubieten.

---

[177] Vgl. DERSCHAU (1976); GEW (1988); JUNG (1979); WOLF (1985).

23.3.3   Neuere Diskussionsansätze

Schützenhilfe erhielt diese bereits frühzeitig geführte Diskussion im Verlauf
der 80er Jahre von Seiten der Schulqualitätsforschung, in der sich die schulpädagogische Diskussion auf die Frage nach der »guten« bzw. »schlechten«
Schule konzentrierte (vgl. KLAFKI 1989), da Unterschiede zwischen guten und
weniger guten Schulen, so wurde festgestellt, offensichtlich nicht nur durch
Qualitätsunterschiede des Unterrichts verursacht waren, sondern durch einen
Faktorenkomplex der mit Begriffen wie Schulklima, Schulatmosphäre, Schul-
ethos bezeichnet wurde. Klafki spricht in diesem Zusammenhang zusammenfassend »vom sozialen Klima oder, synonym, vom Interaktionsklima einer
Schule« (ebd., S. 49) und bezeichnet in Anlehnung an Fend diese Ergebnisse
als »die Entdeckung bzw. Wiederentdeckung« der einzelnen Schule als pädagogische Handlungseinheit« (ebd., S. 51), ohne daß hierdurch Fragen der äuße-
ren Schulreform ad acta gelegt werden können (vgl. ebd., S. 53).

Als wichtige Faktoren, die leistungsfähige von weniger effizienten Schulen
unterscheiden, identifiziert Klafki u.a.: Eine positive pädagogische Einstellung
des Kollegiums zu den SchülerInnen, die bei den LehrerInnen Kompetenzen
wie Offenheit, Bereitschaft zu persönlichen Gesprächen, zur Selbstkritik sowie zur Auseinandersetzung über ihre Arbeit voraussetzen. Besondere Bedeutung hat der Grad an Zielübereinstimmung bzw. der kontinuierliche argu-
mentative Versuch des Kollegium, einen pädagogischen Konsens gemeinsam
zu erzielen, umzusetzen und weiterzuentwickeln, wozu Kommunikation und
Kooperation untereinander erforderlich sind. Eine wichtige Funktion hat in
diesem Zusammenhang die schulinterne LehrerInnenfortbildung, bei der in
systematisierter und kontinuierlicher Form (z.B. durch regelmäßige Konferenzen, pädagogische Tage etc.) die konkreten Probleme der jeweiligen Schule,
des spezifischen Kollegiums und der pädagogischen Arbeit aufgegriffen werden
sollen. Gute Schulen sind darüber hinaus charakterisiert durch ein reges
Schulleben mit einem großen Repertoire an gemeinsamen über den Schulalltag hinausgehenden Erfahrungs- und Handlungselementen (wie Schulfeste, Zei-
tungen, Wahlangebote etc.) für SchülerInnen, Lehrkräfte, Eltern und Öffentlichkeit, die Verankerung der Schule im kommunalen Umfeld und die Verbindung zu anderen Schulen.

Das von Klafki u.a. SchulforscherInnen primär für das allgemeinbildende
Schulwesen entwickelte Konzept gewinnt in den letzten Jahren zunehmend
an Handlungsrelevanz und ist Ausdruck eines vorsichtigen Demokratisie-
rungsprozesses innerhalb des Schulwesens. Einige ErziehungswissenschaftlerInnen, wie beispielsweise der Dortmunder Schulforscher Rolff, und PolitikerIn-
nen aus den Bundesländern Hessen, Nordrhein-Westfalen, Hamburg und Bre-

men propagieren dieses Konzept unter dem Begriff der »Schulautonomie«.[178] Hierunter verstehen sie im wesentlichen folgendes: »Entlaßt die Schulen aus dem entmündigenden Zugriff der Bürokratie und ermöglicht ihnen, selbst zu entscheiden über ihr pädagogisches Profil, ihr Lehrangebot, die Auswahl des Kollegiums und der Schülerklientel bis hin zur eigenständigen finanziellen Planung« (ETZULD 1993).

Wesentliche Bestandteile dieses Konzeptes sind, wie es u.a. in Bremen diskutiert wird:

- »Schule soll sich durch die Hereinnahme gesellschaftlichen Alltags öffnen und ihr Aktionsfeld im Rahmen des Stadtteils konsequent nutzen;
- Schule soll rechtlich verpflichtet werden, sich von innen her zu profilieren;
- Vergrößerung der Freiräume in den staatlichen Vorgaben;
- Schulleitungen werden verpflichtet, die Leitungsaufgabe als pädagogische Leitung eines komplexen auf Konsens angelegten autonomen Weiterentwicklungsprozeßes der Schule und aller ihrer Beteiligten wahrzunehmen;
- für Schülerinnen und Schüler gelten Selbstbestimmung und Selbstorganisation als übergeordnete Lernziele;
- Möglichkeiten von Drittmittelfinanzierung sollen erweitert werden;
- Schulverwaltung, Schulaufsicht und Schulen sollen sich in einem dialogischen Verhältnis zueinander bewegen etc.« (AHE 1993, S. 10).

Dieses, vor dem Hintergrund der vorangegangenen Ausführungen, auch für die Fachschule interessante Konzept stößt allerdings auf erhebliche Kritik unter der LehrerInnenschaft aus Hamburg und Bremen: Selbständigkeit könne nicht von oben verordnet werden und die Formel von der Autonomie verberge eher ein Sparkonzept angesichts leerer öffentlicher Kassen. Vor diesem Hintergrund könne Selbstverwaltung nur heißen, ob das Fach X oder das Fach Y im nächsten Schuljahr ausfallen, oder ob lieber größere Klassen gebildet werden möchten (vgl. HEINEMANN 1993). Obwohl derartige Gefahren nicht von der Hand zu weisen sind, wäre mehr Autonomie eine große Herausforderung: »Mehr Autonomie der Schulen wäre eine große Chance unseres Schulsystems. Aber kann Selbstverantwortung überhaupt staatlich verordnet werden? Letztlich wird es Autonomie nur dort geben, wo Schulen keine Staatsanstalten und LehrerInnen keine Staatsdiener sind; vermutlich bleibt hier alles beim alten« (ETZULD 1993).

---

[178] Vgl. ARBEITSGRUPPE BILDUNGSBERICHT (1994); HEINEMANN (1993); ROLFF (1992); HAMBURGER PÄDAGOGEN (1993).

24. SchülerInnen

Mit über 50.000 SchülerInnen an Fachschulen für Sozialpädagogik in West und Ost ist das Ausbildungsvolumen auch im Vergleich zum Dualen System nicht unbedeutend. Die genaue Zahl ist allerdings nur schwer quantifizierbar, da offizielle Statistiken in diesem Bereich erhebliche Defizite aufweisen (vgl. Kap. 13.2). Dies führt zu der widersprüchlichen Situation, daß der Rechtsanspruch auf einen Kindergartenplatz zwar vom Gesetzgeber beschlossen ist, aber amtlicherseits noch nicht einmal präzise Informationen darüber zur Verfügung stehen, ob der Bedarf an ausgebildeten ErzieherInnen, der zudem auch regional sehr unterschiedlich sein kann, rein rechnerisch überhaupt gedeckt werden kann. Hierdurch wird eine systematische Jugendhilfeplanung, die durch das Kinder- und Jugendhilfegesetz (KJHG) inzwischen zwingend vorgeschrieben ist, in diesem Punkt nur schwer möglich. Dabei wäre es besonders für die Kommunen, die ja in erster Linie für den Ausbau mit Kindergartenplätzen die Verantwortung tragen, im Sinne einer verantwortlichen Personalentwicklung, sinnvoll und nötig, exakte Daten zur SchülerInnenzahlentwicklung an Fachschulen für Sozialpädagogik in ihrer jeweiligen Region zu haben.[179]

24.1 Die Entwicklung der SchülerInnenzahl: Höhen und Tiefen seit der Bildungsreform

Parallel zum Ausbau der Fachschulen in der Expansionsphase der 70er Jahre (vgl. Kap. 23) stiegen auch die SchülerInnenzahlen: Während sich die AnfängerInnenzahlen in den 60er Jahren relativ konstant um die Zahl 5.000 bewegten (vgl. RAUSCHENBACH 1990a, S. 247), verdreifachten sich diese fast von ca. 6.700 (1970) auf über 18.700 (1975) und erreichten hiermit ihren bisher nicht überbotenen historischen Höhepunkt. Die höchsten Zuwachsraten lagen dabei 1971/1972, einem Zeitabschnitt, in dem sukzessive die Umsetzung der KMK-Rahmenvereinbarung von 1969 auf Länderebene erfolgte (vgl. Tab. 24.1).[180]

---

[179] So wird im folgenden trotz nicht immer eindeutiger amtlicher Statistiken die Entwicklung der SchülerInnen analysiert und über ihre Struktur, soweit hierzu vereinzelte Daten vorliegen, Aussagen getroffen.

[180] Dabei war die Entwicklung in den einzelnen Bundesländern unterschiedlich. Während z.B. Bayern, Nordrhein-Westfalen und Rheinland-Pfalz bereits 1974 ihr Maximum erreicht hatten, war dies in Hessen und Schleswig Holstein erst zwei Jahre später der Fall.

Tab. 24.1: Entwicklung der AnfängerInnenzahlen an Fachschulen für Sozialpädagogik von 1970 bis 1993 in den alten Bundesländern

Jahr	BW	BA	BE	HB	HH	HE	NI	NW[1]	RP	SL	SH	BG[2]
1970	714	938	-.-	119	299	541	777	2.506	429	191	237	6.751
1971	921	1.337	-.-	140	323	746	829	4.440	714	186	315	9.951
1972	1.306	1.847	-.-	142	753	998	1.147	5.009	713	179	386	12.480
1973	1.876	2.273	-.-	164	582	960	1.438	6.105	1.049	206	545	15.198
1974	2.408	2.443	-.-	190	568	1.002	1.735	6.654	1.030	178	637	16.845
1975	4.141	2.389	-.-	192	671	1.182	2.097	6.308	955	190	647	18.772
1976	2.747	2.216	-.-	170	587	1.270	1.926	6.254	976	221	638	17.005
1977	2.691	2.114	-.-	165	643	1.197	2.013	5.664	956	198	562	16.203
1978	2.581	1.998	-.-	173	562	1.179	1.740	5.082	942	274	545	15.076
1979	2.499	1.987	-.-	164	592	1.183	1.805	4.840	927	179	574	14.750
1980	2.779[3]	1.906	-.-	104	689	1.162	1.799	5.294	960	251	589	15.533
1981	2.773	1.974	-.-	107	718	1.277	1.772	5.538	879	163	549	15.750
1982	2.750	2.029	-.-	167	654	1.399	1.848	5.473	905	186	602	16.013
1983	2.612	2.014	-.-	182	643	1.244	1.779	5.171	881	162	579	15.267
1984	2.668	1.984	-.-	164	600	1.292	1.729	4.649	817	168	591	14.662
1985	2.512	1.888	-.-	154	*600*	869	1.640	4.231	798	168	569	13.429
1986	2.607	1.801	-.-	116	541	1.035	1.375	4.008	746	172	536	12.937
1987	2.447	1.398	-.-	157	594	1.104	1.456	3.869	743	186	525	12.479
1988	2.545	1.336	855	130	188	1.118	1.444	3.755	731	202	553	12.002
1989	2.556	1.560	-.-	154	292	1.141	1.500	3.923	739	202	521	12.588
1990	2.653	1.682	801	131	437	1.118	1.554	4.095	748	202	557	13.177
1991	2.723	1.752	994[4]	189	454	1.163	1.564	4.662	850	251	601	14.209
1992	2.740	1.819	1.652	186	588	1.263	1.623	5.144	1.162	282	616	17.075
1993	2.899	*1.819*	1.141	206	614	1.310	1.829	5.207	1.249	282	778	*17.334*

1 Ohne Kollegschulen
2 Die Bundesdaten wurden ohne Berlin berechnet
3 Ab 1980 incl. Sonderform Jugend- und Heimerziehung
4 Ab 1991 incl. Ost-Berlin
-.- Daten fehlen bzw. vorhandene Daten sind unklar. Die *kursiv* gedruckten Zahlen sind Schätzwerte.
Quelle: Rauschenbach (1990a); Kultusministerien; eigene Berechnungen

Dieser Boom spiegelt sich auch bei den Gesamtzahlen wieder, die von knapp 14.000 (1970) auf mehr als 46.500 (1975) angestiegen sind. Dies war nicht allein demographisch bedingt, sondern hat offensichtlich mit der gewachsenen Attraktivität des ErzieherInnenberufes zu tun, da der Zuwachs bei den SchülerInnen im Vergleich zur Bevölkerungsentwicklung der Jahrgänge von 17 bis unter 21 Jahren in dieser Zeit überproportional verlief (vgl. Tab. 24.3)[181]: Während von 1970 bis 1975 die Zahl der jungen Erwachsenen in dieser Altersgruppe um 58% stieg, die Anzahl der RealschulabsolventInnen um 61% wuchs, lag die Steigerungsquote bei den AnfängerInnen an Fachschulen für Sozialpädagogik bei 178%. Das heißt, erst wenn man die absoluten SchülerIn-

---

181 Aufgrund der schulischen und beruflichen Voraussetzungen (vgl. Kapitel 16) an Fachschulen für Sozialpädagogik sind die meisten SchülerInnen zwischen 17 und 21 Jahre alt. Diese Jahrgänge bilden das wichtigste Reservoir für die ErzieherInnenausbildung. Die Hauptzugangsgruppe sind hierbei - gemessen am erreichten Allgemeinbildungsniveau - die RealschulabsolventInnen.

nenzahlen in Relation zur Gesamtbevölkerung und den in Frage kommenden Jahrgängen setzt, wird die enorme Dynamik, die sich in nur 5 Jahren in diesem Ausbildungs- und Arbeitsmarktsegment ereignete, sichtbar. Der Beruf der ErzieherIn wurde erheblich attraktiver, entschieden sich doch rund 0,5% der in Frage kommenden Altersjahrgänge dafür, diese Ausbildung zu absolvieren und damit mehr als doppelt soviel wie noch fünf Jahre zuvor (vgl. Tab. 24.3). Ab 1976 war die AnfängerInnenzahl dann wieder leicht rückläufig, blieb aber ebenso wie die Gesamtzahl, deren Wert sich bis 1984 zwischen 42.000 und 45.000 bewegt, auf hohem Niveau (vgl. Tab. 24.2).

Tab. 24.2: Entwicklung der GesamtschülerInnenzahlen an Fachschulen für Sozialpädagogik von 1970 bis 1993 in den alten Bundesländern

Jahr	BW	BA	BE	HB	HH	HE	NI	NW[1]	RP	SL	SH	BG
1970	1.393	1.691	1.020	230	605	1.135	1.412	5.079	728	276	406	13.975
1971	1.632	2.271	1.090	257	611	1.384	1.521	6.818	1.045	376	535	17.540
1972	2.245	4.084	1.011	280	1.129	1.562	1.965	11.137	1.241	367	713	25.734
1973	3.201	5.371	927	307	1.362	1.734	2.546	14.549	1.911	361	964	33.233
1974	4.325	6.448	1.295	345	1.568	2.035	2.872	16.732	1.930	367	1.152	39.069
1975	7.906	6.942	1.771	355	1.808	2.715	3.716	17.713	2.032	361	1.250	46.569
1976	-.-	6.935	-.-	332	1.661	3.210	3.700	18.082	1.986	-.-	-.-	-.-
1977	-.-	6.639	-.-	328	1.682	3.199	5.358	17.239	1.894	-.-	-.-	-.-
1978	1.387	6.285	1.387	444	1.638	3.210	5.296	15.455	2.431	465	1.593	44.536
1979	6.073	5.996	1.452	415	1.657	3.080	5.290	13.902	2.569	360	1.599	42.393
1980	5.338[2]	5.750	1.408	253	1.773	3.326	5.342	13.517	2.709	583	1.598	41.597
1981	5.442	5.759	1.497	278	1.863	3.416	5.305	14.021	2.712	349	1.630	42.272
1982	5.310	5.851	1.519	482	1.855	3.648	5.285	14.327	2.717	390	1.685	43.069
1983	5.291	5.950	1.438	494	1.707	3.615	5.298	14.173	2.687	286	1.739	42.678
1984	5.276	5.959	1.416	462	1.776	3.822	5.217	13.460	2.617	306	1.698	42.009
1985	5.163	5.841	1.414	435	1.701	3.321	4.951	12.410	2.454	313	1.635	39.638
1986	5.107	5.660	1.276	299	1.532	3.075	4.498	11.302	2.315	314	1.551	36.929
1987	4.966	5.043	1.209	424	1.498	2.868	4.203	10.679	2.201	334	1.491	34.916
1988	4.953	4.479	1.444	380	1.106	3.130	4.028	10.380	2.162	413	1.482	33.957
1989	4.972	4.236	1.444	390	961	3.141	4.142	10.277	2.133	413	1.478	33.587
1990	5.073	4.589	1.277	366	874	3.470	4.337	10.605	2.192	413	1.609	34.805
1991	5.282	5.038	2.907[3]	421	880	3.425	4.499	11.623	2.356	479	1.675	38.585
1992	5.340	*5.038*	3.182	437	1.345	3.631	4.532	12.773	2.923	514	1.720	*41.435*
1993	5.524	*5.038*	2.773	508	1.565	3.719	4.915	13.482	3.355	*514*	1.923	*43.316*

1 Ohne Kollegschulen
2 Ab 1980 incl. Sonderform Jugend- und Heimerziehung
3 Ab 1991 incl. Ost-Berlin
-.- Daten liegen nicht vor. Die *kursiv* gedruckten Zahlen sind Schätzwerte.
Quelle: Rauschenbach (1990a); Kultusministerien der Länder; eigene Berechnungen

Deutliche Einbrüche zeigen sich aufgrund der sich verschlechternden Arbeitsmarktsituation sowie der ab 1984 rückläufigen Zahl junger Erwachsener und RealschulabsolventInnen vor allem in der zweiten Hälfte der 80er Jahre, so daß 1985 erstmalig die Aufnahmezahlen unter die Aufnahmekapazitäten eini-

ger Fachschulen sanken (vgl. DERSCHAU 1989, S. 143) und das erste Mal seit
gut 10 Jahren wieder den Wert von 40.000 SchülerInnen unterschritten. Der
zahlenmäßige Tiefpunkt der GesamtschülerInnenzahlen war 1989 mit dem
Absinken auf das Niveau von 1973 erreicht. Zwar lag die Zahl der AnfängerInnen bis 1983 noch über dem Wert von 15.000, aber immer weniger junge
Erwachsene entschieden sich prozentual zum SchülerInnenreservoir für eine
ErzieherInnenausbildung. So sank die Quote von gut 0,5% eines in Frage
kommenden Altersjahrgangs im Jahr 1975 auf nur noch 0,3% gut 10 Jahre
später (vgl. Tab. 24.3). Oder anders gesagt: Der Attraktivitätsfaktor der ErzieherInnenausbildung sank in den späten 70er und frühen 80er Jahren fast genauso rapide wie er in der Bildungsexpansionsphase in den frühen 70er Jahren
angestiegen war.[182]

Ab Ende der 80er Jahre irritierten erste Warnungen »Der Fachschule gehen
die SchülerInnen aus« die Fachöffentlichkeit.[183] Sie gewannen insofern an Brisanz, da sich zwischen 1986 und 1990 die Zahl der Beschäftigten in Kindertageseinrichtungen um 18% erhöhte (vgl. Teil I). Auch die Tagespresse wies ab
1990 zunehmend auf einen regionalen Fehlbedarf an ErzieherInnen hin, der
sich besonders in Ballungsgebieten und Großstädten mit hohem Mietniveau
wie Frankfurt und Berlin bemerkbar machte.[184] So ist es wohl nicht zufällig,
daß zu dem Zeitpunkt, als der ErzieherInnenmangel eine breitere Öffentlichkeit erreichte, sich seit 1989/1990 mit erneut steigenden AnfängerInnenzahlen
eine Tendenzwende an den Ausbildungsstätten andeutet, die sich bis heute
fortzusetzten scheint, und dies, obwohl die Zahl junger Erwachsener zwischen
17 und 21 Jahren weiter rückläufig ist. Der größte Zuwachs ist 1991 zu verzeichnen, entschieden sich doch, gemessen an der Jahrgangsstärke, 1991 anteilig fast ebensoviel Jugendliche für den ErzieherInnenberuf wie in der Expan-

---

[182] Im Gegensatz zur stürmischen Expansionsphase der frühen 70er Jahre standen die auslaufenden 70er und beginnenden 80er Jahre eher unter dem Vorzeichen von Konsolidierung und Stagnation. Die Ausbildung blieb hinter den Reformerwartungen zurück,
der Bedarf an neu ausgebildeten ErzieherInnen war nicht mehr so groß (vgl. BUNDES-
MINISTERIUM FÜR JUGEND 1990, S. 32; DERSCHAU 1989, S. 143) und innerhalb der
sozialen Berufe waren vor allem ErzieherInnen von einem erhöhten Arbeitsmarktrisi-
ko betroffen. Sie stellten 1978 allein 40% der arbeitslosen Sozialberufler (vgl. Kap. 3).
[183] Vgl. DERSCHAU (1989, 1990a, 1990b); RAUSCHENBACH (1990a, 1990b); KNAUER
(1991); PREISING/PROTT (1988); BUNDESARBEITGEMEINSCHAFT DER LANDESJUGEND-
ÄMTER (1990).
[184] So ermittelte die BUNDESARBEITSGEMEINSCHAFT DER LANDESJUGENDÄMTER (1990,
S. 6) allein für Frankfurt 180 unbesetzte ErzieherInnenstellen. Laut Umfrage der
Frankfurter Rundschau vom 15.04.91 mußten rund 500 Kindergarten- und Hortplätze
in 26 Tagesstätten in Frankfurt aufgrund des Personalmangels gesperrt werden.

sionsphase der 70er Jahre (vgl. Tab. 24.3). Dies ist sicher auch vor dem Hintergrund des Rechtsanspruches auf einen Kindergartenplatz zu sehen.

Tab. 24.3: AnfängerInnen an Fachschulen für Sozialpädagogik und ihr prozentualer Anteil an den 17- bis unter 21jährigen von 1970-1991 in den alten Bundesländern

Jahr	AnfängerInnen		Altersjahr-gänge 17 ≤ 21 Jahre (in Tsd.)	AbsolventInnen mit Mittlerem Bildungsabschluß (in Tausend)			Anfänger-Innen in v.H. der 17-21jäh-rigen
	Abs.[1]	In % zum Vorjahr		Allgemein-bildende Schulen	Berufliche Schulen	Insgesamt	
1970	6.751	-,-	3.226	143,9	56,2	201,0	0,21
1975	18.772	+178,4	3.505	231,8	86,2	318,0	0,54
1976	17.005	-9,4	3.617	225,1	92,3	317,4	0,47
1977	16.203	-4,7	3.735	248,7	86,5	335,2	0,43
1978	15.076	-7,0	3.863	281,9	89,1	371,0	0,39
1979	14.750	-2,2	3.997	310,7	90,8	401,0	0,37
1980	15.533	+5,3	4.139	327,8	94,5	422,2	0,38
1981	15.750	+1,4	-.-	337,8	98,1	435,9	-.-
1982	16.013	+1,7	4.270	347,9	88,4	436,3	0,38
1983	15.267	-4,7	4.284	354,3	88,9	443,2	0,36
1984	14.662	-4,0	4.224	359,2	79,5	438,7	0,35
1985	13.429	-7,7	4.127	348,8	70,9	419,7	0,33
1986	12.937	-3,7	3.993	328,0	65,3	393,8	0,32
1987	12.479	-3,5	3.768	304,6	57,0	361,5	0,33
1988	12.002	-3,8	3.552	280,3	53,9	337,7	0,34
1989	12.588	+4,9	3.335	252,8	51,7	303,5	0,38
1990	13.177	+4,8	3.115	234,3	49,7	284,0	0,42
1991	14.209	+7,8	2.953	228,4	46,7	275,1	0,48
1992	17.075	+20,2	-.-	230,9[2]	45,0[2]	275,9[2]	-,-
1993	17.334	+1,5	-.-	-,-	-,-	-,-	-,-

1 Bundesdaten wurden ohne Berlin berechnet
2 Incl. Berlin-Ost
-.- Daten liegen nicht vor
Quelle: Bundesminister für Bildung und Wissenschaft, verschiedene Jahrgänge; eigene Berechnungen

Ein weiterer Indikator für die erneut wachsende Beliebtheit der ErzieherInnenausbildung bzw. die erhöhte Nachfrage des Arbeitsmarktes ist die Entwicklung der Teilzeitausbildungen, die - wie in Nordrhein-Westfalen 1990/91 - wiedereingeführt worden sind bzw. - wie in Niedersachsen - wachsende SchülerInnenzahlen aufweisen.[185] Auch die Bundesanstalt für Arbeit hat mittlerweile ihre Förderungspolitik dem gewachsenen Personalbedarf in Kindertagesein-

---

[185] Hier ist die Zahl der SchülerInnen in Teilzeitform von 37 im Jahre 1987 auf 328 im Jahre 1993 hochgeschnellt.

richtungen angepaßt. So erfolgen vereinzelt auch Förderungen durch das Ar-
beitsamt in der Regelausbildung und werden beispielsweise in Nordrhein-
Westfalen Qualifizierungsmaßnahmen zum/zur ErzieherIn und im verstärkten Maße zum/zur KinderpflegerIn außerhalb von Fachschulen in Kursen
und Umschulungsmaßnahmen angeboten. Hierbei handelt es sich vielfach um
sozialpädagogisch begleitete Angebote privater Träger, die z.b. für BerufsrückkehrerInnen mit kleinen Kindern, konzipiert sind. Die Abschlußprüfung
erfolgt an (Berufs)Fachschulen als Externenprüfung (vgl. Kap. 20). Im Zusammenhang mit der momentan wachsenden Anzahl von gerade auch verkürzten
(ein Jahr) Ausbildungen zum/zur KinderpflegerIn muß an dieser Stelle vor
der Gefahr einer Dequalifizierung in Kindertageseinrichtungen gewarnt werden, da bei einem überproportionalem Wachstum der rangniedrigeren Ausbildung, bei einem insgesamt im Westen expandierendem Arbeitsmarkt, dies
nicht ohne Folgen für das Anstellungsverhalten der Träger von Kindertageseinrichtungen bleiben kann.[186]

Die Situation in den neuen Bundesländern: Wesentlich komplexer und etwas
schwieriger nachzuvollziehen ist die Situation in den neuen Bundesländern.
Die Vielfalt der momentan noch parallel und demnächst teilweise auslaufenden Ausbildungsgänge an Fachschulen soll ein beispielhafter Blick nach Mecklenburg-Vorpommern im Jahre 1992 verdeutlichen, der eindrucksvoll die Ausbildungssituation und die Probleme beim Umbau des ostdeutschen Bildungswesens dokumentiert (vgl. Tab. 24.4).

Tab. 24.4: Sozialpädagogische Ausbildungsgänge an Fachschulen in Mecklenburg-Vorpommern 1992

Ausbildungsformen	*Auszubildende abs.*
KrippenerzieherInnen (auslaufend)	134
KindergärtnerInnen (auslaufend)	377
KindergärtnerInnen (Sonderstudium)	55
KindergärtnerInnen (Fernstudium)	31
ErzieherInnen (Vorpraktikum)	58
ErzieherInnen	68
ErzieherInnen (Ergänzungsstudium)	95
ErzieherInnen (Anpassungsfortbildung halbjährig)	142
HeimerzieherInnen (auslaufend)	61
Insgesamt	1.021

Quelle: Kultusministerium Mecklenburg-Vorpommern

---

[186] Allein in Nordrhein-Westfalen sind die Zahlen bei der Kinderpflege von 1989-1992 um
45% gestiegen (vgl. STATISTISCHES BUNDESAMT, ergänzende Tabellen, verschiedene Jg.).

Betrachtet man die SchülerInnenzahlen der Fachschulen für KindergärtnerInnen in der DDR im Vergleich zu den Fachschulen für Sozialpädagogik in der BRD, so erscheinen die Ausbildungskapazitäten der DDR zunächst vergleichsweise gering. Addiert man aber die, der bundesdeutschen ErzieherInnenausbildung entsprechenden Ausbildungsgänge für die Tätigkeitsfelder Krippe, Hort und Heim, so resultiert aus dieser Berechnung ein Gesamtausbildungsvolumen von ca. 30.700 SchülerInnen für 1989 (vgl. Tab. 24.5).[187] Dies ist im Vergleich zur Bundesrepublik relativ hoch (vgl. auch Kapitel 12).

Tab. 24.5: SchülerInnen u. AbsolventInnen sozialpädagogischer Ausbildungen an Fachschulen der DDR nach Fachrichtungen (1989/1990)

| | SchülerInnen | | | |
| | 1989 | | 1990 | |
Fachrichtung	*Insgesamt*	*AbsolventInnen*	*Insgesamt*	*AbsolventInnen*
KindergärtnerInnen	8.344	2.699	7.938	2.387
KrippenerzieherInnen	9.309	3.421	6.161	3.303
LehrerInnen für untere Klassen/HorterzieherInnen	10.360	2.481	7.203	1.968
ErzieherInnen im Jugendheim/Heim[1]	2.671	789	2.382	722
Insgesamt	30.684	9.390	23.684	8.380

1 Im Statistischen Jahrbuch der DDR 1990 wird nur der Begriff »Erzieher« verwendet; in der Fachserie 11, »ErzieherInnen im Jugendheim/Heim«.
Quelle: Statistisches Bundesamt Fachserie 11, Reihe 2; Statistisches Jahrbuch der DDR (1990)

Der Vergleich der SchülerInnenzahlen in den Umbruchsjahren 1989 und 1990 bei der Berufsgruppe »KindergärtnerInnen« läßt zunächst keinen nennenswerten Rückgang erkennen. So ging die Gesamtzahl »KindergärtnerInnen« von 1989 auf 1990 nur um ca. 400 auf 7.938 zurück, die der AbsolventInnen lediglich um ca. 300 auf 2.387. Die Anzahl der Auszubildenden geht allerdings in den Bereichen erheblich mehr zurück, die im Westen nicht so nachgefragt sind bzw. so nicht mehr weitergeführt werden, nämlich im Krippen- und Hortbereich um über 6.000 (vgl. Tab. 24.5).

Die weitere Entwicklung in den neuen Bundesländern ist aufgrund der auslaufenden Bildungsgänge, der neueingeführten ErzieherInnenausbildung und nicht zuletzt der kategorialen Änderungen im statistischen Berichtssystem seit der Vereinigung nur schwer quantifizierbar bzw. vergleichbar, so daß lediglich Aussagen zum jetzigen SchülerInnenbestand getroffen werden können. Spe-

---

[187] Hierbei sind die Ausbildungen »Freundschaftspionierleiter«, »Heimerzieher in Lehrlingsheimen« und andere DDR-spezifische Ausbildungen im Freizeit- und Jugendbereich nicht berücksichtigt.

ziell zur Fachschule für Sozialpädagogik liegen die aktuellsten Zahlen z. Zt. für das Schuljahr 1992/93 vor (vgl. Tab. 24.6). Hiernach befinden sich rund 9.700 SchülerInnen an Fachschulen für Sozialpädagogik. Diese Zahl beinhaltet jedoch alle Auszubildenden in Anpassungs-, Umschulungs-, Sonderlehrgängen und Teilzeitausbildungen und ist daher nur ein begrenzter Indikator für die tatsächliche SchülerInnenzahl in den neuen Bundesländern, zumal auch die Daten für Ost-Berlin hierin nicht enthalten sind.

Die meisten SchülerInnen werden mit rund 3.100 in Sachsen und 2.400 in Thüringen ausgebildet. Das günstigste Verhältnis von Auszubildenden an Fachschulen im Verhältnis zur Bevölkerung weisen die Bundesländer Thüringen und Mecklenburg-Vorpommern auf. Auffällig ist das ungünstige Verhältnis in Sachsen-Anhalt.

Tab. 24.6: SchülerInnen an Fachschulen für Sozialpädagogik im Schuljahr 1992/93 in den neuen Bundesländern inklusiv aller Umschulungs-, Anpassungs- und Sonderlehrgänge sowie Teilzeitausbildung

Land	1. Jahr	2. Jahr	3. Jahr	4. Jahr	Ergän-zungsjahr	Insge-samt
BB	616	597	413	54	-	1.680
MV	356	129	293	58	623	1.459
SN	269	780	1.067	938	-	3.054
ST	466	206	192	179	-	1.043
TH	1.074	433	684	220	-	2.411
Gesamt	2.781	2.145	2.649	1.449	623	9.647

Quelle: Statistische Landesämter 1993/94; Statistisches Bundesamt (1993)

Trends und Perspektiven: Wie sich die SchülerInnenzahlen in Ost und West *zukünftig* entwickeln, wird von verschiedenen Größen beeinflußt: Neben der demographischen Entwicklung, stellen hierbei die Nachfrage auf dem Arbeitsmarkt, der Stellenwert und die Attraktivität des ErzieherInnenberufes sowie die bildungspolitischen Interventionen der Kultus- und Sozialadministrationen in 16 Bundesländern wesentliche Entwicklungsvariablen dar. Ob mit der momentanen Ausweitung der Fachschulkapazitäten im *Westen* schon von einer dauerhaften Tendenzwende gesprochen werden kann, ist zumindestens fraglich, zumal die Zahl der jungen Erwachsenen zwischen 17 und 21 Jahren nach Prognose der KMK erst ab 1997 wieder deutlich ansteigen wird. Entscheidend bei der Entwicklung der Ausbildungskapazitäten ist jedoch nicht allein die demographische Verlaufskurve, sondern die weitere Beschäftigungsentwicklung im Arbeitsfeld Jugendhilfe und hier vor allem auf dem Teilarbeitsmarkt *Kindertageseinrichtungen*, vor allem wenn in nächsterZukunft, wie und zu welchen qualitativen Einbußen auch immer, der Rechtsanspruch zumindest formal erfüllt sein wird. Hierbei bieten Ost und West ein unübersehbares Kontrastprogramm (vgl. Kapitel 8).

Neben den Arbeits- und Beschäftigungsbedingungen in den Einrichtungen (vgl. Teil I), wird die weitere Entwicklung darüber hinaus entscheidend von der Verabschiedung der zu erwartenden neuen KMK-Vereinbarung und deren Umsetzung in die Ausbildungs- und Prüfungsordnungen der Länder abhängen. Von zentraler Bedeutung werden hierbei die zukünftige Gestaltung der beruflichen Zugangsvoraussetzungen sowie die hiermit zusammenhängende Frage des Ausbildungsniveaus sein. Sollte eine etwagige Ausbildungsreform eine weitere Verschärfung der Zugangsvoraussetzungen nach sich ziehen, wäre bei einer Ausbildungsdauer von 5 Jahren mit einem erneuten Rückgang der SchülerInnenzahlen zu rechnen. Bei Festschreibung der Ausbildung auf Fachschulniveau, ohne Auswirkungen auf das Gehaltsgefüge, wäre bei einem anhaltenden Trend zum Erwerb höherer Bildungsabschlüsse sowie besseren Berufschancen und erweiterten Berufswahlmöglichkeiten der geburtenschwachen Jahrgänge der direkte Weg zur Fachhochschule die bildungsökonomisch klügere Investition in die Zukunft.

Wie sensibel potentielle BewerberInnen auf eine Verschärfung der Zugangsvoraussetzungen reagieren können, zeigt das Hamburger Beispiel: Als das Amt für Schule im Jahr 1988 die Zugangsvoraussetzungen zur ErzieherInnenausbildung drastisch verschärfte, indem sie die Zulassungsanforderungen auf das ansonsten übliche Fachschulniveau anhob und InteressentInnen in diesem Zusammenhang den Weg über das Vorpraktikum versperrte, sanken die AnfängerInnenzahlen ins Bodenlose, so daß bereits 1989 die ursprünglichen Regelungen wieder Gültigkeit erlangten (vgl. ÖTV-BETRIEBSGRUPPE 1990).

Darüber hinaus ist mit der Einführung der Bildungsgänge zum/zur SozialassistentIn an Berufsfachschulen in einigen Bundesländern zudem die Gefahr verbunden, daß die ErzieherInnenausbildung mittelfristig von unten und teilweise auch von oben »ersetzt« und verdrängt wird. Ob sich also seit dem kontinuierlichen Rückgang der SchülerInnenzahlen in den 80ern mit den steigenden AnfängerInnenzahlen an westdeutschen Fachschulen, die Tendenzwende der 90er bei der Entwicklung der Ausbildungskapazitäten deutlich fortsetzt, bzw. die Fachschulen im Osten weitgehend ausgehöhlt werden, bleibt abzuwarten.

24.2 SchülerInnenstruktur

Obwohl in der KMK-Vereinbarung von 1967 bzw. 1969 die Grundentscheidung für eine breite, für verschiedene Tätigkeitsfelder qualifizierende ErzieherInnenausbildung getroffen wurde, ist die historisch gewachsene Vorrangstellung des Elementarbereiches in der Ausbildung bis heute erhalten geblieben. Die Wahl der SchülerInnen richtet sich denn auch hauptsächlich (zu 90%) auf den Elementarbereich, wie die Dortmunder SchulleiterInnenbefragung ergab. Dies ist auch im Zusammenhang mit den späteren Beschäftigungsmöglichkeiten zu sehen. Das Interesse an der Arbeit mit jüngeren Kinder steht somit bei den SchülerInnen nach wie vor im Vordergrund. Sie spiegelt sich u.a. in ihren Berufswahlmotiven wieder, bei denen - wie bereits ZERN 1980 ermittelte - selbst nach Absolvierung der 1. Ausbildungsphase der primär emotionale Umgang mit kleinen Kindern im Vordergrund stand und als spontaner Berufsbezug kennzeichnend blieb (vgl. ZERN 1980a).[188]

Die Entstehung des Bildungsganges als Berufsmöglichkeit für Frauen läßt sich auch heute noch statistisch an der Zusammensetzung der SchülerInnenschaft nach Geschlecht ablesen. So blieb der hohe Frauenanteil auch während der Fachschulschulexpansion der 70er Jahre (fast) eine Konstante. Der geringe Anteil männlicher Schüler (1971/72 = 3,1%) erhöhte sich in den Schuljahren 1972/73 (4%) und 1973/74 (5,3%) nur geringfügig. Sie verteilten sich überwiegend auf Schulen mit den Schwerpunkten Jugendarbeit und Heimerziehung (vgl. Derschau 1974, S. 26). Rund 20 Jahre später liegt der Frauenanteil bei ca. 90% und ist somit nur geringfügig gesunken.[189] Der hohe Frauenanteil entspricht damit der gegenwärtigen Tätigkeitsstruktur in der Jugendhilfe, die mit über 80% ein vorrangig weiblich dominiertes Arbeitsfeld ist. Im Elementarbereich gelten Männer mit einem Anteil von 2,7% sogar als Ausnahmefall.[190]

Über die Variable »Geschlecht« hinaus ist die Zusammensetzung der SchülerInnenschaft an Fachschulen für Sozialpädagogik aufgrund der vielfältigen schulischen und beruflichen Zugangsmöglichkeiten zur Ausbildung allerdings ausgesprochen unterschiedlich (vgl. Kapitel 16). So können in einer Fachschulklasse theroretisch HauptschülerInnen, Berufsfachschul- und Realschulabsol-

---

[188] Auch GLEICH (1993) und BAMBERG (1993) kommen zu ähnlichen Ergebnissen.

[189] Eine differenzierte Betrachtung der Verteilung von Männern auf die einzelnen Tätigkeitsfelder zeigt folgendes Bild: Männer finden sich eher in Bereichen, in denen ältere Kinder und Jugendliche Zielgruppe sozialpädagogischen Handelns sind und/oder in Arbeitsfeldern, in denen beraten, administriert und kontrolliert wird. Dies sind gleichzeitig Arbeitsfelder, für die Ausbildungen auf höherem Niveau erforderlich sind, mit zunehmenden Akademisierungsgrad, höherer Anerkennung und besserer Bezahlung (vgl. BUNDESMINISTERIUM FÜR FRAUEN, FAMILIE UND JUGEND 1990, S. 161).

[190] Kennzeichnend für den Elementarbereich sind: die Halbherzigkeit des Berufsverständnisses, die niedrigsten Ausbildungsgänge, ein relativ hoher Anteil an Hilfs- und Teilzeit- sowie befristet Beschäftigten (PraktikantInnen, ABM'ler) und die niedrige Bezahlung (vgl. ebd, S. 162).

ventInnen, AbiturientInnen sowie StudienabbrecherInnen nebeneinander unterrichtet werden. Für einen Teil ihrer SchülerInnenschaft haben Fachschulen darüber hinaus die Funktion einer beruflichen Erstausbildung im sozialpädogischen Berufsfeld, sofern sie aus berufsorientierenden Berufsfachschulen über das Vorpraktikum oder andere praktische Tätigkeiten wie Freiwilliges Soziales Jahr, Hausfrauentätigkeit mit Kinderbetreuung, die beruflichen Voraussetzungen erfüllen. Für AbsolventInnen der Berufsfachschule für Kinderpflege bzw. Sozialpflege haben sie dagegen den Charakter einer aufbauenden sozialpädagogischen Zweitausbildung und für eine dritte Gruppe die Rolle einer auf einer *nichteinschlägigen* Berufsausbildung basierenden Erstqualifikation im sozialpädagogischen Feld (vgl. KRÜGER 1989, S. 21).

Über den Umfang der einzelnen Gruppen liegen in den amtlichen Statistiken jedoch kaum Informationen vor. Anhaltspunkte über die Zusammensetzung der SchülerInnen nach schulischer und beruflicher Vorbildung bietet jedoch teilweise eine bundesweite Umfrage der Berliner Schulsenatorin von 1990. So hatten im Hinblick auf die *schulische* Vorbildung in Hessen (Stand 01.10.1988) von 3.130 Auszubildenden rund 53% einen Realschulabschluß, 11% ein Abgangszeugnis des Gymnasiums nach Klasse 11, 13% das Abitur, 19% das Abschlußzeugnis der zweijährigen Berufsfachschule, 3% die Fachhochschulreife und 1% das Abgangszeugnis der Fachoberschule ohne Abschluß (vgl. SENATOR FÜR SCHULE UND SPORT des Landes Berlin 1990). Gleichzeitig konnten 50% dieser SchülerInnen eine berufliche Vorbildung nachweisen, die sie durch praktische Tätigkeit in sozialpädagogischen Einrichtungen erworben hatten, 2% durch eine berufliche Ausbildung ohne Abschluß bzw. 22% mit Abschluß und 27% durch sonstige berufliche Vorerfahrungen (vgl. ebd. S. 7).[191] In Bayern ermittelte die Arbeitsgemeinschaft der Fachakademien für Sozialpädagogik im Dezember 1989 folgende Ergebnisse zur *beruflichen* Vorbildung der SchülerInnen: Rund 69% der Auszubildenden hatten das zweijährige Vorpraktikum absolviert, 9% ein verkürztes Vorpraktikum, 13% eine einschlägige und 10% eine nichteinschlägige Berufsausbildung. Hauptzugangsgruppe sind also weiterhin AbsolventInnen mit Mittlerem Bildungsabschluß, die über Praktika oder berufsorientierende Berufsfachschulen den Weg zur Fachschule suchen, um dort eine erste berufliche Ausbildung abzuschließen.

Die heterogene Zusammensetzung der SchülerInnen bringt eine Reihe von Problemen für den Unterricht mit sich: Der unterschiedliche Wissensstand

---

[191] Da Hessen in diesem Punkt am detailliertesten geantwortet hat, haben wir dieses Beispiel gewählt.

aufgrund der jeweiligen Schullaufbahnen (mit zum Teil negativen Schulerfahrungen) und unterschiedliche Kenntnisse im Berufsfeld stellen dabei hohe Anforderungen an die Qualifikation der Lehrkräfte. Deshalb ist es, wie Derschau konstatiert, für die Qualität der Ausbildung entscheidend, ob es den Lehrkräften gelingt, sie so zu gestalten, »daß die unterschiedlichen Voraussetzungen, die die Studierenden mitbringen, aufgegriffen und für den weiteren Qualifikationsprozeß nutzbar gemacht werden« (DERSCHAU 1984, S. 111) können. Die unterschiedlichen Lernerfahrungen und -bedingungen der SchülerInnen setzen dabei einen differenzierten Unterricht voraus, in dem die individuellen schulischen und beruflichen Voraussetzungen zur Geltung kommen können und der gleichzeitig die Auseinandersetzung mit der eigenen Rolle und dem eigenen Lernprozeß erlaubt (vgl. DERSCHAU 1991, S. 188). Deshalb sollen Selbsterfahrung und individuelle Identitätsentwicklung in den Ausbildungs- und Berufsvollzügen bei den SchülerInnen ermöglicht und gefördert werden (vgl. DERSCHAU 1984, S. 112). Dieser Zusammenhang wird in der Fachliteratur häufig unter dem Stichwort »Persönlichkeitsbildung« diskutiert.[192] ZERN (1994) fordert in diesem Zusammenhang eine Neuorientierung des Unterrichts und verweist gleichzeitig auf eine Untersuchung von GRABOW (1990), nach der »nur noch ca. 9,3% der SchülerInnen am Ende des theoretischen Ausbildungsabschnittes im Unterricht der Fachschule einen zentralen Bedeutungsfaktor für ihre eigene Kompetenzentwicklung (sehen)« (ZERN 1994, S. 73).

Aufschlußreich ist auch ein Blick auf die Höhe der Abbrecherquote als *ein* weiterer Faktor zur Beurteilung der Ausbildungssituation an Fachschulen für Sozialpädagogik. Wie Tab. 24.7 verdeutlicht, hatten insgesamt 57% der erfaßten Ausbildungsstätten des Schuljahres 1991/92 eine Abbrecherquote unter 10%, 27% von 10% bis 19% und immerhin 12% der Schulen von über 20%.

Die Aufschlüsselung nach *Bundesländern* zeigt folgende Extreme: Schulen mit geringen Abbruchquoten liegen überdurchschnittlich in Bayern, Baden-Württemberg, Hamburg und dem Saarland. Abbruchquoten von über 20% weisen vor allem Nordrhein-Westfalen und Bremen auf.

---

[192] Es wird auch oft auf die Altersstruktur hingewiesen. Hierbei werden vor allem Bedenken gegenüber zu jungen FachschülerInnen geäußert. So verweist beispielsweise JUNG (1979) auf die Problematik der Altersphase zwischen 16 und 20 Jahren, eine Lebensspanne, in die Schwierigkeiten der Selbstfindung, der Ablösung vom Elternhaus, Eintritt in die Volljährigkeit etc. fallen. Die neben fachlichen Qualifikationen für ErzieherInnen wichtigen Persönlichkeitsmerkmale lassen sich laut Jung in dieser Phase nur bedingt entwickeln: »Der Erzieherausbilder ist von der Struktur her überfordert, wenn er die Grundqualifikation erzieherischen Handelns, die Selbstdistanz, denjenigen vermitteln soll, deren Selbstbezogenheit das Charakteristikum ihrer augenblicklichen entwicklungspsychologischen Phase ist« (ebd. S. 394).

Tab. 24.7: AbbrecherInnenquote an Fachschulen für Sozialpädagogik im Schuljahr 1991/92 in den alten Bundesländern									
Land	AbbrecherInnenquote								
	Unter 10%		10 -19%		über 20%		Keine Ang.		Insgesamt	
	Abs.	%	Abs.	%	Abs.	%	Abs.	%	Abs.	%
BW	21	70,0	6	20,0	2	6,7	1	3,3	30	100
BA	20	83,3	3	12,5	-	-	1	4,2	24	100
BE (West)	1	33,3	1	33,3	-	-	1	33,3	3	100
HB	1	33,3	-	-	2	66,7	-	-	3	100
HH	2	100,0	-	-	-	-	-	-	2	100
HE	14	66,7	4	19,0	-	-	3	14,3	21	100
NI	14	56,0	8	32,0	2	8,0	1	4,0	25	100
NW	17	31,4	21	38,9	16	29,6	-	-	54	100
RP	6	66,7	3	33,3	-	-	-	-	9	100
SL	2	100,0	-	-	-	-	-	-	2	100
SH	4	66,7	2	33,3	-	-	-	-	6	100
Insgesamt	102	57,0	48	26,8	22	12,3	7	3,9	179	100

Weitere Unterschiede ergeben sich für die SchülerInnen auch unter finanziellen Aspekten je nach Bundesland: Ungeregelt sind vor allem die Praktikazeiten. So bestehen nur für das *Berufspraktikum* in den einzelnen Ländern Tarifverträge, die die Vergütung und Arbeitsbedingungen der PraktikantInnen regeln. Die Bezahlung der *VorpraktikantInnen* wird dagegen völlig unterschiedlich gehandhabt. So erfolgt beispielsweise die Vergütung in Bayern nach den Empfehlungen des kommunalen Arbeitgeberverbandes seit 01.01.1990 und beträgt im ersten Jahr bis zu 633 DM und im zweiten Jahr bis zu 710 DM. In Hamburg erhalten dagegen PraktikantInnen unter 18 Jahren 210 DM, über 18 Jahre 350 DM. In Nordrhein-Westfalen und im Saarland bestehen keine Vereinbarungen über die Vergütung der VorpraktikantInnen. Hier obliegt es ausschließlich dem Träger der jeweiligen Einrichtung, ob eine Aufwandsentschädigung gewährt wird. *Schulpraktika* werden in allen Bundesländern in der Regel nicht vergütet. Während der schulischen Ausbildung ist eine Förderung nach Bundes- und zum Teil nach Landesrecht möglich. Die Bafög-Förderung bzw. -sätze nach Bundesrecht sind an den jeweiligen Fachschulstatus gekoppelt.

So hatte die jeweilige Einordnung der Fachschule auch Konsequenzen für die Ausbildungsförderung der angehenden ErzieherInnen: 1982/83 wurde die Ausbildungsförderung bis auf wenige Ausnahmefälle eingestellt. Erst ab dem Schuljahr 1990/91 wurde das Schüler-BaföG für die »unechte« Fachschule und damit für die Auszubildenden wiedereingeführt (vgl. SCHMITTHENNER 1990 S. 125). Die finanzielle Absicherung der SchülerInnen wird also bundesweit wenig überzeugend gehandhabt. Auch hier ist der Vergleich mit dem Dualen

System aufschlußreich. Hier gehören tarifliche Vergütungsregeln für Auszubildende, die mittlerweile für die meisten Wirtschaftszweige gelten, zu den wesentlichen Bestandteilen eines Arbeitsvertrages zwischen Betrieb und Auszubildenden. Die durchschnittliche tarifliche Ausbildungsvergütung lag hierbei 1992 bei 920 DM/Monat in den alten Bundesländern (vgl. BUNDESMINISTER FÜR BILDUNG UND WISSENSCHAFT 1993, S. 115 f.). Während demnach im Dualen System eine Vergütung während des gesamten Ausbildungzeitraumes für alle Auszubildenden eine Selbstverständlichkeit darstellt, ist die finanzielle Absicherung der SchülerInnen an Fachschulen für Sozialpädagogik dagegen konjunkturellen Schwankungen in der Bildungspolitik der Länder unterworfen. Dagegen ist im Bereich der Altenpflege, einem Arbeitsmarkt, der schon seit langem unter permanentem Personalmangel leidet und der durch die Pflegeversicherung noch weiter expandieren wird, eine bundesweite Vergütungsregelung für die SchülerInnen geplant.

25. Das LehrerInnenkollegium

Über den Arbeitsplatz »Berufliche Schule« oder spezieller: »Fachschule für Sozialpädagogik« ist wenig bekannt. Empirische Studien zu dieser Thematik gibt es bislang nicht, und auch den amtlichen Statistiken und Systematiken sind - wie bereits in Kapitel 13 skizziert - noch nicht einmal Informationen über Anzahl und Zusammensetzung des Lehrkörpers an Fachschulen für Sozialpädagogik zu entnehmen.[193] Deshalb war es ein wesentliches Anliegen der Dortmunder Fach- und Berufsfachschulbefragung, die Personalausstattung und struktur an Fachschulen für Sozialpädadagogik genauer zu untersuchen[194], bestimmen doch die personellen Rahmenbedingungen und die Qualifikation der Lehrkräfte die Qualität der Ausbildung mindestens genauso stark wie das rechtliche und formale Lernarrangement.

25.1 Von der JugendleiterIn zur sozialpädagogischen BerufsschullehrerIn: Zur Geschichte der Ausbildung der Ausbilder

Bis in die 60er Jahre rekrutierten die Ausbildungsstätten vorrangig ihren eigenen Lehrkräftenachwuchs, da den KindergärtnerInnen- und HortnerInnenseminaren oft Ausbildungsstätten für sogenannte »*Jugendleiterinnen*« angeschlossen waren. Mit dieser Zusatzqualifikation konnten KindergärtnerInnen mit langjähriger Berufserfahrung als JugendleiterInnen vorwiegend in den Praxisfächern an Fachschulen unterrichten (vgl. KRAUSE 1980, S. 155 ff.).

Die Ausbildung zur *JugendleiterIn* entwickelte sich in Form von zunächst sechs-, später zwölfmonatigen Aufbaukursen für KindergärtnerInnen ab 1880. 1911 verabschiedete Preußen die erste Ausbildungs- und Prüfungsordnung, der

---

[193] In den amtlichen Statistiken sowohl des Statistischen Bundesamtes als auch der einzelnen Landesämter ist lediglich die Gesamtzahl der LehrerInnen an beruflichen Schulen nach verschiedenen Kategorien aufgeschlüsselt. Eine Verteilung nach Berufsbereichen liegt nicht vor, auch nicht für die Berufe des Dualen Systems.

[194] Auch hierbei erfolgte die Auswertung vor allem im Hinblick auf die Variablen Trägerschaft, Bundesländer und Schulorganisationstypen, um den jeweiligen Einfluß dieser eingangs skizzierten Strukturmerkmale auf die Ausbildungssituation zu untersuchen. Sofern geeignete Vergleichsdaten zu beruflichen Schulen insgesamt aus den amtlichen Statistiken abrufbar sind, werden sie zum Vergleich herangezogen.

in anderen deutschen Ländern bald weitere Regelungen folgten. Bereits ein Jahr später wurden staatlich anerkannte Seminare eingerichtet. Die Ausbildung zur JugendleiterIn sollte die KindergärtnerInnen- und HortnerInnenausbildung vertiefen sowie in die Verwaltungsarbeit einführen (vgl. DERSCHAU 1976, S. 112 ff.; RIEMANN 1985, S. 58 ff.), um nach der staatlichen Prüfung »zur Leitung eines mehrgliedrigen Kindergartens, Kinderhortes oder Heimes oder einer ähnlichen Anstalt« (LEVY-RATHENAUS 1917, S. 152; zit. n. RIEMANN 1985, S. 58) zu berechtigen und zu befähigen. Ein weiteres Arbeitsfeld der JugendleiterIn war der Unterricht in Seminaren, Frauenschulen, KinderpflegerInnen-, Hausfrauen- und Berufsschulen (vgl. RIEMANN 1985, S. 144). Ausbildungsdauer und Zielsetzung wurden zunehmend erweitert, die Zugangsvoraussetzungen erhöht. So wurde 1929 die erforderliche Praxiserfahrung, die zur Aufnahme der Vertiefungsausbildung notwendig war, auf zwei, 1932 auf drei Jahre angehoben. 1931 wurde der Ausbildungszweck im Hinblick auf die Lehrtätigkeit wie folgt präzisiert: Den JugendleiterInnen sollte die Fähigkeit vermittelt werden, »Jugendliche einzuführen in die praktische Erziehungsarbeit in allgemeinen Frauenschulen, Hausfrauenklassen, Säuglings- und Kleinkinderpfleschulen und ähnlichen Veranstaltungen sowie zum Unterricht an sozialpädagogischen Seminaren in der fachlichen Berufsausbildung« (Erlaß vom 13.7.1931, zit. n. DERSCHAU 1976, S. 113). Die Aufgabenstellung des Bildungsganges wurde schließlich nochmals 1956 per KMK-Beschluß erweitert.[195] Zugangsvoraussetzung zur nunmehr 2-jährigen JugendleiterInnenausbildung blieben jedoch die KindergärtnerInnenausbildung und ein mindestens 3-jähriges aufgegliedertes Praktikum (vgl. KMK 1956). Diese Ausbildung stellte bis Mitte der 60er Jahre das Hauptqualifikationsprofil der Lehrkräfte an den KindergärtnerInnen- und HortnerInnenseminaren dar. Kennzeichnend für ihre Rekrutierung war ein eng begrenzter Qualifikationszirkel, der ausgehend von der Ausbildung zur KindergärtnerIn, über den Erwerb von Berufserfahrung bis hin zur Rückkehr an die (oftmals) ehemalige Ausbildungsstätte mit dem Ziel, eine Weiterbildung zur JugendleiterIn zu absolvieren, und der Option, dort später in den praktisch und methodisch orientierten Fächern zu unterrichten, geprägt war. Die Fachschulen rekrutierten also relativ abgeschottet von den universitären Wissenschaftsdisziplinen ihren eigenen LehrerInnennachwuchs aus der Praxis für die Praxis(fächer) (vgl.

---

[195] Sie sollte explizit nicht nur mehr vertiefte Weiterführung der KindergärtnerInnenausbildung sein, sondern aus den Besonderheiten der beruflichen Aufgaben eigenständig geformt werden und gründliche soziale, psychologische und pädagogische (auch heil- und heimpädagogische) sowie in begrenztem Maße auch betriebswirtschaftliche Kenntnisse vermitteln.

DERSCHAU 1976). Charakteristisch für die JugendleiterInnenausbildung selbst war hierbei die hohe Bedeutung von Praxislernen und -erfahrung, wie sich u.a. an den Zugangsvoraussetzungen ablesen läßt.

In den Ausbildungsstätten lehrten allerdings immer auch neben dem o.g. Stammpersonal einige ausgebildete *HochschulabsolventInnen*. Diese wurden aber, da die Schulen sehr klein waren, hauptsächlich nebenamtlich in Fächern mit geringer Stundenzahl eingesetzt. Den größten Teil des Unterrichts deckten mit den praxisorientierten Fächern eine oder mehrere JugendleiterInnen ab. Allerdings gab es, bis auf wenige Ausnahmen, weder bei der JugendleiterInnen- noch bei der späteren SozialpädagogInnenausbildung eine gezielte Vorbereitung auf die Lehrtätigkeit. Sie wurde zwar 1956 von der KMK in Form einer angeleiteten Probezeit empfohlen, nicht jedoch in allen Bundesländern umgesetzt (vgl. DERSCHAU 1976, S. 117 ff.; KRAUSE 1980, S. 155 ff.).

Diese lange Zeit bestehende Qualifikationsstruktur an Fachschulen für Sozialpädagogik mit den praxisgeprägten und -orientierten JugendleiterInnen auf der einen und den Lehrbeauftragten mit Hochschulabschluß auf der anderen Seite verschob sich Mitte der 60er Jahre. Hierfür waren verschiedene, sich teilweise überformende und gegenseitig beeinflußende Entwicklungen verantwortlich, die zwischen 1966 und 1973 zu einer Reihe von Reformmaßnahmen im sozialpädagogischen Ausbildungssektor führten, in deren Rahmen auch erste Schritte zur Professionalisierung der LehrerInnenausbildung eingeleitet und vorangetrieben wurden. Die Neuregelungen betrafen alle Ausbildungsebenen von der Fachschule bis zur Hochschule. Gleichzeitig wurde die enge Verzahnung zwischen KindergärtnerInnen- und JugendleiterInnenausbildung, die bis in die 60er Jahre bestimmend war, ab 1967 zunehmend aufgelöst. Als Folge dieses Prozesses entstand eine Anzahl neuer Qualifikationsprofile. Zusätzliche Dynamik bekam die Entwicklung durch den LehrerInnenmangel an Fachschulen für Sozialpädagogik und im sozialwissenschaftlichen Fächerkanon im beruflichen Schulwesen allgemein, der in einigen Bundesländern wie Nordrhein-Westfalen bereits 1966 zu ersten Sonderaktionen zur Nachqualifizierung von DozentInnen auf Hochschulniveau führte (s.u.) sowie gleichzeitig eine veränderte *Einstellungspraxis* an den Fachschulen zur Folge hatte.

So verschärfte sich in der Phase der Fachschulexpansion die historisch angelegte Trennung zwischen Lehrenden, die mehr theoretische, und DozentInnen, die eher praktische Ausbildungsteile unterrichteten. Es wurde zudem gleichzeitig eine Einstellungspraxis betrieben, die insbesondere bei den theoretischen Fächern wie Pädagogik, Psychologie und Soziologie häufig davon absah, berufspraktische Erfahrungen bei der Auswahl der Lehrkräfte hinreichend zu berücksichtigen, so daß sich die Inhalte des Fachschulunterrichts meistens nicht genügend auf die Praxis- und Lebenserfahrungen der Schüle-

rInnen bezogen (vgl. KRAUSE 1980, S. 155 ff.). Lehrkräfte mit eher praktischen Unterrichtsfächern waren dagegen theoretisch und didaktisch (wie auch
AbsolventInnen einer Wissenschaftlichen Hochschule ohne Lehramtsstudium)
nicht oder nur unzureichend auf eine Lehrtätigkeit vorbereitet (vgl. DER
SCHAU 1974, S. 50). Einschlägig qualifizierte Lehrkräfte standen den Fachschulen zunächst nicht zur Verfügung. Dennoch deuteten sich erste
Verbesserungen an:

(1) Mit dem Versuch der KMK von 1967, die sozialpädagogischen Ausbildungsgänge bundeseinheitlich zu regeln, erfolgte sukzessive die Umwandlung
der JugendleiterInnen- in die SozialpädagogInnenausbildung. Die ehemaligen
JugendleiterInnenseminare (»Höhere Fachschulen für JugendleiterInnen«) wurden in »*Höhere Fachschulen für Sozialpädagogik*« transformiert. Die Ausbildung
dauerte nunmehr 4 Jahre, worin ein einjähriges Berufspraktikum eingeschlossen war. Und als entscheidende Neuerung, die folgenreich für die hier anstehende Problematik werden sollte, kam hinzu: Die gleichzeitig reformierte
KindergärtnerInnenausbildung (nun ErzieherInnenausbildung) *war nicht mehr
alleinige* Eingangsvoraussetzung (vgl. DERSCHAU 1976, S. 114 ff.). Für die Zulassung zur Höheren Fachschule galten nun als Voraussetzungen der Realschulabschluß oder ein gleichwertiger Bildungsnachweis sowie eine abgeschlossene Berufsausbildung oder alternativ ein zweijähriges Berufspraktikum
bzw. mehrjährige berufliche Tätigkeit (vgl. KMK 1967/1969). Hiermit wurde
für diese DozentInnengruppe ein Prozeß der Professionalisierung eingeleitet,
der Anfang der 70er Jahre mit der Akademisierung des Bildungsganges
abgeschlossen wurde. Durch die Umwandlung der Höheren Fachschulen in
Fachhochschulen wurde der immanente Qualifikationskreislauf von der KindergärtnerIn zur unterrichtenden JugendleiterIn endgültig unterbrochen, da
durch die KMK-Vereinbarung von 1970 ab 1971 der Ausbildungsbetrieb an
vielen Ausbildungsstätten endete. Neue *Fachhochschulen für Sozialpädagogik/
Sozialarbeit*[196] wurden gegründet und die Möglichkeit der direkten Höherqualifizierung von KindergärtnerInnen zu SozialpädagogInnen mehr und mehr
erschwert, da jetzt die Fachhochschulreife nahezu einzige Zugangsvoraussetzung wurde, die u.a. an den 1970 gegründeten Fachoberschulen erworben
werden konnte. Die Gründung der Fachhochschulen stellt mithin für die
Fachschulen insofern eine grundlegende Zäsur dar, als daß sie ihren Nachwuchs nicht mehr aus der eigenen Ausbildung rekrutieren konnten. Gleichzeitig war im Vergleich zur JugendleiterInnenausbildung nicht mehr *automa*-

---

[196] Die Abteilungen »Sozialarbeit« und »Sozialpädagogik« wurden zumeist an derselben
Fachhochschule eingerichtet, eine Integration zur Fachrichtung »Sozialwesen« wurde
angestrebt (vgl. DERSCHAU 1976, S. 115 ff.).

tisch gesichert, daß die unterrichtenden SozialpädagogInnen über mehrjährige Praxis verfügten.

(2) Neben der in der Tradition der JugendleiterInnenausbildung stehenden DozentInnengruppe wurde die Gruppe der HochschulabsolventInnen um ein zusätzliches Qualifikationsprofil erweitert. Fast zeitgleich zur KMK-Vereinbarung von 1967 wurde 1969 als gänzlich neues Qualifikationsprofil die Ausbildung zum/zur *Diplom-PädagogIn* mit dem möglichen Studienschwerpunkt »Sozialpädagogik« an Wissenschaftlichen Hochschulen eingerichtet (vgl. DERSCHAU 1976, S. 115 ff.; RAUSCHENBACH 1994c), so daß eine weitere potentielle DozentInnengruppe zur Verfügung stand. Obwohl diese Berufsgruppe nicht speziell für den Unterricht an Fachschulen für Sozialpädagogik ausgebildet wird, schuf die Einrichtung des Diplom-Studienganges »Erziehungswissenschaft« dennoch im Hinblick auf den bis dato grotesken Zustand Abhilfe, daß - wie KIETZ 1966 konstatierte - der für die ErzieherInnenausbildung zentrale Pädagogik-Unterricht »in der Regel von Nicht-Pädagogen erteilt wird, die noch dazu niemals gelernt haben, wie man unterrichtet. An keiner anderen Schulart gibt es ähnliche Zustände« (KIETZ 1966, zit. n. DERSCHAU 1976, S. 242).

(3) Die Etablierung der Sozialpädagogik an Wissenschaftlichen Hochschulen überschnitt sich mit Neuregelungen im Bereich der *Lehramtsausbildung*, die zunächst auf Länder-, dann auf KMK-Ebene den sozialpädagogischen Bereich, aber auch Vereinheitlichungsversuche der LehrerInnenausbildung in anderen Berufsschulbereichen betrafen. Bereits in der Rahmenvereinbarung von 1967 wurde neben der Neuorganisation der JugendleiterInnenausbildung und der ErzieherInnenausbildung auch die Frage der Qualifikation der DozentInnen an den neugegründeten Fachschulen für Sozialpädagogik aufgeworfen und erstmalig auf Kultusministerkonferenzebene thematisiert. Hierzu enthielt die KMK-Vereinbarung folgende Regelungen:

»Für die Ausübung der Lehrtätigkeit an sozialpädagogischen Schulen kommen insbesondere in Betracht:

a) für das Lehramt an Gymnasien oder an berufsbildenden Schulen ausgebildete Lehrer, sofern sie eine den Bildungsbereichen der sozialpädagogischen Schulen entsprechende Lehrbefähigung besitzen;

b) Persönlichkeiten mit einer wissenschaftlichen Ausbildung, die den Bildungsbereichen sozialpädagogischer Schulen entspricht, wenn sie sich in einer geeigneten mehrjährigen praktischen Tätigkeit bewährt haben« (zit. nach KRÜGER 1989, S. 24).

Hierbei wurde also indirekt der Ruf nach einem Höheren Lehramt laut, ohne daß ein derartiges Lehramt überhaupt zur Verfügung stand. Diese Forderung war jedoch im Zusammenhang mit der gleichzeitigen Neuordnung der ErzieherInnenausbildung mit ein Grund dafür, daß sich in Nordrhein-Westfalen und Bremen erste Initiativen zur Etablierung einer *sozialpädagogischen Berufs-schullehrerInnenausbildung* auf Hochschulniveau entwickelten bzw. beschleunigten. Beide Studiengänge unterscheiden sich jedoch grundsätzlich voneinander.

(4) In *Nordrhein-Westfalen* wurde zunächst die Abteilung »Sozialwissenschaften« der Ruhr-Universität Bochum Standort für eine entsprechende LehrerInnenausbildung, da hier bereits 1966 zur Behebung eines akuten Mangels an BerufsschullehrerInnen (insbesondere mit berufsbezogenen Fächern) eine »Sonderaktion« durchgeführt wurde: AbsolventInnen Höherer Fachschulen (Technik, Wirtschaft und Sozialwesen) mit mehrjähriger Berufserfahrung erhielten die Möglichkeit, bei fortlaufenden Bezügen das Lehramt an berufsbildenden Schulen (LbS) in verkürzter Form zu absolvieren (vgl. TEGETHOFF 1979, S. 222). Im Rahmen und als Folge dieser Sonderaktion war es in Nordrhein-Westfalen möglich, »ein berufsfeldorientiertes Lehramtsstudium sozialwissenschaftlicher Disziplinen zu entwickeln« (ebd.), da neben dieser Sonderaktion ab 1969 auch grundständig Studierende die Gelegenheit erhielten, Sozialwissenschaften als Erstes Fach für ein Lehramt an berufsbildenden Schulen sozialpädagogischer Fachrichtung in Bochum zu studieren.[197] Entscheidend für die Einrichtung dieses Lehramtsstudienganges in Nordrhein-Westfalen waren neben den oben skizzierten Gründen die quantitative Ausweitung der Fachschulen und der ebenfalls neugegründeten Fachoberschulen als neue Tätigkeitsfelder der Lehrkräfte (vgl. GABRIEL/MERSCHFORMANN 1981, S. 57 f.).

Mit der Einführung des Stufenlehrers in Nordrhein-Westfalen (1974) und entsprechend der »Ordnung der Ersten Staatsprüfung für das Lehramt für die Sekundarstufe II« von 1976, mit der u.a. die Umbenennung des ersten Faches »Sozialwissenschaft« (LbS) in das erste Fach »Sozialpädagogik, berufliche Fachrichtung« für das Lehramt der Sekundarstufe II verbunden war (vgl. HEINEMANN 1977, S. 116 f.; TEGETHOFF 1979, S. 223), richtete die Ruhr-Universität Bochum den entsprechenden Studiengang Lehramt für die Sekundarstufe II ein und erließ die Studienordnung für das Fach Sozialpädagogik, so daß mit dem Wintersemester 1979/80 in Bochum das Lehramtsstudium für die Sekundarstufe II mit dem ersten Fach »Sozialpädagogik, berufliche Fachrichtung (BFS)« begonnen werden konnte (vgl. TEGETHOFF 1979, S. 222). Fast zeitgleich, 1979, beschlossen die Mitglieder der Gemeinsamen Organisationskommission (GOK) der Universität Dortmund und der Pädagogischen Hochschule

---

[197] Roeßler, ein Mentor dieser Entwicklung, formulierte dies so: »Die (...) Ausbildung der Lehrer sozialpädagogischer Fachrichtung stellte also unter den gegebenen Bedingungen ein kombiniertes Lehr- und Forschungsprojekt mit ausgesprochenem Experimentcharakter dar. Beispiel eines 'headstart', wie er damals im Zuge einer 'rollenden Reform des Bildungswesens' propagiert wurde« (ROEßLER 1973, S. 368).

Ruhr - Abteilung Dortmund -, den BFS-Studiengang statt in Bochum an der
Universität Dortmund (mit der integrierten PH ab 1981) zu etablieren, da sie
insbesondere bei den beruflichen Fachrichtungen ein zentrales Bindeglied
zwischen den beiden Hochschulen sahen. Die Berufliche Fachrichtung
Sozialpädagogik wurde infolgedessen 1981 an der Universität Dortmund
eingerichtet und der Lehrbetrieb im SS 1981 für Studierende in höheren
Semestern (einschließlich wechselnder Bochumer StudentInnen) aufgenommen. Nach Erlaß der Prüfungsordnung konnten zum WS 1981/82 auch
StudienanfängerInnen das Studium in Dortmund beginnen.

Auch in *Bremen* wurden im Vorfeld der sich abzeichnenden KMK-Vereinbarung von 1973 Aktivitäten in Richtung einer einschlägigen Lehramtsausbildung ergriffen. So besteht der Bremer Lehramtsstudiengang Sozialwissenschaften mit dem Studienschwerpunkt Sozialpädagogik seit 1972. Der Unterschied zur oben genannten Ausbildung ist, daß sämtliche Lehramtsstudiengän-
ge mit beruflicher Fachrichtung an der Universität Bremen aus der Verbindung mit den entsprechenden Diplom-Ausbildungen herausgelöst und zusammengefaßt wurden. Gleichzeitig wurde für die Lehrämter eine gesonderte Studienkonzeption entwickelt, da »nicht die Berufspraxis des DiplomabsolventIn-
nen, sondern die Berufspraxis des späteren Lehrers« (KRÜGER 1983, S. 348)
im Vordergrund der Qualifizierung stehen sollte. Zur Eingangsqualifikation
wurde die einschlägige Fachhochschulreife mit mindestens 18monatiger Praxiserfahrung bestimmt. Ein Fachhochschulstudium kann mit bis zu drei Semestern auf die universitäre Ausbildung angerechnet werden (vgl. ebd.).

(5) Die in Nordrhein-Westfalen und Bremen initiierte Entwicklung wurde
1973 von der *KMK* im Zusammenhang mit zwei für die BerufsschullehrerInnenausbildung zentralen Vereinbarungen aufgegriffen. So startete die KMK 1973
eine länderübergreifende Initiative zur Vereinheitlichung der Qualifikationsprofile an beruflichen Schulen, da sich die LehrerInnenrekrutierung von Bundesland zu Bundesland gravierend unterschied. Hierzu erließ die KMK zwei
grundsätzliche, wenn auch umstrittene Rahmenvereinbarungen zur LehrerInnenausbildung, mit denen die »Teilung der Lehrerarbeit im beruflichen Schulwesen institutionalisiert und vertieft« wurde (IBB Nr. 27, 1989)[198]: Neben an
Wissenschaftlichen Hochschulen ausgebildeten BerufsschullehrerInnen sollten
an beruflichen Schulen auch die sog. »LehrerInnen für Fachpraxis« beschäftigt
werden. Diese Ausbildung ist unterhalb des Hochschulniveaus angesiedelt,

---

[198] Die Kritik richtete sich vor allem gegen die »überzogene Taylorisierungen der Lehrerarbeit in der beruflichen Bildung« (IBB 1989, S. 27). Statt dessen sollten unterschiedliche
Zugänge zum Lehramtsstudium an Wissenschaftlichen Hochschulen geschaffen werden.

dauert 18 Monate und besteht je zur Hälfte aus schulpraktischen (z. B. Hospitationen, Unterricht unter Anleitung) sowie theoretischen Ausbildungteilen. Zugangsvoraussetzungen sind (1) der mittlere Bildungsabschluß, (2) eine abgeschlossene Berufsausbildung und Abschluß einer einschlägigen mindestens 3-semestrigen Fachschule oder eine abgeschlossene Berufsausbildung und eine einschlägige Meisterprüfung oder eine von den Ländern als gleichwertig anerkannte Ausbildung und Prüfung *und* (3) eine nach Abschluß der Berufsausbildung mindestens zweijährige einschlägige Berufstätigkeit (vgl. KMK 1973). Die KMK überließ es ausdrücklich den Ländern, ob und für welche Bereiche sie LehrerInnen für Fachpraxis ausbilden und einstellen wollten (ebd., S. 186). Für die Fachschule für Sozialpädagogik ist dieses Lehramt bundesweit nur am Rande von Bedeutung.[199] Haupttätigkeitsfeld dieser Lehrendengruppe sind in der Regel der gewerbliche, kaufmännische und hauswirtschaftliche Bereich (vgl. MÜLLER 1990) und hier - durch die hohen hauswirtschaftlichen Ausbildungsanteile - auch die benachbarte Berufsfachschule für Kinderpflege.

Relevanter im Hinblick auf die Qualifikationsstruktur an Fachschulen ist dagegen die zweite Empfehlung der KMK: die »Rahmenvereinbarung über die Ausbildung und Prüfung für das Lehramt mit Schwerpunkt Sekundarstufe II - Lehrbefähigung der Fachrichtungen des beruflichen Schulwesens« (vgl. KMK 1973). In diese generellen Regelungen zur Ausbildung von BerufsschullehrerInnen wurde erstmalig als 13. Fachrichtung des beruflichen Schulwesens das Studiengebiet »Sozialwissenschaften« eingereiht und mit den anderen beruflichen Fachrichtungen gleichgestellt. Innerhalb der Fachrichtung Sozialwissenschaften empfahl die KMK für ein potentielles Vertiefungsstudium die speziellen Fachgebiete »13.1 Sozialpädagogik«, »13.2 Kinder- und Jugendpsychologie« oder »13.3 Sozialpolitik und Sozialrecht« (vgl. KMK 1973). Die Ausbildung wurde zweiphasig konzipiert, bestehend aus einem 8-semestrigen berufsfeldorientierten Universitätsstudium und einer einjährigen fachpraktischen Ausbildung mit dem Abschluß des 1. Staatsexamens (1. Phase) sowie einem 18-monatigen mit dem 2. Staatsexamen endenden Vorbereitungsdienst (2. Phase). Das Studium sollte die berufliche Fachrichtung bzw. alternativ ein Fach der beruflichen Fachrichtung in Vertiefung sowie jeweils ein allgemeinbildendes Fach umfassen (vgl. KMK 1973).

War die Empfehlung der KMK zu einer einheitlichen BerufsschullehrerInnenausbildung 1973 noch für alle Bundesländer konsensfähig, so verhinderten »auftretende Differenzen in der Bildungspolitik der einzelnen Bundesländer (...)

---

[199] In Rheinland-Pfalz können ErzieherInnen mit 2-jähriger hauptberuflicher Tätigkeit eine 24-mon. Ausbildung zur LehrerIn für Fachpraxis absolvieren (vgl. MÜLLER 1990).

allerdings in der Folgezeit eine Lehrerausbildung, die der Empfehlung der KMK allgemein entsprochen hätte. Die Lehrerausbildung und die Lehrämter blieben länderweise unterschiedlich« (JOST 1986, S. 15). Im Hinblick auf den sozialwissenschaftlichen Bereich wurde neben den bereits bestehenden Studiengängen in Bochum bzw. später Dortmund und Bremen 1978 nur noch in Bamberg ein entsprechendes Lehramt an beruflichen Schulen, Fachrichtung Sozialpädagogik eingerichtet, das in seiner Struktur als grundständige Lehramtsausbildung und der fachdisziplinären Orientierung eher der Dortmunder als der Bremer Studiengangskonzeption entspricht (vgl. ERNING 1983, S. 338).[200] Erst in jüngster Zeit ist als vierte Ausbildungsstätte für sozialpädagogische LehrerInnen die TU in Chemnitz hinzugekommen. Die zwischen 1967 und 1973 als Folge der Verwissenschaftlichung der sozialpädagogischen Praxis und des LehrerInnenmangels neugeschaffenen Qualifikationsprofile der »SozialpädagogIn« (einschließlich der per KMK-Vereinbarung nachträglich graduierten JugendleiterInnen), des »Diplom-Pädagogen« und der »LehrerInnen mit beruflicher Fachrichtung Sozialwissenschaften/Sozialpädagogik« prägen auch heute noch, neben weiteren DozentInnengruppen, die Personalstruktur an Fachschulen für Sozialpädagogik. Für die neuen Bundesländer gelten dagegen eigene, aus der Tradition der DDR-Ausbildung gewachsene Qualifikationsprofile (vgl. Kap. 12).

25.2 Personalbestand und -struktur

Wieviel Lehrkräfte bundesweit an Fachschulen für Sozialpädagogik unterrichten ist unbekannt, weil Daten über den Umfang des an der ErzieherInnenausbildung beteiligten Personals in den amtlichen Veröffentlichungen nicht vorliegen. Erschwert wird die statistische Erfassung dadurch, daß der LehrerInneneinsatz an Berufsschulzentren abteilungsübergreifend erfolgt und sich zugleich von Schuljahr zu Schuljahr ändern kann (vgl. auch Kapitel 13).

Lediglich in der Gesamtstatistik der Wohlfahrtsverbände wird die Größenordnung der *hauptamtlichen* MitarbeiterInnen beziffert: Hiernach betrug im Jahr 1993 die Zahl der voll- und teilzeitbeschäftigten MitarbeiterInnen an pri-

---

[200] Der entscheidende Unterschied zwischen der Dortmunder und der Bamberger Studienkonzeption besteht aber in der Qualifizierung auf ein breiteres schulisches Einsatzfeld. Darüber hinaus besteht in Baden-Württemberg für AbsolventInnen des Diplomstudiengangs Erziehungswissenschaft, Studienrichtung Sozialpädagogik, der Universität Tübingen die Möglichkeit, den Vorbereitungsdienst zu absolvieren, sofern der Schwerpunkt »Erziehung in früher Kindheit« gewählt und eine zusätzliche Prüfung im Fach »Kinder- und Jugendliteratur/Medienpädagogik« erfolgreich abgelegt wurde.

vaten Fachschulen für Sozialpädagogik 2.066 Personen.[201] Allerdings werden in dieser Systematik weder die nebenberuflich auf Honorarbasis beschäftigten Lehrkräfte noch - und dies kann auch nicht Zielsetzung einer Geschäftsstatistik der freien Wohlfahrtspflege sein - die LehrerInnenversorgung an öffentlichen Schulen erfaßt (vgl. BUNDESARBEITSGEMEINSCHAFT DER FREIEN WOHLFAHRTSPFLEGE verschiedene Jg.).

Dennoch ist, trotz aller methodischen Vorbehalte, die Untergrenze der Lehrkräfte in der Grundgesamtheit der 306 Schulen bei ca. 6.000 anzusetzen, sofern die Ergebnisse der Dortmunder Befragung bei der rund 3.000 LehrerInnen erfaßt wurden, zugrunde gelegt werden.[202] Die tatsächliche Anzahl dürfte jedoch über 6.000 liegen, da hierbei die neuen Bundesländer noch nicht berücksichtigt sind. Insgesamt handelt es sich allerdings bei den LehrerInnen an Fachschulen für Sozialpädagogik um eine im Vergleich zum Gesamtlehrpersonal an beruflichen Schulen sehr kleine Teilgruppe.[203]

Mehr oder weniger deutliche Unterschiede ergeben sich bei der Größe der LehrerInnenkollegien nach Träger und Schulorganisationstyp. So sind im bundesweiten Durchschnitt 18,9 Lehrkräfte pro Schule an der ErzieherInnenausbildung beteiligt[204], wobei *eigenständige* Fachschulen (19,9) und *soziale* Berufsschulzentren (20,4) bis zu 3 Lehrkräfte mehr als *allgemeine* Berufsschulzentren (17,1) beschäftigen. *Öffentliche* Träger beschäftigen durchschnittlich 19,6 LehrerInnen, *evangelische* und *katholische* dagegen nur 17,9 bzw. 17,7. Das heißt, bei *privaten* Trägern sind im Durchschnitt weniger LehrerInnen an der ErzieherInnenausbildung beteiligt als bei *öffentlichen* Trägern. Hieraus ist jedoch nicht zu schließen, daß die öffentlichen Schulen eine bessere LehrerInnenversorgung haben, sondern dies ist eher ein Hinweis darauf, daß öffentliche Fachschulen meistens größere »Betriebseinheiten« sind, die mehr LehrerInnen mit weniger Stundendeputat beschäftigen (vgl. Tab. 25.7).

---

[201] Hiervon waren lediglich 37 in den neuen Ländern beschäftigt.

[202] Bei einer bereinigten Rücklaufquote von 51% müßte man hochgerechnet von einer absoluten Mindestzahl von bundesweit ca. 5.800 Lehrkräften ausgehen, ein Ergebnis, das auch von der Statistik der freien Wohlfahrtspflege gestützt würde, da bei einem Anteil von ca. 45% der privaten Schulen diese etwa 2.600 LehrerInnen haben müßten (incl. aller stundenweise beschäftigten LehrerInnen).

[203] 1991 (dem Vergleichsjahr für die durchgeführte Befragung) betrug die Gesamtzahl aller LehrerInnen an beruflichen Schulen in den alten Bundesländern ca. 114.000 (vgl. STATISTISCHES BUNDESAMT, Fachserie 11, Reihe 2).

[204] Hierbei handelt es sich jedoch zunächst einmal um den rechnerischen Durchschnittswert, also um die reine Addition der Köpfe, unabhängig davon, ob jemand viel oder wenig unterrichtet, haupt- oder nebenamtlich beschäftigt ist. Der häufigste Wert (Modus) lag hier bei 14 Lehrkräften.

Die im Vergleich zum sonstigen beruflichen Schulwesen spezifische Personal- und Beschäftigungsstruktur[205] an Fachschulen für Sozialpädagogik wird im folgenden zunächst durch die sozialstatistischen Merkmale (1) Geschlecht und (2) Alter beschrieben. Als weitere Variablen werden (3) die Beschäftigungsform (befristet oder unbefristet) und der Beschäftigungsstatus als Beamte oder Angestellte, (4) der Anteil haupt- und nebenamtlicher Lehrkräfte, (5) die Relation der haupt- und nebenamtlichen MitarbeiterInnen nach Unterrichtseinsatz in der Fachschule für Sozialpädagogik unabhängig vom Gesamtpflichtstundensoll sowie (6) die Besoldungs- und Vergütungsstruktur herangezogen.

(1) Geschlecht: Weibliche Lehrkräfte stellen an den beruflichen Schulen der Altbundesrepublik mit einem Anteil von noch nicht einmal einem Drittel an der GesamtlehrerInnenschaft die deutliche Minderheit. In den beruflichen Schulen (Berufsschulen, Fachschulen) der DDR war das Geschlechterverhältnis dagegen mit rund 48% Frauen fast ausgewogen (vgl. STATISTISCHES BUNDESAMT, Fachserie 11, Reihe 2).

Ganz anders sieht dagegen die Geschlechterverteilung bei den von uns untersuchten Schulen aus. Ist bereits das Arbeitsfeld »Jugendhilfe« durch einen hohen Frauenanteil gekennzeichnet, wobei gilt: Je niedriger das Qualifikationsniveau der Fachkräfte ist, und je direkter die Arbeit mit Kindern und Jugendlichen erfolgt, und je jünger diese sind, desto geringer ist der Anteil männlicher Beschäftigter (vgl. BMJFFG 1990), läßt sich dieser Zusammenhang auch auf der Ausbildungsseite ablesen. Analog zu den über 90% weiblichen Schülerinnen an den sozialpädagogischen Ausbildungsstätten handelt es sich auch beim Lehrpersonal um eine der wenigen Frauendomänen des beruflichen Schulwesens. Von dem durch die Dortmunder Befragung erfaßten Lehrpersonal an Fachschulen für Sozialpädagogik sind rund 60% weiblich. Noch höher ist der Frauenanteil an den Berufsfachschulen für Kinderpflege.[206] In diesem Bildungsgang, der neben sozialpädagogischen Inhalten hohe hauswirtschaftliche Anteile aufweist, sind fast 80% der Lehrkräfte weiblich (vgl. Tab. 25.1). Je mehr demnach eine Ausbildung als »hausarbeitsnah« und somit als weiblich gilt, desto größer ist auch der weibliche Lehrkräfteanteil. In dem deutlichen Übergewicht weiblicher Lehrkräfte an Fachschulen zeigt sich zudem die Tradition als Frauenausbildung (vgl. hierzu ausführlich Kap. 25.1).

---

[205] Obwohl sich die Fachschulbefragung nur auf die Schulen in den alten Bundesländern bezieht, werden zum Vergleich die statistischen Zahlen der neuen Bundesländer bzw. der DDR, soweit sie vorliegen, herangezogen.

[206] Bei der Dortmunder Fach- und Berufsfachschulbefragung sind auch bundesweit alle Berufsfachschulen für Kinderpflege befragt worden, wobei hier in der Regel nur die Ergebnisse für die ErzieherInnenausbildung berücksichtigt werden.

Tab. 25.1: LehrerInnen an Fachschulen für Sozialpädagogik
und Berufsfachschulen für Kinderpflege nach Geschlecht im
Schuljahr 1991/92 in den alten Bundesländern

Geschlecht	Fachschule für Sozialpädagogik		Berufsfachschule für Kinderpflege	
	Abs.	*%*	*Abs.*	*%*
Männlich	1.157	38,9	393	20,0
Weiblich	1.787	60,1	1.542	78,6
Keine Angabe	27	0,9	26	1,3
Insgesamt	2.971	100,0	1.961	100,0

(2) Alterstruktur: Der Vergleich der Altersstruktur der Lehrkräfte an beruflichen Schulen zeigt, daß in der DDR der Anteil der JunglehrerInnen unter 35
Jahren erheblich höher lag als in den alten Bundesländern. Die Ursachen hierfür sind in der strafferen Konzeption der LehrerInnenausbildung mit verschiedenen, auch nicht-akademischen Zugangswegen zu suchen. Der Anteil älterer
Lehrkräfte (ab 50 Jahre) entspricht allerdings wieder nahezu dem Anteil dieser
Altersgruppe in den alten Bundesländern (vgl. STATISTISCHES BUNDESAMT,
verschiedene Jahrgänge).

Die Altersverteilung der durch die Dortmunder Befragung erfaßten Lehrer-
Innen (n = 2.971) an Fachschulen für Sozialpädagogik (vgl. Tab. 25.2), ist eine
symmetrische Verteilung, deren Mitte bei ca. 44 Jahren liegt, mit zu beiden
Seiten (jüngere und ältere Lehrkräfte) abnehmenden Werten. Sie unterscheidet
sich nur geringfügig von der Altersstruktur an beruflichen Schulen.

Tab. 25.2: LehrerInnen an Fachschulen für Sozialpädagogik nach Alter und Fach im Schuljahr 1991/92 in den alten Bundesländern

Alter	Insgesamt		Pädagogik		Psychologie		Methodik/ Didaktik	
	Abs.	*%*	*Abs.*	*%*	*Abs.*	*%*	*Abs.*	*%*
Unter 30	36	1,2	2	0,4	3	1,0	12	1,4
30 bis 34	271	9,1	34	7,1	17	5,8	64	7,4
35 bis 39	563	18,9	69	14,4	36	12,3	150	17,3
40 bis 44	654	22,0	138	28,8	80	30,4	250	28,9
45 bis 49	525	17,7	108	22,5	78	26,6	148	17,1
50 bis 54	481	16,2	82	17,1	44	15,0	141	16,3
55 bis 59	247	8,3	30	6,3	20	6,8	71	8,2
60 und älter	125	4,2	13	2,7	5	1,7	23	2,7
Keine Ang.	69	2,3	3	0,6	1	0,3	7	0,8
Insgesamt	2.971	100,0	479	100,0	293	100,0	866	100,0

Eine tiefer gestaffelte Betrachtung der Alterszusammensetzung der Lehrkräfte
nach den sozialpädagogischen Kernfächern »Pädagogik«, »Psychologie« und

»Methodik und Didaktik« verdeutlicht jedoch teilweise erhebliche Abweichungen von der Gesamtaltersverteilung (vgl. Tab. 25.2). So werden diese drei
Fächer zum großen Teil von den 40- bis 49jährigen unterrichtet. Die Anteile
der LehrerInnen für Methodik/Didaktik liegen dabei mit 46% etwas über
dem Durchschnitt (40%), die für Pädagogik mit ca. 51% und für Psychologie
mit 57% erheblich darüber. Dies könnte ein Indiz dafür sein, daß immer noch
ein großer Teil der Lehrkräfte, die im Zuge der Fachschulexpansion in den
70er Jahren eingestellt worden sind, den Kern des Kollegiums bildet. Hiermit
sind zwangsläufig auch Auswirkungen auf die Ausbildung verbunden, bedeutet es doch, daß durch den geringen Anteil der JunglehrerInnen neue Methoden und wissenschaftliche Erkenntnisse, die jüngere KollegInnen durch ihre
(Fach)Hochschulausbildung eher mitbringen, nicht in dem Maße in die Fachschule und zu den zukünftigen ErzieherInnen transportiert werden, wie es unter gewandelten Bedingungen in den Arbeitsfeldern dringend nötig wäre. Hier
wäre auch ein offensiveres Umgehen mit regelmäßigen Fortbildungen von Seiten der Schulbehörde und der LehrerInnen wünschenswert.

(3) Beschäftigungsform und -status: Die Analyse der Beschäftigungsform
zeigt, daß der allergrößte Teil der Lehrkräfte (über 90%) einen *unbefristeten*
Arbeitsvertrag hat (vgl. Tab. 25.3).

Tab. 25.3: LehrerInnen an Fachschulen für Sozialpädagogik nach Beschäftigungsform und -art in den alten Bundesländern im Schuljahr 1991/92 (in %; n = 2.971)				
Beschäftigungsform	*Beschäftigungsart*			
	Angestellt	*Beamtet*	*K. A.*	*Insg.*
Unbefristetet	43,0	45,5	2,2	90,8
Befristet	5,4	0,4	0,6	6,4
Keine Angabe	0,1	0,1	2,5	2,8
Insgesamt	48,6	46,1	5,4	100,0

Im Gegensatz zu diesem zunächst wenig überraschendem Ergebnis ist das Verhältnis zwischen *verbeamteten* und *angestellten* Lehrkräften an Fachschulen relativ ausgeglichen (vgl. Tab. 25.4).[207] Mögliche Gründe hierfür sind der hohe Anteil von Beschäftigten ohne Lehramtsabschluß, der zumindest in der Vergangenheit fast ausschließlich zu einer Verbeamtung führte, sowie der große Anteil
von Privatschulen, die schon strukturell im Schulbereich einen viel geringeren
Anteil an (Kirchen)Beamten haben als öffentliche Träger (vgl. Kap. 23.2).

---

[207] An beruflichen Schulen sind generell mehr LehrerInnen im Angestelltenstatus als an
allgemeinbildenden Schulen (vgl. ARBEITSGRUPPE BILDUNGSBERICHT 1994, S. 600).

Eine Differenzierung der Ergebnisse nach der jeweiligen Beschäfti-
gungsdauer an den befragten Schulen zeigt, daß ca. 29% der Angestellten
weniger als 5 Jahre an der Schule unterrichten, Beamte dagegen zu 40% mehr
als 15 Jahre unterrichten. Generell gilt, daß angestellte LehrerInnen eher
einen kürzeren Zeitraum an der betreffenden Schule unterrichten als beamtete
LehrerInnen, die eher einen statischeren Berufsverlauf haben (vgl. Tab. 25.4).

Tab. 25.4: LehrerInnen an Fachschulen für Sozialpädagogik nach Dauer und Art der Beschäftigung im Schuljahr
1991/92 in den alten Bundesländern (in %; n = 2.971)

Dauer der Beschäftigung	Beschäftigungsart			
	Angestellt	*Beamtet*	*K.A.*	*Insg.*
≤ 5 J.	14,2	6,4	1,6	22,2
5 bis 9 J.	9,3	7,3	0,7	17,2
10 bis 14 J.	8,6	9,7	0,5	18,8
15 bis 19 J.	8,5	11,2	0,3	20,0
≥ 20 J.	3,7	7,0	0,2	10,9
Keine Angabe	4,3	4,6	2,0	10,9
Insgesamt	48,6	46,1	5,4	100,0

(4) Beschäftigungsumfang: Deutliche Unterschiede zeigen sich bei dem Verhältnis der Vollzeitbeschäftigten zu denen in Teilzeit oder den stundenweise Beschäftigten zwischen der DDR und der Bundesrepublik im Jahre 1989. Während in der Bundesrepublik rund 65% der Lehrkräfte an beruflichen Schulen
einer Vollzeitbeschäftigung nachgehen, war dies in der DDR mit ca. 94% der
Regelfall (vgl. STATISTISCHES BUNDESAMT, verschiedene Jg.).[208]

Hierbei zeigen sich folgende Unterschiede und Gemeinsamkeiten: An *öffentlichen* und *katholischen* Schulen entspricht der Wert in etwa dem Anteil
der Vollzeitbeschäftigten an beruflichen Schulen generell (64,5%). Bei den
evangelischen Fachschulen liegt der Anteil der Vollzeitbeschäftigten dagegen
nur bei rund 40% und unterscheidet sich damit erheblich von den beiden
anderen Trägern. Gleichzeitig dominiert bei den *evangelischen* Schulen mit
41% die Teilzeitbeschäftigung als herausragendes Beschäftigungsverhältnis.

Im Vergleich zum beruflichen Schulwesen haben vor allem *katholische*
Schulen unterdurchschnittlich wenig nebenamtlich Beschäftigte. Auffällig ist,
daß bei *öffentlichen* Schulen der Anteil der nebenamtlichen Lehrkräfte mit ca.

---

[208] In der DDR war aufgrund der anderen wirtschaftspolitischen und sozialen Voraussetzungen Vollzeitbeschäftigung insgesamt das herausragende Merkmal für alle Berufstätigen, auch für Frauen, da gleichzeitig die Möglichkeit bestand, auch die Kinder »voll-
zeit« betreuen zu lassen.

23% über dem der Teilzeitbeschäftigten (13%) liegt, während das Verhältnis bei *katholischen* Schulen nahezu umgekehrt ist. Öffentliche Schulen entsprechen nahezu in ihrer Struktur den beruflichen Schulen (vgl. Tab. 25.5).

Tab. 25.5: Voll-, teilzeit bzw. nebenamtlich beschäftigte LehrerInnen an Fachschulen für Sozialpädagogik nach Trägern im Schuljahr 1991/92 in den alten Bundesländern (Angaben in % aller LehrerInnen mit gleichen Trägern)

Beschäftigungsform	Öffentlich	Evangelisch	Katholisch	Insgesamt[4]
Vollzeitbeschäftigte[1]	64,0	39,9	62,0	64,5
Teilzeitbeschäftigte[2]	13,1	41,0	23,7	14,6
Nebenamtlich Beschäftigte[3]	23,0	19,2	14,3	21,0
Insgesamt	100,0	100,0	100,0	100,0

1 Da das Pflichtstundendeputat je nach Bundesland und LehrerInnenqualifikation zwischen 23 u. 28 Std. variiert, werden Vollzeittätige ab 23 Std. definiert.
2 13-22 Pflichtstunden.
3 12 und weniger Pflichtstunden.
4 Vgl. Statistisches Bundesamt

Nach *Schulorganisationstyp* betrachtet, entspricht der Beschäftigungsumfang an allgemeinen Berufsschulzentren im großen und ganzen der Struktur an beruflichen Schulen insgesamt, da sie ja auch weitgehend in diese eingebunden sind, wogegen eigenständige Fachschulen mit lediglich 48% Vollzeitbeschäftigter am deutlichsten hiervon abweichen (vgl. Tab. 25.6).

Tab. 25.6: Voll-, teilzeit bzw. nebenamtlich beschäftigte LehrerInnen an Fachschulen für Sozialpädagogik nach Schulorganisationstyp im Schuljahr 1991/92 in den alten Bundesländern (in Prozent)

Beschäftigte	Eigen-ständige Fach-schulen	Soziales Berufs-schulzen-trum[4]	Allgem. Berufs-schulzen-trum	Berufl. Schulen insge-samt[5]
Vollzeitbeschäftigte[1]	48,1	57,6	68,2	64,5
Teilzeitbeschäftigte[2]	32,2	19,5	11,1	14,6
Nebenamtlich Beschäftigte[3]	19,7	22,9	20,7	21,0
Insgesamt	100,0	100,0	100,0	100,0

1 Da das Pflichtstundendeputat je nach Bundesland und LehrerInnenqualifikation (zwischen 23 und 28 Wochenstunden) variiert, werden bei der Untersuchung Vollzeitbeschäftigte ab einer Mindeststundenzahl von 23 definiert.
2 13-22 Pflichtstunden.
3 12 und weniger Pflichtstunden.
4 Sozialpädagogisches, -pflegerisches, hauswirtschaftliches Berufsschulzentrum
5 Vgl. Statistisches Bundesamt

Im Hinblick auf den Beschäftigungsumfang an Fachschulen für Sozialpädagogik läßt sich folgendes Fazit ziehen: Je komplexer die »Betriebseinheit« Schule ist (Berufsschulzentrum), desto häufiger sind LehrerInnen vollzeitbeschäftigt. Eigenständige Fachschulen haben dagegen einen höheren Anteil an Teilzeitarbeit. Hierbei ist zu berücksichtigen, daß gerade allgemeine Berufsschulzentren überwiegend einen öffentlichen Träger haben, während eigenständige Fachschulen eher in privater Trägerschaft sind (vgl. Kapitel 23.2 f.). Vor allem evangelische Schulen weisen hier mit einem ausgeprägten Teilzeitbereich ein eigenständiges Profil auf. An öffentlichen Schulen und an allgemeinen Berufsschulzentren entsprechen die verschiedenen Beschäftigungsformen in etwa der Situation an den anderen beruflichen Schulen.

Tab. 25.7: Unterrichtsstunden der LehrerInnen an Fachschulen für Sozialpädagogik nach Trägern im Schuljahr 1991/92 in den alten Bundesländern (in %; n = 2.893)

Stunden	Insge-samt	Öffent-lich	Evange-lisch	Katho-lisch	Sonstige
1 bis 2	12,2	12,2	11,1	13,7	5,2
3 bis 4	16,0	16,2	15,7	16,4	6,2
5 bis 8	16,2	17,7	14,9	13,9	12,5
9 bis 12	12,4	12,3	12,9	10,9	26,0
13 bis 22	25,0	25,0	24,2	23,7	40,6
≥ 23	18,2	16,5	21,1	21,4	9,4
Summe	100,0	100,0	100,0	100,0	100,0

(5) Das Verhältnis von haupt- und nebenamtlich beschäftigten Lehrkräften nach Unterrichtseinsatz: Eine andere Perspektive eröffnet der Blick auf den tatsächlichen Einsatz in der Fachschule für Sozialpädagogik. Unabhängig vom Beschäftigungsumfang und damit vom Pflichtstundensoll, ist die Anzahl der tatsächlich erteilten Unterrichtsstunden in der Fachschule für Sozialpädagogik ein Maßstab dafür, wie sehr die einzelnen PädagogInnen inhaltlich und organisatorisch in die ErzieherInnenausbildung eingebunden sind.

Mehr als ein Viertel der LehrerInnen unterrichtet vier oder weniger Stunden an der Fachschule und stellt damit einen größeren Anteil am gesamten Lehrpersonal, als die Gruppe derer, die mit voller Pflichtstundenzahl (23 und mehr Stunden) unterrichten. Die Unterschiede bei den verschiedenen Trägergruppen sind eher begrenzt, allerdings ist bei *öffentlichen* Schulen der Anteil derjenigen, die mit einem vollen Pflichtstundendeputat unterrichten etwas geringer als bei den katholischen und evangelischen Schulen (vgl. Tab. 25.7).

Signifikante Unterschiede bestehen bei den verschiedenen Schultypen, vor allem zwischen Berufsschulzentren und eigenständigen Fachschulen. So haben *allgemeine Berufsschulzentren* mit einem guten Drittel 10% mehr Lehrkräfte, die nur sehr gering in die ErzieherInnenausbildung eingebunden sind, als die beiden anderen Schultypen. Umgekehrt ist die Gruppe derjenigen, die mit vollem Pflichtstundensoll unterrichten an *eigenständigen Fachschulen* mehr als doppelt so stark wie an *allgemeinen Berufsschulzentren* (vgl. Tab. 25.8).

Tab. 25.8: Unterrichtsstunden der LehrerInnen an Fachschulen für Sozialpädagogik nach Schulorganisationstyp im
Schuljahr 1991/92 in den alten Bundesländern (in Prozent)

Stunden	Eigenständige Fachschule	Soziales Berufs-schulzentrum[1]	Allg. Berufs-schulzentrum
1 bis 2	10,5	11,1	14,3
3 bis 4	14,2	12,3	20,1
5 bis 8	11,1	17,5	19,0
9 bis 12	12,4	14,6	10,6
13 bis 22	26,8	25,3	24,1
≥ 23	25,1	19,2	11,9
Summe	100,0	100,0	100,0

1 Sozialpädagogisches, -pflegerisches, hauswirtschaftliches Berufs-schulzentrum

Es läßt sich also feststellen: In allgemeinen Berufsschulzentren, die vorwiegend in öffentlicher Trägerschaft sind, unterrichten die Lehrkräfte eher weniger Stunden in der ErzieherInnenklasse als an eigenständigen Fachschulen.

(6) Besoldungs- und Vergütungsstruktur: Einen Überblick über die Einkommensstruktur an Fachschulen für Sozialpädagogik erlaubt Tab. 25.9, aus der die Anzahl der Lehrkräfte in den einzelnen Besoldungs- und Vergütungsgruppen ersichtlich wird. Hiernach sind die oberen Gehaltsgruppen (Schul- und AbteilungsleiterInnen) mit 6,6% erwartungsgemäß schwach besetzt. Die Gruppen A 13 und A 14 (BAT IIa/Ib) sind mit 44% am stärksten besetzt, da sie der Regelbesoldung (Eingangs- und Beförderungsämter) von Studienräten mit Sekundarstufe II-Abschluß und anderen universitär ausgebildeten LehrerInnen entsprechen, die die Mehrheit der Lehrkräfte stellen (vgl. hierzu Kap. 25.3).

Tab. 25.9: LehrerInnen an Fachschulen für Sozialpädagogik nach Vergütungsgruppen, Geschlecht und Trägern im Schuljahr 1991/92 in den alten Bundesländern (in Prozent)

Geschlecht/ Träger	Vergütungsgruppen					Insgesamt
	A15/A16 BAT I/Ia	A13/14 BAT II/Ib	≤ A12, BAT III	Honorar-kräfte	Keine Angabe	
Insgesamt	6,6	44,4	28,3	9,3	11,1	100,0
Männer	11,3	56,0	11,9	10,4	10,4	100,0
Frauen	3,6	37,6	38,6	8,6	11,6	100,0
Öffentl. Träger	7,9	54,1	27,2	2,4	8,4	100,0
Evangel. Träger	4,8	34,8	35,0	21,9	4,3	100,0
Kathol. Träger	4,4	30,4	29,2	17,0	19,0	100,0
Sonst. Träger	10,4	51,1	11,5	11,5	15,6	100,0

Es bestehen gravierende Unterschiede zwischen den Geschlechtern. Obwohl der Frauenanteil an Fachschulen für Sozialpädagogik bei rund 60% liegt, sind Männer mit 11% in den oberen Vergütungsgruppen überproportional vertreten, Frauen dagegen mit nur knapp 4% deutlich unterrepräsentiert. In der Kategorie A 13/A 14, BAT IIa/Ib ist mehr als die Hälfte der Männer, aber nur ein gutes Drittel der Frauen beschäftigt. Dagegen sind diese in den Besoldungsguppen A12/BAT III und darunter überproportional vertreten. Auch unter dem Aspekt der *Trägerschaft* bestehen erhebliche Besoldungs- und Vergütungsunterschiede. Sie lassen sich zum einen zwischen *öffentlichen* und *privaten* Trägern feststellen, bestehen aber auch zwischen den konfessionellen Schulen, wobei zu beachten ist, daß der Anteil der Schulen, für die keine Angaben zur Vergütung vorliegen, bei den katholischen Trägern besonders hoch ist. Es läßt sich aber folgender Trend ablesen. Während öffentliche Schulen kaum Honorakräfte beschäftigen, machen diese bei bei evangelischen ein gutes Fünftel und bei katholischen Schulen ein Sechstel der Lehrkräfte aus. Oberhalb von A12/BAT III werden bei öffentlichen Trägern über 60%, bei den beiden konfessionellen Trägern dagegen weniger als 40% besoldet.

Zusammenfassung: Bei den Lehrkräften an Fachschulen für Sozialpädagogik handelt es sich vor allem um Frauen. Ein Blick auf die Altersstruktur verdeutlicht, daß die unteren Altersklassen an Fachschulen (zumindest auf die sozialpädagogischen Kernfächer bezogen, vgl. Tab. 25.2) im Vergleich zum beruflichen Schulwesen unterrepräsentiert, die oberen dagegen überdurchschnittlich besetzt sind. Der höhere Anteil von Lehrkräften über 50 Jahren basiert anscheinend noch immer auf der verstärkten Einstellung von DozentInnen im Zuge der Fachschulexpansion in den 70er Jahren.

Die Untersuchung der Arbeits- und Beschäftigungsbedingungen ergibt, daß fast alle Lehrkräfte einen unbefristeten Arbeitsvertrag haben. Auffallend ist allerdings der hohe Anteil angestellter Lehrkräfte. Zwischen privatem und öffentlichem Arbeitgeber zeigten sich vor allem beim Beschäftigungsverhältnis deutliche Unterschiede. Hier weisen vor allem die evangelischen Schulen ein eigenständiges Profil auf: Sowohl im Vergleich zum beruflichen Schulwesen, als auch zu öffentlichen und katholischen Fachschulen haben evangelische Ausbildungsstätten signifikant weniger vollzeitbeschäftige und mehr teilzeitbeschäftigte MitarbeiterInnen.

Beide privaten Träger haben jedoch - und dies ist bemerkenswert - weniger stundenweise/nebenamtlich Beschäftigte als öffentliche Schulen. Allerdings ist generell der Anteil nebenamtlicher DozentInnen an beruflichen Schulen unabhängig von der Trägerschaft im Vergleich zum allgemeinbildenden Schulwesen außerordentlich hoch.[209] Hierbei handelt es sich um ein allgemeines Strukturproblem des beruflichen Schulwesens. Das hat zur Folge, daß die neben-

---

[209] Private Träger haben allerdings einen hohen Anteil an Honorarkräften. Dies ist aber nicht mit nebenamtlich gleichzusetzen.

amtlich beschäftigten LehrerInnen im Vergleich zu ihren hauptamtlichen KollegInnen erheblich weniger Einsatz für Konferenzen, Unterrichtsplanung, Gespräche mit SchülerInnen, Veranstaltungen etc. erbringen (vgl. SCHMITTHENNER 1990, S. 126). Noch entscheidender ist allerdings der tatsächliche Unterrichtseinsatz der Lehrkräfte in der Fachschule für Sozialpädagogik. Allgemein gilt hierbei, daß die Gruppe der Lehrkräfte, die lediglich 4 Stunden und weniger mit der ErzieherInnenausbildung befaßt ist, sehr umfangreich ist. Hierbei zeigt sich, daß an eigenständigen Fachschulen der Unterrichtsanteil von Lehrkräften, die mit der ErzieherInnenausbildung befaßt sind, höher liegt als an allgemeinen Berufsschulzentren.

Große Unterschiede bestehen in der Bezahlung sowohl zwischen den Geschlechtern, als auch zwischen den Trägern, wobei gilt, daß Männer erheblich besser bezahlt werden als Frauen, und öffentliche Schulen ein höheres Vergütungsniveau aufweisen als die freien Träger.

25.3 Qualifikationsprofile des Lehrpersonals

Während es in allgemeinbildenden Schulen üblich ist, daß an Gymnasien Sek. II- bzw. GymnasiallehrerInnen, an Realschulen Sek. I- bzw. RealschulehrerInnen und an Grundschulen PrimarstufenlehrerInnen unterrichten, erstaunt zunächst einmal die Vielfalt, die sich unter dem Begriff »BerufsschullehrerIn« verbergen kann. Und dies, obwohl seit der KMK-Vereinbarung von 1973 die Grundlage für eine einheitliche LehrerInnenausbildung an beruflichen Schulen geschaffen wurde. Fachschulen für Sozialpädagogik haben allerdings ein »buntgemischtes Lehrerzimmer«: Verschiedene DozentInnengruppen, die sich durch ihre Ausbildung, Arbeitsinhalte, Laufbahnen und Eingruppierungen voneinander unterscheiden, unterrichten, im Nebeneinander, teilweise mit unterschiedlichen Stundendeputaten, die gleichen und/oder unterschiedliche Fächer.

Die Gründe für die uneinheitliche Zusammensetzung der LehrerInnenkollegien - deren qualifikatorische Variationsbreite an sich noch kein Nachteil ist, im Zusammenhang mit dem unterschiedlichen Status der DozentInnengruppen jedoch Auswirkungen auf die Zusammenarbeit der Lehrkräfte und die Kommunikationsstrukturen in den Kollegien hat - sind mehrschichtig. Sie liegen u.a. in der geschichtlichen Enwicklung der Fachschule mit ihren spezifischen Mechanismen der LehrerInnenrekrutierung (vgl. Kap. 25.1). Hierdurch wurde die heute noch bestehende Trennung zwischen Lehrkräften für Fachtheorie und Fachpraxis bereits angelegt. Die Ursachen sind darüber hinaus aber auch in den seit den 60er Jahren gewachsenen Anforderungen der sozialpädagogischen Praxis zu suchen, die zur Neukonzeption der ErzieherInnenausbildung geführt sowie gleichzeitig und weitergehend zur Verwissenschaftlichung und Professionalisierung der LehrerInnenausbildung beigetragen haben. Die Grundlagen hierfür wurden durch die Etablierung neuer Qualifikationsprofile in der Jugendhilfe und durch die, wenn auch im Vergleich zu anderen BerufsschullehrerInnenausbildungen, relativ späte Akademisierung der Lehramtsausbildung für den sozialpädagagogischen Bereich geschaffen. Das Ergebnis ist - trotz Vereinheitlichungversuchen in der Vergangenheit - auch heute noch eine »hierarchisch gestufte, weit gefächerte Lehrerschaft« (KRÜGER 1983, S. 351) mit sehr unterschiedlichen Qualifikationsprofilen. Diese variieren zudem je nach Einstellungspolitik und -praxis der Bundesländer und der jeweiligen Trägerposition. Die Unterschiede werden seit dem Beitritt der neuen Bundesländer noch verschärft, da die LehrerInnenausbildung in der DDR auf einer grundsätzlich anderen Konzeption beruhte als in der Bundesrepublik und die neuen Bundesländer von ihren Gesetzgebungskompetenzen im Bildungsbereich genauso ausgiebig Gebrauch machen wie die alten Bundesländer.

25.3.1 Qualifikationsstruktur an Fachschulen für Sozialpädagogik

Die unterschiedlichen Konzepte der LehrerInnenqualifikation spiegeln sich in der Einstellungspolitik und -praxis der Bundesländer wieder. So berechtigt z.b. das Zweite Staatsexamen der Beruflichen Fachrichtung Sozialwissenschaften/Sozialpädagogik der drei Universitäten Bamberg, Bremen und Dortmund nicht automatisch dazu, die Befähigung zum Unterricht in anderen Bundesländern zu erhalten. Dies sollen nachfolgend einige Beispiele illustrieren.

So werden in *Baden-Württemberg* an Fachschulen für Sozialpädagogik und Berufsfachschulen für Kinderpflege zwar grundsätzlich LehramtsbewerberInnen mit 1. und 2. Staatsprüfung eingestellt. Bei Bedarf werden jedoch auch andere Studienabschlüsse als Zulassungsvoraussetzung für den Vorbereitungsdienst anerkannt, wie z.b. der Diplom-Abschluß Erziehungswissenschaft in der Studienrichtung Sozialpädagogik der Universität Tübingen oder entsprechende Studiengänge anderer Universitäten. Diplom-PädagogInnen werden - sofern erforderlich - aber auch direkt, also ohne Vorbereitungsdienst im Rahmen eines Angestelltenverhältnis eingestellt. Dies gilt ebenso für Diplom-SozialpädagogInnen mit Fachhochschulabschluß.

In *Hessen* wird der LehrerInnenbedarf, da auch dort eine wissenschaftliche LehrerInnenausbildung für die Fachrichtung Sozialpädagogik nicht angeboten wird, über die Anerkennung von Hochschulprüfungen als 1. Staatsprüfung und über die Anerkennung der Lehramtsprüfung Sekundarstufe II mit dem Erstfach Sozialpädagogik anderer Bundesländer gedeckt.

In *Niedersachsen* werden grundsätzlich an öffentlichen berufsbildenden Schulen nur Lehrkräfte mit der Befähigung für die Laufbahn des Lehramtes an beruflichen Schulen (Höherer Dienst) eingestellt. Zusätzlich zu den Regellaufbahnen sind für spezielle Belange des Unterrichts an berufsbildenden Schulen Laufbahnen für besondere Fachrichtungen ohne Vorbereitungsdienst und Laufbahnprüfung eingerichtet worden: Danach können an Fachschulen für Sozialpädagogik und an Berufsfachschulen für Kinderpflege auch AbsolventInnen Wissenschaftlicher Hochschulen (Diplom-PsychologInnen und -PädagogInnen) mit einer entsprechenden praktischen hauptberuflichen Tätigkeit vom mindestens vier Jahren eingestellt werden. Vor Ablauf der Probezeit ist eine Prüfung abzuleisten. Diese besondere Laufbahn ist eingerichtet worden, um LehrerInnen mit praktischer Erfahrung zu gewinnen. BewerberInnen, die einen Lehramtsstudiengang in Sozialpädagogik/Sozialwissenschaften absolviert haben, haben dagegen paradoxerweise in Niedersachsen keine guten Einstellungschancen. Daneben wird der Unterricht von JugendleiterInnen/FachlehrerInnen des gehobenen Dienstes erteilt.

In *Nordrhein-Westfalen* werden für den Unterricht an Fachschulen für Sozialpädagogik explizit LehramtsinhaberInnen mit Beruflicher Fachrichtung Sozialpädagogik eingestellt, da per KMK-Erlaß von 1983 festgelegt wurde, »daß die Einstellung Technischer Lehrer/innen nur vertretbar ist, wenn fachtheoretisch und fachpraktisch ausgebildete Lehrer/innen nicht in ausreichender Zahl zur Verfügung ständen« (BECKHEUER 1992, S. 4). Im Gegensatz hierzu sah der LehrerInneneinstellungserlaß von 1992 die Einstellung von Diplom-SozialpädagogInnen in der Laufbahn des/der Technischen Lehrers/Lehrerin vor.

Diese Beispiele zeigen, daß einheitliche Rekrutierungsbestimmungen bundesweit also kaum feststellbar sind. Aufgrund dieser Unterschiede, Differenzen und Gegensätze in der Bildungspolitik der Länder und der jeweiligen Einstellungspraxis ist es grundsätzlich schwierig, eine vereinfachte bundesweite Situationsdarstellung der LehrerInnenschaft an Fachschulen für Sozialpädagogik zu geben. Als ein zentraler Punkt der Dortmunder Fach- und Berufsfachschulbefragung sollte deshalb die Zusammensetzung des Lehrpersonals im Detail herausgearbeitet werden und dabei ein besonderer Schwerpunkt auf die formale berufliche Qualifikation gelegt werden. Bereits bei der Erstellung des Fragebogens stellte sich jedoch einerseits das Problem der Standardisierung der unterschiedlichen LehrerInnenausbildungsmodelle, andererseits galt es, die verschiedenen Zugangswege für LehrerInnen an Fachschulen für Sozialpädagogik in elf Bundesländern und deren vielfältigen Benennungen im Dickicht des Dienstrechts und der Besoldungszwänge zu berücksichtigen.

Weil es uns vor allem um eine Analyse der Ausbildungshierarchien ging, entschieden wir uns dafür, die Qualifikation der LehrerInnen zunächst nach

dem Grad des erreichten Berufs- bzw. Studienabschlusses zu erfassen. Hierbei
sollte aufgezeigt werden, wie sehr sich neben den in Kapiteln 14 ff. aufgezeigten Ausbildungsunterschieden auch das Niveau der Ausbildungs- und Studienabschlüsse der LehrerInnen an Fachschulen für Sozialpädagogik unterscheiden.
So läßt sich je nach Ausbildungsniveau und Zugangsqualifikation grundsätzlich zwischen vier LehrerInnengruppen differenzieren, unabhängig davon, ob
eine pädagogisch-praktische Zusatzausbildung oder der Vorbereitungsdienst
absolviert wurde:

Gruppe I: AbsolventInnen einer Wissenschaftlichen Hochschule mit mindestens 1. Staatsprüfung für ein Lehramt. Hierzu zählen LehrerInnen der beruflichen Fachrichtung Sozialpädagogik/Sozialwissenschaften und anderer beruflicher Fachrichtungen, aber auch LehrerInnen mit allgemeinbildender Lehr-
amtsbefähigung für die verschiedenen Schulformen und -stufen.

Gruppe II: AbsolventInnen einer Wissenschaftlichen Hochschule mit den
akademischen Graden »Magister«, »Diplom«, »Promotion« und nicht-schulbe-
zogenem »Staatsexamen«. Der Fächerstruktur der Fachschule entsprechend gehören zu dieser Gruppe vor allem HochschulabsolventInnen der Wissenschaftsdisziplinen Erziehungswissenschaft, Psychologie, Soziologie, Sozialwissenschaft, Politikwissenschaft, Theologie und Rechtswissenschaft.

Gruppe III: AbsolventInnen einer Fachhochschule einschließlich gleichwer-
tiger Abschlüsse an den staatlichen und kirchlichen vorgängigen Höheren
Fachschulen. Hierzu gehören vor allem AbsolventInnen der Fachrichtungen
Sozialarbeit und Sozialpädagogik.

Gruppe IV: Lehrkräfte mit anderen Berufsabschlüssen *unterhalb* einer
(Fach)Hochschulausbildung, wie z.B. Staatlich anerkannte ErzieherInnen,
GymnastiklehrerInnen etc.

Bei der Untersuchung ging es zunächst um die Klärung der Frage, ob und
in welchem Ausmaß im Gegensatz zum »*Durchschnittslehrer*« an allgemeinbildenden Schulen die Lehrenden an Fachschulen für Sozialpädagogik ein mehr-
schichtigeres Qualifikationsprofil aufweisen. Im Zusammenhang mit den o.g.
Rekrutierungsmechanismen sollten die vielfältigen beruflichen Zugangswege
der Lehrkräfte aufgezeigt und analysiert werden.[210]

---

[210] Um hierbei den LeserInnen die folgende Analyse der Qualifikationsstruktur auf mehreren Ebenen zu erleichtern, seien einige Anmerkungen zum Vorgehen der Datengewinnung und -auswertung vorangestellt. In dem der Befragung zugrunde liegendem
Fragebogen haben die SchulleiterInnen nach einem vorgegebenem Schlüssel *alle* erworbenen Studien- und Berufsabschlüsse (im folgenden auch Zugangsqualifikationen genannt) der Lehrkräfte, die an der ErzieherInnenausbildung beteiligt sind, angegeben.
Hierbei sind alle Personen genannt, die an der Fachschule für Sozialpädagogik unter-

Zunächst wird (1) die allgemeine Qualifikationsebene gemäß der vier LehrerInnengruppen beschrieben und die Verteilung der Qualifikationsstufen nach Trägern, Schulorganisationstyp und Geschlecht betrachtet, um dann die LehrerInnen mit *einer* Qualifikation (2) und mit *zwei* Qualifikationen (3) im Detail zu analysieren und abschließend (4) die Teilgruppe der LehrerInnen mit dem Abschluß Berufliche Fachrichtung Sozialpädagogik näher zu beleuchten.

(1) Allgemeine Qualifikationsebene der LehrerInnen: Als erstes Ergebnis können wir festhalten (vgl. Tab. 25.10), daß der überwiegende Teil der Lehrkräfte, nämlich rund 83%, lediglich über *eine* Zugangsqualifikation verfügt, wovon fast die Hälfte (47%) ein Lehramtsstudium an einer Wissenschaftlichen Hochschule absolviert hat (vgl. Tab. 25.15). 13% haben eine Doppelqualifikation und immerhin noch jede 25. Lehrkraft verfügt über eine Mehrfachqualifikation. *Öffentliche* Schulen mit 86% einfach Qualifizierter liegen leicht über, die freien Träger unter dem Durchschnitt. LehrerInnen an *evangelischen* Schulen haben zu 72% nur eine und zu 20% zwei Qualifikationen, bei *katholischen* Ausbildungsstätten haben 80% eine, und 16% zwei Qualifikationen.[211] Evangelische Schulen haben also einen ca. 10% höheren Anteil mehrfachqualifizierter LehrerInnen als der Durchschnitt und weichen damit deutlich zugunsten eines mehrschichtigeren Qualifikationsschemas ab. Dies kann als ein leichtes Indiz dafür gewertet werden, daß evangelische Fachschulen für Sozialpädagogik stärkeren Wert auf eine einschlägige Praxisqualifikation *neben* der Lehramtsausbildung legen als etwa am anderen Ende der Skala die öffentlichen Schulen.

Tab. 25.10: Anzahl der Zugangsqualifikationen der Lehrkräfte an Fachschulen für Sozialpädagogik in den alten Bundesländern im Schuljahr 1991/92 (n = 2.785)

Qualifikation pro LehrerIn	Insgesamt		Öffentlich		Evangelisch		Katholisch		Sonstige		Keine Ang.	
	Abs.	%	Abs.	%	Abs.	%	Abs.	%	Abs.	%	Abs.	%
1	2.298	82,5	1.322	85,5	287	72,3	588	80,1	91	94,8	10	90,9
2	372	13,4	172	11,1	79	19,9	115	15,7	5	5,2	1	9,1
3	95	3,4	44	2,8	28	7,1	23	3,1	-	-	-	-
4	17	0,6	6	0,4	3	0,8	8	1,1	-	-	-	-
6	3	0,1	3	0,2	-	-	-	-	-	-	-	-
Insgesamt	2.785	100,0	1.547	100,0	397	100,0	734	100,0	96	100,0	11	100,0

richten, unabhängig von ihrem Stundendeputat. Die Zahl der Nennungen (3.237) übersteigt daher die Zahl der LehrerInnen, über die Angaben zur Qualifikation vorliegen (2.785 von insgesamt 2.971 in der Befragung erfaßten LehrerInnen). Bei den einzelnen Tabellen ergeben sich somit Abweichungen, je nachdem, ob es sich bei der Berechnung um die Gesamtzahl aller Qualifikationen (Mehrfachnennungen) oder um die Gesamtzahl aller LehrerInnen (Köpfe) mit *einer* oder *zwei* Qualifikationen handelt.

[211] Die sonstigen Träger sind wegen ihrer geringen Anzahl nicht berücksichtigt.

Tab. 25.11, in der die auf verschiedenen Ausbildungsebenen erworbenen Qualifikationen der Lehrkräfte erfaßt werden, erlaubt als zweites Ergebnis die Aussage, daß 46% aller Lehrkräfte als höchste Qualifikation ein Lehramtsstudium, 27% einen sonstigen Universitätsabschluß haben, 31% über einen FH-Abschluß verfügen und 12% einen Berufsabschluß außerhalb der Hochschule erworben haben. Nicht weiter verwunderlich ist hierbei, daß die Gruppe der LehrerInnen mit einem Lehramtsabschluß den größten Anteil stellen. Andrerseits erstaunt es aber schon, daß über die Hälfte des Lehrpersonals an Fachschulen für Sozialpädagogik keine herkömmliche LehrerInnenausbildung mit mindestens 1. Staatsexamen hat.[212]

Bei der Differenzierung nach Trägern und Schulorganisationstyp werden grosse Unterschiede deutlich (vgl. Tab. 25.12 und 25.13). So liegt der Anteil der Nennungen mit einem Lehramtsabschluß bei *öffentlichen* Schulen mit 47% noch relativ hoch, während er bei den freien Trägern mit 27% vor allem bei *evangelischen*, aber mit ca. 33% auch bei den *katholischen* Schulen gering ist.

Tab. 25.11: LehrerInnen an Fachschulen für Sozialpädagogik nach Zugangsqualifikation im Schuljahr 1991/92 in den alten Bundesländern; (n = 2.785; *Mehrfachnennungen möglich*)			
Zugangsqualifikation	*Abs.*	%	%[1]
Lehramtsabschluß	1.286	39,7	46,2
Sonst. Uniabschluß	741	22,9	26,6
FH-Abschluß	868	26,8	31,1
Nichtakademischer Berufsabschluß	342	10,6	12,3
Insgesamt	3.237	100,0	116,2
1 Bezogen auf die Zahl der Lehrkräfte (n = 2.785)			

13% haben eine Doppelqualifikation und immerhin noch jede 25. Lehrkraft verfügt über eine Mehrfachqualifikation. *Öffentliche* Schulen mit 86% einfach Qualifizierter liegen leicht über, die freien Träger unter dem Durchschnitt. LehrerInnen an *evangelischen* Schulen haben zu 72% nur eine und zu 20% zwei Qualifikationen, bei *katholischen* Ausbildungsstätten haben 80% eine, und 16% zwei Qualifikationen.[213] Evangelische Schulen haben also einen ca. 10% höheren Anteil mehrfachqualifizierter LehrerInnen als der Durchschnitt und weichen damit deutlich zugunsten eines mehrschichtigeren Qualifikationsschemas ab. Dies kann als ein leichtes Indiz dafür gewertet werden, daß

---

[212] An beruflichen Schulen insgesamt liegt der Anteil der Lehramtsabschlüsse bei 60% (vgl. BUNDESMINISTER FÜR BILDUNG UND WISSENSCHAFT, verschiedene Jg.).
[213] Die sonstigen Träger sind wegen ihrer geringen Anzahl nicht berücksichtigt.

evangelische Fachschulen für Sozialpädagogik stärkeren Wert auf eine einschlägige Praxisqualifikation *neben* der Lehramtsausbildung legen als etwa am anderen Ende der Skala die öffentlichen Schulen.

Tab. 25.12: LehrerInnen an Fachschulen für Sozialpädagogik nach Zugangsqualifikation und Träger im Schuljahr 1991/92 in den alten Bundesländern *(Mehrfachnennungen möglich)*

Zugangsqualifikation	Öffentlich		Evangelisch		Katholisch		Sonstige		K. A.	
	Abs.	%	Abs.	%	Abs.	%	Abs.	%	Abs.	%
Lehramtsabschluß	831	47,1	136	27,1	282	32,8	33	33,3	4	36,4
Sonst. Uniabschluß	347	19,6	138	27,5	209	24,3	44	44,4	3	27,3
FH-Abschluß	437	24,7	141	28,1	270	31,4	16	16,2	4	36,4
Nichtakademischer Berufsabschluß	151	8,6	87	17,3	98	11,4	6	6,1	-	-
Insgesamt	1.766	100,0	502	100,0	859	100,0	99	100,0	11	100,0

Die Verteilung nach Schulorganisationstypen zeigt, daß je komplexer eine Schule ist (Berufsschulzentrum mit vielfältigen Ausbildungsgängen), desto mehr Lehrkräfte mit einem Lehramtsabschluß hat sie auch beschäftigt (50% bei *allgemeinen Berufsschulzentren*). *Eigenständige Schulen* beschäftigen nur zu 29% LehrerInnen mit Lehramtsabschlüssen; sonstige Universitäts- und Fachhochschuldiplome sind dort allerdings ebenfalls mit jeweils ca. 30% gleichberechtigt vertreten. *Soziale Berufsschulzentren*[214] haben zwar deutlich mehr lehramtsausgebildete Lehrkräfte (38%) als die letztgenannten, weichen aber immer noch erheblich von *allgemeinen Berufsschulzentren* ab (vgl. Tab. 25.13).

Tab. 25.13: LehrerInnen an Fachschulen für Sozialpädagogik nach Zugangsqualifikation und Schulorganisationstyp im Schulj. 1991/92 in den alten Bundesländern *(Mehrfachnennungen möglich)*

Zugangs-qualifikation	Eigenständige Fachschule		Soziales Berufs-schulzentrum[1]		Allg. Berufs-schulzentrum		Sonstige		Keine Angaben	
	Abs.	%	Abs.	%	Abs.	%	Abs.	%	Abs.	%
Lehramtsabschluß	283	29,4	418	38,4	561	50,4	20	33,3	4	36,4
Sonst. Uniabschluß	285	29,6	248	22,8	190	17,1	15	25,0	3	27,3
FH-Abschluß	293	30,4	295	27,1	259	23,2	17	28,3	4	36,4
Nichtakademischer Berufsabschluß	103	10,7	127	11,7	104	9,3	8	13,3	-	-
Insgesamt	964	100,0	1.088	100,0	1.114	100,0	60	100,0	11	100,0
1 Sozialpädagogisches, -pflegerisches, hauswirtschaftliches Berufsschulzentrum										

---

[214] Hierunter werden die Berufsschulzentren mit sozialpädagogischen, -pflegerischen und hauswirtschaftlichen Abteilungen gefaßt.

Der Blick auf die allgemeine Verteilung der Qualifikationen bliebe unvollstän-
dig ohne die Differenzierung nach *Geschlecht.* Hierbei fällt auf, daß der Anteil
der Frauen, die einen FH-Abschluß haben, größer ist als der mit einem Lehramtsstudium und umgekehrt der Anteil FH-qualifizierten Männer mit ca. 5%
sehr gering ist (vgl. Tab. 25.14).

Tab. 25.14: LehrerInnen an Fachschulen für Sozialpädagogik nach
Qualifikation und Geschlecht im Schulj.1991/92 in den alten Bundesländern (in %; n = 3.237; *Mehrfachnennungen möglich*)

Zugangsqualifikation	*Geschlecht*			
	Männlich	*Weiblich*	*K.A.*	*Insgesamt*
Lehramtsabschluß	19,3	20,0	0,3	39,7
Sonst. Uniabschluß	13,0	9,9	-	22,9
FH-Abschluß	5,2	21,3	0,3	26,8
Nichtakademischer Berufsabschluß	1,9	8,6	0,1	10,6
Insgesamt	39,4	59,8	0,7	100,0

Nicht-akademische Abschlüsse spielen bei den männlichen Lehrkräften so gut
wie keine Rolle (2%), wobei diese bei den Frauen mit knapp 9% fast genauso
häufig vertreten sind wie sonstige Universitätsabschlüsse (10%). Damit bestätigt sich die im gesamten Berufsfeld »Jugendhilfe« zu konstatierende Tatsache,
daß Führungspositionen und damit verbundene höhere (wissenschaftliche) formale Qualifikationen in dieser Frauendomäne mehrheitlich von Männern besetzt sind. Dies entspricht auch der geringeren Bezahlung von Frauen (vgl.
Tab. 25.9).

(2) Einfach qualifizierte LehrerInnen: Wie bereits oben genannt verfügen
über 80% der LehrerInnen über nur einen Berufs- oder Studienabschluß. LehrerInnen mit einem Lehramtsabschluß stellen auch bei der Gruppe mit *einer*
Qualifikation erwartungsgemäß mit ca. 47% den größten Anteil und entsprechen damit in etwa dem Gesamtdurchschnitt (46%) aller Lehrkräfte (vgl. Tab.
25.11). Signifikant ist auch hier, daß an zweiter Stelle mit knapp 27% FH-Stu-
dienabschlüsse stehen, gefolgt von etwa 22% anderer Universitätsabschlüsse.
Knapp 5% beträgt der Anteil der LehrerInnen, die mit einem nicht-akademischen Berufsabschluß unterrichten. So ergibt sich das Bild eines mit 69% mehrheitlich wissenschaftlich ausgebildeten Lehrkörpers, bzw. wenn man den
Anteil der FH-Qualifizierten noch hinzurechnet, ein mit 95% fast durchgängig akademisiertes Qualifikationsprofil an Fachschulen für Sozialpädagogik
(vgl. Tab. 25.15). Die genaue Verteilung der einzelnen Studien- und Berufsabschlüsse läßt sich aus Tab. 25.16 ablesen. Fast die Hälfte (47%) aller LehrerInnen mit *einer* Qualifikation hat ein Lehramtsstudium absolviert.

Tab. 25.15: LehrerInnen an Fachschulen für Sozialpädagogik mit *einer* Qualifikation im Schuljahr 1991/92 in den alten Bundesländern (in %; n = 2.298)

Qualifikation	Gesamt	Öffentlich	Evangelisch	Katholisch	Sonstige	K.A.
Lehramtsabschluß	47,3	53,2	38,3	40,7	33,0	40,0
Sonst. Uniabschluß	21,6	17,5	29,6	23,5	44,0	20,0
FH-Abschluß	26,7	25,0	25,8	32,1	17,6	40,0
Nichtakademischer Berufsabschluß	4,5	4,4	6,3	3,7	5,5	-,-
Insgesamt	100,0	100,0	100,0	100,0	100,0	100,0

Davon stellen die LehrerInnen mit beruflichem und allgemeinbildendem Sek. II-Abschluß (Berufliche Fachrichtung Sozialpädagogik), Lehramt sonstige berufliche Fachrichtung und Lehramt an Gymnasien, mit ca. 40% den größten Teil des Personals, das ein Lehramtsstudium absolviert hat. Hierbei sind jedoch die Trägerunterschiede sehr groß. So haben ca. 47% der LehrerInnen an *öffentlichen*, aber nur ca. 28% an *evangelischen* und nur ca. 30% an *katholischen* Schulen einen Sek. II-Abschluß. Über alle Träger hinweg haben 8% aller LehrerInnen eine Qualifikation unterhalb der Sek. II-Stufe, obwohl die Fachschule für Sozialpädagogik als berufsbildende Schule diesem Niveau zugeordnet ist.

Tab. 25.16: LehrerInnen mit *einer* Qualifikation an Fachschulen für Sozialpädagogik nach Trägern im Schuljahr 1991/92 in den alten Bundesländern (LA = Lehramt)

Qualifikation	Gesamt		Öffentlich		Evangelisch		Katholisch		Sonst./K.A.	
	abs.	%	abs.	%	abs.	%	abs.	%	abs.	%
LA berufl. Fachrichtung Sozialpädagogik	156	6,8	116	8,8	14	4,9	25	4,3	1	1,0
LA sonst. berufliche Fachrichtung	360	16,6	318	24,1	12	4,2	28	4,8	2	2,0
LA Sek. II allgemein	391	17,0	184	13,9	54	18,8	126	21,4	27	26,7
LA Sek. I	103	4,5	40	3,0	19	6,6	40	6,8	4	4,0
LA Primarstufe	10	0,4	4	0,3	1	0,3	5	0,9	0	0,0
LA Sonderschule	14	0,6	5	0,4	4	1,4	5	0,9	0	0,0
Sonst. LAabschluß	52	2,3	36	2,7	6	2,1	10	1,7	0	0,0
Pädagogik	114	5,0	49	3,7	19	6,6	30	5,1	16	15,8
Psychologie	85	3,7	40	3,0	15	5,2	21	3,6	9	8,9
Soziologie/Politik	34	1,5	25	1,9	3	1,0	5	0,9	1	1,0
Theologie	103	4,5	49	3,7	21	7,3	30	5,1	3	3,0
Jura	30	1,3	10	0,8	3	1,0	14	2,4	3	3,0
Sonst. Uniabschluß	130	5,7	58	4,4	24	8,3	38	6,5	10	9,9
Dipl.SozPäd/SozArb	502	21,8	281	21,2	58	20,2	147	25,1	16	15,8
Sonst. FH-Abschluß	111	4,8	49	3,7	16	5,6	42	7,1	4	4,0
ErzieherInnen	15	0,7	9	0,7	4	1,4	2	0,3	0	0,0
KinderpflegerInnen	1	0,0	0	0,0	0	0,0	0	0,0	1	1,0
Sonst. nichtakad. Berufsausbildung	87	3,7	49	3,7	14	4,9	20	3,4	4	4,0
Insgesamt	2.298	100,0	1.322	100,0	287	100,0	588	100,0	101	100,0

(3) LehrerInnen mit Doppelqualifikation: Näheren Aufschluß über die bevorzugten Qualifikations*profile* der einzelnen Träger ergeben sich aus der Analyse der Mehrfachqualifizierten. Wir beschränken uns allerdings hierbei auf die Doppeltqualifizierten, da der Anteil derjenigen, die mehr als zwei Zugangsqualifikationen haben, mit 4% eher randständig ist (vgl. Tab. 25.11).

Bei den gut 13% (n = 372), die die Gruppe der Zweifachqualifizierten ausmacht, interessiert uns besonders die Verteilung und die Kombination der *pädagogisch einschlägig* Qualifizierten, zu denen wir hier alle Lehrämter, AbsolventInnen des Universitätsstudiengangs Erziehungswissenschaft (im folgenden vereinfachend Diplom-PädagogInnen genannt), Diplom-SozialpädagogInnen/-arbeiterInnen (FH) und ErzieherInnen zählen.

Der Anteil derjenigen Doppelqualifizierten, die ein Lehramt studiert haben, beträgt 37% (138) und liegt damit deutlich unter der LehrerInnenquote der Einfachqualifizierten (47%) (vgl. Tab. 25.16). Der Anteil der LehrerInnen, die als eine Qualifikation die berufliche Fachrichtung Sozialpädagogik (BFS) studiert haben, beträgt nur ca. 9% aller Biqualifizierten. Fast alle mit diesem Abschluß sind bei *öffentlichen* Schulen tätig (16%), wohingegen katholische lediglich 4% und *evangelische* Schulen überhaupt keinen dieses LehrerInnentyps beschäftigen. Dies spiegelt die bevorzugte Entscheidung für öffentliche Schulen bei den LehramtsabsolventInnen wieder und ist auch ein Hinweis auf die gängige Einstellungspraxis der Träger (vgl. Tab. 25.17).

Tab. 25.17: LehrerInnen mit *zwei* Qualifikationen an Fachschulen für Sozialpädagogik im Schuljahr 1991/92 in den alten Bundesländern nach Trägern (Prozentzahlen bezogen auf die Zahl der Lehrkräfte; n = 372)

Qualifikation	Gesamt	Öffentlich	Evangelisch	Katholisch
Dipl.SozPäd/SozArbeit (FH)	47%	44%	53%	50%
ErzieherIn	40%	33%	53%	41%
Lehramtsabschluß	37%	52%	23%	23%
dav. Berufl. Fachr. Soz.-Päd.	*9%*	*16%*	*0%*	*4%*
Diplom-Pädagogik (Uni)	22%	19%	25%	23%

Herausragendes Merkmal bei den Zweifachqualifizierten ist der hohe Anteil von SozialpädagogInnen (FH), verfügen doch fast die Hälfte (47%) von diesen über einen entsprechenden Abschluß, allerdings mit deutlichen Trägerunterschieden. ErzieherInnen sind die zweitstärkste Gruppe mit 40%, gefolgt von 37% mit einem Lehramtsabschluß. Mit deutlichem Abstand (22%) stellen Diplom-PädagogInnen (Uni) die viertgrößte Gruppe. Von den SozialpädagogInnen (FH) hat der überwiegende Teil (63%) als zweite Qualifikation eine ErzieherInnenausbildung, was insgesamt ca. 30% aller *Doppelqualifizierten* und damit den Kern des Doppelqualifikationsprofils ausmacht (vgl. Tab. 25.18).

Tab. 25.18: LehrerInnen mit *zwei* Zugangsqualifikationen an Fachschulen für Sozialpädagogik im Schuljahr 1991/92 in den alten Bundesländern nach ausgewählten Qualifikationskorrelationen (Prozentangaben bezogen auf die Zahl der Lehrkräfte; n = 372)

1. Qualifikation	2. Qualifikation							
	Lehramtsabschluß				*Diplom-Soz.päd./-arbeit (FH)*			
	Insgesamt	*Öffentlich*	*Evangelisch*	*Katholisch*	*Insgesamt*	*Öffentlich*	*Evangelisch*	*Katholisch*
Lehramtsabschluß	6,5%	8,1%	5,0%	5,2%	-	-	-	-
Dipl.-Pädagogik (Uni)	7,5%	11,0%	7,6%	0,9%	6,7%	4,7%	6,3%	10,4%
Dipl.-Soz.päd/arb. (FH)	4,0%	7,6%	3,8%	1,7%	-	-	-	-
ErzieherInnen	2,7%	2,9%	1,3%	2,6%	29,6%	26,7%	43,0%	26,0%

Während jedoch katholische und *öffentliche* Schulen mit ca. 26% bzw. 27% knapp unter dem Durchschnitt liegen, beträgt allein der Anteil der Lehrkräfte mit dem Doppelqualifikationsprofil ErzieherIn und SozialpägagogIn/-arbeiterIn bei *evangelischen* Schulen 43%(!). Da *evangelische* Schulen bereits einen 10% höheren Anteil an Mehrfachqualifizierten haben als andere Träger, erhöht sich der relative Anteil dieser Favoritenkombination ErzieherIn plus SozialpädagogIn/-arbeiterIn noch einmal. So bleiben die *evangelischen* Schulen der historischen Entwicklung der ErzieherInnenausbildung aus der Praxis (Kindergarten) in den Praxisunterricht der Fachschule bis heute treu. Die Korrelation Diplom-Sozialpädagogik/-arbeit (FH) plus Lehramt hat mit 4% eher eine randständige Bedeutung. Mehr als doppelt so häufig wie Lehramt haben SozialpädagogInnen/-arbeiterInnen einen anderen akademischen Abschluß einer Wissenschaftlichen Hochschule (9,3%), wobei ein Diplom-Abschluß in Erziehungswissenschaft (Pädagogik) mit 6,7% ihr beliebtestes Zusatz*studium* ist.

Diplom-PädagogInnen (Uni) bevorzugen als Zweitqualifikation ein Lehramtsstudium und stellen damit ca. 8% aller Doppelqualifizierten, sind in dieser Kombination mit 11% an öffentlichen Schulen am häufigsten vertreten.

(4) LehrerInnen mit dem Lehramt Berufliche Fachrichtung Sozialpädagogik (BFS): Wie bereits beschrieben, konnte sich eine eigenständige Lehramtsausbildung sozialpädagogischer Fachrichtung bislang nur in den drei Bundesländern *Nordrhein-Westfalen, Bayern* und *Bremen* etablieren und nicht zuletzt deshalb bleibt bis heute die von den Trägern und Bundesländern gehandhabte Einstellungspraxis an Fachschulen für Sozialpädagogik sehr unterschiedlich.Insgesamt unterrichten lediglich 7% (n = 208) der von uns befragten LehrerInnen mit einem BFS-Abschluß. Während allerdings die Quote der BFS-Lehrkräfte an der GesamtlehrerInnenschaft bei 8 Bundesländern unter 5% liegt, steigt sie in Nordrhein-Westfalen auf 16% und erreicht in Schleswig-Holstein sogar 19%, um in Bremen auf 21% anzusteigen (vgl. Tab. 25.19).

Tab. 25.19: LehrerInnen mit dem Lehramt *Berufliche Fachrich-*
tung Sozialpädagogik (BFS) an Fachschulen für Sozialpädagogik
im Schuljahr 1991/92 nach *Bundesländern*

Land	Gesamtzahl aller LehrerInnen		Quote der BFS-LehrerInnen pro Land		Gesamt
	Abs.	%	Abs.	%	%
BW	432	14,5	8	1,9	3,8
BA	533	17,9	5	0,9	2,4
BE	51	1,7	0	0,0	0,0
HB	81	2,7	17	21,0	8,2
HH	114	3,8	2	1,8	1,0
HE	277	9,3	12	4,3	5,8
NI	445	15,0	16	3,6	7,7
NW	792	26,7	128	16,2	61,5
RP	105	3,6	3	2,9	1,4
SL	42	1,4	0	0,0	0,0
SH	88	3,0	17	19,3	8,2
K.A.	11	0,4	0	-	-
Insges.	2.971	100,0	208	7,0	100,0

Die relativ große Zahl von BFS-LehrerInnen in Nordrhein-Westfalen und Bre-
men erklärt sich daraus, daß beide Bundesländer Standorte für diese spezielle
Lehramtsausbildung sind. In Bremen und Schleswig-Holstein kommt verstär-
kend hinzu, daß es hier nur Schulen in *öffentlicher* Trägerschaft gibt, und daß
diese dann eher *größere* Schuleinheiten an *allgemeinen* Berufsschulzentren sind.
Und beides sind zugleich signifikante Faktoren für die Beschäftigung von
BFS-LehrerInnen. Auf den ersten Blick erstaunlich ist, daß die Quote in
Bayern mit knapp 1% sehr gering ist, wo doch auch hier eine eigenständige
BFS-Ausbildung existiert. Da in Bayern die Lehrbefähigung »Berufliche Fachrichtung Sozialpädagogik« aber nicht nur für die Fachakademien für Sozialpäd-
agogik, sondern auch für hauswirtschaftliche Berufsschulen, Fachrichtung Al-
tenpflege, Heilpädagogik, Heilerziehungslehre und Krankenpflege gilt, können
wir zunächst nur vermuten, daß die LehrerInnen mit sozialpädagogischem
Lehramt eher an anderen Schulen eingesetzt sind. Auch hat der Trägeranteil
einen großen Einfluß, befinden sich doch in Bayern 76% aller Fachschulen für
Sozialpädagogik in privater Trägerschaft (vgl. Kapitel 23.2). Und *Öffentliche*
Schulen haben mit einer Quote von 9,5% mehr als doppelt so viele BFS-
LehrerInnen beschäftigt wie *konfessionelle* Träger (vgl. Tab. 25.20).

Schleswig-Holstein, mit ausschließlich *öffentlichen* Fachschulen für Sozialpädagogik, ermöglicht grundsätzlich BewerberInnen aus anderen Bundesländern mit dem einschlägigen BFS-Lehramtsabschluß die Einstellung und
unterscheidet sich hiermit von dem Gros der anderen Bundesländer, die in

diesem Punkt eine restriktive Einstellungspolitik betreiben (in Rheinland-Pfalz gilt seit 1992 eine ähnliche Regelung).

Für den Faktor Schulorganisationstyp gilt, daß je komplexer und größer im Sinne von Vielfalt der verschiedenen Ausbildungsgänge eine Schule ist, desto eher hat sie LehrerInnen mit der BFS-Qualifikation beschäftigt: Fachschulen für Sozialpädagogik, die an allgemeinen Berufsschulzentren angesiedelt sind, haben fast 12% BFS-LehrerInnen, sozialpädagogische Berufsschulzentren beschäftigen mit gut 6% noch die Hälfte und eigenständige Fachschulen mit knapp 3% kaum noch LehrerInnen dieses Typs (vgl. Tab. 25.20).

Tab. 25.20: LehrerInnen mit dem Lehramt *Berufliche Fachrichtung Sozialpädagogik (BFS)* an Fachschulen für Sozialpädagogik im Schuljahr 1991/92 in den alten Bundesländern nach *Trägern und Schulorganisationstyp*

Träger/ Schulorganisationstyp	Gesamtzahl der LehrerInnen		Quote der BFS-LehrerInnen		
			pro Träger/Typ		Gesamt
	Abs.	%	Abs.	%	%
Öffentlich	1.667	56,1	158	9,5	75,0
Evangelisch	397	13,4	14	3,5	6,8
Katholisch	800	26,9	35	4,4	16,8
Sonstige	96	3,2	1	1,0	0,5
Fehlend	11	0,4	0	0,0	0,0
Insgesamt	2.971	100,0	208	7,0	100,0
Eigenständige Fachschule	879	29,6	24	2,7	11,5
Soziales Berufsschulzentrum	1.002	33,7	63	6,3	30,3
Allg. Berufsschulzentrum	1.024	34,5	120	11,7	57,7
Sonstige	55	1,9	1	1,8	0,5
Fehlend	11	0,4	0	0,0	0,0
Insgesamt	2.971	100,0	208	7,0	100,0

Schaut man sich abschließend noch einmal die drei bestimmenden Variablen Trägerschaft, Bundesland und Organisationstyp unter anderen Vorzeichen an, ist ihr Einfluß noch eindeutiger zu interpretieren. So sind insgesamt allein 76% aller BFS-LehrerInnen in der Bundesrepublik an öffentlichen Schulen beschäftigt, wogegen ihr Anteil an evangelischen Schulen mit knapp 7% nahezu bedeutungslos ist. Allein NRW absorbiert 61,5% aller bundesdeutschen BFS-LehrerInnen (weil hier auch die meisten ausgebildet werden). Und schließlich haben allgemeine Berufsschulzentren, also die Schulen, die viele verschiedene Ausbildungsgänge anbieten, mit 58% weitaus mehr BFS-LehrerInnen beschäftigt, als es ihrem Gesamtanteil entspricht.

Für die Gesamtstruktur der Fachschulen ergibt sich so ein uneinheitliches Bild. Insgesamt gesehen konnte sich das Profil »Berufliche Fachrichtung

Sozialpädagogik« am stärksten an *allgemeinen* Berufsschulzentren in *öffentlicher* Trägerschaft in *NRW, Bremen und Schleswig-Holstein* durchsetzen.

25.4 Bilanz

Wie am Anfang dieses Kapitels ausführlich dargestellt, prägte die JugendleiterInnenausbildung bis zur Fachschulexpansion die Qualifikationsstruktur der DozentInnen an Fachschulen für Sozialpädagogik. Erst zwischen 1967 und 1973 kam es unter einem günstigen bildungspolitischen Klima und als Folge der gestiegenen Anforderungen im Arbeitsfeld »Jugendhilfe« zu einem Verwissenschaftlichungsschub in der Sozialpädagogik. Mit den neugeschaffenen Qualifikationsprofilen der/des SozialpädagogIn und der/des Diplom-PädagogIn wurden die Ausbildungen auf (Fach-)Hochschulebene verortet. Fast zeitgleich wurden in zwei Bundesländern (Nordrhein-Westfalen und Bremen, später auch in Bayern) einschlägige sozialpädagogische BerufsschullehrerInnenausbildungen an Universitäten etabliert. 1973 reihte die KMK die Berufliche Fachrichtung Sozialpädagogik in den Katalog der Lehramtsausbildung für das Berufsschulwesen ein. Die Akademisierung der verschiedenen Ausbildungsgänge war die gleichzeitige Voraussetzung für die Einleitung eines Professionalisierungsprozesses des Lehrpersonals an den Fachschulen.

Rund 20 Jahre später verdeutlicht ein Blick auf die Qualifikationsstruktur an Fachschulen, daß es einen enormen Professionalisierungsschub und eine fast vollständige Akademisierung der Lehrkräfte gegeben hat. Gleichzeitig gilt allerdings noch immer, daß über die Hälfte der Lehrkräfte, die an Fachschulen für Sozialpädagogik unterrichten, kein Lehramtsstudium an einer Wissenschaftlichen Hochschule mit mindestens erstem Staatsexamen absolviert hat. Damit besteht ein erheblicher Unterschied zum sonstigen beruflichen Schulwesen, wo Lehrkräfte mit Lehramtsabschluß ca. 60% des gesamten Lehrpersonals stellen (vgl. BUNDESMINISTERIUM FÜR BILDUNG UND WISSENSCHAFT, verschiedene Jg.). Bereits ein Blick auf die benachbarte Kinderpflegeausbildung, die strukturell weit mehr in das allgemeine Berufsschulwesen eingebunden ist als die ErzieherInnenausbildung, belegt dies eindrucksvoll: So haben nach der Dortmunder Befragung an den Berufsfachschulen für Kinderpflege nahezu 60% der Lehrkräfte einen Lehramtsabschluß.

Zugleich bestehen an den Fachschulen für Sozialpädagogik erhebliche Trägerunterschiede bei der Zusammensetzung des Lehrpersonals. Hierbei weichen die *evangelischen* Schulen am extremsten vom Durchschnitt ab und lassen insgesamt eine eher gleichmäßigere Verteilung der Qualifikationsebenen und einzelnen Abschlüsse erkennen. So ist zwar auch mit ca. 70% die überwiegende

Mehrheit der LehrerInnen an evangelischen Schulen mit nur einer Zugangsqualifikation beschäftigt, wobei die Zusammensetzung im einzelnen jedoch
deutlich anders aussieht als an öffentlichen und katholischen Schulen.

12% aller Lehrkräfte haben einen nicht-akademischen Berufsabschluß, aber
nur knapp 5% verfügen außschließlich hierüber, der größte Teil hat darüber
darüber hinaus noch ein Studium absolviert.

Die mit Abstand am häufigsten anzutreffende Mehrfachqualifikation ist »ErzieherIn plus DiplomsozialpädagogIn/-arbeiterin« (FH). Sie dominiert bei den
evangelischen Schulen mit 43% und stellt dort immer noch einen nicht zu un-
terschätzenden Zugangsweg dar. Insgesamt ist im Qualifikationspool die Fachhochschulebene sehr gut besetzt ist und zwar stärker als die sonstige Universitätsebene (ohne Lehramt).

Auch gut 20 Jahre nach Einführung des einschlägigen Lehramtsstudiums
»Berufliche Fachrichtung Sozialpädagogik« konnte sich dieses Qualifikationsprofil insgesamt zwar nur wenig und eher an *öffentlichen* Schulen und *allgemeinen* Berufsschulzentren durchsetzen, aber entsprechend den bundesweit
nur geringen Ausbildungskapazitäten immerhin in einigen Bundesländern einen Anteil bis zu 20% erreichen. Innerhalb der Gesamtqualifikationsstruktur
stellen die einschlägig ausgebildeten BerufsschullehrerInnen mit dem Lehramtsabschluß Sozialpädagogik mit ca. 7% (vgl. Tab. 25.19 f.) bislang allerdings nur
eine kleine Teilgruppe dar. Insgesamt gesehen hat die Trägerschaft bedeuten-
den Einfluß auf die Zusammensetzung des Lehrpersonals. Bestehen doch hier
noch die größten Spielräume für die einzelnen Träger und Schulen.

Die verschiedenen DozentInnengruppen unterscheiden sich nicht nur - wie
skizziert - durch ihre Bildungskarriere voneinander, sondern als Folge davon
auch durch Art und Umfang des Unterrichts an den Fachschulen, ihren Status
und ihre jeweilige Eingruppierung. Während die an Wissenschaftlichen Hochschulen ausgebildeten Lehrkräfte eher in den fachtheoretischen Fächern eingesetzt werden, sind die an Fachhochschulen qualifizierten DozentInnen für den
Unterricht in den sogenannten Praxisfächern zuständig. So gehören bestimm-
mte Unterrichtsfächer wie Didaktik und Methodik der sozialpädagogischen
Praxis und/oder Spiel, aber auch Medienpädagogik - qua Aufgabenverteilung
an den Schulen - in den Zuständigkeitsbereich der SozialpädagogInnen. Die
unterschiedlichen Einsatzfelder von Fach- und TheorielehrerInnen führen jedoch zu einer Reihe von Problemen, wovon »die Trennung in fachpraktische
und fachtheoretische Ausbildungsteile, die zu einer inhaltlich unverbundenen
Vermittlung von praktischen und theoretischen Kenntnissen geführt hat, deren Verbindung zu *einer* beruflichen Qualifikation den damit überforderten
Schülern überlassen bleibt« (KRÜGER 1983, S. 347) nur eines darstellt.

Über die jeweils spezifischen Arbeitsinhalte hinaus sind an die unterschiedlichen Qualifikationsprofile gemäß Bundesbesoldungsgesetz jeweils besondere Laufbahnen geknüpft. Unterschieden wird hierbei zwischen LehrerInnen des höheren und des gehobenen Dienstes, wird je nach länderspezifischer Variante zwischen Werkstatt-, Fach-, Technischen LehrerInnen und Lehrkräften mit beruflicher Fachrichtung differenziert. So unterscheiden sich z.b. in Nordrhein-Westfalen die FachlehrerInnen in WerkstattlehrerInnen (ohne FH-Studium) und technische LehrerInnen (mit FH-Studium). Da mit der jeweiligen Einordnung auch Unterschiede in der Besoldung sowie in der Unterrichtsverpflichtung verbunden sind, wird hierdurch die hierarchische Staffelung des Fachschullehrerkollegiums und damit die offene und versteckte Konkurrenz untereinander verstärkt, die sich zwangsläufig auch auf die Zusammenarbeit des Kollegiums auswirken. So wird z.b in Nordrhein-Westfalen das Fach Methodik/Didaktik von KollegInnen unterrichtet, die von A 10 - A 15 bezahlt werden.

Konstatiert wurden in diesem Zusammenhang u.a. Kommunikationsbarrieren sowie ein geringeres Sozialprestige und Selbstbewußtsein der formal niedriger qualifizierten Lehrergruppen, Auswirkungen auf die Qualität der ErzieherInnenausbildung und des Unterrichts, die durch die Struktur der Institution »Schule« und die Verrechtlichung des Schulalltags noch verschärft werden (vgl. KRÜGER 1989).

Die Frage der adäquaten Qualifikation ist bis heute, ungeachtet der KMK-Vereinbarungen, umstritten. Hierzu muß angemerkt werden, daß es nicht darum gehen kann, die einzelnen LehrerInnengruppen gegeneinander auszuspielen, sondern um die Diskussion über die zukünftig gewünschte LehrerInnenqualifikation an Fachschulen für Sozialpädagogik. Hierbei sind durchaus auch innerhalb (und außerhalb) des Lehramtes »Berufliche Fachrichtung Sozialpädagogik« andere Modelle denkbar. Diese wissenschaftliche LehrerInnenausbildung ist an vielen Fachschulen aufgrund der regional und quantitativ begrenzten Ausbildungsmöglichkeiten wenig bekannt und/oder stößt auf mangelnde Akzeptanz bei den SchulleiterInnen. Die von Seiten der Praxis geäußerten Vorbehalte richten sich vor allem gegen die fehlende Praxiserfahrung der sozialpädagogischen BerufsschullehrerInnen, obwohl in der Fachöffentlichkeit - zumindest in der Vergangenheit - durchaus Konsens über die Verbesserungsbedürftigkeit des Qualifikationsniveaus der Lehrkräfte an Fachschulen bestand.

So verabschiedeten bereits die TeilnehmerInnen einer Fachtagung der Beruflichen Fachrichtung Sozialwissenschaft mit dem Schwerpunkt Sozialpädagogik während der Hochschultage Berufliche Bildung '82 eine Resolution zur Ausbildung und Berufspraxis sozialpädagogischer BerufsschullehrerInnen. Mit der Intention, die theoretische und praktische Kompetenz bei allen Lehrkräften sicherzustellen, forderten sie die Vereinheitlichung der Qualifikationsprofile an den Schulen und die Einrichtung eines einheitlichen Höheren Lehramtes für alle hauptamtlichen und hauptberuflichen Lehrkräfte. Dieses Qualifikationsprofil sollte schulpädagogische, fachtheoretische, fachdidaktische und berufspraktische Anteile umfassen. Die Qualifikation sollte über eine universitäre Erstausbildung oder durch Weiterbildung der Lehrkräfte als entsprechende Aufbauqualifikation erworben werden. Begründet wurden diese Forderungen mit den arbeitsinhaltlichen, finanziellen und laufbahnrechtlichen Folgen der gegenwärtigen Qualifikationsstruktur.

Gleichzeitig warnten aber im Mai 1983 die in der Bundesarbeitsgemeinschaft der Freien Wohlfahrtspflege zusammengeschlossenen Spitzenverbände in einem Schreiben an die KMK davor, die Lehrbefähigung für verschiedene Ausbildungszweige, hierunter auch die Erzieherausbildung, »(...) in Zukunft ausschließlich an die Bestimmungen für das Lehramt der Sekundarstufe II, berufsbildendes Schulwesen und Diplom-Pädagogen zu binden«. Favorisiert werden eher »Lehrpersonen, die entweder die betreffende Berufsausbildung selbst durchlaufen und sich in mehrjähriger Berufspraxis bewährt haben, oder die den Abschluß eines einschlägigen Fachhochschulstudiums und entsprechende Berufstätigkeit (...) nachweisen können«. Die Ausbildungen seien zwar insgesamt noch verbesserungsbedürftig, aber »das Zusammenspiel von Lehrern mit voller Qualifikation im Ausbildungsberuf einerseits und Lehrern mit wissenschaftlicher Qualifikation in den beteiligten Fachdiziplinen andererseits hat sich (...) grundsätzlich bewährt« (vgl. BUNDESARBEITSGEMEINSCHAFT DER FREIEN WOHLFAHRTSPFLEGE E.V. 1983).

Von konfessioneller Seite wurden ebenfalls Vorstellungen zur LehrerInnenqualifikation formuliert. So forderte der BUNDESVERBAND EVANGELISCHER AUSBILDUNGSSTÄTTEN FÜR SOZIALPÄDAGOGIK (1988, S. 2) eine »bundesweit prinzipiell einheitliche Qualifikation der Lehrer - verbunden mit einer Bestandssicherung der jetzt Beschäftigten«. Hierdurch sollte mittelfristig die Ausbildung an den Schulen vereinheitlicht, die Ausbildungsstandards und die Berufsqualifikation angehoben, die gegenseitige Anerkennung des Ausbildungsabschlusses durch die Bundesländer verbessert, zu einer stärkeren Berücksichtigung notwendiger Ausbildungsinhalte für zukünftige LehrerInnen an Fachschulen für Sozialpädagogik durch die Hochschulen und andere Lehrerbildungsstätten beigetragen und eine genauere Kostenkalkulation der Fachschulen ermöglicht werden (vgl. ebd.). Davon ausgehend, daß die Lehrkräfte fachliche, schulpraktische und berufspraktische/sozialpädagogische Qualifikationen benötigen, entwickelte der Bundesverband für den Fächerkanon an Fachschulen dahingehend Vorstellungen, daß jedem Unterrichtsfach eine spezielle, ideale LehrerInnenqualifikation zugeordnet werden solle.

Deutlich wird hierbei die für den Bundesverband zentrale Stellung der SozialpädagogInnen (FH), ein Profil, das wie die obigen Ausführungen gezeigt haben, bereits überproportial an *evangelischen* Fachschulen vertreten ist.[215] Da nur die Gruppe der LehramtsinhaberInnen mit 2. Staatsexamen durch das Referendariat über schulpraktische Qualifikationen verfügt, fordert der Bundesverband, für die anderen DozentInnen, entsprechende Weiterbildungsmaßnahmen von einem Jahr. Dies sollen zum Beispiel Hospitationen und angeleiteter, eigenverantwortlicher Unterricht, sowie Besuche in der sozialpädagogischen Praxis sein und durch spezielle Seminare - bei Freistellung vom Fachunterricht - begleitet werden.

So wiederholt sich in diesem zentralen Punkt der ErzieherInnenausbildung, nämlich den unterschiedlichen Qualifikationsstrukturen des Lehrpersonal an Fachschulen für Sozialpädagogik, das ganze Dilemma einer umfassenden Ausbildungreform: Die plurale Länder- und Trägerstruktur, die nicht nur bestehende Unterschiede manifestiert, sondern darüber hinaus auch einen deutlichen Innovationsschub des gesamten sozialpädagogischen Ausbildungssektors eher verhindert als fördert.

---

[215] Dabei muß man daran erinnern, daß es in der Bundesrepublik insgesamt 24 Fachhochschulen in evangelischer oder katholischer Trägerschaft gibt, jedoch bislang keine entsprechenden Universitätsausbildungen in der Regie der Kirchen.

26. Zukunft der Fachschule für Sozialpädagogik

Seit der letzten großen Reform der ErzieherInnenausbildung Ende der 60er Jahre und dem halbherzigen Versuch der KMK von 1982 steht bis heute eine grundlegende Weiterentwicklung der ErzieherInnenausbildung aus. Dabei sind Anfang der 90er Jahre zwei große Chancen zur Neuordnung nicht genutzt worden:

(1) die Deutsche Einheit, bei der die Möglichkeit einer inhaltlich-konzeptionellen Neuorganisation der ErzieherInnenausbildung in Ost und West vergeben wurde sowie

(2) die Europäische Entwicklung, bei der die Gelegenheit einer bundesweiten, formalen Angleichung der Ausbildung verpasst wurde.

Und dies, obwohl eine Reform überfällig ist: Wie die Analyse der Ausbildungssituation an Fachschulen für Sozialpädagogik ergeben hat, weist die ErzieherInnenausbildung eine Reihe von neuralgischen Punkten auf:

Wesentlich mitverantwortlich für die prekäre Lage der Ausbildung ist die bildungsföderalistisch zerklüftete und unübersichtliche Ausbildungslandschaft mit unterschiedlichen Zuständigkeiten und bildungspolitischen Prioritäten, mit der Folge, daß die einzelnen länderspezifischen Ausbildungsmodelle unverbunden nebeneinander stehen. Unberechenbarkeit und Beliebigkeit führen zu einer bundesweiten Profillosigkeit des Bildungsgangs. Dies spiegelt sich u.a. an den Zugangsvoraussetzungen bzw. der uneindeutigen Höhenlage der Fachschule in der bundesrepublikanischen Ausbildungspyramide wieder. Eine Ursache der hierdurch signalisierten Professionalisierungsdefizite liegt in der historisch geformten Konzeption als Bildungsgang für Frauen. Der frauenspezifische Charakter der Ausbildung macht sich auch an der Orientierung am Modell der vorübergehenden Erwerbstätigkeit statt an der Konzeption als Lebensberuf fest.

Die Fachschulausbildung hat mit den sich seit den 70er Jahren vollzogenen sozialpädagogischen Entwicklungen in der Jugendhilfe nur unzureichend Schritt halten können, da die für die ErzieherInnenarbeit erforderlichen Kompetenzen durch die Ausbildung nahezu torpediert werden. Die Einbindung der Ausbildung in das öffentliche Schulwesen und die Institution Schule als Bürokratieinstanz mit konservativem Charakter beschneiden die Handlungsmöglichkeiten der Auszubildenden und Lehrkäfte. Die Verrechtlichung im

Schulwesen konterkariert die Eigenständigkeit und die Übernahme einer weitgehenden Selbstverantwortung für den Lern- und Lehrprozeß, steht einer flexibleren Organisation der ErzieherInnenausbildung auf der Schulebene entgegen und behindert Innovationen. Durch strukturelle Unbeweglichkeit zeichnen sich vor allem allgemeine Berufsschulzentren aus. Eine innere Reform der
Schule, die mittlerweile unter dem Stichwort »Entschulung« oder »Autonomie« beschrieben wird, ist deshalb dringend nötig, ist es doch häufig die
Institution Schule selbst, die sich als Hemmschuh für eine neue Qualität der
Ausbildung erweist.[216]

Durch die einseitige Auseinandersetzung mit Strukturfragen in den letzten
Jahren ist zunehmend die Frage nach der angemessenen Qualifikation der
Lehrkräfte an Fachschulen für Sozialpädagogik in den Hintergrund gedrängt
worden. Statt einer Verengung der Lehrerbildungsdiskussion auf die quantitative Dimension, müßte jedoch viel eher gefragt werden: »Welche Lehrerinnen
und Lehrer benötigt man in den berufsbildenden Schulen der Zukunft?«
(ARNOLD, 1994, S.177). Bis heute ist deshalb ein Professionalisierungsschub
des LehrerInnenberufs und der Lehramtsausbildung ausgeblieben, wobei es der
Sozialpädagogik als eigenständiger Disziplin nicht gelungen ist, ihren
Stellenwert und Anspruch auf eine in ihrem Sinne fachlich qualifizierte
wissenschaftliche Ausbildung der Ausbilder in die Praxis der berufsbildenden
Schulen umzusetzen. Die höheren und gewandelten Anforderungen in der Er-
ziehungs- und Betreuungsarbeit in den Arbeitsfeldern Kindertageseinrichtungen, Heim und Jugendarbeit bedingen auch andere Qualifikationen der LehrerInnen, um den sozialpädagogischen Anspruch in die Schulen zu tragen. Nur
dadurch wird es möglich sein, daß die zukünftigen ErzieherInnen am Prozeß
der Weiterentwicklung der Erziehungswissenschaft teilhaben. Nur so wird
auch der Wissentransfer von der Universität in die Erstausbildung für Soziale
Berufe am ehesten gelingen (vgl. MISCHO-KELLING, 1993, S.63). Unter Berücksichtigung der allgemeinen Bildungsstrukturen und der herrschenden
Standards für die LehrerInnenausbildung gibt es keinen Grund, warum die
Ausbildung *aller* Lehrkräfte an Fachschulen für Sozialpädagogik nicht in wei-
terentwickelter Form an Wissenschaftlichen Universitäten erfolgen soll.

Aber nicht nur die Aus- und Weiterbildung der Lehrkräfte an den
Fachschulen ist verbesserungsbedürftig. Auch für die Praxisanleitung müssen
die AusbilderInnen über eindeutige und zusätzliche Berufsqualifikationen verfügen. Vor diesem Hintergrund nimmt sich die praktische Ausbildung der Er-

---

[216] Diese »innere Reform« ist auch dann nötig, wenn die Ausbildung der ErzieherInnen,
    langfristig in eine Fachhochschulausbildung überführt wird, ist doch diese Institution
    genauso erneuerungsbedürftig.

zieherInnen vergleichsweise anarchistisch, unkalkulierbar und zufällig aus, zumal die »staatliche Schulaufsicht (...) für diesen Teil der Ausbildung praktisch aufgehoben« (BECKER/MEIFORT 1993, S. 80) ist.

Problematisch sind auch Verschiebungen in der Trägerstruktur: Das durch die deutsche Einheit und die Gründung neuer Ausbildungsstätten entstandene deutliche Übergewicht öffentlicher Träger könnte langfristig einen Bedeutungsverlust der Privatschulen nach sich ziehen. Gleichzeitig ist mit der jüngsten Zunahme öffentlicher Schulen ein Mehr an Verschulung für die ErzieherInnenausbildung verbunden, da öffentliche Schulen geringere Gestaltungsmöglichkeiten bei der Organisation der ErzieherInnenausbildung haben.

Wird die Ausbildung im Horizont des Arbeitsmarktes betrachtet, so zeigen sich in beiden Teilausbildungssysteme durchaus bedenkliche Entwicklungen: Zwar stellt sich auf den ersten Blick die Fachschule im Westen aufgrund der guten Beschäftigungsaussichten für die AbsolventInnen als expansiv und attraktiv dar, wird allerdings gleichzeitig durch Entfachlichungs- und Dequalifizierungstendenzen auf dem Arbeitsmarkt in Frage gestellt. Dies zeigt sich in einer überproportionalen Zunahme der Berufsfachschulen für Kinder- und Sozialpflege und einer offensiven Förderungspolitik der Arbeitsämter gegenüber Kurzausbildungen und Maßnahmen nicht-fachschulbezogener Träger mit fragwürdigen Qualitätsansprüchen. Im Osten besteht demgegenüber die Gefahr, daß die Fachschule infolge massiver Geburtenrückgänge und Schließung von Kindertageseinrichtungen zu einem Muster ohne Arbeitsmarktwert wird.

Denn darüber hinaus steht die ErzieherInnenausbildung noch vor einer Reihe anderer Probleme: Zum einen muß sie sich mit der Gefahr einer Verengung der bisherigen »Breitband- zu einer Schmalspurausbildung« auseinandersetzen, damit nicht die ohnehin erkennbare schulische Überbetonung des Arbeitsfeldes »Kindergarten« noch verstärkt wird und die ErzieherInnen aus den anderen Arbeitsfeldern der Jugendhilfe mittelfristig herausfallen.

26.1 Forderungen und Ausblick

Um den gesellschaftlichen und beruflichen Herausforderungen im Arbeitsfeld Jugendhilfe wirksam zu entgegnen, ist eine grundlegende Modernisierung der ErzieherInnenausbildung erforderlich. Ziel einer erneuerten Ausbildungskonzeption ist die Vermittlung beruflicher Handlungskompetenz für Tageseinrichtungen für Kinder, Heimerziehung und Kinder- und Jugendarbeit. Die entsprechende sozialpädagogische Fachbildung sowie die geforderten sozialen und kommunikativen Kompetenzen müssen während der Ausbildung praxisder Ausbildungsebene nur in einem selbstbestimmten Lernarrangement mit vielfältigen Gestaltungsmöglichkeiten für Studierende, Lehrkräfte und Ausbildungsstätte herausgebildet werden. Schule muß sich hierbei von innen heraus verändern. Dies muß durch finanzielle, rechtliche und strukturelle Rahmenbedingungen unterstützt und gefördert, nicht lediglich bürokratisch von oben verordnet werden. Die einzelne Schule muß hierbei ein transparentes Konzept entwickeln, welches auch Mut zum Experimentieren beinhaltet.

Als Voraussetzungen für eine echte *inhaltliche* und *strukturelle* Reform der ErzieherInnenausbildung sind in erster Linie zu nennen:

- die bundesweite Vereinheitlichung der ErzieherInnenausbildung
- die Anhebung der Ausbildung auf Fachhochschulniveau
- die Demokratisierung des Schulwesens und der Fachschule für Sozialpädagogik
- die Entschulung der ErzieherInnenausbildung
- die Reform der sozialpädagogischen LehrerInnenausbildung an Wissenschaftlichen Hochschulen
- Personalentwicklungs- und Personalförderungskonzepte für die Lehrkräfte an Fachschulen
- die Schaffung von tariflich anerkannten mit dem Ausbildungsbereich verzahnten Fort- und Weiterbildungsmöglichkeiten.

Alle Ansätze für eine wirkliche Reform müssen als Konsequenz das gesamte soziale Ausbildungs- und Berufsspektrum im Blick haben und dies in seiner Struktur mitverändern. Die Chance, aber auch die Brisanz, die in diesem Reformpotential steckt, scheint jedoch weder (bilduns-)politisch noch verbandsbezogen - vielleicht gewollt - auch nur annähernd erkannt worden zu sein. Zur Zeit finden nämlich die eigentlichen Reformen außerhalb der Fachschule für Sozialpädagogik statt. Dadurch besteht die Gefahr, daß das Berufsbild der ErzieherIn und damit die Ausbildung mittelfristig von unten und teilweise auch von oben »ersetzt« und verdrängt wird. Deshalb muß die ErzieherInnenausbildung nicht nur länderübergreifend ihr eigenes Profil klären, sondern auch ihr Verhältnis zu den anderen rangniedrigeren, benachbarten und übergeordneten sozialpädagogischen und sozialpflegerischen Ausbildungen, wenn sie nicht als »weder-Fisch-noch-Fleisch-Ausbildung« zwischen Berufsfachschule und Fachhochschule ihr Profil verlieren soll. Dringender Definitionsbedarf besteht dabei im Hinblick auf Gemeinsamkeiten, Unterschiede, Durchlässigkeiten und Aufstiegsmöglichkeiten.

Teil III

Europa

27. Europa als Motivator - Europa als Korrektiv?

Die ErzieherInnenausbildung im Spiegel Europas

Matthias Schilling

Warum Europa? Ist der Blick auf Europa nur eine lästige Pflicht für Politiker und Bildungsplaner oder liegt hier auch eine Chance interkulturellen Lernens? Ist Europa in punkto ErzieherIn ein Hemmschuh, ein Korrektiv oder ein neuer Motivationsschub? Zumindest lassen sich drei Motive ausfindig machen, warum Europa in diesem Kontext zum Thema wird: zum einen der »fremde Blick« als Chance zur Kritik und als Anregung für das eigene Ausbildungssystem und den Arbeitsmarkt, zum zweiten der Vergleich in formal-beruflichen Fragen der Anerkennung sowie zum dritten der legitimatorische Blick zur Stärkung der eigenen Position für beabsichtigte Reformbestrebungen.

Der *informierende, fremde Blick* auf die Berufsgruppe der ErzieherInnen unter den Aspekten der Arbeitsfelder (gesellschaftliche Bedeutung, Anzahl der Einrichtungen, Trägerschaft, Arbeitsweise, Beschäftigungssituation etc.) und der Ausbildung (Zugangsvoraussetzungen, Dauer, Niveau, Form, Profil, Nachbarausbildungen etc.) in einzelnen Mitgliedstaaten kann dazu auffordern, die eigenen Verhältnisse kritisch zu prüfen und Anregungen für Alternativen zu erhalten. Die besondere Schwierigkeit, die sich dabei ergibt, ist die Berücksichtigung der historisch unterschiedlich gewachsenen und ausdifferenzierten Systeme sozialer Sicherung und Bildung, die einfache Übertragungen verbieten (vgl. HORNSTEIN/MUTZ 1993, S. 235). Umfangreiche Hintergrundinformationen sind somit ebenso notwendig wie die immer wieder zu stellende kritische Frage, ob im konkreten Fall nicht »Birnen mit Äpfeln« verglichen werden.

Die Fragen der *formal-beruflichen Anerkennung* erhalten im europäischen Kontext Bedeutung, sofern es um die berufliche Mobilität zwischen den einzelnen europäischen Mitgliedstaaten geht: Kann eine in Deutschland ausgebildete ErzieherIn ohne Statusverlust in einem anderen Mitgliedstaat in einem der Arbeitsfelder, für das sie qualifiziert ist, eine bezahlte Beschäftigung finden? Kann eine pädagogisch qualifizierte Französin oder Dänin in einem deutschen Kindergarten arbeiten?

Eine dritte Motivlage kann schließlich darin liegen, daß der europäische Vergleich als *Argumentationshilfe* zur Untermauerung und Durchsetzung eigener Reformvorhaben genutzt wird, insbesondere dann, wenn sich zeigt, daß die Entwicklungen im eigenen Land den bereits realisierten Reformen in anderen Ländern hinterherlaufen.

Die Suche nach vergleichbaren Berufsgruppen, Qualifikationsprofilen und Fachkräften wie die bundesdeutsche Erzieherin, erfolgt mit der Absicht, Fragen der formalen Anerkennung und der beruflichen Mobilität zu klären, immer im Bewußtsein, daß diese Art von Vergleich in der Gefahr steht, zu sehr die eigene Lage vor Augen zu haben. Die Analysen einzelner Mitgliedstaaten, in denen die sozialen und kulturellen Kontexte der jeweiligen Regionen einbezogen werden, soll mögliche Alternativen aufzeigen und vielleicht auch als Korrektiv für festgefahrene Argumentationsstränge in Deutschland dienen. Der europäische Vereinigungsgedanke soll dabei nicht als Gleichmacher oder Nivellierer verstanden werden, sondern vielmehr eine produktive Verarbeitung von Differenzen ermöglichen.

Die nachfolgenden Beiträge verfolgen das Ziel, aus deutscher Sicht die ErzieherInnenausbildung und deren Arbeitsfelder in vier Mitgliedstaaten der europäischen Union zu untersuchen. Aufgrund der unterschiedlichen Traditionen in den einzelnen Mitgliedstaaten zeigt sich, daß eine Bestimmung des Untersuchungsgegenstandes durch den Begriff »Erzieher/Erzieherin« zu kurz greift. Um eine bessere Vergleichbarkeit zu gewährleisten, wurde daher das Beobachtungsraster auf jene Arbeitsfelder ausgeweitet, in denen in Deutschland ErzieherInnen erwerbstätig sind. Das sind vor allem die Kindertageseinrichtungen (Kindergarten, Krippe, Hort), aber auch die Heimerziehung und die Jugendarbeit, also die zentralen Arbeitsfelder des Segmentes, das in Deutschland seit dem Reichsjugendwohlfahrtsgesetz (RJWG) mit »Jugendhilfe« umschrieben wird. Die zugrundegelegte Untersuchungsfrage lautet daher: Welche Berufsgruppen sind in den ausgewählten Mitgliedstaaten in den Arbeitsfeldern Kindertageseinrichtungen, Heimerziehung und Jugendarbeit berufstätig? Welchen Status und Ausbildung haben sie?

Die Ausbildung zur staatlich anerkannten ErzieherIn in Deutschland berechtigt zur selbständigen Berufstätigkeit in diesen drei sozialpädagogischen Arbeitsfeldern der Jugendhilfe. In Wirklichkeit liegt ihr prozentualer Anteil in den Kindertageseinrichtungen jedoch eindeutig am höchsten.[217] Dieser Bereich und somit das potentiell wichtigste Arbeitsfeld von ErzieherInnen ex-

---

[217] Von insgesamt 246.666 in der Jugendhilfe tätigen ErzieherInnen in den alten und neuen Bundesländern 1990/91 waren 86,5% in Kindertageseinrichtungen, 7,7% in der Heimerziehung und 1,3% in der Jugendarbeit tätig (vgl. Kap. 7).

pandiert in allen europäischen Mitgliedstaaten aufgrund der sich modernisierenden Gesellschaften. Infolgedessen sollen die quantitativen Entwicklungen dieses Bereiches und die dafür maßgeblichen Gründe in einem ersten Abschnitt dieses Einleitungskapitels skizziert werden (vgl. Kap. 27.1).[218] Der zweite Abschnitt beschäftigt sich mit der Diskussion um die formale Anerkennung der ErzieherInnenausbildung im europäischen Vergleich (vgl. Kap. 27.2). Diese Debatte war in den letzten Jahren durch die Befürchtung gekennzeichnet, daß die deutsche ErzieherInnenausbildung im europäischen Vergleich auf ein »Helferniveau« abgestuft und somit zu den ungeregelten Berufsausbildungen zählen würde. Diese Diskussion hat zwar aufgrund der Zuordnung der deutschen ErzieherInnenausbildung zum »zweiten europäischen Niveau« beruflicher Befähigungsnachweise ein vorläufiges Ende gefunden, aber sie steht noch immer, wie noch darzustellen sein wird, auf vergleichsweise schwachen Beinen.

Im letzten Abschnitt wird die Systematik der einzelnen Länderberichte unter Einbeziehung erkennbarer Tendenzen im Vergleich zur deutschen ErzieherInnenausbildung beschrieben (vgl. Kap. 27.3).

27.1 Die wachsende Bedeutung der Kindertageseinrichtungen in den EU-Mitgliedstaaten

Europavergleichende Untersuchungen, die sich an den der Gesamtheit der Arbeitsfelder der deutschen ErzieherInnen orientieren, sind bisher nicht vorgelegt worden. Europavergleichend hat man sich entweder mit bestimmten Berufsgruppen[219] oder mit einzelnen Arbeitsfeldern auseinandergesetzt. Das Arbeitsfeld, das inzwischen recht umfassend dokumentiert worden ist, sind die Kindertageseinrichtungen für 0- bis 6jährige Kinder. Dies geschah in einer ersten Phase in den 60er und 70er Jahren unter dem bildungspolitischen Gesichtspunkt der kompensatorischen Erziehung und in einer zweiten Phase seit den 80er Jahren unter dem Gesichtspunkt der Gleichstellung der Frauen und allgemeinen Gesellschaftsveränderungen, die Auswirkungen auf die Familienstruktur hatten (vgl. TIETZE 1993a, S. 223 ff.). Dabei sind zwei große

---

[218] In den Arbeitsfeldern der Heimerziehung und Jugendarbeit sind in den jeweiligen Mitgliedstaaten so unterschiedliche Tendenzen zu beobachten, daß an dieser Stelle keine eindeutigen Entwicklungslinien aufgezeigt werden können.

[219] Zu LehrerInnen vgl. BÖTTCHER (1984), HÚSEN/TUIJNMAN/HALLS (1992), BÖTTCHER/LECHNER/SCHÖLER (1992); zu SozialarbeiterInnen vgl. BRAUNS/KRAMER (1986), HAMBURGER (1991), WÖBCKE (1991), BAUER (1993).

Gruppen in der Herangehensweise zu unterscheiden: Veröffentlichungen, die Grundlageninformationen in Form einer synoptischen Gegenüberstellung mit bestimmten Vergleichskategorien[220] vermitteln wollen (vgl. TROUILLET 1972; TWELLMANN 1978; OLMSTED/WEIKART 1989; MOSS 1990) und solchen, die unter einer bestimmten Perspektive ähnliche oder unterschiedliche Entwicklungstendenzen[221] in den europäischen Mitgliedstaaten herausarbeiten (vgl. WOODHEAD 1981; LIEGLE 1985; TIETZE 1993a; TIETZE/PATERAK 1993).

Die Betreuung und Erziehung der 0- bis 3jährigen Kinder in Krippen wird in den aktuelleren Veröffentlichungen von MOSS (1990) und OLMSTED/WEIKART (1989) in den jeweiligen Länderberichten in ihrer quantitativen Ausprägung aufgeführt. Eine zusammenfassende Behandlung der Krippenerziehung in den Staaten der Europäischen Union unter den Gesichtspunkten Ausweitung, quantitativer Bestand und Angebotsformen, Zugangsvoraussetzungen sowie Kosten und administrative Zuordnung findet sich bei TIETZE/PATERAK (1993).

Der Bereich der Betreuung und Erziehung von 6- bis 10jährigen Kindern außerhalb von Familie und Schule (z.B. Hort) findet in den europavergleichenden Veröffentlichungen zur Kinderbetreuung bislang so gut wie keine Berücksichtigung. Dies ist allerdings darauf zurückzuführen, daß in vielen Mitgliedstaaten (Frankreich, Niederlande, Belgien, Luxemburg, Vereinigtes Königreich, Spanien) Ganztagsschulen vorherrschend sind, und sich die Notwendigkeit einer Nachmittagsbetreuung somit gar nicht erst ergibt. Für die Länder mit Halbtagsschulen lassen sich aufgrund der Informationen aus den Länderberichten bei MOSS (1990) zwei Gruppen unterscheiden: zum einen Länder, in denen es für diese Altersgruppe keine formalisierten Betreuungsformen gibt (Italien, Griechenland) und zum anderen Länder, in denen Betreuungsangebote für einen geringen Prozentsatz (etwa 6-10%) existieren (Portugal, Dänemark, Deutschland).

Die Verwendung des Begriffs »Kindertageseinrichtungen« erweckt oftmals den Eindruck, als würde es sich um einen relativ einheitlichen Gegenstandsbereich handeln. Gemeinsam ist allerdings nur, daß es sich um die institutionelle

---

[220] TROUILLET (1972) vergleicht Belgien, Dänemark, England, Wales, Frankreich, Italien, Niederlande, Österreich, Schweden und die Schweiz nach den Kategorien: »1. Organisation, 2. Finanzierung und Subventionierung, 3. Statistische Strukturdaten, 4. Lehrpersonal, 5. Bau und Ausstattung, 6. Aufsicht, 7. Arbeitsweise, 8. Auswirkungen, 9. Zukunft«.

[221] So z.B. die Reform des Elementarbereichs in der Bundesrepublik Deutschland im internationalen Zusammenhang (vgl. LIEGLE 1985) oder die historischen Wurzeln der vorschulischen Erziehung in Europa sowie die quantitativen und qualitativen Tendenzen der aktuellen Situation (vgl. TIETZE 1993a).

Tagesbetreuung von Kindern außerhalb von Familie und Schule handelt. Focussiert man den Blick auf bestimmte Teilbereiche der Kindertageseinrichtungen, werden immense Differenzen deutlich, die eine differenzierte Darstellung bei einer vergleichenden Analyse notwendig machen. Dies beginnt bei der unterschiedlichen Benennung, die oft auch eine bestimmte gesellschaftliche Bedeutung impliziert: sind es eher Begrifflichkeiten, die eine Nähe zur Schule haben wie *école maternelle (Frankreich, Belgien), reception class (Großbritanien, Irland)* oder *Preescolar (= Vorschule; Spanien)* oder die mehr auf die Unabhängigkeit vom Schulsystem hinweisen wie *Kindergarten* (BR Deutschland) oder *Jardin de infancia (=Kindergarten; Portugal)*. Weitere Differenzen zeigen sich bei den Versorgungsquoten, den Altersgruppen, die vorrangig die Einrichtungen besuchen (sind es nur die 5jährigen oder die gesamte Altersspanne der 2- bis 6jährigen), dem Schuleintrittsalter, der qualitativen Ausrichtung der Einrichtungen, d.h., ob sie vorrangig eine Betreuungs-, Erziehungs- oder Bildungsfunktion haben, der geschichtlichen Entwicklung der Einrichtungen, der gesellschaftichen Wertschätzung, der Einbindung in das System sozialer Sicherung und Bildung und nicht zuletzt beim gesellschaftlichen Status der Beschäftigten in diesen Einrichtungen und deren Ausbildung.

Zur besseren Übersicht können fünf Strukturdifferenzen hervorgehoben werden, die beim vergleichenden Blick ein hilfreiches Raster darstellen:
1. Die unterschiedlichen Alterskohorten und Statuspassagen (z.B. Schuleintritt);
2. Die Unterschiede in der administrativen Zuordnung (Bildung oder Soziales);
3. Die Zuständigkeit und Verantwortung öffentlicher oder privater Träger;
4. Die Auswirkungen des politischen Systems (zentralistisch versus föderalistisch);
5. Die Ausbildung des Personals in Hinblick auf Dauer, Niveau und Breite der Einsatzfelder.

27.1.1 Expansion der Kindertageseinrichtungen

TIETZE hat sich im Rahmen verschiedener Forschungsprojekte intensiv mit der quantitativen wie qualitativen Entwicklung der Kindertageseinrichtungen in den EU-Mitgliedstaaten beschäftigt und mehrere Beiträge dazu veröffentlicht (vgl. TIETZE 1993a; TIETZE 1993b; TIETZE/PATERAK 1993). Hierauf wird im folgenden Bezug genommen.

Generell zeigt sich seit den 60er Jahren eine teilweise rasante Expansion der verfügbaren Plätze in Kindertageseinrichtungen (vgl. Tab. 27.1). Die Ausgangslage in den 60er Jahren ist dabei sehr unterschiedlich. In Staaten, in denen die Kindertageseinrichtungen historisch früh dem allgemeinen Erziehungssystem zugeordnet wurden (Belgien und Frankreich), war bereits eine hohe Versorgungsquote erreicht. Andere Länder, in denen die Industrialisierung relativ spät einsetzte (Dänemark und Portugal), war die Versorgungsquote vergleichsweise niedrig. Für die letzten drei Jahrzehnte kann festgehalten werden, daß eine Verdoppelung bis Verdreifachung der Versorgungsquote in den meisten EU-Staaten stattgefunden hat. Weitere Entwicklungen für Großbritannien, Italien und Spanien werden in den nachfolgenden Länderberichten dokumentiert und weisen generell auf einen weiteren Ausbau hin. Mit der quantitativen Ausweitung des Platzangebotes steigt auch unweigerlich die Bedeutung der Berufsgruppe der Beschäftigten in Kindertageseinrichtungen.

Tab. 27.1: Entwicklung der verfügbaren Plätze in Kindertageseinrichtungen in den EU-Staaten

Land	1960 %	1960 Alter	1970 %	1970 Alter	1988[1] %	1988[1] Alter	Administrative Zuordnung	Einschulungsalter
BRD	29	3-6	33	3-6	68	3-6	Soziales; BY u. NI: Bildung	6
DDR	46	3-6	65	3-6	95	3-6	Bildung	6
Frankreich	46	2-6	87 65	3-6 2-6	95	3-6	Bildung	6
Italien	43	3-6	58	3-6	85	3-6	Bildung	6
Niederlande	78	4-6	60 90	3-6 4-6	50-55	3-5	Bildung (Soziales f. <4jähr.)	5
Belgien	90	3-6	95	3-6	95	3-6	Bildung	6
Luxemburg	-		-		55-60	3-5	Bildung	5
Großbritannien	11	2-5	16	2-5	35-40	3-5	Bildung	5
Irland	-		-		55	3-6	Bildung	6
Dänemark	-		20	3-6	85	3-7	Bildung (Soziales f. <6jähr.)	7
Griechenland	-		-		65-70	3-5½	Bildung	5 ½
Portugal	-		3	3-6	35	3-6	Bildung/Soziales	6
Spanien	-		42	3-6	95 20	4 + 5 3	Bildung	6

[1] Für BRD, DDR, Niederlande, Luxemburg, Dänemark 1989; Italien 1986.
[2] In Belgien und Frankreich besucht jeweils auch ein erheblicher Anteil der Zweijährigen die Ecole maternelle.
Quelle: Tietze/Paterak (1993, S. 278, 284 f.)

Gründe für die Expansion sind nach TIETZE/PATERAK (1993, S. 280 f.) vielschichtig und in den jeweiligen Dekaden unterschiedlich. Ende der 60er und Anfang der 70er Jahre entwickelte sich ein breiter gesellschaftlicher Konsens über die bildungspolitische Priorität der *Vorschulerziehung* mit zwei Zielrichtungen: einerseits der kompensatorischen Erziehung, um Kindern aus unterpriviligierten Familien die Möglichkeit zu geben, ihren Mangel an Lernerfahrungen auszugleichen und andererseits »Bildungsreserven« auszuschöpfen, um einen allgemeinen Qualifizierungsschub für den wachsenden Qualifikationsbedarf in den Industrieländern zu erreichen. Weitere Gründe, besonders in den 70er und 80er Jahren, liegen in der veränderten Lebensorientierung von Frauen, die als »Doppelorientierung« an Familie und Beruf bezeichnet wird. Fast in allen europäischen Staaten hat die Erwerbsquote von Frauen, besonders der vollzeiterwerbstätigen Mütter, im Zeitraum von 1985-1988 um meist mehrere Prozentpunkte zugenommen (vgl. MOSS 1990, S. 7). Weiterhin bewirkte der zunehmende Anteil der Kinder, der mit einem alleinerziehenden Elternteil zusammenlebt (ca. 10% im EU-Durchschnitt; vgl. MOSS 1990), daß die Nachfrage nach Ganztagseinrichtungen stark gestiegen ist. Allerdings wird nicht nur von dieser Personengruppe ein höheres Angebot an Kindertageseinrichtungen erwartet. Die abnehmende Kinderzahl in Familien, die große Zahl von Einzelkindern, die Abnahme der Mehrgenerationenfamilie sowie die Tendenz zu kleineren Haushalten hat zur Folge, daß der soziale Erfahrungsraum der Kinder in der häuslichen Wohnung und im direkten Umfeld stark eingeschränkt ist. So fordern erziehungsbewußte Eltern mehr Einrichtungen, die nicht nur die Betreuungsfunktion übernehmen, sondern pädagogische Anregungen und Gruppenerfahrungen vermitteln, also eine stärkere Betonung auf Sozialisation und Erziehung neben der Bildungsfunktion legen.

Insgesamt identifiziert TIETZE (1993a, S. 223 ff.) zwei große Wellen der Vorschulbewegung: die erste in den 60er Jahren mit ihren bildungsökonomischen und bürgerrechtlichen Motiven und eine zweite seit den 80er Jahren, die auf die Frauenbewegung und die sich verändernde Familienstruktur zurückzuführen ist. Somit zeichnet sich eine wachsende Bedeutung der öffentlichen Hilfen für die Betreuung und Erziehung von Kindern im Alter von 3 Jahren bis zum Schuleintritt ab. In fast allen EU-Staaten ist der politische Wille zu beobachten, bis zum Jahr 2000 eine Vollversorgung dieser Altersgruppe zu erreichen. Die Forderungen sind allerdings nicht auf diese Altersgruppe beschränkt. So gewinnt auch die Betreuung und Erziehung der unter 3jährigen Kinder zunehmend an Bedeutung.

Zur Vergleichbarkeit der öffentlichen Kinderbetreuungssysteme in den EU-Staaten nimmt TIETZE eine Typisierung vor, die sich an den drei traditionell gewachsenen Funktionen der Vorschulerziehung orientiert: Bildungs-, Sozialisations- und Betreuungsfunktion.[222] Die nationalen Kinderbetreuungssysteme

---

[222] *Bildungsfunktion*, verstanden als gezielte Förderung des Kindes in seinen verschiedenen Entwicklungsbereichen, *Sozialisationsfunktion*, verstanden als Bereitstellung eines den kindlichen Bedürfnissen entsprechenden sozialen und materialen Erfahrungsraumes und *Betreuungsfunktion*, verstanden als Versorgung und Pflege des Kindes.

beschränken sich kaum noch auf eine der jeweiligen Funktionen. Allerdings unterscheiden sie sich in ihrer Prioritätensetzung oder ihrem Mischungsverhältnis. Grob können nach Tietze/Paterak zwei Grundtypen unterschieden werden, der *Vorschul-Typus*, bei dem die Bildungsfunktion im Mittelpunkt steht und der *Kindergarten-Typus*, bei dem die Sozialisations- und Betreuungsfunktion stärker berücksichtigt wird. Staaten, in denen der Vorschul-Typus überwiegt sind Belgien, Frankreich, Luxemburg, Spanien und Italien; Staaten, in denen der Kindergarten-Typus ausgeprägter ist, sind Deutschland und Dänemark. In den anderen Staaten sind entweder beide Typen gleichermaßen anzutreffen (Griechenland und Portugal), oder es zeigt sich eine starke organisatorische Nähe zur Grundschule (Großbritannien, Irland und Niederlande; vgl. TIETZE/PATERAK 1993, S. 282 f.).

Entsprechend dem vorherrschenden Typus im jeweiligen Land korreliert auch die administrative Zuordnung. Die Einrichtungen des Vorschul-Typus sind grundsätzlich den Erziehungsministerien und die des Kindergarten-Typus den Sozialministerien der Länder zugeordnet (vgl. Tab 27.1). Letzteres gilt ausschließlich für Deutschland (mit Ausnahme der Bundesländer Bayern und Niedersachsen), Dänemark und in Teilen für Portugal sowie die Niederlande. In den anderen Staaten sind die Erziehungs- und Bildungsministerien zuständig. Demgegenüber liegt die Zuständigkeit für die Kindertageseinrichtungen für die unter 3jährigen grundsätzlich bei den Sozialministerien; einzige Ausnahme bildet hierbei Spanien. Seit der Bildungsreform von 1991 ist das Ministerium für Bildung und Wissenschaft für das gesamte Spektrum der Kindertageseinrichtungen zuständig (vgl. Kap. 31). MOSS stellt dies unter dem Gesichtspunkt der Sicherung des erforderlichen Platzangebotes als besonders fortschrittlich heraus. In Dänemark soll auch eine entsprechende Änderung der Zuständigkeit erfolgen (vgl. MOSS 1990, S. 13).

27.1.2 Das Personal in Kindertageseinrichtungen

Bei der Untersuchung der Personalstruktur in Kindertageseinrichtungen geht es um die Fragestellungen, wieviele Personen über eine anerkannte Berufsausbildung, wieviele über eine fachlichspezifische und wieviele von diesen über eine fachspezifische akademische Berufsausbildung verfügen. Entsprechend hohe Anteile an fachspezifisch und fachspezifisch akademisch ausgebildetem Personal, können als Indikatoren für die gesellschaftliche Wertschätzung und Bedeutung des Arbeitsmarktsegmentes der institutionellen Betreuung und Erziehung der Kinder vor dem Schuleintritt angesehen werden (vgl. Kap. 4).

TIETZE hebt hervor, daß die administrative Zuordnung entscheidende Auswirkungen auf das Qualifikationsprofil der Beschäftigten hat. So stellt er generell fest, daß in den Staaten, in denen die Kindertageseinrichtungen administrativ dem Bildungssystem zugeordnet sind (vgl. Tab. 27.1) und damit dem Vorschultypus entsprechen, das pädagogische Personal eine den GrundschullehrerInnen vergleichbare Ausbildung hat, die durchgängig auf Hochschulniveau angesiedelt ist. »Die pädagogische Ausbildung des Personals in den Einrichtungen des Kindergarten-Typs ist demgegenüber kürzer, auf einem niedrigeren Niveau angesiedelt und erfordert niedrige Eingangsvoraussetzungen. Daneben arbeitet in vielen Einrichtungen zusätzlich Personal mit noch niedrigeren bzw. auch ohne ausgewiesene pädagogische Qualifikation« (TIETZE/ PATERAK 1993, S. 286). Als generelle Tendenz wird dies in den nachfolgenden Länderberichten bestätigt. Allerdings zeigt sich in den einzelnen Analysen ein differenziertes Bild. Nur für Spanien kann die eindeutige Aussage aufrecht erhalten bleiben, daß ausschließlich fachspezifisch akademisch ausgebildetes Personal in der institutionellen Erziehung und Betreuung von Kindern vor dem Schuleintritt beschäftigt wird. In England wird neben dem hochschulausgebildeten Personal auch Personal beschäftigt, das über eine der deutschen KinderpflegerInnenausbildung vergleichbaren Qualifikation verfügt. Italien befindet sich in diesem Bereich in einer Umbruchsituation, die durch umfangreiche Reformvorhaben gekennzeichnet ist, und die Anhebung des Ausbildungsniveaus für Beschäftigte in Kindertageseinrichtungen eine Zielvorgabe für das Jahr 2000 ist. Auch in Frankreich kann erst seit 1990 von einer Ausbildung an Hochschulen gesprochen werden. Weiterhin zeigen sich Unterschiede im Qualifikationsprofil des Personals aufgrund der Zuordung zu öffentlichen, privaten und privat-gewerblichen Trägern (vgl. Kap. 28 und 30).

Die strukturellen Vorteile des Vorschul-Typus sollten allerdings nicht den Blick dafür trüben, daß in dieser Art von Einrichtungen die Nähe zur Schule auch problematische Auswirkungen hat, wie etwa die schulische Ausrichtung, die altershomogene Gruppenstruktur und die größere Gruppen-/Klassenstärke (vgl. Kap. 31).

27.1.3 Tendenzen

Für die institutionelle Betreuung und Erziehung unter den Gesichtspunkten der Einrichtungen und des Personals lassen sich in einem ersten Überblick aufgrund der Analyse der vorliegenden Literatur folgende quantitative wie qualitative Tendenzen erkennen. In den nachfolgenden Länderberichten werden diese genauer analysiert, teilweise relativiert und erweitert:

- Der quantitative Ausbau der Kindertageseinrichtungen, verstanden als zwei- bis dreijährige institutionelle Erziehung vor der Pflichtschule, wurde in den letzten 30 Jahren in allen EU-Mitgliedstaaten aufgrund gesellschaftlicher Veränderungen vorangetrieben. Bis zum Jahr 2000 ist in vielen EU-Staaten mit einer Vollversorgung, d.h. einem bedarfs- und flächendeckendem Angebot zu rechnen.
- Die institutionelle Betreuung und Erziehung von Kindern unter 3 Jahren ist in allen EU-Staaten nur gering ausgebaut.
- Die klassischen Funktionen der Kindertageseinrichtungen (Betreuungs-, Sozialisations- und Bildungsfunktion) sind kaum noch isoliert anzutreffen. Es bildet sich notwendigerweise eine Multifunktionalität der Einrichtungen heraus, die besondere Anforderungen an die Beschäftigten in diesen Einrichtungen stellt.
- Die fachspezifische Ausbildung für das Personal in Kindertageseinrichtungen (ErzieherInnen) ist in vielen Mitgliedstaaten inzwischen auf Hochschulniveau angesiedelt.
- Die Ausbildung für die pädagogische Arbeit in Kindertageseinrichtungen beschränkt sich in den meisten europäischen Staaten auf dieses Arbeitsfeld. Für zusätzliche Arbeitsfelder wie Heimerziehung und Jugendarbeit wird europäisch bislang nicht ausgebildet.

27.2 Diskussion um die Einstufung der ErzieherInnenausbildung im europäischen Vergleich

Schon in der Untersuchung von HERZBERG/NISSEN (1983a) »Erzieherausbildung in 6 europäischen Ländern«, die für den Bundesminister für Wissenschaft und Bildung erstellt wurde, wird eindringlich auf die ungünstige Position der ErzieherInnenausbildung hingewiesen. »Im europäischen Vergleich schneidet die Bundesrepublik somit relativ schlecht ab. Die Professionalisierung von Erziehern führte hier nicht zu einer Aufwertung und Statusverbesserung des Berufes. Erzieher haben, gemessen an Grundschullehrern, ein niedrigeres Ausbildungsniveau, eine niedrigere berufliche Stellung und verdienen circa 25% weniger« (ebd. S. 6). Diese Diskussion um das Ausbildungsniveau der deutschen ErzieherIn flammte mit vehementer Intensität ab 1989 wieder auf, als im Zuge der wechselseitigen Anerkennung beruflicher Befähigungsnachweise zwischen den Mitgliedstaaten die Gefahr bestand, daß die deutsche ErzieherInnenausbildung aufgrund ihres formalen Ausbildungsniveaus als »Hilfsberuf« eingestuft würde (vgl. SCHMITTHENNER 1992, 1993; DITTRICH 1991, 1992; SEEMANN-PFISTNER 1992). Dabei ist allerdings zu beachten, daß der europäische Vergleich und die Einstufung auf ein bestimmtes Niveau keine direkten Rückwirkungen auf nationalstaatliche Binnenfragen hat (etwa Tariffragen etc.), sondern nur dann von Bedeutung ist, wenn man in einem anderen EU-Land als dem Herkunftsland erwerbstätig werden will.

Die Vorgeschichte zu dieser öffentlichen Diskussion hat ihren Ausgangspunkt in einer Entschließung des Rates der Europäischen Gemeinschaft über die Entsprechung der beruflichen Befähigungsnachweise zwischen den Mitgliedstaaten (vgl. RAT DER EUROPÄISCHEN GEMEINSCHAFT 1985), in der versucht wurde, die künftige Freizügigkeit des Dienstleistungs- und Personenverkehrs zu regeln, die mit der Einführung des Binnenmarktes der Europäischen Union am 1. Januar 1993 inzwischen vollzogen wurde. Es ging pragmatisch um die Schaffung von gesetzlichen Grundlagen, die gewährleisten, daß z.B. ein deutscher Maurergeselle in Frankreich ohne Statusverlust seinen Beruf ausüben kann oder ein Laborassistent aus Spanien ausbildungsadäquat in Deutschland angestellt werden kann oder eine deutsche Erzieherin als solche in einer niederländischen Kindertageseinrichtung Beschäftigung findet.

Ursprünglich bestand die Hoffnung, eine Einstufung der beruflichen Befähigungsnachweise auf einer inhaltlichen Ebene zu erreichen. Durch eine Bestandsaufnahme der 400 Ausbildungsberufe und der Beschreibung der jeweiligen praktischen beruflichen Anforderungen (Artikel 3, 85/368/EWG) sollte eine vergleichende Übersicht über die Entsprechung der beruflichen Befähigungsnachweise erarbeitet werden (Artikel 5, 85/368/EWG). Dabei stellte sich jedoch schnell heraus, daß aufgrund der Unvergleichbarkeit der verschiedenen nationalen Ausformungen der Berufe und ihrer Ausbildungen keine Harmonisierung möglich ist, sondern nur eine gegenseitige und übergreifende Respektierung der Vielfalt und Eigenständigkeit. Um dies zu gewährleisten, sah man die einzige Möglichkeit in einer formalisierten Anerkennung, die sich an den Kriterien (a) Zugangsvoraussetzung und (b) Ausbildungsdauer orientiert. Auf dieser Basis wurde ein drei Stufen-Modell entwickelt:

- Die geringsten Schwierigkeiten traten bei der obersten Stufe auf - allgemein als 3. Niveau bezeichnet -, da eine formale Vergleichbarkeit der Hochschulsysteme in den Mitgliedstaaten gegeben ist. Das 3. Niveau ist gekennzeichnet durch einen Sekundarschulabschluß nach mindestens 12 Jahren und einem mindestens dreijährigen Hochschulstudium (12 + 3). Die entsprechende Richtlinie konnte auch ohne große Schwierigkeiten am 21.12.1988 als Richtlinie 89/48/EWG des Rates verabschiedet werden (vgl. RAT DER EUROPÄISCHEN GEMEINSCHAFT 1989; Abb. 27.1).
- Der unterhalb der dreijährigen Hochschulausbildung liegende »Dschungel« der unübersehbar vielfältigen und unterschiedlichen Beruflichen Bildungen und Ausbildungen der einzelnen Mitgliedstaaten sollte durch eine zweifa-

che Abstufung geregelt werden: Im ersten Entwurf von 1989[223] wurde vorgeschlagen, das 2. Niveau an einen Sekundarschulabschluß nach mindestens 12 Jahren und einer Hochschulausbildung von weniger als 3 Jahren, meistens aber einem Jahr zu binden (12 + 1).[224]

Abb. 27.1: Niveaus zur Einstufung der beruflichen Befähigungsnachweise in den Mitgliedstaaten der Europäischen Union (gemäß der Richtlinien 89/48/EWG und 92/51/EWG)

3. Niveau (12 + 3)

mindestens zwölfjährige Schulzeit mit Hochschulreife und mindestens dreijähriges Hochschulstudium

2. Niveau (12 + 1)

mindestens 12jährige Schulzeit mit einem qualifizierten und offiziell anerkannten Abschluß sowie einem Kurzstudium von mindestens einem Jahr

1. Niveau (8-10 + 2)

Pflichtschulzeit mit Abschluß und offiziell anerkannte schulische oder duale Ausbildung mit Prüfungszeugnis

---

- Zum 1. Niveau sollten schließlich Ausbildungen gerechnet werden, die in der Regel nach dem Ende der in einem Mitgliedstaat verpflichtenden Sekundarschulausbildung (Pflichtschulzeit 8 oder 10 Jahre) beginnen und deren Abschluß durch ein Prüfungszeugnis oder einen sonstigen Befähigungsnachweis belegt wird (10 + 2) (vgl. KOMMISSION DER EUROPÄISCHEN GEMEINSCHAFT 1989).

Diese Unterteilung erwies sich als besonders ungünstig für die deutschen Verhältnisse, da sämtliche Fachschulausbildungen als Ausbildungen unterhalb der Hochschule auf dem untersten Niveau angesiedelt werden müßten. Aufgrund verschiedener Interventionen sollten sie in einem Änderungsvorschlag dem 2. Niveau als Berufsausbildungen von langer Dauer zugeordnet werden (vgl. KOMMISSION DER EUROPÄISCHEN GEMEINSCHAFT 1990; ZILLER 1991). In einem weiteren Änderungsvorschlag wurde dann allerdings diese formale Beschreibung wieder aufgegeben, da die Definition »lange Berufsausbildung« zu

---

[223] Vorschlag für eine Richtlinie des Rates über eine zweite allgemeine Regelung zur Anerkennung beruflicher Befähigungsnachweise in Ergänzung zur Richtlinie 89/48/EWG.

[224] Diese Unterteilung ist in Anlehnung an das französische Mehrstufenmodell entstanden.

ungenau war und z.b. die Frage nach der Anrechnung von Praktika und Anerkennungsjahr nicht eindeutig zu lösen war. Schließlich wurde eine Einigung
dadurch herbeigeführt, daß der »Richtlinie über die zweite allgemeine Regelung zur Anerkennung beruflicher Befähigungsnachweise« der Anhang C
(»Verzeichnis besonders strukturierter Ausbildungsgänge«) beigefügt wurde,
in den auf Antrag der jeweiligen Mitgliedstaaten bestimmte Berufsausbildungen und Berufsgruppen aufgenommen werden können, die durch eine mindestens 13jährige Gesamtbildung strukturiert sind (vgl. RAT DER EUROPÄI-
SCHEN GEMEINSCHAFT 1992).[225] Damit sind insbesondere jene Berufsausbildungen gemeint, die aufgrund der landesspezifischen Ausbildungssysteme
deutlich über dem 1. Niveau liegen und von den Ausbildungsanforderungen
eigentlich dem 2. Niveau zuzuordnen wären, aber bestimmte formale Voraussetzungen nicht erfüllen. Dabei muß allerdings gewährleistet sein, daß der
Ausbildungsnachweis (auch als »Diplom bezeichnet«) in Rechts- und Verwaltungsvorschriften des beantragenden Mitgliedstaates festgelegt ist.

Bezogen auf die ErzieherInnenausbildung in Deutschland ergab sich die
Schwierigkeit, daß aufgrund der Bildungshoheit der Länder die Prüfungsordnungen für die ErzieherInnenausbildung jeweils nur auf Länderebene geregelt
sind. Nur mit Mühe konnte die bestehende Rahmenvereinbarung der Kultusministerkonferenz zur ErzieherInnenausbildung von 1982 gewissermaßen ersatzweise als Bundesgesetz anerkannt werden (vgl. DITTRICH 1992, S. 174)
und dadurch als Ausbildung auf dem 2. Niveau in den Anhang C aufgenommen werden. Dadurch ist vorerst gewährleistet, daß die Ausbildung der deutschen ErzieherIn, ihr Prüfungszeugnis, ihre Berufsbezeichnung und ihre Tätig-
keitsmerkmale in den anderen Mitgliedstaaten anerkannt sind. »Diese Anerkennung ist jedoch keine Gleichstellung oder Gleichwertigkeit mit entsprechenden Hochschulabschlüssen der Nachbarländer, aber immerhin eine Feststellung der 'Entsprechung in Teilbereichen' (gemeint: der Praxis, *nicht* der
Ausbildungsfächer, des Ausbildungsniveaus oder der Prüfungsinhalte). Die
deutsche ErzieherIn hat das Recht, in 'entsprechenden Teilbereichen' auch im
Ausland tätig zu werden, die dem deutschen Kindergarten mehr oder weniger
entsprechen« (SCHMITTHENNER 1993, S. 24).[226] Gemäß Artikel 7 der Richtlinie 92/51/EWG (vgl. RAT DER EUROPÄISCHEN GEMEINSCHAFT 1992) kann

---

[225] In den paramedizinischen und sozialpädagogischen Bereichen wurden folgende deutsche
Ausbildungsgänge aufgenommen: Kinderkrankenschwester/Kinderkrankenpfleger, Kran-
kengymnast(in), Beschäftigungs- und Arbeitstherapeut(in), Logopäde/Logopädin, Ortho-
pist(in), staatlich anerkannte(r) Erzieher(in), staatlich anerkannte(r) Heilpädagoge(-in).

[226] Dabei bleibt die Frage offen, ob dies auch für die Arbeitsfelder der Heimerziehung
und Jugendarbeit gilt.

der Aufnahmestaat allerdings einen zweijährigen Anpassungslehrgang oder eine Eignungsprüfung von der ErzieherIn verlangen, wenn er nachweist, daß sich die bisherige Ausbildung auf theoretische und/oder praktische Fachgebiete bezieht, die sich wesentlich von denen unterscheiden, die von dem Prüfungszeugnis abgedeckt werden, das in dem Aufnahmestaat vorgeschrieben ist, oder es in den Tätigkeitsbereichen Unterschiede gibt. Somit sind dem Aufnahmestaat Möglichkeiten gegeben, einer deutschen ErzieherIn Hürden in den Weg zu stellen (ganz abgesehen von den nachzuweisenden ausreichenden Sprachkenntnissen). Dies ist in Ländern zu erwarten, deren Vorschulerziehung dem Bildungssystem zugeordnet ist, und sich die Ausbildung der Beschäftigten für diesen Bereich auf Hochschulniveau befindet.

Eine weitere Barriere stellt der Vorbehalt des Artikels 15 Absatz 1 der Richtlinie 92/51/EWG dar. »Die Verzeichnisse der Ausbildungsgänge in den Anhängen C und D können von jedem betroffenen Mitgliedstaat auf begründeten Antrag bei der Kommission geändert werden« (RAT DER EUROPÄISCHEN GEMEINSCHAFT 1992, S. 35). Wortlaut und Verständnis der Verhandlungsdelegation legen zwar eine Interpretation in Richtung Erweiterung der Anhänge nahe, allerdings ist mit diesem Wortlaut prinzipiell auch eine Streichung durch einen betroffenen Mitgliedstaat möglich. Dreh- und Angelpunkt sind die Verwaltungs- und Rechtsvorschriften wie Schmitthenner in diesem Zusammenhang hervorhebt: »Bei der Überprüfung und Fortschreibung der deutschen staatlichen Regelungen, insbesondere der Rahmenvereinbarung der KMK für staatlich anerkannte Erzieher und Heilpädagogen, aber ebenso auch der Ordnungen/Richtlinien der Bundesländer wird es darauf ankommen, ob sie ihre Ausbildungen so strukturieren und bemessen, daß ihre AbsolventInnen und Diplominhaber 'über einen vergleichbar hohen beruflichen Ausbildungsstand verfügen wie die Absolventen anderer postsekundärer Ausbildungsgänge' (in anderen Mitgliedstaaten) und daß sie 'ähnliche Verantwortungen übernehmen sowie entsprechende Aufgaben ausüben' können« (SCHMITTHENNER 1992, S. 3).

Für die bundesdeutsche ErzieherInnenausbildung bleiben damit als mögliche Problemzonen die Frage der Einheitlichkeit (mit Blick auf Zugang und Dauer) sowie die fehlende Integration in das Hochschulsystem virulent. So könnte die Neuentwicklung in Niedersachsen, derzufolge die ErzieherInnenausbildung erst nach einer einschlägigen Berufsausbildung (»Sozialassistent«) begonnen werden kann, die Einheitlichkeit ebenso gefährden wie der Ausbau der Fachhochschulstudiengänge in Sozialpädagogik.

Zieht man Bilanz, nachdem die Diskussion über die europäische Vergleichbarkeit der deutschen ErzieherInnenausbildung ein vorläufiges Ende gefunden hat, so kann diese Debatte nur als eine vertane Chance interpretiert werden.

Die Gefahr, daß die Berufsgruppe der ErzieherInnen europavergleichend als »Hilfsberuf« bzw. auf dem 3. Niveau eingestuft wird, so daß berufliche Tätigkeiten nur in einem begrenzten Rahmen selbständig ausgeführt werden können, löste eine öffentliche Diskussion in Fachkreisen sowie einen gewissen Handlungsdruck aus. In dieser von außen aufgenötigten Debatte lag zugleich die Chance, die ErzieherInnenausbildung inhaltlich und strukturell neu zu überdenken, um sie der veränderten gesellschaftlichen Situation von Kindern und Jugendlichen sowie den aktuellen Ansprüchen der ErzieherInnen anzupassen. Einige Schlagworte zu diesen Veränderungen nennt Schmitthenner: »laufend sich wandelnde sozialpädagogische Praxis in den verschiedenen Feldern, berufliche Anforderungen an ErzieherInnen, persönliche Bildungsinteressen der jungen Frauen, Statusanhebung der Fachkräfte, Studierwünsche der jungen Generation, didaktische Erfahrungen der Lehrkräfte, Konzeptionen der Ausbildungsstätten, spezifischere und neue Qualifikations-Anforderungen« (SCHMITTHENNER 1993, S. 25). Allerdings mündeten die damit korrespondierenden Bemühungen nicht in einer Veränderung und Niveauanhebung der Ausbildung selbst, sondern in der Durchsetzung von Sonderregelungen (»Anhang C«), um den Status Quo aufrechtzuerhalten. Somit zeigt sich, daß das »Europa-Interesse« offenbar nur ein formales Statusinteresse war, das keinen inhaltlichen Professionalisierungsschub auslösen konnte. Oder anders formuliert: Mit der Einstufung in das 2. Niveau über den Anhang C der Richtlinie scheint das Interesse an Europa für die ErzieherInnendiskussion in Deutschland vorerst erloschen zu sein.[227]

---

[227] Das die Diskussion noch lange kein Ende gefunden hat, zeigt z.B. die aufflammende Auseinandersetzung im Bereich der Gesundheits- und Sozialpflegeberufe. Diese finden im Anhang C keine Berücksichtigung und werden somit dem ersten Niveau zugeordnet, obwohl die Fachschulausbildungen zur AltenpflegerIn, HeilerziehungspflegerIn sowie Haus- und FamilienpflegerIn die gleichen formalen Anforderungen wie die ErzieherInnenausbildung erfüllen. Becker sieht trotz dieser »entmutigenden Bestandsaufnahme« im europäischen Vergleich die Chance, einen Professionalisierungsschub einzuleiten. Durch die Beschreibung aller erworbenen Bildungsinhalte aus Ausbildung, beruflicher Fort- und Weiterbildung sowie Berufspraxis in einem sogenannten »europäischen Bildungspaß« können Schwachstellen deutlich werden, die zu Bemühungen führen könnten, die »horizontale Abschottung« und die fehlende »vertikale Mobilität« zu überwinden (vgl. BECKER 1993, S. 14 f.). Ob das »Europaargument« so stark sein wird, daß berufliche Strukturdefizite im Bereich der Gesundheits- und Sozialpflege abgebaut werden können, bleibt abzuwarten.

27.3 Die Länderberichte

Die Zielsetzung der nachfolgenden, europäischen Länderberichte ist, wie oben schon angedeutet, nach den Berufen und Personengruppen Ausschau zu halten, die in den einzelnen Mitgliedstaaten in den Arbeitsfeldern Kindertageseinrichtungen, Heimerziehung und Jugendarbeit beschäftigt sind. Dabei soll über den Anspruch der bisher vorgelegten Länderberichte (HERZBERG/NISSEN 1983a; MOSS 1990) hinausgegangen werden:

- So soll zum einen die Lage des Personals über das Arbeitsfeld »Kindertageseinrichtungen« hinaus untersucht werden und
- zum anderen zugleich eine Einordnung der Berufe und Berufsgruppen in das Netz sozialer Sicherung erfolgen wie dies z.b. von HORNSTEIN/MUTZ (1993) für europavergleichende Studien gefordert wird[228] sowie
- drittens Neuentwicklungen aufgreifen.

Ziel und Anspruch dieser Studie war nicht, Berichte aus allen Mitgliedstaaten zu erstellen.[229] Die exemplarische Auswahl erfolgte pragmatisch und orientierte sich daran, Berichte aus Mitgliedstaaten zu erhalten, die in der Typisierung von TIETZE dem *Vorschul-Typus* entsprechen und somit eine Kontrastfolie für den deutschen *Kindergarten-Typus* darstellen. Dies ist vor allem bei Spanien, Italien und Frankreich der Fall. England ist in diesem Kontext einerseits interessant, weil die Vorschule als Bestandteil der Grundschule angesehen und versucht wird, die 4-jährigen aufgrund zurückgehender SchülerInnenzahlen mit zu integrieren und andererseits die Betreuung der Kinder bis zum Alter von 3 Jahren mit Hilfe von Privatinitiativen (play-groups) gewährleistet wird.

Im ersten Teil der einzelnen Länderberichte werden grundlegende Informationen über das Netz sozialer Sicherungen, Zuständigkeiten, sozialpoliti-

---

[228] »Die Bearbeitung sozialer Problemlagen erfolgt in Organisationsformen, die in differenzierter Form und komplexer Weise mit länderspezifischen, kulturellen, sozialen, politischen, ökonomischen und geistes- und sozialgeschichtlichen Faktoren zusammenhängen. Sie sind damit aber immer auch eingebunden in und abhängig von Entwicklungen, die man als sozialstaatlich oder wohlfahrtsstaatlich bezeichnen kann, die sich in spezifischen Traditionen präsentieren und immer auch deren Ausdruck sind. Sie stellen wichtige Rahmenbedingungen für die in den einzelnen Ländern antreffbaren Ausprägungen sozialer Praxis dar« (HORNSTEIN/MUTZ 1993, S. 237).

[229] Ein Vergleich des Personals in vor- und außerschulischen Einrichtungen aller europäischen Länder - einschließlich der neuen Mitgliedsländer - wird zur Zeit vom Staatsinstitut für Frühpädagogik (IFP, München) als Forschungsprojekt durchgeführt. In ausführlichen Länderberichten werden die Berufsgruppen in vor- und außerschulischen Einrichtungen, ihre Tätigkeitsfelder sowie ihre Ausbildung differenziert dargestellt. Der Forschungsbericht wird voraussichtlich Anfang 1996 beim Lambertusverlag erscheinen.

sche Zielsetzungen etc. des jeweiligen Staates im Sinne einer Orientierung zusammengetragen und diese in den Kontext der öffentlichen Erziehung und
einer eventuell vorhandenen offiziellen »Jugendhilfe« gestellt. So wird z.b. für
Italien deutlich, daß keine staatlich organisierte Jugendhilfe existiert, und nur
Versatzstücke der Jugendhilfe in einem deutschen Verständnis in den Bereichen des Gesundheits- und Sozialwesens zu finden sind, oder daß Spanien, das
sich zur Zeit noch in einem gesellschaftlichen Modernisierungsschub befindet,
in erster Linie mit der Einführung sozialer Grundsicherungen (Gesundheits-,
Arbeitslosen- und Rentenversicherungssysteme) befaßt ist.

Im Hauptteil der einzelnen Länderberichte stehen die Arbeitsfeldbeschreibungen der Kindertageseinrichtungen, Heimerziehung und Jugendarbeit sowie
die Beschreibung der Ausbildungen der Beschäftigten in den jeweiligen Feldern. Die Arbeitsfeldbeschreibungen unter den Gesichtspunkten der gesellschaftlichen Bedeutung, quantitativer Entwicklungen, gesetzlicher Bestimmungen sowie Trägerschaft und Finanzierung dienen dabei als Hintergrund für die
Frage nach den Beschäftigten und deren Ausbildung. Die Ausbildungen für
die Beschäftigten in Kindertageseinrichtungen sind in den einzelnen Mitgliedstaaten noch recht überschaubar darzustellen, obwohl die umfangreichen Reformbestrebungen in Italien und Spanien und die damit verbundene Über-
gangssituation klare Differenzierungen erschweren. Hingegen sind die Arbeitsfelder der Heimerziehung und Jugendarbeit im Ländervergleich sehr unübersichtlich.

So hat das Arbeitsfeld der *Heimerziehung* in Italien aufgrund der Deinstitu-
tionalisierungsbestrebungen und der starken familiären und verwandtschaftli-
chen Unterstützung kaum eine Bedeutung. In Spanien soll sich das Personal in
Zukunft ausschließlich aus universitär ausgebildeten »Sozialerziehern« (vergleichbar in etwa den deutschen SozialpädagogInnen) zusammensetzen, nachdem
die Heimerziehung in der Vergangenheit ausschließlich in den Händen von
katholischen Ordensmitgliedern lag, die teilweise intern fachspezifisch ausgebildet wurden. In England arbeiten in der Heimerziehung hauptsächlich unausgebildete Personen und teilweise SozialarbeiterInnen, in Frankreich gibt es
eine lange Tradition der fachspezifisch ausgebildeten HeimerzieherInnen *(éducateurs espécialicés)*. Ähnlich stellt sich der Bereich der Jugendarbeit dar. Dort
reicht die Spannweite von klar umrissenen Ausbildungsprofilen in England bis
hin zu fast ausschließlich ehrenamtlich Tätigen in Spanien und Italien.

Im letzten Teil der Länderberichte wird jeweils ein Vergleich der Ausbildungsprofile zur deutschen ErzieherInnenausbildung vorgenommen. Dabei
lassen sich übergreifend drei generelle Tendenzen identifizieren:

1. Die Ausbildungslandschaft über die drei Arbeitsfelder ist landesintern selten auf einem homogenen Ausbildungsniveau, so ist z.B. in England die

Heimerziehung kaum professionalisiert, hingegen zeigt die Jugendarbeit eindeutige Professionalisierungstendenzen oder in Spanien ist in der öffentliche Kleinkinderziehung der 3- bis 6jährigen Kinder ausschließlich akademisch ausgebildetes Personal beschäftigt, hingegen sind in der Jugendarbeit zur Zeit fast ausschließlich ehrenamtliche Helfer anzutreffen.

2. Die Ausbildungen in den anderen Mitgliedstaaten sind arbeitsfeldspezifischer, eine vom Anspruch her so umfassende Ausbildung wie die deutsche ErzieherInnenausbildung ist in keinem der Mitgliedstaaten anzutreffen.

3. Das Ausbildungsniveau, besonders im Bereich der Kindertagesstätten, ist allgemein höher als in Deutschland, wobei auch in den Bereichen der Heimerziehung und Jugendarbeit gewisse Qualifizierungsbemühungen zu erkennen sind.

Aufgrund dieser vergleichenden Analyse einiger ausgewählter Mitgliedstaaten muß die Frage gestellt werden, ob der Anspruch der deutschen ErzieherInnenausbildung, für drei so unterschiedliche sozialpädagogische Arbeitsfelder umfassend zu qualifizieren angesichts der Dauer und des Niveaus tatsächlich fachlich und praktisch einlösbar ist.

28. Soziale Berufsausbildungen in England

Eine Darstellung im Spiegel der deutschen
ErzieherInnenausbildung
Monika Feldmann

28.1 Einleitung

Die Suche nach einem direkten Äquivalent zur deutschen ErzieherInnenausbildung wird im britischen Ausbildungssystem vergeblich sein, da eine derartige Ausbildung weder vom Ausbildungsniveau her noch von den Arbeitsfeldern, in denen deutsche ErzieherInnen arbeiten, vorzufinden ist. Statt dessen findet sich in diesen Arbeitsfeldern jeweils spezifisch ausgebildetes Personal auf teilweise unterschiedlichen Bildungsniveaus. Bevor hier die wesentlichen Berufsfelder der ErzieherInnen, also Kindertageseinrichtungen, Heimerziehung und Jugendarbeit sowie die dafür qualifizierenden englischen Ausbildungen[230] skizziert werden sollen, seien einige Informationen über das britische Bildungs- und Sozialsystem vorangestellt.[231]

(1) Im Gegensatz zur Bundesrepublik beginnt die allgemeine Schulpflicht in England mit 5 Jahren, so daß sich der Vorschulbereich auf die 3- bis 5-jährigen bezieht. Im allgemeinen Schulsystem hat sich die Gesamtschule weitgehend durchgesetzt und die Schulzeit endet mit 16 bzw. 18 Jahren (in der BRD mit 16 bzw. 19 Jahren).

(2) Ein duales Ausbildungssystem, wie man es hierzulande vorfindet, existiert in England nicht. Dort bilden sogenannte »Colleges of Further Education« den größten Teil des beruflichen Bildungssektors. Sie bieten Kursprogramme für künstlerische, technische, sozialpflegerische und andere Berufe an. In der Bundesrepublik ähneln sie den Fachschulen und Fachhochschulen. Zudem existieren »Polytechnics« (technische Hochschulen, die u.a. Ausbildungskurse auf Hochschulniveau anbieten), »Colleges of Higher Education« (ebenso

---

[230] Ich beziehe mich in meinen Ausführungen allein auf die Ausbildungssituation in England, die in weiten Bereichen mit der von Wales übereinstimmt. Nordirland und Schottland lasse ich aufgrund stärkerer Unterschiede außer acht.

[231] Vgl. zum Bildungssystem STÜBIG (1989) und zum Sozialsystem HÄRING/SEIBEL (1988).

dem Hochschulsektor zugehörige Bildungsinstitutionen) und die Universitäten. Diese Breite des Hochschulsektors ist unter anderem auf die Gründung des »Councils for National Academic Awards« (CNAA) in den 60er Jahren zurückzuführen, der akademische Grade an Studierende in Institutionen verleihen kann, die selbst nicht dazu befugt sind und so eine Angleichung an den Hochschulbereich stattfand. Im Jahr 1992 haben jedoch auch die »Polytechnics« den offiziellen Status von Universitäten erhalten und sind nun selbst in der Lage, akademische Grade zu verleihen.

(3) Eine wichtige Rolle im britischen Berufsschulwesen spielen sogenannte unabhängige »Gremien«, die berufsbezogene Ausbildungsgänge in verschiedenen Bereichen anbieten. Die zwei führenden Gremien dieser Art sind der »Business and Technician Council« (BTEC) und »City and Guildes of London Institute« (C&G). Derartige Ausbildungsgremien spielen, wie sich im folgenden noch zeigen wird, eine zentrale Rolle für soziale Berufsausbildungen.

(4) Ein weiterer wesentlicher Punkt im Hinblick auf die Verbesserung des britischen beruflichen Ausbildungswesens ist die Gründung des »National Council for Vocational Qualifications« (NCVQ). Dieser tritt für eine Systematisierung aller Berufssparten ein, um der Forderung nach besseren und arbeitsplatzgerechteren Berufsqualifikationen entgegenzukommen. Er selbst erkennt keine Prüfungen an, sondern entwickelt allgemeine Kriterien für bestimmte Kompetenzebenen (nach dem Grad der Selbständigkeit und Routinisierung der Tätigkeit). Diese sind folgendermaßen hierarchisch strukturiert (vgl. LORENZ 1991, S. 8; SEGAL 1987, S. 25 ff.):

»Basic level 1«: Einfache, aus Beobachtungen abgeleitete Tätigkeiten unter ständiger Anleitung;

»Standard level 2«: Routinehandlungen mit begrenzter Entscheidungsbefugnis unter genereller Anleitung;

»Advanced level 3«: Gelernte Handlungen nach festgelegten Kriterien mit breiten Variationen;

»Higher level 4«: Eigene und selbständige Kompetenz- und Handlungsbefugnis für komplexe Tätigkeiten; Verantwortung für Supervision;

»Professional level«: Tätigkeiten im Rahmen der für Berufsgruppen geregelten anerkannten Praxis.

Diese Systematisierung trägt im wesentlichen zur Status- und Niveaudifferenzierung einer Ausbildung in England bei. Jeder Tätigkeitsbereich wird durch einen Ausschuß systematisiert, dem sogenannten »Industry Leading Body«, der im Bereich der Sozialen Arbeit »Care Sector Consortium« heißt.

(5) Im Gegensatz zur Bundesrepublik existieren im Hinblick auf die Bildungsabschlüsse akademische und professionelle Qualifikationen für einen

Großteil der sozialen Berufe getrennt nebeneinander. Während dort eine Anzahl verschiedener sowohl akademischer als auch nicht-akademischer Ausbildungen zu ein und derselben Berufsqualifikation führen, ist die professionelle Qualifikation in der Bundesrepublik zugleich an einen bestimmten Bildungsabschluß gekoppelt (z.b. Sozialarbeit an einen Fachhochschulabschluß). Dadurch besteht in Deutschland eine eindeutige Bildungshierarchie im Bereich der sozialen Berufsausbildungen, die in England in dieser Form nicht existiert.

(6) Die englischen sozialen Berufsausbildungen, die für die analogen Arbeitsfelder der deutschen ErzieherInnen qualifizieren, sind rein staatlich organisiert (bis auf eine geringe Anzahl von privaten Colleges, die für den Elementarbereich qualifizieren), während hierzulande die Fachschulen für Sozialpädagogik häufig in der Verantwortung privater oder freier Träger liegen.

(7) Im britischen Wohlfahrtsstaat sind die freiwilligen und staatlichen Organisationen die Hauptarbeitgeber der sozialen Berufsgruppen. Es sei jedoch auch auf die wachsende Anzahl privatgewerblicher Institutionen hingewiesen (z.b. Altenheime). Die Freiwilligenorganisationen (»voluntary organizations«) ähneln von ihrer Konzeption her den deutschen Wohlfahrtsverbänden, jedoch weisen sie bei näherer Betrachtung Unterschiede auf. Während die Wohlfahrtsverbände in der Bundesrepublik hinsichtlich ihres Leistungsangebots gewissermaßen ein Abbild der öffentlichen Träger darstellen, konzentrieren sich die einzelnen »Voluntary Organizations« in England jeweils auf eng abgegrenzte Klientelgruppen und Problemfelder. Dabei beschränken sie sich teilweise auf Dienste, die in der BRD eine untergeordnete Rolle spielen, wie z.b. reine Auskunfts-, Informations- und Beratungsdienste.

Die staatlichen sozialen Dienste umfassen folgende Bereiche: »Social Security, Health Service, Personal Social Services, Education, The Youth Service, Housing, Employment and Training Services, Legal Aid and Advice, Treatment of Offenders« (vgl. HÄRING/SEIBEL 1988, S. 31 ff.). Die im folgenden dargestellten Arbeitsfelder und ihre entsprechenden Berufsausbildungen beziehen sich auf zwei Bereiche der staatlichen sozialen Dienste:

(a) Die Bereiche der personenbezogenen Sozialdienste (»Personal Social Services«/PSS), für deren praktische Durchführung in England und Wales seit 1970 die »Local Authority Social Services Departments« zuständig sind. Sie bieten auf lokaler Ebene soziale Dienste für Kinder und ihre Familien, alte Menschen und Behinderte an. Die Aufgaben sind denen des örtlichen Jugend- und Sozialamtes in der Bundesrepublik sehr ähnlich, jedoch existieren auch grundlegende Differenzen. In den PSS sind beispielsweise die Aufgaben der Jugendpflege völlig ausgeklammert. Sie liegen im Zuständigkeitsbereich der örtlichen Bildungsbehörden (»Local Education Authorities«) und sind dem Bereich »Youth Service« zugeordnet, in dem speziell ausgebildete Jugend- und GemeinwesenarbeiterInnen beschäftigt sind. Ferner werden monetäre Leistungen nicht eingeschlossen und für den Bereich der Sozialhilfe (»Social Security«) ist in bezug auf langfristige Leistungen eine zentrale Dienststelle zuständig (»Department of Health and Social Security«). Die Verwaltung von befristeten Leistungen wird von den örtlichen Dienststellen übernommen. Verwaltungsintern werden die Aufgaben der PSS in die Bereiche »Field Work« (Allgemeiner Sozialer Dienst) und »Residential and Day Care« (Heimunterbringung und Tagesstättenbereich) aufgeteilt. Für die PSS werden im Gegensatz zur »Social Security« oder dem staatlichen Gesundheitsdienst ein weitaus geringerer Anteil der öffentlichen Haushaltsmittel zur Verfügung gestellt. Die PSS sind einer der Hauptarbeitsgebiete von SozialarbeiterInnen und zum Teil für die in der Vorschulerziehung arbeitenden Fachkräfte.

(b) Die Bereiche »Education« und »Youth Service« (heute »Youth and Community Service«) sind den lokalen Bildungsbehörden (»Local Education Authorities«/LEAs) zugeteilt. Die LEAs sind seit dem Erziehungsgesetz von 1944 für alle Bereiche des Bildungswesens (bis auf die Universitäten) einschließlich der Jugendpflege verantwortlich. Im öffentlichen Sektor sind die lokalen Bildungsbehörden die Hauptarbeitgeber der Jugend- und GemeinwesenarbeiterInnen und der Berufe für die Kindertageseinrichtungen.

28.2 Kindertageseinrichtungen[232]

Da in England die Schulpflicht bereits mit fünf Jahren einsetzt, betrifft die frühkindliche öffentliche Erziehung im wesentlichen die Drei- und Vierjährigen. Dies könnte unter anderem als einer der Gründe angesehen werden, warum den Kindertageseinrichtungen als eigenständiger Bildungsbereich eine weitaus geringere Bedeutung zufällt, als z.B. in der Bundesrepublik, da aufgrund des frühen Schuleintrittalters zumindest ein kompletter Jahrgang wegfällt.[233] Bei diesen Formen der öffentlichen Kleinkinderziehung handelt es sich entweder um eigenständige Kindertageseinrichtungen oder um Einrichtungen an Primarschulen. Die örtlichen Bildungsbehörden sind gesetzlich nicht dazu verpflichtet, entsprechende Plätze bereitzustellen. Daher wurde der Elementarbereich bis Mitte

---

[232] Es werden sämtliche Einrichtungen im Elementarbereich, die als öffentliche Angebote vor Schulbeginn existieren, der bundesdeutschen Terminologie entsprechend als »Kindertageseinrichtungen« bezeichnet.

[233] Der nicht-schulische Elementarbereich, obwohl er im Hinblick auf die bundesdeutsche ErzieherInnenausbildung ausschlaggebend ist, wird kürzer gefaßt und demgegenüber die Bereiche der Heimerziehung und der Jugendarbeit etwas umfangreicher abgehandelt.

der 60er Jahre nur minimal ausgebaut, was sich jedoch später durch gezielte
staatliche Förderprogramme und die Veröffentlichung des Reports »Children
and their Primary Schools« von 1967 änderte. Die eigenständigen Kindertageseinrichtungen (»Nursery Schools«) nehmen nur weniger als 20% aller Kleinkinder auf, die eine entsprechende Versorgung beanspruchen, eine Tatsache, die
den geringen Wert der Kindertageseinrichtungen als eigenständigem Bereich
widerspiegelt. Die restlichen 80% sind im öffentlichen Sektor in Eingangsklassen der Grundschulen (»Nursery- oder Reception Classes«), im privaten Sektor
im wesentlichen in von Eltern selbst initiierten Spielgruppen (»Playgroups«)
oder bei Tagesmüttern (»Childminders«) zu finden (vgl. SWIFT 1984, S. 89).
Grundsätzlich trennt man in England den Bereich der frühkindlichen *Erziehung*
von dem Bereich der frühkindlichen *Betreuung*. Die frühkindliche *Erziehung*
(«Nursery Schools« und »Nursery«/ »Reception Classes«) ist mit in das Schulsystem integriert und liegt somit im Zuständigkeitsbereich der lokalen Bildungsbehörden; auf nationaler Ebene untersteht sie dem »Department of Education and
Science«. Der Bereich der frühkindlichen *Betreuung* ist in das soziale Fürsorge-
system eingebunden und wird auf kommunaler Ebene von den Sozialdienststellen und auf zentraler Ebene vom »Department of Health and Social Security«
organisiert. Im öffentlichen Bereich gehören nur Kindertagesstätten (»Day Nur-
series« und »Nursery Centres«) der frühkindlichen Betreuung an. Hinzu kommen auf privater Ebene unzählige »Playgroups«, »Childminders« und von Eltern initiierte Tagesstätten. Die öffentlichen Einrichtungen sind kostenlos, wohingegen die privaten Einrichtungen Gebühren erheben.

Die folgenden Zahlen der Bildungs- und Betreuungseinrichtungen für Kinder unter fünf Jahren stammen aus einer Haushaltsstichprobe aus dem Jahr
1986 (vgl. Tab. 28.1).

Tab. 28.1: Haushaltsstichprobe zur Versorgung von Kindern unter fünf Jahren durch
Bildungs- und Betreuungseinrichtungen in Großbritannien *(1986; N=1.593)*

	Alter (in %)				
Besuchte Einrichtungen	*< 1 J.*	*1 - 2 J.*	*2 - 3 J.*	*3 - 4 J.*	*4 - 5 J.*
Vor-/Grundschule	0	0	3	18	52
Kindertagesstätte	1	2	5	12	9
Spielgruppe	1	2	16	48	32
Mutter-Kindgruppe	11	22	28	11	5
Tagesmutter	3	5	5	5	2
Keine Einrichtung	83	69	48	19	8
Stichprobengröße *(abs.)*	300	320	320	313	340

Quelle: General Household Survey [allg. Haushaltsstichprobe], in: Cantrel Statistical Office (1991, S. 49).

Hier zeigt sich, daß die Drei- und Vierjährigen am häufigsten frühkindliche
Einrichtungen besuchen, von denen die ersten verstärkt in den Spielgruppen

und die letzteren häufiger in den Vorschul- bzw. Eingangsklassen zu finden sind. Innerhalb der Jahre 1966 und 1991 ist die Anzahl der Kinder, die frühkindliche Einrichtungen besuchen, stark angestiegen (vgl. Tab. 28.2). In der *frühkindlichen Erziehung* ist der prozentuale Anteil der Kinder von drei und vier Jahren in den 25 Jahren von 15% um fast 40% auf rund 53% angestiegen. Der größte Zuwachs ist in den vorschulischen Eingangsklassen zu verzeichnen. Auch in der *frühkindlichen Betreuung* zeigt sich ein enormer Anstieg um das Siebenfache von 128.000 (1966) auf fast 900.000 Kinder (1991), wobei sich ihre Anzahl im privaten Sektor am stärksten vergrößert hat.

Tab. 28.2: Entwicklung der Versorgungsquote von Kindern unter 5 Jahren durch Bildungs- und Tagesstätten im Vereinigten Königreich (1966-1991; in *Tausend*)

		1966	*1971*	*1976*	*1981*	*1986[1]*	*1989*	*1990*	*1991*
		Kinder unter 5 Jahren in Schulen[2]							
Öffentliche Schulen									
Vorschulen	*Vollzeit*	26	20	20	22	19	17	17	16
	Teilzeit	9	29	54	67	77	65	67	68
Grundschulen	*Vollzeit*	220	263	350	281	306	317	346	357
	Teilzeit	-.-	38	117	167	228	273	286	303
Nicht staatl. unterstüt. Schulen	*Vollzeit*	21	19	19	19	20	26	27	28
(= Non-maintained schools)	*Teilzeit*	2	14	12	12	15	18	19	20
Sonderschulen	*Vollzeit*	2	2	4	4	4	4	4	4
(= Special Schools)	*Teilzeit*	-.-	-.-	1	1	2	2	2	2
Insgesamt		280	384	576	573	671	722	769	799
%- Anteil an den 3- u. 4jährigen		*15,0*	*20,5*	*34,5*	*44,3*	*46,7*	*49,1*	*51,2*	*52,8*
		Tagesstättenplätze[3]							
Kommunale Kindertägesstätten		21	23	35	32	33	34	33	32
Kommunale Spielgruppen					5	5	4	3	3
Staatl. anerk. Kindertagesstätten[5]		75	296	401	23	29	49	64	88
Staatl. anerkannte Spielgruppen					433	473	480	491	502
Staatl. geprüfte Tagesmütter[6,7]		32	90	86	110	157	216	238	273
Insgesamt		128	409	522	603	698	783	830	899

[1] Die Daten für Schottland stammen aus dem Jahr 1985.
[2] SchülerInnen unter 5 Jahren im Dezember/Januar des akademischen Jahres.
[3] Die Zahlen von 1966 und 1971 beziehen sich für England und Wales auf Ende Dezember und Ende März des jeweiligen Jahres. Von 1976 an beziehen sich die Daten auf Ende März, ausgenommen des nordirischen Teils, der sich bis Ende 1988 auf Ende Dezember des vorherigen Jahres bezieht.
[4] Der schottische Teil im Jahr 1991 bezieht sich auf 1990.
[5] Für Schottland sind keine Zahlen staatlich anerkannter Vorschulen im Jahr 1988 und später erhältlich. Um eine Gesamtzahl für Großbritannien zu erhalten, wurden diese geschätzt.
[6] Da zwischen 1978 und 1981 mit einer anderen Methode der Datengewinnung im Hinblick auf staatlich geprüfte Tagesmütter gearbeitet wurde, sind diese Zahlen weniger zuverlässig.
[7] Schließt Tagesmütter mit ein, die von den Kommunen gestellt werden.
Quelle: Department of Health; Department of Education; The Scottish Office Social Services Group; Welsh Office; Department of Health and Social Services, Northern Ireland

In England existieren für die Arbeit im Bereich der Kindertageseinrichtungen zwei Berufsausbildungen: die an verschiedenen Colleges angebotene Ausbildung zur »Nursery Nurse« und die im Hochschulbereich angesiedelte Lehramtsausbildung zum »Nursery Teacher«. Geht man vom Ausbildungsniveau der ErzieherInnen aus, welches in der Regel den Realschulabschluß voraussetzt[234], so sind die »Nursery Nurses« darunter, also eher auf der Ebene der Kinderpflegerin anzusiedeln, während die »Nursery Teacher« oberhalb des ErzieherInnenniveaus auf Hochschulebene plaziert werden müßten.

Während die Entwicklung der Grundschule bis ins 19. Jahrhundert zurückgeht (1870 allgemeine Schulpflicht für eine Primarschulbildung), wurde der Elementarbereich bis in die ersten Jahrzehnte dieses Jahrhunderts nicht anerkannt. Das Erziehungsgesetz von 1918 befürwortete als erstes Gesetz die Errichtung von eigenständigen Einrichtungen für Kleinkinder, trotzdem entwickelte sich dieser Bereich und eine entsprechende Ausbildung in der Folge nur sehr langsam. Mit der Gründung des »National Nursery Examination Board« (NNEB) im Jahre 1945 wurde eine Zentralstelle für einheitliche Regelungen der Ausbildungen zur »Nursery Nurse« und deren Koordination geschaffen. Nachdem zunächst in den folgenden Jahren ein Wahlsystem für verschiedene Altersgruppen in der Ausbildung vorherrschte, wurde dieses 1965 diskreditiert und ein einheitliches Curriculum in der Ausbildung geschaffen. Dieses bezog und bezieht sich noch heute auf die Altersgruppe der 0-7jährigen, so daß die Auszubildenden neben dem Elementarbereich, auch praktische Erfahrungen im Primarbereich (in den »Infant Schools« für Kinder von 5 - 7 Jahren) sammeln können. Als Abschluß erhalten die Auszubildenden das NNEB-Zertifikat. Die angehenden »Nursery Nurses« werden nach den Richtlinien des NNEB an »Colleges of Further Education« oder an privaten »Nursery Nurses Colleges« ausgebildet, die der »Association of Nursery Training Colleges« angeschlossen sind. Zur staatlichen Ausbildung zugelassen wird nur, wer ein Mindestalter von 16 Jahren erreicht hat. Der NNEB legt keine Richtlinien bei der Schulbildung fest, jedoch haben einige Colleges ihre eigenen Eintrittsvoraussetzungen (die in etwa der deutschen Mittleren Reife entsprechen). Studierende an privaten Colleges müssen mindestens 18 Jahre alt sein, die oben erwähnten schulischen Eintrittsvoraussetzungen erfüllen und Schul-

---

[234] In der »Rahmenvereinbarung über die Ausbildung und Prüfung von ErzieherInnen« der Kultusministerkonferenz vom 24.09.1982 ist zwar als schulische Zugangsvoraussetzung der Realschulabschluß genannt, allerdings reicht in Berlin, Hessen, NRW, Rheinland-Pfalz der Hauptschulabschluß, wenn umfangreiche einschlägige Berufserfahrung nachgewiesen wird (vgl. hierzu auch Kap. 16).

gebühren zahlen. Die Ausbildungskurse dauern für 16- bzw. 18-jährige 2 Jahre. Für die, die älter als 23 Jahre sind, werden kürzere Kurse angeboten. Neben dem NNEB-Zertifikat bietet der NNEB das »Certificate in Playskills« als weitere Qualifikation an, die ausschließlich für die Altersstufe zwischen 2,5 und 5 Jahren ausbildet und nach einem einjährigen Kurs abschließt. Mit dieser Ausbildung ist es möglich, sich für das 2. Jahr der NNEB-Ausbildung zu bewerben. Zudem gibt es die Möglichkeit für qualifizierte »Nursery Nurses« mit mindestens 2jähriger Praxiserfahrung nach Beendigung ihrer Ausbildung berufsbegleitende Fortbildungskurse zu belegen, die mit dem »Diploma in Post-Qualifying Studies« (DPQS) abschließen. In den Jahren 1987 bis 1990 hat die Anzahl aller NNEB-Kurse von 168 auf 229 zugenommen, und die Anzahl der TeilnehmerInnen ist von 12.245 auf 13.946 angestiegen. Ein bevorzugtes Arbeitsfeld der »Nursery Nurses« ist der Bereich der privaten Familien, in dem 1990 rund ein Drittel der Examinierten beschäftigt waren. Zudem sind sie häufiger in der frühkindlichen Erziehung als in der frühkindlichen Betreuung tätig, die den »Social Services Departments« (SSD) zugeteilt ist. 1990 arbeiteten nur 7% der »Nursery Nurses« in den SSDs, jedoch 21% in den »Local Education Authorities« (vgl. NNEB 1987 bis 1990).

Die britischen »Nursery Teachers« sind voll qualifizierte LehrerInnen mit dem gleichen Ausbildungsniveau wie Primar- und SekundarschullehrerInnen. Als Lehramtsstudium bieten Hochschulen, »Polytechnics« oder »Colleges of Higher Education« meist vierjährige Bed-Studiengänge (»Bachelor of Education«) an, nach dem vierten Studienjahr kann eine Auszeichnung (»Honours«) erworben werden. Zudem existieren einjährige, zur Lehrbefähigung führende Postgraduierungskurse (PGCEs) für AbsolventInnen mit einem ersten Universitätsabschluß. Um zum Lehramtsstudium zugelassen zu werden, muß der/die BewerberIn mindestens 18 Jahre alt sein, eine abgeschlossene Sekundarschulausbildung nachweisen können und die erforderliche Eingangsqualifikation zur Hochschule besitzen.

Die LehramtsanwärterInnen werden unabhängig von ihrem späteren Einsatzfeld gemeinsam ausgebildet und theoretisch kann jede(r), der/die die Lehrbefähigung erworben hat, in allen drei Schulstufen unterrichten. Jedoch spezialisieren sich die Studierenden während ihres Studiums auf die Altersstufe, mit der sie später arbeiten möchten (»Nursery Teacher« konzentrieren sich auf Kinder im Alter von drei bis sieben Jahren). Sie sind daher auch für den Primarschulbereich qualifiziert, in dem sie in den bereits erwähnten »Infant Classes« unterrichten können. An einigen Hochschulen existieren die Studienrichtungen für die »Nursery«- und »Infant«-Stufe getrennt nebeneinander, meistens sind sie jedoch miteinander kombiniert. Hinsichtlich Ausbildungsniveau und beruflichem Status bestehen keine Unterschiede in den einzelnen Schulstufen (vgl. HERZBERG/NISSEN 1983b).

Im Bereich der frühkindlichen Erziehung assistieren »Nursery Nurses« den »Nursery Teachers« als Hilfskräfte und übernehmen hauptsächlich kinderpflegerische Aufgaben. Entsprechend des niedrigeren Ausbildungsniveaus der »Nursery Nurses« kommt ihnen in »Nursery Schools« und Grundschulen ein geringerer Status als den »Nursery Teachers« zu. Obwohl sie in der frühkindlichen Erziehung zusammenarbeiten, sind ihre Funktionen und Aufstiegsmöglichkeiten hier deutlich voneinander getrennt. In den frühkindlichen Betreuungseinrichtungen sind größtenteils »Nursery Nurses« tätig. Der geringe Status der »Nursery Nurses« gegenüber den »Nursery Teachers« ist im Bereich der Elementarerziehung ein umstrittener Punkt. Kritisiert wird die geringe Reputation dieses Berufes, was sich sowohl in den Personalräumen als auch bei den Eltern zeigt. Letztere wenden sich im allgemeinen an das Lehrpersonal, ohne sich der fachlichen Kenntnisse der »Nursery Nurses« bewußt zu sein. Dies verstärkt das geringe Selbstbild der »Nursery Nurses«, das durch einen sehr frühen Eintritt in die Ausbildung, ein niedriges Gehalt und die Tatsache, daß sie in den Gruppen meist nur kinderpflegerische Aufgaben ausführen dürfen, aufgebaut wird (vgl. PAGE 1988, S. 609).

Neben diesen beiden Hauptausbildungen existieren weitere Qualifikationen für die Arbeit im frühkindlichen Bereich. Diese entsprechen in etwa dem Niveau des NNEB-Zertifikats (z.B. »BTEC National Courses in Nursery Nursing«, »City and Guilds Certificate in Sessional Creche Work«) oder sie liegen darunter (z.B. verschiedene Kurse der »National Association of Maternal and Child Welfare«/NAMCW oder der »Pre-School Playgroup Association Foundation Course«/PPA; vgl. ALLEN 1988).

28.3 Heimerziehung

Der Bereich der Heimerziehung wird den »Personal Social Services« (PSS) zugerechnet, die von den jeweiligen Sozialdienststellen eines Bezirks verwaltet werden. In den letzten Jahren hat sich in England der Trend durchgesetzt, anstelle von Heimunterbringung vermehrt die Gemeinwesenarbeit zu fördern. »Community Care« ist das Schlagwort, welches sich in der Praxis durch die Förderung der Bereitstellung von Adoptionshilfen, Integrationshilfen für Behinderte, Versorgungsdienste für alte Menschen und ähnlichem manifestiert. Diese auf den ersten Blick fortschrittliche, auf mehr Integration ausgerichtete Sozialpolitik verfolgt jedoch auch eindeutig wirtschaftliche Interessen, da der Staat bei den kostenspieligen Heimen zu sparen versucht.

Insgesamt hat der Heimbereich bislang eine äußerst geringe Reputation in der Sozialarbeit, bedingt durch schlechte Arbeitsbedingungen und einem Mangel an qualifiziertem Personal. In der Heimerziehung arbeiten sogenannte »Residential Social Worker« (HeimsozialarbeiterInnen), die jedoch nicht unbedingt einen qualifizierten Abschluß nachweisen müssen, da der Titel der SozialarbeiterIn in England nicht geschützt ist (vgl. CCETSW 1990). An der Seite des Leitungspersonals, welches häufig noch eine professionelle Sozialarbeitsqualifikation besitzt, werden FreiwilligenhelferInnen, unqualifizierte Kräfte und solche, die an Vorbereitungskursen für die Arbeit in den sozialen Diensten teilgenommen haben als sogenannte »Care Assistants« beschäftigt.

Die Ausbildungen im Bereich Sozialarbeit nehmen im sozialen Berufsfeld eine führende Stellung ein, sowohl im Hinblick auf das Ausbildungsangebot als auch auf die Anzahl der Kurse und ihre TeilnehmerInnen. Der Mangel an qualifizierten SozialarbeiterInnen ist wohl weniger auf eine schlechte Ausbildungsorganisation als auf die fehlende Attraktivität, in der Heimerziehung zu arbeiten, zurückzuführen.

Der Grundstein einer organisierten Sozialarbeit wurde mit der Gründung der »Charity Organization Society« (COS) in der zweiten Hälfte des vorigen Jahrhunderts gelegt.[235] Mit ihr entstanden gegen Ende des letzten Jahrhunderts auch erste Ausbildungskurse, denen 1904 die Gründung einer eigenen »School of Sociology and Social Economics« folgte, welche in Verbindung mit der Universität stand. In den folgenden Jahren entstanden weitere Schulen, in denen eine Ausbildung in Sozialarbeit möglich war. Nach einer relativ ruhigen Phase zwischen den beiden Weltkriegen kam es zwischen 1950 und 1970 zu weiteren Entwicklungen in der Ausbildung, die sowohl auf universitärer als auch auf nicht-universitärer Ebene angeboten wurde, ein Charakteristikum der britischen SozialarbeiterInnenausbildung. In den Kursen wurde entweder umfassend in Einzelfallhilfe mit einrichtungsspezifischen Wahlmöglichkeiten (z.B. Kinderbetreuung) oder für einen speziellen Klientenbereich (z.B. psychisch Kranke) ausgebildet. In den 60er Jahren waren sowohl die einzelnen Berufsverbände als auch staatliche Ausbildungsausschüsse für die Ausbildung und deren Anerkennung verantwortlich.

Zu einem Wendepunkt in der Geschichte der britischen SozialarbeiterInnenausbildung kam es im Jahre 1970/71 als eine Folge des »Seebohm Reports« von 1968. In der Folge der Reorganisation kommunaler sozialer Dienste im Jahre 1971 wurden bis auf wenige Ausnahmen die bisher an den speziellen

---

[235] Zur Geschichte der Sozialarbeit und einer entsprechenden Ausbildung vgl. BRAUNS/ KRAMER (1986), BYRNE/PADFIELD (1978), MÜLLER (1988) und WENDT (1990).

Diensten orientierten Ausbildungsgänge zu generalistischen Studiengängen entwickelt. In einer relativ kurzen Zeit sollten die StudentInnen eine Vielzahl an Methoden zur Unterstützung unterschiedlicher Klientengruppen kennenlernen. Mit der Errichtung des »Central Council for Education and Training in Social Work« (CCETSW) im Jahre 1970 wurde zudem eine bedeutende Zentrale zur Koordination, Kontrolle und Regelung der SozialarbeiterInnenausbildung geschaffen. Er setzt sich aus Interessengruppen der AusbilderInnen zusammen, insbesondere aus den wichtigsten Organisationen, die SozialarbeiterInnen einstellen. Seitdem wurden für alle StudentInnen zunächst CQSW-Kurse (»Certificate of Qualification in Social Work«), später auch CSS-Kurse (»Certificate in Social Services«) als allgemeine Qualifikation in Sozialarbeit eingerichtet, die die vorherigen Spezialkurse ersetzten und zum Teil bis heute bestehen. Sie werden sowohl in »Polytechnics«, Universitäten und anderen Hochschuleinrichtungen als auch in Colleges und anderen berufsbildenden Einrichtungen durchgeführt.

Nach der Reformphase kam jedoch zunehmend Unzufriedenheit mit dieser allgemeinen Ausbildung bei den ArbeitgeberInnen auf, da die Gefahr von Oberflächlichkeit erkannt wurde. Dies führte unter anderem zur Planung einer neuen Ausbildung, die mit dem Abschluß »Diploma in Social Work« (DipSW) abschließt, so daß im Augenblick drei professionelle Qualifikationen in Sozialarbeit vom CCETSW angeboten werden: CQSW, CSS und DipSW. Das zunächst eingeführte CQSW wurde und wird teilweise noch in folgenden Ausbildungsmöglichkeiten angeboten, und zwar als

- *einjährige Postgraduiertenstudiengänge:* Voraussetzung ist ein erster Studienabschluß in Sozialpolitik oder einer anderen einschlägigen Sozialwissenschaft und zwölf Monate Praxiserfahrung (diese Kurse sind im Jahr 1993 ausgelaufen);
- *zweijährige Postgraduiertenstudiengänge:* Hier gelten ähnliche Bedingungen wie im oben genannten Kurs, jedoch reicht ein erster Studienabschluß in einer anderen Fachrichtung aus;
- *vierjährige Graduiertenstudiengänge:* Sie sind eine Mischung aus sozialwissenschaftlichem Studium und beruflicher Ausbildung, die Praktika mit Supervision einschließen (zwei Jahre Sozialwissenschaften, an die sich zwei Jahre professionelle Sozialarbeit als Wahlfach anschließen);
- *zweijährige Nichtgraduiertenkurse:* Die TeilnehmerInnen sind meist älter und verfügen oft über langjährige Praxiserfahrung. Da die Kurse nicht im Hochschulbereich angesiedelt sind, gilt in der Regel als Zulassungsvoraussetzung eine Schulbildung, die in etwa der Mittleren Reife entspricht; für ältere BewerberInnen ist jedoch die Praxiserfahrung entscheidendes Auswahlkriterium;

• *dreijährige Nichtgraduiertenkurse:* Sie entsprechen im wesentlichen den zuvor genannten Ausbildungen; durch verlängerte theoretische und praktische Arbeitszeiten und ausgedehnte Ferien verlängert sich die Ausbildungszeit jedoch um ein Jahr.

Im Jahr 1974 entsprang aus einem akuten Mangel an qualifizierten SozialarbeiterInnen das »Certificate in Social Services« (CSS). Für ein breites Spektrum
an unqualifiziertem Personal, insbesondere in der Heimerziehung und in Tageseinrichtungen, sollte eine formale Ausbildung geschaffen werden, die (zunächst) nicht dem professionellen Status des CQSW entsprach, sich ihm jedoch annäherte. Die Kurse sahen vor, daß bereits beschäftigte Personen sich
unter Beibehaltung ihres Arbeitsplatzes in Teilzeitstudien qualifizieren können. Die Studiengänge werden von Sozialdienstagenturen und »Colleges of
Further« und »Higher Education« in sogenannten »Joint Management Com-
mittees« gemeinsam durchgeführt. Sie laufen zwei oder drei Jahre, sind eher
praktisch orientiert und kombinieren allgemeines Grundlagenwissen mit speziellen Studienschwerpunkten. Für die CSS-Ausbildung ist ein Mindestalter
von 18 Jahren erforderlich. Eintrittsvoraussetzungen, welche in etwa der Mittleren Reife entsprechen, gelten nur für Auszubildende unter 21 Jahren; bei
älteren BewerberInnen ist die Praxiserfahrung ausschlaggebend. Alle TeilnehmerInnen müssen nachweisen, bei einer Agentur beschäftigt zu sein, die eine
StudienbetreuerIn stellen kann. Im November 1987 wurde das CSS als professionelle Qualifikation für Sozialarbeit anerkannt. In der Praxis jedoch wird
er noch immer als ein geringwertiger (und nicht andersartiger) Abschluß angesehen und ist deshalb häufig auch in dem ebenfalls als nicht besonders attraktiv geltenden Bereich der Heimerziehung vorzufinden.

Um diesen Statusunterschieden entgegenzuwirken und den gestiegenen Anforderungen der sozialen Dienste entgegenzukommen, wurde 1989 das »Diploma in Social Work« (DipSW) eingeführt, welches die bestehenden Qualifikationen CQSW und CSS innerhalb von fünf Jahren ersetzen soll. Die Richtlinien der Ausbildung sind den Anforderungen des NCVQ angepaßt und entsprechen dem »Higher Education Level«. Voraussetzung sind fünf GCSEs, in
denen zwei A-level enthalten sein müssen (entspricht in etwa dem Abiturni-
veau). In einer mindestens zweijährigen Ausbildung, die sowohl für Graduier-
te, Nicht-Graduierte und »undergraduates« (StudentInnen eines ersten Studienabschlusses) angeboten wird, soll den Studierenden zunächst ein Grundwissen
der Sozialarbeit vermittelt werden, welches sie am Ende in einem bestimmten
Praxisgebiet mit zusätzlichem Spezialwissen anwenden können. Das DipSW
wird in einer ähnlichen Bandbreite an Nicht-, Post- und Graduiertenkursen
angeboten, die sowohl in Vollzeit- wie in berufsbegleitender Form durchgeführt werden können. Nach 1994/95 soll nur noch zum DipSW ausgebildet

werden, jedoch wird CCETSW weiterhin das CQSW und das CSS als Sozial-arbeiterInnenqualifikation anrechnen (vgl. COLMAN 1990).

Neben den oben genannten bietet der CCETSW Weiterbildungskurse (»Post Qualifying Studies«/PQS) für professionelle SozialarbeiterInnen mit zweijähriger Praxiserfahrung an, die Kenntnisse in bestimmten Praxisfeldern vertiefen sollen. Ebenso vom CCETSW bestätigt, jedoch nicht als professioneller Abschluß anerkannt, ist der »In-Service Course in Social Care« (ICSC). Dieser berufsbegleitende Kurs erfordert keine konkreten Bildungsabschlüsse vor Antritt der Ausbildung, jedoch müssen die TeilnehmerInnen bereits sechs Monate in der Praxis tätig gewesen sein. Zudem bietet der Zentralrat einen Vorbereitungskurs für die Arbeit in den sozialen Diensten an, der einen Überblick und ein Grundlagenwissen über die verschiedenen Arbeitsfelder verschafft (»Prelimary Certificate in Social Care«/PCSC). Derartige Vorbereitungskurse werden auch von Berufsgremien wie BTEC und C&G angeboten (z.B. »BTEC First Certificate in Caring«, »BTEC National Diploma in Social Care«, »C&G Practical Caring Skills«). Diese ein- bzw. zweijährigen Kurse erfordern generell keine konkreten Zulassungsvoraussetzungen; sie gelten als gute Basis für eine Einmündung in die Berufslaufbahn für soziale Berufe.

Im oben dargestellten Bereich der Sozialen Arbeit läßt sich eine Bandbreite von Ausbildungen festellen. Hier sind hinsichtlich Ausbildungsniveau die Nicht-Graduiertenkurse des CQSW und das CSS, die kein Abituräquivalent voraussetzen, am ehesten mit der ErzieherInnenausbildung zu vergleichen, obwohl sie mit einer professionellen Qualifikation in Sozialarbeit abschließen und nur zwei Jahre andauern.

28.4 Jugendarbeit

In England wurde die Jugendarbeit bis zur Gründung des »Youth Service« im Jahr 1939 im wesentlichen von ehrenamtlichen MitarbeiterInnen getragen.[236] Nach seiner Gründung weiteten sich die Aktivitäten und die Organisation der Jugendarbeit aus. Insbesondere der ALBERMALE Report der 60er Jahre forderte die Entwicklung der Ausbildung zur JugendarbeiterIn. Unzählige unqualifizierte ehrenamtliche JugendarbeiterInnen sollten sich einer Ausbildung, zumindest einem berufsbegleitenden »In-Service-Training« unterziehen. Zu dieser Zeit galten als qualifizierte JugendarbeiterInnen solche, die an einem Jugendführungskurs teilgenommen hatten, qualifizierte LehrerInnen, Universitätsab-

---

[236] Zur Geschichte der Jugendarbeit vgl. HEUTER (1987, 1991).

solventInnen (mit einem ersten »degree«) und solche, die eine fünfjährige Praxistätigkeit nachweisen konnten.

Das Aufkommen der Gemeinwesenarbeit in den 60er Jahren hatte auch Auswirkungen auf die Jugendarbeit und ihre Ausbildung. Eine wesentliche Forderung des damaligen MILSON-FAIRBAIRN-Reports »Youth and Community Work in the 70ies« war deshalb, die Jugend als Teil des Gemeinwesens zu sehen und JugendarbeiterInnen eine duale Qualifikation in Jugend- und Gemeinwesenarbeit zukommen zu lassen. Infolgedessen wurden kommunale Dienste in »Youth and Community Services« umbenannt, Schulen und der »Youth Service« begannen eine umfassende Kooperation und die Ausbildungen an vielen Hochschulen hießen nun »Youth and Community Work Course«.

Ein Meilenstein in der Entwicklung der Ausbildung für Jugend- und Gemeinwesenarbeit war die Gründung des »Council for Education and Training in Youth and Community Work« (CETYCW)im Jahr 1983. Auf diese Weise wurde ein Gremium geschaffen, welches Richtlinien für die Ausbildung festlegt und für die Anerkennung einzelner Qualifikationen verantwortlich ist. Der »Council« forderte die Konsolidierung einheitlicher Ausbildungen. Dies wird durch die Tatsache unterstützt, daß es seit 1988 nicht mehr möglich ist, als LehrerIn automatisch auch als JugendarbeiterIn qualifiziert zu sein. Übergangsregelungen sehen vor, daß LehrerInnen ein zusätzliches Anerkennungsjahr absolvieren müssen, ehe sie die Qualifikation erhalten.

Es existieren folgende Ausbildungsmöglichkeiten, um eine vom CETYCW anerkannte professionelle Qualifikation zu erlangen:
- eine zweijährige Vollzeitausbildung für Nicht-Graduierte,
- ein dreijähriger Teilzeitkurs für Nicht-Graduierte[237],
- ein einjähriges Vollzeit- bzw. zweijähriges Teilzeitpostgraduiertenstudium,
- drei- bis vierjährige Graduierungsstudiengänge,
- eine zwei- oder dreijährige Lehre (»apprenticeship scheme«),
- ein Dreijahreskurs durch »distance learning« (ähnlich der deutschen Fernuniversität).

Für die Postgraduiertenkurse werden ein erstes Universitäts-»Degree« und entsprechende Praxiserfahrung vorausgesetzt und auch für die Graduiertenkurse ist praktische Erfahrung neben den allgemeinen akademischen Voraussetzungen zum Hochschulstudium erwünscht. Dies gilt ebenso für die Lehren, für die jedoch keine akademischen Zulassungsvoraussetzungen bestehen.

---

[237] Als Voraussetzung für diese ersten beiden Kurse gelten Qualifikationen, die in etwa der Mittleren Reife entsprechen, jedoch können bei »außergewöhnlicher praktischer Erfahrung« Ausnahmen gemacht werden. Für ältere Studierende ist, wie bei einigen Kursen in Sozialarbeit, die Praxiserfahrung für ihre Zulassung ausschlaggebend.

Der CETYCW bietet ähnlich wie der CCETSW die Möglichkeit, an Weiterbildungskursen (»Post-Qualifying Studies«) teilzunehmen. Zudem organisiert er Ausbildungen für Teilzeitbeschäftigte und freiwillige HelferInnen, die jedoch zu keiner national anerkannten Qualifikation führen (vgl. CCETSW 1990). Von ihrem Ausbildungsniveau her kommen in der Jugend- und Gemeinwesenarbeit die Nichtgraduiertenkurse mit Zulassungsvoraussetzungen Mittlerer Bildungsabschluß bzw. langjährige Praxiserfahrung den deutschen ErzieherInnen am nächsten, jedoch sind auch sie von nur zweijähriger Dauer.

28.5 Bilanz

Eine ErzieherInnenausbildung, die wie in der Bundesrepublik schwerpunktmäßig für die Bereiche Kindertageseinrichtungen, Heimerziehung und Jugendarbeit ausbildet, existiert in England nicht. Geht man von den beiden letzten Arbeitsfeldern aus, so findet sich dort eine Bandbreite von Ausbildungen, die hinsichtlich ihres Niveaus mehr oder weniger der Erzieherin entspricht. Diese sind häufig auch auf postgradualer und berufsbegleitender Ebene organisiert, während in Deutschland im Bereich der sozialen Berufe größtenteils grundständige Vollzeitausbildungen vorzufinden sind.

Im Elementarbereich, dem Arbeitsfeld, in dem der größte Anteil der ErzieherInnen arbeitet, liegen die »Nursery Nurses« unterhalb des Niveaus der ErzieherInnen und die »Nursery Teacher« im akademischen Bereich und damit oberhalb. Im Hinblick auf den europäischen Binnenmarkt, in dem die Berufe innerhalb der EG in drei Ausbildungsniveaus unterteilt werden, schneiden die »Nursery Nurses« weniger gut ab, da sie wohl aufgrund ungenügend festgelegter Zulassungsvoraussetzung, dem niedrigsten der drei Niveaus (acht bis zehn Jahre Schulzeit und/oder eine mindestens zweijährige schulische oder duale Ausbildung) zugerechnet werden. Die »Nursery Teacher« indessen müssen den Richtlinien zufolge dem dritten und höchsten Niveau, welches eine mindestens zwölfjährige Schulzeit mit Hochschulreife und mindestens dreijährigem Studium voraussetzt, zugeordnet werden und nehmen somit im gesamteuropäischen Vergleich eine günstige Position ein.

In der Heimerziehung nähern sich in ihrer Ausbildung am ehesten die »Residential Social Worker« der Nicht-Graduiertenkurse des CQSW und des CSS den deutschen ErzieherInnen an, da sie keine Abituräquivalente (»A-Level«) voraussetzen, sondern eine Schulbildung ähnlich der Mittleren Reife oder besondere Praxiserfahrungen. Der Bereich der Sozialarbeit ist in England der am stärksten ausgebaute Bereich in der Ausbildungslandschaft sozialer Berufe, wobei dem Zentralrat (CCETSW) eine entscheidende Bedeutung zukommt.

Die Vorbereitungskurse auf die Arbeit in den sozialen Diensten (PCSC etc.) liegen unterhalb des ErzieherInnenniveaus, da sie einerseits keinen qualifizierten Abschluß bieten und andererseits keine konkreten Zulassungsvoraussetzungen verlangen. Momentan sehen sich die Nicht-Graduiertenkurse des CQSW und des CSS aufgrund zu niedrig angesetzter Zulassungsvoraussetzungen ähnlich der Erzieherin der Gefahr ausgesetzt, auf einen Helferstatus herabzusinken. Die Änderungen im Bereich Sozialarbeit im Hinblick auf eine mindestens zweijährige Ausbildung zum DipSW, die im Hochschulbereich angesiedelt ist und somit ein Abituräquivalent voraussetzt, heben diesen Ausbildungsbereich jedoch zukünftig eindeutig über die Erzieherin.

Im Hinblick auf den professionellen SozialarbeiterInnenstatus sieht sich England jedoch dem Problem gegenübergestellt, nicht dem dritten Niveau der EG-Richtlinien zugerechnet zu werden, wie es in vielen anderen EG-Ländern der Fall ist. Ebenso die auf Hochschulniveau liegenden (Post-)Graduiertenkurse können, da sie nur von zweijähriger Dauer sind, nur im zweiten Niveau angesiedelt werden. Dieses Problem bleibt auch mit dem neu eingeführten DipSW bestehen, falls die Ausbildungen nicht auf eine Mindestdauer von drei Jahren angehoben werden.

Im Arbeitsfeld Jugendarbeit kommen die Nicht-Graduiertenkurse des CETYCW der ErzieherInnenausbildung am nächsten. Diese strikte Trennung von Jugendarbeit, die den lokalen Bildungsbehörden untersteht, und der Sozialarbeit, die in der Verantworung der jeweiligen Sozialdienststellen liegt, ist in Deutschland nicht anzutreffen. Die Jugendarbeit ist in der Bundesrepublik mit in die Sozialarbeit integriert und im Begriff der Jugendhilfe zusammengefaßt, deren Zuständigkeit bei den Jugendämtern liegt. Der Begriff Sozialpädagogik, wie er hierzulande gebraucht wird, existiert in England somit auch nicht. Die Jugend- und GemeinwesenarbeiterInnen dürften, ähnlich wie die SozialarbeiterInnen, je nach Kurs (Nicht-, Post-, Graduiertenkurs, Lehre) auf den verschiedenen Ebenen der EG-Richtlinien eingestuft werden; keiner davon dürfte jedoch das dritte Niveau erreichen.

Abschließend läßt sich festhalten, daß in der Jugendarbeit auch in Zukunft auf der ErzieherInnenebene anzusiedelnde Ausbildungen vorzufinden sein werden. Im Elementarbereich (geht man von einer Analogie Kinderpflegerin = »Nursery Nurses« und Erzieherin = »Nursery Teacher« aus) und in der Sozialarbeit (hier wird in England zukünftig nur noch im Hochschulbereich ausgebildet) hingegen liegen die Ausbildungen künftig auf Hochschulebene und damit über dem bundesdeutschen ErzieherInnenniveau. Durch diese Tatsache könnte, angesichts der europäischen Einigung, auch die deutsche ErzieherInnenausbildung unter Druck geraten, Ausbildungskonzeption, Dauer und Niveau neu zu überdenken.

29. ErzieherInnenausbildung in Frankreich

Auf der Suche nach dem »Objekt«

Gerald Prein

Die Darstellung des Berufsfeldes der »ErzieherIn« in Frankreich stößt aufgrund der grundsätzlich anderen Struktur des Bildungs- und Sozialsystems einerseits sowie der Sozial- und Erziehungswissenschaften andererseits - sicherlich ähnlich wie in vielen anderen europäischen Ländern - auf große Schwierigkeiten. Definieren wir die ErzieherInnen auf der Grundlage ihres *Ausbildungsniveaus* als nicht-akademisch, d.h. unter dem »Abitur-Niveau« ausgebildete Fachkräfte im Sozialbereich, so geraten wir deshalb in Probleme, da diese in Frankreich kaum noch ausgebildet werden und demnach von ihrer Funktion eher den bundesdeutschen »KinderpflegerInnen« vergleichbar wären. Gehen wir hingegen von den *Tätigkeitsfeldern* deutscher ErzieherInnen aus, so treffen wir in Frankreich auf eine Vielzahl sehr unterschiedlicher und wenig vergleichbarer Berufsgruppen, deren Ausbildungsstand, Status und Professionalisierungsgrad in hohem Maße differiert.

Wie im folgenden noch detaillierter dargestellt wird, ist der größte Teil dieser Fachkräfte zudem als *LehrerInnen* in der Vorschule (*école maternelle*) tätig. Aufgrund der Tradition des französischen Bildungssystems haben diese LehrerInnen den gleichen Status, die gleiche Ausbildung und den gleichen Titel wie LehrerInnen an der Primarschule. Auch in der Ausübung des Berufs besteht ein hoher Grad an Durchlässigkeit zwischen dem Elementar- und dem Primar-Bereich. Von der französischen ErzieherInnenausbildung zu sprechen bedeutet so zumindest zum Teil, die Organisation der Ausbildung von LehrerInnen im Primarbereich darzustellen (vgl. SCHMITT u.a. 1992, S. 37 f.).

Hinzu kommt, daß die Ausbildung der LehrerInnen in Frankreich seit einigen Jahren einen - selbst für das »reformfreudige« Frankreich - ungewöhnlichen Umbruch durchgemacht hat: Waren lange Zeit die Ausbildungen und Lehrbefugnisse für die unterschiedlichen Schulstufen streng hierarchisch gegliedert, so war die letzte sozialistische Regierung in Frankreich bestrebt, mittels einer Reform des Ausbildungswesens eine einheitliche LehrerInnenausbildung von der Vorschule bis hin zur Sekundarstufe mit gleichem Status und gleicher Bezahlung einzuführen.[238]

Diese Differenzen zur deutschen Situation korrespondieren schließlich mit einem fachlichen Ressortierungsproblem: Während die ErzieherInnenausbildung in Deutschland eindeutig der Sozialpädagogik und in ihren Berufsfeldern letztlich der Jugendhilfe zugerechnet wird, vermischen sich im französischen Bildungssystem die Berufsprofile »LehrerIn« und »ErzieherIn« in hohem Maße. Dementsprechend sind in Frankreich auch erst seit kurzem Ansätze einer akademisch konstituierten »Sozialarbeitswissenschaft« erkennbar[239], wenngleich die in Deutschland im Bereich der Sozialpädagogik stattfindenden Diskussionen zum Teil ihren Ort in den - bewußt im Plural bezeichneten - Erziehungswissenschaften finden.

Ausgehend von den Tätigkeitsfeldern deutscher ErzieherInnen werde ich im folgenden dennoch versuchen, die Berufsfelder und Ausbildungen ihrer französischen KollegInnen nachzuzeichnen. Dabei wird - schon aufgrund des hohen Anteils sowohl in Frankreich wie in Deutschland - der Bereich der Elementarerziehung im Zentrum stehen.

29.1 Das Berufsfeld »Elementarerziehung«

Der Kernbereich der französischen Elementarerziehung für Kinder von drei Jahren[240] bis zum Beginn der Schulpflicht mit sechs findet paradoxerweise in Schulen (den *écoles maternelles*) oder - in kleineren Gemeinden - in Klassen, die den Primarschulen angeschlossen sind (*classes maternelles*), statt. Der überwiegende Teil dieser Schulen untersteht dem Staat, eine Minderheit, die sogenannten »freien Schulen«, wird von anderen Organisationen - in der Hauptsache der katholischen Kirche - getragen. Alle diese Schulen unterliegen den Richtlinien und der Kontrolle des Erziehungsministeriums. Zusätzlich zu den »écoles« und »classes maternelles« existieren - vor allem im Raum von Paris - Kindergärten, sogenannte »*jardins d'enfants*«, die unter städtischer oder privater Trägerschaft betrieben werden. Über freie Schulen und besonders Kinder-

---

[238] Während des noch laufenden Reformprozesses sowie einer politischen Wende in Frankreich wird dieser Text geschrieben. Daher liegen kaum verläßliches Datenmaterial oder zuverlässige Evaluationsstudien vor.

[239] Der Begriff »Sozialpädagogik« löst unter französischen Erziehungswissenschaftlern regelmäßig ungläubiges Staunen aus, da ihnen völlig unklar ist, was damit gemeint sein könnte.

[240] Zum Teil besuchen bereits 2-jährige Kinder die Vorschule (vgl. HERZBERG/NISSEN 1983a, S. 43).

gärten liegen nur sehr unvollständige Angaben vor. Der Besuch der öffentlichen Schulen ist unentgeltlich (vgl. SCHMITT u.a. 1992, S. 37 f.). Die *école maternelle* hat in Frankreich eine lange Tradition. Während der Dritten Republik wurde sie durch den Erlaß vom 18.1.1887 eingerichtet. Artikel 6 dieses Erlasses bestimmt, daß die in der *école maternelle* Tätigen voll ausgebildete VolksschullehrerInnen sein müssen. Frankreich hat somit in diesem Bereich schon früh ein hohes Niveau an Fachlichkeit durchgesetzt.

In der Praxis führte dies zunächst dazu, daß die kognitive Entwicklung der Kinder in den Vordergrund gestellt wurde. So waren die Richtlinien für die *école maternelle* von 1921 noch in starkem Maße an der Vermittlung von Unterrichtsinhalten einzelner Fächer orientiert. Seit Ende der 70er Jahre gehen jedoch verstärkt psychologische, soziologische und medizinische Forschungsergebnisse in die Curriculumentwicklung ein, so daß soziale Kompetenzen stärker ins Blickfeld der Elementarerziehung rücken. Dennoch bleibt - insbesondere für die älteren Kinder in der *école maternelle* - ein starker Akzent auf der Vorbereitung für die Grundschule.

Nach Statistiken des Erziehungsministeriums bestanden im Schuljahr 1988/89 in Frankreich 67.030 öffentliche sowie 1.270 private Einrichtungen für Kinder im Vorschulalter - hierbei sind eigenständige *écoles maternelles* und den Primarschulen angegliederte *classes maternelles* zusammengerechnet. 2.198.076 Kinder zwischen zwei und sechs Jahren besuchten die öffentlichen Vorschuleinrichtungen, 306.049 private »écoles« oder »classes maternelles« (vgl. ANNUAIRE STATISTIQUE 1990). Statistiken über die oben erwähnten privaten oder städtischen Kindergärten liegen nicht vor. Deren Rolle kann jedoch als marginal angesehen werden.

Damit ist in Frankreich - verglichen mit Deutschland - die Quote der im Vorschulbereich versorgten Kinder enorm. Die lange Tradition der *école maternelle* erklärt, warum dies nicht erst seit einigen Jahren so ist: Bereits im Schuljahr 1958/59 besuchten ca. 9% der 2-jährigen und 32% % der 3-jährigen Kinder in Vorschuleinrichtigen (*écoles* oder classes *maternelles*) (vgl. TROUIL-LET 1972). Dennoch ist seitdem eine starke Zunahme zu verzeichnen: Im Schuljahr 1988/89 betrug die Quote für die 2-jährigen 36%, für die 3-jährigen 97% (vgl. ANNUAIRE STATISTIQUE 1990, Tafel F. 01-1). Das Erziehungsministerium strebt an, die Beschulungsquote der 3-jährigen auf 100% zu erhöhen.

An den öffentlichen Schulen im Vorschulbereich waren 1988/89 zusammen knapp 74.000 LehrerInnen (»institutrices« und »instituteurs«) als Voll- oder Teilzeitkräfte beschäftigt (vgl. ebd., Tafel F. 01-5). Im Schuljahr 1988/89 befanden sich 13.000 Studierende in einer Ausbildung an einer Ecole Normale d'Instituteurs (LehrerInnenausbildungsstätte) (vgl. ebd., Tafel F. 01-12). Diese Form der Ausbildung hat sich - wie bereits erwähnt - durch eine Reform, die im Jahre 1990 beschlossen wurde, inzwischen überholt. Um jedoch deren Ausmaß zu verdeutlichen, werde ich im folgenden kurz auf die historische Entwicklung der Ausbildung von LehrerInnen im Elementarbereich eingehen.

Die Ausbildung von ErzieherInnen und GrundschullehrerInnen hat sich in Frankreich von einem zunächst völlig unakademischen Beruf zwischenzeitlich zu einer universitären Vollausbildung entwickelt. Noch für das Jahr 1967 beschreibt TROUILLET einen Ausbildungsgang, dessen Niveau weit unter dem der SekundarschullehrerInnen lag: Die Ausbildungsstätten, die »*Ecoles Nationales d'Instituteurs*«, waren mit Fachschulen oder bestenfalls mit Fachhochschulen vergleichbar. Zugangsvoraussetzung für die LehrerInnenausbildung war nicht das Abitur, sondern die neunte Klasse der Sekundarschule und eine Auswahlprüfung. Studierende *ohne* Abitur hatten allerdings eine längere, vierjährige Ausbildungzeit und arbeiteten in den ersten Jahren den Stoff des französischen Abiturs nach. Erst in den letzten ein bis zwei Jahren begann für sie die eigentliche Berufsausbildung. Wer die Ausbildung *mit* einem Abitur begann, hatte eine Ausbildungszeit von zwei Jahren an der E.N.I. zu absolvieren. Praktika in Grund- und Vorschulen waren in die Ausbildungsgänge integriert. Eine Festlegung von Fachrichtungen, die nur dann relevant war, wenn SchulleiterInnenpositionen angestrebt wurden, erfolgte erst mit der Ablegung des Abschlußdiploms. Für alle Fachrichtungen galt und gilt noch heute, daß ein starkes Gewicht auf den Erwerb eines breit gefächerten Allgemeinwissens gelegt wurde und somit keine Spezialisierung für bestimmte Lehrfächer stattfand.

Mit der Reform der gesamten LehrerInnenausbildung Ende der 70er Jahre traten erste Veränderungen in Richtung auf eine Akademisierung des Berufes ein: Das Abitur und die Auswahlprüfung wurden obligatorische Zugangsvoraussetzung für die Ausbildung. Darüber hinaus erlangten die SchülerInnen an der Ecole Normale mit der Beendigung ihrer nun dreijährigen Ausbildung die Äquivalenz zur Zwischenprüfung an Hochschulen.[241]

Mitte der 80er Jahre wurde nun diese Zwischenprüfung *und* die Auswahlprüfung Zulassungsvoraussetzung für die Ecole Normale. Die anschließende Ausbildung dauerte nun zwei Jahre. Im Gegensatz zum heute geltenden System fand sie jedoch weiterhin innerhalb nicht-universitärer Strukturen statt. So wurde das Personal der Ecoles Normales zum größten Teil aus dem Be-

---

[241] Frz. DEUG. In Frankreich ist die Zwischenprüfung an den Universitäten, die i.d.R. nach zwei Studienjahren abgelegt wird, Zulassungsvoraussetzung für bestimmte Ausbildungen.

reich der Schulen rekrutiert. Dies hat sich mit der Einrichtung der IUFM (*institut universitaires pour la formation des maîtres*) im Jahr 1990 grundlegend verändert (vgl. LETTRE DE L' IUFM DE L'ACADÉMIE DE REIMS, o.J.). Die Ausbildungsinstitution für Lehrämter ist ein der Universität angeschlossenes Institut ähnlich den Pädagogischen Hochschulen, an dem Hochschulpersonal sowie (zeitweise oder dauerhaft) abgeordnete LehrerInnen unterrichten. Ausbildungsvoraussetzung ist eine *Licence*[242] sowie ein Aufnahmegespräch. Nach dem ersten Jahr am IUFM findet eine Auswahlprüfung statt. Bis zu diesem Zeitpunkt erhalten die Studierenden Stipendien; mit Ablegung der Prüfung werden sie BeamtInnen auf Widerruf. Die Ausbildung dauert zwei Jahre und schließt mit der Prüfung zum *»professeur d'école«* ab. Schon in der Tatsache, daß nun auch ErzieherInnen im Elementarbereich den Titel *»professeur«* tragen, der bislang Sekundarschullehrern und Universitätsprofessoren vorbehalten war, zeigt sich das Bestreben, den Status der in der Grund- und Vorschule arbeitenden LehrerInnen aufzuwerten.

Mit der Einrichtung der IUFM wurde auch die Ausbildung der SekundarstufenlehrerInnen den IUFM angegliedert. Nach Abschluß ihrer Ausbildung sollen französische LehrerInnen von der Vorschule bis hin zur Sekundarstufe die gleiche Besoldung und eine von Zugangsberechtigungen, Dauer und wissenschaftlichem Niveau her vergleichbare Ausbildung erhalten.

Im Jahre 1990/91 wurden in Grenoble, Lille und Reims die ersten »Pilot-IUFM« eingerichtet. Im Jahre 1991/92 sollte es nach Plänen des Erziehungsministeriums in jeder »Akademie«[243] ein IUFM bestehen, ab dem Schuljahr 1993/94 das neue System voll ausgebaut sein.

Diese Zeitplanung offenbart den zur Zeit ablaufenden Umbruch: Erst im Jahre 1994 beenden die ersten voll an einem IUFM ausgebildeten Fachkräfte ihre Ausbildung. Verläßliche Zahlen zu den Auswirkungen der Reform liegen somit bislang noch nicht vor. Man kann allerdings auf interessante Entwicklungen im französischen Bildungswesen - und damit eben auch im Elementarbereich - gespannt sein.

29.2 Das Berufsfeld »Heimerziehung«

Während der Bereich der Elementarerziehung zum überwiegenden Teil direkt dem staatlichen Erziehungsministerium untersteht, findet sich in den anderen

---

[242] Studienabschluß nach drei Studienjahren, ähnlich dem *Bachelor of Arts*.
[243] Frankreich ist im Bereich der Schulverwaltung in 23 »Akademien« aufgeteilt, die i.d.R. 4-5 *Départements* umfassen.

Feldern der Sozialarbeit wie etwa der Heimerziehung eine große Pluralität
von Trägern und eine größere Dezentralisierung von Kompetenzen. Die
Heimaufsicht wird in Frankreich z.b. nicht durch zentralstaatliche Instanzen,
sondern auf der Ebene von *Départements* durch die *»Direction Départementale
des Affaires Sanitaires et Sociales«* (DDASS) ausgeübt. In diesem Bereich findet
sich eine Vielzahl von unterschiedlichen Berufsbildern. In Einrichtungen der
Heimerziehung von Kindern und Jugendlichen sind dabei vor allem die sogenannten »éducateurs/éducatrices spécialisés« (eigentlich »Sondererzieher«)
tätig.[244] 1985 waren nach den Statistiken des Ministeriums für Solidarität,
Gesundheit und Soziales 32.209 *»éducateurs/éducatrices spécialisés«* beschäftigt
(vgl. ANNUAIRE STATISTIQUE 1990, Tafel D. 03-7A). Durch Auswahlprüfun-
gen vor Beginn der Ausbildung besteht in diesem Bereich - im Gegensatz zu
Deutschland - kaum Arbeitslosigkeit.[245] Entsprechend hoch ist jedoch auch die
Ablehnungsquote bei den Zulassungsprüfungen vor Beginn der Ausbildung.[246]
Insgesamt ist das Feld der Sozialarbeit im Gegensatz zur Vorschulerziehung
weitaus weniger staatlich geregelt als die Ausbildung der *»institutrices«.* Die
Schaffung von staatlich geregelten Abschlüssen im Bereich sozialer Dienste
begann erst im Jahre 1932. In der Folge wurde versucht, die staatlichen
Diplome in den Profilen den unterschiedlichen, bereits bestehenden Berufen
im Feld der Sozialarbeit anzupassen.

Die Ausbildung von *»éducateurs spécialisés«* findet zum überwiegenden Teil
auf nicht-universitärem Niveau unter der Trägerschaft von Kirche oder Verbänden in privaten Schulen statt, die der Aufsicht des Ministeriums für Solidarität, Gesundheit und Soziales unterstellt sind; die SchülerInnen haben Stu-
diengebühren zu zahlen (nach Loquatron waren das im Jahre 1984 ca. 150
DM pro Jahr[247]). Ein hoher Prozentsatz der Studierenden erhält Stipendien
des Ministeriums oder anderer Organisationen. Die AusbilderInnen rekrutieren sich zu einem großen Teil aus der Profession selbst: Voraussetzung ist ein
Mindestalter von 30 Jahren, der Nachweis des staatlichen *»éducateur«-* oder
eines »Magister«-Diploms[248] sowie Berufs- und Ausbildungserfahrung. Darüber

---

[244] Aus diesem Grund werde ich mich vor allem auf die Darstellung des Berufsfeldes und
der Ausbildung dieser Kategorie beziehen.

[245] In einem Artikel aus dem Jahre 1985, als die Arbeitsmarktsituation für soziale Berufe
in Deutschland äußerst problematisch erschien, berichtet Susanne LOQUATRON von
einer Arbeitslosenquote von 1,6 % (vgl. LOQUATRON 1985, S. 170).

[246] Nach LOQUATRON (ebd. S. 169) bewerben sich pro Jahr ca. 11.000 Personen für Ausbildungen im Sozialwesen, von denen ca. 2.000 zugelassen werden.

[247] LOQUATRON gibt die Summe von 500 FF an, die durch das Sozialministerium
festgelegt wird (vgl. ebd.).

[248] Frz.: maîtrise.

hinaus arbeiten Lehrbeauftragte und in geringem Umfang HochschullehrerInnen im Rahmen der Ausbildung mit.

Zugangsvoraussetzung zur Ausbildung ist das Abitur oder eine gleichwertige Prüfung. Darüber hinaus kann zur Ausbildung zugelassen werden, wer mindestens 25 Jahre alt ist und eine fünfjährige Berufstätigkeit nachweisen kann. Der Berufstätigkeit ist die Erziehung von Kindern im Haushalt gleichgestellt. Die Ausbildung dauert drei Jahre und umfaßt 1.400 Stunden. Während der Ausbildung sind Praktika von insgesamt 14 Monaten Dauer vorgesehen. Die staatlichen Rahmenprogramme geben sechs obligatorische Ausbildungseinheiten vor, die die einzelnen Schulen in ihre pädagogischen Projekte integrieren und erweitern. Die einzelnen Schulen definieren bei der Beantragung der staatlichen Anerkennung die Modalitäten, nach denen die Ausbildungseinheiten überprüft werden (studienbegleitend oder durch schriftliche bzw. mündliche Prüfungen). Zum Erwerb des staatlich anerkannten Diploms finden am Ende der Ausbildung eine mündliche und eine schriftliche Prüfung statt, deren Thema zentral gestellt wird.

Die Ausbildung der *»éducateurs/éducatrices de jeunes enfants«*, die etwa in privaten oder städtischen Kindergärten (*»jardins d'enfants«*) oder in Einrichtungen der Sondererziehung arbeiten, ist in vergleichbarer Art organisiert, jedoch beträgt die Studiendauer nur zwei Jahre. Die Ausbildung endet auch nicht mit einem staatlich anerkanten Abschluß. Die Zahl der beschäftigten *»éducatrices de jeunes enfants«* ist allerdings - verglichen mit den *»institutrices«* an staatlichen oder privaten *écoles* oder *classes maternelles* - eher als gering anzusehen: Nach Angaben des Ministeriums für Solidarität, Gesundheit und Soziales waren in Frankreich 1973 5.300 Personen, im Jahre 1985 5.855 Personen beschäftigt, die diesen Abschluß besaßen. Die Bedeutung dieser Personengruppe erweist sich daher als marginal, wenngleich dieser Abschluß als der angesehen werden muß, der am stärksten den deutschen *»ErzieherInnen«* entspricht (vgl. ANNUAIRE STATISTIQUE 1990, Tafel D. 03-7A).

29.3　Das Berufsfeld »Freizeitpädagogik«

Schon aufgrund der Organisation der französischen Schule als Ganztageseinrichtung liegt es nahe, daß dem Sektor der sozialpädagogisch betreuten Freizeit nur ein geringer Stellenwert zukommt. Schülerinnen und Schüler sind zudem oftmals bis in die Abendstunden mit Hausaufgaben beschäftigt, so daß nur wenig disponible Freizeit für außerschulische Aktivitäten bleibt.

Entsprechend diesen Einschränkungen ist der Bereich der Freizeitpädagogik in Frankreich nur rudimentär durch Ausbildungen geregelt. Für ehrenamtli-

che Mitarbeiter in Verbänden und Vereinen wird wird auf der Grundlage
»praktischer Erfahrungen« im Bereich der soziokulturellen Animation durch
eine Kommission auf *Département*-Ebene das sogenannte BASE (*brevet
d'aptitude à l'animation socio-éducative*) verliehen. Pro Jahr sind dies nach Angaben des Staatssekretärs für Jugend und Sport zwischen 1000 und 1500 Diplome (im Jahre 1985/86: 1328) (vgl. ANNUAIRE STATISTQUE 1990, Tafel E.
04-1).

Bis zum Jahre 1980 bestand für voll- oder halbausgebildete AnimateurIn-
nen das sogenannte CAPASE (*certificat d'aptitude à la promotion des activités
socio-éducatives*), das durch das DEFA (*diplôme d'Etat relatif aux fonctions
d'animation*) abgelöst wurde. Mit diesem Diplom wurde der Versuch einer
stärkeren Professionalisierung des Animationsbereichs bei Verbänden oder Gemeinden gemacht. Zugangsvoraussetzung zu dieser Ausbildung sind

* drei Jahre beruflicher Tätigkeit oder
* drei Jahre ehrenamtlicher Animation oder
* der Besitz eines BASE.

Die Ausbildung umfaßt drei Jahre in einem anerkannten Ausbildungszentrum
(ähnlich der Ausbildung zum *»éducateur spécialisé«*). Dabei sind fünf Ausbildungseinheiten à 160 Stunden obligatorisch. Die Ausbildungseinheiten werden
ausbildungsbegleitend validiert. Zudem sind Praktika von vier bis acht Monaten sowie eine Art »Anerkennungsjahr« von neun Monaten Bestandteil der
Abschlußvoraussetzungen. Wenngleich eine steigende Zahl von KandidatIn-
nen diese Ausbildung beginnt (1980/81: 5.099; 1988/89: 15.129), legen nur wenige diesen Abschluß ab (1980/81: 18; 1988/89: 376), was als ein Zeichen gewertet werden kann, daß im Bereich der Freizeitpädagogik und Animation
der Erwerb eines staatlich anerkannten Diploms nur von sekundärer Bedeutung ist (vgl. ANNUAIRE STATISTQUE 1990, Tafel E. 04-1).

Dies ist noch krasser für das Arbeitsfeld der betreuten Ferienaktivitäten.
Hier ist keinerlei Professionalisierungstrend zu erkennen: Die Ausbildungen
zum/zur (nebenamtlichen) AnimateurIn oder LeiterIn von Ferienfreizeiten
dauern nicht länger als 14 bzw. 16 Tage (zuzüglich Praktika).

29.4 Bilanz

Zusammenfassend lassen sich im französischen Ausbildungssystem für den ErzieherInnenberuf zwei gegenläufige Tendenzen erkennen, die mit der unterschiedlichen Trägerstruktur der Berufsfelder eng verwoben sind:

* Im Elementarbereich, der zum größten Teil der direkten staatlichen Kontrolle untersteht, ist Frankreich im Begriff, die Ausbildung auf das Niveau

eines Vollstudiums zu heben. Dies ist allerdings verbunden mit einer Integration in das Schulwesen Frankreichs. ErzieherInnen können diesen Status erlangen, insofern sie als LehrerInnen arbeiten. Dabei erlangen sie allerdings inzwischen den gleichen Status wie LehrerInnen im Bereich der Sekundarstufe.

- In allen anderen Praxisfeldern, die in Deutschland dem ErzieherInnenberuf zuzuordnen sind, finden sich nur Ansätze einer wissenschaftlich orientierten Ausbildung. Der französische Staat überläßt es hier ebenso wie in weiten Bereichen der Berufspraxis privaten oder halböffentlichen Trägern, die Ausbildung innerhalb von weitgesteckten Minimalanforderung zu gestalten. Das Niveau dieser Ausbildungen ist nur zum Teil als analog zur deutschen Fachhochschulausbildung anzusehen. Dementsprechend gering ist in Frankreich auch die Ausbildung einer sozialpädagogischen Leitwissenschaft an den Universitäten. Tonangebend sind hier eher die Disziplinen Medizin, Psychologie, Soziologie und Recht.

Die neue, konservative Regierung hat bislang nur geringe Modifikationen der Ausbildungsreform für ErzieherInnen/LehrerInnen im Elementarbereich angekündigt. Dies läßt hoffen, daß die gesetzten Standards in diesem Bereich beibehalten werden können. Denn immerhin kann es als beispielhaft gelten, wenn PädagogInnen in diesem Berufsfeld die gleiche Anerkennung und den gleichen wissenschaftlichen Ausbildungsstandard erhalten wie ihren Kollegen an der Sekundarschule.

30. ErzieherInnen in Italien

Otto Filtzinger

30.1 Bedeutung des sozialen Sektors

Italien wurde nach der Einigung im 19. Jahrhundert als zentralistischer Nationalstaat ausgebaut. Diese national-zentralistische Struktur wurde im faschistischen Einparteienstaat noch verstärkt. Die Verfassung nach dem 2. Weltkrieg sah für die staatliche Organisation die Dezentralisierung/Regionalisierung als Mittelweg zwischen Zentralstaat und Bundesstaat vor (Art. 114-133). Erst 1975 und 1977 erhielten die 20 Regionen die ihnen von der Verfassung (Art. 117) vorgesehenen gesetzgeberischen Zuständigkeiten, u.a. auch die für das öffentliche Wohlfahrts-, Gesundheits- und Krankenhauswesen (»beneficenza pubblica ed assistenza sanitaria ed ospedaliera«; vgl. FILTZINGER 1988, S. 70).

Die mit dem Gesetz 833 vom 23.12.1978 über die »Einrichtung des nationalen Gesundheitsdienstes« eingeleitete Reform des Gesundheitswesens war eigentlich als noch weitgehendere Reform *der Gesundheits- und Sozialdienste* geplant. Dieser Umbau kam auf nationaler Ebene nicht zustande. In einigen Regionen (z.B. Toscana, Veneto) eilten die Reformkonzepte der nationalen Entwicklung voraus, ohne daß man von diesen Regionen sagen kann, daß ihnen eine integrierte Reform der Gesundheits- und Sozialdienste - vor allem auch, was die praktische Umsetzung angeht - gelungen sei (vgl. FILTZINGER 1988, S. 79).

In Italien gibt es, wie bereits erwähnt, ein staatliches, in örtlichen Gesundheitseinheiten (»Unità sanitaria locale« - USL -) organisiertes Gesundheitswesen. Die Gesundheitsreform hatte ursprünglich auch die Einbeziehung des sozialen Bereiches vorgesehen. Dies kam nur in vereinzelten gesetzlichen Regelungen einiger Regionen im Vorgriff auf eine nationale Rahmengesetzgebung zum Tragen. Im Gesundheitswesen wurde die Trägerschaft der Gesundheitsdienste von privaten und parastaatlichen Organisationen an die öffentlichen USL übertragen. Bald ging man jedoch aus Kostengründen und wegen der fachlichen Ressourcen dazu über, sich für die staatlichen Dienste über Verträge (»convenzioni«) der Mitwirkung traditioneller privater Träger und der vielen nun entstandenen Kooperativen zu bedienen. Es kam zu einer Neubelebung privater gemeinnütziger (»senza fine di lucro«) Aktivitäten im jetzt als Sektor des »privato sociale« bezeichneten Bereich, freilich in Trägerschaft des in den USL organisierten staatlichen Gesundheitsdienstes. Da Organisation, Management und Qualität des kostenlosen staatlichen Gesundheitsdienstes, nicht zuletzt aufgrund eines starken parteipolitischen Einflusses, des Nord-Süd- und des Stadt-Land-Gefälles, vielerorts zu wünschen übrig ließ, kam es im Gesundheitsbereich (vor allem im Krankenhaus und in der zahn- und fachärztlichen Versorgung) zu einem gewissen Boom privat-gewerblicher Träger.

Die Krise des Wohlfahrtsstaates, Mißmanagement sowie zu starke parteipolitische Einflußnahme bis in die lokalen Strukturen der »unità sanitari locali« (USL = örtlicher Gesundheitseinheiten), das starke Ansteigen der Kosten für diesen staatlichen Gesundheitsdienst brachten die Gesundheits- und vor allem die Sozialreformen ins Stocken. Die gegenwärtige Rezession, die hohe Staatsverschuldung und die Verwicklung vieler Politiker in Bestechungs- und Bereicherungsskandale auch im Sozial- und Gesundheitsektor erschweren es im Moment, die weitere Entwicklung in diesem Bereich einzuschätzen.

Einen gesetzlich klar umrissenen Kinder- und Jugendhilfebereich im bundesdeutschen Sinne gibt es in Italien weder gesetzlich noch institutionell-ressortmäßig noch haushaltsmäßig. Das heißt natürlich noch nicht, daß in allen damit zusammenhängenden Teilbereichen sozial- und bildungspolitische Interventionen zugunsten von Kindern und Jugendlichen als weniger umfänglich oder weniger relevant eingeschätzt werden könnten. So hat die Konzeption der staatlichen Kindergärten als Ganztagseinrichtungen und die recht gute Versorgung mit Ganztagsplätzen in Kommunen und privaten Kindergärten sowie die explizitere Zielsetzung der Vorbereitung auf die Grundschule bzw. der Kontinuität in der pädagogischen und didaktischen Arbeit dazu geführt, daß der Übergang zur Grundschule leichter vonstatten geht und Einrichtungen wie Vorschulen, Vorklassen oder Schulkindergärten kaum erforderlich sind. Die Organisation der Grundschule als Ganztags- oder Langzeitschule (»a tempo pieno« oder »a tempo prolungato« vgl. dazu Gesetz 1990 Art. 7-9 in FRABBONI/PINTO MINERVA/TREBISACCE 1991, S. 40 f.) hat die dem deutschen Hort bedingt vergleichbare »doposcuola« praktisch verdrängt.

Auch wenn keine detaillierten Daten zu den finanziellen Aufwendungen der italienischen Einrichtungen, die in Deutschland zur Jugendhilfe gehören, vorliegen, so können an dieser Stelle dennoch einige grundsätzliche Aussagen zur *Finanzierung* gemacht werden. Da es in Italien keine konsistente nationale Kinder- und Jugendpolitik gibt, werden die verschiedenen sozialen Einrichtungen auf verschiedenen Verwaltungsebenen und von unterschiedlichen Ressorts finanziert oder bezuschußt und verwaltet. Die Finanzierung von Kinderkrippen erfolgt hauptsächlich durch das nationale Gesundheitsministerium. Die Heimerziehung wurde im Zuge der Sozialreformen der 70er Jahre immer stärker abgebaut. Ersatzweise wurden Tagesheime und - wenn auch zu wenige -

Wohngruppen geschaffen. Sie gehören ebenfalls in die Zuständigkeit des Gesundheitsministeriums bzw. örtlich zu den lokalen Gesundheitseinheiten. Eine zentralstaatliche Jugendpolitik ist bis heute nicht entwickelt. Es gibt weder ein entsprechendes nationales Ministerium, noch eine etwa dem deutschen Bundesjugendplan vergleichbare Förderung der Jugendarbeit. Trotzdem entwickelten sich - vor allem in den Städten Norditaliens, schon weniger in Mittelitalien, kaum im Süden - auf kommunaler Ebene Angebote für Jugendliche und Kinder (vor allem Jugendzentren und Ferienmaßnahmen). Die vorwiegend in den 70er Jahren entstandenen Jugendzentren werden von nationalen und lokalen Organisationen unterhalten, meist mit finanzieller Unterstützung der Regionen bzw. Kommunen. In den 80er Jahren entstanden viele »Progetti giovani« (Jugendprojekte bzw. Jugendpläne), Beratungseinrichtungen für Jugendliche sowie in den letzten Jahren Jugendinformationszentren (vgl. BAACKE/FRACASSO 1992, S. 167 ff.). Art, Umfang und Kontinuität der Finanzierung hängen sehr stark von der lokalen oder regionalen Jugendpolitik beziehungsweise von den wirtschaftlichen Möglichkeiten dieser Gebietskörperschaften ab. Darüber hinaus existiert eine Breitenförderung im Sport. Bei Regionen und Kommunen wurden zunehmend »Assessorate« für die Jugend eingerichtet. Im Kinder- und Jugendfreizeitsektor dominieren - besonders ausgeprägt im Sportbereich - private (gewerbliche) Anbieter.

Die Trägerstruktur von Sozial- und Bildungseinrichtungen in Italien entspricht oft weder terminologisch noch konzeptionell noch administrativ derjenigen in Deutschland. Man unterscheidet eher zwischen öffentlichem, privatem und gewerblichem Sektor, die nicht ganz der in Deutschland geläufigen Abgrenzung der öffentlichen (staatlichen), freien (gemeinnützigen) und privaten (gewerblichen) Träger entspricht. Der private Sektor ist in Italien eher mit den deutschen freien Trägern vergleichbar, ohne daß er in ein subsidiäres, stark staatlich subventioniertes und kontrolliertes System eingebunden ist. Es gibt allerdings viele Ansätze und Bestrebungen den privaten Sektor in einen subventionierten privat- sozialen Sektor (»privato sociale«) umzugestalten. Die Verschiedenheit der Trägerstruktur läßt sich auch am Beispiel der Kindertageseinrichtungen festmachen. So sind z.B. die Kinderkrippen dem Gesundheitssektor, die Kindergärten dem Schulsektor (»pubblica istruzione«) zugeordnet. Bei den Kindergärten wiederum gibt es eine staatliche, kommunale oder private Trägerschaft. Staatliche Trägerschaft bedeutet in diesem Zusammenhang immer zentralstaatlich, d.h. in die nationale Kompetenz des nationalen Unterrichtsministeriums fallend, eine Form der Trägerschaft also, die es in Deutschland für Kindertageseinrichtungen so nicht gibt. Daneben existieren aber auch die kommunalen und privaten (meist kirchlichen) Träger für Kin-

dertageseinrichtungen, die nicht in den Kompetenzbereich des nationalen
Unterrichtsministeriums fallen.

Aufgrund historischer und politisch-traditioneller Entwicklungen, sowie
divergierender parteipolitischer Sichtweisen und Einflußnahmen ist es in Italien schwierig, ein besser aufeinander abgestimmtes synergetisches System der
verschiedenen Träger zu etablieren. Insgesamt gibt es trotz der vielen fort-
schrittlichen gesetzlichen und institutionellen sowie der beachtlichen konzeptionellen Reformen in den letzten 25 Jahren Friktionen (hohe Verschuldung
der öffentlichen Haushalte, partitokratische Einflußfaktoren, unzureichendes
Management, bürokratische Strukturen, mangelhafte personelle, räumliche
und sächliche Ausstattung der Einrichtungen) die deren zeitgerechte, flächen-
deckende (z.b. Nord-Südgefälle sowie Stadt- und Landgefälle) und vollständige
Umsetzung in die Praxis der Sozial- und Bildungseinrichtungen behindern.

30.2 Die Arbeitsfelder Kindertageseinrichtungen, Heimerziehung und Jugendarbeit und deren Ausbildungsanforderungen

30.2.1 Kindertageseinrichtungen

Die Subsumtion italienischer Einrichtungen für Kinder unter dem Begriff Kindertageseinrichtungen birgt die Gefahr vieler Mißverständnisse in sich. Eine solche Bezeichnung könnte die Vermutung nahelegen, daß die Einrichtungen für
Kinder in Italien der »*Kinder- und Jugendhilfe*« zuzuordnen seien. Einen Jugendhilfebereich, wie er in der Bundesrepublik Deutschland durch das Kinder-
und Jugendhilfegesetz geregelt ist, gibt es in Italien so nicht. Die einzelnen
Einrichtungen für Kinder, Kinderkrippe (»asilo nido«) und Kindergarten
(»scuola materna«) sind durch getrennte Gesetze (Gesetz Nr. 1044 von 1971 für
den Kinderkrippenbereich, Gesetz Nr. 444 von 1968 für den Kindergartenbereich) geregelt. Für die dem deutschen Hort in etwa vergleichbare Einrichtung der »doposcuola« gibt es überhaupt keine gesetzlichen Regelungen.
Das mit dem Begriff »Kindertageseinrichtungen« in Deutschland verbundene
Verständnis, daß es sich allesamt um außerschulische Einrichtungen handelt,
kann so nicht auf Italien übertragen werden. Der quantitativ und qualitativ am
besten ausgebaute Bereich, nämlich der der »scuola materna« gehört in den
Bereich der »pubblica istruzione« und damit in die Kompetenz des entsprechenden nationalen Ministerium, während das »asilo nido« dem Sozial- und
Gesundheitsbereich (Gesundheitsministerium bzw. -ressorts) zuzuordnen ist.

Im folgenden soll kurz die geschichtliche Entwicklung von Kindertageseinrichtungen skizziert werden (vgl. FILTZINGER 1984, S. 113 f.). Maria Montessori (geb. 1870) ist wohl der Name, der in Deutschland am ehesten mit der italienischen Vorschulpädagogik in Verbindung gebracht wird. Sie gründete »Kinderhäuser« (»Case dei bambini«), die mit einer von den Ideen des französischen Arztes und Lehrers E. Séguin beeinflußten Erziehungskonzeptionen arbeiteten, und entwikkelte Materialien, die noch heute weltweit in Kindergärten verwendet werden. Die Bezeichnung »giardino d'infanzia« (Kindergarten) - in der Bundesrepublik zuweilen bei der Übersetzung von Informationsmaterial über den deutschen Kindergarten für italienische Eltern verwendet - läßt den Fachmann in Italien an Fröbel denken, dessen Einfluß auf die italienische Kindergartenpädagogik so weit ging, daß im Jahr 1880 die amtliche Vorschrift erlassen wurde, im Rahmen der Ausbildung die praktischen Übungen in einem »Kindergarten« zu machen, bzw. daß im Jahr 1883 empfohlen wurde, den Ausbildungsstätten nach Möglichkeit einen »Kindergarten« anzugliedern (Königlicher Erlaß vom 30.9.1880 Nr. 5666 und Ministerialrundschreiben vom 1.10.1883, Nr. 722).

Besonders im Süden Italiens und mithin von in der Bundesrepublik lebenden italienischen Eltern wird der Kindergarten fast nur als »asilo« (Bewahranstalt) bezeichnet. Offiziell wird dieser Begriff jedoch nur in der Zusammensetzung »asilo nido« für die Kinderkrippe verwendet, aber der Begriff »asilo« führt an den Ursprung des italienischen Kindergartens zurück. Im Jahre 1831 gründete Ferrante Aporti in Cremona das erste »asilo di carità«. Er wollte die bereits seit langem bestehenden Kinderbewahranstalten und Kleinkinderschulen ablösen durch Einrichtungen, die pädagogischen Ansprüchen besser genügen und soziale Verbesserungen herbeiführen sollten. Er versuchte dabei, Ideen der von dem aufgeklärten englischen Unternehmer Robert Owen eingerichteten Infant's Schools auf die italienische Situation zu übertragen. Er setzte zunächst einen starken Akzent auf die religiöse Erziehung, der sich aber später im Zusammenhang mit der Einigung Italiens auf eine mehr politisch-nationale Erziehung verschob. Die »Kinderbewahranstalten« von Aporti verbreiteten sich sehr rasch in Italien.

Die heutige offizielle Bezeichnung »scuola materna« (wörtlich »mütterliche Schule«) kann in Verbindung gebracht werden mit der von Rosa Agazzi auf dem Pädagogischen Kongreß von Turin 1898 propagierten neuen »Kinderschule«, die sich abhebt von dem aufgeklärten und wissensbeladenen Konzept des Aporti. Rosa Agazzi ersetzt die Spielgaben Fröbels durch natürlicheres Spiel- und Beschäftigungsmaterial und mißt der Sprache mehr Bedeutung zu. Sie beeinflußt die italienische Kindergartenpädagogik weniger durch neue wissenschaftliche Ideen wie etwa Montessori, sondern durch die Weitergabe ihrer pädagogischen Erfahrungen, die sie zusammen mit ihrer Schwester Carolina in der Kinderschule von Mompiani gemacht hat (vgl. GENOVESI 1983). Die Kindergärten in Italien waren noch bis in das Jahr 1968 nicht-staatliche, meist kirchliche Einrichtungen. Der ökonomisch und damit auch infrastrukturell gut entwickelte Norden Italiens verfügte von Anfang an über mehr vorschulische Einrichtungen als der Süden. Die stärker ländliche Struktur des Südens, der auch damit zusammenhängende größere Zusammenhalt von Familie und Verwandtschaft sowie der geringere Anteil berufstätiger Frauen ließ die Entstehung von vorschulischen Einrichtungen nur langsam in Gang kommen. Die pädagogische Qualität der Einrichtungen war sehr unterschiedlich. Neben den vielen Einrichtungen, die nach wie vor eher den Charakter von Bewahranstalten hatten, arbeiteten andere Kindergärten nach methodischen Ansätzen der Pädagogen Aporti, Fröbel, Agazzi, Montessori oder nach einer »Mischmethode«. Verschiedene staatliche Instruktionen und Empfehlungen bewirkten wenig, den vorschulischen Einrichtungen insgesamt ihren stärker fürsorgerischen Charakter zu nehmen und ihnen einen eigenständigen Bildungsauftrag mit Öffentlichkeitscharakter zu geben.

Die Diskussion um eine vorschulische Einrichtung »neuer Richtung« hat auch eine neue Bezeichnung hervorgebracht: »scuola dell'infanzia« (wörtlich: Kindheitsschule). So nennen sich nicht nur bereits viele kommunale Kindergärten im Norden Italiens, sondern in der Fachliteratur und in Entwürfen besagt die Verwendung dieser Bezeichnung das Eintreten für einen noch stärker in das öffentliche Bildungssystem eingebundenen, mit einem curricularen Ansatz arbeitenden, stärker kognitives Lernen einbeziehenden, für didaktische Kontinuität einstehenden, gemeinwesenorientierten, demokratischen Kindergarten mit höher qualifiziertem pädagogischen Fachpersonal. Wenn dieses Konzept »laizistisch« orientierter Kräfte zum Zuge kommt, fürchten Vertreter der »katholischen« Richtung, daß der Kindergarten als »scuola del bambino« (Schule des Kindes, vom Kinde aus) in »autonomer« (privater) Form als familienergänzende Einrichtung mit ihrer pädagogischen Tradition und persönlich engagiertem Personal Einbußen erleiden (vgl. AGAZZI 1983, S. 17). Der Text der neuen Richtlinien für die pädagogische Arbeit im staatlichen Kindergarten von 1991 verwendet die Termini »scuola materna« und »scuola dell'infanzia« sowie manchmal auch »scuola del bambino« unterschiedslos. Es wird jedoch darauf hingewiesen, daß die Bezeichnung »scuola dell'infanzia« dem gegenwärtigen Entwicklungsstand der Einrichtung am ehesten entspricht (vgl. TESTO DEGLI ORIENTAMENTI 1990, S. 6).

In den letzten Jahren ist auch in Italien das Thema »Kindheit« stark in den Mittelpunkt des öffentlichen Interesses gerückt. Sowohl die Massenmedien als auch Wissenschaft und Forschung beschäftigen sich - vor allem seit Ende der 80er Jahre - verstärkt mit diesem Thema (vgl. CENSIS Bd. I 1992, S. 2 ff.). Von allen in Italien bestehenden Kindertageseinrichtungen hat der Kindergarten als Teil des Bildungssystems die größte gesellschaftliche Bedeutung. Der entscheidende Durchbruch, die Erziehung im vorschulischen Bereich als eigenständige und öffentliche Aufgabe zu betrachten, gelang mit der Verabschiedung des Gesetzes Nr. 444 vom 18.3.1968. Es sieht erstmals die Einrichtung von staatlichen Kindergärten vor, die zugleich als Teil des Bildungssystems begriffen werden und somit das Recht auf Bildung (»diritto allo studio«) auch für die 3-6jährigen anerkennt. Wie umkämpft diese Neuorientierung war, zeigt sich daran, daß beim ersten Versuch 1966, das Gesetz zur Errichtung staatlicher Kindergärten zu verabschieden, die Regierung Aldo Moro bei der Abstimmung über einen der ersten Artikel stürzte. Die staatliche Finanzierungspolitik gegenüber kirchlichen Bildungseinrichtungen war jedoch nur ein kritischer Punkt des alten Schulstreits zwischen Kirche und Staat und ein Teilaspekt der politischen Auseinandersetzung zwischen »katholischen« und »laizistischen« Kräften.

Obwohl in der pädagogischen Diskussion und Literatur und auch in einzelnen Einrichtungen eine starke Aufwertung der Kinderkrippen festzustellen ist, bleibt ihre Bedeutung sowohl qualitativ als auch quantitativ weit hinter dem Kindergartenbereich zurück. Die »doposcuola« (in etwa dem deutschen Hort vergleichbar) gibt es als öffentliche Institution nicht mehr und ist auch im Bereich privater Träger kaum noch existent.

Kindergärten waren früher - soweit sie überhaupt bestanden - eine Domäne der Kirche. Nach dem Krieg engagierten sich - vor allem in Norditalien - auch die Kommunen in diesem Bereich. Erst mit der Einrichtung staatlicher Kindergärten, die durch das Gesetz 444 von 1968 ermöglicht und deren Finanzierung dadurch gesichert wurde, kam es quantitativ zu einer starken Ausbreitung (vor allem im nachholbedürftigen Süden) und qualitativ zu einer Neukonzeption der Kindergärten: Von der sozialen Bewahranstalt zur Bildungseinrichtung. Nur die Kinderkrippen blieben im Sozialbereich, während der Kindergarten dem Bildungsbereich zugeordnet wurde. Die Zuständigkeit dieses Bereiches liegt beim nationalen Unterrichtsministerium und nicht bei den (mit den deutschen Bundesländern nur bedingt vergleichbaren) Regionen.

Heute befindet sich etwa die Hälfte der Kindergärten in freier oder kommunaler Trägerschaft (bzw. in kombinierten Trägerkonstruktionen), während die andere Hälfte staatliche Kindergärten sind. Private (gewerbliche) Träger spielen in diesem Bereich kaum eine Rolle. Eine staatlicherseits gewünschte stärkere Verzahnung der Kindergartenarbeit in staatlicher, kommunaler und privater Trägerschaft stößt immer noch auf Schwierigkeiten. Die zur Erarbeitung der neuen Richtlinien für die staatlichen Kindergärten eingesetzte Kommission hat

1989 in ihrem Bericht auf die Notwendigkeit hingewiesen »alle Initiativen, öffentliche und private, auf einen gemeinsamen Standard organisatorischer, administrativer und didaktischer Funktionalität zu bringen, der für das gesamte nationale Territorium die Voraussetzung für eine homogene Bildungseinrichtung für Kinder schafft, ohne der Identität und Autonomie der einzelnen Einrichtungen Abbruch zu tun« (zitiert nach CENSIS Bd. I 1992, S. 77).

Die seit 1968 als Ganztagseinrichtungen geschaffenen staatlichen Kindergärten werden vom nationalen Unterrichtsministerium finanziert. Der Besuch ist, mit Ausnahme des Mittagessens, kostenlos. Aufgrund der für die Kommunen günstigeren und gesicherteren Finanzierung bemühen sich diese gerade in den letzten Jahren um die Einrichtung von staatlichen Kindergärten.

Die scuola materna hat sich seit der Verabschiedung des Gesetzes 444/1968 sowohl hinsichtlich ihrer Verbreitung, ihres Images, ihrer pädagogischen Qualität als Bildungseinrichtung ganz erheblich weiterentwickelt. Die Feststellung von Baacke/Fracasso, »daß die italienischen vorschulischen Einrichtungen im Vergleich zur Bundesrepublik ... wenig ausgebaut sind«, stützt sich auf überholtes Zahlenmaterial von 1980/81 (vgl. BAACKE/FRACASSO 1992, S. 123). Allerdings gibt es auch noch 25 Jahre nach der Verabschiedung des Gesetzes einige evidente Widersprüche:

• Das Gesetz zur Einführung der staatlichen Kindergärten wurde durch eine ganze Reihe von rechtlichen Maßnahmen ergänzt und verändert, so daß sich die Kindergartenrealität weit von der ursprünglichen gesetzlichen Regelung entfernt hat.

• Es hält sich, trotz der umfassenden und fruchtbaren bildungspolitischen und pädagogischen Debatte, auch noch ein Verständnis des Kindergartens im Sinne einer stärker sozialfürsorgerisch ausgerichteten Einrichtung.

• Bei einer fast 100%igen Besuchsquote des Kindergartens besteht für die öffentlichen Träger die Schwierigkeit, eigene Einrichtungen flächendeckend und gleichmäßig in Italien zu schaffen (vgl. CENSIS Bd. I 1990, S. 8).

Es ist unbestreitbar, daß auch das staatliche Angebot der gewachsenen Nachfrage nach Kindergärten mit einer Bildungskonzeption trotz großer Fortschritte, oft nicht nachgekommen ist und deshalb eine Politik umgesetzt werden muß, welche die genannten Widersprüche auflöst. Die tiefgreifende bildungspolitische und pädagogische Veränderung, die durch die neuen »Richtlinien für die Bildungsarbeit in staatlichen Kindergärten« von 1991 (vgl. TESTO DEGLI ORIENTAMENTI 1990) eingeleitet wurde, muß nun umgesetzt werden, um einen höheren qualitativen Standard in allen Kindergärten unabhängig von ihrer Organisationsstruktur, Trägerschaft und geographischen Lage zu erreichen, ohne die Autonomie und Identität der einzelnen Einrichtung zu gefährden (vgl. ebd., S. 9). Es besteht weiterhin das Risiko, daß sich soziokulturelle Unterschiede stärker herauskristallisieren, obwohl der Kindergarten als geeignetes Feld zur rechtzeitigen Diagnose und Prävention hinsichtlich sozialer Benachteiligungen angesehen wird. Der notwendigen Angleichung qualitativer Standards, welche die Einführung einer geeigneten Fachaufsicht erforderlich macht, stehen aufgrund der traditionellen Ausprägung der Trägerschaft und wegen der Vielfalt pädagogischer Modelle objektive Schwierigkeiten entgegen.

Grundsätzlich gibt es auch keine Regelung, die den nicht-staatlichen Kindergärten vorschriebe, sich an die Bestimmungen für Kindergärten in staatlicher Trägerschaft, wie zum Beispiel an die bereits genannten »Richtlinien für die Erziehungsarbeit in den staatlichen Kindergärten« zu halten. Für die nicht-staatlichen Kindergärten gilt noch die Regelung des »Testo Unico« (T.U. = Rechtsverordnung) vom 5. Februar 1928, das Reg. Gen. (die allgemeine Richtlinie) Nr. 1297 von 1928 und bezüglich der Stoffpläne das DPR (die Präsidialverordnung) Nr. 584 von 1958 (vgl. CENSIS Bd. I 1992, S. 12 f.).

In den letzten 40 Jahren zeichnet sich eine verstärkte Nachfrage nach Kindergartenplätzen ab, der vor allem seit 1968 durch die Einrichtung staatlicher Kindergärten auch ein stark erweitertes Angebot entspricht (vgl. Tab. 30.1).

Tab. 30.1: Entwicklung der Besuchsquote in italienischen Kindergärten (in %)

Kinder-gartenjahr	Besuchsquote der 3-5jährigen	Erhöhung der Besuchsquote
1951/52	36,5	-,-
1961/62	48,6	12,1
1971/72	59,4	10,8
1981/82	81,9	22,5
1990/91	91,6	9,7

Quelle: Censis Bd. I (1992, S. 28)

Lag die Besuchsquote der 3-5jährigen[249] in den 60er Jahren noch bei knapp 50%, so erhöhte sich dieser Anteil bis 1981/82 auf über 80%, um dann Anfang der 90er Jahre mit fast 92% mit die höchsten Besuchsquoten in den Ländern der europäischen Gemeinschaft aufzuweisen (vgl. CENSIS Bd. I 1992, S. 11; vgl. Tab. 30.1). Dabei muß allerdings berücksichtigt werden, daß seit dem Jahr 1979 die Absolutzahl der den Kindergarten besuchenden Kinder wegen des Geburtenrückgangs abnimmt, der prozentuale Anteil der 3-5jährigen dagegen steigt.

---

[249] Die Schulpflicht (Grundschule) beginnt für alle Kinder in dem Jahr, in dem sie bis zum 31. Dezember das sechste Lebensjahr vollenden.

Diese Besuchsquote hat sich jedoch in Nord-, Mittel- und Süditalien nicht gleichmäßig erhöht (vgl. Tab. 30.2). Im Süden - und dort vor allem in den Regionen Campania und Sicilia - liegt die Besuchsquote in den einzelnen Kindergartenjahren jeweils niedriger.

Tab. 30.2: Verhältnis der Kinder im Kindergarten zu den Kindern im Alter von 3-5 Jahren nach geographischer Verteilung und Jahr in Italien (in %)

Geographische Verteilung	Kindergartenjahr					Zuwachs 1986/87-1990/91
	1986/87	1987/88	1988/89	1989/90	1990/91	
Nordwestitalien	89,6	90,3	90,4	93,5	95,2	5,6
Nordostitalien	93,7	93,8	93,2	96,8	97,9	4,2
Mittelitalien	94,0	94,2	93,2	96,5	97,2	3,2
Süditalien	84,5	81,7	81,8	85,2	86,3	1,8
Italien insgesamt	88,4	87,3	87,2	90,5	91,6	3,2

Quelle: Censis Bd. I (1992, S. 29)

Waren die Kindergärten bis in die 60er Jahre hinein vorwiegend in privater (fast ausschließlich kirchlicher) oder kommunaler Trägerschaft (vor allem in Norditalien), so hat sich die Situation von 1968 an mit der Einführung staatlicher Kindergärten einschneidend verändert. Seit diesem Zeitpunkt gibt es in Italien neben den Kindergärten in nicht-staatlicher (= kommunaler oder privater) Trägerschaft auch staatliche, dem Unterrichtsministerium unterstellte »scuole materne«. Staatliche Kindergärten sollten vor allem in Gebieten errichtet werden, wo es noch an derartigen Institutionen mangelte. So sind seit 1969 vor allem im Süden Italiens viele staatliche Kindergärten entstanden. Das hat allerdings bis heute noch nicht dazu geführt, daß der Prozentsatz der 3-5jährigen, die den Kindergarten besuchen, in ganz Italien gleich hoch ist (vgl. Tab. 30.2).

Die deutliche prozentuale Verlagerung - vor allem durch die Schaffung vieler neuer Kindergärten - der Besuchsquote von nicht-staatlichen zu staatlichen Einrichtungen zeigt sich schon Anfang der 80er Jahre (vgl. Tab. 30.3).

Die Regionen, Provinzen und Kommunen haben gegenüber den kommunalen und privaten vorschulischen Einrichtungen keine gesetzlich festgeschriebenen finanziellen Verpflichtungen. Es gibt einen Dschungel von oft kurzfristigen Vereinbarungen einzelner Gebietskörperschaften - insbesondere der Kommunen - zur Subventionierung der Kindergärten. Einrichtungen in kommunaler und privater Trägerschaft können auch staatliche Subventionen erhalten oder ganz vom Staat übernommen werden (vgl. FILTZINGER 1984, S. 115 ff.). Der Besuch der als Ganztagseinrichtungen geschaffenen staatlichen Kindergärten, die auch halbtags besucht werden können, ist kostenlos; das Mittagessen muß bezahlt werden. Diese Regelung gilt auch für etwa 50% der kommunalen Kindergärten; in den anderen werden meist vom Einkommen der Eltern abhängige Beiträge erhoben. Die Elternbeiträge der privaten Kindergärten, die zu 95% in kirchlicher Trägerschaft sind, sind regional sehr unterschiedlich und stark abhängig von der Höhe öffentlicher Subventionen. In den übrigen 5%, meist sehr exklusiven, nicht-konfessionellen Einrichtungen in privater Trägerschaft sind oft hohe Gebühren zu zahlen (vgl. HERZBERG/NISSEN 1983a, S. 59).

Tab. 30.3: Anteil der 3-5jährigen im Jahr 1982/83, die eine Scuola materna besuchen, nach Trägerschaft in Italien

Region	Staatlich	Nicht-staatlich	Insgesamt
Nordwestitalien	27,9	62,3	90,2
Nordostitalien	22,0	65,9	87,9
Mittelitalien	41,5	45,8	87,3
Süditalien	42,9	32,7	75,6
Italien insgesamt	36,2	46,5	82,7

Quelle: Census (1984, S. 53)

Eine Gruppe im Kindergarten (»Sektion« genannt) umfaßt 13-25 Kinder. Die Zusammensetzung ist fast überall altershomogen; es gibt jedoch Tendenzen, altersgemischte Gruppen einzuführen. Fast überall gibt es gruppenübergreifende Aktivitäten (»attività di intersezione«). Bis 1978 gab es in den staatlichen Kindergärten für jeweils 3 Gruppen drei ausgebildete Fachkräfte, eine ausgebildete Erziehungshelferin und zwei Helferinnen. Danach wurde festgelegt - aber nicht überall verwirklicht -, daß für jede Gruppe zwei voll ausgebildete Vorschulpädagoginnen zur Verfügung stehen sollen. Die staatlichen Einrichtungen sind 8, 9 oder 10 Stunden täglich, auf 5 oder 6 Tage pro Woche verteilt (meist zwischen 8.30 und 16.30 Uhr), und an mindestens 200 Tagen im Jahr geöffnet. Die Arbeitszeit des Personals ist auf 25 Stunden pädagogische Tätigkeit pro Woche festgelegt; darüber hinaus sind jährlich 80 Stunden für andere Aktivitäten (z.B. Planung, Vorbereitung, Fortbildung) vorgesehen.

Auf Schulbezirksebene gibt es Gremien, in denen die Eltern und wichtige gesellschaftliche Gruppen (vor allem Parteien, Gewerkschaften) vertreten sind. Diese Gremien haben Mitbestimmungsrechte für die im Schulbezirksbereich liegenden staatlichen Vorschuleinrichtungen und Schulen. Vor allem auch für die kommunalen Kindergärten wurden für die einzelnen Kommunen bzw. Stadtteile oder Kindergärten Formen der Elternmitbestimmung entwickelt.

In den Kindergarten werden Kinder aufgenommen, die bis zum darauffolgenden 31. Januar das 3. Lebensjahr vollendet haben. Sie können bis zur Einschulung im 6. Lebensjahr den Kindergarten besuchen. Die Zielsetzung der staatlichen »scuola materna« ist im Gesetz Nr. 444 von 1968 festgelegt, wo es heißt, daß sie »Kinder im Vorschulalter von 3-6 Jahren aufnimmt«, um »sie zu erziehen, ihre kindliche Persönlichkeit zu entfalten, sie zu betreuen und auf den Besuch der Pflichtschule vorzubereiten in Ergänzung der Erziehungsarbeit der Familie«. In Anwendung dieses Gesetzes (Art. 2) erarbeitete eine Kommission »Richtlinien zur Bildungsarbeit an den staatlichen Kindergärten«, die mit dem Gesetz 647 vom 10.9.1969 in Kraft traten (ITALIENISCHES UNTERRICHTSMINISTERIUM 1974). Nach 2-jähriger erneuter Kommissionsarbeit wurde dann 1990 eine grundlegende Revision der Richtlinien vorgelegt, die noch stärker den Charakter der »scuola dell'infanzia« als integraler Bestandteil des Bildungssystems betont (vgl. TESTO DEGLI ORIENTAMENTI 1990).[250]

Für die Grund- und einheitliche Mittelschule (scuola elementare und scuola media) wurde schon durch das Gesetz 517/1977 (Art. 2 und 7) die Eingliederung der behinderten Kinder sowie hierfür die Beschäftigung von Zusatzlehrern verfügt. Das Gesetz 270/1982 traf eine entsprechende Regelung für die staatlichen Vorschuleinrichtungen zur Integration von behinderten und benachteiligten Kindern. Danach ist auch in den Kindergärten für jeweils 4 behinderte Kinder eine Zusatzfachkraft einzustellen bzw. die Gruppenstärke zu verringern. Trotz vieler Probleme, die sich durch die Eingliederung behinderter Kinder ergaben (Versorgung und Therapie der Schwer- und Schwerstbehinderten, der Geistigbehinderten, Mehrfachbehinderten, Ausbildung des Lehr- und Fachpersonals), hat Italien an diesem Konzept festgehalten. Die im Zusammenhang mit der Integration empfohlene und angestrebte Zusammenarbeit von Kindergarten, Grund- und Mittelschule mit den neu organisierten örtlichen Gesundheitseinheiten wird in einem Ministerialrundschreiben vom September 1983 nochmals betont und konkretisiert. Auch die neuen Grundschulrichtlinien von 1985 versuchen, für die in der Übergangsphase aufgetretenen Schwierigkeiten Lösungen (differenziertere Diagnose, differenzierteres und inividualisiertes Lernen, bessere ärztliche und therapeutische Versorgung, präventive und fürsorgerische Maßnahmen, enge Zusammenarbeit mit den Familien sowie den Sozial- und Gesundheitsdiensten) zu finden.

Für die staatlichen Kindergärten sind, wie schon dargelegt, zwei ausgebildete Pädagoginnen pro Gruppe vorgesehen (Gesetz 235/1990). Es ist jedoch zu beachten, daß diese Regelung für eine Gruppe gilt, die 8 Stunden am Tag geöffnet ist, so daß bei 25 Stunden wöchentlicher direkter pädagogischer Arbeit (Präsidialdekret 399/1988) im - oft sich um eine Stunde überschneidenden - Schichtwechsel gearbeitet wird. Die schon vom Gesetz 444/1968 (Art. 13) ge-

---

[250] Eine kritische Würdigung der neuen »Orientamenti« findet sich bei FRABBONI (1990).

forderte LeiterIn für einen Kindergarten war, entsprechend dem Schulbezirksleiter (direttore didattico), nicht für jede einzelne Einrichtung, sondern für einen Kindergartenbezirk vorgesehen. Dies wurde bis heute noch nicht in die Praxis umgesetzt; die Aufgaben dieser »direttrice« werden nach wie vor von dem für die Grundschulen zuständigen Schulbezirksdirektor wahrgenommen. Nach dem Gesetz 444/1968 war nur weibliches Personal vorgesehen. Obwohl laut Gesetz 903/1977 nun auch männliches Personal zulässig ist, sind Männer in diesen Funktionen nur in ganz seltenen Ausnahmefällen tätig. Die Rekrutierung des Personals erfolgt - wie auch sonst im öffentlichen Dienst Italiens - über öffentlich ausgeschriebene Auswahlverfahren. Bestandteil dieses Verfahrens sind einmal eine Anrechnung von Punkten, die durch Praxis, Aushilfen und Fortbildung erworben werden können und eine schriftliche sowie eine mündliche Prüfung vor einer staatlichen Kommission.

Dem Gesetz, mit dem die staatliche »scuola materna« eingeführt wurde (Gesetz Nr. 444/1968), folgten in den beiden letzten Jahrzehnten einige abweichende gesetzgeberische Maßnahmen (z.B. durch das Gesetz 463/78) sowie Verwaltungsvorschriften verschiedener Art (vgl. FERRARESI 1982). In Abb. 30.1 (vgl. BONFIGLIOLI/VOLPICELLA 1992, S. 242 ff.) wird versucht, die - nicht immer nach einem homogenen Konzept - erfolgten Veränderungen der staatlichen »scuola materna« im Überblick darzustellen.

Abb. 30.1: Überblick über das Gesetz zur Einführung der staatlichen »scuola materna« und nachfolgende Regelungen in Italien

Gesetz 444/1968	Neue Bestimmungen
Ziel (Art. 1): »Erziehung, Entwicklung der kindlichen Persönlichkeit, Unterstützung und Vorbereitung auf den Besuch der Pflichtschule unter Einbeziehung des Wirkens der Familie«.	
Zugangsalter: 3-6 Jahre (Art. 1); Besuch (Art. 1): freiwillig und kostenlos	Es wird die Aufnahme von Kindern ermöglicht, die bis zum darauffolgenden 31. Januar das 3. Lebensjahr vollendet haben. (Ministerialrundschreiben vom 07.05.1980, Nr. 125)
Richtlinien (»Orientamenti«Art. 2): Sie sind innerhalb von sechs Monaten zu erlassen. Präsidialverordnung (DPR) vom 10. September 1969 Nr. 647: »Richtlinien (»orientamenti«) für die pädagogische Arbeit im Kindergarten (scuola materna).«	Ministerialverordnung (DM) vom 3. Juni 1991 »Richtlinien für die Bildungsarbeit im staatlichen Kindergarten (scuola materna)«.

(Fortsetzung nächste Seite)

(Noch Abb. 30.1)

Gesetz 444/1968	*Neue Bestimmungen*
Planung	Präsidialdekret 416/1974 (Das Lehrerkollegium »besorgt die Planung der pädagogischen Arbeit«). Das Gesetz 270/1982 beruft sich auf die Anwendung des Gesetzes 517/1977 im Kindergarten: vgl. Ministerialrundschreiben 261/1982 (Die Planung der pädagogischen Tätigkeit im Kindergarten)
Freiheit der Lehre (Art. 2): »im Rahmen der Richtlinien (orientamenti) ist volle didaktische Freiheit vorgesehen«.	Präsidialerlaß 417/1974 Art. 1 (Neue und vollständigere Definition der Freiheit der Lehre)
Einrichtung von Kindergärten (»scuole«) **und Kindergartengruppen** (»sezione«) (Art. 3) Dekret des Ministers für öffentlichen Unterricht	
Behinderte (Art. 3): • Einrichtung von Sondergruppen oder Sonderkindergärten (mit einer Höchstzahl von 12 Kindern pro Gruppe)	• Eingliederung der behinderten Kinder in die allgemeine Schule (Gesetz 270/1982) • Stützlehrer (Gesetz 270/1982) • Reduzierung der Kinderzahl auf (minimal) 10 und (maximal) 20 in den betreffenden Gruppen (Gesetz 270/1982)
Gruppen (Art. 4): Normalerweise Kindergärten (»scuole«) mit 3 Gruppen (»sezioni«); es sind aber auch davon abweichende Lösungen zulässig.	Mindestkinderzahl pro Gruppe 13 (bei unveränderter Höchstzahl) (Gesetz 270/1982)
Öffnungszeit (Art. 4): • 7 Stunden mit der Möglichkeit zu verlängern. »Der Besuch lediglich am Vormittag oder am Nachmittag ist gestattet«.	• 8-10 Stunden täglich, verteilt auf 5 - 6 Tage; • Öffnung nur am Vormittag: 30 Stunden pro Woche, verteilt auf 5 oder 6 Tage; • Öffnung am Samstag, wenn wenigstens 15 Eltern dies beantragen (Ministerialrundschreiben 235/1990)
Lehrerinnen (Art. 4): 1 pro Gruppe (1 Zusatzlehrer für je 3 Gruppen) • Schulabschluß: Abschlußzeugnis (»diploma«) eines »istituto magistrale« oder einer »scuola magistrale« • es ist ein Berufsbefähigungsnachweis vorgesehen; • für die Lehrer von Sonderkindergärten (»scuole speciale«): anerkanntes Spezialzeugnis (»diploma speciale«)	• 2 Lehrerinnen für jede Gruppe, die eine 8-stündige Öffnungszeit hat (Gesetz 463/ 1978) • vollständige Universitätsausbildung (Art. 7) Präsidialerlaß 417/1974 Art. 3, Gesetz 341/ 1990) • Zeugnis (»diploma«) über eine zweijährige Sonderausbildung (Ministerialverordnung 970/1975 für die Stützlehrer)
Geschlecht: Das Personal ist ausschließlich weiblich.	Es ist auch männliches Personal zulässig (Gesetz vom 9.12 1977, Nr. 903 über die Gleichberechtigung).
Arbeitszeit	• Präsidialverordnung vom 23.8.1988 Nr. 399: 25 Wochenstunden pädagogische Tätigkeit (»Lehrtätigkeit«) und 80 Jahresstunden für Aktivitäten außerhalb der Lehrtätigkeit.
Assistent (»assistente«)(Art. 4): 1 pro Kindergarten »arbeitet mit dem Lehrer bei der Aufsicht und Betreuung zusammen«.	Vom Gesetz 463/1978 abgeschafft; seine Aufgaben werden den Lehrern zugeteilt.

(Fortsetzung nächste Seite)

(Noch Abb. 30.1)

Gesetz 444/1968	Neue Bestimmungen
Leiterinnen (Art. 13): Aufsicht über das Funktionieren und die Aktivitäten des staatlichen Kindergartens; Universitätsdiplom (»diploma di laurea«) in Pädagogik und 5 Dienstjahre; ohne Abschluß 12 Dienstjahre. Art. 26 überträgt die Aufsicht provisorisch auf die Schulbezirksleiter (»direttori didattici«) der Grundschule.	• dieser Artikel wurde nicht umgesetzt; • Präsidialerlaß 417/1974 (Art. 24): als Zugangsvoraussetzung zur Leitungsfunktion ist ein Universitätsabschluß (»laurea«) erforderlich.
Inspektorinnen (Art. 12): (Organisations- und Aufsichtsfunktion) • Universitätsabschluß (»laurea«) in Pädagogik; sie rekrutieren sich aus Personal mit Leitungsaufgaben; es sind Zentralinspektorinnen vorgesehen.	Das erste Auswahlverfahren (»concorso«) für Inspektorinnen wurde 1984 ausgeschrieben; es ist offen für »Lehrerinnen« mit Universitätsabschluß und 9 Dienstjahren.
Rechtlicher Status des Lehr-, Leitungs- und Fachaufsichtspersonals: er wird dem für die Grundschule geltenden gleichgestellt.	Der neue von dem Präsidialerlaß 417/1974 vorgesehene Rechtsstatus bestätigt die Gleichstellung mit der Grundschule.
Unterstützung (»assistenza«), Gebäude, Verpflichtungen der Gemeinden (Art. 5-6-7)	Zuständigkeiten sind in der Präsidialordnung 616/1977 neu definiert.
Kindergarten- (»Schul«) Jahr (Art. 4): Öffnung mindestens 10 Monate im Jahr: Das Ministerialrundschreiben Nr. 236 vom 5. 12. 1975 gestattet eine Verlängerung der jährlichen Öffnungszeit auf den 11. und 12. Monat.	Es wird das Gesetz Nr. 467 vom 9.8.1986 angewendet, das eine Öffnungsdauer von mindestens 200 Tagen und einen nach Regionen unterschiedlichen Beginn des Kindergarten-(»Schul«)-jahres vorsieht; es ist keine verlängerte Öffnungszeit im Sommer vorgesehen.
Lehrerrat (Art. 20) nicht eingerichtet	Lehrerkollegium und Ausschuß zur Auswertung des Dienstes (Präsidialverordnung 416/1974)
Leitungsrat (Art. 20) nicht eingerichtet	Schulbezirksrat (mit 1 oder 2 Vertretern der Kindergartenlehrerinnen; Intergruppenrat Ministerialrundschreiben 270/1986)
Verordnung zur Durchführung (Art. 24) nicht verabschiedet	
Finanzierung: • beträchtliche Finanzmittel für die nichtstaatlichen (»scuole private«) Kindergärten, die höher sind als die für die Entwicklung des staatlichen Kindergartens ausgewiesenen; • die Ausgaben der Kommunen für ihre Kindergärten werden von freiwilligen in Pflichtaufgaben umgewandelt.	Jährlich werden Verfügungen für die Beantragung von Finanzmitteln seitens der nichtstaatlichen Kindergärten an das Ministerium für den öffentlichen Unterricht erlassen (weitere Finanzmittel sind im Bereich der Interventionen bezüglich des Rechtes auf Bildung (»diritto allo studio«) vorgesehen).
Auswahlverfahren: Die Rekrutierung des Personals erfolgt über öffentliche Auswahlverfahren. Es sind reservierte Auswahlverfahren und reservierte Stellen für einige Personengruppen vorgesehen.	In dem hier dargestellten Zeitraum folgten gesetzliche Regelungen für Personal mit nicht fester Anstellung, für reservierte und für ordentliche Auswahlverfahren. Es gab Änderungen der Vorschriften für die Auswahlverfahren (Ministerialerlaß 417/1974; Gesetz 463/1978; Gesetz 270/1982).

Quelle: Bonfiglioli/Volpicella (1992, S. 242ff.)

Das »asilo nido« entspricht der deutschen Krippe und kann von 0-3jährigen Kindern besucht werden.[251] Heute besuchen ca. 5%-6% der 0-3jährigen Kinder eine Krippe.

Als öffentliche Einrichtung wurden die Kinderkrippen mit dem Gesetz Nr. 1044 am 06.12.1971 eingerichtet. Es gab schon zur Zeit des Faschismus in der Trägerschaft der ONMI (»Opera nazionale maternità e infanzia« = »Nationales Mutter- und Kinderwerk«) und auch nach dem 2. Weltkrieg sogenannte »camere die allattamento« (»Säuglingsstuben«) sowie betriebliche Horte, die beim Überschreiten einer bestimmten Quote weiblicher Arbeitnehmer eingerichtet werden mußten. Diese, allerdings nicht flächendeckend in ganz Italien verbreiteten, Krippen waren von den staatlichen sozial-politischen Interventionen für Familien und Kinder losgelöst, wurden eher von kommunalen Trägern als öffentliche Aufgabe wahrgenommen und hatten kein Konzept für die professionelle Ausbildung des Erziehungs- und Pflegepersonals. Mit dem bereits genannten Gesetz 1044 verändert sich diese Situation. Die Krippen werden aus der direkten betrieblichen Trägerschaft herausgelöst und als öffentlicher sozialer Dienst für alle Bürger geöffnet, der flächendeckend ausgebaut werden soll. Die Leitung dieser Einrichtungen geht an örtliche Träger, die Planungs- und allgemeine Richtlinienkompetenz geht an die Regionen und die direkte Verwaltung an die Kommunen über. Während die Kinderkrippen in den letzten 20 Jahren politisch-institutionell aufgewertet wurden, hinkte der Ausbau der Krippe als pädagogische Einrichtung hinterher. Das Gesetz 1044 schreibt im ersten Artikel vor: »Die Kinderkrippen haben, im Rahmen eines vollständigen Systems der sozialen Sicherung, den Zweck, für die zeitweise Aufbewahrung der Kinder zu sorgen, um eine angemessene Unterstützung der Familie sicherzustellen und um den Frauen den Zugang zur Arbeit zu erleichtern« (zitiert nach BORGHI/GUERRA 1992, S. 5 f.). Der zunächst stärker gesundheitlich-pflegerische Zuschnitt der »asili nido« kommt auch dadurch zum Ausdruck, daß ihre Finazierung über Haushaltstitel des Gesundheitsministeriums vorgesehen ist (Gesetz 1044 Art. 1).

Viele Regionen haben ausschließlich auf der Rechtsgrundlage der Artikel 5 und 6 des Gesetzes 1044 versucht, stärker die pädagogische Funktion hervorzuheben.[252] Mittlerweile gibt es viele praktische Bemühungen, zahlreiche Konzepte und Vorschläge in der Fachliteratur und Forbildungsveranstaltungen, zur Aufwertung des »asilo nido« als sozial-pädagogische Einrichtung. Einen

---

[251] Eine umfassende Darstellung der rechtlichen Situation und der pädagogischen Konzeption sowie des methodischen Arbeitens in der Kinderkrippe findet sich bei BORGHI/GUERRA (1992).

[252] Bezüglich der regionalen Gesetzgebung im Krippenbereich siehe GHEDINI (1988).

gewissen Rückschritt in der Entwicklung der Kinderkrippe zu einer allgemeinen sozialen Einrichtung stellt die Tatsache dar, daß die Krippe seit 1983
in den Gesetzen und Dekreten zur Kommunalfinanzierung als »Dienst auf
individuelle Nachfrage« (»servizio a domando individuale«) eingestuft wird.
Damit wurde die Krippe in eine völlig unhomogene Kategorie von 18 weiteren Anbietern auf individuelle Nachfrage (Hotels, öffentliche Bäder, zoolo-
gische und botanische Gärten, Sportanlagen, öffentliche Schlachthöfe, Park-
plätze, Theater usw.) eingestuft. Das hat unter anderem auch zur Folge, daß
die Eltern Beiträge zahlen oder Kosten in einem Umfang von mindestens 36%
(für die Jahre 1991 und 1992) der Gesamtkosten decken müssen.

Die »doposcuola« (nur bedingt mit dem deutschen Hort vergleichbar) ist
gegenwärtig in Italien kaum noch existent und hat in der erziehungs- und bil-
dungspolitschen Planung keine Zukunft.

In der Zeit, als die Grundschule nur einen vierstündigen Vormittagsunter-
richt hatte, boten kommunale oder private (sehr oft die Pfarreien) Träger kostenlos oder gegen Bezahlung nachmittägliche Hausaufgabenhilfe und Betreuung an. Mit der Einführung der Ganztagsschule durch das Gesetz Nr. 820 von
1971 verlor die doposcuola jedoch jegliche Bedeutung. Da die »scuola materna« dem Schulbereich zugeordnet ist, stellen sich die Übergangsprobleme zur
Grundschule in den Einrichtungen, die auf eine methodisch-didaktische Kontinuität bedacht sind, weniger gravierend. Die staatliche »scuola materna« versteht sich als in das allgemeine Bildungssystem integrierte Einrichtung, die
selbstverständlich auf die 5 Jahre dauernde »scuola elementare« (Grundschule)
vorbereitet und die zusammen mit ihr und der darauf folgenden 3 Jahre langen »scuola media« (»allgemeine Mittelschule«) oft als »scuola di base« bezeichnet wird (vgl. FRABBONI/LODINI/MANINI 1990).

Die *Arbeitslosigkeit* im Kindertagesstätten- und Grundschulbereich ist recht
hoch (genaue Zahlen liegen nicht vor), da es viel mehr ausgebildete BewerberInnen als ausgeschriebene Stellen gibt. Betroffen sind vor allem Frauen, die den
weitaus größten Anteil der BewerberInnen stellen. Bei den Fachkräften für Kindertagesstätten und für Grundschulen gibt es einen Verdrängungswettbewerb.
Einerseits drängen vor allem GrundschullehrerInnen ohne Erstanstellung in den
Kindertagesstättenbereich, andererseits wird die sehr hohe Arbeitslosigkeit bei
GrundschullehrerInnen, zum Teil auch dadurch verschärft, daß junge BewerberInnen im Kindergarten und Krippenbereich, die keine Erstanstellung finden,
weiterführende Schulen besuchen oder einen universitären Abschluß im er-
ziehungs- bzw. humanwissenschaftlichen Bereich machen.

30.2.2 Ausbildungen für das Personal in Kindertageseinrichtungen

Die folgenden Ausführungen befassen sich zunächst eingehend mit der Ausbildung des Fachpersonals der »scuola materna« (Kindergarten) und gehen hieran anschließend kurz auf die Ausbildung für das »asilo nido« (Krippe) ein.

Für die Ausbildung der KindergartenerzieherInnen (die in Italien »insegnanti« = Lehrerinnen heißen) wurden nach Inkrafttreten des Gesetzes Nr. 444 zur Einrichtung staatlicher Kindergärten im Jahr 1968 eine Reihe rechtlicher Bestimmungen erlassen, die noch einmal zusammengefaßt werden:

1. *Präsidialerlaß Nr. 417 vom 31. Mai 1974*: Er definiert die in Art. 2 des Gesetzes 444/1968 vorgesehene Freiheit der Lehre neu und ausführlicher (Art. 1). Artikel 7 fordert eine universitäre Ausbildung. Artikel 24 verlangt als Zugangsvoraussetzung zur Leitungsfunktion einen Universitätsabschluß (»laurea«). Der Präsidialerlaß bestätigt die vom Gesetz 444/1978 vorgesehene Gleichstellung hinsichtlich des Rechtsstatus des Lehr-, Leitungs- und Fachaufsichtspersonals von Kindergarten und Grundschule.

2. *Gesetz Nr. 463 vom 9. August 1978*: Es sieht 2 ausgebildete Lehrerinnen (»insegnanti«) pro Gruppe vor. (Nach Gesetz 444/1968 war es nur eine pro Gruppe plus eine zusätzliche Lehrerin für je 3 Gruppen). Der »assistente« (1 pro Kindergarten) für Aufsicht und Betreuung wird abgeschafft.

3. *Gesetz Nr. 270 vom 20. Mai 1982*: Es sieht die Einführung des Stützlehrers für behinderte Kinder vor (deren 2jährige Sonderausbildung bereits durch die Ministerialverordnung 970 von 1975 geregelt wurde).

4. *Präsidialverordnung Nr. 399 vom 23. August 1988*: Diese Verordnung regelt die Wochen- und Jahresarbeitszeit: 25 Stunden pro Woche für die direkte pädagogische Arbeit, 80 Stunden pro Jahr für andere Tätigkeiten, wie Planung, Vorbereitung und ähnliches.

5. *Gesetz Nr. 341 vom 19. November 1990*: Es verlangt in Art. 3 erneut wie schon der Präsidialerlaß 417/1974 eine vollständige Universitätsausbildung. (Das Gesetz 444/1968 hatte das »diploma« einer »scuola magistrale« bzw. eines »istituto magistrale« sowie einen Berufsbefähigungsnachweis verlangt).

Die Ausbildung der Vorschulerzieherin oder -lehrerin erfolgt bisher an einer Fachschule (scuola magistrale). Zugangsvoraussetzung ist der Abschluß der einheitlichen Mittelschule (scuola media) mit 14 Jahren; es bestand aber auch die Möglichkeit, diese Schule nur mit einem Grundschulabschluß nach Bestehen einer zusätzlichen Aufnahmeprüfung zu besuchen. 1984 gab es nur 8 staatliche Schulen und 97 in privater, meist kirchlicher Trägerschaft (vgl. FILTZINGER 1984, S. 117). Auch heute handelt es sich vorwiegend um kirchliche Schulen (vgl. FRABBONI/PINTO/MINERVA/TREBISACCE 1991, S. 187). Die Dauer der Ausbildung beträgt 3 Jahre. Es handelt sich um eine Vollzeitausbildung. Vor allem in der Vergangenheit gab es aber auch berufsbegleitende Abendkurse zur Nachqualifizierung; außerdem besteht die Möglicheit externer Vorbereitung auf die schulische Abschlußprüfung. Von der Möglichkeit, diese Schulform noch zwei weitere Jahre zu besuchen, um dann mit der abschließenden Reifeprüfung Zugang zu Universitätsstudien zu haben, machen mittlerweile die meisten Schülerinnen Gebrauch. Aus diesem Grund sind diese Schulen bisher auch nicht in ihrer Existenz gefährdet, nachdem das Gesetz 341/1990 die Ausbildung der Fachkräfte für den Kindergarten auf Universitätsebene angesiedelt hat. Da es noch keine klaren Regelungen für das Berufsprofil der Fachkräfte für die Krippen gibt, rekrutiert sich dieses Personal oft aus Abgängern der scuola magistrale.

Die 4jährige Ausbildung an einem »istituto magistrale« mit dem Abschluß des »diploma« des »maestro elementare« bereitet für die Arbeit an der Grundschule vor, berechtigt aber seit einigen Jahren auch zur Teilnahme an den öffentlichen Auswahlverfahren zur Anstellung als Fachkräfte im Kindergarten. Zugangsvoraussetzung ist der Abschluß der »scuola media« (einheitliche Mittelschule). Das Verhältnis von staatlichen und privaten Schulen ist bei dieser Schulform umgekehrt wie bei der »scuola magistrale«. Fast 95% der Schulen sind staatlich. Diese 4jährige Schulform führt nicht zur allgemeinen Hochschulreife. Der Abschluß berechtigt zur Einschreibung in die Lehramtsfakultät (facoltà di magistero). Nach Besuch eines Ergänzungsschuljahres können die Abgänger des »istituto magistrale« die allgemeine Hochschulreife erwerben. Diese Schulform ist praktisch am Aussterben. Wegen des fehlenden direkten Zugangs zur allgemeinen Hochschulreife besteht kaum noch Nachfrage (vgl. ebd., S. 186). Fast 90% dieser Schulen sind mittlerweile (als Experimentierschulen) in 5jährige »licei pedagogici« (Pädagogikgymnasien) umgewandelt. Für den Zugang zu beiden Schulformen ist keine vorherige Berufsausbildung oder berufliche Tätigkeit beziehungsweise ein Praktikum vorgesehen. In die Schulzeit selbst sind Praktika bzw. Hospitationen integriert. Bei den staatlichen Schulen wird lediglich eine Einschreibegebühr von derzeit etwa 100,- DM erhoben. Die Kosten für den Besuch privater Schulen sind unterschiedlich hoch. Es gibt in Italien keine gesetzlich geregelte Ausbildungsförderung für SchülerInnen. Sie können sich für meist nicht sehr hohe Stipendien (durchschnittlich um 500,- DM pro Jahr) bewerben, die von Banken, Gewerkschaften, Wohlfahrtsverbänden u.a. ausgeschrieben werden. Diese Stipendien werden im allgemeinen nach dem Ergebnis einer Prüfung vergeben, bei manchen Stipendien spielt auch das Einkommen der Eltern eine Rolle, oft ist es Voraussetzung, daß die Eltern im Bereich der Vergabeinstitution arbeiten.

Das öffentliche Ansehen des »Lehrers« im Kindergarten ist in den letzten Jahren, vor allem nach der Einführung des staatlichen Kindergartens im Jahr

1968 und der damit verbundenen rechtlichen Gleichstellung des Lehr-, Leitungs- und Fachaufsichtspersonals von Kindergarten und Grundschule sehr gestiegen. Es hat auch eine Angleichung der Besoldung stattgefunden. Die frühere und meist auch noch die gegenwärtige Ausbildung an den »scuole magistrali« und den »istituti magistrali« betont im theoretischen Bereich stärker pädagogische, psychologische und psychosoziale Aspekte. Im methodischen Bereich stehen Vermittlung von Fertigkeiten für die pädagogisch praktische Arbeit im Vordergrund (Spiele, Tänze, Lieder, Basteln, Rollenspiele, Theater).

Die Verbesserung der Aus- und Fortbildung sind notwendige Voraussetzung, um den neuen Anforderungen an eine in das Bildungssystem integrierte Einrichtung, die flächendeckend pädagogischen und sozialen Ansprüchen genügt, zu entsprechen. Das bedeutet praktisch die Notwendigkeit, die Ausbildungsebene für die Fachkräfte anzuheben. Faktisch sind aber derzeit nach einer Befragung von 1.066 Fachkräften und Schulbezirksdirektoren 90% der Befragten Abgänger der »scuola magistrale« oder Inhaber eines Diploms des »istituto magistrale«, während nur ein ganz geringer Prozentsatz ein abgeschlossenes Universitätsstudium hat (wobei es sich meistens um die Schulbezirksdirektoren handelt). Dabei halten fast 30% der Befragten ein abgeschlossenes Universitätsstudium für unerläßlich und 70% die Absolvierung eines postsekundären Fachstudiums (vgl. CENSIS Bd. I 1992, S. 15; Tab. 30.4).[253]

Die neuen Orientamenti von 1991 beschreiben das berufliche Profil des »insegnante di scuola materna« als höchst komplex und verantwortungsvoll. Es erfordert deshalb spezielle kulturelle, pädagogische und didaktische Kompetenzen, die gepaart sein müssen mit Sensibilität und Bereitschaft, eine erzieherische Beziehung mit den Kindern aufzunehmen.

Der »insegnante di scuola materna« wird immer mehr zu einem »Experten« für Lernprozesse (vgl. FRABBONI/GENOVESI 1990, S. 195). Er braucht deshalb eine gute Allgemeinbildung, eine spezifische psychologische, pädagogische und didaktische Ausbildung, Kenntnisse im Bereich der Fachforschungsmethoden, Fertigkeiten in pädagogischen Techniken, Fähigkeiten der Überprüfung und Auswertung der vielfältigen Variablen innerhalb und außerhalb des Schulsystems, Erfahrungen mit psychosozialen Beziehungen. Im Grunde werden von dem »insegnante« immer mehr spezialisiertere Leistungen abverlangt, so daß seine Professionalität eine neue fachlich-wissenschaftliche Dimension erhält.

---

[253] Zur universitären Ausbildung der KindergartenlehrerInnen gibt es auch eine interessante Befragung von LeiterInnen, LehrerInnen und SchülerInnen der »scuola magistrale« sowie von KindergartenlehrerInnen, um Meinungen, Erwartungen und Anregungen zu diesem Thema zu sammeln (As. Pe. I. 1992).

Er muß also Kognition und Sozialisation, Logik und Phantasie miteinander verbinden (vgl. BONFIGLIOLI/VOLPICELLA 1992, S. 43 f.).

Tab. 30.4: Meinungen über den unerläßlichen Bildungsabschluß des pädagogischen Personals im Kindergarten in Italien (*Mehrfachnennungen möglich*)	
Die Befragten sind der Meinung, daß	
• ein Universitätsabschluß (»laurea«) unerläßlich sei	27,0%
• ein Abschluß der »scuola magistrale« genüge	5,5%
• ein Diplom des »istituto magistrale« genüge	6,7%
• die Lehrpläne der scuola magistrale und des istituto magistrale auf den neuesten Stand gebracht werden müßten	57,8%
• eine postsekundäre Schule für ein Fachstudium eingerichtet werden müsse	70,2%
Quelle: Censis Bd. I (1992, S. 37)	

Die »Orientamenti« von 1991 verlangen deshalb eine Grundausbildung auf Universitätsebene (vgl. TESTO DEGLI ORIENTAMENTI 1991, S. 47). Sie beziehen sich ausdrücklich auf Art. 7 des Präsidialdekrets (D.P.R.) Nr. 417/1974, in dem es heißt: »Für die Zulassung zu Bewerbungsverfahren (»concorsi«) für Lehrerstellen wird eine vollständige Universitätsausbildung gefordert«. Dieser Satz blieb eine Grundsatzerklärung, da erst das Gesetz 341/1990 über die universitären Studienordnungen in Art. 3 einen Studiengang (»corso laurea«) mit zwei Studienrichtungen für die Ausbildung der Lehrer (»insegnanti«) sowohl für den Kindergarten (»scuolo materna«) als auch für die Grundschule (»scuola elementare«) vorschreibt (vgl. BONFIGLIOLI/VOLPICELLO 1992, S. 44).

Damit wird ein in den 80er Jahren beginnender Diskussions- und Studienprozeß zur Anhebung der Lehrerausbildung auf die Universitätsebene abgeschlossen (vgl. FRABBONI/PINTO/MINERVA/TREBISACCE 1991). Mittlerweile werden zunehmend auch die vielen ungelösten Übergangsprobleme, der große Interpretationsspielraum einschlägiger Gesetze sowie die noch nicht erlassenen Ausführungsbestimmungen diskutiert (vgl. GENOVESI 1992; CATARSI 1992). Die »Orientamenti« fügen auch noch die Forderung hinzu, daß die in der Praxis tätigen Lehrer auch einer ständigen Fortbildung bedürfen, um den gewachsenen Anforderungen zu genügen. Fortbildungskurse werden von verschiedenen Trägern, meist in Zusammenarbeit mit Universitäten, angeboten. Für den neuen 4jährigen Universitätsstudiengang in »Scienze della formazione primaria« (Primarbildungswissenschaften) hat die »Conferenza dei centri interdipartimentali di ricerca didattica« (CONCIRD)[254] bereits einen Entwurf (vgl. CONCIRD

---

[254] Die »Conferenza dei centri interdipartimentali di ricerca didattica« (CONCIRD) ist

1992) vorgelegt. Er weist einen breiten Kanon von pädagogischen (an klassischen Schulfächern orientiert), sozial- und psychopädagogischen (auf die Didaktik fokussiert) sowie gesundheitlich-juristisch-organisatorischen Fächern auf. Sowohl für die Lehrer an »scuole materne« als auch an »scuole elementari« sind 36 »insegnamenti semestrali« (Semesterlehreinheiten) und 8 Praxiseinsätze vorgesehen. Hinzu kommen 6 »semestralità« (Semestereinheiten nach der Wahl des Studenten) auf der Basis lokaler Bestimmungen. Insgesamt sind also 50 »semestralità« oder Praxiseinsätze vorgesehen. Die Gesamtstundenzahl erstreckt sich somit auf ungefähr 2.600 Stunden Lehrveranstaltungen oder Praktikum, d.h. durchschnittlich etwa 17,5 Semesterwochenstunden (vgl. ebd., S. 5).

Für die Kinderkrippen verlangt Art. 6 des Gesetzes 1044 zur Einrichtung der »asilo nido«, daß die Regionen in Ausführungsgesetzen vorsehen, damit die Krippen »mit ausreichendem qualifiziertem Personal ausgestattet werden, das geeignet ist, eine gesundheitliche und psychopädagogische Unterstützung des Kindes zu garantieren«. Die Ausbildung für das Personal der Kinderkrippe ist jedoch nach wie vor nicht eindeutig geregelt. Es gibt Schulen für Kinderkrippen (»educatori del nido«), die in einem 3-jährigen Kurs nach der »scuola media« ausgebildet werden. Es sind aber auch Kräfte, die in 6-Monatskursen ausgebildet sind, dort tätig sowie AbgängerInnen der »scuola magistrale« und des »istituto magistrale«. Die von vielen Pädagogen geforderte Ausbildung des Krippenpersonals wurde seitens des Universitätsministeriums nicht aufgegriffen, was im Rahmen des Gesetztes 341/1990 hätte geschehen können, wo die bereits im Gesetz 477/1973 vorgesehene vollständige Universitätsausbildung für die Kindergarten- und Grundschullehrer endgültig geregelt wurde.

Ausgehend von der derzeitigen Besoldung der LehrerInnen in den staatlichen Kindergärten (vgl. Tab. 30.5) wird im folgenden ein Vergleich mit den Verdiensten von ErzieherInnen kommunaler und privater Träger sowie des Fachpersonals in Krippen und der Lehrer verschiedener Schularten gezogen.

Während die staatlichen Gehälter nach sogenannten Parametern (»parametri«) berechnet werden, gibt es zur Berechnung der Gehälter der kommunalen Bediensteten eine Tabelle der Funktionsqualifikation (»qualifiche funzionali«)[255], die acht Stufen vorsieht. Die ErzieherInnen sind in der sechsten Stufe,

---

der Zusammenschluß von ca. 20 »Centri interdipartimentali di ricerca didattica« (CIRD), die bei allen größeren Universitäten angesiedelt sind. Der von der CON-CIRD erarbeitete Vorschlag wurde dem Universitätsministerium (»Ministero dell'Università e della Ricerca scientifica e tecnologica«, abgekürzt MURST) vorgelegt.

[255] Diese Tabelle befindet sich in der Anlage A des Präsidialdekretes vom 29.06.1983 Nr. 347 »norme risultanti dalla disciplina prevista dall`accordo del 29.04.1983 per il personale dipendente dagli enti locali«, die zwischen Regierungs-, Regional- und Gewerkschaftsvertretern vereinbart wurde.

ebenso das Fachpersonal in der Krippe und der doposcuola. Allerdings bekommen die in der Krippe beschäftigten Fachkräfte nicht die den ErzieherInnen zustehende Funktionszulage von Lire 100.000.

Tab. 30.5: Besoldung der LehrerInnen an staatlichen Kindergärten (in ital. Lire)[1]

Besoldung	Dienstjahre	
	1 Jahr	*40 Jahre*
1. Monatsgehalt	928.000	1.928.000
2. Funktionszulage (»indennità die funzione«)	102.000	112.000
3. Teuerungszulage (»indennità integrativa speciale«)	1.030.040	1.030.040
4. Gesamteinkommen	2.060.040	3.170.040
5. Nettoeinkommen	ca. 1.300.000	ca. 2.000.000

Das Nettoeinkommen errechnet sich durch:
- Abzug von 11,95% Sozial- und Gesundheitsabgaben vom Monatsgehalt
- Abzug von 9,55% Sozial- und Gesundheitsabgaben von der Trennungszulage
- Abzug von 27% Einkommenssteuern vom - nach Abzug der Sozial- und Gesundheitsabgaben verbleibenden - Gesamteinkommen

1 Fernmündliche Information des italienischen Ministero del Tesoro (Schatzminsterium) vom Juli 1993.

Der Verdienst der kommunalen ErzieherInnen liegt durchschnittlich um ca. 100.000 Lire über dem der LehrerInnen an staatlichen Kindergärten. Das Eingangsgehalt der ErzieherInnen in einem kommunalen Kindergarten liegt dabei in der Eingangsstufe über dem Gehalt einer staatlichen ErzieherIn, in der Endstufe allerdings darunter. Die in privaten Kindergärten arbeitenden Fachkräfte erreichen etwa 70% bis 80% des staatlichen Gehaltsniveaus. Es gibt jedoch regionale Schwankungen in der Bezahlung, da z. B. in den fünf autonomen Regionen (»a statuto speciale«: Sardegna, Sicilia, Friuli-Venezia-Giulia, Trentino-Alto Adige, Val d'Aosta) LehrerInnen bei den Regionen angestellt sind. Auch bei der Bezahlung der kommunalen Fachkräfte gibt es Unterschiede. So sind z. B. die ErzieherInnen in Bologna und Florenz nicht wie in fast allen Kommunen in der sechsten, sondern in der siebten Funktionsstufe.

Im Norden Italiens sind die Gehälter des Kindergartenfachpersonals bei staatlichen, kommunalen und privaten Trägern fast gleich. Beim Vergleich mit anderen Monatsverdiensten pädagogischer Fachkräfte kann man - jeweils ausgehend von ErzieherInnen im Kindergarten - approximativ sagen:
• Fachkräfte in der Kinderkrippe verdienen etwa 100.000 Lire weniger;
• LehrerInnen an Grundschulen etwa 50.000 Lire mehr;

- LehrerInnen an der einheitlichen Mittelschule (Sekundarstufe I) etwa 100.000 Lire mehr;
- LehrerInnen an Schulen der Sekundarstufe II etwa 150.000 Lire mehr.

30.2.3 Vorbereitungseinrichtungen für die Grundschule

Nach Einführung der staatlichen »scuola materna« durch das Gesetz 444/1968, als Bestandteil des Schulsystems, hat diese neben der Entwicklung der kindlichen Persönlichkeit das klar formulierte Ziel, auf den Besuch der Pflichtschule vorzubereiten (vgl. Gesetz 444/1968 Art. 1).

Vergleichbare Einrichtungen wie die deutschen Vorschulen, Vorklassen oder Schulkindergärten für Kinder, bei denen mangelnde »Schulreife« oder zu erwartende Schulschwierigkeiten vorliegen, existieren in Italien nicht. Dagegen gibt es immer noch, wenn auch in geringem Umfang, die sogenannte »primina«, eine nicht-staatliche Einrichtung, die aufgeweckte 5jährige Kinder darauf vorbereitet, mit Beginn der Schulpflicht nach der zu bestehenden Prüfung für die 2. Grundschulklasse, sofort in diese übernommen zu werden. Vor allem im Süden Italiens, aber auch in Rom, besuchen ca. 8% bis 10% der 5jährigen, die von privaten (vor allem kirchlichen und gewerblichen) Trägern unterhaltenen »primine«. In Norditalien ist es nur ca. 1%. Die Kinder stammen meist aus wohlhabenden Mittel- und Oberschichtfamilien.

30.2.4 Heimerziehung, Jugendarbeit und andere Arbeitsfelder

Die Heimerziehung war in Italien sicherlich ein Bereich, der aufgrund der Familienstruktur und der stark entwickelten Familien- und Verwandtschaftssolidarität als ultima ratio gesehen wurde. Vor allem religiöse Orden und Kongregationen unterhielten Heime für behinderte, schwererziehbare, verhaltensgestörte, straffällige, verlassene und elternlose Kinder. Schon die Einführung der einheitlichen Mittelschule im Jahr 1962 als Pflicht- und Regelschule führte zu einem Belegungsrückgang in vielen Heimen. In den 70er Jahren wurde mit der sozialpolitischen Programmatik der sogenannten »deisituzionalizzazione« (wörtlich: »Entinstitutionalisierung«) für eine völlige Abschaffung aller Heime plädiert. Anstelle der Heimerziehung sollten Maßnahmen entwickelt werden, die es ermöglichen, Kinder und Jugendliche in Schwierigkeiten möglichst nicht aus ihrem sozialen Kontext und ihrer Lebenswelt herauszunehmen. Es wurden Alternativen wie Adoption, Pflegefamilien, Familienhilfen, Familienberatung, Integration der behinderten Kinder in die Schulen, Tagesheime für schwerbehinderte und schwergestörte Kinder sowie ambulante Dienste entwickelt. Die staatlichen Interventionen in diesem Bereich bewirkten die fast völlige Auflösung der Heime in privater Trägerschaft. Eine ganze Reihe dieser Heime wurden jedoch - vor allem im strukturschwachen Süden - weitergeführt, aber meist in Einrichtungen der USL (örtlicher Gesundheitseinheiten) konvertiert.

Die in Italien stark reduzierte Heimerziehung ist kein Arbeitsfeld für Fachkräfte, die der deutschen Erzieherin entsprechen. Die im Arbeitsfeld Heimerziehung bzw. Tagesheime und Wohngruppen arbeitenden »educatori« oder »educatori specializzati« sind hinsichtlich der Ausbildung kaum mit deutschen »ErzieherInnen« vergleichbar (obwohl die wörtliche Übersetzung des Begriffes dies bedeutet). Vor allem die Ausbildung der »educatori specializzati« oder der »educatori professionali« oder »educatori di communità« haben ihre Ausbildung in den letzten Jahren an postsekundären »Scuole a fini speciali« (besondere Fachschulen) absolviert, die meist an Universitäten angegliedert waren, ohne daß die Ausbildung »akademisch« anerkannt war. Derzeit ist durch das Gesetz 341/1990 eine Umstrukturierung dieser Ausbildung im Gange. Die meisten »scuole a fini speciali« werden in mit Diplomen abschließende Kurzstudiengänge von 3 Jahren (inoffiziell oft »laurea breve« genannt) überführt.

Die Jugendarbeit - ebenfalls traditionell wegen der dichten Familien- und Verwandtschaftsbeziehungen der Dorfgemeinschaft, der ausgeprägten intergenerativen Kontakte, der spontanen Gruppenbildung ein wenig ausgebauter Sektor - gab es noch am ehesten als religiöse Erziehung und Unterweisung sowie als Freizeitaktivität in den Pfarreien. In der Faschismuszeit existierte eine staatliche Jugendorganisation und nach dem Krieg entwickelten sich auch freie Jugendorganisationen, deren stärkste heute die katholischen Pfadfinder (AGESCI = Associazione Guide e Scouts Cattolici Italiani) sind. Es gibt auch einen im linken politischen Spektrum entstandenen Jugendverband (ARCI-Ragazzi, als Ableger der linken Freizeitorganistion ARCI = Associazione Ricreativa Culturale Italiana) und mittlerweile auch vereinzelte an Kultur, Frieden, Ökologie orientierte, zahlenmäßig weniger bedeutende Gruppierungen.

Seit den 70er Jahren entstanden in vielen Kommunen Jugendzentren, Jugendprojekte und Beratungseinrichtungen für Jugendliche sowie in den letzten Jahren Jugendinformationszentren. Wegen der fast dreimonatigen Sommerferien der Schulen organisieren viele Kommunen Sommerfreizeiten (»colonie estive«), Stadtranderholung sowie Ferienprogramme für Kinder und Jugendliche.

Die Jugendarbeit wurde bisher vor allem von ehrenamtlichen MitarbeiterInnen (»volontari«) oder von nichtausgebildeten oder in Kursen vorbereiteten Animateuren durchgeführt. Diese Kurse weisen ein breites Spektrum (Sport, Theater, neue Medien, Bibliothek) auf. In der Jugendarbeit waren bisher auch schon »educatori« oder »educatori professionali« bzw. »educatori di communi-

tà« tätig. In Zukunft werden die in Status und Ausbildungsniveau auf Universitätsebene angehobenen (in etwa mit den deutschen Sozialpädagogen vergleichbaren) »educatori professionali« in stärkerem Umfang im Bereich der Jugendarbeit tätig sein.[256]

30.3 Vergleich mit der Ausbildung und den Arbeitsfeldern deutscher ErzieherInnen

Der Vergleich der Ausbildungen und der Arbeitsfelder Krippe, Kindergarten,
Heimerziehung und Jugendarbeit in Italien und Deutschland ist sehr schwierig, da in Italien
* die genannten Bereiche nicht unter dem Begriff der Kinder- und Jugendhilfe zusammengefaßt sind,
* es für die Jugendarbeit keinen jugendpolitischen Gesamtplan gibt,
* die Zuständigkeit für die einzelnen Arbeitsfelder teilweise in andere staatliche ministeriale Ressorts fällt als in Deutschland bzw. für manche Ausbil-
  dungsbereiche die zentralstaatliche Ebene eine größere Rolle spielt als in
  Deutschland,
* die Abgrenzung des Fachpersonals für den Kindergarten zum Grundschullehrer rechtlich aufgehoben ist (Gesetz 444/1968 und Präsidialerlaß
  417/1974),
* es für die einzelnen Arbeitsfelder verschiedene Fachkräfte und somit auch
  verschiedene Ausbildungen gibt,
* durch das Gesetz 341/1990 sich die Ausbildungen in einer Phase der Umstrukturierung befinden und sich bereits jetzt alte und neue Ausbildungen
  überlappen, ohne daß klare Übergangsregelungen getroffen und bindende
  Einstellungsvoraussetzungen festgelegt sind.[257]
Der *Krippenbereich* gehört in den Sozialbereich. Die Anforderungen an die
dort tätigen Fachkräfte reichen von einjährigen bis zu 3jährigen Ausbildungen
an privaten oder staatlichen (etwa mit Berufsschulen vergleichbaren) Schulen.
Trotz vieler Reformvorschläge für die Ausbildung (die bis zur universitären
Ausbildung gehen), die Organisation und die pädagogische Arbeit im Bereich
der Krippen, haben diese noch weithin den Charakter von Bewahranstalten.

---

[256] Vgl. dazu GUERRA (1993), der die neueste Entwicklung der Fachkräftesituation im Bereich der Jugendarbeit in Kurzform darstellt. Für den Gesamtbereich sozialer Berufe
sei verwiesen auf MAURIZIO/REI (1991) sowie auf REI (1991) und FILTZINGER (1993).
[257] Vgl.zu diesem Abschnitt die Veröffentlichung von MAURIZIO/REI (1991), die eine sehr
umfassende Darstellung der Sozialberufe und der Diskussion um die Ausbildung gibt.

Der *Kindergartenbereich* hat seit 1968 (Gesetz 444) große Fortschritte gemacht. Die seitdem geschaffenen staatlichen Kindergärten sind in das Schulsystem integriert. Nach wie vor sind die nicht-staatlichen Einrichtungen kommunaler und freier Träger nicht klar in dieses System eingebunden, so daß es große Unterschiede hinsichtlich der räumlichen und personellen Austattung, der pädagogischen Konzepte sowie der Einstellungsvoraussetzungen der Fachkräfte gibt. Die Ausbildung der Fachkräfte erfolgt vorwiegend noch in den »scuole magistrali« (3jährig), die etwa mit Berufsschulen verglichen werden könnten oder in den »istituti magistrali«, die gleichzeitig zur Tätigkeit in Grundschulen ausbilden und am ehesten mit Fachschulen in der Sekundarstufe II verglichen werden könnten. Daneben läuft nach und nach die Ausbildung der Fachkräfte für den Kindergarten (4jährig) an den Universitäten an. Als Zielvorgabe für die allgemeine Ausbildung der »LehrerInnen« für den Kindergartenbereich wird häufig, aber noch unverbindlich das Jahr 2000 genannt. Durch die rechtliche Gleichstellung von Kindergarten- und Grundschullehrern haben sich die Unterschiede im Status auch im Bewußtsein der Bevölkerung ziemlich stark nivelliert.

Den *Hortbereich* gab es in Italien nie in einem mit Deutschland vergleichbaren Umfang, noch in einer ähnlichen Träger- und Organisationsform, noch mit einer sozialpädagogischen Konzeption. Es gab sogenannte »doposcuole« in meist privater, manchmal in kommunaler Trägerschaft zur nachmittäglichen Hausaufgabenhilfe und Betreuung, die durch die Einführung der ganztägigen Grundschule als Regelschule hinfällig geworden sind. Vorschulen, Vorklassen, Schulkindergärten bestehen in Italien nicht. Es existieren noch die vor allem von kirchlichen und gewerblichen Trägern unterhaltenen »primine«, um die 5jährige Grundschulzeit für aufgeweckte Kinder um ein Jahr zu verkürzen.

Der *Heimerziehungsbereich* hat in Italien seit der Gesundheits- und Sozialreform der 70er Jahre kaum noch Bedeutung. Alternative Unterbringungs-, Betreuungs- und Erziehungsformen haben ihn weitgehend abgelöst. In den Schulen sind neben den Lehrern besonders weitergebildete Stützlehrer für behinderte Kinder tätig. In Heimen, Tageszentren und Wohngruppen gibt es sehr unterschiedliche Einstellungsvoraussetzungen für Fachkräfte, die jedoch völlig andere Ausbildungsgänge durchlaufen als das im Kindergarten tätige Fachpersonal.

Die *Jugendarbeit* hat als Feld professioneller Arbeit in Italien ebenfalls eine geringere Bedeutung als in Deutschland. Wo überhaupt hauptamtliche Kräfte eingestellt sind, kommen sie aus anderen Ausbildungsbereichen als die Fachkräfte des Kindergartens. Was die ErzieherInnenausbildung und die Ausbildung von Fachkräften für andere Felder der Sozialpädagogik angeht, kann als

bildungspolitische Linie eindeutig die bereits durch gesetzliche Reformen eingeleitete Anhebung dieser Ausbildung auf die Universitäts- bzw. Hochschulebene festgestellt werden.

31. ErzieherInnen in Spanien

Spanien auf dem Weg zur Professionalisierung[258]

Matthias Schilling

Spanien befindet sich in einem gesellschaftlichen, politschen und wirtschaftlichen Wandlungsprozeß, der auch unübersehbare Auswirkungen auf die Ausbildung der Beschäftigten in den Arbeitsfeldern der öffentlichen Kleinkinderziehung, der Heimerziehung und der Jugendarbeit hat. Umfangreiche Reformbestrebungen im Ausbildungssektor lassen die eindeutige Tendenz erkennen, einerseits die vorhandene Heterogenität von nicht-staatlich anerkannten Ausbildungen zu ordnen und andererseits die Beschäftigung von nicht fachspezifisch ausgebildetem Personal abzubauen, indem neue fachlich einschlägige Ausbildungsgänge auf Hochschulniveau eingeführt werden. Der Wandlungsprozeß der spanischen Gesellschaft, der auch als »zweite Modernisierungsphase«[259] bezeichnet werden kann, weckt Erinnerungen an die Aufbruchsituation und Reformbereitschaft Anfang der 70er Jahre in Deutschland.

Auf die Frage nach einer der deutschen ErzieherInnenausbildung vergleichbaren Ausbildung in Spanien ist zunächst festzuhalten, daß diese in unmittelbarer Form nicht existiert. Es ist eine differenzierte Antwort zu geben, die sich am Ausbildungsniveau und den Arbeitsfeldern orientiert. Als ein erster grober Befund, der im folgenden darzulegen ist, kann festgehalten werden, daß die geplante spanische Ausbildungslandschaft in den Arbeitsfeldern der deutschen ErzieherInnen stärker als in der Bundesrepublik untergliedert ist und sich generell auf einem formal höheren Ausbildungsniveau befindet.

Einleitend werden einige wichtige Grunddaten und Entwicklungen beschrieben, die ein Verständnis der aktuellen spanischen Situation erst ermöglichen (Abschnitt 1). Daran schließt sich eine knappe Darstellung der Situation vor den einschneidenden Veränderungen Ende der 80er Jahre an (Abschnitt 2). Der Hauptteil (Abschnitt 3) konzentriert sich auf die Arbeitsfelder der öffentlichen Kleinkinderziehung, der Heimerziehung und der Jugendarbeit und beschreibt die vorhandenen und geplanten Ausbildungen der jeweiligen Berei-

---

[258] Ausführlichere Informationen zur Entwicklung der sozialen Berufe in Spanien in den Bereichen der Sozialerziehung und Kleinkinderziehung vgl. SCHILLING (1994).

[259] Vgl. HAMBURGER/HÖFFER-MEHLMER (1991, S. 7).

che. Dabei ist vorab festzustellen, daß sich in diesem Bereich ein immenser Innovationsschub abzeichnet, der zur Zeit nur in seiner Planungsphase dokumentiert werden kann. Es handelt sich somit um eine offene Situation, die zeigt, wie in einer sich modernisierenden Gesellschaft die sozialen Problemlagen von der Ausbildungsseite her angegangen und gelöst werden können.

31.1 Spanien im Wandel

Während der letzten Jahrzehnte hat sich in Spanien ein tiefgreifender wirtschaftlicher, gesellschaftlicher und politischer Wandel vollzogen. Wirtschaftlich hat sich das Land, das sich in den 50er Jahren noch als überwiegend landwirtschaftlich ausgerichtet darstellte, mehr und mehr zu einer komplexen Industriegesellschaft entwickelt (vgl. LÓPEZ-CASERO 1991, S. 311). Politisch vollzog sich im Jahre 1978 durch die Verabschiedung der Verfassung ein Wandel von der Franco-Diktatur zu einer parlamentarischen Demokratie. Die sozio-ökonomische Entwicklung Spaniens läßt sich nach der Öffnung von 1959[260] in drei allgemein anerkannte Entwicklungsphasen einteilen:

1960-1973:   Die Jahre des wirtschaftlichen *take-off* mit großem quantitativen Wachstum, aber ohne wirklich institutionelle oder strukturelle Reform.

1974-1984:   Die Übergangszeit von der Diktatur zur Demokratie (transición), die mit einer schweren ökonomischen Krise, die wiederum einen harten ökonomischen Anpassungskurs erforderte, einherging.

1985 bis heute: Diese Zeit ist durch einen kräftigen Wirtschaftsaufschwung gekennzeichnet, der allerdings mit einem wachsenden Ungleichgewicht zwischen denjenigen, die von dem Aufschwung profitieren, und denjenigen die nicht davon profitieren, einhergeht (vgl. ebd., S. 290 f.).

Letzteres wird von Köhler prägnant zusammengefaßt: »Die spanische Gesellschaft, von jeher stark segmentiert und mit schwachem Integrationsniveau ausgestattet, droht dabei in zwei völlig verschiedene Welten auseinanderzufallen. Einen kleinen Kern von Modernisierungsgewinnern (qualifizierte Beschäftigungsgruppen, zukunftsträchtige Dienstleistungsunternehmen, modernisierungsfähige Industrie- und Landwirtschaftsbetriebe) und eine zunehmend un-

---

[260] Spanien schottete sich nach dem Bürgerkrieg (1936-1939) bis 1959 wirtschaftlich von den umliegenden Staaten vollkommen ab. Diese Phase wird auch als »Autarkie« bezeichnet (vgl. HAMBURGER 1992, S. 4).

überschaubare, extrem heterogene Masse von Modernisierungsopfern (arbeitslose Jugendliche, Frauen und Alte, Landarbeiter, Kleinbauern, veraltete Klein-
und Mittelbetriebe, traditionelle Industriearbeitergruppen usw.)« (KÖHLER
1987, S. 146 f.). Somit sieht sich Spanien trotz der positiven Entwicklung fast
aller makro-ökonomischen Daten mit zunehmenden sozialen Problemsituatio-
nen konfrontiert. Zunächst konzentrierten sich die spanischen Regierungen
Anfang der 80er Jahre darauf, die sozialen Grundversorgungen wie Altersver-
sorgung, Arbeitslosengeld, Erziehung und Gesundheitswesen sicherzustellen.
So stiegen die öffentlichen Sozialausgaben von ca. 10% des Bruttoinlandpro-
duktes Anfang der 70er Jahre auf ca. 60% im Jahre 1987. Der größte Teil
wurde für die Arbeitslosenversorgung aufgewendet (vgl. LÓPEZ-CASERO 1991,
S. 309). In den Krisenjahren betrug die Arbeitslosenquote über 20%. Neben
der sozialen Grundversorgung finden in Spanien sozialstaatliche Maßnahmen
der sozialen Arbeit zunehmend Berücksichtigung, obwohl die öffentlichen Fi-
nanzmittel, die für diesen Bereich zur Verfügung gestellt werden, als gering
zu bezeichnen sind.

Eine weitere wichtige Besonderheit Spaniens ist die staatsrechtliche Struktur. Spanien hat im Laufe seiner Demokratisierung nach Francos Tod (1975)
einen Prozeß der Dezentralisierung erlebt, in dem sich ein tiefgreifender Wandel der politischen, administrativ-institutionellen und rechtlichen Rahmenbedingungen vollzogen hat. Spanien, eines der ältesten europäischen National-
staaten, gliedert sich heute in 17 autonome Regionen, die sogenannten Autonomen Gemeinschaften (*Comunidades Autónomas*). Seither wird Spanien als
Autonomiestaat, Staat der Autonomien oder Staat der Autonomen Gemeinschaften bezeichnet.[261] Die Autonomen Gemeinschaften wurden schrittweise
in den Jahren 1979-1983 eingeführt. Sie haben im Unterschied zu den Ländern
in Deutschland unterschiedliche Landesverfassungen. Die spanische Verfassung, die 1978 verabschiedet wurde, sah aufgrund der regionalen Unterschiede
und Besonderheiten der einzelnen Regionen vor, daß diese selber bestimmen
sollten, welche Kompetenzen sie vom Zentralstaat übernehmen und welche
politischen und administrativen Organe sie einrichten wollten. Bis heute ist

---

[261] HILDENBRAND/NOHLEN (1991, S. 42) weisen darauf hin, daß der Autonomiestaat
staatsrechtlich gesehen aus verschiedenen Gründen kein Bundesstaat ist, er aber
durchaus aufgrund seiner Verfassung und Autonomiestatute nach den Verfahrens-
weisen und Mechanismen eines föderalen Modells funktionieren kann. »Von Interesse
ist, daß für die Fortentwicklung des spanischen Autonomiestaates zu einem föderalen
Staat die gegenwärtig hierüber in Politik und Wissenschaft geführte Debatte sich vor
allem das Modell des kooperativen Föderalismus der Bundesrepublik zum Vorbild
nimmt.«

die Phase der inhaltlichen Ausgestaltung nicht abgeschlossen (vgl. HILDEN-
BRAND/NOHLEN 1991, S. 41). Die Kompetenzverteilung zwischen Staat und
Autonomen Gemeinschaften weist viele technische Mängel auf. Widersprüche
und Unklarheiten in der Verfassung, die hier im einzelnen nicht aufgeführt
werden können, sind im sozialen Bereich bis in die Gegenwart Quelle ständiger Konflikte zwischen den beiden Entscheidungsebenen des Staates. Die
Kompetenzverteilung zwischen Staat und Autonomen Gemeinschaften ist aus
den entsprechenden Verfassungsartikeln nicht zu erschließen. Die wirkliche
Kompetenzverteilung wird nur aus der Synopse und kombinierten Interpretation von Verfassung, jedem einzelnen Autonomiestatut und der im Konflikt-
fall zum Tragen kommenden Rechtssprechung des Verfassungsgerichtes (*Tribu-
nal Constitucional*) verständlich (vgl. ebd., S. 54).

Für den Kontext dieser Arbeit ist es wichtig festzuhalten, daß die Kompetenzen in den hier anstehenden Bereichen der sozialstaatlichen Aufgaben und
dem Bildungswesen unterschiedlich geregelt sind. In der Darstellung kann nur
auf die staatlichen Gesetze, Verordnungen und Maßnahmen eingegangen werden. Eine differenzierte Darlegung der einzelnen Besonderheiten in den jeweiligen Autonomen Gemeinschaften würde zu umfangreich ausfallen. Prinzipiell
kann allerdings davon ausgegangen werden, daß in übergreifenden Bereichen,
wie dem Bildungssystem, den Studien- und Ausbildungsordnungen, sich die
Autonomen Gemeinschaften mit Hoheitsrechten an der gesamtstaatlichen
Ausrichtung orientieren.

31.2 Die undurchsichtige Ausbildungslandschaft vor 1990

Betrachtet man die Ausbildungssituation der Beschäftigten in den drei Bereichen der öffentlichen Kleinkinderziehung, der Heimerziehung und der Jugendarbeit vor den einschneidenden Reformbestrebungen Ende der 80er Jahre,
so kann generell festgehalten werden, daß die Beschäftigten - abgesehen von
der öffentlichen Kleinkinderziehung der 4- bis 6jährigen in der Vorschule -
entweder über sehr unterschiedliche fachspezifische Ausbildungen, die in den
meisten Fällen nicht offiziell anerkannt waren, oder über gar keine fachspezifische Ausbildung verfügten.

Im Bereich der *öffentlichen Kleinkinderziehung* muß zwischen den Einrichtungen für die 0- bis 3jährigen Kinder (*guarderías*) und den Einrichtungen für
4- und 5jährige Kinder (*preescolar*) unterschieden werden. Die Zielsetzung der
guarderías, die hauptsächlich privatgewerblich organisiert waren, lag in erster
Linie in der reinen Versorgung und Bewahrung der Kinder, deren Eltern sich
aufgrund von Berufstätigkeit oder besonderen familiären Umständen nicht aus-

reichend um sie kümmern konnten. Insgesamt wurde den *guarderías* vorgeworfen, daß sie die Bedürfnisse der Kleinstkinder nicht berücksichtigen würden, die räumliche Ausstattung nicht kindgerecht und das Personal nur schlecht ausgebildet wäre (vgl. MOSS 1990, S. 65; BALAGUER 1991, S. 52). Es wurden hauptsächlich Hilfskräfte ohne Ausbildung, aber auch SäuglingspflegerInnen, berufsschulisch ausgebildete ErzieherInnen und LehrerInnen mit einem universitären Kurzstudium von 3 Jahren mit der Fachrichtung Vorschulerziehung beschäftigt. Die privaten Träger der *guarderías* unterlagen keiner Meldepflicht und Kontrollinstanz, und die *guarderías* in öffentlicher Trägerschaft waren unterschiedlichen Verwaltungseinheiten und Verwaltungsebenen zugeordnet. Aufgrund dieser Heterogenität der Zuständigkeiten, die bisher noch in keiner gesamtstaatlichen Untersuchung erfaßt wurde, gibt es keine zuverlässigen Daten über die Anzahl der einzelnen Berufsgruppen, die in den *guarderías* beschäftigt waren und teilweise noch heute sind.

Die Vorschulerziehung (*preescolar*) wurde 1970 durch das allgemeine Bildungsgesetz[262] geregelt. Das Gesetz sah die Einrichtung der Vorschulerziehung als nicht verpflichtendes Element der schulischen Bildung vor, unterteilt in den Vorschulkindergarten (für Kinder im Alter von 2 und 3 Jahren) und die Vorschule (für Kinder von 4 und 5 Jahren). Der Vorschulkindergarten wurde nur dann für notwendig angesehen, wenn die Eltern ihre erzieherische Aufgabe nicht wahrnehmen konnten und die Situation nicht durch Verwandte aufgefangen werden konnte. Trotz dieser Zuweisung als 'Lückenbüßer' erreichte die Versorgungsquote durch den Vorschulkindergarten der 2- und 3jährigen Kinder im Jahre 1988 ca. 13% (vgl. Tab. 31.1), eine im europäischen Vergleich relativ hohe Quote. Einige Autonome Gemeinschaften, wie z.B. das Baskenland, erreichten sogar eine Versorgungsquote von fast 50% dieser Altersjahrgänge. Die Vorschule wurde unter dem Gesichtspunkt, sozial bedingte Unterschiede auszugleichen, für alle Kinder als notwendig erachtet. Im Vordergrund stand die Vorbereitung auf die Grundschule durch den Erwerb von grundlegenden Lese- und Rechtschreibkenntnissen (vgl. MICLESCU 1982, S. 55). Anfang der 70er Jahre zeichneten sich auf dem Hintergrund der zusammenbrechenden Diktatur neue ökonomische und soziale Perspektiven ab. Im Zuge dieser neuen Perspektiven und der geänderten gesetzlichen Grundlagen erfuhr die Vorschulerziehung ab 1975 eine konstante Ausweitung (vgl. BALAGUER 1991, S. 34). Von 1975 bis 1982 stieg die Anzahl der betreuten Kinder in der Vorschule von

---

[262] *Ley General de Educación y financiación de la reforma educativa* (abgekürzt L.G.E.), das am 4. August 1970 verabschiedet wurde.

850.000 auf ca. 1,2 Millionen. Im Jahre 1982 wurde so eine Versorgungsquote für die 4- und 5jährigen Kinder von ca 82% erreicht. Bis 1988 konnte die Versorgungsquote auf fast 95% ausgeweitet werden (Tab. 31.1).

Tab. 31.1: Entwicklung der Versorgungsquote für die Altersjahrgänge der 2- bis 5jährigen in Vorschulkindergärten und Vorschulen der Schuljahre 1980/81 bis 1987/88 in Spanien (in %)

Jahrgänge	1980/81	1981/82	1982/83	1983/84	1984/85	1985/86	1986/87	1987/88
2	4,0	4,6	4,7	4,5	4,6	4,8	4,7	4,5
3	15,3	15,2	15,2	14,8	15,9	16,3	16,8	17,8
4	67,7	70,3	75,7	77,5	77,2	86,4	88,3	90,6
5	92,1	92,9	94,3	98,8	99,5	96,9	100,0	100,01

1 Mehrere Faktoren beeinflussen die Größen, mit denen die Versorgungsquote berechnet wird: Die Alters- und die Schuljahrgänge (da die Vorschulerziehung zum Bildungssystem gehört, werden so auch ihre Daten erfaßt). Die Angaben zu den Altersjahrgängen sind nicht immer genau, da es sich um Schätzungen auf der Grundlage der Volkszählung von 1981 handelt. Bezüglich der Anzahl der Schüler können Fehler auftreten, da diese von den mehr als 20.000 Schulen in Spanien erhoben und weitergegeben werden.
Quelle: Ministerio de Educación y Ciencias (1989, S. 30); für 1987/88 Ministerio de Asuntos Sociales (1991, S. 137)

Berechnet man die Versorgungsquote der einzelnen Autonomen Gemeinschaften mit der SchülerInnenanzahl der Vorschule (*Parvulario*) aus dem statistischen Jahrbuch (*avance del anuario estadístico*) und Einwohnerverzeichnis aufgeschlüsselt nach Jahrgängen und Autonomen Gemeinschaften (*Patrón Municipal de Habitantes 1986*), das vom staatlichen Sozialministerium vorliegt (vgl. Tab. 31.2), ergibt sich eine erstaunliche Differenz von ca. 10% (vgl. MINISTERIO DE ASUNTOS SOCIALES 1991). Diese resultiert daraus, daß in der Berechnung des staatlichen Ministeriums für Bildung und Wissenschaft die Daten der Alterskohorten aus den Ergebnissen der Volkszählung von 1981 hochgerechnet und in der Tab. 31.2 die zuletzt verfügbaren Angaben des Einwohnermeldeverzeichnisses aus dem Jahr 1986 zugrundegelegt wurden. Daher ist davon auszugehen, daß 1986 eine Versorgungsquote von 85% durch die Vorschule gewährleistet wurde und insgesamt zwischen 1980 und 1986 von einem prozentualen Anstieg von 6% gesprochen werden kann.

Weiterhin sind regionale Unterschiede zu berücksichtigen. Balaguer führt dazu aus, daß nach statistischen Angaben von 1981 die Versorgungsquote in ländlichen Gebieten nur 64% gegenüber 81% in Städten mit mehr als 10.000 Einwohnern betrug (vgl. BALAGUER 1991, S. 46). Anhand der aktuell vorliegenden Daten kann die weitere Entwicklung in ländlichen und städtischen Gebieten nicht exakt nachvollzogen werden.

Anhaltspunkte bietet Tab. 31.2. Die Autonomen Gemeinschaften, mit einer eher ländlichen Struktur wie Andalusien, Asturien, Kastilien-León und Galizien weisen die geringsten Versorgungsquoten für die 4- und 5jährigen mit ca. 80% auf. Diese Tendenz ist allerdings nicht durchgängig. So liegt die Versorgungsquote in der Autonomen Gemeinschaft Extremadura bei fast 91%, obwohl dieses Gebiet ländliche Strukturen aufweist, und Madrid als Millionenstadt erreicht nur eine Versorgungsquote von etwas mehr als 79%. Insgesamt scheinen sich die Unterschiede zwischen den Regionen differenzierter darzustellen (nicht einfach Stadt-Land-Gefälle), wobei verschiedene Bedingungsfaktoren (Landflucht, regionale Traditionen in der Kinderbetreuung, wirtschaftliche Stärke der Region, Strukturhilfeprogramme durch den Staat oder die europäische Gemeinschaft, Frauenarbeitslosigkeit etc.) meines Wissens noch nicht exakt analysiert wurden.

Tab. 31.2: Versorgungsquote für die 3- bis 5jährigen durch die Einrichtungen der Vorschulerziehung (Vorschulkindergarten u. Vorschule) im Jahr 1986 in Spanien nach Autonomen Gemeinschaften und den Provinzen Ceuta und Melilla

Autonome Gemeinschaften	Kohorte der 4- und 5jährigen 1986	Kinder i. d. Vorschule gemeldet 1986/87 (absolut)	Versorgungsquote 1986/87
Andalusien	236.130	185.973	78,7
Aragón	29.162	26.096	89,5
Asturien	28.656	22.540	78,6
Balearische Inseln	20.014	16.560	82,7
Kanarische Inseln	51.743	42.389	82,1
Kantabrien	15.165	12.783	84,3
Kastilien-León	66.130	59.288	77,6
Kastil.-La Mancha	47.429	45.497	95,9
Katalonien	166.800	149.494	89,6
Valencia	116.956	103.643	88,6
Extremadura	32.360	29.287	90,5
Galizien	81.761	66.602	81,5
Madrid	144.705	114.558	79,2
Murcia	35.772	33.347	93,2
Navarra	13.783	12.529	90,9
La Rioja	6.991	6.326	90,5
Baskenland	57.415	53.433	93,1
Ceuta (Provinz)	2.334	2.034	87,1
Melilla (Provinz)	1.951	1.776	91,0
Spanien gesamt	1.155.257	982.155	85,0

Quellen: Instituto Nacional de Estadística (1989, S. 88) und Ministerio de Asuntos Sociales (1991, S.16 ff.); eigene Berechnung

Die Vorschuleinrichtungen (*Jardín de Infancia und Parvulario*) befinden sich in öffentlicher und privater Trägerschaft, wobei letztere hauptsächlich von der katholischen Kirche übernommen werden. Die Aufsicht über diese Einrichtungen liegt im Zuständigkeitsbereich des staatlichen Ministeriums für Bildung und Wissenschaft und der Bildungsministerien der Autonomen Gemeinschaften mit Bildungshoheit.[263] Das Verhältnis von öffentlichen zu privaten Trägern betrug im Jahre 1971 2 : 3, hat sich aber innerhalb der letzten 20 Jahre umgekehrt (vgl. Tab. 31.3). Der Wandel des Trägerverhältnisses erklärt sich aus der politischen Zielsetzung der regierenden sozialistischen Partei (P.S.O.E.), möglichst viele schulische Einrichtungen aus der Hand der privaten Träger in die Zuständigkeit der öffentlichen Hand zu überführen, um privilegierte Bildungschancen abzubauen.

Die Vorschulerziehung hatte gemäß ihrer Konzeption eine pädagogische Ausrichtung. Es wurde das Ziel formuliert, die kognitiven und affektiven Fähigkeiten der Kinder zu entwickeln. Schwerpunkte sollten Spiele, Sprachübungen, rhythmisches und plastisches Gestalten, Naturbeobachtungen, logische, nicht-numerische Übungen, Entwicklung des Gemeinschaftssinns, der religiösen Prinzipien und der moralischen Einstellung sein (vgl. MICLESCU 1982, S. 54 f.). In der Praxis war allerdings eine starke vorschulische Ausrichtung zu beobachten. Dies führte dazu, daß die meisten Kinder beim Schuleintritt die Grundlagen des Lesens, Schreibens und Rechnens beherrschten.

In den Einrichtungen der Vorschulerziehung wurden ausschließlich LehrerInnen, die ein 3jähriges universitäres Kurzstudium[264] absolviert hatten, beschäftigt. Es existierte allerdings kein fachspezifischer Studienschwerpunkt in der LehrerInnenausbildung für die Vorschulerziehung. Dieser wurde erst im Jahr 1985 eingeführt (*Profesor de Educación General Básica Especialista en Preescolar*). Somit kann festgehalten werden, daß die Beschäftigten in den Einrichtungen der Vorschulerziehung zwar über eine akademische Ausbildung verfügten, jedoch nicht über eine im engeren Sinne fachspezifische. Im Schuljahr 1986/87 waren ca. 39.000 LehrerInnen in privaten und öffentlichen Einrichtungen der Vorschulerziehung beschäftigt. Es existierten ca. 39.000 Klassen[265], in denen etwas mehr als 1 Million Kinder betreut wurden. Somit lag der Durchschnitt bei 27,6 Kindern pro Klasse, für die jeweils ein/e LehrerIn eingesetzt wurde. 96% der Beschäftigten in der Vorschulerziehung waren Frauen (vgl. MINISTERIO DE EDUCACIÓN Y CIENCIAS 1989, S. 34 ff.).

---

[263] Die Autonomen Gemeinschaften mit Bildungshoheit sind: Andalusien, die Kanarischen Inseln, Katalonien, Valencia und das Baskenland.

[264] Die 3jährigen universitären Kurzstudiengänge werden in der deutschen Fachliteratur meist mit Fachhochschulstudiengang übersetzt (vgl. BERNECKER 1990; MICLESCU 1985; HAMBURGER 1991 u. 1992). Historisch sind sie eigenständige Organisationseinheit neben der Universität, werden allerdings zunehmend in ein Modell der »integrierten« Hochschule eingebunden. Entscheidendes Argument, sie »kurzuniversitäre Studiengänge« zu nennen, ist die Tatsache, daß das allgemeine Abitur Eingangsvoraussetzung ist.

[265] In der Kleinkinderziehung wird aufgrund der Zuordnung zum Bildungssystem der Begriff (Schul)Klasse für die in Deutschland vergleichbare Kindergartengruppe verwendet.

Tab. 31.3: Entwicklung der Schülerzahlen in der Vorschulerziehung (2- bis 5jährige) nach öffentlichen und privaten Trägern von 1970 bis 1986 in Spanien

Schuljahr	Gesamt	Öffentliche Einrichtungen	Private Einrichtungen
1970/71	819.914	326.940	456.974
1971/72	760.277	365.253	395.024
1972/73	801.119	343.258	457.861
1973/74	829.155	322.685	506.458
1974/75	853.322	322.697	530.637
1975/76	920.336	347.026	573.310
1976/77	956.184	389.026	547.158
1977/78	1.008.796	455.594	553.202
1978/79	1.077.652	521.928	555.724
1979/80	1.159.854	611.496	548.358
1980/81	1.182.425	651.338	531.087
1981/82	1.197.897	670.950	526.947
1982/83	1.187.617	683.220	504.397
1983/84	1.171.062	699.943	471.119
1984/85	1.115.968	669.170	446.798
1985/86	1.127.348	702.057	425.291
1986/87	1.084.752	681.702	403.050

Quelle: Ministerio de Educación y Ciencias (1989, S. 37)

Einrichtungen, die den deutschen Horten vergleichbar wären, sind in Spanien kaum anzutreffen. Dieser Tatbestand ist darauf zurückzuführen, daß die Schule durchgängig als Ganztagsschule konzipiert ist und somit die Betreuung der schulpflichtigen Kinder während der Nachmittage nicht notwendig ist.

Die *Heimerziehung* zeichnete sich in ihrer bisherigen Geschichte in Spanien durch die Beschäftigung von nicht fachspezifisch qualifiziertem Personal aus. Das Personal wurde fast ausschließlich von männlichen und weiblichen Ordensgemeinschaften gestellt. Hierfür wurden in den 20er Jahren dieses Jahrhunderts die Weichen gestellt. Es entstand seinerzeit eine intensive Auseinandersetzung zwischen den Vertretern der Position, daß Ordensleute ohne fachspezifische Ausbildung, allerdings mit der Bereitschaft des intensiven Zusammenlebens mit den Kindern und Jugendlichen, das bessere Personal darstellten, und der Position, daß für diese erzieherische Aufgabe eine wissenschaftliche Ausbildung notwendig sei. Letztere wurde von Mitgliedern der humanistisch orientierten pädagogischen Reformbewegung (*Institución Libre de Enseñanza*) vertreten. Sie sahen den Lehrer als adäquaten Professionellen an, dessen Ausbildung durch eine positivistische Auffassung (Verständnis für Lerndefizite, Ausgleich von sozial bedingten Ungleichheiten, Förderung des Subjekts und seiner sozialen Integration) bestimmt sein sollte (vgl. NUÑEZ 1989, S. 21 f.). Die Vertreter der ersten Position konnten sich durchsetzen und bewirkten, daß 1929 gesetzlich festgelegt wurde, daß zwar das Leitungspersonal über eine wissenschaftliche Ausbildung verfügen müsse, das Personal im Gruppendienst sich nur durch Berufung zur und Einsatzbereitschaft für die Erziehung der Kinder und Jugendlichen auszeichnen müsse. Die wissenschaftliche Ausbildung wurde an Weiterbildungseinrichtungen durchgeführt, die einigen Erziehungsheimen angegliedert waren. Dort wurden auch sogenannte »Sommerkurse« für das Personal im Gruppendienst, das hauptsächlich aus Ordensleuten bestand, durchgeführt, um es in das relativ einheitliche Erziehungssystem der Erziehungheime einzuführen (vgl. PALACIOS SÁNCHEZ 1987, S. 38).

Allerdings verstummte die Kritik an den Praktiken der Ordensleute in den Erziehungsheimen nicht. Ihnen wurde vorgeworfen, die Kinder und Jugendlichen in den Einrichtungen einer strikten Tagesordnung, die durch Arbeit, Gebet und ununterbrochene Kontrolle gekennzeichnet war, zu unterwerfen und ihnen keine Möglichkeit der persönlichen Entwicklung zu bieten. Während der 2. Republik (1931-36), in der die sozialistische Partei (*Partido Socialista Obrero Español, PSOE*) demokratisch gewählt regierte, wurden intensive Reformbestrebungen der Jugendfürsorgeeinrichtungen eingeleitet, die sich besonders auf die Ausbildung des Erziehungspersonals konzentrierten. Allerdings wurden diese nach dem Bürgerkrieg (1936-39) und der Etablierung der diktatorischen Regierung von General Franco wieder verworfen. Im diktatorischen und katholischen Spanien wurden die meisten Fürsorgeeinrichtungen in staatliche Trägerschaft überführt, und die Leitung der Einrichtungen und die pädagogische Arbeit im Rahmen von Gestellungsverträgen ausschließlich den katholischen Ordensgemeinschaften anvertraut (vgl. PALACIOS SÁNCHEZ 1988, S. 101 ff.).

So konnte sich kein offiziell anerkanntes Ausbildungssystem für die Heimerziehung entwickeln. Seit den 70er Jahren gab es verschiedene Versuche, Berufsschulen zu etablieren, in denen die Ausbildung zum »spezialisierten Erzieher« (*educador especializado*) angeboten wurde. In diesen Ausbildungsgängen sollte eine adäquate Qualifizierung für die Arbeit mit gefährdeten Personen, insbesonders mit Jugendlichen, erreicht werden. Dieser Ausbildungsgang konnte sich allerdings nicht durchsetzen (insgesamt wurden nur 400-500 »spezialisierte ErzieherInnen« ausgebildet). Nach der Regierungsübernahme durch die sozialistische Partei (P.S.O.E.) im Jahre 1982 änderte sich die Situation in den Heimen. Die sozialistische Partei vertrat das Primat der öffentlichen gegenüber den privaten Trägern, um den Einfluß der katholischen Kirche im sozialen Sektor zu beschränken. Die meisten Gestellungsverträge mit den Ordensgemeinschaften wurden gekündigt. Da aber kein fachspezifisch ausgebildetes Personal für die Heimerziehung vorhanden war, gingen die öffentlichen Träger dazu über, entsprechend den Einstellungskriterien des öffentlichen Dienstes, nicht fachspezifisch, akademisch ausgebildetes Personal zu beschäftigen. Die hohe Arbeitslosigkeit unter den AkademikerInnen, besonders der LehrerInnen, führte dazu, daß diese Berufsgruppen in der Heimerziehung Beschäftigung fanden, ohne den Anforderungen der pädagogischen Arbeit gerecht werden zu können. Es wurde versucht, diese untragbare Situation durch berufsbegleitende Fortbildungen zu entschärfen, allerdings wurde immer deutlicher, daß eine adäquate akademische Ausbildung für diesen Bereich geschaffen werden mußte.

Die *Jugendarbeit* war in Spanien traditionell eine ehrenamtliche Aufgabe im Rahmen der Kirche oder im Umfeld von Sport- und Kulturvereinen. Eine offiziell anerkannte Ausbildung existierte bis vor 6 Jahren nicht. Die ehrenamtlich Tätigen wurden in »Freizeithelferkursen« (*Monitores de Tiempo Libre*), vergleichbar den deutschen Jugendleiterkursen in der Jugendverbandsarbeit, auf ihre Tätigkeit vorbereitet. Die geringe Bedeutung der Jugendarbeit ergibt sich - ähnlich wie bei der Horterziehung - daraus, daß der Freizeitbereich der Kinder und Jugendlichen durch die Ganztagsschule stark eingeschränkt ist.

31.3 Die aktuelle Aufbruchsituation

Für die umfangreichen Wandlungen in den Arbeitsfeldern der öffentlichen Kleinkinderziehung, der Heimerziehung und der Jugendarbeit, bezogen auf die qualitative Steigerung und die Neuregelung der Ausbildungen für diese Bereiche, sind folgende Reformvorhaben von Bedeutung:
* Die Bildungsreform der 90er Jahre (*L.O.G.S.E.*), die die Reformierung des Berufsschulwesens einschließt und
* die Hochschulreform von 1983 (*L.R.U.*). Diese haben für die einzelnen Arbeitsfelder jeweils unterschiedliche Auswirkungen, die im folgenden dargelegt werden.

31.3.1 Die öffentliche Kleinkinderziehung

Im Rahmen des neuen Bildungssystems[266] wird die öffentliche Kleinkinderzie-

---

[266] Im Oktober 1990 wurde das neue Bildungsgesetz (*Ley de Ordenación General del Sistema Educativo = L.O.G.S.E.*) verabschiedet, das eine umfangreiche Reform des aktuellen Bildungssystems ab dem Schuljahr 1991/1992 vorsieht. Mit diesem Gesetz haben der Senat (Länderkammer) und das Parlament der Staatsregierung nach mehrjähriger intensiver Diskussion in der Öffentlichkeit eine Reform eingeleitet, die das Ziel verfolgt das Bildungssystem den Anforderungen anzupassen, die durch die aktuelle demokratische und komplexe spanische Gesellschaft sowie durch die Bestrebungen zur europäischen Eini-

hung neu geregelt. Sie wird auf die Zeitspanne von der Geburt bis zur allgemeinen Schulpflicht mit 6 Jahren ausgeweitet, nicht mehr Vorschulerziehung (*Educación Preescolar*), sondern Kindererziehung (*Educación Infantil*) genannt und in 2 Etappen unterteilt, wobei die 1. Etappe für Kinder von 0-3 Jahren (Krippen) und die 2. Etappe für Kinder von 3-6 Jahren (Kindergärten) gilt. Die Umsetzung der gesetzlich vorgeschriebenen Veränderungen der vorhandenen und die Schaffung von neuen Einrichtungen koordiniert das staatliche Ministerium für Bildung und Wissenschaft und die Bildungsministerien der Autonomen Gemeinschaften mit Bildungshoheit in Zusammenarbeit mit den anderen betroffenen Verwaltungen (z.b. Sozialministerien der Autonomen Gemeinschaften) sowie dem pädagogischen Personal der bestehenden Einrichtungen.

Die öffentliche Kleinkinderziehung ist somit der Zuständigkeit des Ministeriums für Bildung und Wissenschaft auf Staats- bzw. Autonomieebene überantwortet (vgl. MOSS 1990, S. 13 u. 67; MINISTERIO DE EDUCACIÓN Y CIENCIAS 1989, S. 107). Dabei garantiert die öffentliche Hand, daß so viele Plätze geschaffen werden, wie dies von der Bevölkerung verlangt wird.[267] Das staatliche Ministerium für Bildung und Wissenschaft oder die Bildungsministerien der 6 Autonomen Gemeinschaften mit Bildungshoheit können Verträge mit anderen Verwaltungen (z.b. Sozialministerium), anderen lokalen Körperschaften oder privaten gemeinnützigen Trägern zur Schaffung von Einrichtungen der öffentlichen Kleinkinderziehung abschließen.[268] Alle Einrichtungen,

---

gung entstanden sind. Weiterhin sollen der beschleunigte Technologiewandel und die immer reicher und differenzierter werdenden kulturellen Ausprägungen berücksichtigt werden (vgl. MINISTERIO DE EDUCACIÓN Y CIENCIAS 1989, S. 85). Die strukturellen Veränderungen des Bildungssystems, die durch die Reform erreicht werden sollen, sind:
- die Ausweitung und Regulierung der öffentlichen Kleinkinderziehung,
- die Verlängerung der Pflichtschulzeit von 8 auf 10 Jahre,
- die Neustrukturierung der Sekundarstufe II und
- die Neukonzeption der Berufsausbildung (vgl. MINISTERIO DE EDUCACIÓN Y CIENCIAS 1989, S. 91 f.).

[267] Vgl. L.O.G.S.E, Art. 7.2 u. 7.3. Sollte aus der Bevölkerung die Forderung nach mehr Plätzen für Kinder von 0 bis 3 Jahren artikuliert werden, bleibt fraglich, ob diese gemäß dem gesetzlichen Anspruch eingerichtet werden. Bislang liegt noch kein Gerichtsurteil über die verpflichtende Einrichtung von Krippenplätzen vor, das von Bürgern eingeklagt wurde.

[268] Ob es sich dabei um ein dem deutschen vergleichbares Prinzip der Subsidiarität handelt, ist staatsrechtlich umstritten. Die sozialistische Regierung (P.S.O.E.) vertrat zunächst das Primat der staatlichen Einrichtungen (vgl. ZABARTE 1990, S. 43 f.). In den letzten Jahren ist aber zu beobachten, daß vielerorts auch unter der Regierung des P.S.O.E. eine verstärkte Delegierung von sozialen Aufgaben an private Träger erfolgt, wie mir in Gesprächen bestätigt wurde.

die Kinder im Alter von 0-6 Jahren aufnehmen, müssen bis zum Jahre 2000 die gesetzlichen Mindestbestimmungen[269], die sich auf Ausstattung und Ausbildung des pädagogischen Personals beziehen, erfüllen. Gemäß Gesetzestext sind hierin auch die bestehenden guarderías eingeschlossen, da das Gesetz eindeutig davon spricht, daß alle Einrichtungen gemeint sind, die Kinder im Alter von 0-6 Jahren betreuen.

Im Rahmen des Bildungsreformgesetzes soll weiterhin gewährleistet werden, daß nur noch fachspezifisch ausgebildetes Personal mit der öffentlichen Kleinstkind- und Kleinkinderziehung betraut wird. Der gesetzliche Freiraum, in dem sich die *guarderías* bewegten, soll somit aufgehoben werden. Im königlichen Dekret, in dem die Mindestanforderungen für Kindertageseinrichtungen verankert sind, ist festgelegt, daß die Größe der Klassen (Gruppen) für die unter Einjährigen 10, für die Ein- bis 2jährigen 15 und für die 2- bis 3jährigen 20 »SchülerInnen«[270] nicht überschreiten darf. Das pädagogische Personal für Krippen muß sich zusammensetzen aus:

- *Técnicos superiores en Educación Infantil (Módulo 3).* Hierbei handelt es sich um eine berufsschulische Ausbildung, die allerdings das Abitur voraussetzt.[271] Die gesamte Ausbildung umfaßt mindestens 1.300 Stunden, von denen 900 Stunden in der Schule und 400 Stunden in pädagogischen Einrichtungen abzuleisten sind. Die Ausbildung dauert normalerweise ein Schuljahr. Sie wird ab dem Schuljahr 1989/90 angeboten. Insgesamt existierten 1990/91 vier Berufsschulen, die diese Ausbildung anboten und 135

---

[269] Vgl. REAL DECRETO 1004/1991, Art. 10.

[270] Das Ministerium für Bildung und Wissenschaft verwendet weiterhin den Begriff »Schüler« (*alumno*) für Kinder, die in Einrichtungen der öffentlichen Kleinkinderziehung betreut werden, um die Zuordnung zum Bildungssystem zu verdeutlichen.

[271] Die Berufsausbildung, die bisher in Spanien ein Schattendasein geführt hat, soll durch eine vollkommen neue Struktur aufgewertet werden. Sie wird zukünftig aus einer Grundberufsbildung, die in den Unterrichtsplan der 9. und 10. Schulklasse integriert ist, und einer fachgebundenen Berufsausbildung bestehen. Die organisatorische Einheit der fachgebundenen Ausbildung ist das sogenannte Modul (Módulo). Diese Einheit setzt sich aus einer bestimmten Anzahl von theoretischen und praktischen Stunden (1.000 bis 1.300 Stunden) zusammen. Der erfolgreiche Abschluß der allgemeinen Schulpflicht nach 10 Schuljahren berechtigt zum Eintritt in die fachgebundene Berufsbildung »Modul 2« (*Módulo 2*) und der des Abiturs zum Eintritt in die fachgebundene Berufsbildung »Modul 3« (*Módulo 3*) (vgl. MINISTERIO DE EDUCACIÓN Y CIENCIAS 1989, S. 156 f.). Im Reformprojekt wird betont, daß die Berufsbildung nicht stufenweise konzipiert ist, d. h. daß der Abschluß von »Modul 1« nicht zur Aufnahme in »Modul 2« berechtigt, sondern daß dafür der Abschluß des Abiturs erforderlich ist. Der erfolgreiche Abschluß der jeweiligen Module soll zu Titeln führen, die den Qualifikationsstufen zwei und drei der Europäischen Gemeinschaft entsprechen (vgl. MICLESCU 1991, S. 279; MINISTERIO DE EDUCACIÓN Y CIENCIAS 1989, S. 157).

SchülerInnen ausbildeten. Für das Schuljahr 1991/92 haben weitere 9 Schulen die Einrichtung dieses Ausbildungsganges beantragt.

• *Maestros especialistas en Educación Infantil.* Hierbei handelt es sich um ein 3jähriges universitäres Kurzstudium im Rahmen der LehrerInnenausbildung mit dem Schwerpunkt Kleinkinderziehung (vgl. Abb. 31.1).

Abb. 31.1: Lehrplan für den universitären Kurzstudiengang Maestro especialista en Educacion Infantil in Spanien

1. Verpflichtende Bereiche für alle Lehramtsstudenten der Kleinkinderziehung (Educación Infantil) und der ersten 6 Schuljahre (Educación Primaria):	
Psychopädagogische Grundlagen der Sondererziehung	80 Stunden
Allgemeine Didaktik	80 Stunden
Schulorganisation	40 Stunden
Erziehungspsychologie und Entwicklungspsychologie	80 Stunden
Erziehungssoziologie	40 Stunden
Erziehungstheorien und -institutionen der Gegenwart	40 Stunden
Neue Technologien in der Erziehung	40 Stunden
Zwischensumme	400 Stunden
2. Verpflichtende Bereiche für den Maestro de Educación Infantil:	
Kenntnisse über die natürliche, soziale und kulturelle Umwelt	60 Stunden
Entwicklung des musikalischen Ausdrucks und seine Didaktik	60 Stunden
Entwicklung des plastischen Ausdrucks und seine Didaktik	60 Stunden
Entwicklung der sprachlichen Kompetenz und ihre Didaktik	120 Stunden
Entwicklung des mathematischen Denkens und seine Didaktik	60 Stunden
Psychomotorische Entwicklung	60 Stunden
Kinderliteratur	40 Stunden
Praktika	320 Stunden
Zwischensumme	780 Stunden
3. Schwerpunkte der kurzuniversitäre Studiengang (min. - max.)	620 - 1.270 Stunden
Insgesamt (min. - max.)	1.800 - 2.450 Stunden
Quelle: Real Dekreto 1440/1991	

Die Anzahl des pädagogischen Personals in Krippen beträgt pro Klasse (Gruppe) eine pädagogische Fachkraft. Gruppenübergreifend wird eine weitere Fachkraft jür je 3 Gruppen eingesetzt. Für je drei Klassen muß mindestens ein/e LehrerIn mit der Spezialisierung in Kleinkinderziehung (*Maestros especialistas en Educación Infantil*) eingestellt werden. In Kindergärten dürfen zukünftig nur LehrerInnen mit der Spezialisierung in Kleinkinderziehung eingesetzt werden. Die Größe der Klassen beträgt 25 Schüler. Die Klassen sind entsprechend der Schulklassenorganisation altershomogen. Pro Klasse wird ein/e LehrerIn mit der Spezialisierung in Kleinkinderziehung eingesetzt. Werden in den Krippen oder Kindergärten behinderte Kinder[272] betreut, kann zusätzli-

---

[272] Die Bildungsreform (L.O.G.S.E.) hat sich zum Ziel gesetzt sonderpädagogische Maß-

ches Fachpersonal entsprechend den Vorschriften der zuständigen Verwaltung beschäftigt werden.

Grundsätzlich kann festgehalten werden, daß spanische Kinder in zwei unterschiedlichen Lebenszusammenhängen aufwachsen: in der Familie und in Einrichtungen, die die Kinder betreuen oder erziehen. Das traditionelle Konzept der Kindererziehung bis zum 4. Lebensjahr im (groß-)familiären Kontext ist immer weiter rückläufig. Gründe hierfür sind die gesellschaftlichen Veränderungen, die besonders für die städtischen Regionen unter den Begriff der »zweiten Modernisierung« gefaßt werden können (vgl. HAMBURGER/HÖFFER-MEHLMER 1991, S. 7). Allerdings scheint sich der Wunsch der meisten Eltern darauf zu konzentrieren, daß die außerfamiliale Erziehung erst ab dem 2. Lebensjahr einsetzen sollte (vgl. BEREA RODRIGUEZ 1990, S. 57). Dem gesellschaftlichen Bedarf an Kindertageseinrichtungen ab dem 2. Lebensjahr steht ein unzureichend ausgebautes öffentliches Betreuungsnetz gegenüber. Die existierenden Einrichtungen sind meistens privatgewerblich organisiert, so daß die Kleinstkindbetreuung für die Eltern mit hohen Kosten verbunden ist, obwohl die Qualität dieser Einrichtungen allgemein als gering beschrieben wird (vgl. BALAGUER 1991; PALACIOS 1989). Eine Wende könnte die Umsetzung des Bildungsreformgesetzes von 1990 bewirken. Durch dieses Gesetz wird die langerwartete Aufsicht über die Kindertageseinrichtungen für Kinder von 0-3 Jahren in die Hände der Bildungsministerien gelegt und durch ein königliches Dekret die Mindestanforderungen für Kindertageseinrichtungen festgelegt. Ob sich das Angebot der öffentlichen Hand ausweiten wird, hängt einerseits davon ab, wie stark betroffene Eltern ihren Wunsch nach öffentlichen Einrichtungen durchsetzen (die gesetzliche Grundlage ist vorhanden) und andererseits, wieviel Geld die Kommunen bei der gegenwärtig angespannten Finanzlage für diese Aufgabe zur Verfügung stellen wollen und können.

Die Versorgungsquote der 4- und 5jährigen liegt nach den letzten verfügbaren statistischen Daten aus den Jahren 1986/87 bei ca. 85% (vgl. Tab. 31.2). Wird allerdings die Altersgruppe der 3jährigen hinzugenommen, ergibt sich eine Versorgungsquote von ca. 69% (vgl. Tab. 31.4). Dabei sind erhebliche regionale Unterschiede vorhanden. Bis zum Jahr 2.000 soll, so die Planungsvorgaben des staatlichen Ministeriums für Bildung und Wissenschaft, eine 100%ige Versorgung dieser Altersjahrgänge erreicht werden.

---

nahmen in einem größtmöglichen Maß in die allgemeine Schulbildung zu integrieren. Die Integration sollte möglichst in der Phase der Educación Infantil beginnen. Die Schulen, die behinderte Kinder integrieren, werden personell und materiell besser ausgestattet. Dabei soll die Zusammenarbeit mit den Eltern besondere Berücksichtigung finden (vgl. MINISTERIO DE EDUCACIÓN Y CIENCIAS 1989, S. 163 ff.).

Im Zuge der Bildungsreform soll die inhaltliche Qualität der pädagogischen Arbeit in den Kindertagesstätten verbessert werden. Der schulische Anleitungs- und Übermittlungscharakter soll durch eine kindgerechte, pädagogische Arbeit abgelöst werden, in der das Kind mit seinen spezifischen Bedürfnissen und Entwicklungsanforderungen im Mittelpunkt steht, die durch methodische Elemente der Anregung situationsorientiert gefördert werden sollen. Hierfür wurde ein allgemeinverbindliches Curriculum der Kleinkinderziehung entwickelt (vgl. REAL DECRETO 1333/1991).

Betrachtet man die spanische Situation der öffentlichen Kleinkinderziehung im Vergleich zur deutschen Situation, so können folgende Punkte herausgestellt werden. Die Zuständigkeit für die Kindertageseinrichtungen liegt in Spanien bei den Bildungsministerien, in Deutschland hingegen bei den Jugendämtern als Organe der Länder und damit im Bereich der Jugendhilfe. In Spanien herrscht zur Zeit eine Aufbruchstimmung, und es werden für das Bildungswesen einschließlich der Kindertageseinrichtungen, allerdings ohne Krippen, umfangreiche finanzielle Mittel zur Verfügung gestellt, um sich in diesem Bereich dem europäischen Niveau anzugleichen. Unterschiede zeigen sich auch im Verhältnis von öffentlichen und privaten Trägern der Kindertageseinrichtungen. In Spanien befinden sich mehr Einrichtungen in öffentlicher als in privater Trägerschaft. In Deutschland ist das Verhältnis umgekehrt. Dies weist auf das unterschiedliche Verständnis der Wahrnehmung sozialer Aufgaben durch den Staat hin. In Spanien wird zur Zeit von der sozialistischen Regierung das Primat des Staates als Antithese zur traditionellen kirchlichen Dominanz im karitativen Bereich während der Diktatur vertreten, wurden in Deutschland hingegen viele soziale Aufgaben subsidiär von den freien Trägern übernommen.

Im Vergleich der Ausbildungen, die für die Arbeit in Kindertageseinrichtungen qualifizieren, zeigt sich folgendes Bild. In Spanien werden in Übereinstimmung mit der Bildungsreform die bisherigen Ausbildungen abgeschafft oder umstrukturiert. Dabei zeigen sich im spanisch-deutschen Vergleich gegenläufige Tendenzen. In Spanien laufen die berufsschulischen Ausbildungen, die kein Abitur voraussetzen aus, und die Ausbildung der LehrerInnen mit der Spezialisierung in Kleinkinderziehung befindet sich seit ihrer Einführung im Jahre 1985 auf Hochschulniveau. In Deutschland hingegen ist, trotz wiederholter Forderung die ErzieherInnenausbildung auf Fachhochschulniveau zu heben, keine Änderung abzusehen. Ist in Spanien die Übergangszeit der Bildungsreform von 10 Jahren abgelaufen, werden nur MitarbeiterInnen mit einer fachspezifischen Ausbildung, die mindestens das Abitur voraussetzt, in der direkten Arbeit mit den Kindern in Kindertageseinrichtungen beschäftigt sein. Dadurch läßt sich eine eindeutige Tendenz zur Professionalisierung[273] der Beschäftigten in Einrichtungen der öffentlichen Kleinkinderziehung feststellen.

Tab. 31.4: Versorgungsquote der 3- bis 5jährigen durch die Einrichtungen der Vorschulerziehung (Vorschulkindergarten u. Vorschule) im Jahr 1987 nach Autonomen Gemeinschaften mit und ohne Bildungshoheit in Spanien

Autonome Gemeinschaften	Plätze für 2-bis 5-jährige in der Vorschulerziehung[1]	Kohorte der 3- bis 5jäh-rigen	Versor-gungsquote in %
Autonome Gemeinschaften ohne Bildungshoheit			
Aragón	28.125	39.137	71,9
Asturias	23.138	42.430	54,5
Baleares	19.957	27.789	71,8
Cantabria	12.986	19.620	66,2
Castilla-León	62.979	86.585	72,7
Castil.-La Mancha	47.494	62.503	76,0
Extremadura	31.733	45.282	70,1
Madrid	129.635	187.836	69,0
Murcia	34.511	47.339	72,9
Navarra	15.054	16.756	89,8
Rioja, La	6.470	8.764	73,8
Cueta	2.141	3.235	66,2
Melilia	1.961	2.762	71,0
Insgesamt	416.184	590.038	83,2
Autonome Gemeinschaften mit Bildungshoheit			
Andalucia	191.784	329.254	57,5
Canarias	44.431	71.486	62,2
Cataluña	171.204	227.535	68,5
Valencia	112.980	158.741	67,8
Galicia	68.026	107.405	61,2
País Vasco	70.970	77.484	91,6
Insgesamt	659.395	971.905	67,8
Spanien insgesamt	1.075.579	1.561.943	68,9

1 In den Statistiken werden die Plätze für die Altersjahrgänge der 2- und 3jährigen nicht getrennt aufgeführt. Da aber nur für 4,5% der 2jährigen Vorschulkindergartenplätze angeboten werden, und dies bei der Gesamtheit der 3- bis 5jährigen höchstens 1,5% ausmacht, wird diese Größe in der Berechnung vernachläßigt.
Quelle: Ministerio de Educacion y Ciencias (1989, S. 280 f.) und Instituto National de Estadistica (1990, S. 88); Ministerio de Asuntos Sociales (1991, S. 121); eigene Berechnungen

Die LehrerInnenausbildung für die öffentliche Kleinkinderziehung konzentriert sich ausschließlich auf die Vorbereitung für das Arbeitsfeld »Kinderta-

---

[273] Der Begriff Professionalisierung wird als quantitatives Kriterium für fachspezifische akademische Ausbildungen verwendet (vgl. Kapitel 4.2).

geseinrichtungen für Kinder von 0-6 Jahren«, die deutsche ErzieherInnenausbildung hingegen auf mehrere Arbeitsfelder.

Die Ausrichtung der Kindertageseinrichtungen und somit die Schwerpunkte in der LehrerInnenausbildung waren aufgrund der Zuordnung zum Schulsystem traditionell schulvorbereitend. Durch die Bildungsreform der 90er Jahre wird zwar versucht, die pädagogische Arbeit in den Einrichtungen der öffentlichen Kleinkinderziehung durch erlebnis- und bedürfnisorientierte Methoden besser auf die kindspezifischen Erfahrungsräume abzustimmen, findet
m.E. aber nicht die notwendige Berücksichtigung im Lehrplan des Lehrerstu-
diums für die Kleinkinderziehung. Es bleibt bei der Vermittlung von Wissen
über den kindlichen Entwicklungsverlauf und Anregungen zur Förderung der
künstlerischen, musischen, sprachlichen, mathematischen und motorischen
Entwicklung. Außerdem werden die Seminare zu den einzelnen Bereichen
weiterhin von den gleichen schulorientierten Fachbereichen wie Didaktik und
allgemeine Pädagogik gelehrt. Die Schaffung einer wissenschaftlichen Teildiszi-
plin »Erziehung in Früher Kindheit« innerhalb der Erziehungswissenschaft ist
nicht vorgesehen. Daraus läßt sich m.E. der Schluß ziehen, daß die Wende
von einer vorschulisch orientierten Kleinkinderziehung zu einer Erziehung,
die an den Bedürfnissen der Kinder orientiert ist, vorerst noch auf sich warten
lassen wird.

Insgesamt zeigt sich im spanisch-deutschen Vergleich, daß die spanischen
Ausbildungen arbeitsfeldspezifischer (nur öffentliche Kleinkinderziehung) und
formal auf einem höheren Ausbildungsniveau angesiedelt sind als die deutsche
ErzieherInnenausbildung. Es sind zwar noch mehrere Mängel in der Konzeption und Durchführung der spanischen Ausbildungen anzutreffen, aber prinzipiell bietet die Hochschulausbildung bessere Möglichkeiten, auf die gestiegenen und komplexer gewordenen Anforderungen und Problemlagen einer modernen Gesellschaft in adäquater Weise zu reagieren.

31.3.2 Die Heimerziehung

Die Ausbildung der Beschäftigten in der Heimerziehung ist zur Zeit immer
noch unzureichend. Es sind in erster Linie Personen ohne fachspezifische
Ausbildung anzutreffen. Zur Behebung dieser untragbaren Situation werden
von staatlicher Seite aus zwei Wege beschritten: Zum einen soll eine kurzfristige Lösung in Form einer berufsbegleitenden Fortbildung des Personals
in den Einrichtungen der Heimerziehung, die z.B. vom staatlichen Sozialministerium angeboten werden, zum anderen langfristig die fachspezifische Qualifikation des Personals durch das 1991 geschaffene universitäre Kurzstudium

der Sozialerziehung im Rahmen der allgemeinen Hochschulreform[274] gewährleistet werden. Dieser Studiengang ist vergleichbar dem deutschen Fachhochschulstudiengang der Sozialpädagogik. Der Studienschwerpunkt, der unter anderem für den Bereich der Heimerziehung qualifizieren soll, wird »Arbeit mit
gefährdeten Personen« (*educación especializado*) genannt. Wird dieser Schwerpunkt gewählt, sind Seminare im Umfang von ca. 300 Stunden und mehrere
Wochen Praktika im Bereich der »Arbeit mit gefährdeten Personen« abzuleisten. Dies sind ca. 25% des gesamten Studiums, das insgesamt auf 3 Studienjahre angelegt ist.

Bezüglich der Ausbildung der Beschäftigten in den Einrichtungen der
Heimerziehung bedeutet dies, daß sich die Qualifikationsstruktur in den nächsten Jahrzehnten vollständig ändern wird. Das unausgebildete Personal wird
nach und nach durch fachspezifisch akademisch ausgebildetes Personal abgelöst, so daß in dem Bereich der Heimerziehung ein erheblicher Professionalisierungsschub zu erwarten ist.

31.3.3 Die Jugendarbeit

Wie schon angedeutet, existiert in Spanien kein klar abgegrenztes Arbeitsfeld,
das dem der deutschen Jugendarbeit vergleichbar ist. Die Jugendarbeit wird
als ein Teilbereich der »soziokulturellen Animation« aufgefaßt. Zur Zeit
zeichnen sich in der soziokulturellen Animation zwei Schwerpunkte ab: zum
einen die Arbeit mit Menschen aller Altersstufen in ihrer Freizeit, was in
Deutschland mit der Jugendarbeit sowie Bereichen der Erwachsenenbildung
vergleichbar ist, und zum anderen die Kulturarbeit zur Verbesserung des Gemeinwesens, also eine Art gemeinwesenorientierte Kulturarbeit.

---

[274] Die Struktur der spanischen Universität beruht im wesentlichen auf dem Bildungsre-
formgesetz von 1970 (LGE) und dem Hochschulreformgesetz von 1983 (LRU; *Ley de
Reforma Universitaria*). Zentraler Gesichtspunkt des Bildungsreformgesetzes von 1983
ist, ein effektives, durchrationalisiertes und durchlässiges Bildungssystem zu konzipie-
ren, das den veränderten Wirtschaftsbedingungen genüge zu leisten vermag. Als Be-
gründung für die Reform wird in der Präambel des Gesetzes die Förderung der
wissenschaftlichen Mentalität und des wissenschaftlichen Geistes in Spanien sowie die
wachsende Nachfrage nach Bildung und die Herausforderungen der europäischen
»scientific community« angeführt. Strukturell soll an den Universitäten die Anzahl der
möglichen Abschlüsse von früher insgesamt ca. 60 auf etwa 150 erhöht werden, wobei
in erster Linie kürzere (dreijährige) Studiengänge mit spezialisierten, auf die Bedürfnisse der Arbeitswelt zugeschnittenen Ausbildungsprofilen zu schaffen seien. Ca. 80 dieser neuen Studiengänge sind inzwischen gesetzlich verankert und stehen seit dem Studienjahr 1989/90 zur Verfügung (vgl. BERNECKER 1990, S. 438).

Als offiziell anerkannte fachspezifische Ausbildung sind für diesen Bereich eine berufsschulische Ausbildung, die das Abitur voraussetzt (*Técnico Especialista de Actividades Socioculturales; Módulo 3*) und das universitäre Kurzstudium der Sozialerziehung mit dem Schwerpunkt »Soziokulturelle Animation« (*Animación Sociocultural*) anzusehen. Die berufsschulische Ausbildung, die im Rahmen der Neukonzeption des Berufsschulsystems ab 1990 angeboten wird, dauert ein Jahr und umfaßt mindestens 1.100 Stunden, von denen 250 in soziokulturellen Einrichtungen abzuleisten sind. Der Schwerpunkt der »soziokulturellen Animation« des universitären Kurzstudienganges der Sozialerziehung weist ähnliche strukturelle Merkmale wie der Schwerpunkt der »Arbeit mit gefährdeten Personen« auf.

So zeichnet sich für das Arbeitsfeld der »soziokulturellen Animation« eine dreistufige Ausbildungslandschaft ab: Die 1. Stufe bilden die Kurse in Fort- und Weiterbildungseinrichtungen, die in erster Linie ehrenamtliche MitarbeiterInnen im Bereich der Freizeit-/Kulturarbeit und der Gemeinwesenarbeit, hauptsächlich im Rahmen von Vereinen, auf ihre Tätigkeit vorbereiten. Die 2. Stufe stellt die neue Berufsschulausbildung dar, die in erster Linie die Grundlage für eine bezahlte Berufstätigkeit im Bereich der soziokulturellen Animation schafft. Die 3. Stufe, die durch die Einführung des Studiengangs Sozialerziehung ereicht ist, weist auf eine Akademisierung dieses Bereiches hin. Erfahrungen mit hauptamtlichen Personen im Bereich der soziokulturellen Animation, die bisher über keine fachspezifische Ausbildung verfügten, zeigen, daß diese berufliche Tätigkeit sich eher auf die Verwaltung und Leitung von Freizeit- und Kulturangeboten konzentriert als auf die direkte soziokulturelle Interaktion mit den AdressatInnen; letztere wird hauptsächlich von ehrenamtlichen MitarbeiterInnen ausgeführt (vgl. ROMERO LARGO 1989, S. 115; MARTINEZ 1991, S. 6).

31.4 Bilanz

In Spanien gibt es keine der deutschen ErzieherInnenausbildung vergleichbare Ausbildung. Für die sozialen Arbeitsfelder der öffentlichen Kleinkinderziehung, Heimerziehung und großen Bereichen der Jugendarbeit werden in naher Zukunft arbeitsfeldspezifische Ausbildungen zur Verfügung stehen, die das bisherige Bild, das durch die Beschäftigung von nicht qualifiziertem Personal und einer starken Ehrenamtlichkeit besonders in der Heimerziehung und Jugendarbeit geprägt war, nachhaltig ändern werden. Alle Beschäftigten müssen in Zukunft über eine fachspezifische Ausbildung verfügen, die das allgemeine Abitur voraussetzt, da auch die berufsschulische Ausbildung (*Modulo 3*) dieses erfordert. Die berufsschulischen Ausbildungen, die nur für Krippen und Teilbereiche der Jugendarbeit vorgesehen sind, werden voraussichtlich nur einen geringen Teil gegenüber den arbeitsfeldspezifisch und akademisch Ausgebildeten in den hier angesprochenen Arbeitsfeldern ausmachen. Somit ist in Spanien die Intention erkennbar, in den sozialen Arbeitsfeldern der öffentlichen Kleinkinderziehung, der Heimerziehung und der Jugendarbeit fast ausschließlich fachspezifisch akademisch ausgebildetes Personal (Professionalisierung) zu beschäftigen.

Ob sich dieses ehrgeizige Vorhaben in den nächsten Jahrzehnten, auch angesichts der sich erneut abzeichnenden wirschaftlichen Krise in Spanien, durchsetzen wird, bleibt abzuwarten. Auf jeden Fall erscheint es lohnenswert, die in der deutschen Fachöffentlichkeit bisher kaum berücksichtigten Entwicklungen auf der iberischen Halbinsel auch weiterhin zu verfolgen.

Literatur

I. Arbeitsmarkt und Ausbildung (Kap. 1 - 25)

ADAMY, W./BOSCH, G./KNUTH, M.: Arbeitsmarkt, in: KITTNER (1992), S. 286-322.

AFET (Arbeitsgemeinschaft für Erziehungshilfe e.V.) (Hrsg.): Personalentwicklung in Einrichtungen und Behörden der Erziehungshilfe, Neue Schriftenreihe, Heft 45, Hannover 1990.

AHE, H.V.: Rien ne va plus - aber das autonom, in: Erziehung und Wissenschaft, 45. Jg., 1993, Heft 5, S. 10.

ALMSTEDT, M.: Zum Stand der Ausbildung der ErzieherInnen für den Bereich der Heimerziehung in Hessen. Erste Zwischenergebnisse einer empirischen Untersuchung, in: Forum Erziehungshilfen, 1. Jg., 1995, Heft 1, S. 39-42.

AMONEIT, K./NIESLONY, F.: Zur Tagesbetreuung unter 3jähriger Kinder - politische Notwendigkeit und kommunaler Bedarf, in: Neue Praxis, 23. Jg., 1993, Heft 1/2, S. 78-86.

ANBA (Amtliche Nachrichten der Bundesanstalt für Arbeit), Nürnberg, verschiedene Jahrgänge.

ANDRES, B./DIPPELHOFER-STIEM, B.: Die Kinderkrippe - Diskurs über einen »typischen« Frauenarbeitsplatz. Empirische Anhaltspunkte zu beruflicher Situation, Alltagserfahrung und fachlichem Selbstverständnis von Krippenmitarbeiterinnen, Bielefeld 1991.

ARBEITSGEMEINSCHAFT FREIE SCHULEN (Hrsg.): Handbuch Freie Schulen. Pädagogische Positionen, Träger, Schulformen und Schulen im Überblick, Reinbek bei Hamburg 1988.

ARBEITSGRUPPE BILDUNGSBERICHT AM MAX-PLANCK-INSTITUT FÜR BILDUNGSFORSCHUNG (Hrsg.): Das Bildungswesen in der Bundesrepublik. Ein Überblick für Eltern, Lehrer, Schüler, Reinbek bei Hamburg 1990.

ARBEITSGRUPPE BILDUNGSBERICHT AM MAX-PLANCK-INSTITUT FÜR BILDUNGSFORSCHUNG (Hrsg.): Das Bildungswesen in der Bundesrepublik. Strukturen und Entwicklungen im Überblick. Vollständig überarbeitete und erweiterte Neuausgabe, Reinbek bei Hamburg 1994.

ARBEITSGRUPPE RAUENBERG: Gedanken zur Erzieherausbildung, in: Treffpunkt Kindergarten/Forum Sozialpädagogik, 1992, Heft 4, S. 4-6.

ARNOLD, R.: Berufsbildung. Annäherungen an eine Evolutionäre Berufspädagogik, Hohengehren 1994.

AUSBILDUNGS- UND PRÜFUNGSORDNUNG FÜR DIE BERUFSFACHSCHULE FÜR SOZIALE BERUFE IM LAND BRANDENBURG (APO - BFS - sB) vom 23.6. 1993, in: Gesetz- und Verordnungsblatt für das Land Brandenburg Teil II - Nr. 46 vom 23.7.1993, S. 306-318.

AUTORENKOLLEKTIV DES INSTITUTS FÜR FACHSCHULWESEN IN DER DDR: Die Fachschulbildung in der Deutschen Demokratischen Republik, Leipzig 1980.

BADER, R.: Lehrer/in an beruflichen Schulen, Blätter zur Berufskunde 3-III D 02, Bielefeld 1990.

BALMER, U.: Gefordert wird eine Reform der Erzieherinnenausbildung, in: Sozial, [10]1993, Heft 4, S. 17-18.

BALS, T.: Rekrutierungsprobleme - das Beispiel Krankenpflege. Reform der Berufsbildung, in: RABE-KLEBERG u.a. (1991), S. 36-59.

BALS, T.: Berufsständische Abschottung oder interprofessionelle Kooperation - die Gesundheitsfachberufe und ihr Berufsfeld, in: BUNDESINSTITUT FÜR BERUFSBILDUNG (1993), S. 87-94.

BAMBERG, H.D. u.a.: Kitas in Berlin. Der Betreuungsalltag in Kindertagesstätten im Spiegel von Erzieherinnen und Eltern, Berlin 1993.

BASKE, S. (Hrsg.): Pädagogische Berufe in der Bundesrepublik Deutschland und in der Deutschen Demokratischen Republik, Schriftenreihe der Gesellschaft für Deutschlandforschung, Band 30, Berlin 1990.

BECKER, W./MEIFORT, B.: Zur Qualität der Berufsausbildung bei gesundheits- und sozialpflegerischen Berufen, in: BECKER, W./MEIFORT, B. (Hrsg.), Professionalisierung gesundheits- und sozialpflegerischer Berufe. Europa als Impuls? Zur Qualifikationsentwicklung in der Human-Dienstleistung, Berichte zur beruflichen Bildung, Heft 159, hrsg. vom Bundesinstitut für Berufsbildung, Berlin 1993, S. 65-84.

BECKER, W./MEIFORT, B.: Pflegen als Beruf - ein Berufsfeld in der Entwicklung. Berufe in der Gesundheits- und Sozialpflege: Ausbildung, Qualifikationen, berufliche Anforderungen. Eine Praxisanalyse, Berichte zur beruflichen Bildung, Heft 169, hrsg. vom Bundesinstitut für Berufsbildung, Berlin und Bonn 1994.

BECKHEUER, H.H.: Reform der Erzieher/Innen-Ausbildung? Ein Beitrag zum Stand der Entwicklung neuer Richtlinien und Lehrpläne für die Fachschule für Sozialpädagogik, in: GEW LANDESVERBAND NRW (Hrsg.), Gewerkschaft Erziehung und Wissenschaft an den berufsbildenden Schulen, Drucksache, Essen 1992, S. 1-3.

BECKHEUER, H.H.: Lehrer/Innen-Einstellung im Bereich »Sozialpädagogik«, in: GEW LANDESVERBAND NRW (Hrsg.), Gewerkschaft Erziehung und Wissenschaft an den berufsbildenden Schulen, Drucksache, Essen 1992, S. 4-5 (a).

BECKHEUER, H.H.: Stand der Richtlinien und Lehrpläne für die Fachschule für Sozialpädagogik, in: GEW LANDESVERBAND NRW (Hrsg.), Gewerkschaft Erziehung und Wissenschaft an den berufsbildenden Schulen, Drucksache, 1993, S. 1-2 (b).

BEHER, K./KNAUER, D./RAUSCHENBACH, TH.: Zum Standort der Sozialpädagogik im beruflichen Schulwesen. Ausbildungs- und Personalstruktur an Fachschulen für Sozialpädagogik und Berufsfachschulen für Kinderpflege, in: Die berufsbildende Schule, 47. Jg., 1995, Heft 1, S. 5-12.

BEHÖRDE FÜR SCHULE, JUGEND UND BERUFSBILDUNG (Hrsg.): PraktikantInnen anleiten lernen. Seminare zur Qualifizierung von Anleitung - Konzeption, Erfahrungen, Materialien. Sozialpädagogische Fortbildung - Dokumente und Materialien, Hamburg 1994.

BENES, M.: Sozialpädagogische Berufe in der Bundesrepublik Deutschland und in der DDR, in: BASKE (1990), S. 103-121.

BERICHT über die Entwicklungen im Bereich der Kindertagesbetreuung in Mecklenburg-Vorpommern, Schwerin 1994.

BERTRAM, H./BEYER, H.: Bestand und Bedarf an statistischen Erhebungen im Bereich »Jugendhilfe«, in: Recht der Jugend und des Bildungswesens, 38. Jg., 1990, Heft 3, S. 270-278.

BLANDOW, J.: Heimerziehung in den 80er Jahren. Materialien und Einschätzung zur jüngeren Entwicklung der Heimerziehung, in: PETERS, F. (Hrsg.), Jenseits von Familie und Anstalt. Entwicklungsperspektiven in der Heimerziehung, Bielefeld 1988, S. 28-49.

BLANDOW, J.: Entwicklung der Heimerziehung in der früheren BRD. Strukturelle und historische Besonderheiten - Reformprozesse - gegenwärtige Situation, in: Jugendhilfe, 29. Jg., 1991, Heft 3, S. 114-120.

BOCK, T./RAUSCHENBACH, TH.: Sozialarbeiter/innen und Sozialpädagog(inn)en, in: DEUTSCHER VEREIN FÜR ÖFFENTLICHE UND PRIVATE FÜRSORGE (Hrsg.), Fachlexikon der Sozialen Arbeit, Frankfurt a.M. ³1993, 838-840.

BÖCK, C.: Die Jugendlichen zahlen die Zeche, in: Erziehung und Wissenschaft, 42. Jg., 1990, Heft 9, S. 19-20.

BÖFAE (Bundesarbeitsgemeinschaft der öffentlichen und freien, nicht konfessionell gebundenen Ausbildungsstätten für Erzieherinnen und Erzieher): Positionspapier zur Ausbildung von Erzieherinnen und Erziehern, in: Forum Jugendhilfe, 1994, Heft 1, S. 41-43.

BOHLE, H./GRUNOW, D.: Verberuflichung der sozialen Arbeit, in: PROJEKTGRUPPE SOZIALE BERUFE (Hrsg.), Sozialarbeit: Professionalisierung und Arbeitsmarkt, München 1981, S. 151-176.

BREMER, R./DAMMER, K.-H./STÖVESAND, H.: Kollegschule. Zur Notwendigkeit und Möglichkeit einer integrierten Sekundarstufe II. Studie im Auftrag der Gewerkschaft Erziehung und Wissenschaft (GEW) - Landesverband Nordrhein-Westfalen, Essen 1993.

BUND-LÄNDER-KOMMISSION FÜR BILDUNGSPLANUNG UND FORSCHUNGSFÖRDERUNG: Entwicklungen und vordringliche Maßnahmen in den Tageseinrichtungen für Kinder/Elementarbereich in den neuen Ländern, Berichtsentwurf, unveröffentlichtes Manuskript vom 16.03.1992.

BUNDESANSTALT FÜR ARBEIT (Hrsg.): Sozial - Berufsausbildung und berufliche Weiterbildung, Bildung und Beruf 114, Nürnberg 1990.

BUNDESANSTALT FÜR ARBEIT (Hrsg): Sozial 1. Berufliche Grundbildung - Ausbildung und Umschulung - Studiengänge an Hochschulen - Berufsakademien. Bildung und Beruf 114a, 3. Ausgabe, Nürnberg 1993.

BUNDESARBEITSGEMEINSCHAFT DER FREIEN WOHLFAHRTSPFLEGE E.V. (Hrsg.): Stellungnahme zur »Lehrbefähigung der hauptamtlichen Lehrkräfte in sozialen Ausbildungen unterhalb der Fachhochschulen«, o.O. 26.05.1983.

BUNDESARBEITSGEMEINSCHAFT DER FREIEN WOHLFAHRTSPFLEGE (Hrsg.): Gesamtstatistik der Einrichtungen der Freien Wohlfahrtspflege, Bonn, verschiedene Jahrgänge.

BUNDESARBEITSGEMEINSCHAFT DER LANDESJUGENDÄMTER UND ÜBERÖRTLICHEN ERZIEHUNGSBEHÖRDEN (Hrsg.): Stellungnahme zur Entwicklung des Erzieherberufes bis zum Jahr 2000, Hamburg 1990.

BUNDESINSTITUT FÜR BERUFSBILDUNG (Hrsg.): Gesundheits- und sozialpflegerische Berufe. Entwicklungstendenzen und Lösungswege, Berlin 1993.

BUNDESINSTITUT FÜR BERUFSBILDUNG (Hrsg.): Lernen heute - Fragen für morgen. Zur Lernforschung in der Berufsbildung. Berichte zur beruflichen Bildung, Heft 168, Bielefeld 1994.

BUNDESMINISTER FÜR BILDUNG UND WISSENSCHAFT (Hrsg.): Berufsbildungsbericht, Bonn 1991, 1992, 1993.

BUNDESMINISTER FÜR BILDUNG UND WISSENSCHAFT (Hrsg.): Grund- und Strukturdaten, Bad Honnef, verschiedene Jahrgänge.

BUNDESMINISTER FÜR JUGEND, FAMILIE, FRAUEN UND GESUNDHEIT (Hrsg.): Achter Jugendbericht. Bericht über Bestrebungen und Leistungen der Jugendhilfe, Bonn 1990.

BUNDESMINISTERIUM FÜR FAMILIEN, SENIOREN, FRAUEN UND JUGEND (Hrsg.): Neunter Jugendbericht. Bericht über die Situation der Kinder und Jugendlichen und der Entwicklung der Jugendhilfe in den neunen Bundesländern, Bonn 1994.

BUNDESMINISTERIUM FÜR FAMILIEN UND SENIOREN (Hrsg.): Familien und Familienpolitik im geeinten Deutschland - Zukunft des Humanvermögens. Fünfter Familienbericht, Bonn 1994.

BUNDESMINISTERIUM FÜR INNERDEUTSCHE BEZIEHUNGEN (Hrsg.): Vergleich von Bildung und Erziehung in der Bundesrepublik Deutschland und in der Deutschen Demokratischen Republik, Köln 1990.

BUNDESMINISTERIUM FÜR RAUMORDNUNG, BAUWESEN UND STÄDTEBAU (Hrsg.): Raumordnungsbericht 1991, Bonn 1991.

BUNDESVERBAND EVANGELISCHER AUSBILDUNGSSTÄTTEN FÜR SOZIALPÄDAGOGIK: Stellungnahme des Bundesverbandes Evangelischer Ausbildungsstätten für Sozialpädagogik zu der Qualifikation der Lehrer an Fachschulen für Sozialpädagogik, Stuttgart 1988.

CHRIST UND BILDUNG, Heft 1, 1990.

COLBERG-SCHRADER, H.: Berufsverständnis und Erzieherarbeit, in: ZIMMER (1985), S. 153-168.

COLBERG-SCHRADER, H.: Kinderbetreuung - Elternsache und Teil einer kommunalen Kinderpolitik, in: WSI-Mitteilungen, Monatszeitschrift des wirtschafts- und sozialwissenschaftlichen Instituts des DGB, 44. Jg., 1991, Heft 2, S. 74-81.

COLBERG-SCHRADER, H./KRUG, M./PELZER, S. (Hrsg.): Soziales Lernen im Kindergarten. Ein Praxisbuch des Deutschen Jugendinstituts, München 1991.

DAMM-RÜGER, S.: Ausbildung und Berufssituation von Frauen und Männern in Ost und West, hrsg. vom Bundesinstitut für Berufsbildung, Bielefeld 1994.

DEININGER, D.: Einrichtungen der Jugendhilfe in den neuen Ländern und Berlin-Ost 1991, in: Wirtschaft und Statistik, 1993, Heft 4, S. 292-300.

DER VERGESSENE BERUF: Auswertung der Umfrage zur Situation der Fachkräfte in Tageseinrichtungen, in: Kindergarten heute, 1990, Heft 4, S. 2-22.

DERSCHAU, D.v.: Die Erzieherausbildung. Bestandsaufnahme und Vorschläge zur Reform, München 1974.

DERSCHAU, D.v.: Die Ausbildung der Erzieher für Kindergarten, Heimerziehung und Jugendarbeit an den Fachschulen/Fachakademien für Sozialpädagogik. Entwicklung, Bestandsaufnahme, Reformvorschläge, Band 5, Gersthofen 1976.

DERSCHAU, D.v.: Ein richtiger »Rahmen« für die Erzieherausbildung - Die neue KMK-Vereinbarung und ihre möglichen Auswirkungen, in: RABE-KLEBERG u.a. (1983), S. 166-190.

DERSCHAU, D.v.: Lernen in einem anderen Schulmilieu - zur beruflichen Sozialisation in der Erzieherausbildung, in: RABE-KLEBERG, U./KRÜGER, H./DERSCHAU, D.v. (Hrsg.), Qualifikationen für die Erzieherarbeit. Anforderungen, Veränderungen und Kritik, DJI Materialien, München ²1984.

DERSCHAU, D.v.: Die Ausbildung des pädagogischen Personals, in: ZIMMER (1985), S. 169-187.

DERSCHAU, D.v.: Personal: Entwicklung der Ausbildung und der Personalstruktur im Kindergarten, in: ERNING/NEUMANN/REYER (1987), S. 67-81.

DERSCHAU, D.v.: Erzieher/Erzieherin - Die Berufsaussichten für Erzieher/Erzieherinnen verbessern sich deutlich, in: Informationen für die Beratungs- und Vermittlungsdienste der BfA, 21. Jg., 1989, Heft 25.01.1989, S. 143-146.

DERSCHAU, D.v.: Erzieher/in - ein Mangelberuf, in: Theorie und Praxis der sozialen Arbeit, 1990, Heft 1, S. 23-26 (a).

DERSCHAU, D.v.: Zukünftige Entwicklung der Jugendhilfe und des Bedarfs an Fachkräften. Die Zukunft der sozialen Berufe - Expertengespräch der AGJ, in: Forum Jugendhilfe, 1990, Heft 3/4, S. 10-13 (b).

DERSCHAU, D.v.: Zwischen Überforderung und neuer Berufszufriedenheit. Neue Qualifikationsanforderungen und Selbstverständnisse der Pädagoginnen in »Situationsansatz-Kindergärten«, in: COLBERG-SCHRADER/KRUG/PELZER (1991), S. 184-197.

DERSCHAU, D.v.: Die Entwicklung des Bedarfs von ErzieherInnen in der Jugendhilfe. Überlegungen angesichts eines drohenden »Erziehernotstandes«, in: Nachrichtendienst des Deutschen Vereins für öffentliche und private Fürsorge, 73. Jg., 1993, Heft 3, S. 109-113.

DERSCHAU, D.v.: Der vergessene Beruf: Erzieher/in, in: klein & groß, 1994, Heft 2, S. 28.

DERSCHAU, D.v./Scherpner, M.: Erzieher/Erzieherin, Blätter zur Berufskunde, Band 2-IV A 20, Bielefeld 1989.

DERSCHAU, D.v. u.a.: Zur Entwicklung der Ausbildung zum Erzieher seit 1970, München 1975.

DERSCHAU, D.v. u.a.: Arbeitsmarkt- und Bedarfssituation im Bereich der sozialpädagogischen Berufe, in: Forum Jugendhilfe, 1985, Heft 2, S. 1-27.

DEUTSCHER BILDUNGSRAT: Strukturplan für das Bildungswesen, Stuttgart 1970.

DEUTSCHER BUNDESTAG REFERAT ÖFFENTLICHKEITSARBEIT (Hrsg.): Zukünftige Bildungspolitik - Bildung 2000. Schlußbericht der Enquete-Kommission des 11. Deutschen Bundestages und parlamentarische Beratung am 26. Oktober, Bonn 1990.

DEUTSCHER VEREIN: Empfehlungen zur bundeseinheitlichen Neuordnung der Berufsfachschul- und Fachschulausbildungen für soziale Berufe, in: Nachrichtendienst des Deutschen Vereins für öffentliche und private Fürsorge, 74. Jg., 1994, Heft 9.

DEUTSCHES JUGENDINSTITUT (Hrsg.): Tageseinrichtungen für Kinder: Informationen - Erfahrungen - Analysen. Zahlenspiegel, München 1993 (a).

DEUTSCHES JUGENDINSTITUT (Hrsg.): Projekt »Qualifizierung von Erzieherinnen in den neuen Bundesländern«. Berichte aus regionalen Arbeitskreisen in Mecklenburg-Vorpommern und Sachsen, München 1993 (b).

DIELMANN, G.: Überlegungen zur Strukturreform der Berufsbildung im Sozial- und Gesundheitswesen, am Beispiel der Pflegeberufe, in: BUNDESINSTITUT FÜR BERUFSBILDUNG (1993), S. 123-126.

DITTRICH, J.: Deutsche Erzieherausbildung - 1993 in Europa ohne Wert?, in: RABE-KLEBERG u.a. (1991), S. 244-250 (a).

DITTRICH, J.: Die Erzieherin darf nicht zur Helferin abqualifiziert werden, in: Theorie und Praxis der Sozialpädagogik, 1991, Heft 1, S. 35-37 (b).

DOLLASE, R. (Hrsg.): Handbuch der Früh- und Vorschulpädagogik, Band I, Düsseldorf 1978.

EBERT, S.: Zur beruflichen Situation der Erzieherinnen in Deutschland: Bestandsaufnahme und Perspektiven. Eine Denkschrift, Schriftenreihe des Pestalozzi- Fröbel-Verbands, München und Wien 1994.

EIBECK, B.: Vom Anspruch zum Angebot, in: Erziehung und Wissenschaft, 42. Jg., 1990, Heft 9, S. 17-19.

ENGELHARDT, W.J./ERNST, H.: Dilemmata der ErzieherInnenausbildung zwischen Institution und Profession, in: Zeitschrift für Pädagogik, 38. Jg., 1992, Heft 3, S. 419-435.

ERATH, P.: Abschied von der Kinderkrippe. Plädoyer für altersgemischte Gruppen in Tageseinrichtungen für Kinder, Freiburg 1992.

ERNING, G.: Zum Stand der Lehrerausbildung an der Universität Bamberg im Studiengang »Lehramt Sozialpädagogik an beruflichen Schulen«, in: RABE-KLEBERG/KRÜGER/DERSCHAU (1983), S. 338-345.

ERNING, G.: Quantitative Entwicklung der Angebote öffentlicher Kleinkinderziehung, in: ERNING/NEUMANN/REYER (1987), S. 29-39.

ERNING, G./NEUMANN, K./REYER, J. (Hrsg.): Geschichte des Kindergartens, Band 2, Freiburg i.B. 1987.

ETZULD, S.: Gebt der Schule endlich schulfrei!, in: Die Zeit, Nr. 35, 27.08.1993.

FISCHER, A.: Das Bildungssystem der DDR: Entwicklung, Umbruch und Neugestaltung seit 1989, Darmstadt 1992.

FISCHER, H.: Identität in der Erzieherausbildung: Ansätze einer handlungsorientierten Ausbildungsdidaktik, Düsseldorf 1980.

FISCHER, K.: Der Anfang vom Bildungsnotstand, in: Erziehung und Wissenschaft, 45. Jg., 1993, Heft 4, S. 20-21.

FORSCHUNGSGRUPPE KAMMERER: Berufliche Vollzeitschulen und Verringerung der Jugendarbeitslosigkeit - Basisdaten über die Berufsfachschulen, Band 2. Gegenwärtige Probleme, in: MAX-PLANCK-INSTITUT FÜR BILDUNGSFORSCHUNG (Hrsg.), Bildung in der Bundesrepublik Deutschland: Daten und Analysen, Stuttgart 1980, S. 1003-1052.

FRANK, G.: »... manchmal fühle ich mich wie Sisyphus«, in: HOPPE/ZERN (1988a), S. 97-102.

FTHENAKIS, W.: Der vergessene Beruf: Erzieher/in, in: klein & groß, 1994, Heft 3, S. 26-28.

GABRIEL, I./MERSCHFORMANN, C.: Ein Lehramt für das Berufsfeld Sozialpädagogik, in: Sozialpädagogische Blätter, 1981, S. 57-60.

GALUSKE, M./RAUSCHENBACH, TH.: Jugendhilfe Ost. Entwicklung, aktuelle Lage und Zukunft eines Arbeitsfeldes, Weinheim und München 1994.

GALUSKE, M./RAUSCHENBACH, TH.: Jugendhilfe Ost - Modernisierungen zwischen Kopie und Innovation, in: Archiv für Wissenschaft und Praxis der sozialen Arbeit. Vierteljahreshefte zur Förderung von Sozial-, Jugend- und Gesundheitshilfe, 26. Jg., 1995, Heft 1, S. 18-38.

GEWERKSCHAFT ERZIEHUNG UND WISSENSCHAFT: GEW-Script. Erzieher- und Erzieherinnenausbildung zwischen Qualifikationsanforderungen und Persönlichkeitsbildung, GEW-Fachtagung vom 13.-15.11.1989 in Oberwesel/Rhein, Frankfurt a.M. 1989.

GEWERKSCHAFT ERZIEHUNG UND WISSENSCHAFT: GEW-Ratgeber. Eingruppierung im Sozial- und Erziehungsdienst, Frankfurt a.M. 1991.

GEWERKSCHAFT ERZIEHUNG UND WISSENSCHAFT: Rechtsanspruch auf Kita-Platz bezahlbar - ein Finanzierungsvorschlag der GEW, Pressemitteilung der GEW vom 15.06.1992.

GEWERKSCHAFT ERZIEHUNG UND WISSENSCHAFT - Referat D Aus- und Weiterbildung - Hauptvorstand (Hrsg.): Forderungen der GEW zur Höherqualifizierung der ErzieherInnenausbildung, Berlin 1993 (a).

GEWERKSCHAFT ERZIEHUNG UND WISSENSCHAFT (Hrsg.): Tarifrecht für Praktikantinnen und Praktikanten, Frankfurt a.M. 1993 (b).

GEWERKSCHAFT ERZIEHUNG UND WISSENSCHAFT - Landesverband NRW - Fachgruppe Berufsbildende Schulen (Hrsg.): Stellungnahme zur Verordnung über die Ausbildung und Prüfung in der Fachschule - Fachschule für Sozialpädagogik, Essen 1994, S. 1-4.

GLEICH, J.M.: Das Problem Erzieherfluktuation. Eine empirische Untersuchung zur Lage der Erzieherin in katholischen Tageseinrichtungen für Kinder, Schriftenreihe des Diözesan-Caritasverbandes, Heft 10, Köln 1993.

GOLDER, W.H.: Beurteilungsfragen von praktischen Leistungen im Berufspraktikum, in: HOPPE/ZERN (1988a), S. 85-91.

GRABOW, M.: Die Entwicklung moralischer Urteilsfähigkeit in der Erzieherausbildung, Frankfurt a.M. 1990.

GROSSMANN, W.: Kindergarten. Eine historisch-systematische Einführung in seine Entwicklung und Pädagogik. Berufsfelder Sozialer Arbeit, Weinheim und Basel 1987.

GROSSMANN, W. (Hrsg.): Kindergarten und Pädagogik. Grundlagentexte zur deutsch- deutschen Bestandsaufnahme, Weinheim und Basel 1992.

GRÜNER, G.: Die beruflichen Vollzeitschulen hauswirtschaftlicher und sozialpädagogischer Fachrichtung in der Bundesrepublik Deutschland. Band 14 der Studien zur Arbeits- und Berufspädagogik, Frankfurt a.M. 1979.

GUSTORFF, G.: Kritik an der Erzieherausbildung, in: Unsere Jugend, 31. Jg., 1979, Heft 9, S. 401-416.

HAEDRICH, B.: Zur Berufsbildung der Sozialarbeiter in Deutschland, Dissertation, Tübingen 1967.

HAMBURGER PÄDAGOGEN UND SCHULVERWALTUNGSBEAMTE: Mehr »Autonomie« für Hamburger Schulen? Die Autonomie-Diskussion in Hamburg, in: Pädagogische Führung, 4. Jg., 1993, Heft 4, S. 158-162.

HECKEL, H.: Einführung in das Erziehungs- und Schulrecht, Darmstadt 1977.

HECKER, U.: Externenprüfung - Eine nachträgliche Chance zur beruflichen Entwicklung?, in: PUHLMANN, A. (Hrsg.), Junge Erwachsene ohne Berufsausbildung, Bielefeld 1994, S. 145-159.

HEINEMANN, K.-H.: Schulautonomie. Krisenmanagement nach Bremer Rezept?, in: Erziehung und Wissenschaft, 45. Jg., 1993, Heft 5, S. 9-10.

HEINEMANN, M.: Die »berufliche Fachrichtung Sozialpädagogik«. Ein neues Lehramt in der Sekundarstufe II in Nordrhein-Westfalen, in: Bildung und Erziehung, 30. Jg., 1977, Heft 2, S. 112-132.

HELWIG, G.: Kirchen, in: WEIDENFELD, W./KORTE, K.R., Handwörterbuch zur Deutschen Einheit, Lizenzausgabe für die Bundeszentrale für politische Bildung, Frankfurt a.M. 1992, S. 424-430.

HICKEL, R.: Wirtschaft 1991: Wirtschaftsentwicklung, Finanz- und Geldpolitik, in: KITTNER (1992), S. 156-212.

HÖRNER, W.: Bildung und Wissenschaft in der DDR - Ausgangslage und Reform bis Mitte 1990, Bonn 1990.

HOPPE, J.R.: Angeleitete Beschäftigung und berufliches Selbstverständnis, in: HOPPE/ZERN (1988a), S. 47-52.

HOPPE, J.R.: Polemische Anmerkungen zur Kindertagesstättenpraxis, Erzieherinnenausbildung, Lehrerinnenfortbildung und zu Innovationsbestrebungen, in: Nachrichtendienst des Deutschen Vereins für öffentliche und private Fürsorge, 73. Jg., 1993, Heft 3, S. 113-116.

HOPPE, J.R./SCHERPNER, M.: Lernort Schule - Lernort Fortbildung. Überlegungen zur Weiterentwicklung der Erzieherausbildung an der Fachschule/Fachakademie für Sozialpädagogik durch Fortbildung der Lehrer, in: Unsere Jugend, 33. Jg., 1981, S. 493-501.

HOPPE, J.R./ZERN, H. (Hrsg.): Praxisanleitung im Spannungsfeld von sozialpädagogischer Praxis und Ausbildung, Materialien für die sozialpädagogische Praxis (MSP) 17, Frankfurt a.M. 1988 (a).

HOPPE, J.R./ZERN, H.: Grundprobleme im Berufspraktikum der Erzieherausbildung, in: HOPPE/ZERN (1988a), S. 9-14 (b).

JOST, W.: Lehrerbedarf und Lehrermangel an beruflichen Schulen, in: HABEL, W./HANTKE, F./JOST, W. (Hrsg.), Lehrer für das berufliche Schulwesen. Antizyklische Überlegungen zum Bedarf und zur Ausbildung, Essen 1986, S. 13-58.

JUNG, R.: Auf der Suche nach einer guten Erzieherausbildung, in: Unsere Jugend, 31. Jg., 1979, Heft 9, S. 394-397.

KAISER, H./MOYSICH, J.: Der Kindergartennotstand. Eine Streitschrift für Eltern und Erzieher, München 1991.

KATHOLISCHE SCHULEN IN FREIER TRÄGERSCHAFT IN DER BUNDESREPUBLIK DEUTSCHLAND: Ergebnisse einer Umfrage, in: Engagement - Zeitschrift für Erziehung und Schule, 1990, Heft 2-3, S. 143-322.

KITTNER, M. (Hrsg.): Gewerkschaftsjahrbuch 1992. Daten, Fakten, Analysen, Köln 1992.

KLAFKI, W.: Perspektiven einer humanen und demokratischen Schule, in: SCHWÄNKE, U. (Hrsg.), Innere und äußere Schulreform: Karl-Ludwig Furck zum 3. November 1988, Hamburg 1989, S. 47-72.

KLEMM, K./PFEIFFER, H.: Die Berufsschule: Der vergessene Teil des Dualen Systems, in: ROLFF, H.-G. u.a. (Hrsg.), Jahrbuch der Schulentwicklung, Band 6, Weinheim und Basel 1990, S. 81-103.

KLEMM, K./BÖTTCHER, W./WEEGEN, M.: Bildungsplanung in den neuen Bundesländern. Entwicklungstrends, Perspektiven und Vergleiche, Weinheim und München 1992.

KNAUER, J.: Der Rechtsanspruch auf einen Kindergartenplatz - Erwartungen und Wirklichkeit, in: Der Städtetag, 1991, Heft 9, S. 604-607.

KÖHLER, H.: Das schulstatistische Programm auf Bundesebene und die Schulstatistik der Länder, in: Recht der Jugend und des Bildungswesens, 1990, Heft 3, S. 230-236.

KÖHLER, H./SCHREIER, G.: Statistische Grunddaten zum Bildungswesen, in: BUNDES-MINISTERIUM FÜR INNERDEUTSCHE BEZIEHUNG (1990), S. 112-155.

KRAHL, P./KRAHL-TÜMMLER, M.: Wir ziehen doch alle am selben Strang, aber in verschiedenen Richtungen! - Praxisbegleitung im dritten Ausbildungsabschnitt durch die Fachschule für Sozialpädagogik, in: HOPPE/ZERN (1988a), S. 65-70.

KRAHL-TÜMMLER, M.: Entschulung der Fachschule. Wie der situationstheoretische Ansatz in die Ausbildung übertragen wird, in: Theorie und Praxis der Sozialpädagogik, 1993, Heft 1, S. 33-36.

KRAUSE, H.-J.: Zur Situation der Dozenten an den Fachschulen für Sozialpädagogik, in: Berufliche Bildung, hrsg. von F. RAUNER u.a., Braunschweig und Wiesbaden 1980, S. 151-165.

KRÜGER, H.: Lehrer mit fachpraktischer und fachorientierter Kompetenz - die Bremer Universitätsausbildung für die berufliche Fachrichtung Sozialwissenschaft mit dem Schwerpunkt Sozialpädagogik, DJI Materialien, in: RABE-KLEBERG/KRÜGER/DERSCHAU (1983), S. 346-361.

KRÜGER, H.: Bildungshierarchien. Gutachten zur Lehrerarbeit in der Ausbildung für Soziale Berufe. Forschungsreihe des Forschungsschwerpunkts »Arbeit und Bildung« der Universität Bremen. Band 10, Bremen 1989.

KRÜGER, H.-H./RAUSCHENBACH, TH. (Hrsg.): Erziehungswissenschaft. Die Disziplin am Beginn einer neuen Epoche, Weinheim und München 1994.

KÜPPERS, H.: Neue Formen der Erzieherausbildung. Projekte - Planspiele - Berufsperspektiven, Weinheim und Basel 1993.

KULTUSMINISTERIUM DES LANDES NORDRHEIN-WESTFALEN (Hrsg.): Die Sekundarstufe II, Düsseldorf 1991.

KULTUSMINISTERIUM DES LANDES NORDRHEIN-WESTFALEN (Hrsg.): Entwurf der Richtlinien Fachschule für Sozialpädagogik, Stand: 20. Juni 1994.

KUPKA, C.: »... Das Gesamtfeld der personenbezogenen Dienstleistung in den Blick nehmen«. Was bedeuten die Veränderungen im Berufsfeld »Erziehung« für den Bildungsbereich?, in: RABE-KLEBERG u.a. (1991), S. 235-243.

KUPKA, C.: Curricula sozialpflegerischer Bildungsgänge - Thesen zur Qualitätsverbesserung der beruflichen Bildung von Frauen, in: BUNDESINSTITUT FÜR BERUFSBILDUNG (1993), S. 95-100.

LANDESVERORDNUNG ÜBER DIE BERUFSFACHSCHULE (Berufsfachschulordnung - BFSO) vom 22.04.1993, in: NBL - MBWKS - Schleswig-Holstein 1993, S. 158 ff.

LANGENBACH, U./LEUBE, K./MÜNCHMEIER, R.: Die Ausbildungssituation im Fach Erziehungswissenschaft, 12. Beiheft der ZfPäd, Weinheim 1974.

LEHNER, I.M.: Erzieherin werden ist nicht schwer - Erzieherin sein manchmal sehr! 10 Thesen zu Erwartungen und Anforderungen an einen Beruf, in: Theorie und Praxis der Sozialpädagogik (TPS), 1990, Heft 2, S. 61-64.

LIEGLE, L.: Die Reform des Elementarbereichs im internationalen Zusammenhang, in: Zimmer (1985), S. 72-96.

LIEGLE, L.: Vorschulerziehung, in: BUNDESMINISTERIUM FÜR INNERDEUTSCHE BEZIEHUNGEN (1990), S. 157-170 (a).

LIEGLE, L.: Vorschulpädagogische Berufe in der Bundesrepublik Deutschland und in der Deutschen Demokratischen Republik, in: BASKE (1990), S. 9-22 (b).

LINDER, P.: Die neue Jugendhilfestatistik als Grundlage der Jugendhilfeplanung, in: Baden-Württemberg in Wort und Zahl. Statistische Monatshefte, 1992, Heft 3, S. 116-126.

MÄRTIN, U.: Das Kind steht nicht mehr im Mittelpunkt, in: Erziehung und Wissenschaft, 44. Jg., 1992, Heft 3, S. 7-12.

MAYER, H.: Erzieher(in) am Arbeitsplatz - Arbeitserzieher(in), Blätter zur Berufskunde 2-IV A 21, Bielefeld [2]1987.

MERCHEL, J. (Hrsg.): Kleinsteinrichtungen in der Heimerziehung. Geschichte - Strukturen - pädagogische Konzepte, Frankfurt a.M. 1987.

METZ-GÖCKEL, S./MÜLLER, U.: Die Partnerschaft der Männer ist (noch) nicht die Partnerschaft der Frauen - empirische Befunde zum Geschlechterverhältnis aus der Frauenperspektive, in: WSI-Mitteilungen, Monatszeitschrift des wirtschafts- und sozialwissenschaftlichen Instituts des DGB, 39. Jg., 1986, Heft 8, S. 549-558.

METZINGER, A.: Erzieherausbildung im Dritten Reich, in: Sozialpädagogische Blätter, 1985, S. 118-121.

METZINGER, A.: Der Beruf des Erziehers, Fellbach-Oeffingen 1990.

METZINGER, A.: Zur Geschichte der Erzieherausbildung. Quellen - Konzeptionen - Impulse - Innovationen, Europäische Hochschulschriften Reihe XI Pädagogik, Band 540, Frankfurt a.M. 1993.

MIEDECK, P.: Ausbildungs- und Prüfungsordnungen der Fachschulen für Sozialpädagogik, in: Die berufsbildende Schule, 40. Jg., 1988, Heft 1, S. 24-29.

MINISTERIUM FÜR BILDUNG, JUGEND UND SPORT DES LANDES BRANDENBURG (Hrsg.): Nach der 10. Klasse. Wegweiser durch die Sekundarstufe II im Land Brandenburg 1993/94, Potsdam [3]1993.

MINISTERIUM FÜR BILDUNG, JUGEND UND SPORT DES LANDES BRANDENBURG: Kinder- und Jugendbericht 1994. Der Aufbau der Jugendhilfe im Land Brandenburg, Potsdam 1994.

MINISTERIUM FÜR KULTUS UND SPORT DES LANDES BADEN-WÜRTTEMBERG (Hrsg.): Merkblatt für die Weiterbildung von Erziehern/Erzieherinnen, 1987/88.

MISCHO-KELLING, M.: Wissenschaftliche Lehrerausbildung für Pflegeberufe - ein notwendiger Schritt in die europäische Berufsausbildung?, in: BECKER/MEIFORT (1993), S. 41-64.

MITRANSKY, U.: Belastung von Erziehern. Qualitative und quantitative arbeitspsychologische Untersuchung der psychischen und physischen Belastung von Heimerziehern, Frankfurt a.M. u.a. 1990.

MÜCKENBERGER, U.: Die Krise des Normalarbeitsverhältnisses, in: Zeitschrift für Sozialreform, 31. Jg., 1985, Heft 7, S. 415-434 u. Heft 8, S. 457-475.

MÜLLER, F.: Das Recht der Freien Schulen nach dem Grundgesetz, Staatskirchenrechtliche Abhandlungen, Band 12, Berlin [2]1980.

MÜLLER, R.: Lehrer/Lehrerin für Fachpraxis im beruflichen Schulwesen, Blätter zur Berufskunde 2-III B 31, Bielefeld [5]1990.

MÜLLER, S./RAUSCHENBACH, TH. (Hrsg.): Das soziale Ehrenamt. Nützliche Arbeit zum Nulltarif, Weinheim und München [2]1992.

MÜNCH, J.: Vollzeitschulische Ausbildungsgänge in der Bundesrepublik Deutschland, in: BUNDESMINISTERIUM FÜR INNERDEUTSCHE BEZIEHUNGEN (1990), S. 336-339.

MÜNDER, J.: Perspektiven der Jugendhilfe in der BRD und DDR, in: SEIDENSTÜCKER/ MÜNDER (1990).

NIERMANN, J.: Identitätsfindung von Jugendlichen in den neuen Bundesländern, in: Anlage zum stenographischen Protokoll über die 10. Sitzung des Ausschusses für Frauen und Jugend am 18. September 1991, Bonn 1991, S. 268-306.

NISPEL, D.: Kommunikationselektroniker/Kommunikationselektronikerin. Fachrichtung Informationstechnik. Blätter zur Berufskunde 1-II B 406, Bielefeld 1987.

OBERHUEMER, P.: Was macht die Erzieherin, in: Kinderzeit, 1993, Heft 1, S. 28-30.

ÖTV-BETRIEBSGRUPPE DES AMTES FÜR JUGEND BEIM SENAT: Ausbildung: Nein - danke, in: ÖTV (Hrsg.), ÖTV-Report Kindertagesstätten. Mehr ... für Kinder. Eine Initiative der Beschäftigten im Sozial- und Erziehungsbereich, Stuttgart 1990, S. 14-15.

PREISING, C.: Schlüsselsituation von Kindern im gesellschaftlichen Umbruch. Ein Bericht über Arbeitskontakte mit Erzieherinnen aus den neuen Bundesländern, in: COL-BERG-SCHRADER/KRUG/PELZER (1991), S. 80-86.

PREISING, C./PROTT, R.: Platz- und Personalbedarf in Tageseinrichtungen für Kinder. Eine Studie im Auftrag der Max-Traeger-Stiftung für die Länder Berlin, Hamburg und Hessen. MTS-Script 2, Frankfurt a.M. 1988.

PUHLMANN, A. (Hrsg.): Junge Erwachsene ohne Berufsausbildung. Lebenslagen, Berufsorientierung und neue Qualifizierungsansätze. Tagungen und Expertengespräche zur beruflichen Bildung Heft 20, Bielefeld 1994.

RABE-KLEBERG, U.: Erzieherinnen im Beruf - Status ohne Wert, in: Theorie und Praxis der Sozialpädagogik (TPS-Extra). Dokumentation des Bundeskongresses des Bundesverbandes Evangelischer ErzieherInnen und Sozialpädagoginnen e.V. am 19. Oktober 1990 in Baunatal, Bielefeld 1991, S. 19-21.

RABE-KLEBERG, U.: Verantwortlichkeit und Macht. Ein Beitrag zum Verhältnis von Geschlecht und Beruf angesichts der Krise traditioneller Frauenberufe, Bielefeld 1993.

RABE-KLEBERG, U./KRÜGER, H./DERSCHAU, D.v. (Hrsg.): Qualifikationen für Erzieherarbeit. Kooperation in Arbeit und Ausbildung, DJI Materialien, Band 2, München 1983.

RABE-KLEBERG, U. u.a. (Hrsg.): Pro Person. Dienstleistungsberufe in Krankenpflege, Altenpflege und Kindererziehung. Ausbildung - Tätigkeitsfelder - Professionalisierung, Bielefeld 1991.

RAHMENBESTIMMUNGEN für den Schulversuch Berufsfachschule für Sozialwesen vom 13.6.1990 in der Fassung vom 30.3.1993 mit Stundentafel vom 15.6.93 - überarbeitete Beratungsvorlage vom 17.12.93 - des Bremer Senats für Bildung, Wissenschaft und Kunst.

RAJEWSKY-PFREUNDNER, M.: Überlegungen zur Erzieherausbildung. Ausbildungsanforderungen an Erzieherinnen aus der Sicht der Praxis, in: Kindergarten heute, 1992, Heft 5, S. 38-47.

RAUSCHENBACH, TH.: Die verfehlte Wirklichkeit. Soziale Berufe im Zerrspiegel amtlicher Statistiken, in: Neue Praxis, 16 Jg., 1986, Heft 1, S. 57-75.

RAUSCHENBACH, TH.: Jugendhilfe als Arbeitsmarkt. Fachschul-, Fachhochschul- und UniversitätsabsolventInnen in sozialen Berufen, in: SACHVERSTÄNDIGENKOMMISSION ACHTER JUGENDBERICHT (Hrsg.), Jugendhilfe - historischer Rückblick und neuere Entwicklungen. Materialien zum Achten Jugendbericht, Band I, München 1990, S. 225-297 (a).

RAUSCHENBACH, TH.: Zur Ausbildungssituation für soziale Berufe in der Bundesrepublik, in: Nachrichtendienst des Deutschen Vereins für öffentliche und private Fürsorge, 70. Jg., 1990, Heft 9, S. 270-274 (b).

RAUSCHENBACH, TH.: Fachkräfte in der Jugendhilfe. Bilanz einer vernachlässigten Erfolgsgeschichte, in: WIESNER, R./ZARBOCK, W.H. (Hrsg.), Das neue Kinder- und Jugendhilfegesetz (KJHG) und seine Umsetzung in die Praxis, Köln u.a. 1991, S. 401-428 (a).

RAUSCHENBACH, TH.: Jugendhilfestatistik und Personalbedarf in der Jugendhilfe, in: Forum Jugendhilfe - AGJ-Mitteilungen, 1991, Heft 2/3, S. 15-19 (b).

RAUSCHENBACH, TH.: Jugendarbeit in Ausbildung und Beruf, in: BÖHNISCH, L./GÄNGLER, H./RAUSCHENBACH, TH. (Hrsg.), Handbuch Jugendverbände, Weinheim und München 1991, S. 615-630 (c).

RAUSCHENBACH, TH.: Sind nur Lehrer Pädagogen? Disziplinäre Selbstvergewisserungen im Horizont des Wandels von Sozial- und Erziehungsberufen, in: Zeitschrift für Pädagogik, 38. Jg., 1992, Heft 3, S. 385-417 (a).

RAUSCHENBACH, TH.: Zweite Heimat für Kinder? Über den Bedeutungszuwachs pädagogischer Dienste, in: Welt des Kindes, 70. Jg., 1992, Heft 5, S. 6-10 (b).

RAUSCHENBACH, TH.: Wieviel Fachlichkeit benötigt die Heimerziehung? Zum Wandel des Personals in Jugendhilfe und Heimerziehung, in: PETERS, F./TREDE, W. (Hrsg.), Strategien gegen Ausgrenzung. Politik, Pädagogik und Praxis der Erziehungshilfen in den 90er Jahren, Frankfurt a.M. 1992, S. 202-240 (c).

RAUSCHENBACH, TH.: Soziale Arbeit und soziales Risiko, in: RAUSCHENBACH/GÄNGLER (1992), S. 25-60 (d).

RAUSCHENBACH, TH.: Sind die sozialen Berufe auf dem Weg zur Deprofessionalisierung? KJHG, Tarife und neue Bedarfslagen im Spiegel sozialpädagogischer Fachlichkeit, in: Nachrichtendienst des Deutschen Vereins für öffentliche und private Fürsorge, 73. Jg., 1993, Heft 3, S. 99-106.

RAUSCHENBACH, TH.: Zur Ausbildung des Personals in Tageseinrichtungen, in: LANDESJUGENDAMT WESTFALEN-LIPPE (Hrsg.), Gesetz über Tageseinrichtungen für Kinder - GTK NW. Einführung in die Praxis, Stuttgart u.a. ²1994, S. 202-209 (a).

RAUSCHENBACH, TH.: Soziale Berufe im Umbruch, in: AKADEMIE FÜR SOZIALARBEIT UND SOZIALPOLITIK e.V. (Hrsg.), Soziale Gerechtigkeit - Lebensbewältigung in der Konkurrenzgesellschaft. Verhandlungen des 1. Bundeskongresses Soziale Arbeit, Bielefeld 1994, S. 35-46 (b).

RAUSCHENBACH, TH.: Ausbildung und Arbeitsmarkt für ErziehungswissenschaftlerInnen, in: KRÜGER/RAUSCHENBACH (1994), S. 275-294 (c).

RAUSCHENBACH, TH./GÄNGLER, H. (Hrsg.): Soziale Arbeit und Erziehung in der Risikogesellschaft, Neuwied u.a. 1992.

RAUSCHENBACH, TH./BENDELE, U./TREDE, W.: Mitarbeiter in der Jugendhilfe. Struktur und Wandel des Personals in sozialen Diensten, in: Archiv für Wissenschaft und Praxis der sozialen Arbeit, 19. Jg., 1988, Heft 3, S. 163-197.

REGELUNGEN FÜR DIE DURCHFÜHRUNG DES SCHULVERSUCHES ZUR AUSBILDUNG VON SOZIALASSISTENTEN/SOZIALASSISTENTINNEN AN ZWEIJÄHRIGEN BERUFSFACHSCHU-

LEN FÜR SOZIALPFLEGE, Erl. v. 21.6.91 -IV B 2 - 231/311 - 10 - geänd. d. Erl. v. 30.9.92 - IV B 2 - 231/31/1 - 32 des Hessischen Kultusministeriums

REYER, J./MÜLLER, U.: Eltern-Kind-Gruppen. Eine neue familiale Lebensform? Freiburg 1992.

RICHTER-LANGBEHN, R.: Entwicklungstendenzen in der Erzieherausbildung: Ein Überblick über Reformansätze in den vergangenen 15 Jahren, in: RABE-KLEBERG/KRÜGER/DERSCHAU (1983), S. 136-165.

RIEMANN, I.: Soziale Arbeit als Hausarbeit. Von der Suppendame zur Sozialpädagogin. Materialien zur Sozialarbeit und Sozialpolitik, Band 14, Frankfurt a.M. 1985.

RÖßLER, J.: Die Erziehenden im Heim. Zur Bedeutung der Mitarbeiter und Mitarbeiterinnen in einer zeitgemäßen Heimerziehung, Vortrag auf der Tagung für Heimleiter des Landeswohlfahrtsverbandes Württemberg-Hohenzollern am 23./24.2.1989 in Gülstein, unver. Manuskript, 1989.

ROEßLER, W.: Die Einrichtung eines Studienganges sozialpädagogischer Fachrichtung für Lehrer an beruflichen Schulen, in: Bildung und Erziehung, 26. Jg., 1973, S. 368-384.

ROLFF, H.G.: Zwischen Westimport und eigenem Weg, in: Frankfurter Rundschau, 21.03.1991.

ROLFF, H.G.: Was soll die Schule leisten?, in: Erziehung und Wissenschaft, 44. Jg., 1992, Heft 2, S. 6-7.

ROSENAU, R.: Sozialpflege - ein Berufsfeld in Entwicklung, in: Die berufsbildende Schule, 44. Jg., 1992, Heft 1, S. 5-12.

ROTH, K.: Entwicklung und Begleitung freier Träger in den östlichen Bundesländern, in: Jugendhilfe, 32. Jg., 1994, Heft 4, S. 235-240.

SALOMON, A.: Die Ausbildung zum sozialen Beruf, Berlin 1927.

SÄGESSER, U.: Praxisnahe Ausbildung. Eine gemeinsame Aufgabe von Praxis und Ausbildungsstätte, in: Theorie und Praxis der Sozialpädagogik, 88. Jg., 1980, Heft 2, S. 82-86.

SCHÄFER, H.P.: Vollzeitschulische Ausbildungsgänge (Fachschulen) in der DDR, in: BUNDESMINISTERIUM FÜR INNERDEUTSCHE BEZIEHUNGEN (1990), S. 340-346.

SCHÄFER, H.-P.: Was bringt die Zukunft? in: ABI, Berufswahlmagazin, 1991, Heft 11, S. 16-18.

SCHLÜTER, A.: Neue Hüte - alte Hüte? Gewerbliche Berufsbildung für Mädchen zu Beginn des 20. Jahrhunderts. Zur Geschichte ihrer Institutionalisierung, Geschichtsdidaktik: Studien, Band 48, Düsseldorf 1987.

SCHMIDT, G.: Lehrerbildung und Lehrerschaft in der DDR, in: BUNDESMINISTERIUM FÜR INNERDEUTSCHE BEZIEHUNGEN (1990), S. 526-538.

SCHMITTHENNER, F.C.: Evangelische Fachschulen für Sozialpädagogik, EKD Reihe, Band 2, in: KIRCHENAMT DER EVANGELISCHEN KIRCHE DEUTSCHLANDS, Comenius Institut (Hrsg.), Institutionen I. Evangelische Ausbildungsstätten für gemeindebezogene Dienste, Hannover ²1990, S. 119-131.

SCHMITTHENNER, F.C.: Europäische Perspektiven für Ausbildung und Beruf der ErzieherIn, in: Theorie und Praxis der Sozialpädagogik, 1991, Heft 3, S. 22-25.

SCHMITTHENNER, F.C./WILDT, G.: Die deutsche Erzieherinnen-Ausbildung ist auf dem mittleren Niveau anerkannt. Eine grundlegende Reform der Ausbildung steht an, in: Theorie und Praxis der Sozialpädagogik, 1992, Heft 4, S. 244-245.

SCHOCH, J.: Heimerziehung als Durchgangsberuf? Eine theoretische und empirische Studie zur Personalfluktuation in der Heimerziehung, Weinheim und München 1989.

SEIDENSTÜCKER, B.: Jugendhilfe in der DDR, in: SEIDENSTÜCKER/MÜNDER (1990), S. 9-59.

SEIDENSTÜCKER, B./MÜNDER, J.: Jugendhilfe in der DDR, Perspektiven einer Jugendhilfe in Deutschland, Münster 1990.

SEKRETARIAT DER STÄNDIGEN KONFERENZ DER KULTUSMINISTER DER LÄNDER IN DER BUNDESREPUBLIK DEUTSCHLAND (Hrsg.): Schüler, Klassen, Lehrer und Absolventen der Schulen 1980 bis 1988. Statistische Veröffentlichungen der Kultusministerkonferenz, Dokumentation Nr. 109, Bonn 1989.

SEKRETARIAT DER STÄNDIGEN KONFERENZ DER KULTUSMINISTER DER LÄNDER IN DER BUNDESREPUBLIK DEUTSCHLAND (Hrsg.): Dokumentationsdienst Bildung und Kultur, Bonn, verschiedene Jahrgänge.

SENATOR FÜR SCHULE UND SPORT DES LANDES BERLIN (Hrsg.): Umfrage betreff Rahmenvereinbarung über die Ausbildung und Prüfung von Erziehern/Erzieherinnen, unveröffentlichtes Papier, Berlin 1990.

STATISTIK DES DEUTSCHEN REICHS: Berufszählung (bearbeitet im Statistischen Reichsamt), Band 402, Teil I-III, Berlin 1927.

STATISTISCHES BUNDESAMT: Fachserie K »Öffentliche Sozialleistungen«, Reihe 2: Sonderbeitrag »Personal in der Jugendhilfe 1974«, Stuttgart und Mainz 1977.

STATISTISCHES BUNDESAMT: Fachserie 13: Sozialleistungen, Reihe 6.3 »Einrichtungen und tätige Personen in der Jugendhilfe 1982«, Wiesbaden 1985.

STATISTISCHES BUNDESAMT: Fachserie 13: Sozialleistungen, Reihe 6.3 »Einrichtungen und tätige Personen in der Jugendhilfe 1986«, Wiesbaden 1988.

STATISTISCHES BUNDESAMT: Fachserie 1 »Bevölkerung und Erwerbstätigkeit«, Volkszählung vom 25. Mai 1987, Heft 10: Erwerbstätige, Teil 1, Wiesbaden 1990.

STATISTISCHES BUNDESAMT: Berufliche Schulen. Ergänzende Tabellen zur Fachserie 11 »Bildung und Kultur«, Reihe 2 »Berufliche Schulen«, Wiesbaden 1990 ff.

STATISTISCHES BUNDESAMT: Fachserie 11 »Bildung und Kultur«, Reihe 2 »Berufliche Schulen«, Wiesbaden 1991 ff.

STATISTISCHES BUNDESAMT: Klassifizierung der Berufe. Systematisches und alphabetisches Verzeichnis der Berufsbenennungen, Ausgabe 1992 (Personensystematik), Wiesbaden 1992 (a).

STATISTISCHES BUNDESAMT: Statistik der Jugendhilfe. Teil III: Einrichtungen und tätige Personen in der Jugendhilfe am 31.12.1990, Wiesbaden 1992 (b).

STATISTISCHES BUNDESAMT: Neue Länder und Berlin-Ost. Statistik der Jugendhilfe. Teil III: Einrichtungen und tätige Personen in der Jugendhilfe am 31.12.1991, Wiesbaden 1993.

STATISTISCHES BUNDESAMT: Fachserie 1 »Bevölkerung und Erwerbstätigkeit«, Reihe 4.1.2 »Beruf, Ausbildung und Arbeitsbedingungen der Erwerbstätigen« (Ergebnisse des Mikrozensus), Wiesbaden, verschiedene Jahrgänge.

STATISTISCHES BUNDESAMT: Fachserie 1 »Bevölkerung und Erwerbstätigkeit«, Reihe 4.2 »Sozialversicherungspflichtig beschäftigte Arbeitnehmer«, Stuttgart, verschiedene Jahrgänge.

STATISTISCHES BUNDESAMT: Fachserie 11 »Bildung und Kultur«, Reihe 4.2 »Prüfungen an Hochschulen«, Stuttgart, verschiedene Jahrgänge.

STATISTISCHES JAHRBUCH DER DDR, Ost-Berlin 1990.

STOOß, F.: Professionalisierung und Arbeitslosigkeit - zur Bildungsstatistik, in: Bildung und Erziehung, 37. Jg., 1984, Heft 4, S. 475-486.

STRATENWERTH, W.: Definition und Entwicklung der Berufsausbildung in der Bundesrepublik Deutschland, in: BUNDESMINISTERIUM FÜR INNERDEUTSCHE BEZIEHUNGEN (1990), S. 278-281.

STUNDENTAFEL FÜR DIE BERUFSFACHSCHULE, Fachrichtung Sozialpädagogik, Runderlaß der Ministerin für Frauen, Bildung, Weiterbildung und Sport - III 512 - vom 1.6.1994, in: NBl. MWFK/MFBWS Schleswig-Holstein 1994, S. 222-223.

TEGETHOFF, H.G.: Lehramt für Sozialpädagogik. Gibt es eine Chance für berufsfeldbezogenes Lernen in Studium und Unterricht?, in: Neue Praxis, 9. Jg., 1979, S. 222-225.

TIETZE, W.: Institutionelle Erfahrungsfelder für Kinder im Vorschulalter. Zur Entwicklung vorschulischer Erziehung in Deutschland, in: TIETZE/ROßBACH (1993a), S. 98-125.

TIETZE, W./ROßBACH, H.-G.: Die Betreuung von Kindern im vorschulischen Alter, in: Zeitschrift für Pädagogik, 37. Jg., 1991, Heft 4, S. 555-579.

TIETZE, W./ROßBACH, H.-G. (Hrsg.): Erfahrungsfelder in der frühen Kindheit. Bestandsaufnahme, Perspektiven, Freiburg i.B. 1993 (a).

TIETZE, W./ROßBACH, H.-G.: Das Früherziehungssystem in der Bundesrepublik Deutschland (alte Bundesländer), in: TIETZE/ROßBACH (1993a), S. 126-167 (b).

THIERSCH, H.: Das sozialpädagogische Jahrhundert, in: RAUSCHENBACH/GÄNGLER (1992), S. 9-23.

ULSHOEFER, H.: Abgewickelt oder gleichgestellt ... Erzieherische Dienstleistungsberufe in den Ländern der ehemaligen DDR, in: RABE-KLEBERG u.a. (1991), S. 216-219.

VERORDNUNG ÜBER BERUFSBILDENDE SCHULEN (BFS-VO). Vom 26.7.1993. Ergänzende und abweichende Vorschriften für die einjährige Berufsfachschule, die den Sekundarabschluß I - Realschulabschluß voraussetzt. Ergänzende und abweichende Vorschriften für die zwei- oder mehrjährige Berufsfachschule, die zu einem beruflichen Abschluß führt, in: Niedersächsisches GVBl. Nr. 22/1993 vom 30.7.1993.

WARGAU, G.: Die Erzieherausbildung - kritisch betrachtet, in: Theorie und Praxis der Sozialpädagogik, 87. Jg., 1979, Heft 5, S. 302-308.

WATERKAMP, D.: Handbuch zum Bildungswesen der DDR, Berlin 1987.

WELZEL, S.: Die Pädagogik kommt zu kurz. Mitglieder sagen ihre Meinung: Ergebnisse der E&W-Befragungen in Jugendhilfe und Sozialarbeit, Schule, Hochschule und Forschung, in: Erziehung und Wissenschaft, 46. Jg., 1994, Heft 11, S. 10-12.

WENDT, W.R.: Diplom-Sozialpädagoge/Diplom-Sozialpädagogin (BA), Blätter zur Berufskunde, Band 2, IV A 31, Nürnberg 1987.

WERNER, D.: Praktikum, in: klein & groß, 1994, Heft 9, S. 16-19.

WERNER, R.: Entwicklung der Berufsbildungsstatistik, in: Recht der Jugend und des Bildungswesens, 1990, Heft 3, S. 250-257.

WOLF, K. (Hrsg.): Entwicklungen in der Heimerziehung, Münster 1993 (a).

WOLF, K.: Keine geschlossene Unterbringung in der Hamburger Heimerziehung: Praxis und Konsequenzen, in: WOLF (1993a), S. 65-77 (b).

WOLF, K.: Veränderungen in der Heimerziehungspraxis: Die großen Linien, in: WOLF (1993a), S. 12-64 (c).

WOLF, D.H.: Erzieher ohne Spezialisierung - Erzieher zweiter Klasse?, in: Unsere Jugend, 37. Jg., 1985, Heft 7, S. 254-256.

ZERN, H.: Über Schulerfahrungen von angehenden Erziehern, in: Unsere Jugend, 32. Jg., 1980, Heft 7, S. 301-305 (a).

ZERN, H.: Zum Selbst- und Fremdbild bei angehenden Erziehern, in: Unsere Jugend, 32. Jg., 1980, Heft 4, S. 156-159 (b).

ZERN, H.: Werkstatt Schule - Projektarbeit in der Ausbildung von ErzieherInnen, in: Unsere Jugend, 46. Jg., 1994, Heft 2, S. 72-77.

ZIMMER, J. (Hrsg.): Erziehung in früher Kindheit, Enzyklopädie Erziehungswissenschaft, Band 6, Stuttgart 1985.

II. Europa (Kap. 26-30)

AGAZZI, A.: La scuola materna oggi; Verifica pedagogica e istituzionale, Brescia 1983.

ALLEN, J.: Careers in Social Work, Kogan Page: London ³1988.

ANNUAIRE STATISTIQUE DE LA FRANCE 1990, herausgegeben vom INSEE, Paris 1990.

As.Pe.I. (Associazione Pedagogica Italiana. Sezione di Padova): La formazione universitaria degli insegnanti di scuola materna. Un'indagine nelle scuole del Triveneto Suppl. al fase. Nr. 6 di »Prospettiva EP« Nov.-Dez. 1992.

BAACKE, D./FRACASSO, I.: Italienische Jugend. Einblicke in Lebenswelt, Lebensräume und Kultur, Weinheim und München 1992.

BALAGUER, I. (Hrsg.): La atención a la primera infancia (0-6): Bases para una politica socioeducativa de igualdad de oportunidades [Die Betreuung der 0- bis 6jährigen Kinder. Grundlagen für eine sozialerzieherische Politik der Chancengleichheit], Madrid 1991.

BALDACCI, M./FRABBONI, F.: Ente locale ed educazione permanente. Quali politiche formative per i giovani? in: FRABBONI, F./MONTANARI, F. (Hrsg.), Pensare giovane, Bologna 1991, S. 17-34.

BAUER, R.: Mit »sozialpädagogischem Blick« auf Europa: Studien zur Vergleichenden Sozialpädagogik und internationalen Sozialarbeit (Sammelbesprechung), in: Sozialwissenschaftliche Literatur Rundschau, 16. Jg., 1993, Heft 26, S. 32-37.

BECKER, W.: Qualifikationsentwicklung in der Gesundheits- und Sozialpflege - Chance für Europa?, in: BECKER, W./MEIFORT, B. (Hrsg.), Professionalisierung gesundheits- und sozialpflegerischer Berufe - Europa als Impuls? Zur Qualifikationsentwicklung in der Human-Dienstleistung, Berlin 1993, S. 5-18.

BEREA RODRIGUEZ, R.: Demanda de servicios de atención a la primera infancia [Bedarf an Diensten zur Betreuung von Kleinkindern], in: Infancia y Sociedad, 1. Jg. 1990, Heft 1, S. 53-61.

BERNECKER, W. L. (Hrsg.): Spanien-Lexikon: Wirtschaft, Kultur, Gesellschaft, München 1990.

BERNECKER, W.L./OEHRLEIN, R. (Hrsg.): Spanien heute: Politik, Wirtschaft, Kultur. Frankfurt a.M. 1991.

BILDUNGSPOLITIK IN EUROPA : Perspektiven für das Jahr 2000. Eine Analyse europäischer Bildungssysteme, zusammengestellt und bearbeitet von Dietrich Lemke, Hamburg 1992.

BONFIGLIOLI, R./VOLPICELLA, A.: Manuale di dittatica per la scuola materna, Roma-Bari 1992.

BORGHI, B.Q./GUERRA, L.: Manuale di didattica per l'asilo nido, Roma-Bari 1992.

BÖTTCHER, W. (Hrsg.): Europäische Integration und Lehrerbildung. Analyse und Dokumentation, Baden-Baden 1984.

BÖTTCHER, W./LECHNER, E./SCHÖLER, W. (Hrsg.): Innovationen in der Bildungsgeschichte europäischer Länder, Frankfurt a.M. 1992.

BRAUNS, H.J./KRAMER, D.: Social Work Education in Europe. A Comprehensive Description of Social Work Education in 21 European Countries, Frankfurt a.M. 1986.

BUNDESMINSTERIUM FÜR WIRTSCHAFT (Hrsg.): Akademische Berufe im EG-Binnenmarkt, Bonn 1991.

BYRNE, T./PADFIELD, C.: Social Services Made Simple, Heinemann: London 1978.

CATARSI, E. (Hrsg.): Twentieth century pre-school education. Times, deas and portraits, Milano 1985.

CATARSI, E.: La legge 341/1990. I laureati maestri, in: Suola Se, 10/1992, S. 6-7.

CCETSW (Central Council for Education and Training in Social Work): In Europe - Social Work Education 1992, London 1990.

CEDEFOP - European Centre for the Development of Vocational Training in the United Kingdom. Office for Official Publications of the European Communities, Luxembourg 1987.

CENSIS (Centro Studi Investimenti Sociali), Educazione Italia '83. Materiali di ricerca. Roma 1984.

CENSIS (Centro Studi Investimenti Sociali): L'innovazione nell'offerta di servizi educativi per fanzia. 3. Bd., Roma 1992.

CENTRO DOCUMENTAZIONE E RICERCHE DEL GRUPPO ABELE-TORINO (Hrsg.): Progetti Giovani. Le politiche degli enti locali nel periodo 1985-1988, Roma 1989.

CETYCW (Council for Eduation and Training in Youth and Communaty Work): Initial Training Courses in Youth and Community Work, Leicester 1989.

COLMAN, R.: Social Work Education in the UK. For the Erasmus Study Visit to the Faculté de Droit Sciences, Université Paris-Nord: 10-11 May 1990.

CONCIRD (Conferenza nazionale dei Centri interdipartimentali per la Ricerca Didattica della università italiane): La formazione universitaria degli insegnanti della scuola dell'infanzia e della scuola elementare dopo l'approvazione della legge 341. Problemi e proposte di soluzione. Milano 1991.

CONCIRD: Proposta circa la tabella del nuovo corso di laurea per la formazione degli insegnanti di scuola materna e scuola elementare denominato »Corso di laurea in scienze della formazione primaria«, Arbeitspapier Dez. 1992.

CONSIGLIO NAZIONALE DEI MINORI (Hrsg.): Secondo rapporto sulla condizione dei minori in Italia, Milano 1990.

COVATTA, L.: Le politiche istituzionali per i giovani, in: FRABBONI, F./MONTANARI, F. (Hrsg.), Pensare giovane, Bologna 1991, S. 7-14.

DAVIES, K. (Hrsg.): Occupations 90. The Essential Reference Book for Careers and Jobs, Crown Copyright 1989.

DERSCHAU, D.v.: Ausbildung für Erzieher, in: EYFERTH, H./OTTO, H.-U./THIERSCH, H. (Hrsg.), Handbuch der Sozialarbeit/Sozialpädagogik, Neuwied und Darmstadt 1987, S. 152-160.

DITTRICH, J.: Die Erzieherin darf nicht zur Helferin abgewertet werden! Die Ausbildung muß neu geregelt werden, um einen Statusverlust zu vermeiden, in: Theorie und Praxis der Sozialpädagogik, 99. Jg., 1991, Heft 1, S. 35-37.

DITTRICH, J.: Europa - Binnenmarkt und soziale Berufe, in: Neue Praxis, 1992, Heft 2, S. 173-176.

FERRARESI, F.R.: Raccolta delle disposizioni amministrative sulla scuola materna, 2. Band, Firenze 1982.

FILTZINGER, O.: Der Kindergarten in Italien, in: Sozialpädagogische Blätter, 1984, Heft 7/8, S. 113-119.

FILTZINGER, O.: Italiens Wohlfahrtspflege im Wandel, in: FILTZINGER/HÄRING/SCHÄFER/SEIBEL (1988), S. 69-103.

FILTZINGER, O.: Berufsprofile und Ausbildung sozialer Fachkräfte in Italien, in: GUERRA/SANDER (1993), S. 135-157.

FILTZINGER, O./HÄRING, D./SCHÄFER, H.M./SEIBEL, F.W. (Hrsg.): Soziale Dienste: Öffentlich oder privat? Grundlagen und Strukturen in der Bundesrepublik Deutschland, in Großbritannien und in Italien, Berlin 1988.

FOREIGN & COMMONWEALTH OFFICE: Britain 1991. An Official Handbook. HMSO, London 1991.

FRABBONI, F.: La scuola dell'infanzia e i suoi nuovi Orientamenti programmatici, Milano 1990.

FRABBONI, F./GENOVESI, G.: La scuola e i suoi problemi, Firenze 1990.

FRABBONI, F./LODINI, E./MANINI, M.: La scuola di base a tempo lungo. Modelli, curriculo contenuti, Napoli ⁹1990.

FRABBONI, F./PINTO MINERVA, F./TREBISACCE, G.: Scuola '90. Roma - Bari 1991.

GATTI, F.: Le scuole per educatori in Italia, in: MARCON (1985), S. 140-143.

GENOVESI, G.: L'educazione infantile in Italia, in: Zerosei 8 (1983) Heft 1, S. 30-35 (und 9 weitere Kapitel in den folgenden Heften).

GENOVESI, G.: Dossier Formazione docente. I problemi non mancano, in: Scuola Se 10/1992, S. 4-5.

GHEDINI, O.P. (Hrsg.): Quali prospettive per l'infanzia? Partecipazione nella trasformazione dello stato sociale. Firenze 1988.

GUERRA, L.: Öffentliche Jugendarbeit in Italien. Ziele und Modelle, in: Deutsche Jugend, 1989, Heft 6, S. 259-262.

GUERRA, L.: La formazione degli operatori dei servizi per i giovani in Italia, unveröffentlichtes Manuskript 1993.

GUERRA, L./SANDER, G. (Hrsg.): Sozialarbeit in Italien, Rheinfelden und Berlin 1993.

HAMBURGER, F. (Hrsg.): Sozialarbeit in Deutschland und Spanien, Rheinfelden und Berlin 1991.

HAMBURGER, F. (Hrsg.): Jugendhilfe in Deutschland und Spanien, Rheinfelden und Berlin 1992.

HAMBURGER, F./HÖFFER-MEHLMER, M.: Soziale Dienste in der Bundesrepublik und in Spanien, in: HAMBURGER (1991), S. 7-14.

HÄRING, D./SEIBEL, F.W.: Die freien Wohlfahrtsorganisationen im britischen Sozialstaat - Nutznießer oder Leittragende? in: FILTZINGER/HÄRING/SCHÄFER/SEIBEL (1988), S. 31-67.

HERZBERG, I./NISSEN, U.: Erzieherausbildung in sechs europäischen Ländern. Dänemark, England, Frankreich, Italien, Niederlande, Schweden, München 1983 (a).

HERZBERG, I./NISSEN, U.: England, in: Erzieherausbildung in sechs europäischen Ländern, München 1983, S. 25-40 (b).

HEUTER, M.: Community Education in England, Berlin 1987.

HEUTER, M.: Ein Curriculum für Jugendarbeit. Ein Versuch im Vereinigten Königreich, in: Unsere Jugend, 43. Jg., 1991, Heft 5, S. 203-209.

HILDENBRAND, A./NOHLEN, D.: Regionalismus und politische Dezentralisierung, in: BERNECKER/OEHRLEIN (1991), S. 41-75.

HORNSTEIN, W./MUTZ, G.: Die europäische Einigung als gesellschaftlicher Prozeß. Soziale Problemlagen, Partizipation und kulturelle Transformation, Baden-Baden 1993.

HÚSEN, T./TUIJNMAN, A./HALLS, W.D. (Hrsg.): Schooling in Modern European Societa. A Report of the Academia European, Pergamon Press: Oxford 1992.

INSTITUTO NATIONAL DE ESDADÍSTICA: Avance Estadístivo de España. Año 1989 [Vorläufiger statistischer Jahresbericht 1989], Madrid 1989.

IREF (Istituto di ricerche educative e formative): Rapporto sull'associazionismo sociale (Quarto rapporto), Milano 1993.

ITALIENISCHES UNTERRICHTSMINISTERIUM (Hrsg.): Richtlinien zur Bildungsarbeit an den staatlichen Kindergärten (sechssprachige Ausgabe), Rom 1974.

KÖHLER, H.-D.: Spaniens Demokratie unter Modernisierungszwang, in: Prokla, 17. Jg., 1987, Heft 3, S. 131-151.

LEHNER, I. M.: Tageseinrichtungen für Kinder in Italien, Vortragsmanuskript 1990.

LETTRE DE L'IUFM DE L'ACADÉMIE DE REIMS, Nr. 1. o.J., o.O.

LEY ORGÁNICA 11/1983 de 25 de agosto de 1983 (Jefatura del Estado). Universidades. Reforma Universitaria, in: Boletín Oficial del Estado Nr. 209, 1.09.1983, S. 2.823-2.834 (abgekürzt LRU).

LEY ORGÁNICA 1/1990, de 3 de octubre, de Ordenación General del Sistema Educativo [Allgemeines Gesetz zur Regelung des Bildungssystems], in: Boletín Oficial del Estado, Nr. 238, 4.10.1990, S. 28.927-28.942. [abgekürzt: L.O.G.S.E]

LIEGLE, L.: Die Reform des Elementarbereichs im internationalen Zusammenhang, in: ZIMMER, J. (Hrsg.), Enzyklopädie Erziehungswissenschaft, Band 6: Erziehung in früher Kindheit, Stuttgart 1985, S. 72-96.

LÓPEZ CASERO, F.: Die soziale Problematik des spanischen Entwicklungsprozesses, in: BERNECKER/OEHRLEIN (1991), S. 287-312.

LOQUATRON, S.: Die Ausbildung der sozialen Fachkräfte in Frankreich, in: Soziale Arbeit, 34. Jg., 1985, Heft 4/5, S. 165-172.

LORENZ, W.: Ausbildungsmuster der Sozialarbeit in Großbritannien, in: Soziale Arbeit, 40. Jg., 1991, S. 6-9.

MARCON, P. (Hrsg.): L'educazione extrascolastica specializzata al bivio. L'éducation extrascolaire specialisée à un tournant. Non-academical special education facing a choise. Supplemento del n.1-3 della Rivista »I problemi della pedagogia«, Roma o.J. (1985).

MARCON, P. (Hrsg.): Educateurs in the Europe of 1992. Educateurs dans l'Europe de 1992. Educatori nell'Europa des 1992, Roma 1988.

MARTÍNEZ, J.C.: La Formación del Educador Social: La perspectiva de la Diplomatura. [Die Ausbildung des Sozialerziehers: Die Möglichkeiten des Diploms], in: Monitor Educator. Revista de Educación en el Tiempo Libre y Animación sociocultural, 9. Jg. 1991, Nr. 4, S. 4-13.

MAURIZIO, R./REI, D.: Professioni nel sociale, Torino 1991.

MICLESCU, M.: Bildungsreform in Spanien 1970-1980, Weinheim 1982.

MICLESCU, M.: Die spanische Universität in Geschichte und Gegenwart, Köln und Wien 1985.

MICLESCU, M.: Das Bildungswesen in Spanien, in: BERNECKER/OEHRLEIN (1991), S. 265-285.

MINISTERIO DE ASUNTOS SOCIALES: Población Menor de 18 años en España y su entorno familiar. Análisis territorial [Bevölkerung unter 18 Jahren in Spanien und ihr soziales Umfeld. Regionalanalyse], Madrid 1991.

MINISTERIO DE EDUCACIÓN Y CIENCIAS: Libro Blanco para la Reforma del Sistema Educativo [Weißbuch für die Reform des Erziehungssystems], Madrid 1989.

MOSS, P.: Kinderbetreuung in der Europäischen Gemeinschaft 1985-1990, in: Die Sonderhefte von Frauen Europas, Nr. 31. August 1990.

MÜLLER, C. W.: Wie Helfen zum Beruf wurde, Band 1, Weinheim und Basel 1988.

NNEB (National Nursery Examination Board): NNEB-Certificate Courses. Annual Statistics, London 1987, 1988, 1989, 1990.

NNEB (National Nursery Examination Board): The Certificate in Nursery Nursing. An Overview, London 1989.

NUÑEZ, V.: El »educador especializado« como antecedente histórico del »educador social« [Der Spezialisierte Erzieher als historischer Vorläufer des Sozialerziehers], in: Menores 1989, Heft 13/14, S. 13-38.

OLMSTED, P.P./WEIKART, D.P. (Hrsg.): How Nations serve young children: Profiles of child care and education in 14 countries, Ypsilanti, Michigan: High/Scope Press 1989.

OSSERVATORIO DELLA GIOVENTÚ, UNIVERSITÀ SALESIANA (Hrsg.): Emarginazione e associazionismo giovanile. Emarginazione, disagio giovanile e prevenzione nella Società italiana dal 1945 ad oggi, Roma 1990.

PAGE, M.: Greater Autonomy for Nursery Nurses, in: Education, Vol. 172, no. 26-27: 23-30, December 1988, S. 609.

PALACIOS SÁNCHEZ, J.: La enseñanza en las Instituciones Españolas para la Reforma de Menores (IV): El Siglo XIX y »las Escuelas de Reforma« [Das 19. Jahrhundert und die »Erziehungsheime«], in: Menores, Heft 4, 1987, S. 31-48.

PALACIOS SÁNCHEZ, J.: La enseñanza en las Instituciones Españolas para la Reforma de Menores (VII): El Período Republicano y la Guerra Civil [Die Periode der Republik und der Bürgerkrieg], in: Menores, Heft 11-12, 1988, S. 101-111.

PALACIOS, J.: Child Care and Early Education in Spain, in: OLMSTEDT/WEIKART (1989), S. 303-341.

PAPI, A.: Die große Ausnahme. Männer sind selten nicht nur in Italiens Kinderkrippen, in: Welt des Kindes, 1990, Heft 2, S. 34-37.

PEIRONE, M.: Educatori in Italia, in: MARCON (1988), S. 131-132.

PISTILLO, F.: Preprimary Education and Care in Italy, in: OLMSTEDT/WEIKART (1989).

RAUSCHENBACH, TH.: Zur Aubildungssituation für soziale Berufe in der BRD, in: Nachrichtendienst des Deutschen Vereins für öffentliche und private Fürsorge, 70. Jg., 1990, Heft 9, S. 270-274.

REAL DECRETO 1004/1991, de 14 de Junio por el que se establecen los requisitos mínimos de los centros de educación infantil (1992) [Königliches Dekret, das die Mindestanforderungen für Kindertageseinrichtungen festlegt], in: Boletín Oficial de Estado, Heft 152, 26.06.1991, S. 21.181-21.187.

REAL DECRETO 1333/1991, de 6 de septiembre, por el que se establece el curriculo de la Educación Infanti [Königliches Dekret, durch das das Curriculum für die Kleinkinderziehung festgelegt wird], in: Boletín Oficial de Estado, Heft 216, 9.11.1991, S. 29.716-29.726.

REAL DECRETO 1440/1991, de agosto, por el que se establece el Título universitario oficial de Maestro, en sus diversas especialidades y las directrives generales propías de los planes de estudios conducentes a su obtención [Königliches Dekret, durch das sie universitäre Ausbildung zum Lehrer mit den verschiedenen Schwerpunkten und den jeweiligen Studienplänen festgelegt wird], in: Bolitín Oficial de Estado, Heft 244, 11.11.1991, S. 33.003-33.018.

REI, D.: Quali sfide per le professioni sociali, in: Animazione sociale. Mensile per gli operatori sociali Nr. 45 Sept. 1991, S. 10-19.

ROMERO LARGO, L.: El Módulo 3 »Técnico en Actividades Socioculturales« (TASOC), in: CENTRO DE INVESTIGACIÓN Y DOCUMENTACIÓN EDUCATIVA (Hrsg.), Actas del Congreso sobre la Educación Social en España, Madrid 1989, S. 109-116.

SCHILLING, M.: Soziale Berufe in Spanien. Ausbildungen, Arbeitsmarkt und Arbeitsfelder im Bereich der Sozialerziehung und Kleinkinderziehung in Spanien aus bundesdeutscher Sicht, Frankfurt a.M. 1994.

SCHMITT, R. u.a.: Grundschule in Europa - Europa in der Grundschule, Hembach 1992.

SCHMITTHENNER, F.C.: Zur Europäischen Freizügigkeit der deutschen ErzieherIn. Bericht über die neue Richtlinie II der EG für die Anerkennung beruflicher Abschlüsse. Unveröffentlichtes Manuskript für den Fachausschuß 1 des Bundesverbandes Ev. Ausbildungsstätten für Sozialpädagogik, Freiburg i. Br. 1992.

SCHMITTHENNER, F.C.: Europäische Perspektiven für die ErzieherInnenausbildung, in: Theorie und Praxis der Sozialpädagogik, 1993, Heft TPS-extra 13, S. 23-26.

SEEMANN-PFISTNER, M.: Europa drängt zur Reform der Ausbildung für Erzieher/-innen, in: Caritas, 93. Jg., 1992, Heft 3, S. 121-127.

SEGAL, A: Careers Encyclopedia. A Clear Factual Guide to Employment - for School and Colleges-Leavers, Graduates, Teachers and Careers Advisers, Cassell ¹²1987.

STÜBIG, H.: Bildungspolitik in England (1975-1985): Vergleichende Daten und Analysen, München 1989.

SWIFT, J.: Kleinkindererziehung in England. Geschichtliche Entwicklung und gegenwärtige Fragen, Würzburg 1984.

TESTO DEGLI ORIENTAMENTI delle attività educative per la scuola materna statale. Nicola Milano Editore, Milano 1991.

TIETZE, W.: Vorschulische Erziehung in den Ländern der EG, in: SCHLEICHER, K. (Hrsg.), Die Zukunft der Bildung in Europa. Nationale Vielfalt und europäische Einheit, Darmstadt 1993, S. 216-241 (a).

TIETZE, W.: Tageseinrichtungen für Vorschulkinder in der EG, in: Theorie und Praxis der Sozialpädagogik, 1993, Heft TPS-extra 13, S. 32-35 (b).

TIETZE, W./PATERAK, H.: Hilfen für die Betreuung und Erziehung von Kindern im Vorschulalter in den Ländern der Europäischen Gemeinschaft, in: TIETZE, W./ROßBACH, H.-G. (Hrsg.), Erfahrungsfelder in der frühen Kindheit: Bestandsaufnahme, Perspektiven, Freiburg i. Br. 1993, S. 272-315.

TROUILLET, B.: Die Vorschulerziehung in neun europäischen Ländern, Weinheim und Basel ⁴1972.

TWELLMANN, W.: Vorschulerziehung im internationalen Vergleich, in: DOLLASE, R. (Hrsg.), Handbuch der Früh- und Vorschulpädagogik, Düsseldorf 1978, S. 293-312.

WENDT, W.R.: Geschichte der sozialen Arbeit, Stuttgart ³1990.

WÖBCKE, M. (Hrsg.): Sozialarbeit in Irland, Rheinfeld und Berlin 1991.

WOODHEAD, M.: Vorschulerziehung in Westeuropa. Ergebnisse aus dem Projekt des Europarates (Reihe Europäische Bildung), Band 2, Bonn 1981.

ZABARTE, M.E.: Los Servicios Sociales como instrumentos de protección social: Aspiraciones y logros legislativos [Soziale Dienste als Instrumente der sozialen Absicherung. Gesetzliche Bestrebungen und Erfolge], in: Documentación Social, Heft 79, April-Junio, 1990, S. 35-48.

ZIEGLAUER-MOOSBRUGGER, I.: Deutsche und ladinische Kindergärten in Südtirol, Bozen 1982.

ZILLER, A.: Berufsabschlüsse in drei Niveau-Ebenen. EG-Kommission will berufliche Bildungsgänge und deren Abschlüsse nach drei Niveau-Ebenen einordnen, in: Berufsbildende Schule, 43. Jg., 1991, Heft 11, S. 650-657.

Verordnungen für die ErzieherInnenausbildung

I. Rahmenvereinbarungen der Kultusministerkonferenz

(1) Ausbildung der Berufsschullehrer (Beschluß der Kultusminsterkonferenz vom 18./19.10.1949 in der Fassung v. 28./29.9.1961)

(2) Richtlinien für die Ausbildung von Jugendleiterinnen (Beschluß der Kultusministerkonferenz vom 25.10.1956)

(3) Rahmenvereinbarung über die sozialpädagogischen Ausbildungsstätten Abschnitt C »Ausbildung für das Lehramt an sozialpädagogischen Schulen vom 16./17. März 1967 in der Fassung v. 6.2.1969«

(4) Zuerkennung der fachgebundenen Hochschulreife für Absolventen Höherer Fachschulen (Beschluß der Kultusminsterkonferenz vom 16./17.3.1967 in der Fassung vom 6.2.1969)

(5) Rahmenvereinbarung »über die sozialpädagogischen Ausbildungsstätten« vom 16./17.3.1967, in der Fassung vom 6.2.1969

(6) Rahmenvereinbarung vom 18.1.1968 zu »Gruppenbezeichnungen im beruflichen Bildungswesen«

(7) Rahmenordnung über die Berufsfachschulen (Beschluß der Kultusministerkonferenz vom 3.11.1971)

(8) Vereinbarung über die nachträgliche Graduierung von Absolventen der Höheren Fachschulen für Sozialarbeit, der Höheren Fachschulen für Sozialpädagogik und der Werkkunstschulen und deren Rechtsvorgängern (Beschluß der Kultusminsterkonferenz vom 26.11.1971)

(9) Rahmenordnung für die Ausbildung und Prüfung der Lehrer für Fachpraxis im beruflichen Schulwesen (Beschluß der Kultusministerkonferenz vom 6.7.1973)

(10) Rahmenvereinbarung über die Ausbildung und Prüfung für das Lehramt mit Schwerpunkt Sekundarstufe II - Lehrbefähigung für Fachrichtungen des beruflichen Schulwesens (Beschluß der Kultusminsterkonferenz vom 5.10.1973)

(11) Bezeichnungen zur Gliederung des beruflichen Schulwesens (Beschluß der Kultusministerkonferenz v. 8.12.1975)

(12) Rahmenvereinbarung über die Ausbildung und Prüfung von Erziehern/Erzieherinnen (Beschluß der Kultusminsterkonferenz v. 24.9.1982)

(13) Anerkennung von nach Rechtsvorschriften der ehemaligen abgeschlossenen Ausbildungen in Erzieherberufen gemäß Art. 37 Einigungsvertrag (Beschluß der Kultusministerkonferenz v. 14.6.1991)

(14) Ergänzungsbeschluß der »Arbeitsgruppe auf Amtschefsebene« am 16.12.93 zur KMK-Vereinbarung vom 24.9.82

II. Ausbildungs- und Prüfungsverordnungen der Länder

Baden-Württemberg

(1) VO über die Ausbildung und Prüfung an den Fachschulen für Sozialpädagogik vom 13.3.1985 (GBl. S. 57; K. u. U. S. 50), zuletzt geändert durch VO zur Änderung vom Ausbildungs- und Prüfungsordnungen an den beruflichen Schulen vom 21.5.1990 (GBl. S. 213; Kultus und Unterricht S. 421)

(2) Verwaltungsvorschrift über die staatliche Anerkennung von Erziehern vom 22.9.1981 (GABl. S. 1607)

(3) VO der Landesregierung über die Schulen für Erzieher - Fachrichtung Jugend- und Heimerziehung, Heilerziehungspflege, Arbeitserziehung und Heilerziehungshilfe vom 20.1.1981 (GABl. S. 50)

(4) PrO des Ministeriums für Arbeit, Gesundheit, Familie und Sozialordnung für die Schulen für Erzieher - Fachrichtung Jugend- und Heimerziehung, Heilerziehungspflege, Arbeitserziehung und Heilerziehungshilfe vom 22.09.1981 (GABI. S. 1602)

(5) Ministerium für Kultus und Sport Baden-Württemberg: Merkblatt zur Weiterbildung von Erziehern/Erzieherinnen 1987/88

Bayern

(1) Schulordnung für die Fachakademien für Sozialpädagogik (FakOSozPäd) vom 4.9.1985 (GVBl. S. 534), zuletzt geändert durch VO vom 3.8.1989 (GVBl. S. 406, ber. S. 575)

Berlin

(1) Gemeinsame Ordnung über die Ausbildung an den staatlichen Fachschulen für Erzieher; AO für Erzieher/Erzieherinnen vom 19.12.1986 (ABl. 1987, S. 90ff), geändert durch VO vom 29.12.1988 (ABl. S. 351), geändert durch Verwaltungsvorschriften vom 31.07.1992 (ABl. S. 2603)

(2) Verordnung über die Abschlußprüfung für Erzieher und Erzieherinnen an den staatlichen Fachschulen (PrüfVO-Erzieher/vom 18.12.1986 (GVBl. S. 2102)

(3) Gesetz über das Berufspraktikum und die staatliche Anerkennung von Erziehern und Kinderpflegern (Erziehergesetz-ErzG) vom 30.6.1988 (GVBl. S. 979)

(4) Verordnung zur Durchführung des Gesetzes über das Berufspraktikum und die staatliche Anerkennung von Erziehern und Kinderpflegern (DVO-ErzG) vom 17.5.1990 (GVBl. S. 1058)

(5) Gemeinsame Ordnung über die Ausbildung an der Staatlichen Fachschule für die berufsbegleitende Erzieherausbildung Berlin (Ordnung berufsbegleitende Erzieherausbildung) vom 7.7.1988 (ABl. S. 1289)

Brandenburg

(1) Verordnung über die Ausbildung und Prüfung an den Fachschulen im Land Brandenburg (Ausbildungs- und Prüfungsordnungen der Fachschulen - APO-FS) vom 17.5.94 (GVBl. für das Land Brandenburg, Teil II - Verordnungen - Nr. 35 vom 9.6.1994)

(2) Gesetz über die staatliche Anerkennung und die Weiterbildung in sozialen Berufen sowie die Altenpflegeausbildung an Fachseminaren im Land Brandenburg (Brandenburgisches Sozialberufsgesetz - BbgSozBerG) vom 8.7.1993; in: GVBl. für das Land Brandenburg, Teil I - Nr. 18 vom 13.7.1993

Bremen

(1) Ordnung der Abschlußprüfung für Erzieher vom 11.7.1977 (Gesetzblatt S. 269), zuletzt geändert durch VO vom 25.4.1983 (Gesetzblatt S. 271); Ordnung zur staatlichen Anerkennung der Erzieher (Erzieher-Anerkennungs-Ordnung) vom 29.9.1980 (Gesetzblatt Nr. 5/1984 S. 259)

Hamburg

(1) Ausbildungs- und Prüfungsordnung der Fachschule für Sozialpädagogik vom 23.8.1983, mit Änderung vom 30.7.1985 (GVBl. 1983, S. 199-201 und 1985, S. 204), ergänzt durch neue Bestimmungen bei den Zugangsvoraussetzungen vom Juni 1989

Hessen

(1) VO über die Ausbildung und die Prüfungen an den Fachschulen für Sozialpädagogik vom 6.5.1982 (ABl. d. Kultusministers S. 251), zuletzt geändert durch VO vom 31.5.1985 (ABl. d. Kultusministers S. 395)

(2) Empfehlungen für das Berufspraktikum zur staatlichen Anerkennung von Erzieher/ Erzieherinnen vom 13.10.1986 (ABl. S. 704)

Mecklenburg-Vorpommern

(1) Vorläufige Ausbildungsordnung der Fachschule für Sozialpädagogik für das einjährige Vorpraktikum; RdErl. des Kultusministers vom 10.6.1991 (VII 221 - 31.25.18)

Niedersachsen

(1) Verordnung über Berufsbildende Schulen (BbS-VO) vom 26.7.1993 (Nieder. GVBl. Nr. 22/1993 S. 253 ff.)

(2) Ergänzende Bestimmungen zur VO über Berufsbildende Schulen (EB-BbS-VO) vom 17.7.1990 (MBI. S. 794), berichtigt 1991 (MBl. S. 57)

Nordrhein-Westfalen

(1) RdErl. des Kultusministers über die Umwandlung der Fachschule für Kindergärtnerinnen und Hortnerinnen in Fachschulen für Sozialpädagogik (Höhere Berufsfachschulen) vom 21.5.1969 (ABl. S. 276), zuletzt geändert am 28.8.1972 (GMBl S. 438)

(2)   Verordnung über die Ausbildung und Prüfung in der Fachschule (Ausbildungs- und
       Prüfungsordnung gemäß § 26b SchVG-APO FS) vom 23.6.94, in: GVBl. für das
       Land Nordrhein-Westfalen, NR. 45 vom 29.7.94

Rheinland-Pfalz

(1)   FachschulVO Sozialwesen vom 29.7.1991 (GVBl S. 313)
(2)   Durchführung des Berufspraktikums im Rahmen der Ausbildung zum staatlich aner-
       kannten Erzieher oder zur staatlich anerkannten Erzieherin
(3)   Verwaltungsvorschrift des Minsteriums für Bildung und Kultur vom 14. Oktober
       1991 (942 D - 51 407/35)

Saarland

(1)   VO Schulordnung - und PrO über die Ausbildung und Prüfung von Erziehern an
       den Fachschulen für Sozialpädagogik (APO-FSP) vom 23.7.1984 (Abl. S. 717), geän-
       dert am 22.12.1989 (Abl. S. 110)
(2)   Verordnung - Schulordnung - über die Aufnahme in Fachoberschulen (Fachbereiche
       Ingenieurwesen, Design, Sozialwesen und in Fachschulen für Sozialpädagogik (Fach-
       bereich Erzieher) im Saarland - (Aufnahmeordnung Fachoberschulen/Fachschulen
       für Sozialpädagogik: AO-FOS/FSP)
(3)   VO Schul- und Prüfungsordnung - über die Ausbildung und Prüfung von Erziehern
       an Fachschulen für Sozialpädagogik im Saarland APO-FSP); vom 23. Juli 1984
       (Amtsbl. S. 718) - geändert durch VO vom 12. Dezember 1984 (Amtsbl. S. 1332) -
       und vom 22. Dezember 1989 (Amtsbl. 1990, S. 110)

Sachsen

(1)   Verordnung des Sächsischen Staatsministeriums für Kultus über die Abschlußprü-
       fung an berufsbildenden Schulen im Freistaat Sachsen (BbFPrüfVO) vom 28.5.1993
       (Sächsisches GVBl. Nr. 25/1993 S. 477)

Sachsen-Anhalt

(1)   Verordnung über Berufsbildende Schulen (BbS-VO) vom 11.6.1992 (GVBl. LSA Nr.
       24/92 S. 456)

Schleswig-Holstein

(1)   Landesverordnung über die Fachschule (Fachschulordnung - FSO) vom 22.4.1993
       (NBL.MBWKS. Schleswig-Holstein)
(2)   Stundentafel für die besondere Fachschule, Fachrichtung Sozialpädagogik (Ausbil-
       dungsgang zum Erzieher), RdErl. des Kultusministers vom 11.5.1983 (NBl. KM
       Schl.-H. 1983 S. 130)

III. Europäische Richtlinien

(1) KOMMISSION DER EUROPÄISCHEN GEMEINSCHAFTEN: Vorschlag für eine Richtlinie des Rates über eine zweite allgemeine Regelung zur Anerkennung beruflicher Befähigungsnachweise in Ergänzung zur Richtlinie 89/48/EWG. KOM(89) 372 endg. - SYN 209, in: Amtsblatt der Europäischen Gemeinschaften, 16.10.1989, Heft C 263, S. 1-10.

(2) KOMMISSION DER EUROPÄISCHEN GEMEINSCHAFTEN: Änderung des Vorschlags für eine Richtlinie des Rates über eine zweite allgemeine Regelung zur Anerkennung beruflicher Befähigungsnachweise in Ergänzung zur Richtlinie 89/48/EWG. KOM (90) 389 endg. - SYN 209, in: Amtsblatt der Europäischen Gemeinschaften, 1.9.1990, Heft C 217, S. 4-23.

(3) RAT DER EUROPÄISCHEN GEMEINSCHAFTEN: Entscheidung des Rates vom 16. Juli 1985 über die Entsprechungen der beruflichen Befähigungsnachweise zwischen Mitgliedstaaten der Europäischen Gemeinschaft (85/368/EWG), in: Amtsblatt der Europäischen Gemeinschaften, 31.7.1985, Heft L 199, S. 56-59.

(4) RAT DER EUROPÄISCHEN GEMEINSCHAFTEN: Richtlinie des Rates vom 21. Dezember 1988 über eine allgemeine Regelung zur Anerkennung der Hochschuldiplome, die eine mindestens dreijährige Berufsausbildung abschließen (89/48/EWG), in: Amtsblatt der Europäischen Gemeinschaften, 24.1.1989, Heft L 19, S. 16-23.

(5) RAT DER EUROPÄISCHEN GEMEINSCHAFTEN: Richtlinie 92/51/EWG des Rates vom 18. Juni 1992 über eine zweite allgemeine Regelung zur Anerkennung beruflicher Befähigungsnachweise in Ergänzung zur Richtlinie 89/48/EWG, in: Amtsblatt der Europäischen Gemeinschaften, 24.7.1992, Heft L 209, S. 25-45.

Verzeichnis der Tabellen, Abbildungen und Abkürzungen

I. Tabellen

II. Abbildungen

III. Abkürzungen

Abb.	=	Abbildung	HB	=	Bremen
AFET	=	Arbeitsgemeinschaft für	HE	=	Hessen
		Erziehungshilfe e.V.	HH	=	Hamburg
BA	=	Bayern	Insg.	=	Insgesamt
BB	=	Brandenburg	K.A.	=	Keine Angabe
BBiG	=	Berufsbildungsgesetz	Kap.	=	Kapitel
BE	=	Berlin	KJHG	=	Kinder- und Jugend-
BFK	=	Berufsfachschule für			hilfegesetz
		Kinderpflege	KMK	=	Kultusministerkonferenz
BFS	=	Berufliche Fachrichtung	MV	=	Mecklenburg-Vorpom-
		Sozialpädagogik			mern
BKZ	=	Berufskennziffer	NI	=	Niedersachsen
BW	=	Baden-Württemberg	NW	=	Nordrhein-Westfalen
EREV	=	Evangelischer	ÖTV	=	Gewerkschaft
		Erziehungsverband e.V.			Öffentliche Dienste,
EU	=	Europäische Union			Transport und Verkehr
FH	=	Fachhochschule	RP	=	Rheinland-Pfalz
FSP	=	Fachschule für Sozial-	SH	=	Schleswig-Holstein
		pädagogik	SL	=	Saarland
GEW	=	Gewerkschaft Erziehung	SN	=	Sachsen
		und Wissenschaft	ST	=	Sachsen-Anhalt
GTK	=	Gesetz über Tagesein-	Tab.	=	Tabelle
		richtungen für Kinder	TH	=	Thüringen